http://ajin.to

CEO-China EMBA시리즈

中國進出企業經營總覽

法學博士 李 揆 哲 著

◈ 중국주재원/법인장/비즈니스맨을 위한

◈ 중국통상전문가/취업/창업실무를 위한

◈ China-MBA, EMBA, CEO, COO 필독서

A-JIN 도서출판 아 진

"나의 가는 길은 오직 그가 아시나니 그가 나를 단련하신 후에는 내가 정금같이 나오리라 (욥23 : 10)"

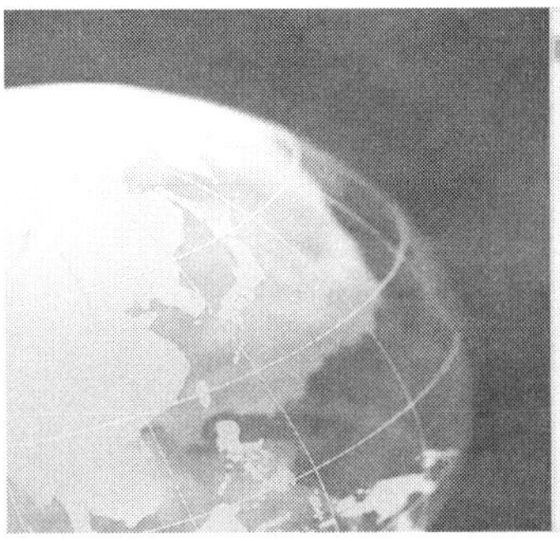

추천의글

세계경제가 글로벌화 되어가고 있는 중에 중국은 WTO가입으로 국내산업의 경쟁 격화와 산업구조 재편성을 가져왔지만, '시장개방' 과 '관세인하' 라는 보다 개방되고 외국자본 유입을 용이하게 하였으며, 법치국가의 실현을 위한 법 정비를 급속히 추진시켰고, 무엇보다도 국제화를 도모하고 세계경제 진입을 위한 적극적인 시도를 하고 있습니다. 그리고 2008년 북경올림픽과 2010년 상해의 세계엑스포를 통한 경제개발의 재도약을 확고히 다지고, 자유무역협정(FTA)을 포함한 지역협력을 통해 통상정책, 세계글로벌적인 영향력 확대 전략을 꾀하고 있습니다.

"21세기는 아시아의 세기" 라고 합니다. 한국과 중국은 협력하여 이 아시아의 세기를 리더해 나가야 합니다. 중국의 '개혁개방정책' 과 '사회주의시장경제체제' 는 금후도 계속되고 중국의 시장은 점점 매력적으로 될 것입니다. 중국은 그간 연 평균 8~10%의 높은 경제 성장률을 기록하였으며, "세기적 공장기지" 이자 "세계최대의 시장" 이 되었습니다.

중국에 진출을 도모하는 또는 이미 진출한 많은 한국기업들은 이제 중국진출 '투자전략' 보다 중국진출 후 사업경영상 가장 큰 문제점인 '살아 남기위한 전략' 이 필요한 때입니다.

마침 중국대학의 연구와 강의 및 로펌・회사 경영 등 풍부한 중국비즈니스의 이론과 실무 경험을 축적한 이규철 교수께서 중국 진출기업 경영에 대한실무 내용을 총 망라정리한 'CEO-China EMBA시리즈' , "중국진출기업경영총람" 을 출판하게 되었습니다.

본 서는 "중국통상전문가・주재원・법인장・비즈니스맨 등을 위한" 필독서로 기업경영의 노하우, 법인설립・운영・청산, 인사・노무관리, 세무・회계, 특히 한・중 합자계약서와 정관등의 작성방법과 중국투자와 기업경영 시 꼭 필요한 각종 서식을 부록으로 첨부하여 실제 기업의 경영에 도움이 되도록 한 특징을 갖고 있습니다.

특히 이 책을 출판하는 이규철 교수께 진심으로 축하를 보내며, 금후 한중 교류에 더욱 큰 성과를 취득하길 축원합니다.

中國政經文化硏究院
理事長　李　映　周

序 言

改革开放以来，中国吸引外资取得了前所未有的飞速发展。自1993年起，中国成为吸引外资最多的发展中国家，成为仅世界排名第一的吸引外商直接投资的国家。

现在全世界最大的500家跨国公司中已有近400多家在中国设立了企业。中国加入了WTO(2001年12月10日)。中国投资领域的对外开放也将进一步的扩大。在商业、外贸、运输、医疗、教育、金融、保险、电信及各类中介机构等服务贸易领域将进一步放宽对外商投资的限制，在基础设施、矿产资源、生态环境保护、农牧业产品加工、技术密集型等领域鼓励外商进一步投资。正如联合国贸发会公布的2000年，世界投资报告所预测的，21世纪的中国将是最有吸引力的地方，其吸纳外资的潜力巨大。与此相适应的，25多年来中国的外资立法取得了长足的进展，极大地推动了引进外资的进程。到此为止，中国指定有关外商投资的法律法规达200多部，签定的双边或多边国际条约达100多个，同时各省、市、自治区、经济特区也制定了大量涉及外商投资的地方性法规。这些法律法规相互联系，形成了中国外商投资的法律体系。当前，中国正在遵循WTO的规则并依照市场经济发展的需要，积极进行外商投资企业法律体系的修订和完善工作,对现有的外商投资企业法律法规和部门规章进行有步骤、有计划的修改、增补和废止。可以这样说，中国的外商投资法律制度正在发生深刻而显著的变化。

自1992年中韩两国正式建交后，在韩国掀起了对华投资的热潮，正如对其他国家进行的投资一样，要在中国投资取得成功，一个非常重要的前提是准确地抱握中国在经济、政治、文化等方面的综合投资环境，其中以熟悉和掌握外商投资的法律制度为核心。李揆哲博士受中国政府的邀请在复旦大学经济学院，华东政法学院及律师事务所等花费了8年的时间专门研究了中国的经济情况和法律，随后又开始了在法律领域的探索，以及寻求在外商投资法律制度上的新的突破。在搜集大量资料的情况下，他完成了本书CEO-CHINA EMBA系列（中国进出企业经营总览、中国合同法、中国经济通商法、中国劳动法、中国房地产法等)的写作。该著作特点鲜明:第一，内容新颖，深入浅出。作者立足于中国国情，密切关注中国经济政策的最新动态，对中国的“第十一个五年计划”，中西部的开发、BOT的融资方式、服务贸易的开放以及加入WTO后贸易投资形式等问题均有所研究，这些见解将有助于读者了解中国，熟悉中国市场，把握对中国投资的契机。第二，资料丰富，翔实可靠。该书的内容涉及了中国外资的产业政策，地区政策，税收政策，财务政策和劳工政策等投资者广为关注的领域，并通过图表的方式引入真实数据进行分析，说理透彻，条理清晰。

第三，实务性强，具有明显的针对性。该书对外资企业的设立程序、组织形式、生产经营、内部管理及纠纷解决等各个阶段所涉及的法律问题进行了细致地刨析，使读者能够真正了解外资企业运营的整个操作过程，具有极大的实践意义。

李揆哲博士写作本书的目的在于帮助韩国投资者更多地了解中国市场，全面的把握中国在引进外资上的法律和政策，为韩国投资者提供一条便捷之路。值次书出版之际，向李揆哲博士致以衷心的祝贺，并预祝他今后取得更大的成绩。

中国最高人民法院副院长、大法官、国家法官学院院长

曹建明

머리말

오늘날 중국에서 사업경영의 가장 큰 문제점은 무엇인가? 최근 움직임을 보면 중국에 진출하는 경우 '투자전략' 보다 중국에 진출한 후 '살아 남기 위한 전략' 으로 전환하고 있다.

본 서는 중국 진출한 기업경영 전반의 실무적인 측면에서 분야별 분석・해석한 실무적 내용이라는 점이 특징이다. 또한

"중국주재원/법인장/비즈니스맨을 위한"

"중국통상전문가/취업/창업실무를 위한"

"China-EMBA, MBA, CEO, COO의 필독서" 이다.

중국비즈니스의 이론과 실무에 있어 다양한 Back Ground를 갖고 있는 필자는 "중국전문가 10만명 양병설" 주창자이자, 중국 주재 경험이 풍부한 중국비즈니스 컨설턴트로 "중국투자전략", "회사의 설립", "회사의 조직・운영", "인사・노무관리", "회사의 청산", "법률분쟁의 해결" 등의 풍부한 경험을 통하여 한・중 쌍방의 관점에서 한국기업이 중국비즈니스 실무에서 알아야 하는 다양한 포인트를 총 망라한 것이다.

제1부 중국 외자기업의 경영방법 7가지 이다. 중국 현지기업 경영시 필수적인 방법을 첫째는 경영의 현지화인가, 한국인의 현지화인가? 둘째는 일의 성과와 보너스 의식화 및 애사정신의 가치관 교육, 셋째는 경영간부에 대한 권한 수여와 책임추궁, 넷째는 진출지역에서 "관련 업종의 네트워크" 구축, 다섯째는 일시적 휴가 조치와 인센티브로 성공하는 생산관리, 여섯째는 외주의 이용・관리와 기술이전, 일곱째는 부정행위를 따지기 전에 체크 시스템의 구축 등 필수적인 것을 7가지로 나누어 설명하고 있다.

제2부 중국 현지법인 설립 · 운영 · 청산이다. 먼저 제1장에서 중국의 기업체계, 외자도입정책 등에 관한 중국투자의 기본제도를 살펴보고, 제2장에서 중국투자의 VISON과 사업구상을 MBA적 측면에서 검토하였다. 제3장의 중국진출 전 실무적인 검토단계와 제4장의 현지법인의 설립단계를 짚어보고, 제5장에서 현지법인 경영상 유의할 점을 살펴보았다.

제6장에서는 중국진출의 또 다른 방법인 중국기업의 M&A에 관한 절차와 영업양도·합병절차 및 중국기업의 지분양수 시 검토사항을 검토하였다. 제7장에서는 중국의 지적재산권 침해와 대책에 대해 살펴보고, 특허신청과 상표등록, 컴퓨터의 소프트웨어 저작권, 부정등록상표와 모조상품에 대한 대책과 방법과 지적재산권의 분쟁과 대책을 짚어봤다. 그리고 제8장에서 중국의 반덤핑법과 그 실제 즉 실체법적인 내용의 소개와 분석을 하고 반덤핑조사기관, 조사절차 및 반덤핑조치 등 실무에서 중요한 반덤핑제도의 절차법적인 부분을 설명하고 있다. 그리고 제9장의 현지법인의 경영악화 등의 원인으로 현지 법인 철수(해산·청산)에 대해 실무적 차원에서 검토하였다.

제3부 중국 현지법인 인사 · 노무관리이다. 중국에 진출하는 외상투자기업이 가장 많이 직면하는 노무관리 문제를 어떻게 해결할 것인가. 현장에서 위와 같은 문제점과 리스크를 해결하고 바로 실무와 연계할 수 있는 실무 매뉴얼적 내용으로 제1장 노동계약 체결과 종료, 제2장에서는 종업원의 임금, 제3장 사회보험과 주택적립금제도를 설명하였고, 제4장 종업원의 노동조건과 제5장의 기업의 비밀관리를 검토하였다. 그리고 제6장 공회, 노동감찰제도 및 노동쟁위를 포함하고 있는 노동감독 및 분쟁해결제도에 대하여 구체적으로 살펴보았다.

제4부 중국 현지법인 세무 · 회계이다. 중국에 투자하여 진출한 외상투자기업들이 직면하게 되는 세무회계에 대한 모든 문제를 알기 쉽게 Case by Case의 형태로 정리를 하였다. 회사의 설립부터 운영에 이르기까지의 기본적인 세무 및 회계의 실무적인 노하우를 체계적으로 해설하였다. 제1장은 법인의 설립과 세무회계에 관한 것으로 현지법인 설립 후 세무등기 시 유의할 점 등에 대해 설명하고, 제2장은 현지법인의 세금에 관한 것이다. 제3장에서는 기업소득세가 과세는 되는 경우와 계산방법 등 기업소득세에 관한 것이다. 제4장은 개인소득세이다. 즉 개인소득세가 과세되는 경우와 급여소득의 세액계산방법 등이다. 제5장은 유통세이다. 증치세(부가가치세)의 납세와 환급,

중국에서 영수증 처리방법 등이 있다. 제6장은 현지법인의 회계에 관한 것으로 현지 법인의 회계장부의 종류, 현지법인 결산의 특징과 결산서의 종류, 대차대조표의 자산과 부채, 손익계산서 등에 대해 검토를 하였다.

제5부 한·중 합자계약서와 정관, 외자기업의 정관, 합작계약서의 작성방법이다. 여기서는 한·중 합자계약, 정관, 외자기업의 정관의 작성과 합작계약서 작성에관한 방법을 중국 상무부(구 중국대외무역경제합작부)에서 작성한 모델계약을 중심으로 실무적인 관점에서 분석, 협상력 및 작성방법에 대해 실례를 들어 분석하고 체크포인트 코멘트 등 유의할 점을 상세히 해설하고 있다. 제1장 한·중합자기업과 계약서의 중요성에 대하여 파트너와 우정을 위해서도 최소한의 계약서 준비의 필요성, 합자계약의 조건과 합자협상의 원칙을 살펴본다. 제2장 한·중 합자기업의 설립 방법에 대해 실무적 차원에서 검토하고, 제3장에서는 가장 중요한 합자계약의 구성과 작성방법을 처음부터 끝까지 각 조문별 해석과 코멘트를 하고, 제4장에서 한·중 합자기업 정관의 구성과 작성방법을 검토한다. 그리고 제5장에서 외자기업의 설립 수속 등 정관작성 방법을 매뉴얼 형태로 살펴본다.

그리고 마지막에는 對중국 투자와 기업경영시 꼭 필요한 각종 서식(예)과 외상투자기업 관련 정책과 법규를 부록으로 첨부하여 실제 기업의 경영에 도움이 되도록 하였다.

본 서는 중국의 합자기업 또는 독자기업(100%외국자본)의 설립·운영, 현지기업의 M&A, 지적재산권 보호, 반덤핑법과 그 실제, 인사·노무관리, 세무·회계, 기업의 철수 등, 특히 한·중 합자계약서 및 정관을 작성시 상호 분쟁의 소지가 있는 부분에 대한 체크 포인트를 두어 국제적 협상력 강화를 통한 한·중 국제적 비즈니스 경쟁력을 발휘할 수 있도록 하였다. 뿐만 아니라 매뉴얼적 실무내용과 Case Study가 풍부하여 실제의 비즈니스 장면 이미지가 쉽고 현장 적용이 가능토록 하였다.

본 실무서의 "中國進出企業經營總覽" 을 통해 한국기업이 보다 한국적 경영을 새롭게 하여 중국 이외의 국가를 포함한 글로벌 경영으로 탈바꿈하게 된다면 기쁠 따름이다. 그리고 종래 한국적 우수성과 융합시킨 "신·한국적 경영" 구축을 희망한다.

끝으로 본서의 출간을 흔쾌히 맡아 주신 아진출판사 김근배사장님과 번잡한 작업을 끝까지 잘 매듭지어 준 편집부 여러분께도 깊은 감사의 뜻을 전합니다.

2006년 8월 20일
竹天 이 규 철

차례

제1부
CEO-China MBA know-how SEVEN

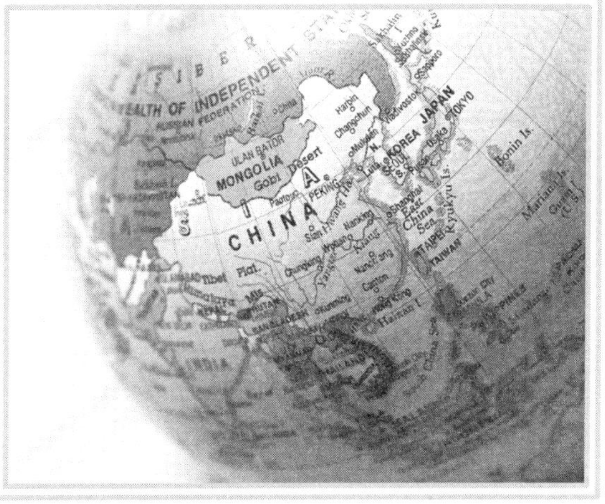

◎경영방법1 경영의 현지화인가, 한국인의 현지화인가?

◎경영방법2 일의 성과와 보너스 의식화 및 애사정신의 가치관 교육

◎경영방법3 경영간부에 대한 권한 수여와 책임추궁

◎경영방법4 진출지역에서“관련 업종의 네트워크”구축

◎경영방법5 일시적 휴가 조치와 인센티브로 성공하는 생산관리

◎경영방법6 외주의 이용 · 관리와 기술이전

◎경영방법7 부정행위를 따지기 전에 체크 시스템의 구축

◎경영방법 1 경영의 현지화인가, 한국인의 현지화인가?

중국에서 성공하고 있는 현지법인은 크게 나누어 ①경영의 현지화를 하고 있는 기업, ②한국인의 현지화 기업 두 가지 유형이다. 또 성공 기업의 대부분은 본사의 지원 체제가 세워져 있고, 현지 법인에게 전면적인 경영권이 위임되어 있다는 것이 그 특징이다.

★ 포 인 트 ★

1. 경영 현지화의 성공형태
   ① 현지인 경영자
   ② 국제감각이 있는 한국인 기술자
   ③ 본사의 최고경영자와의 '가교역'
2. 외국인 현지 경영자의 성공형태
   ① 외국인 경영자의 '현지화'
   ② 본사 중국 통괄부의 '이해자'
   ③ 중국인 간부와 양호한 관계

(1) 경영의 현지화

경영의 현지화는 중국인을 경영 간부로 등용하고 한국 측은 경영의 세부적인 부분에 관여하지 않는 방법이다. 한편 한국 측은 기업의 근간이 되는 기술을 장악한다. 여기서 경영의 현지화를 목표로 하는 경우에 기술자만을 중국에 파견하여 기술지도에 전념케 하는 것이 이상적이다.

중국인 총경리에게 현지법인 경영을 맡기고, 한국에서는 기술자만을 파견하고 있는 A사장은 "역사와 문화, 사회풍토의 차이로 그 어떤 것도 한국인이 하려고 하면 문제가 일어날 뿐만 아니라 그 해결도 곤란하다" 고 말하고 있다. 중국에서는 습관의 차이가 비즈니스에 큰 영향을 준다. 일단, 뒤틀린 문제를 해결하는 것은 그 발생을 막는 것보다 곤란하기 때문에 경영은 중국인, 기술은 한국인이라는 완전한 역할 분담은 경영의 방향을 제대로 하는 하나의 현지 경영수단이다.

그러나 경영과 기술이라는 역할분담으로만 경영의 현지화가 성공할 수 있는 것은 아니다. A사의 업적이 신장하고 있는 것은 A사장이 회사의 원동력인 경영력과 기술력을 묶기 위해 중국인 경영자와 한국인 기술자 교류의 상세한 곳까지 신경 쓰고 있기 때문이다. '경영을 맡긴다' 는 것은 '쏜 화살' 의 상태가 아니라 본사로서 중국인 경영자와 한국인 기술자가 꿈과 이상을 공유하게끔 조정하여 가는 것이다. 또 기술자에게는 해외 주재하는 기간이 길기 때문에 국제 감각을 가진 인재를 배치하여 중국인 경영자와 의사 소통이 원활하게 진전되게끔 노력한다.

그러나 지금까지 중국인 간부를 등용하여 실패한 예도 많다. 그 실패의 예로는 현지 간부가 회사를 '사물화' 한 경우도 있다. 이 경우 회사는 적자인데도 불구하고 현지 간부의 임금과 재산만을 축내는 사태가 발생하곤 한다. 그렇기 때문에 중국인 경영자 등용을 망설이는 경우도 있다.

그러나 지금까지의 실패한 경우는 중국인 경영자의 능력 부족뿐만 아니라 한국 측의 관리 방법에 문제가 있는 경우가 많다. 본사의 절대적 신뢰를 받아 합자회사를 경영하고 있는 중국인 E총경리는 "관리의 틈새를 만들지 않는다" 고하여 부정행위 방지는 가능하다고 말한다. 결국 체크 시스템의 구축으로 부정은 막을 수 있다는 것이다. 또 자신이 발견한 인재에게 절대적 신뢰를 갖고 "이 사람이면 안심하고 맡길 수 있다. 어떤 문제가 있으면 그것은 발탁한 자기 자신의 책임이다" 라고 보는 외국인 경영자도 있다.

그건 그렇다 치고 한국기업은 장기간 외국인을 최고경영자 자리에 놓는 경우가 적다고 비판하고 있다. 그러나 최근 인재의 현지화가 점차적으로 진행되어 가고 있다. 한국기업의 중국 진출에 대한 경영방침이 점차 변하고 있는 것은 틀림없다.

(2) 한국인 경영자의 '현지화'

중국에는 중국의 방법이 있다. 그래서 한국인을 경영자로서 중국에 파견하는 경우 한국인이 현지를 철저하게 이해하고 '현지화' 하는 것이 중요하다.

그러나 종래의 선발 방법에는 근본적인 과실이 있었다. '기술자 겸 현지 법인 경영자' 라는 형식의 파견이 많았기 때문이다. B총경리는 "기술자로서 중국의 회사 경영에서 중요한 인사와 관리를 경험하지 않았기 때문에 이 발상은 위험스럽다" 고 지적한다. 기술자와 경영자에게 요구되는 자질은 전혀 다르다. 한국인 경영자를 외국에 파견하는 경우 우선 경영에 필요한 능력을 갖고 있는가를 기준으로 인원을 선발하는 것이 꼭 필요하다.

경영자에게 요구되는 자질에는 경영능력 이외에 몇 가지의 주요한 포인트가 있다.

첫째, 중국어다.

B총경리는 "중국어를 할 수 없으면 총경리라도 통역을 받아야만 회사나 중국인 사회가 보이기 때문에 자칫하면 단순한 장식품이 되기 쉽다. 말은 더듬거리고 할 수 있겠지만, 들을 수 있는 능력을 장악하는 것이 중요하다" 고 지적하고 있다.

둘째, 알코올에 강해야 한다.

중국에서는 술을 주고 받으면서 관계가 성립되기 때문에 술의 주량은 중요하다고 지적하는 사람이 많다. D총경리는 개인의 일과 비즈니스를 나누어 생각하는 미국사람이지만, 부총경리와 "술을 마시면서 비즈니스 논쟁을 자주 전개한다" 고 총경리 취임 당시를 회상하였다.

셋째, 중국을 좋아하는 것이다.

B 총경리는 "중국을 좋아하고 국가정책과 중국인을 이해하려는 도량이 필요하다" 고 지적하고 있다. 기업경영에는 주위 사람을 자기편으로 만드는 매력이 필요하다. 그래서 철저하게 회사 내와 고객 중국인들과의 우호관계를 구축하는 것이 바람직하다.

그 외 한국인이 현지법인을 경영하는 경우 친절한 중국인을 부총경리로 선임하는 것이 큰 힘이 된다. F총경리는 오랜 친구를 부총경리로 두어 여러 가지 문제를 원활하게 해결하여 왔다.

(3) '현지화' 의 지원체제

성공한 기업들에게 공통된 점은 본사가 현지법인 경영자의 입장을 이해하는 한편 현지법인에게 일정한 권한을 주고 있다는 점이다. 미국인 D총경리는 "본사의 상사가 아시아 주재 경험자로서 현지 상황을 잘 이해하고 있기 때문에 적절한 권고를 받을 수 있다" 고 본사의 지원 체제의 중요성을 강조하고 있다. 또한 A사장은 본사와 현지법인의 교류를 깊게 하고 관리 효율을 높이기 위해 '중개자' 라 할 수 있는 '현지 출신' 인재를 본사에 두고 사장의 손과 발이 되어 현지의 정보수집과 빠른 대처를 실현시키고 있다. 다양한 지원 체제는 현지법인 경영에서 없어서는 안 되는 중요한 대응책이다.

◎경영방법 2 일의 성과와 보너스 의식화 및 애사정신의 가치관 교육

기업에서 종업원의 교육은 결코 빠질 수 없는 것이다. 그러나 문화적 배경과 언어가 다른 국가에서 교육은 간단하지 않다. 또 제조업과 서비스업 등 업종에 따라 그 교육방법도 크게 다르다.

★ 포 인 트 ★

D씨(서비스업)의 방법

1. 매상 목표를 초과한 부분의 이익은 사원에게 분배
   →목표는 높지도 않고 낮지도 않다.
2. 사원교육은 개선해야 할 점들을 문서로 통지
   →개선하지 않으면 문서를 근거로 해고
3. 평가는 반년마다 실시
   →현재 상황의 실력을 기초로 수년 후의 예상급여 금액을 제시

E씨(제조업)의 방법

기술도 아무것도 모르는 농촌 젊은이

↓ ① 게으른 버릇이 몸에 습관되기 전 사람을 채용
② 기숙사제도로 아침부터 저녁까지 교육
③ 가치관 교육, 경영방침을 철저하게

부지런하고 성실한 사원

↓ ① 회사의 행사에 친구를 초대하여 회사편으로
② 본가를 방문, 사원의 가족도 회사편으로

친구와 가족도 인정하는 '좋은 회사' 의 사원

(1) 자유로운 회사 풍토와 보너스로 의한 '열성' 분위기

서비스 회사의 미국인 총경리 D씨는 회사의 목표를 매주, 매달 미팅을 통해 간결히 종업원에게 전달하여 대부분은 종업원의 자주성과 발상력, 창조력에 맡기는 경영을 하고 있다. 경영자로서 종업원의 자주성에 맡기는 것은 용기가 필요하다. 그러나 "매달의 목표가 지나치게 높지 않고 달성 가능한 범위 내에 있는 것이 포인트"며, 또한 적당한 긴장감은 종업원의 잠재 능력을 최대한으로 끌어내는 힘이 된다. 또 "매상목표를 상회하였을 경우, 그 전액을 사원전체에게 보너스로 나눠준다"는 실적주의가 사원들의 성과급을 끌어 올린다는 것은 틀림없다.

D총경리는 말로는 보너스의 중요성을 강조하면서, 실제로는 보너스 이외의 방법으로 빈틈없이 종업원의 마음을 잡아둔다.

첫째, 종업원을 쉽게 해고하지 말고 취업 태도가 좋지 않는 종업원에게도 서면으로 개선을 독촉하여 자기 사람과 똑같이 대하는 방법이다. 이렇게 하면 종업원은 회사가 "자기를 어떻게 평가하고 있는가"를 직접 느낄 수 있으며, 자기 사람처럼 대하는 회사에 호감을 갖게 된다. 만일, 회사의 의향이 전달될 수 없는 경우도 이미 서면으로 권고한 내용들과 현재 종업원의 취업 태도를 대조케 하여 충분한 해고 사유를 끌어내는 장점이 있다.

둘째, "반년마다 인사평가"와 "수년 후 승급예상을 제시한다"는 방법이다. 그러나 반년에 한 번씩 경영자와 종업원이 만나 장래를 얘기하는 것은 회사가 종업원의 장래에도 관심을 갖고 있다는 이미지를 심어주는 것이다.

(2) 종업원을 철저하게 관리하여 가치관의 공유를 목표로 한다.

합자회사의 총경리 E씨는 기숙사제도로 아침부터 저녁까지 종업원을 접촉할 수 있는 환경을 이용하여 철저한 교육을 진행하고 있다. 서비스업에서는 임기응변과 창조적인 발상이 필요하지만, 제조회사에서는 근면정신이 필요하다. 따라서 교육 방침도 큰 차이가 있다.

중국에서 약 10년간 생활하여 한국과 중국을 잘 이해하는 한국인 총경리 E씨는 "생활환경이 다르기 때문에 상대방은 아무것도 모른다는 마음가짐으로 제로(0)에서부터 교육을 시작하는 것이 공장경영의 제1단계"라고 중국에서 종업원 교육방법을 얘기하고 있다. 우선 '한국과 중국이 다르다는 것'을 가르치는 것부터 시작하고 있다. 예컨대, E사에서는 한국의 우수한 전통, 관습을 종업원에게 가르치기 위해 고객이 왔을 때는 전체 인원이 기립하여 고객에게 인사를 하는 교육을 철저하게 시키고 있다. 이제 한국기업도 철저한 않는 기본 교육을 진행하고 그 위에 '아무것도 모르는 종업원을 애사정신을 가진 훌륭한 인재'로 양성하여야 한다.

구체적인 교육방법은 아침의 체조, 조례, 저녁에 회의실을 이용한 수업이다. 특히 주목되는 것은 저녁 수업인데, 한국에서 발행된 경영노하우 책과 자기개발서 등을 사용하여

'세계의 선진적인 경영방식' 과 '인생철학' 등을 강의하는 것이다. 이 수업을 통해 '급여를 받으면서 공부도 하고 있다' 는 것을 종업원에게 심어주고 회사를 사랑하는 애사정신을 지도한다. 그 외 종업원의 가족과 친구들을 회사의 '자기편' 으로 만들기 위한 전략으로 휴일에도 종업원의 가족을 만나러 가거나 종업원의 친구들을 회사의 이벤트사업에 초대하는 것이다. 한국에서는 회사가 종업원의 개인적인 간섭을 싫어한다. 그러나 중국에서는 '인정이 많은 회사로 인정' 받기 때문에 플러스 효과가 더 크다. 한국과 중국은 다르다. 이러한 전제를 바탕으로 시작한 교육에서 효율적인 교육성과를 기대할 수 있다.

◎경영방법 3 경영간부에 대한 권한 수여와 책임추궁

많은 중국인들은 "한 직장에 동일한 지위의 3인이 모이면 서로 주도권 싸움을 시작한다" 고 지적하고 있다. 중국인 경영 간부들의 인간관계를 조정하는 것은 쉽지않다. 그러나 본사에서 현지법인 경영의 전체 권한을 위임 받은 F총경리는 '권한수여' 라고 할 수 있을 만큼 명확한 권한을 위임하여, 1인 경영간부로부터 2인, 3인분의 힘을 끌어내는데 성공하고 있다.

★ 포 인 트 ★

1. 권한 '수여' 와 파격대우
   →간부는 '만족' 과 '자부심' 을 갖고 책임을 자각
2. 경영자의 leader ship
   →솔선수범으로 경영간부에게 적당한 긴장감

(1) '만족' '자랑' '파격적 대우' 인 반면 철저한 책임추궁

분명하지 않은 권한을 위임 하였을 경우, 최종적인 결정권을 총경리가 잡고 있기 때문에 '좋은 결과' 가 나와도 그것은 경영간부의 공적이라고 할 수 없다. 그 때문에 경영간부에 대한 평가는 '결과' 가 아니라, '총경리의 경영간부에 대한 이미지' 로 결정된다. 이런 경우 같은 지위의 경영간부들 사이에 반드시 경쟁적인 주도권 다툼이 일어나 '자신의 이미지를 좋게 하기 위한 행동들' 이 나타난다.

한편 F총경리는 권한의 일부를 각 부문의 경영간부에게 '수여' 하고, '완전한 결정권' 을 위임하였다. 이 '권한수여' 를 받은 각 경영간부는 마치 사장과 같이 행동하면서 '결과' 만 이평가 대상이 되기 때문에 서로 격려와 동시에 경쟁하도록 하였다. '권한수여' 에는 또 다른 하나의 장점이 있다. 즉 경영간부가 자기의 입장에 대해 '만족' 과 '자부심' 을 느끼면서 자기의 '책임의 크기' 를 이해한다는 점이다. 또 F총경리가 경영간부의 '책임' 에 맞는 '파격적 대우' 를 해줌으로써 총경리에 대한 구심력을 높이는 것에 성공하는 것이다. 그리고 이 '권한수여' 및 '파격대우' 를 해 주는 대신에 문제 발생 시 가차없는 철저한 책임추궁도 가능하다는 것을 보여주어야 한다.

경영간부에게 주어진 권한에는 자기부문의 인사권(채용 · 해고), 급여 · 보너스 사정권 등이 있다. 예컨대, 종업원을 채용할 경우에 총경리는 최대 인원수뿐이고, 그 범위 내에서 채용담당 경영간부가 단독적으로 인원 선발을 할 수 있다.

단지, 경영간부의 작업량은 많다. 예컨대, 차량을 지급하고 있는 간부에게는 잔업을 끝낸 종업원을 자택까지 태워 줄 의무가 있다. 이것은 창업 당시는 총경리 자신이 실행했던 작업으로 밤 몇 시라도 종업원을 자택까지 태워다 주고 이튿날은 정시에 출근 시키는 것이다. 그러나 솔선수범으로 책임을 다해 온 총경리의 모습을 지켜보았던 현재의 경영간부는 이것을 자기의 의무로서 스스로 받아들이고 있다. 총경리의 인품, 작업에 대한 기백·열정이 경영간부의 긴장감을 발생케 하고 그들을 흡수할 수 있는 힘이 되는 것이다.

어떤 경영간부는 "책임자로서 주말에 잔업을 하는 사람이 있으면 그 상황을 점검하기 위해 현장을 보러 간다" 고 책임감에서 비롯된 마음가짐을 강조하고 있다. 이것은 무거운 책임에 대한 '중압' 이 아니라 '자부심' 을 느끼게 하고 있는 증거다. 한편 F 총경리는 "주말에 출근하는 것은 평가의 대상이 되지 않는다" 고 '권한수여' 받은 입장에서 "필요하면 나가면 된다" 라고 제3자적인 입장을 습관화 하고 있다.

그리고 위와 같이 권한을 수여하면서 총경리가 '월권행위' 를 하는 경우도 있다. 즉 종업원의 해고이다. 총경리는 근무태도에 문제가 있는 종업원, 오만한 종업원을 발견하면 다른 종업원에 대한 영향을 고려하여 그 자리에서 그 종업원의 상급 간부에 해고를 명령한다. 이것은 부하 교육이 되어 있지 않은 경영간부에 대한 책임 추궁의 경고성이다. 그러나 이런 칼날을 자주 사용하면 경영간부는 자기에게 권한이 없다고 생각하므로 1년에 한 차례 정도 하고 있다. 이러한 '월권행위' 는 책임추궁 외에 경영간부의 독재적인 행위를 제지하는 적당한 간섭의 의미도 갖고 있다. '권한수여' 와 '파격적 대우' 를 해주는 반면 '철저한 책임추궁' 또 경영간부의 독재를 방지하기 위한 적당한 '월권행위' 를 함으로써 총경리가 이런 균형을 유지하고 효율적인 경영을 실현해 가는 것이다.

◎경영방법 4 진출지역에서 '관련 업종의 네트워크' 구축

해외 진출은 국내에서 구축한 협력 관계가 없는 바다에 들어가는 것을 의미한다. 대기업이면 산하에 많은 자회사, 협력회사를 갖고 있어 동시에 해외 진출하는 것이 가능하다. 그러나 중소기업의 경우 그러한 체력이 없다. 그래서 진출 전 주도면밀한 준비가 필요하다.

★ 포 인 트 ★

1. 구체적인 진출검토 시작 전
   ① 자사 진출을 시야에 둔 정보수집
   ② 관련 업자에게 출자하여 관계 강화
2. 수주 예상 획득 후, 진출검토 시작
3. 진출지역 관련 업종의 조사
   ① 중국에서 네트워크 만들기
   ② 동업자와 동시 진출을 모색
4. 관련 업종과 정보교환
5. 관련 업종 네트워크를 진출 지역에서 구축

(1) 수주측 및 생산활동에 필요한 관련업종 ⇒ 중국진출 검토시작

중소부품제조업의 해외진출은 대규모 기업으로부터의 안정된 수주가 대 전제로 된다. 그러나 A사장이 "중소기업이 해외에 진출할 시에는 관련 업종이 없으면 아무것도 할 수 없다" 고 지적하고 있는 바와 같이 수주측이 있어도 원료 조달측, 외주측 등 자사의 생산활동에 필요한 '관련업종 네트워크' 가 없으면 생산 활동은 시작될 수 없다. 만약 진출 예정지역에 관련 업종이 진출 되어 있으면 협력 체제를 구축하는 것은 비교적 쉽다. 그러나 적절한 관련 업종이 없는 경우, 진출 전 사전 조사활동이 반드시 필요하다. 한국에서 협력 관계가 있는 관련 업자들의 동시 진출을 요청하여 중국 진출 후 안정 경영의 길을 모색하는 것이 진출전략의 포인트이다. A사장도 진출 전, 자기 회사보다 빨리 상해에 진출한 관련업자에게 일부 출자하여 장래의 자사 진출을 고려한 관계 강화를 진행하였다. 또 진출 후에는 중국 진출에 대해 상담 온 다른 관련 업자에게 상해의 상황 등을 얘기하고 진출을 권고하여 홍콩에서 진행하고 있었던 금형의 열 처리공정을 자사 공장의 가까운 협력 회사가 되도록 하였다. A사는 '관련 업종으로부터 정보수집'과 '관련 업종에 대한 정보제공'을 중요시한 결과 안정 경영에 성공하였다.

(2) 중소기업을 '지원' 하는 공업단지의 활용

최근 중국의 경제개발구에는 중소기업의 진출을 지원하는 중소기업단지가 정비되어 있다. 전에는 대기업진출용 대규모적 구획뿐이었고 작은 구획은 준비되어 있지 않았다. 그러나 최근에는 중소기업의 진출을 배려하는 중소기업단지의 조성을 많이 하고 있다.

예컨대, 상해와 남경을 사이에 두고 장자강 북쪽에 위치하고 있는 강언(姜堰)경제개발구는 중소기업단지다. 진출실적은 아직 적지만, 투입자본이 비교적 소액으로 중소기업단지에 관련 업종과 동시 진출이 실현되면 네트워크는 자연적으로 구성되어 생산효율은 오르게 된다. 이외에 전자부품 등 제조업이 모인 광동성(廣東省)의 경우에는 관리자가 진출한 중소기업의 총무 부문을 혼자서 책임을 지는 사례가 있다. 이와 같이 중소기업을 지원하는 공업단지에 진출하는 것은 경쟁력을 갖게 하는 또 다른 선택일 수도 있다.

◎경영방법 5 일시적 휴가 조치와 인센티브로 성공하는 생산관리

인간은 아무튼 자기 자신에 대해서는 후하다. 그렇기 때문에 경영자는 그 후함을 들어내지 않는 공부를 할 필요가 있다. 또 그 외에 일하면 하는 만큼 수입이 늘어난다는 실적에 따른 인센티브의 제도를 도입하여 성과급을 자극한다. 이것은 '관리' 지만, 무의식 중에 사람을 주의시켜 관리하는 유효한 방법이다.

★ 포 인 트 ★

1. 중국에서 생산관리의 전제
   ① 종업원의 취업태도, 긴장감은 늦추기 쉽다.
   ② 생산효율은 안정되지 않는다.
   ③ 일단 떨어진 생산효율은 본래로 돌아가지 않는다.
2. 생산효율 감소에 대한 방지책
   ① 1인당 작업량을 감소시키지 않는다.
   ② 여유 인원의 일시 귀가 휴식을 실시한다.
   ③ 종업원의 긴장감을 관리한다.
3. 종업원의 '하겠다' 는 기분유도
   ① 회사업적과 개인성적에 따른 급여제도
   ② 각종 장려금의 활용
   ③ 정기적인 인사고과, 급료사정
   ④ 향상하고 있는 회사의 업적과 개인성적을 강조

(1) 한번 다운된 생산효율은 올라가지 않는다.

국유기업의 종업원은 생산관리 능력이 낮은 경우가 많다. 이것은 충분한 관리 교육을 받지 못한 결과이다. 게다가 한번의 교육으로는 안정적인 생산 관리가 실현될 수 없다. 왜냐하면 공장의 생산량은 변화의 파동이 있기 때문에 기계 가동률이 낮은 시기에는 종업원들의 취업 태도가 방심하기 쉽다. B총경리에 의하면 "충분히 가동하면 1인당 작업량이 100인데, 한가한 기간의 작업량은 80정도까지 감소될 수 있다" 고 한다. 한국에서는 '전국민이 일정한 수준의 교육을 받고 있다' 그렇기 때문에 1인당 작업량이 감소되어도 생산효율이 결코 내려가는 것은 아니다. 그러나 중국 특히 국유기업에서 모집한 종업원은 이미 습관적인 경향에 젖어있다. 즉 종업원들이 '한가한 기간보다 더 많이 일을 하였기 때문에 당연히 급여도 많은 것이다' 는 등 태연한 얼굴로 주장한다.

그래서 B총경리는 '사람에게 여유가 생기면 생산효율이 반드시 다운된다. 다운된 효율은 쉽게 되돌아오지 않는다. 1인의 작업 밀도가 최저 라인에 내려가지 않도록 하는 노력이 필요' 하다고 보아 공장의 기계 가동률이 내려간 경우에 급여는 최저한도에 머물고, 즉시 일부 사원들을 일시 귀가 휴가조치를 실시하고 있다. 이렇게 함으로써 언제나 1인당 작업량을 100으로 유지하고 한번 높인 생산 효율의 유지를 실현하고 있다.

(2) 인센티브제도를 활용 생산성과 사기의 향상

B총경리가 "종업원들의 돈에 대한 자극은 한국과 비교할 수 없을 정도로 높기 때문에 장려금의 효과는 눈에 띄게 다르다" 고 말한 바와 같이 작업량의 관리뿐만 아니라 종업원에게 구체적인 작업들을 준비하고 있는 현지법인 경영자들도 많이 이용하고 있다. F총경리도 종업원들의 인센티브를 중요시 하는 보수제도와 급여제도를 실시하고 있다.

B총경리는 '회사의 업적과 개인의 실적은 급여와 관련 있다' 는 것을 종업원에게 철저하게 주지시키고 있다. B사는 또 가정적 분위기를 중요시하여 경영자와 종업원이 서로를 이해하기 위해 총경리 자신이 인사고과도 실시하여 보수에 대한 장려금액을 결정하고 있다.

한편 F총경리는 현장의 관리직을 뛰어 넘어 "자신에게 직접 급여와 보너스에 대한 불만을 말하는 자는 즉시 해고" 라는 엄격한 대응을 하고 있다. 이것은 경영진이 종업원 보다 한층 높은 수준에 있는 종적인 관리이다. 왜 이런 엄격한 관리가 필요한가?

첫째, 종업원의 평가는 현장을 잘 이해하고 있는 현장의 과장 수준이 진행한다. 현장에서 작업성적이 양호하면 그대로 보수 장려금이 증가하는 시스템을 취하고 있기 때문이다. 총경리가 직접 격려에 간섭하는 경우가 없다.

둘째, F사는 부총경리, 공장장 등에게 명확한 권한위임을 하여 또 현장의 과장 수준에게도 어느 정도의 인사관리 권한을 위임하는 '계단식 관리' 를 목표로 하고 있다. 그 때문에 총경리의 귀에 일반 종업원의 불만이 들어가게 되면 그것은 계단식 관리를 무시했다는 것을 의미하며 바로 해고하여야 한다. 그러나 F총경리는 '계단식 관리' 를 실시하면서 생산관리의 기본인 현장주의를 철저하게 하기 위해 현장 종업원과 술을 주고 받으면서 충분한 교류를 하고 있다.

생산관리에는 여러 가지 요소가 영향을 준다. 강력한 드라이브와 격려라고 하는 미묘한 형평성 있는 관리가 생산현장의 생산성과 사기 유지의 요령이라고 할 수 있다.

◎경영방법 6 외주의 이용 · 관리와 기술이전

★ 포 인 트 ★

1. '자체적 해결주의' 인 국유기업 잉여설비를 외주형태로 적극활용
   ⇒ 지역경제 활성화에 공헌
2. 기술이전은 견적을 검토하고 가격차의 근거를 공장에서 실제지도

(1) 중소기업의 외주 지혜가 기업과 지역경제 활성화

중국의 국유기업, 특히 대형 국유기업 경우에 작은 부품 하나도 자사 공장에서 만드는 '자체적 해결주의' 를 취하고 있다. 그러나 채산성을 도외시한 생산방법은 비효율적이다. 즉 A사장의 얘기처럼 "밖에서 사도 되는 부품을 연간 3개월만 가동시켜 자사 공장에서 생산하고 기타 시기에는 전혀 부품을 만들지 않는다" 는 것은 국유기업의 전형적인 비효율적 형태이다.

한편 한국의 제조업은 철저한 분업화로 코스트 절감, 외부 주문을 통해 진행하고 있다.

중국에는 한국기업의 분업화라고 하는 지혜는 없었다. 국유기업뿐만 아니라 중국 자체에 없었다. 그러나 그 국유기업에 외주를 요청하여 성공하고 있는 기업이 A사의 합자공장이다. A사의 합자공장은 가동하고 있지 않은 국유기업의 공장에게 외주거래처로 결정하였다. 합자공장은 자사 내에서 생산할 수 없는 작업, 채산이 맞지 않는 작업을 국유기업에 외주 생산함으로써 낮은 코스트로 경영을 하고 있는 것이다.

이 외주형태는 국유기업의 공장에도 큰 장점이 있다. 즉 누이 좋고 매부 좋은 격이다. 본래 연간 3개월 밖에 가동하지 않는 공장에 일감을 주어 종래 보다 수입이 증가하므로, 본래 비효율 체제를 반대로 외부로부터 수주를 받아 새로운 투자 없이 이익을 창출하는 체제로 바꾼 것이다.

A사장은 이러한 국유기업에게 작업을 제공하여 낮은 코스트 경영을 하면서 지역경제의 활성화에 공헌하고 있다.

(2) 기술이전은 견적서 요구부터 시작한다.

중국도 한국도 가격은 코스트를 종합적으로 견적하여 플러스 자사이익으로 결정된다. 그래서 외주하는 경우에 먼저 필요한 부품의 샘플과 사양을 기초로 가격의 견적을 낸다.

그리고 한국의 경우는 가격과 품질 등을 비교하여 외주측을 결정한다.

그러나 중국에서는 그렇게 단순하지 않다. 원료비용, 인건비 등이 낮음에도 불구하고 놀랄 정도로 높은 견적 가격이 나오는 경우가 있기 때문이다. 한국에서는 이런 외주측의 수주는 있을 수 없다. 왜냐하면 견적을 받아 타사와 비교하면 한눈에 바로 알 수 있기 때문이다. 그러나 중국에서는 '잠시 기다림' 이 필요하다. 우선 이 회사의 경영자의 생각을 잘 판단하는 것이다. 왜냐하면 대충 계산하였는지, 구체적으로 상세하게 계산하였는지를 잘 파악할 필요가 있기 때문이다.

일반적으로 대충 계산한 회사는 신용도가 낮다. 그러나 정확한 견적을 내고 경영자가 정확한 생각을 갖고 있는 회사라면 기술력이 없고 실력이 떨어지는 경우라도 외주측을 한번 고려해 볼 가치가 있다. 그 이유는 E총경리가 "한번 거래를 시작한 회사와 더불어 기술력을 높여 간다" 고 말한 것과 같이 신용할 수 있는 외주측을 만든다는 것은 장기적으로 장점이 크고 오랫동안 '좋은 관계' 를 구축해 나갈 수 있기 때문이다.

그렇다면 전혀 예상외의 견적이 나왔을 때 어떻게 그 회사의 신용도, 경영자의 인격을 정확하게 파악할 수 있는가? 우선 상대의 공장에 들어가 넓은 시야로 견적의 근거를 확인하는 것이다.

기술이전 시, 자사가 설립한 공장에서 견적을 내고 상대 공장과 자사 공장의 차이를 기초로 개선의 방향에서 서로 손을 잡는다. A사장은 효율적이 아닌 공정을 발견하면 "이 낭비를 절약하면 인민폐 20원은 코스트를 낮출 수 있다" 고 권고를 한다. 과연 '합리화를 위한 지적을 받아들일 수 있는 경영자인지' 와 '함께 작업을 할 수 있는 공장인지' 등을 판단할 수 있다. 물론 E총경리가 '외주측에 상주하는 경우도 있다' 고 말한 바와 같이 기초적 기술이 없는 회사를 지도한다는 것은 끈기가 필요하다. 이러한 외주측의 기술지도를 거쳐 결과적으로 생산의 효율화, 합리화가 실현된다면 쌍방이 이익을 올릴 수 있다.

◎경영방법 7 부정행위를 따지기 전에 체크 시스템의 구축

중국에서는 원재료 등을 구입할 때 구매담당자가 의도적으로 마진을 붙이는 것은 당연한 행위로 보고 있다. 왜냐하면 '구입처는 찾으면 얼마든지 있다. 그런데 나는 호의로 당신의 회사에 물건을 팔아주고 있다. 나에게 답례로서 얼마의 돈을 주는 것은 당연하다'는 생각이 있기 때문이다. 이런 행위는 부정하다고 생각하지 않고, 회사에 손해가 가도 회사에 배은망덕하다는 죄 의식이 없는 경우가 많다.

한국기업의 경영자는 "중국에서는 부정이 많아서 견딜 수 없다"는 말을 자주 한다. 그러나 '마진(이윤)을 취하는 문화'가 있는 중국에서는 어떤 대책이 마련되지 않으면 '한국인들이 부정이라고 생각하는 행위'가 발생하는 것은 당연하다. 경영자라면 우선 '마진문화'의 좋고 나쁨은 물론 이런 관습이 존재한다는 사실을 이해하고 그 부정행위를 미연에 방지하는 체크 시스템을 구축해야 한다.

★ 포 인 트 ★

1. 현지 경영자가 구매를 담당
2. 구매담당은 현지 물가 등 정확한 시장가격을 파악
3. 경리부장을 현지 경영자가 겸직
4. 영업경비를 현지 경영자 직속의 부하가 체크
5. 부정을 발견하였을 때는 엄격하게 조치

(1) 부정이 일어나기 쉬운 부분은 경영자가 직접 챙긴다.

가장 부정이 일어나기 쉬운 부분이 구매부문이다. 그래서 경영자의 대부분은 '총경리의 구매독점'으로 부정행위 가능성 부분을 없앤다. 즉 F씨는 구매담당을 두고 있지만 대형거래, 중요 품목을 구입하는 경우에는 총경리의 사인을 의무화 하여 총경리가 구매를 독점하고 있다. F씨가 대형 계약의 구매를 독점하면서 또 구매담당을 두고 있는 이유는 사원교육의 의미가 있다. F씨가 물건을 구매 시 이윤을 취하지 않는 비즈니스 스타일을 중국인 종업원에게 보여주는 것이다. 또 구매담당자에게 총경리의 행동을 체크시켜 투명성을 유지할 수 있기 때문이다.

또 구매에서는 시장의 적합한 가격의 파악이 중요하다. '구매독점'을 하여도 적정한

가격으로 구입할 수 없으면 손실은 크다. 적합한 가격은 그 분야가 아니면 파악이 곤란하기 때문에 제품 재료를 한국에서 수입하는 경우는 한국에서 구입 담당의 경험 등이 중요하다. 중국에서 구입하는 경우는 재료의 품질과 가격 등에 상세한 지식을 갖고 있는 중국인 종업원의 힘이 필요하다. 그래서 구매담당을 총경리 직할로 하여 총경리도 적합한 가격을 안 가운데 종업원 관리를 할 필요가 있다.

(2) 경영자의 직속 부하가 간부들 행동을 감시

B총경리의 말처럼 "신뢰할 수 있는 사람을 경리부장에 두는 것이다. 쉽지 않은 경우 총경리가 겸하는 것도 하나의 방법" 이라고 언급한 바와 같이 부정의 틈새가 없게끔 자금의 흐름을 잘 관리할 필요가 있다.

전술한 F총경리의 회사는 구매부문을 총경리가 직접 챙기고 있는 외에 영업경비 등의 관리도 주의시키고 있다. F총경리는 총경리 직속의 일반 종업원에게 회사의 지출을 체크하는 방법을 채택하고 있다. 이렇게 함으로써 영업담당 등이 사용한 경비의 타당성을 객관적으로 확인할 수 있고 영업부장 등의 간부들의 행동을 투명하게 할 수 있다.

또 F씨는 체크 시스템을 만들 뿐만 아니라 부정에 대해 엄격한 태도를 취하고 있다. 언젠가 중견 영업담당자가 인민폐 800원을 부정으로 착복하고 있다는 것을 알았다. 금액은 크지 않지만 그가 책상 안에 현금을 넣었기 때문에 증거는 충분하였다. 그래서 총경리는 '즉시 해고' 라는 엄격한 조치를 취하였다.

제2부
중국 현지법인 설립 · 운영

제1장 중국투자의 기본제도
제2장 중국투자의 VISON과 사업구상
제3장 중국진출 전 실무적인 검토단계
제4장 현지법인의 설립단계
제5장 현지법인 경영상 유의할 점
제6장 중국기업의 M&A에 관한 절차
제7장 중국의 지적재산권 침해와 대책
제8장 중국의 반덤핑법과 그 실제
제9장 현지법인의 철수(해산 · 청산)

제1장 중국투자의 기본제도와 정책

1. 중국의 기업체계

중국의 개혁 · 개방으로 인해 마침내 계획경제의 생산 수단인 많은 국유기업들이 구조조정을 통하여 사영기업화 되어 가고 있다. 중국의 기업형태는 중국이 대외개방정책의 근간이 되었던 1979년에 합자경영기업법이 제정된 후 이미 27년 이상의 세월이 지난 현재, 다음 5가지 종류로 분류할 수 있다.

(1) 국유기업(전인민소유제기업)

생산수단이 국가의 소유로 귀속하는 경제유형으로써 사회주의 경제의 가장 중요한 경제실체이다. 대표적인 것으로 국유기업이 있다. 이 기업은 국유자산을 투자하여 설립한 기업으로 중앙정부 외에 지방정부, 그리고 정부기관의 기본인 사업단위 및 사회단체가 투자하여 설립한 기업도 포함하고 있다.

또 국유기업의 분류에는 국가가 경비의 전부 또는 일부를 각출하여 기업화 경영을 꾀하는 사업단위와 경영적인 활동을 꾀하고 있는 사회단체도 포함된다. 그리고 이러한 국유기업, 사업단체, 사회단체가 자기자본으로 출자하여 설립한 기업도 포함하고 있다.(*주: '全人民所有制企業法' 1988. 4. 13 채택)

(2) 집단기업(집단소유제기업)

생산수단이 공민집단의 소유로 귀속하는 경제유형으로 사회주의경제를 구성하는 경제실체다. 대표적인 것으로 향진기업(鄕鎭企業)이지만, 집단기업에는 도시와 농촌에서 소유사용하고 있는 자산을 집단으로 투자하여 설립한 기업 외에 일부 개인이 자금을 조달하지 못해 소유권을 포기하여 법률에 의해 공상행정관기관이 집단소유제기업으로 인정한 것도 포함하고 있다.(주: '都市·町集團制企業條例' 1992. 1. 1 시행)

(3) 사영기업

생산수단이 공민 사인의 소유에 귀속하고 노동력을 고용하는 것이 기본이 되는 경제유형이다. 국가의 법률, 규정에 따라서 등기된 사영의 독자기업, 사영의 공동기업, 사영의 유한책임공사가 있다.(*주: '私營企業暫定施行條例' 1988. 6. 25 공포)

(4) 삼자기업(외국투자기업)

외국의 투자자가 중국의 섭외경제에 관련한 법규에 기초하여 합자기업, 합작기업 그리고 100% 외자로 설립되는 독자기업의 형태로써 중국 대륙 국내에서 기업을 설립하여 조직하는 경제유형이다. 이세 가지 형태의 기업을 삼자기업이라고 부르며, 중국회사법 제18조에 근거한 유한회사에 속한다.(*주: '中外合資經營企業法'(1979. 7. 8 공포), '中外合作經營企業法'(1988. 4. 13 채택), '外資企業法' 1986. 5. 1 공포)

(5) 외국회사의 영업소

위와 같은 분류는 기업의 소유형태, 즉 누가 소유하는 가를 기준으로 분류한 것으로 중국 특유의 분류 방법이다.

(*주: 중국회사법에서는 회사의 종류를 유한책임회사, 주식책임회사 두 가지 형태로 분류하고 있다. 한국은 합명회사, 합자회사, 유한회사, 주식회사 4가지의 형태로 분류하고 있다.)

2. 토지제도와 그 사용권취득

중국은 대외개방정책을 실시할 때까지 토지에 관한 권리는 모두 국가 또는 공민집단에 귀속하고 행정적으로는 토지를 무상, 무기한, 고정적으로 기업이나 단체 등에 제공해 왔다. 그러나 외자도입을 시작하면서 토지의 소유권과 사용권을 분리하여 토지의 사용권을 합자기업, 합작기업에 현물 출자하는 형태를 취하여 외자도입의 성공요인이 되었다. 외자기업이 진출할 경우는 토지의 사용권을 매입하거나 임대하여 공장을 짓고 회사를 설립한다. 중국의 토지제도에 대한 기본적인 내용과 외자기업이 토지사용권을 취득할 때 유의할 점은 무엇인가?

(1) 토지의 소유권

중국의 모든 토지는 원칙적으로 국가소유 또는 집단소유이며, 한국처럼 개인이나 기업에 의한 토지의 소유권은 인정되지 않는다.

① 전인민소유제토지: 도시부의 토지 및 특히 법률에 의해 국가소유로 되어있는 토지를 말한다.

② 집단소유토지: 촌 농민이 집단소유하고 있거나 향진(鄉鎮)의 농업집단경제조직에 속하는 토지이다.

(2) 토지사용권의 종류

중국에서 외자기업이 기업을 설립하는 경우 토지를 관할하는 토지관리국에 사용신청을 하고 허가를 받는다. 토지관리국의 허가가 없으면 토지사용권은 발생하지 않는다. 이 허가를 받은 후 '토지사용증' 의 교부를 신청한다. 토지사용증은 사용권자의 명칭, 사용토지의 소재지 · 면적 등을 기재한 문서이다. 즉 토지사용권의 권리자임을 증명하는 공문서로써 이것이 없으면 토지사용권을 주장할 수 없다.

외자기업이 취득할 수 있는 토지사용권은 '할당토지사용권' 과 '불하토지사용권' 두 가지 종류가 있다.

가. 할당토지사용권(劃撥土地使用權)

이 제도는 대외개방이 시작되기 전 계획경제시대의 토지사용권 형태로 그 특징은 무상, 무기한, 양도 · 임대 · 리스 · 저당권 설정이 금지된다. 그런데 70년대 말 외자도입이 시작되면서 당시 국유기업은 외자기업과 합자할 수 있는 자산이 아무것도 없고, 단지 갖고 있는 토지사용권을 현물 출자하는 방식이었다. 그러나 이 토지사용권은 역시 할당토지사용권이기 때문에 양도, 임대 및 담보설정도 불가능한 채로 기한은 합자회사의 존속기간에 한정되었다.

이 할당토지사용권은 토지관리국으로부터 직접 취득하는 것도 가능하다. 이 경우 토지사용료를 매월 또는 4분기별 토지관리국에 지불하여 유상, 기한부, 양도불능, 담보설정불가, 용도제한의 토지사용권을 취득하게 된다. 할당토지사용권이 현물로 출자되는 경우 토지사용의 대가가 중국측의 출자지분으로 전환되기 때문에 출양비(出讓費)의 지불은 없다. 또 할당토지사용권은 개발구가 아니기 때문에 관리비도 없다. 토지사용비 만은 부과되지만, 이 것도 합자계약에 따라서 합자기업이 부담하는 경우와 현물 출자하는 중국측이 부담하는 경우가 있다.

나. 불하토지사용권(出讓土地使用權 또는 批租土地使用權)

이 제도는 1987년에 심천시(深圳)에서 시험적으로 실시하는 것을 시작으로 토지관리국과 사용자가 토지사용권불하계약을 체결하고, 그 조항에 따라 토지사용권의 존속기간에 대한 사용료를 일괄 지불하는 것으로 제3자에게 양도와 담보설정이 가능한 토지사용권을 취득하는 것이다.

외자기업이 불하토지사용권을 취득하기 위해서는 중국 내에 수많은 개발구 내에서 현지를 관할하는 토지관리국 또는 그 개발구의 관리위원회와 토지사용권 불하계약을 체결하고, 그 계약조건에 따라서 사용기간이 30~50년의 불하토지사용권을 취득한다. 이 경우 계약에 따라서 출양비(出讓費)를 일괄 지불하는 외에, 고정자산세인 토지사용비(土地使用費)와 공업단지의 공익비용에 속하는 토지관리비(土地管理費)를 납부하는 것이 보통이다.

(3) 토지사용권의 특징

토지의 소유권에 익숙한 한국인에게는 이 토지사용권이라는 단어를 들어보지 못했던 소리에 다소 놀라겠지만, 결코 사회주의 중국의 특산물은 아니다. 이 토지사용권이란 개념은 영국 연방국과 그 식민지국인 홍콩, 싱가폴 등에 보편적으로 있는 토지제도로 국민이나 기업은 영국 여왕으로부터 토지를 기한부로 임대수여 받는다는 역사적 제도에서 온 것이다. 따라서 토지거래의 대상은 소유권이 아니고, 예컨대 99년 또는 999년이라는 장기간의 기한부 임차권으로 되어있다. 중국에서도 외자도입을 하는데 홍콩 등에서 일반화되어 있는 임차권 방식을 그리고 기한을 단축하여 채용하게 된 것이다.

가. 비교적 짧은 사용기한

① 주택용지: 70년
② 공업용지: 50년
③ 교육, 과학기술, 문화, 위생, 체육용지: 50년
④ 상업, 관광, 오락용지: 40년
⑤ 종합적인 기타 용지: 50년

나. 토지의 개발기간 지나면 몰수의 가능성

토지를 일정기간 개발·착수하지 않으면 몰수당할 수 있다. 토지사용권이 상품으로서 거래는 인정되지 않는다. 이것은 토지의 전매를 방지하기 위한 것이다. 따라서 불하 받은 토지를 이용하여 부동산개발과 그 토지 위에 세운 사업 프로젝트의 인가를 받아야 하고, 그렇지 못하면 불하된 토지를 반환해야 한다.

이 불하계약에서 정한 개발 이용기한을 1년이 넘도록 개발을 착수하지 않으면 토지유휴비(불하금액의 20%이하)를 징수 당하고, 2년이 넘도록 착공하지 않는 경우는 토지사용권을 무상으로 몰수할 수 있다는 규정이 있다는 것에 주의할 필요가 있다.

다. 토지와 지상건축물은 불가분 관계

한국의 경우와는 달리 토지 또는 지상건축물의 권리 중 어느 한쪽의 권리가 이전되면, 무조건 다른 한쪽의 권리도 이전되어 버린다.

중국에서는 저당권이 토지에 설정되어 있다고 해도 그 저당권의 권리행사에 따라 건물도 함께 저당권자에게 이전된다는 점에 유의할 필요가 있다.

(4) 토지사용권 취득시 유의할 점

가. 중국측의 현물출자의 경우

토지사용권은 중국측 출자자가 유상불하를 받아서 현물로 출자하는 것이 원칙이지만, 유상불하 자금이 없거나 무상 할당된 토지(劃撥土地)를 보통의 토지사용권과 같은 방식으로 외자 측에 설명하면서 그 자체대로 현물출자하고 싶다고 고집하는 경우가 종종 있는데, 주의가 필요하다.

이 무상 할당된 토지사용권의 경우는 유상의 사용권과 달리 양도, 임대, 담보설정이 불가능하고 사용기간이 규정되어 있지 않다. 따라서 언제라도 국가가 수용할 수 있다는 위험이 있다. 가령, 대규모적인 도시개발이나 고속도로 건설계획 지역에 포함된 경우 어떤 보상도 받지 못한다.

그렇기 때문에 중국측이 할당 받은 토지를 현물출자로 인정하는 경우, 출자액 평가에 대해서 이런 위험성이 크다는 것을 상대방에게 잘 설명을 하고, 매우 낮은 평가가 되도록 교섭해야 할 것이다.

나. 토지사용권의 유동성과 감가성

토지사용권은 양도(전매), 임대, 담보를 설정하는 것도 인정되고 있다. 그러나 토지를 상품으로서 양도할 수 없고, 반드시 이용 목적에 맞는 사업프로젝트와의 관련성이 있어야 하므로 그 유동성과 시장성에는 다소 제약이 있다. 그리고 사용권을 양도한다든지 담보설정을 하는 경우에 그 가치는 잔존기간의 연수에 따라 큰 영향을 받는다. 즉 잔존 연수가 긴 경우는 가치로서 평가되지만, 그 기간이 짧은 경우는 실질가치는 제로에 가까운 것이 된다. 중국의 회계원칙은 토지사용 연수에 따라서 정액을 감가상각 하는 것으로 되어 있다.

3. 개혁개방과 외자도입

1970년대 말, 중국의 외국기업에 대한 직접투자 개방정책은 1979년 7월 1일 통과된 중외합자경영기업법(이하 '합자법' 이라 함)의 상징이며, 1949년 중국 건국이래 취해왔던 정책으로부터의 현저한 이탈을 의미하는 것이다. 중국은 1949년 국가를 수립한 후 20년 동안 외국인 투자에 반대적인 입장을 견지해 왔다. 그것은 역사적·이데올로기적인 이유에서 배척하여 왔던 것이다. 1950년대 전반에 걸쳐 중국은 소련 및 기타동구권 국가들과 상호 협력을 통한 경제적 교류가 있었지만, 한국전쟁(1950년 6월 25일) 이후 미국은 중국과의 모든 거래를 전면금지시켰고, 다른 유럽제국과 일본도 중국과의 무역을 크게 제한 시켰다. 1960년 소련의 경제지원이 중단되면서 중국은 서구제국의 다국적기업과도 상당한 협력을 하게 되었다. 그러나 1966년부터 1969년까지는 문화대혁명기간(1966

년~76년) 중으로 일단 중단되었는데, 1970년대 초 다시 다국적기업과의 협력이 활기를 띠게 되었다. 외국인 직접투자의 도입에 관한 중국의 결정은 대외개방정책의 중요한 항목이었고, 1970년대 이후 중국경제의 고도성장을 이끈 주된 요인 중의 하나였다.

1992년 1월~2월 최고실력자인 등소평은 심천(深圳), 상해(上海) 등 중국 남부를 시찰하던 중 개혁개방과 경제발전의 "두 가지 가속" 을 제안하였다. 이것을 계기로 1992년 이래 중국은 개혁개방과 경제발전의 가속이라는 새로운 경제 활성기를 맞이하게 되었다. 이 시기에 홍콩, 대만, 일본, 유럽, 미국, 한국기업 등을 포함하여 외국기업의 중국투자 급증은 특히 주목할 만한 대목이다.

중국의 경제는 빠른성장을 지속한 결과 현재 GDP규모가 세계 5위의 경제대국으로 부상하였고, 1978년부터 1998년까지 20년 동안 연평균 9.8%의 경제성장을 기록하게 되었다. 지금도 세계최고의 경제 성장율을 보이고 있다. 또한 중국의 WTO 가입과 함께 중국시장의 교역환경이 급변하면서 금후 점차적으로 한국, 구미와 일본기업의 투자가 점점 시장 점유율을 차지하리라 본다. 새롭게 대중국에 대한 투자의 분석과 수출확대의 전략대응을 모색해야 할 것이다.

(1) 1980년대의 직접투자 도입정책

가. 합자법의 제정과 경제개방지역의 설치

1970년대 말까지 중국은 중앙집권적인 계획경제의 실행과 함께 대외적으로는 폐쇄적인 정책을 취해 왔다. 그러나 1978년의 중국공산당 제11회 중앙위원회 제3차 전체회의는 역사적으로 획기적인 전환을 가져온 회의였다. 즉 1964년에 주은래(周恩來) 국무원 총리가 제3차 전국인민대표대회의 '정부활동보고' 에서 중국경제의 장기적인 발전목표로서 최초로 발표했던 것을, 등소평(鄧小平)의 강한 리더십을 중심으로 종래의 정치우선, 이데올로기 중시의 노선을 부정하고, 네 가지의 근대화 정책인 공업, 농업, 과학기술, 국방의 근대화 실현을 국가의 최대 목표로 하는 경제우선의 노선으로 전환을 결정한 것이다. 그리고 이러한 목표를 실현하기 위한 수단으로써 경제체제의 개혁과 대외개방이라고 하는 이른바 개혁개방의 새로운 정책을 마련하였던 것이다.

1979년 이래, 중국은 지금까지 금지해 왔던 외국인 직접투자를 유효하게 도입하고 동시에 대외개방으로 인한 국내 영향과 충격을 완화하기 위해 개방지역을 특정지역으로 한정한다고 하는 정책을 취했다. 대외개방을 상징적으로 나타내는 합자법을 제정한 것은 1979년 7월이었다. 합자법 제정의 취지는 외국기업과의 합자사업을 통하여 자금, 기술, 경영관리 노하우, 수출경로의 도입을 꾀한다는 것이다. 한편 일부의 연해안의 성(省)을 시작으로 대외개방을 진행하였다. 1979년에는 광동성(廣東省)과 복건성(福建省)에 대외경제활동에 대한 특수정책과 탄력적 조치를 인정했다. 그 이유는 광동성과 복건성에는 홍콩, 마카오에 인접해 있을 뿐만 아니라, 이 두 개의 성 출신 중에는 화교들이 많은 등 유리한 조건이 있었기 때문이다. 그리고 '경제특구' 를 광동성의 심천(深圳), 주해(珠海), 산두(汕頭)와 복건성의 하문(厦門), 해남성(海南省)에 설치하게 되었다. 물론 이러한 경제특구에 투자하는 외국기업에 대해서는 기업소득세 등의 우대조치를 취하였다.

1984년 4월에 천진(天津), 상해(上海), 대련(大連) 등 14곳의 연해항만도시에 '연해개방도시' 로 지정하여 대외적으로 개방하였다. 1985년 2월에는 장강(양자강)델타, 주강(珠江)델타, 복건성 남부의 민남(閩南 : 厦門 · 漳州 · 泉州)삼각지구가 '연해경제개방지대도시' 로 새롭게 개방되었고, 개방지역에는 주변의 농촌도 포함하게 되었다.

나. 지역에 제한 없이 외국기업의 단독 투자의 길이 열렸다.

1986년 4월에는 외자기업법(100% 외국자본)이 제정되어, 제품의 전부 또는 대부분의 수출(일반적으로 70% 이상)이라고 하는 조건으로 지역에 제한 없이 외국기업이 단독 투자할 수 있는 길이 열렸다. 1985년경부터 외자도입 업종을 선별하려는 움직임이 나오기 시작하여 1986년부터 1987년에 걸쳐서 호텔업, 음식업 등을 제외하고 규제하기 시작하였고, 제조업을 우선하도록 하였다. 1986년 10월에 제정된 외국투자장려규정에서는 제품수출기업과 선진기술기업을 우선한다는 방침을 명확히 하였다. 1987년에는《외상투자방향지도잠정규정》이 내규로서 제정되고, 도입 업종은 장려, 허가, 제한, 금지의 4종류로 분류되었다.

다. 대외개방은 연해지역부터 시작되었다.

1988년 1월, 조자양(趙紫陽) 당시 총서기가 대외개방을 한층 확대하는 연해 발전의 전략을 제안하였다. 이 전략은 선진국, 아시아 NIES 등이 산업구조의 조정을 하고, 노동집약형 산업을 해외로 이전시킨다고 하는 호기를 적극적으로 수용 대응한다는 것이었다. 연해발전 전략의 제안을 수용하여 대외개방지역이 확대되었다. 해남도(海南島)는 광동성의 한 지방행정구로서 1988년 4월에 해남성으로 승격함과 동시에 해남경제특구가 되어 경제특구는 모두 5곳이 되었다.

(2) 1990년대의 직접투자 도입정책

가. 합자법의 개정과 상해 포동개발구의 개발정책이다.

1989년 6월의 천안문사건으로 인하여 중국은 서방 선진국으로부터 경제 제재를 받게 되어 차관도입이 어렵게 되었다. 이 때문에 중국은 사건발생 후 직접투자 도입에 보다 적극적인 힘을 쏟게 되었다. 그 첫째로 1990년 4월에 합자법을 개정하였다. 즉 합자기업을 원칙적으로 국유화 또는 수용하지 않는다는 것이다. 부득이 수용하는 경우에는 그에 상응하는 보상을 해 준다는 것이다. 동사장(회장)에는 외국측 당사자도 취임할 수 있도록 개정되었다(종래에는 중국측 당사자만이 취임할 수 있었다). 그리고 합자기간에 대해서는 특정업종을 제외하고 기간을 정하지 않아도 좋다는 것(종래는 원칙적으로 10년~30년) 등의 결정이다. 둘째는 1990년 4월의 상해의 포동개발구 개발과 대외개방을 결정한 것이다. 이것은 포동개발구에 경제특구와 같은 조건과 우대정책을 부여하여 개발한다는 계획이다. 중국의 개혁개방 정책 이래 약 10여년 동안 상대적으로 늦은 상해를 재부상 시킴으로써 장강유역의 개발과 함께 중국 경제발전의 중심지역으로 발전시켜 나간다는 계획이다. 즉 포동개발구를 장래의 경제·금융·무역센터의 중심으로 탈바꿈함으로써 제2의 홍콩으로 건설한다는 구상이다.

나. 개혁개방의 가속과 규제완화 조치이다.

1992년 초 심천과 주해의 양 구와 상해의 포동개발구를 시찰한 등소평은 연해개방정책의 성공을 찬사 하면서, 전국이 이러한 상황을 배우도록 지시 하였다.(南方講話) 이 등소평의 지시에 따른 개혁개방 가속의 캠페인을 계기로 중국은 개혁개방과 경제발전의 가속이라고 하는 두 가지의 가속을 추구하기 시작하였다.

첫째로 외국투자의 도입 업종에 대한 규제가 완화되었다. 예외적으로 인정하지 않았던 분야에 외자의 도입을 확대한 것이다. 이러한 분야는 부동산, 무역, 상업, 금융, 보험, 해운, 항공관련, 철도, 창고, 교육, 법률, 회계, 전력, 철도 등과 인프라 등의 많은 분야가 제3차 산업이다.

둘째로 국내시장을 개방하게 되었다. 종래 중국은 합자기업 등의 제품을 가능한 많이 수출하도록 지도해 왔다. 제품의 수출비율은 단독투자인 경우는 90% 이상, 합자투자인 경우는 70% 이상이 일반적이었다. 1992년이래, 외화수지균형이 취해지고 기술집약기업·자금집약기업 또는 국유기업에 출자를 하는 형태의 합자기업일 것 등의 조건이 있었는데, 제품의 수출비율의 완화로 인하여 외자기업에도 많은 국내판매가 가능하도록 하였다.

셋째로 지역개방에서 '전방위·다원적의 대외개방' 으로 전환이다. 1980년대의 연해지역뿐만 아니라 연선(交通沿線), 연강(長江沿岸), 연변(國境主要都市)이 추가된 '삼연개방(三沿開放)' 이 진행되었다. 그리고 내륙의 성도(省都) 등의 중심도시도 대외개방이 서서히 시작되었다. 지역개방이 진행되는 한편, 외사도입에 관한 권한도 지방정부로 이양되었다. 또 새로운 거점으로서 기존의 개방지역 등에 보세구(保稅區)가 설치되고, 국가하이테크개발구와 관광리조트구의 설치도 증가하였다. 그리고 지방정부가 독자로 건설하고 있는 지비개발구(自費開發區), 소개발구(小開發區)도 수천 곳에 달하게 되었다.

다. 1990년대 산업정책 요강이 결정되었다.

중국은 1994년 6월에 1990년대의 산업정책을 규정하는《90년대의 국가산업정책요강》을 책정 표했다. 이 정책상 중요과제는 ①국민경제를 기초로 하는 농업, 농촌경제의 발전, ②인프라와 기간산업의 개선, ③지주산업의 발전, ④대외무역구조의 개선과 산업의 국제경쟁력 강화, ⑤첨단·신기술산업의 발전, 신흥산업의 발전과 신제품의 개발지원, ⑥제3차 산업의 발전, ⑦산업조직(기업)구조의 합리화, 기술수준의 향상, 산업배치의 적정화이다.

라. 외상투자산업지도 목록을 제정 공포하였다.

상술한 산업정책의 요청과 1992년이래, 직접투자의 증가를 배경으로 중국은 1995년 6월에 새로운 외자정책이라고 할 수 있는《외상투자방향지도잠정규정》과《외상투자산업지도목록》(1997년 12월 수정, 1998년 1월 1일 시행, 2002년 개정)을 공포하였다. 즉 장려하는 외상투자산업목록, 제한하는 외상투자산업목록, 금지하는 외상투자목록의 세 가지 형태로 명백히 밝히고 있다.

마. WTO가입에 따른 외자정책의 점차적인 전환이다.

중국은 1993년 9월부터 외자정책을 점차적으로 전환하기 시작하였다. 전술한 산업정책, 새로운 외자정책의 제정작업과 동시에 병행한 선별·규제강화조치, 관세의 감면조치 폐지 등 우대조치를 점차적으로 줄여나갔다. 이러한 조치의 요인은 산업정책의 요청 이외에 세제면에서 차별 받고 있는 국유기업의 불만과 내외 차별을 두지 않는다는 원칙을 취하고 있는 GATT, WTO의 가입준비에 따른 대응전략 등이었다.

4. 외자도입정책의 조정

(1) 시장경제화와 WTO가입에 따른 조정

외자도입정책은 근래까지 나름대로 큰 성과를 올렸으나 언제부턴가 시장경제원리, 산업정책 등의 모순으로 문제점이 노출되기 시작하였고, 마침내 일부 우대조치의 조정을 하게 되었다. 국유기업 등의 내국기업보다 외상투자기업을 우대하고, 지역적으로는 내륙지역보다 연해지역, 연해지역 가운데 경제특구를 특히 우대한다고 하는 외국투자도입정책은 근래까지는 큰 성과를 올렸으나 언제부턴가 문제점을 노출하기 시작하였다.

외상투자기업에 대한 우대와 공정경쟁을 추구하는 시장경제원리와의 모순, 지역적 경과정책과 산업정책 그리고 지역격차 시정과의 모순 등이다. 그를 위해 1994년부터 중국정부는 ①외상투자기업에 일부의 우대조치를 수정하고, ②업종별 선택의 강화, ③내륙부 투자의 장려 등을 주된 내용으로 하는 정책 조정을 하고 있다.

이러한 정책조정이 이루어지고 있는 최대의 배경은 시장경제화의 추진밖에 없다는 것이다. 1992년 10월의 중국 제14차 전국인민대표대회가 '사회주의시장경제체제의 확립'을 선언한 이래, 그 다음 해인 11월에는 시장경제화의 프로그램이라고 부르는 '사회주의시장경제체제확립의 약간 문제에 관한 결정' 을 채택하여 2000년까지 기본적으로 시장경제체제를 확립한다는 목표를 두고 진행하였다. 이에 따라 기업들 사이에 공정한 경쟁을 하기 위한 정책의 환경이 요청되고, 국유기업을 시작으로 강력하게 추진을 시작하였다.

연해지역, 특히 경제특구를 특별히 우대하는 정책은 연해지역과 내륙지역의 경제 격차를 확대하는 것으로서 내륙부의 강한 비판이 있을 뿐만 아니라 중국의 WTO가입을 심의하는 과정에서 많은 가맹국이 국내무역제도와 정책의 불균형이라는 비판과 함께 조속한 시일 내의 시정을 요구하였다.

외자도입정책에 대한 조정은 양보다 질의 향상을 중시한다는 중국정부의 변화를 보이고 있다. 특히 1992년 이후 대중국투자가 급증에 따라 정부 내에서도 외국인투자 업종의 선별과 관리강화를 요구하는 주장이 점점 전면에 부상하게 되었다. 그러나 조정의 방향은 결정되었어도 어떤 단계와 속도로 추진할 것인가에 대해서는 각 관청간의 의견이 일치하고 있지 않은 현상이다.

(2) 내외자기업에 대한 차별대우의 시정

내국기업과 외상투자기업의 차별대우의 시정은 크게 다음과 같이 진행되고 있다.

첫째, 국유기업에 대한 기업소득세율의 경감, 국내기업과 외상투자기업에 적용하는 세제의 도입이다. 둘째, 외상투자기업에 대한 대우의 수정이라고 하는 방향으로 나가고 있다. 1993년 말부터 내국기업에 대해서도 기업소득의 형태와 규모에 따라 많은 기업소득세율이 적용되었지만, 1994년 초 세제개혁에서 기업의 소득형태와 규모를 묻지 않고, 통일적으로 적용하는《중화인민공화국 기업소득세의 잠정조례》가 실시되어, 55%이었던 대중형 국유기업의 기업소득세율이 일시에 외상투자기업과같이 33%(지방세를 포함)로 인하되었다.

유통세에 대해서는 종래 외상투자기업과 국내기업에 대하여 다른 조세제도를 적용했지만, 1994년 초부터 국내기업과 외상투자기업에 적용하는 부가가치세, 소비세, 영업세가 도입되고, 동시에 공포된 개인소득세(개정)과 토지부가세(신설)도 국내기업과 외상투자기업에 적용 대상으로 하고 있다.

이처럼 1994년 초부터 외상투자기업에 대한 대우조치의 수정이 단계적으로 이루어지고 있다. 예컨대, 1994년 초부터 외상투자기업 및 외국기업 주재사무소의 승용차수입관세에 관한 면세조치, 1995년 초부터 전기제품과 사무기계수입에 관한 관세조치, 1996년 4월 1일부터 투자액 내에서의 수입설비·원재료의 관세면제조치를 점차적으로 폐지하였다. 중국정부는 금후, 외국투자유치 수단으로써 세제 등의 우대에서 국내시장의 개방, 내국민대우의 단계적 부여와 투자환경의 개선이라는 형태로 그 중심을 옮기고 있다. 즉 외국투자유치의 수단으로써 세제상의 우대보다 투자환경의 개선을 도모하고 있는 것이다.

5. 개방지역의 발전상황

(1) 전방위·다원적 대외개방

중국의 외국기업 투자유치 전략의 하나는 일부 지역을 선정하여 정책적 환경을 포함한 투자환경의 정비에 심혈을 기울여 외국기업투자에 적절한 특수한 환경을 만드는 것이다. 이것은 광대한 국토에서 일시에 투자환경을 정비할 수 없는 이상, 대외개방의 경험을 축적하여 단계적인 추진 방식을 취할 필요가 있다고 하는 판단에서 비롯된 것이라 본다. 이러한 대상지역은 정부가 지정한 경제특구, 개발도시 · 지구, 각종 개방지역을 포함한다.

중국에서 최초로 등장한 개방지역은 1980년 8월에 개방의 모델로써 설치된 심천(深圳) · 주해(珠海) · 산두(汕頭) · 하문(厦門) 네 곳의 '경제특구' 이다. 1984년 5월에 국무원은 천진(天津), 대련(大連), 청도(青島), 진황도(秦皇島), 연태(煙台), 연운항(連雲港), 남통(南通), 영파(寧波), 온주(溫州), 상해(上海), 복주(福州), 광주(廣州), 담강(湛江), 북해(北海)의 14도시를 '연해개방도시' 로 하였다.

그리고 1988년 초부터 장강(長江)델타, 주강(珠江)델타, 민남(閩南部)델타 전체를 '연해개방지구' 로 각각 지정하면서 요동(遼東)반도와 산동(山東)반도를 포함하는 발해(渤海)경제권 등이 개방되었다. 개방지역은 남쪽에서 북쪽의 연해에 확대되었다. 1988년 초에 국무원은 외향형 경제발전을 목표로 하는 연해제구 경제개발 전략을 실행하기 위하여 요동반도(遼東半島), 산동반도(山東半島), 하북성의 진황도(秦皇島) · 당산(唐山) · 창주(滄州)지역과 광서(廣西)자치구의 일부를 '연해개방지구' 로 지정한 것이다.

1990년 상해 포동은 경제특구에 준하는 정책을 적용하는 새로운 개방중심 지역으로 본격적인 개발을 할 것을 정식적으로 결정되었다. 1992년 초의 등소평의 남방순회강연을 계기로 개방의 물결은 연해에서 내륙으로 확장되었다. 즉 일부의 장강(長江)연해도시, 내륙부의 성, 국경도시를 연해개방도시와 같은 정책을 적용하는 내륙개방도시로 지정하였다.

한편, 1985년에 북해(北海)와 온주(溫州)를 제외하고 12지역의 연해개방도시에서의 경제기술개발구 설치를 계기로 하이테크산업개발구, 변경경제합작구, 국제관광휴가구, 보세구 등 다양한 개발구가 계속 설치되었다. 이러한 개발구는 지리적 · 산업적 · 인적 조건이 비교적으로 양호하고, 정책적으로도 외국투자기업에 특수한 우대정책을 포함하는 많은 특전이 부여되고 있기 때문에 중국의 대외개방, 특히 외국직접투자 도입의 전초기지가 되고 있다.

(2) 삼연개방으로 확대·발전

'삼연개방(三沿開放)' 이란 연해개방(沿海開放), 연강개방(沿江 : 長江沿開放)과 연변개방(沿辺辺)을 말한다. 중국의 대외개방은 홍콩·마카오의 근처인 광동성(廣東省)과 대만에 가까운 복건성(福建省)으로부터 시작하여 1984년에는 14지역의 연해개방도시를 중심으로 기타 연해지구로 확대되었다. 1990년대, 특히 1992년에 들어오면서 개혁개방의 가속화에 따라 개방 중점 지구도 종래의 연해지구로부터 장강연지구와 변경연지구를 포함한 내륙부로 확대되었다. '연해개방' 에서 '삼연개방' 으로 확대·발전에 따라 중국의 개방은 시작단계, 확대단계를 경유하여 전면적 개방단계에 접어들었다고 할 수 있다. '삼연개방' 으로의 전환 배경은 연해부와 내륙부의 지역 격차 확대 시정의 필요성, 장강지구와 변경대외 개방지구의 투자환경개선 그리고 연해개방의 성공을 들 수 있다. '삼연개방' 전략을 실시하기 위해 국무원은 1992년 일부의 변경대외 개방도시와 연강개방도시를 새로운 개방도시로 지정하였다.

연강(沿江)이란 상해(上海), 강소(江蘇), 절강(浙江), 호남(湖南), 호북(湖北), 안휘(安徽), 강서(江西), 사천(四川) 등을 포함하는 장강유역을 말한다. 장강유역의 인구, 경지, 수력은 각각 전국의 약 1/3, 농공업생산고는 전국의 1/2을 차지하고, 양쪽의 연안을 따라서 수십 개의 대도시와 중소도시가 있다. 연강개방은 장강유역의 개발을 가속화하고, 장강지역의 연해지역 뿐만 아니라, 중부·서부의 경제발전까지도 기대되고 있다. 상해(上海), 강소(江蘇), 절강(浙江)으로 구성된 장강델타는 장강유역개발의 중점지역으로써 상해의 포동지역을 그 '용의 머리' 로 보고 있다.

연변(沿辺)이란 변경대외 개방도시로 러시아, 북한, 몽골, 파키스탄, 인도, 미얀마, 베트남에 인접한 흑룡강(黑龍江), 길림(吉林), 요녕(遼寧), 내몽고, 신강(新疆), 광서(廣西), 운남(雲南) 등 국경지대의 성과 자치구(북한과 인접한 요녕성, 베트남과 인접한 광서자치구는 연해지구로도 포함된다)를 말한다.

외상투자기업의 유치와 외향형 경제의 발전을 중점으로 하는 연해지구의 개방과 달리 연변지구의 개방에 있어서는 국경무역과 상대측의 투자와 위탁가공 등이 주요한 내용이다. 근래에는 중국 주변국가들의 시장을 대상으로 하는 선진국으로부터의 투자도 증가하고 있다.

6. 중국의 경제특구

(1) 경제특구의 특수정책

경세특구란 1979년에 국무원이 홍콩·마카오에 인집한 광동싱(廣東省)과 대만에 가까운 복건성(福建省)에서 '특수정책·탄력적 조치' 의 실시를 결정할 때 제기된 구상이다. 심천(深圳)·주해(珠海)·산두(汕頭)·하문(厦門), 해남도(海南島) 다섯 개의 '경제특구

(Economic Special)' 가 있다. 처음에는 '수출특구' 라고 불렸는데, 1980년 8월에 제5기 전국인민대회 제15차 회의에서《광동성경제특구조례》를 채택한 후, 경제특구로 정식 탄생하였다. 1980년 10월에 복건성(福建省)의 하문(厦門)도 특구로써 국무원이 지정하였다. 1988년 4월, 광동성내의 한 지역이었던 해남도(海南島)는 성(省)으로 승격함과 동시에 다섯 번째 경제특구가 되었다. 심천(深圳) · 주해(珠海) · 산두(汕頭) · 하문(厦門) 네 개의 특구는 시 전체가 아니라 각각의 일부가 특구(동 범위는 후에 각각 수 차례에 걸쳐서 확대되었다)로 지정한데 대하여 해남성(海南省)은 성(島) 전체가 특구가 된 셈이다.

경제적 · 기술적으로 아직 늦은 해남도를 제외하고 네 개의 특구는 중국 개방의 최전선으로 개혁의 시험장이 되었고, 그 역할은 기술의 창구, 관리의 창구, 지식의 창구, 대외정책의 창구인 '네 가지의 창구' 로 요약되고 있다.

내륙과 비교하면 경제특구는 다음과 같이 몇 개의 특수정책이 인정되었다.

① 특구의 소유제 구조는 외국투자기업을 주로 하는 다양한 종류 소유의 공존을 인정한다.
② 특구의 경제운영에 있어서는 시장메카니즘의 기능을 충분히 발휘하고, 시장조절을 주로 하는 것을 인정한다.
③ 외상투자기업에 대하여 감면세 등의 특전 외에 입출국의 면에서도 편의를 제공한다.
④ 특구의 행정관청에 대하여 성(省) · 자치구(自治區)의 정부와 같은 경제관리 권한을 부여한다.
⑤ 특구건설을 지원하기 위해 은행융자의 확대, 신규 증가분의 재정수입과 외화수입의 특구 내에 유보, 기본 건설용 물자수입의 관세면제 등 우대정책을 인정한다.

다른 발전도상국 · 지역의 수출가공지역과 비교하면 중국의 경제특구는 단순한 수출을 위한 공업품 가공지역이 아니라 공업을 주로 하는 제1차 산업부터 제3차 산업까지 모든 산업을 총 망라하는 종합적 경제구역인 것이 그 특징이다. 경제특구는 외국투자도입을 촉진함으로써 공업생산과 무역은 급속한 발전을 하여 중국의 개혁의 측면에서도 그 선두에 서있다. 해남도를 제외한 네 개의 경제특구 발전은 인프라건설을 중심으로 하는 투자환경의 정비를 중점적으로 실행하는 시작단계(1979년~1984년), 외국기업 투자의 유치와 외향형 경제의 발전을 적극적으로 추진하는 발전단계(1985년~1991년)와 산업구조의 고도화를 도모하는 조정향상단계(1992년이래)로 나누고 있다.

(2) 경제특구의 우대정책

경제특구에 외국투자를 촉진하기 위해 중앙정부는 특구에 있는 외상투자기업에 대하여 다음과 같은 몇 가지의 우대조치라는 특전을 부여했다.

① 기업소득세: 일반지역에서 외상투자기업이 30%의 세율인데 대하여, 특구의 경우는 감면하여 15% 세율로 징수한다. 또 일반지역에서 제품수출형기업과 선진기술형기

업의 세율이 15%인데 대하여 특구는 10%이다.

② 지방소득세: 국가가 정한 3%의 지방소득세는 면제된다.

③ 관세: 제품수출형기업과 선진기술형기업에 대해서는 관세가 면제된다.

④ 토지사용료: 선진기술형기업에 대해서는 5년 동안 사용료가 면제된다.

⑤ 에너지와 통신 등 인프라관계의 사용료는 국유기업과 같은 요금수준으로 우선적 공급한다.

1979년이래 중앙정부는 수출장려의 조치로 수출기업과 지방정부를 대상으로 외화유보제도를 도입했을 때, 특구에 대하여 100%의 유보를 인정하였다. 그러나 무역질서의 혼란이 발생하여 1991년부터는 기타 지방과 같은 유보율을 실행하게 되었다(1994년 초 외환제도의 개혁에 따라 외화유보제도는 폐지되었다). 이러한 우대조치는 특구의 외국투자도입을 촉진시켜 왔지만, 기타 지역 특히 내륙부와 격차 확대에 따른 국내정책의 불통일 등의 문제도 지적되었다. 또 특구의 외국투자도입 구조개선, 특히 노동집약적 산업의 내륙부 이전에 있어서도 불리한 영향을 초래하였다.

(3) 연해개방도시와 연해개방지대

가. 연해개방의 도시

연해개방도시로는 대련(大連：遼寧省), 진황도(秦皇島：河北省), 천진(天津：山東省), 연태(煙台：山東省), 청도(青島：山東省), 연운항(連雲港：江蘇省), 남통(南通：江蘇省), 상해(上海：浙江省), 영파(寧波：浙江省), 온주(溫州：浙江省), 복주(福州：福建省), 광주(廣州：廣東省), 담강(湛江：廣東省), 북해(北海：廣西省)의 14개 지역의 연해항 도시가 그 대상이 되고 있어 통칭 '14 연해개방도시' 라고 한다(1987년에 위해시(威海市)는 연태시(煙台市)로부터 독립하여 성(省)의 직할시로 승격하여 1988년 1월에 국무원이 위해시에 연해개방도시와 같은 정책의 적용을 결정하였다).

연해개방도시는 기타 지역에 비하여 산업기반이 견실하고 과학기술과 교육의 면에서도 비교적 발달되어 있다. 그러나 많은 대다수의 기업들이 국제적 기준으로 볼 때 아직 설비가 노후하고, 기술수준이 낮으며 제품의 경쟁력이 약하다는 문제점을 내포하고 있다.

연해개방도시의 지정은 경제특구의 설치에 이어 개방조치의 하나이다. 이러한 도시들에 대하여 특수정책과 특수관리제도를 실시하여 개방정책의 추진에 있어서 주도적인 역할을 부과하여 연해지구 및 중국 전체의 경제발전 촉진을 그 목적으로 하고 있다.

나. 연해개방도시의 우대정책

연해개방도시의 개방과 경제발전을 촉진하기 위하여 국무원은 연해개방도시에 대하여 경제특구에 준하는 몇 가지의 우대정책을 취하고 있다.

첫째, 외국투자의 도입, 설비 도입의 인가권을 포함한 대외경제활동에 관한 자주권의 확대이다.

둘째, 외상투자기업에 대한 다음과 같은 우대세제의 적용이다.

① 구(舊) 시가지역에 기술·지식 집약적 투자로 회수기간이 길며 3,000만달러 이상의 대형투자 및 에너지·교통·항만 등 인프라관계의 투자에 대해서는 기업소득세율을 15%으로 감세한다.

② 전술한 것 이외의 프로젝트 가운데 기계제조, 전자, 치금, 화학, 건재, 경공업, 섬유, 농업 등 생산형 및 건축관계 투자에 대해서는 보통세율보다 2할 낮은 24%의 기업소득세율을 적용한다.

③ 시정부의 판단으로 지방소득세의 면제를 인정한다.

④ 외상투자기업의 투자 또는 추가 투자로써 자사의 생산용 설비·건축용 재료 등에 대하여 관세와 국내세를 면제한다.[1)]

셋째, 경제특구와 같은 우대정책을 적용할 수 있는 경제기술개발구의 설치를 인정한다.

넷째, 기술개조을 위한 설비·기술수입에 대한 관세면제와 외화융자의 증가를 포함하는 재정·금융면에서의 우대가 있다.

1992년이래 개방확대에 따라 이러한 우대정책의 대부분은 장강연안(長江沿岸)의 개방도시, 변경의 개방도시 등 내륙부의 개방도시에도 적용되었다. 1990년대 초까지는 연해도시만이 적용된 것으로 이 우대정책에 의하여 대외개방과 경제의 발전은 크게 촉진되었다.

(4) 각 삼각주의 연해개방지대

연해지구의 경제발전과 내륙의 경제개발을 촉진시키기 위하여 중국정부가 1985년 2월에 장강(長江)삼각주, 주강(珠江)삼각주, 민남(閩南部)삼각주를 '연해개방지대' 로 지정되었다.[2)] 홍콩·마카오·대만과 인접하고 비교적 공업기반이 잘되어 있다. 향진기업(鄕鎭企業)이 발달해 있는 이러한 지역의 이점을 살려서 외국투자의 도입과 수출무역의 확대를 도모하고, 외향형 경제를 발전시키도록 하는 것이 최대의 과제가 되었다. 이 지역의 산업발전 방침은 농업생산의 구조를 조정하여 '무역·공업·농업' 이라는 순서로 가공공업 및 그를 위한 원재료 생산을 중점으로 하는 것이다.

1988년 3월, 중국정부는 '연해지구의 경제발전 전략' 을 실시하기 위하여 요동반도(遼東半島), 산동반도(山東半島), 하북성(河北省) 발해만(渤海灣)의 진황도(秦皇島)·당

1) 1995년 12월 28일 '수입세수정책의 개혁과 조정'에 관한 국무원의 통달에 의하여 1996년 4월 1일부터 연해개방도시를 포함하여 전국 각종 특정구역에서 수입하는 각종 물자에 대하여 일률적인 법정세율로 관세와 수입단계의 모든 세금을 징수케 하였다.

2) 1985년과 1988년에 지정된 것으로 11곳의 성(省)·직할시(直轄市)·자치구(自治區)내 280지역의 시(市)와 현(縣)이 포함된다.

산(唐山)·창주지구(滄州地區), 광서자치구(廣西自治區)의 일부를 '연해개방구'에 포함시킬 것을 결정하였다. 따라서 중국은 경제특구⇒연해개방도시⇒연해개방구라는 전방위 다원적인 개방지역이 형성되었다.

이러한 개방지역은 11곳의 성(省)·자치구(自治區)·직할시(直轄市)내 288지역의 시(市)와 현(縣)이, 연해지역에 위치한 시(市)와 현(縣)은 거의 대부분 포함되어 있다. 이 지역의 총면적은 32만㎢, 인구는 1.6억명, 전국의 GNP(국민총생산), 재정수입, 수출액의 1/3을 창출하고 있는 지역이 개방지대로 되었다.

가. 광동성(廣東省)의 경제개방구 : 주강(珠江)삼각주에 넓은 광주(廣州), 중산(中山), 강문(江門), 불산(仏山)등 20지급시와 42현 및 직할시, 광동성 남부의 대부분으로 전성(省)면적의 1/2 이상이 개방구로 되어있다.

나. 복건성(福建省)의 경제개방구 : 전 성(省) 면적의 1/3 이상이 개방구로 되어있다.

다. 광서(廣西)자치구의 경제개방구 : 북부만(湾)의 지구를 중심으로 전 성의 8%가 개방구이다.

라. 산동성(山東省)의 경제개방구 : 청도(青島), 연태(煙台) 등을 중심으로 하는 산동반도 연해부에서 반도내부의 제남(濟南)까지 전 면적의 40%가 개방구로 되어있다.

마. 강소성(江蘇省)의 경제개방구 : 장강삼각주로 넓은 소주(蘇州), 무석(無錫), 상주(常州)를 중심으로 9시 40현으로 전 성(省)의 면적, 인구의 60%가 개방되어있다.

바. 절강성(浙江省)의 경제개방구 : 장강(長江)삼각주의 도시를 중심으로 전 성(省) 면적의 4할 정도가 개방되었다.

사. 하북성(河北省)의 경제개방구 : 북경에 부근의 진황도(秦皇島)-당산(唐山)-창주(滄州)지구를 중심으로 하여 3시 12현에 개방구가 있고, 전 성(省) 면적의 1할 정도가 개방되어있다.

아. 요녕성(遼寧省)의 경제개방구 : 요동반도의 대련(大連)에서 영구(營口), 안산(鞍山) 그리고 심양(瀋陽)주변까지 전 성(省) 면적의 1/3, 인구의 2/3가 개방지구이다.

연해개방지대는 '연해지구의 경제발전 전략'을 실시하여 ①국제무역과 국제경쟁에 적극적인 참가, 수출경쟁력의 증강, ② '兩頭在外(원재료의 공급과 판매를 해외에서 처리한다)'와 '大進大出(크게 수입하고 크게 수출한다)'의 실시에 따른 내륙으로 원재료·시장의 양도, ③외국기업 투자의 적극적인 도입으로 기존 기업의 개조, ④내륙부와 제휴의 강화 등을 그 과제로 하고 있다. 이 목표를 달성하기 위해 연해개방구의 외국투자기업에 대한 우대세제의 실시, 기술·설비수입의 관세면제, 시·현의 대외경제 활동에 관한 자주권의 확대 등의 조치가 취해지고 있다.

(5) 경제기술개발구

가. 경제기술개발구의 특징

연해개방도시 중의 '특구' 라고도 부르며, 1992년 이후 연해개방도시뿐만 아니라 내륙도시에도 설치되었다. '경제기술개발구' 란 외향형 경제의 발전과 외국투자의 유치를 촉진하기 위하여 연해 및 일부의 내륙개방도시에 본래 도시지역과 구별하여 외국투자기업 등을 대상으로 설치한 공업단지이다. 즉 외국자본, 외국기술의 도입을 목적으로 하여 경제개방도시의 교외지역에 설치되었고, 경제특구에 준하는 우대조치가 부여된 공업개발구이다. 그 특징은 ①외자를 주로 한다. ②100%외자, 합자, 합작기업을 주로 한다. ③공업을 주로 한다. ④수출을 주로 한다. 경제특구가 종합적인 경제특구인 것과 비교하여 경제기술개발구는 수출가공구인 색채가 강하다. 1984년 9월에 연해개방도시(溫州와 北海를 제외)에 지정된 12개의 도시에 14개의 개발구를 설치하게 되었다. 이러한 개발구는 경제특구에 준하는 우대정책을 적용하였기 때문에 연해개방도시 중의 '특구' 라고 불렸다.

나. 경제기술개발구의 우대정책

경제기술개발구는 연해개방도시 중의 '특구' 로써, 외국투자기업에 대하여 많은 우대정책을 적용하였다.

① 개발구내에 설치된 생산형 외국투자기업의 기업소득 세율을 보통 세율의 1/2인 15%로 한다.

② 개발구가 있는 도시의 구(舊) 시가구역에 설치된 외국투자기업의 기업소득 세율을 보통 세율보다 2할 낮은 24%로 한다.

③ 개발구가 있는 도시의 구(舊) 시가구역에 설치된 외국투자기업 가운데 에너지 · 교통 · 항만 또는 국가가 장려하는 기타 투자 프로젝트에 속하는 것에 대하여 15%의 기업소득 세율을 적용한다.

④ 개발구내에 설치된 수출형 외국투자기업은 규정된 기업소득세 감면기간 만료 후, 수출비율이 70% 이상에 달한 경우에는 10%의 기업소득 세율을 적용한다. 또 중앙정부는 개발구의 건설을 촉진하기 위하여 일정기간 내에 재정수입의 상납의무의 면제, 인프라정비를 위한 물자수입의 관세면제, 국가로부터 저리융자와 이자 보전융자의 제공 등 지원조치를 취해 왔다.

외상투자기업에 의하면 개발구에서도 경제특구와 거의 같은 우대정책을 향수할 수가 있다는 것이다. 다른 것은 경제특구의 경우 생산형기업과 비생산형 기업을 묻지 않고, 일률적으로 15%의 기업소득세율을 적용하는데 반하여, 개발구의 적용 대상은 생산형기업에 한정하고 있다는 점이다.

금후 시장경제화의 추진에 따른 공정한 경쟁환경의 정비와 지역격차의 축소라는 요청이 점차 높아짐에 따라서 경제특구에 대한 일부의 우대정책을 조정하려는 움직임이 논의되고 있는데, 이 때 경제기술개발구의 일부 우대조치도 그 조정대상이 될 것으로 본다.

(6) 국가하이테크산업개발구

가. 하이테크산업개발구의 목적

중국정부는 '과학기술의 발전' 을 중요한 전략적 지위에 놓고, 1986년에 하이테크연구발전계획과 1988년에 하이테크산업발전계획을 제정하였다. '하이테크산업개발구' 는 1988년부터 시작한 것으로 동년 5월에 국무원이 인가한 북경시 '하이테크산업 개발시험구' 가 제1호이다. 하이테크기술에 의한 전통적인 산업의 개조, 해외로부터 도입된 기술의 소화・흡수의 가속화, 하이테크기술의 상품화・산업화의 촉진, 국제경쟁력의 증강 등을 목적으로 하고 있다. 1991년까지 27의 국가하이테크개발구를 인가하고, 1992년에 25, 1997년에 한 개의 개발구를 추가인가 했다. 성(省)급 하이테크산업개발구를 포함한다면 1,000개 이상의 지역이 있다. 국가급 하이테크산업개발구의 설치는 국무원의 인가를 필요로 하기 때문에 국가과학기술위원회가 사전심사와 관리를 담당한다. 하이테크산업개발구에서는 초미전자학, 항공우주, 바이오, 신소재, 지구과학, 의약과학, 생물의학 등의 연구개발・생산・경영을 업무로 하는 기업을 유치대상으로 하여, 과학기술연구기관과 대학이 밀집되어 있는 곳에 설치된다.

【국가급하이테크산업개발구】

북경(北京), 무한(武漢), 남경(南京), 심양(瀋陽), 천진(天津), 서안(西安), 성도(成都), 위해(威海), 중산(中山), 장춘(長春), 하얼삔, 장사(長沙), 복주(福州), 광주(廣州), 합비(合肥), 중경(中京), 항주(杭州), 계림(桂林), 정주(鄭州), 란주(蘭州), 석가장(石家莊), 제남(濟南), 상해(上海), 대련(大連), 심천(深圳), 하문(厦門), 소주(蘇州), 무석(無錫), 상주(常州), 불산(佛山), 혜주(惠州), 주해(珠海), 청도(青島), 유방(濰坊), 치박(淄博), 곤명(昆明), 귀양(貴陽), 남창(南昌), 태원(太原), 남녕(南寧), 우루무치, 포두(包頭), 양번(襄樊), 주주(株州), 낙양(洛陽), 대경(大慶), 보계(宝鷄), 길림(吉林), 면양(綿陽), 보정(保定), 안산(鞍山), 양능(楊凌) 등이 있다.

나. 하이테크산업개발구의 우대정책

하이테크기업에 대하여 기업소득세의 감면 등 우대조치를 적용하면서, 검사제도를 강화하여 불합격 기업에 대해서는 추방도 하고 있다.

하이테크산업 개발구에 대한 우대정책으로는 국가가 통일적으로 결정한 것도 있지만, 지방정부가 독자적으로 결정한 것도 있다. 그 가운데 공통된 것으로 다음을 들 수 있다.

① 하이테크기업으로 인정된 기업(하이테크 산업에 속하고, 전 종업원 가운데 대졸의 과학기술직이 3할 이상, 연구개발 종사자가 1할 이상 차지하여야 한다는 조건)에 대하여 15%의 기업소득세율을 적용한다. 단, 업무를 개시한 해부터 3년간은 기업소득세를 면제하고, 그 후 2년간 본래 세율의 1/2인 15%의 세율이 적용된다.

② 수출형 하이테크기업에는 기업소득세율을10%로 감세 적용한다. 수출비율(수출액/생산총액)에 관한 규정은 지방에 따라 다르지만, 경제기술개발구보다 낮게 설정되어 있는 것이 보통이다. 북경시의 경우 4할 이상을 기준으로 하고 있다.

각 지방은 하이테크산업개발구의 투자환경을 개선하기 위해 인프라정비 외에 개발구 관리기구에 외국투자심사·인가권한의 부여, 공상·세무 등을 포함한 일괄적인 심사·인가·관리의 창구 및 서비스센터의 설치 등 서비스 향상에 노력하고 있다.

중국은 2010년까지 IT가입국을 목표로 북경에 성망국제공업원(星網國際工業園), 호북성(湖北省) 무한시(武漢市)에 중국광곡(中國光谷)의 건설이 결정되어 외자의 유치, 이동통신, 광(光)파이어의 연구개발거점으로 할 계획이다. 이곳 외에 IT가 집적되어 있는 곳은 상해(上海), 광동(廣東)이 있다.

(7) 연해지역의 보세구

가. 보세구의 특징

보세구(保稅區) 그 기본적인 기능으로써 ①보세보관, 상품전시 등 무역서비스의 기능, ②국제간 중계무역의 기능, ③수출가공의 기능이 있다. 보세구는 관세, 무역관리, 금융, 외환, 출입국 등에 있어서 경제특구보다도 개방적·탄력적 정책이 실행되고 있다. 보세구에 관한 구상은 1984년에 이미 제기되었고, 1990년 6월에 제1호로 상해의 외고교보세구(外高橋保稅區)가 설치되었다. 1991년에 천진(天津), 심천의 복전(福田)과 사두각(沙頭角), 1992년에 들어와서 대련(大連), 청도(青島), 장가항(張家港), 영파(寧波), 복주(福州), 하문(厦門), 산두(汕頭), 광주(廣州), 해구(海口), 1996년에 심천의 염전항(鹽田港), 주해(珠海)를 포함하여 현재 모두 15곳의 보세구가 있다.

이러한 보세구는 기능 면에서 ①공업을 중심으로 하는 수출가공형(심천과 사두각 공업보세구 등), ②3국간 무역을 포함한 국제무역을 중심으로 하는 형(천진과 대련의 보세구 등), ③수출가공과 국제무역의 기능을 갖는 종합형(외고교자유무역구 등)으로 분류한다. 보세구에 입주하는 기업은 중국기업, 외국기업이 포함되고 있다.

나. 보세구의 우대정책

보세구에서는 개발구, 경제특구 이상의 다음과 같은 우대조치가 적용되고 있다.

첫째, 관세우대정책이다. 면세대상은 ①생산인프라 건설에 필요한 기기·설비 및 기타 물자의 수입, ②자사에서 사용하는 적량의 생산·관리설비와 사무용품 및 부품, 연료, 공장·창고건설에 필요한 물자·설비, ③보세구 관리위원회가 사용하는 적량의 관리설비, 사무용품과 그 부품, ④보세구 내의 기업이 수출제품의 가공을 위해 필요한 원자재, 부품, 기구, 포장 등이 있고 또한 중개무역의 화물과 보세구 내에 보관되는 화물은 보세화물로서 취급된다.

둘째, 수출입관리정책이다. ①인가된 보세구 지역내의 기업은 수출입권을 가지고, 수출입권이 있는 기업간에는 국제무역 및 중계무역이 가능하다. 보세구외에서 반입되어 보세구 내에서 사용하는 기기, 설비, 기본건설물자, 사무용품과 수출제품 가공을 위하여 보세구 외에서 반입되는 원자재, 부품, 기구, 연료, 포장용품, 그리고 보세구에 보관되는 화물 및 보세구 내에서 가공된 후 보세구외로 반송되는 제품은 국가의 특별한 규정이 있는 경우를 제외하고 화물의 수출입 허가증이 필요 없다.

셋째, 기능적 정책이다. ①보세구 내에는 외자100%와 합자의 무역회사를 설립할 수 있고, 무역 이외에 창고보관, 전시, 간단한 가공 등이 가능하다. ②가공기업의 경우는 국가의 수출입금지·제한이 있고, 또한 환경오염과 국가의 안전을 위협하여 사회의 공익을 훼손시키는 제품을 제외하고는 원칙적으로 가공의 품종·범위 및 제품·산업가이드라인의 제한을 받지 않는다. ③보세구 내의 가공무역에는 은행보증금대장제도를 취하지 않는다. ④수출을 위한 가공무역을 장려하지만 그 제품을 국내에 판매해도 좋고, 세관은 수입원자재에 대해 관세와 수입 조절세를 징수한다. ⑤공정상 필요에 따라서는 외부의 수주에 의한 가공을 허가한다. ⑥수출입금지의 것들을 제외하고 창고에 보관하는 제품과 기간은 자유이다. ⑦보세창고에서는 등급을 나누어 개장, 선별, 상표의 붙이기 등 간단한 가공을 할 수 있다.

(8) 상해 포동개발지구

가. 포동지구 개발계획

중국 최대의 도시 상해는 개혁개방의 면에서 심천(深圳), 주해(珠海) 등의 경제특구보다 10년 늦었지만, 1990년대에 들어와 상해의 포동은 국가급의 개발구, 개혁개방의 전선이 되고 그 발전의 양상은 세계의 주목을 집중시키고 있다. 포동개발구의 발전 목표는 21세기 초두에 전국 일류의 인프라구축, 최대의 비지니스센터, 완전개방의 종합적인 자유무역구, 선진적인 수출가공기지, 현대적 근대농업과 일체화 한 서비스를 완비한 생활권을 선설한다는 것이다.

포동개발은 세기적인 프로젝트로서 다음 세 가지 단계로 나누어 진행되고 있다. 제1단계는 시작단계로써 제8차 5개년 계획기간(1991년~1995년)에 황포강을 가로지르는 교통시설·주요 간선도로·발전소 등의 인프라를 정비하고, 외고교보세구(外高橋保稅區)·금교수출가공구(金橋輸出加工區)·육가취금융무역구(陸家嘴金融貿易區)의 일부를 건설하여 외자도입을 위한 환경을 정비한다. 제2단계는 중점개발단계로서 제9차 5개년 계획기간(1996년~2000년)은 기간도로 등의 인프라를 계속 정비하여 제1기 개발공사를 완성한다. 제3단계는 전면적인 건설단계로써 2020년~2050년까지 포동지역의 건설과 포서지역의 개발을 통하여 상해를 중국의 근대적 공업기지와 금융·무역·과학기술·문화·정보센터로 완성하는 것이다.

나. 포동개발지구의 우대정책

포동의 개발을 촉진하기 위하여 중앙정부는 포동신구에 대해 경제특구와 경제기술개발구에서 실시하고 있는 세제상의 외상투자기업에 대한 우대조치(낮은 기업소득세율과감면세 등)를 취하고 있다. 그 외에 경제특구와 경제기술개발구보다 특수한 일부의 정책도 채용하고 있다. 그 주된 내용은 다음과 같다.

① 포동신구(浦東新區)에서는 외국기업이 소매업(백화점과 슈퍼마켓) 등 제3차산업 기업의 설치를 인정한다.
② 상해증권거래소를 설치하여 포동개발을 위한 국내투자가에 대해서는 인민폐주(人民幣株 : A株)와 외국투자가에 대해서는 외화특수주(外貨特殊株 : B株)의 발행을 인정한다. 현재는 A주와 B주가 통합되었다.
③ 강력한 개방도를 가는 보세구(外高橋自由貿易區)를 설치하고, 보세구에서 관세징수와 수출입허가증 발행의 면제, 국내·해외기업에 무역기구의 설립을 인정한다.
④ 상해에서 외자계 은행·재무공사·보험회사의 설치를 인정한다.
⑤ 포동에서 생산형·비생산형의 외국투자기업의 설치, 기업의 자영수출입권 부여 등에 대한 상해시 정부의 인가권한을 기타 지역보다도 확대·부여한다.

포동지구의《외자투자지도목록》에서는 외자도입에 대한 항목이 발표되었는데 정보기술, 자동차부품, 바이오 의약기술, 신소재, 금융무역, 환경보호, 무역·여행업, 인프라, 도시재개발, 선진농업 등이 있다.

(9) 수출가공구의 우대정책

중국 국무원은 가공무역 관리의 강화 및 완비, 수출가공구에 대한 세관의 감독관리의 규범화, 수출가공구의 건전한 발전의 촉진, 대외무역수출의 확대를 장려하기 위해 2000년 4월 27일, 중국 15개 지역에 수출가공구의 설치를 인가하였고, 2000년 5월 24일부터 실시되고 있다. 그리고 '중화인민공화국세관의 수출가공구 감독관리에 관한 잠행규칙' 에서 그 내용을 설명하고 있다.

가. 수출가공구

중국 국무원이 수출가공지역으로서 인가한 지역은 다음과 같다.

요녕성 대련, 천진, 북경시 천축(天竺), 산동성 연태, 산동성 위해, 강소성 곤산, 강소성 소주공업원, 상해시 송강, 절강성 항주, 하문시 부림(否林), 심천, 광주, 무한, 성도, 길림성 휘춘 등이다.

나. 대상회사

①수출가공회사, ②수출가공회사의 생산서비스를 제공하는 전문 창고회사, ③세관의 인가를 얻어 전문적으로 수출가공구 화물의 반출, 반입에 종사하는 운수회사가 그 대상이다. 그러므로 상업소매, 일반무역, 중개무역 및 기타 수출가공구와 관계가 없는 업무는 대상에서 제외된다.

다. 우대하는 프로젝트항목

수출가공구 내에서 가공하는 제품에 대해 증치세(부가가치세)가 면세되며, 국외에서 수출가공구로 반입하는 화물은 그 수입관세 및 수입단계 세금은 다음 항목의 경우 면세가 된다.

① 수출가공구역 내에 생산성 인프라건설 프로젝트에 필요한 기계, 설비 및 생산공장, 창고시설의 건설에 필요한 건설자재
② 생산에 필요한 기계, 설비, 금형 및 수선용 부품
③ 가공을 위해 필요로 하는 원자재, 부품, 비품, 포장품 및 소모품
④ 수출구내 회사 및 행정관리기구 자체가 사용하는 합리적 수량의 오피스의 용품 등이다.

라. 수출세의 환급 및 수출입의 할당액

수출가공구 밖에서 수출가공구 내로 반입하는 화물은 수출로 보지 않기 때문에 수출의 통관수속을 할 필요가 있다. 수출세 환급는 수출구 내의 회사가 사용하는 국산기계, 설비, 원자재, 부품, 비품, 포장과 인프라, 가공회사 및 행정관리 부처의 생산공장, 오피스의 건설에 필요한 합리적 수량의 건설자재 등에 대해 세관은 수출화물에 대한 관련규정에 따라 통관수속을 하고, 수출세 환부의 통관서를 발행 받고, 세무국에 가서 수출세 환급부(면제)의 수속을 밟는다.

수출가공구와 국외 사이에서 반출입하는 화물은 수출의 수동활당액 관리를 실시하는 화물을 제외하고 수출입의 할당액과 허가증의 관리는 적용 받지 않는다. 그리고 수출가공무역의 경우 가공무역의 '은행보증금대장제도' 를 실행하지 않고, 세관은 '가공무역등록수첩' 의 관리를 한다.

마. 세관의 관리적 특징

① 수출가공구는 세관이 감독관리를 하는 특정구역으로 세관은 수출가공구 내에 기구

를 설립하여 수출가공구에 반출입하는 화물 및 구내의 관련 장소에 대해 24시간 감독관리를 하게 된다.

② 수출가공구 내의 회사는 세관의 감독관리의 요구에 부합하는 컴퓨터관리 데이터 베이스를 설치하고, 세관과 컴퓨터 네트워크화를 실행하여 전자데이터의 교환을 하게 된다.

수출가공구 내의 회사는 그 가공구 밖의 회사에 가공을 위탁할 수 없다. 특별한 상황이 있을 때는 주관하는 세관의 인가를 경유하여 위탁가공이 가능하다. 단지, 수출구 외의 회사에게 가공을 위탁하는 기한은 6개월이다. 연장은 불가능하다.

7. 서부개발과 우대정책

중국 서부대개발의 전략에 대하여 2000년 3월 5일 주용기(朱鎔基)총리는 전국인민대표대회에서 '정부업무보고(政府工作報告)'를 하였다. 이 때에 특히 주목을 집중시킨 것은 WTO가입 후 자유로운 경제시장체제에서는 경쟁의 심화가 예상되기 때문에 경제의 구조 조정이라는 점이었다. 지금까지 농업의 구조조정, 공업의 구조조정, 제3차 산업의 발전과 함께 이번에는 특히 서부개발전략의 조정이 강조되었다.

(1) 서부개발의 우대정책

중국은 외국인의 투자유치를 적극적으로 추진하기 위해 중서부지역에서 외국인 투자의 분야에 대한 제한을 완화하고, 외상투자기업 설립조건 및 주식보유비율의 제한을 대폭 완화키로 했다. 또한 개혁개발종합시범구, 민족경제진흥구, 국제상무구, 여행구, 가공무역구, 경제합작시범구, 보세구 등을 설치 · 운영한다.

① 중서부 지역의 각 성의 자치구, 직할시가 국가의 승인을 받아 제정한 외자도입산업과 프로젝트의 사업목록에 대해 관련 설비를 수입할 경우에 수입관세의 면제이다(단, 중국에서 생산을 하지 못하거나 품질수준이 국제 수준에 못 미치는 경우에 해당한다).

② 각 성별 외국인 투자승인 권한을 현재의 3,000만달러 이하에서 5,000만달러 이하로 확대하고 외국인 투자영역을 확대한다.

③ 지역관리제도의 개혁으로 수출입권한을 대폭확대하고 허가제를 신고제로 전환한다.

④ 중서부지역에 설립된 국가 장려의 외국기업에 대해서는 현행 세수 우대정책이 만기된 후 3년 동안 15%로 기업소득세를 감면 징수한다.

⑤ 중앙정부는 서부대개발법을 제정하여 차별적인 세율의 적용을 하기로 하고, 최초 10년~20년간 서부에 대해 전면적인 세수우대정책을 실행한다.
또 세수의 우대폭도 전국 평균 수준보다 높게 할 뿐만 아니라 연해특구를 최초로 설치할 때보다도 확대하기로 하였다.

⑥ 외상투자기업이 중서부지역에 재투자하는 프로젝트의 외자비율이 25% 이상일 경우

에는 이 지역에서도 외상투자기업의 대우를 인정받을 수 있다.

⑦ 연해지역의 외상투자기업이 중서부지역에 진출해 다른 외상투자기업과 내자기업의 도급경영을 허용하기로 하였다. 중서부지역의 각 성·자치구·직할시는 그 수도지역에서 이미 건설한 개발구 중 한 개를 국가급 경제기술개발구로 신청할 수 있다.

(2) 서부지역의 인프라건설 10대 목표

가. 3단계 국토건설계획

중국의 서부대개발은 50년 동안에 걸쳐 크게 3단계로 나뉘어 추진되는 장기적인 국토건설계획이다.

① 개발초기인 2001년~2005년까지는 개발계획 및 정책수립과 주요한 추진기구를 설립해서 도로·철도 등 사회간접자본에 집중 투자하여 기초건설을 가속화 하는 단계다.

② 2006년~2015년까지 10년간은 대규모 개발단계다. 서부지역의 자체 개발능력을 높이고, 투자 규모를 확대하는 단계로써 중국판 '골든러시' 가 본격화할 시기인 셈이다.

③ 2016년~2050년까지는 전면적인 발전 단계로 자체 투자의 여력을 확보하고 서부지역의 도시화·시장화·국제화를 강화하는 시기이다.

나. 2000년부터 시작되는 10대 프로젝트

① 서안-남경간의 철도 중에 서안-합비 구간의 건설이다. 모두 232억위엔을 투자하여 서안에서 남양을 거쳐 남경으로 이어지는 철도 구간 중에 서안-합비 구간 995㎞ 길이의 철도를 건설한다.

② 중경-회화의 철도 640㎞ 구간의 건설을 위해 인민폐 182억3,000만위엔을 투자할 계획이다.

③ 서부의 간선도로망을 건설한다. 이 간선도로망은 서부와 중동부를 잇는 역할을 할 뿐만 아니라, 주요 하천·연안으로도 연결되도록 건설한다. 주요국도와 빈곤지역을 통과 하도록 건설되는 서부 간선도로망의 길이는 약 1,700㎞이다.

④ 서부의 주요지역에 공항건설을 통해 항공교통망을 구성한다. 현재 서부지역의 주요 공항은 중경·서안·쿤밍·우루무치 등이다. 앞으로 서안의 함양국제공항과 성도·난주 등의 공항을 국제공항 수준으로 끌어올리는 한편, 이를 통해 서부지역간의 항공교통망을 구축한다.

⑤ 중경에 총 32억6,000만위엔을 투자하여 13.5㎞길이에 14개의 역을 경유하는 고가철도를 건설한다.

⑥ 시다무에서 청해성 시닝을 거쳐 란주에 이르는 연간 수송규모 20억㎥의 총연장 953㎞의 가스 수송관을 건설한다.

⑦ 발전 및 홍수방지용 수리시설 공사를 위해 75억위엔을 투자하여 사천에 홍수방지용 수리시설을 건설하며, 녕하의 회족자치구에 7만6,600ha의 토지를 관개하고, 연간 7억㎾의 전력을 생산할 수 있는 수리시설을 건설한다.

⑧ 13개성에 걸쳐서 43만2,000ha의 황무지에 인공조림 또는 초원을 조성하는 등 생태계의 건설 및 황무지 조림사업을 추진한다.

⑨ 청해성 염호지역에 칼륨비료 생산시설을 건설한다.

⑩ 국채발행자금으로 서부지역의 고등교육 기관을 지원하는 교육기초시설을 구축한다.

풍부한 천연자원, 천혜의 관광자원 등 거의 비슷한 자연조건을 갖고 있는 미국의 서부와 중국의 서부 차이는 한 가지다. 미국의 서부는 선진화된 지역이고 중국의 서부는 낙후된 지역이라는 점이다. 이 차이점만 극복할 수 있다면, 50년 후 중국의 서부대개발이 완성되었을 때의 모습은 자연스럽게 스케치 할 수 있겠다.

(3) 서부대개발의 6대 문제

공산당과 정부가 서부대개발이라는 21세기의 전략적 정책을 성공적으로 이끌어 가려면 다음 문제들을 해결하지 않으면 불가능하다고 경고했다. 중국의 대표적 싱크 탱크인 중국과학원(CAS)과 중국공정원(CAE : 中國工程院)소속 45명의 학자, 전문가와 엔진니어들이 공동으로 작성하여 제출한 이 보고서는 수자원의 오용과 남용이 이 황폐한 서부대개발에서 최대의 장애물이라고 지적했다.

첫째는 엉성한 수자원의 관리와 후진적 관개체제는 지금까지 서부의 사막화와 환경악화를 초래했다. 따라서 서부대개발은 환경, 생태계, 수자원의 이용과 보존에 최우선 순위를 두어야 한다.

둘째는 수준 이하의 교육과 과학시설들이라고 지적하고, 교육 · 과학 기초시설들을 시급히 건설하며 외지의 전문가들을 끌어들여 교육자들을 양성하기 위한 계획들이 제시되어야 한다.

셋째는 낙후된 교통과 통신체제로 물류와 정보소통에 막대한 지장을 초래하고 있으며 대규모 투자가 시급하다.

넷째는 서부지역은 풍부한 지하 에너지 및 광물자원의 이용과 동시에 바람과 태양 같은 청정 에너지원의 개발과 에너지 이용 시 환경보호에 중점을 두어야 한다.

다섯째는 비합리적인 공업구조와 도시 · 농촌간 소득격차로 서부지역의 공업은 원자재의 가공과 섬유공업 등 이 지역이 비교 우위를 가질 수 있는 공업들로 전환해야 하고, 도시와 농촌이 잘 어울린 중 · 소형도시 건설로 소득분배가 이루어져야 한다.

여섯째는 농업분야로써 생태농업, 지역에 맞는 특수농업, 물을 최대로 절약하는 농법이 집중적으로 개발돼야 한다고 보고서는 덧붙였다.

8. 외자기업 관련 당국

중국의 외자도입과 관련한 정부당국, 즉 외자기업 설립과 운영에 직접 관련된 기관은 다음과 같다.

(1) 상무부(구 대외무역경제합작부), 위원회 등

① 기업의 설립인가 신청을 수리하고 인가증서를 발행
② 국내와 국외의 지점, 영업소의 설립신청을 인가
③ 기업의 출자증명을 수리
④ 기업의 해산 인가신청을 수리하고, 해산의 가부를 결정
⑤ 기업의 지분양도 인가신청을 수리하고, 인가의 가부를 결정
⑥ 국외기업과 기술도입계약의 신청을 수리하고, 인가의 가부를 결정
⑦ 수입허가 관리상품인 현물출자 설비 등의 수입 가부를 결정하고, 수입허가증을 교부
⑧ 기업이 수출허가증 관리상품을 수출하는 경우에 수출허가증 교부
⑨ 제품수출기업, 선진기술기업의 인정증서 교부

(2) 경제위원회

기업이 수입 대체품을 생산하는 경우에 생산판매의 신청을 인가

(3) 기업주관부처

① 기업의 생산계획 신고를 수리
② 기업의 노동계획 신고를 수리
③ 기업의 제품판매 가격 신고를 수리
④ 기업의 생산, 물자의 공급, 판매의 통계자료 보고를 받는다.
⑤ 기업의 재무회계제도 규정의 신고를 수리
⑥ 기업이 노동자를 해고하는 경우에 보고를 받는다.

(4) 공상행정관리국

① 기업의 설립 전 기업명칭의 가등기 신청을 수리하고, 가부를 결정
② 기업의 법인등기와 사업소 등기신청을 수리하고, 영업허가증을 발행
③ 기업의 출자증명서를 수리
④ 등기기업에 대한 연도검사를 실시하고, 결산서 등 보고 서류를 수리

(5) 토지관리국·건물관리국

① 토지사용권과 관련한 건축물의 불하, 양도, 담보의 등기를 수리
② 토지사용권 양도계약서 또는 토지임대계약서를 인가하고, 토지사용증을 교부
③ 국유자산의 감정평가 결과를 심사하고, 평가액을 결정

(6) 노동관리국

① 기업이 노동조합 또는 노동자와 체결하는 노동계약을 인가
② 기업의 노동계획 신고를 수리
③ 기업이 타지역의 노동자를 채용하는 경우에 신청을 인가
④ 기업이 노동자를 해고하는 경우에 보고를 받는다.

(7) 섭외세무분국

① 기업의 세무등기를 수리
② 기업의 재무회계제도 규정의 신고를 수리
③ 기업의 납세를 관리담당
④ 기업에 대한 세무조사실시

(8) 재정국

① 기업의 재무회계제도 규정의 신고를 수리
② 기업 소정의 재무제표 신고를 수리

(9) 외환관리분국

① 기업으로부터 매년 외화수지 보고서와 주요 결산서의 보고를 받아 필요한 경우에는 외화수지 상황을 검사한다. 외화수지 예산서를 수리한다.
② 기업이 복수의 외화예금계좌를 개설하는 경우에 신청의 인가
③ 기업의 국외예금계좌 개설의 인가와 국외예금 계좌수지의 보고를 수리
④ 수출기업의 수출대금회수 신청을 수리하고, 확인서 발행
⑤ 기업의 출자자가 자본금을 국외로 송금하는 경우에 신청을 수리
⑥ 대외 채무의 신고를 수리

(10) 수출입상품검사국

수출입검사 대상품목의 검사신청을 수리하고, 검사를 실시하여 수출입의 가부를 결정한다. 수출상품에 대해서는 증명서를 발행한다.

(11) 세관당국

① 수입허가관리 상품 이외의 수출입상품에 대한 통관을 허가
② 수출제품을 위한 수입원재료 등의 통관을 허가

(12) 물가관리국

① 기업이 신청한 국내판매제품의 가격을 허가
② 기업의 수출판매 제품의 가격 신청을 받는다.

(13) 통계국

기업의 생산, 물자공급, 판매 등 통계자료의 보고를 받는다.

9. 중국 제11차 5개년 계획(2006-2010)

(1) 제11차 5개년 계획 건의 개요

중국 공산당 제16기 중앙위원회 제5차 전체회의(16기 5중전회는 2006.10.11) 다음 요지의 《중공중앙의 국민경제 및 사회발전 제 11차 5개년 계획 제정에 관한 건의》를 심의 통과하였다.

(2) 제16기 4중전회 이후의 발전 및 10.5 계획 평가

▷ 당 중앙 정치국이 鄧小平이론 및 3개대표론(三個代表論)을 지도사상으로 하여 과학적 발전관을 전면 실현하고, 당의 집정능력 및 선진성 건설과 개혁개방 추진 등의 성과를 평가하였다.

▷ 10.5 계획기간(2001~2005년) 중 당의 지도하에 종합 국력 및 국제지위가 현저히 제고되고, 경제의 급속 성장, 국민생활 개선 등 중국 경제 사회 발전에 큰 성과가 있었다고 평가하였다.

▷ 이러한 10.5 계획의 성과가 11.5 계획을 위한 기초를 다졌다고 언급하고, 11.5 계획기간(2006~2010년)이 전면적 소강사회(小康社會) 건설에 있어 중요한 시기로 국제 및 국내정세상 많은 도전이 직면해 있음을 강조하였다.

(3) 제11차 5개년 계획의 기본 이념

11.5 계획의 새로운 발전관은 과학적 발전 사상을 경제 및 사회 모든 영역을 지도하는 발전사상으로 제시하였다.

(4) 제11차 5개년 계획기간 중 6대 중점 추진과제

과학적 발전을 전면실현하기 위해 ①경제의 안정적이고 신속한 발전, ②경제성장 방식 변경, ③자주창신 능력제고, ④도시와 농촌간의 균형적 발전, ⑤조화로운 사회건설, ⑥개혁개방의 심화를 강조 하였다.

(5) 제11차 5개년 계획기간의 경제사회 발전 주요 목표 설정

▷ 2010년 1인당 GDP를 2000년의 2배로 증가
▷ 단위 GNP당 에너지 소모량을 10.5 계획 말기 대비 20% 감소
▷ 자체 지적재산권 및 브랜드, 국제경쟁력을 보유한 우량기업 육성
▷ 사회주의 시장경제체제 발전, 개방형 경제 발전, 국제수지 균형
▷ 9년 의무교육제, 일자리 창출, 사회보장체제 구축, 빈곤인구 감소
▷ 도시 및 농촌주민 수입 및 생활의 질 개선, 물가안정, 거주 · 교통 · 교육 · 문화 · 위생 · 환경 분야 조건 대폭 개선
▷ 민주법제 건설 및 정신문명 건설, 사회치안 및 산업안전 수준 향상
▷ 조화로운 사회건설 추진 등

(6) 제11차 5개년 계획의 주요임무

▷ '사회주의 신농촌' 건설, 산업구조 고도화, 지역간 균형발전, 자원절약형 · 환경친화형 사회건설, 체제개혁 심화, 대외개방 수준 확대, 과학교육 흥국전략, 인재강국 전략, 조화로운 사회건설 제시
▷ '사회주의 신농촌' 건설, 산업구조 고도화, 지역간 균형발전, 자원절약형 · 환경친화형 사회건설, 체제개혁 심화, 대외개방 수준 확대, 과학교육 흥국전략, 인재강국 전략, 조화로운 사회건설 제시
▷ 조화로운 사회 건설 관련, 국민의 생활 및 이익과 직결되는 취업, 사회보장, 분배제도, 문화체제, 의료제도, 위생문제, 사회치안 개선 추진 등

(7) 당 건설 및 정치체제 개혁

▷ 당의 지도력 강화 및 개선이 11.5 규획 목표 실현 및 2020년 전면적 소강사회(小

康社會)건설의 관건임을 지적하고, 立黨爲公, 執政爲民, 당의 집정능력 및 선진성 건설강화 , 반부패 투쟁을 강조하였다.

▷ 또한 依法治國의 기본 방침하에 사회주의 민주정치 건설 및 정치체제개혁 지속추진을 언급하고 사회주의 정신문명 건설을 강화할 것을 제기하였다.

(8) 대외관계 관련

▷ 중국의 和平發展 및 대외개방 정책을 강조하고, 중국은 세계 각국과 호혜협력을 통해 평화롭고 공동 번영하는 조화로운 세계 건설을 위해 공동 노력의 희망을 표명하였다.

(9) 주요 개혁 추진 동향

▷ 빠르게 발전하고 있는 중국 경제의 이면에는 국유기업과 금융부문의 부실화와 같은 구조적인 문제점이 상존하고 있는 바, 향후 이들 부문에 대한 개혁이 중국경제의 고속성장 유지의 관건이 될 것으로 전망하고 있다.

가. 현 황

▷ 국유기업 수의 감소

- 국유기업(공업부문) : 2002년 4만여개社에서 2004년 3만2천개社로 감소 국유기업 수익성 향상
- 국유기업 부가가치(공업부문) : 2002년 1조6천억위엔에서 2004년 2조3천억 위엔으로 증가

나. 국유기업 개혁의 기본방향

▷ 국유기업의 경쟁력 강화

- 최근 중국정부는 아시아 금융위기에서 드러난 대기업 위주 경제성장의 폐해를 인식, 부실기업을 대기업이나 정부에 떠넘기는 방식 대신 국유기업의 민영화, 분할매각, M&A, 기업공개(IPO), 파산제도 활용 등 국유기업 자체 경쟁력 강화를 도모할 수 있는 다양한 방법을 활용

▷ 중장기 정책 추진

- 2010년까지 중장기 국유기업개혁정책으로서 선진기업제도 확립, 과학기술 도입, 기업관리 강화, 경쟁체제 도입, 당(黨)역할 강화 등의 10대 지도방침 발표
- 금융개혁 및 사회보장제도개혁 동시 추진

다. 국유기업 개혁방식

▷ 자산매각 및 기업공개

- 정부의 국유기업 지원을 축소하고 국유기업 스스로 자산매각과 기업공개를 통해 경영에 필요한 재원을 자체 조달토록 추진
- 경쟁력을 갖춘 대기업은 국제시장에서, 중소기업은 국내시장에서 기업공개를 실시해 국유기업의 주식제 추진

▷ M&A의 활용

- 부실 국유기업의 구조조정을 위해 해외자본의 국유기업 M&A 적극 장려 관련 법제의 지속적인 정비를 통해 소유형식, 상장여부를 불문하고 대부분의 중국기업 및 외자기업에 대한 M&A가 가능토록 추진 중임

▷ 파산제도와 고용조정의 활성화

- 국유기업 개혁에서 파산을 새로운 방안으로 활용
- 파산제도의 활성화를 위해 민간부문의 고용흡수 능력 제고, 비국유 부문 발전 지원
- 국유기업 고용조정에 따른 실업문제 해결을 위해 도입

▷ 국유재산의 사유화

- 2003년 4월, 국무원 산하 국유자산감독관리위원회 설립
- 국유자산의 운영전략 수립, 구조조정방향 및 투자 발전계획 수립, 국유자산 경영심사 등 국유자산의 운영 및 감독기능 담당
- 사유화 대상은 각급 지방정부 관리 중소형 국유기업

(10) 금융개혁(부실채권 처리)

가. 부실채권규모

▷ 중국 주요 상업은행의 부실채권 총액은 2005년 말 기준 1조 3,134억위엔으로 총여신의 8.6%며, 4대 자산관리공사의 부실채권 총액은 2005년 말 기준 약 8,400억 위엔에 상당함

▷ 주요 상업은행 : 4대 국유상업은행, 3대 정책성은행 및 11개 주식제 상업은행

나. 부실채권 처리현황

▷ 4대 자산관리공사를 통한 처리

▷ 4대 자산관리공사, 2005년말 현재 8,398억위엔의 부실자산 처리(보유 부실채권의

약 60% 처리)

▷ 4대 자산관리공사의 보유자산은 담보가 많지 않고, 부실채권 대부분이 장기간 문제 여신으로 분류되어 높은 회수율은 기대하기 어려운 실정

다. 부실채권 처리전망

▷ 향후 '국유독자상업은행의 주식제 개혁'과 농촌신용사 개혁'등 금융개혁을 지속적으로 적극 추진 예정이나 실업 등 사회혼란을 우려하여 적극적인 처리에 한계가 있다.

▷ 금융부실 해결과정 중 국유기업의 연쇄도산으로 인한 실업문제, 정치적, 사회적 혼란 등이 발생 우려가 있어 중국정부가 보다 강력한 개혁을 추진하지 못하고 있는 주요 원인으로 작용하고 있다.

제2장 중국투자의 VISON과 사업구상

1. 중국비즈니스에 대한 기업이념

(1) 기본인식 · 예비지식

가. 왜, 중국에 진출하는가 ?

중국비즈니스에서 가장 우선적으로 생각해야 하는 것은 한국회사의 중국비즈니스 또는 글로벌 비즈니스에 대한 기업이념 · 사업방침 · 진출사상 또는 경영철학의 확립이다.

즉 "왜 중국에 진출하는가?", "애초 중국에서 비즈니스 전개를 도모할 필요와 의의는 무엇인가?", "자사의 글로벌 정책 중에 중국비즈니스가 맡은 역할은 무엇인가?" 등 매우 기본적인 질문에 대해 대답하지 않고서는 중국비즈니스의 근거가 모호해진다. 예컨대, 풍부한 경영자원을 투입해도 효과적으로 움직여지지 않고, 기대 한 성과도 얻을 수 없다. 말을 바꾸면, 존재이유 그것이 명확하지 않으면, 중국에서 사업을 진행하는 의의도 뚜렷하지 않고, 앞으로의 비전과 방향성이 불분명하기 때문에 중국비즈니스를 추진해 가는 사업주체도 성장의 에너지가 부족하게 된다.

나. 주체성 있는 사업이념

19세기 중순에 일어난 미국 캘리포니아의 "Gold-rush" 현상은 아니지만, 지금까지 중국비즈니스에 있어서 실패한 기업들은 "중국열풍, 중국붐" 에 쫓겨 진출한 경우도 많다. 사업의 오너가, 즉 책임자가 자신의 머리로 생각하고 사업에 대한 "리스크" 를 "각오" 한 뒤에, 중국진출에 대한 명확한 사업이념 또는 사상을 갖고 의사 결정을 하는 것이 중요하다. "이념 없는 곳에 발전이 없다!" 라고 하는 점을 재인식할 필요가 있다. 이것은 중국비즈니스에 제한되지 않고, 사업성공의 요점은 주체성 있는 사업이념에 있다. 즉 말하자면 사업자체에 영혼이 투입되어 있지 않으면 그 뒤의 계획은 그림의 떡이 된다.

(2) Case Study : 중국투자 붐과 부화뇌동형 기업

가. 중국투자의 붐과 부화뇌동

1992년 1월, 등소평의 "남방순회강연"(南巡講話)에 따라, 본격적으로 시동된 중국경제와 한중수교에 힘입어 1995년도부터 제1차적 그리고 1997년 말 금융위기와 거품경제붕괴 후의 불황으로부터 탈출구를 발견한 듯이 "세계공장 중국"을 향하는 제2차 중국투자열풍이 일제히 일어나고 있다.

한국에서 중견제조업체인 A사도 경쟁상대 회사들이 지속적으로 중국에 진출하는 것을 보고 늦지 않기 위해 1995년에 중국으로 진출을 결정하였다. 즉 "금후는 하여간 세계 공장인 중국으로 진출하지 않으면 살아남을 수 없다" 고 생각하고 결정한 것이다. 그래서 현지에서의 코넥션(관계)과 노하우가 없는 A사의 사장은 한국에서 안면이 있는 중국인 Y씨에게 중국의 사업전개에 대해 상담하였다. Y씨는 수완 좋게 몇몇 회사를 소개하고, 그 중에서 Y씨가 특히 추천하는 B회사와 합자기업을 설립하였다. 파트너에게도 혜택을 입어 사업은 품질문제 등을 하나하나 해결하면서 아무튼 궤도에 들어설 수 있었다. 그러나 멀지 않아 수출 대상인 한국시장의 수요가 저조 해버리면서 급격히, "거대한 중국시장"을 목표로 하는 전략을 바꿀 수 밖에 없었다.

나. 중국진출 비전과 전략의 전환

그런데 애초부터 중국비즈니스에 대한 기본 마인드를 저임금 기준인 "중국공장"으로서 위치 부여해 있고, "중국시장"을 대상으로 한 비전을 갖고 있지 않았기 때문에 시장 접근 방법면에서의 악조건에 더하여 판매채널, 물류시스템 등을 0에서 찾게 되었다. 이 '중국시장'을 대상으로 하는 전략전환의 궤도수정 또는 재구축에 예상이상의 노력과 비용과 시간을 소비하고, 현지법인의 경영은 악화되었다.

결과적으로 A사는 이 합자기업을 청산하고 중국 비즈니스에서 철수하게 되었다.

(3) Case의 평가와 중국비즈니스의 특성과 법칙

가. 중국투자와 장기적 전략확립

사업환경의 변화에 대응하여 유연한 전략전환을 도모하는 것 자체는 필요하지만 위와 같은 케이스의 A처럼 중국 비즈니스에 대하여 장기적 전망에 입각한 기본이념을 갖고 있지 않고, 안일한 기분으로 진출한 경우로 전략전환이 잘 안 되는 경우가 있다. 사실적으로 "이념 없는 회사는 성장 없다"고 할 수 있다. 위와 같은 경우에 중국 진출이 잘 되고 있다면, 오히려 행운이라고 생각하는 편이 좋을 것이다.

나. 중국투자에서 한국기업과 구미기업의 차이

대중국 진출 투자전략에 대하여 한국기업과 구미계열기업을 비교하면 큰 다른 점이 있다. 한국의 중국 투자목적은 현재도 인건비 등의 저비용에 의한 경쟁력강화를 무기로 한 수출을 위한 생산 거점이었다. 즉 "이제부터는 세계공장을 활용하자" 는 매스컴주도에 의한 사회풍조를 타서 해외수출지향형의 현지기업이 많이 탄생하였다. 이러한 한국기업은 중국에서의 낮은 인건비, 수출증치세의 환급율, 세제우대조치 등, 중국의 대외정책에 대응한 단기적 투자장점을 추구하는 경향이 강하였다.

이와 상대적으로, 구미계열기업의 대중투자 동기는 인건비, 토지대여의 저렴함, 우대정책의 유무가 아니라 애초부터 "거대한 국내시장" 에 있었다. 즉 중국시장의 개방성, 제도의 투명성, 구매력의 상승성 등에 관심을 갖고 있었다.

따라서 구미계열기업은 한국기업처럼 중국의 외자정책에 휘둘리지 않고, 중장기 전망에 입각한 현지기업의 비전과 이념을 구축하고 있다.

한국기업들이 1992년의 등소평에 의한 남방순회강연을, 그리고 국교수립을 계기로 투자붐이 일어난 것과는 상대적으로 구미계열기업은 중국의 WTO가입(2001년12월)과 함께 시장개방이 활발히 전개 된다고 보고 대중투자가 가속된 것은 양자의 큰 다른점이다.

한국기업의 경우 현재도 중국의 우대정책에 휘둘려 앞으로의 비전 또는 전체적인 그림을 그리지 않아 실패한 경우가 많다. 아무리 우대정책 등의 은혜를 입어도, 지정학적 견지에서 검토하면 잠재적으로 사업성이 낮다는 판단을 내린 구미계열기업도 있다. 중요한 것은 코스트 장점 이상으로 판매력의 잠재력 크기이다. 더 나아나가서는 판매력이 없다면 아무리 코스트삭감을 할 수 있다 해도 이익이 창출되지 않는 점을 재인식해야 한다. 동시에 현 상태뿐만 아니라 장래 경향, 동향을 보는 안목도 대중국 진출 또는 글로벌 전략에는 불가결한 것이다.

(4) MBA적 해석과 해법

중국비즈니스에 대한 기업이념을 확립하자는 것은 중국 및 그 사회에 진출하여 설립하는 법인의 "존재이유", 설립한 현지법인의 "경영이념" 과 현지법인의 경영자 및 종업원의 "행동지침"이라는 3요소를 뚜렷이 하여야 한다.

가. "존재이유" 또는 "존재의식"

중국에 법인의 "존재이유" 또는 "존재의식" 은 기업이념 중의 핵심적인 것으로 그 기업에 사회적 사명과 책임이 있고, 사회에 대해 얼마의 가치를 창출하는 역할을 담당하고 있는가의 문제이다.

즉 그 회사가 사회로부터 필요한 기업으로 이익을 추구하기 전에 존재 이유가 사업환경에 적응하고 있는가 어떤가가 우선적으로 요구된다. 최근 취급되고 있는 CSR(=Corporate Social Responsibility: 기업의 사회적책임)이라는 경영과제도 이 범주에 속한다.

나. "경영이념" 또는 "경영자세"

"경영이념" 또는 "경영자세"는 기업활동의 근거가 되는 가치기준으로 경영자의 사상과 철학이다. 또 사내의 경영자원(사원 · 제품 · 자본(돈) · 정보)를 관리 · 운영하면서 전체적인 골격을 만들어가는 근본적인 사고 방법이다. 중국의 연해지역의 맥주시장에서 시장점유율 1위를 확보하고 있는 일본의 S사는 현지법인의 경영이념에 "5객만족" 을 실천하고 있다. 여기서 말하는 5객이란 종업원, 소비자, 거래업자, 자본가, 현지라고 하는 것으로 그 중요성도 이 순서로 서술하고 있지만, 이 현지법인의 경영철학을 살펴보면 다음과 같다.

다. "행동지침" 또는 "행동규범’

"행동지침" 또는 "행동규범’ 은 그 법인·조직에 소속한 멤버를 대상으로 한, 취급해야 하는 행동, 사고방식에 대한 가이드라인이다. 조직이 장기적 영속적으로 계속하여 존재하기 위해서는 시간의 흐름과 함께 구성원이 바뀌어도 계속 지속되어야 하는 룰이 행동지침이고, 조직의 DNA로서 그 조직의 기업풍토와 기업문화를 형성하는 것이다.

라. 경영이념의 5단계

위 기업이념 3요소 중, 경영이념은 다음 5단계로 구성된다.

① **비전** : 경영자의 꿈, 희망의 연장선상에 발전이 기대되는 최고 수준의 기업의 자세다[3)]

② **경영전략** : 환경의 기회분석과 자사의 강점과 약점의 분석(SWOT분석) 등에 의해 중장기에 걸쳐 발전해야 하는 기업의 골간이다(道筋).

③ **경영계획** : 비전을 구체화하기 위해 작성한 연차의 행동, 업적계획.

④ **경영관리** : 인력, 자원, 자본, 정보의 경영자원을 효율적으로 분배, 운용하는 것

⑤ **작전** : 현재 갖고 있는 조직 중에서 각 기능부서(담당자)가 완성해야 하는 일상업무 또는 요구 받고 있는 일.

5년 후 또는 10년 후 기업의 모습을 그린 장기비전을 명확히 함에 따라 법인·조직의 자본형태, 입지조건, 더욱이 고객 등이 결정된다.

(5) 중국비즈니스맨의 관점과 코멘트

당연한 일이지만, 중국현지법인에 있어서 비전은 경영자인 오너 또는 경영직에만 속하는 것은 아니다. 현지의 노동자, 스탭 전원이 "꿈" 또는 "미래상"을 공유하고 함께 인식하는 것이 중요하다. 그리고 이 원대한 이상을 향해 회사 전체가 하나되어 달려가는 사원들의 성취감과 방법론 등의 자극을 높여, 회사의 성장 원동력으로서 기여하도록 해야 할 것이다.

▣ 관련지식과 관련용어

※ 등소평의 남방순회강연

1992년 1월 등소평(당시89세)이 무창, 심천, 주해, 상해를 시찰할 때, 개혁·개방의 견지와 경제성징의 가속을 호소한 상연이다. 당시는 아직 천안문사태의 기억도 퇴색되지 않았고, 보수파가 대두하고 있었으며 개혁개방의 선두에 선 광동성의 경제특구에서도 특구 그 자체의 존속이 염려되고 있었다.

이러한 상황 속에 등소평씨가 개혁개방에 반대하는 보수파의 주장을 견제하고 경제특

3) Craig R. Hickman&Michael A. Silva의 저서 "Creating Excellence" 중에서 "비전의 본질이란 이미 알고 있는 것으로부터 미지의 것에 도달하는 마음의 여정이고, 현재의 사실, 희망, 꿈, 위험, 기회를 합성하여 미래를 창조하는 것"이라고 서술하고 있다.

구를 옹호하고 개혁개방노선을 견지할 것을 표명하였다. 이 강화를 중요하게 받아들인 당시의 강택민총서기(국가주석)는 그 해 공산당대표대회에서 "사회주의시장경제건설" 을 구현할 방침을 결정하였다.

그리고 공산당규약, 중국헌법에 지도이념으로서 추가하였다. 이 사실을 화남지방의 사람들이 환영하였을 뿐만 아니라 해외의 매스컴도 일제히 보도함으로써 해외로부터의 중국투자 붐이 일고, 고도 경제성장으로 길을 걷게 되었다.

남방순회강연 주요내용은 주로 아래의 4가지가 포함된다. ①1979년의 개혁 이래의 방침 "경제건설중심" 은 100년간 지속된다. ②개혁개방의 속도를 가속화하고, 경제발전에 정력을 집중한다. ③자본주의에도 계획은 있고, 사회주의에도 시장은 있다. ④우리들은 세계의 선진적인 기술과 경영을 대담하게 흡수할 필요가 있다.

또 당시 중국 국내에서는 성(姓)"資" 성"社"논쟁(중국은 사회주의인가 자본주의인가)이 있었고, "돌진할 용기가 없는 것은 어디까지나 자본주의가 성장하고, 자본주의의 길을 걷고 있기 때문은 아닌가 하는 두려움이 있기 때문이다"라고 지적함으로써 사회주의시장경제노선이 확립되었다. 등소평씨의 유명한 주장에는 "흰 고양이든 검은 고양이든 쥐를 잡는 고양이가 좋은 고양이다"라는 백묘흑묘론과 "우선 부유해질 수 있는 곳부터 부유해져도 좋다"라는 선부론이 있다. 아무튼 이 남방순회강연을 계기로 하여, 중국은 개혁개방에 박차를 가했고 고도경제성장을 하게 되었다.

※ 중국의WTO(=World Trade Organization)가입

WTO의 정식명칭은 세계무역기구이다. 중국은 2001년 12월에 가입하였는데, 가입함과 동시에 관세인하, 시장개방, 규제완화 등에 착수하고 있고 단계적인 조치도 타진되고 있다. 금후 8~10년에 걸쳐 서서히 지금까지의 "계획경제" 또는 "비시장경제" 로부터 "시장경제"로 전환을 도모해 간다. WTO에 대해 더 자세히 설명하자면, 국가간무역에 관한 세계적인 룰을 취급하는 유일한 국제기관이고, 국제간에 있어서 물품의 무역, 서비스무역, 무역관련 지적소유권에 대해 취급하는 기능을 갖고 있다. 목적은 무역의 흐름이 룰에 기초하여 무역체제속에서 원활하게 진행되는 것을 돕고, 정부간의 무역분쟁을 해결하고, 무역교섭을 진행하는 것이다.

※ 증치세(부가가치세)

1994년 1월1일부터 도입된 농업생산관련, 부동산 이외의 상품의 유통단계에서 거래되는 원재료, 제품에 부과되는 부가가치세(13~17%의 외세)이다. 1993년 말까지는 외자기업에 대해 유통세로서 공상통일세가 부과되었지만, 세제개혁에 따라 공상통일세는 폐지되고 1994년부터 증치세, 영업세, 소비세가 부과되게 되었다.

2. 사업활동의 범위(도메인)설정

(1) 기본인식과 예비지식

가. 사업도메인의 정의

사업도메인이란 사업활동의 범위, 즉 사업의 영역을 말한다. 이 사업범위의 설정이 기업성장에는 극히 중요한 요소가 된다. 기업에 있어서 제한된 경영자원을 시장 내로 어떻게 투하하고, 자사의 존립기반을 구축하면 좋은가를 규정하는 것이다. 즉 기업이 장기적으로 그 존재를 위탁한 생존영역이라고도 말할 수 있는 것이다.

사업도메인의 정의는 너무 넓어도 너무 좁아도 또는 너무 추상적이거나 너무 구체적이어도 의미를 갖지 않는다. 이것은 제한된 경영자원을 투하할 "사업분야"를 규정하고, 투자대상의 가이드라인이 되는 것으로 앞으로의 사업전개를 좌우하는 것이 된다.

나. 물리적정의와 기능적정의

사업도메인의 정의방법에는 물리적 정의와 기능적 정의가 있다. 자동차 제조기업이사업범위를 "자동차산업"으로 할 경우는 물리적정의지만, "수송산업"으로 할 경우에는 기능적정의가 된다.

미국의 할리우드가 불황에 허덕일 때, "우리들의 사업범위는 영화산업이다"라는 물리적정의에 갇혀 있었다. 그 후 사업범위를 고쳐 "엔터테인먼트산업이다" 라는 기능적정의로 변화시킴으로써 회복하였다는 말도 있다.

중국비즈니스에 있어서도 동일하게 자사의 사업범위가 물리적정의인가 기능적정의인가를 상세하게 문장으로 표현한 위에 재검토 해보는 것도 중요하다.

(2) Case Study

■사례 1 전자제품 상사의 전략전환

전자부품 상사인 C사는 한국 국내가 내수경제가 불황인 가운데, 재중국인으로부터 부품조립공장을 중국의 지방항만 도시에 있는 보세구에 설립하지 않겠는가라는 제안을 받았다.

그러나 확실히 중국제품을 한국으로 수입한 후 검품하고 불량품이 발견되어 반품되는 경우, 중국에 역수출하는 것이 되어, 상당한 비용과 시간이 낭비된다. 그래서 오랜 고민끝에 C사의 사장은 결심하고 이 제안을 받아들여, 조립공장 겸 검품창고센터를 보세구내에 설립하였다. 그리고 이 현지기업의 총경리직에 제안을 한 중국인을 앉혔다.

다음해 큰 조립공장 겸 검품창고센터가 완성되었다. 그런데 도입된 부품이 수송 중뿐만 아니라 건물 내에서의 보관·검품과정에서도 애를 먹고 결국, 조립제품의 80%가 불량품이 되는 결과를 낳았다. 납품대상인 각 회사로부터 크레임으로 인한 품질배상이 잇따르게 되었다. 그래서 한국으로부터 관리기술자를 현지에 파견하고, 환경정비와 기술지도를 진행하였지만 건물의 구조, 물류시스템 등 외에 종업원의 매너에도 기본적인 문제가 있어서 불량률은 60% 밖에 개선되지 않았다.

그래서 중국인 총경리로부터 단가가 싼 전기부품을 취급해도 이익율은 낮기 때문에 당시 중국에서 판매하고 있던 에어컨을 한국으로 수입 판매하자는 제안이 있었다. 이 중국 자회사의 설립을 위해 은행융자를 받고 있던 C사의 사장은 지푸라기라도 매달릴 생각으로 한국에서 중고에어컨을 수출하고자 보세구 현지창고에 가득 채웠다. 에어컨은 곧 다 팔려 나갔지만, 더운 여름철이 지나버려 이번에는 중고플라스틱사출성형기를 한국에서 수출하길 바란다고 또 총경리로부터 의뢰를 받았다.

이 C사 사장은 여기가 찬스인 만큼 한국에서 중고사출성형기를 보세구 창고로 대량 수출하였다. 이것도 에어컨처럼 삽시간에 팔려버렸다고 연락이 왔다. 이 "좋은 업적" 중에 최초의 결산을 받아보면, 매상고가 예상한 계산을 한참 밑돌았다. 재고는 많았지만 대금회수를 할 수 없다는 점이 판명되었다.

그래서 C사 사장은 업적을 만회하기 위해 최후의 시도로 중국 제품인 전동자전거를 한국으로 수입하는 것을 고려하게 되었다. 한국의 반액 가까이에 조달할 수 있기 때문에 컨테이너에 가득 실어 한국으로 수입하였다. 그런데 한국의 판매점에서는 취급해 주지 않았다. 그 이유는 한국의 안전기준을 통과할 수 없기 때문이라고 하였다.

눈앞의 이익을 추구하여 여기저기 전전하면서 제품을 바꾸어 오던 C사는 끝내 실패하고 말았다.

■사례 2 미지의 세계에서 미경험 비즈니스

중견식품제조기업인 B사는 아는 사람으로부터 중국비즈니스가 돈을 벌 수 있다고 듣고, 아직 진행해본 적이 없는 상해에서 식품사업을 시작하기로 하였다. B사의 한국회사에서 근무하고 있던 중국인을 현지 회사인 합자기업의 총경리로 파견하였다. 그러나 식품사업의 현지 시장개척이 곤란하다고 판단하고, 한국에서도 취급한적 없는 화장품사업 등 돈을 벌 수 있는 비즈니스를 준비한 후 착수하였다. 이와 같이 맹목적이라고 할 수 있는 신규다각화사업의 투자는 결과적으로 경영자원이 다양하게 분산되어, 마침내 기존의 식품사업까지도 말아먹고 사업을 철수하는 결과를 낳았다.

■사례 3 물리적정의로부터 기능적정의로의 사업범위전환

음료의 생산과 판매를 진행하고 있는 K사는 사업범위를 과거의 "홍차와 녹차음료" 에서 "건강촉진 · 보건음료" 로 교체하였다. 이 교체로 추가음료 등의 신제품을 직접 취급하게 되어 중국의 소비자들로부터의 브랜드의 이미지도 높아져 판매성과를 거두고 있다.

■사례 4 대담한 선독(先讀) 사업도메인의 설정

일본 국내 칼라사진 필름시장에서는 압도적인 시장 점유율을 자랑하고 있는 F사인데, 중국에서 시장 점유율은 매우 낮다. 그 이유 중 하나는 중국비즈니스에서 이 회사는 사업범위를 지금까지의 필름이 아닌 사진 현상과 미니암실기 등 다양한 디지털제품의 생산과 판매를 축으로 결정한데서 그 원인을 찾았다.

(3) 사례의 평가와 중국비즈니스의 특성과 법칙

■ **사례** 1에서는 많은 문제가 나오고 있다. 당초 전자부품의 제조업으로서 보세구에 진출하였는데 중고가전과 중고기계의 수출상사로 변신하고, 마지막에는 자전거 수입상사로 되어버렸다. 이것은 사업도메인 이라는 것이 없이 승부한다는 경영자세가 없었던 점이 큰 실패 요인이다. 사업도메인이 없다고 하는 것은 사업내용에도 절조(節操)가 없다는 것이기도 하다. 이 사례에서 당면 문제를 해결하려고 하는 것이 아니라 총경리가 하라는 대로 상품을 교체하는 경영자세 그 자체에도 문제가 있다.

■ **사례** 2에 대해서도 동일하게 사업범위가 확립돼 있지 않고, 현지법인을 성격 부여할 수 없으므로 튼튼한 자세로 사업전개를 도모할 수 없고, 어느 사업이나 중도에서 끝나버렸다.

■ **사례** 3의 K사는 사업범위를 단단히 한 기초 우에 물리적정의로부터 기능적정의로 변경한 것으로 한층 사업전개가 원활하게 진행된 사업사례다. 사업범위를 설정한다고 하는 것은 "어느 고객에게, 어떠한 상품(서비스)을 제공하고, 어떻게 만족시켜 가겠는가"를 뚜렷하게 하는 것이기도 하다.

한국에서도 회사설립 시에 정관이라는 그 법인이 진행해야 할 업무의 범위 또는 사업활동의 내용을 기재한 문서의 제출이 의무화되어 있는데, 중국에서도 동일하게 정관의 제출에 의해 현지법인의 사업내용이 규정된다. 더욱이 회사이름에 대해서는 한국의 경우 [○○주식회사]처럼 [고유회사명칭]+[기업형태]라는 비교적 자유로운 표현형식을 취할 수 있는데 중국의 경우, [설립지]+[고유사명]+[업종]+[기업형태] 라는 표시형식을 취하게 된다. 예를 들면 [항주욱화성방직유한공사]는 한국의 욱화성이 절강성 항주시에 설립한 스판덱스(폴리레탄 탄성섬유) 현지의 가공회사이고, [심양삼양공조유한공사]는 삼양전기가 요녕성 심양시에 설립한 가정용 에어컨의 제조 및 판매회사이다.

■ **사례** 4에서는 뚜렷하게 일본 국내의 소비경향을 보면, 필름카메라로부터 디지털카메라로 옮겨가고 있고, 이 전환이 금후 점점 커질 것으로 전망한 대담한 사업범위 설정이다. 그러나 중국은 13~14억 명의 시장을 소유하고 있고, 연해지구 등의 대도시 인구 중

1~2억명이 디지털카메라의 구입 대상이라 해도, 남은 10억명 이상의 중국인은 아직 과거의 필름카메라를 사용하고 있고, 금후도 저렴하고 간편한 이유로 지속적인 사용이 전망된다. 이런 의미에서는 사업범위의 설정은 좁아지게 된다.

(4) MBA적 해석과 해법

가. 물리적정의와 기능적정의

사업범위의 설정이 매우 중요하다는 점을 지적한 것은 세오도어 래빌이다. 그는 근시안적 마케팅이라는 논문 중에서 사업범위가 수요 또는 기능과 관련시켜 규정하는 점의 중요성을 서술하고 있다. 그에 따르면 미국의 철도회사가 쇠퇴한 것은 자신들의 사업도메인을 [철도]라고 잡고 있은 것에 원인이 있다고 하고 있다.

즉 [철도]는 어디까지나 수송수단의 하나이고, 수송수단에는 이밖에 항공기, 자동차, 선박 등이 있고, 이것을 철도회사가 이해하고 있으면 다른 수송수단으로 대항책을 강구할 수 있었을 것이다. 여기서 처음으로 [물리적정의]뿐이 아닌, [기계적정의]에서 고려하는 점의 중요성이 인식되었다.

이 [물리적정의]에 대하여 확대전략을 고려해 보자.

사례 A에서는 "포테토칩 제조업"이였던 것을 사업도메인을 확대하여, "스낵과자제조업" 그리고 "과자제조업"으로 되고, 더 확대하면 "가공식품제조업"이 된다. 동일하게 사례 B에서는 "미니바이크제조업"에서 "스쿠타제조업"으로, 그리고 "2륜차제조업"에 , 더 확대하여 "수송용기기제조업"로 결정한데 따라 자사의 사업대상이 넓어져 갔다. 이 반대의 전략은 사업범위를 좁히고 있다.

나. 에벨의 3차원정의

수요 또는 기능과 관련시켜 사업도메인을 결정하는 것은 너무 추상적이라는 반성으로부터 지금, 가장 지지 받고 있는 견해는 에벨(Derek F.Abell)에 의한 입체적인 사업도메인의 정의 방법이다. 그는 "객관기능", “객관층", “기술"의 3차원으로 사업도메인을 정의하고 있다.

① "객관기능"이란 만족시킬 고객의 수요(WHAT)이다.
② "고객층"이란 고객의 수요의 최정 방향인 고객(WHO)이다.
③ "기술"이란 고객수요가 달성되는 방법(HOW)이다.

즉 무엇을 누구에게 어떻게 제공하는가 하는 시점에서 사업을 결정하고 사업범위를 확정해야 한다는 것이다. 이 사업도메인의 범위는 자사의 경영자원, 경쟁상태에 따라 상대적으로 변화를 한다. 예컨대, 모 업계에서 1,2위 시장 점유율을 자랑하는 리더 기업이 풍족한 경영자원을 배경으로 3개의 축을 전부 에워싸고 집중적으로 광범위하게 사업도메인을 설정할 수 있다. 반대로 소형기업은 3개의 축 중 하나에 전념하여 철저하게 밀고 나가는 사업 도메인을 설정할 필요가 있다.

다. 3C 분석

사업도메인이라는 것은 사업활동의 범위, 즉 사업영역을 결정하는 일인데 기업경영에서 3C분석으로 시장분석의 공구로 활용하고 있다.

① Customers (고객) : 시장의 크기와 발전성, 그리고 시장의 주인공인 고객의 수요와 욕구 등을 분석하는 것.

② Competitors (경쟁상대) : 경쟁상대가 누구며, 규모, 세력의 강약 등을 파악하는 것.

③ Company (자사) : 자사가 소요하고 있는 기술과 경영자원 등에 대하여 강세 및 약세 등의 요인을 분석하는 것이다. 상기의 3C 외에 유통채널까지 포함시켜 4C라고 하는 경우도 있다.

(5) 중국비즈니스맨의 관점과 코멘트

중국시장의 변화와 그 속도는 매우 빠르다. 여기에 순응하기 위해서는 현지 스탭들이 목표하고 있는 시장의 동향에 민감하지 않으면 안 된다. 시장의 특성 등에도 정통하여야 할 뿐만 아니라 그것을 위한 경험도 요구된다.

따라서 기존 회사의 시초사업에 순응하지 않고 쉽게 다른 사업으로 전환하는 것은 시장을 보는 안목을 기를 수 없을 뿐만 아니라 중도에서 끝날 수 있다. 최초의 목적을 실행함에 있어서 일어난 문제와 분쟁들을 하나하나 해결해 나가는 것이 중요하다.

이것 저것 취급한 결과 장래성이 없으면 꼼꼼한 확인을 거친 후 다른 사업으로 이전해야 한다. 중국을 생산거점 구상에서 판매시장 구상으로 전환하기 위해서는 기본 적 내용을 재구축하지 않으면 아무것도 순조롭게 진행할 수 없으며 난관에 봉착하게 되므로 특히 주의를 해야 한다.

*관련지식과 관련용어

(1) 외상투자산업지도목록

중국에는 외국으로부터 투자에 관련된 기본방침을 알려주는 <외상투자방향지도규정>이 제정되어 있으며 그것에 기초한 <외상투자산업지도목록>이 정해져 있다.

합자기업이나 독자기업의 현지 법인은 이러한 규정을 통하여 설립인증을 받게 된다. 규정내용은 외국의 투자 프로젝트를 <장려>, <허가>, <제한>, 및 <금지> 등의 4개 분류로 나누는데, 한국기업이 투자하고자 하는 영업범위 종류에 따라 그 실행 가능성과 심사허가기관, 투자형태, 조건, 투자자금비율규정, 우대정책 등이 다르다.

① <장려>는 외국으로부터의 투자를 적극적으로 유치하기 위하여 장려를 하는 투자 프로젝트다. 여기에는 교통, 전력, 가스 등의 기초 시설건설(인프라) 관련사업, 의약품, 화학제품, 자동차, 전자와 통신설비 등의 제조업을 비롯한 사업들이 포함된다. 그러나 장려류에 속하는 투자 프로젝트이지만 외자의 투자자금 비율을 제한하는 경우가 있다.

② <제한>은 외국으로부터의 투자를 제한하는 투자 프로젝트다. 외자의 투자형태-투자자금비율, 자금투자자의 조건, 투자대상지역 등이 제한 받게 된다. 그 중에는 인쇄업, 일부의 의약품, 화학제품 등의 제조업, 철도, 도로운수, 유통, 금융, 증권, 보험, 부동산, 의료 등의 서비스업이 포함된다.

③ <금지>는 외자에 의한 투자가 금지를 받는 투자 프로젝트다. 전력네트워크의 건설과 경영, 우전, 기초교육, 서적과 신문 및 출판과 방송 등의 서비스업들이 포함되어 있다.

④ <허가>는 외국으로부터의 투자가 장려, 제한 또는 금지되지 않은 투자 프로젝트다. 여기에 속하는 투자 프로젝트는 지도목록에 열거되어 있지 않으며 외상투자방향지도규정에도 심사인증의 구체적인 기준은 명시되어 있지 않다.

3. 중국진출형태(진출목적 · 자본구성 · 진출지역 · 지원체제)

(1) 기본인식과 예비지식

가. 중국진출 투자형태

중국에 진출하는 형태를 다음의 6가지 형태로 나눈다.

① 수출생산지형 (풍부한 노동력과 저렴한 임금을 기초로 한 세계공장에 진출)
② 시장입지형 (중국의 거대한 시장을 목적으로 진출)
③ 연구개발형 (신속한 연구개발을 목적으로 진출)
④ EMS형 (중국에서의 위탁 가공을 활용한 진출)
⑤ 조달거점형 (중국을 부품과 원자재 조달의 장으로 하는 진출)
⑥ 제휴형 (중국의 현지 기업과 제휴하여 진출)

이 중에서 구체적인 자금지출을 확실히 동반하는 것은 ①, ②, ③형태인데, 나머지 유형도 사업내용에 따라 자본지출이 필요하게 된다.

따라서 중국비즈니스라고 하지만 위탁가공무역처럼 자본투자를 필요로 하지 않는 것들을 제외하고 자본형태, 사업장소 및 기업형태에서 다음 5가지 형태로 분류할 수 있다.

① 지점 및 주재원사무소 (정보수집, 현지거래처와 한국 본사와의 연락, 조절 업무)
② 합작개발 (해저유전의 공동개발과 같은 투자형태로 직접투자 전체의 1% 이하 비율)
③ 합작기업 (외자측이 자금 · 기술 · 설비를 제공하고, 중국측이 토지 · 건물 · 노무를 제공)
④ 합자기업 (외자측과 중국측이 공동으로 출자하고 경영하는 형태)

⑤ 100%외자기업 (독자기업이라고도 하며 외자가 단독으로 출자하고 단독으로 경영을 하는 형태)

상기의 ③, ④, ⑤ 기업형태는 <외자기업> 또는 <3자기업>이라고 부르며 이 삼자를 직접투자로 된 기업형식이라고 이해를 해도 문제는 없다. 이 외에 다음과 같은 새로운 투자형태도 실행되어 오고 있다.

① BOT 방식 (Build Operate Transfer)
전력, 도로 등의 기초건설 분야에서 실행되고 있다.

② 투자회사 (총괄회사, 지주기업)
대형 외자기업이 계열 투자기업을 총괄할 수 있도록, 1995년부터 설립이 인정되었다.

③ 외자투자주식회사
외채, 공모로 설립할 수 있으며 외자투자유한회사가 신청할 경우 외자투자주식유한회사라고 이름을 고쳐야 한다.

④ 합병, 매수 (M&A) ※M&A=Mergers&Acquisitions
기업매수도 직접투자의 중요한 방식이다.

(2) Case Study

■사례 1 합자형태로부터 독자형태로의 전환

대형 섬유화학제조기업인 N회사는 1960년 말부터 우선 대만을 시작으로 타이, 인도네시아, 미국, 브라질, 홍콩과 회사를 설립하여 글로벌 전개를 촉진시켜 왔다.

N회사는 국내에서 25% 이상의 시장 점유율을 확보하고 있지만, 그 이상의 점유률 향상은 어렵다고 판단을 하고 급속히 광대한 중국시장에 대응하여 중국어권 구상을 목표로 세웠다. 홍콩에 설립한 합자회사가 출자한 회사를 중국 광주에 설립하고 또 절강성의 현지기업과 합자회사를 설립하였다. 그리고 기술센타를 개설함과 동시에 기존의 합자회사에 대하여 출자비율을 100%로 상승시켰기 때문에 새롭게 가동되는 공장은 합자회사가 아니고 100%의 독자기업으로서 N회사 독자적인 사업 전개를 도모하고 있다.

■사례 2 사무소 개설을 사업 전개의 거점으로

생화학용 실험약이 주력 산업인 D회사는 올해 상해에 주재원사무소 사무실을 설립하였다. D회사에서는 처음부터 현지법인을 설립하는 것 보다는 우선 사무실을 설립하고 장래 중국을 포함한 글로벌 시장의 생산거점으로서 어떠한 현지법인이 필요한가를 검토하고 그것을 위한 준비를 진행했다. 그 다음 설립하고자 하는 현지법인에 대해서는 비용을 자체 부담으로 생산체제를 조정할 것인지 아니면 현지기업을 매수할 것인지에 따라서 채산성 평가결과를 보고 최종 결정을 내리기로 하였다.

(3) Case평과와 중국 비즈니스의 특성과 법칙(진출 회사형태 판단)

사례 1의 N회사처럼 우선 중국기업과 합자기업을 설립하고 중국현지에 비즈니스 환경과 경영 노하우를 이해한 뒤 합자회사를 매수, 100%의 독자형태로 조직변경 하는 건 인정받을 만한 좋은 방법이다. 최근에는 독자형태로 출발을 하는 기업들이 늘고 있는데 그 장점과 단점은 각 회사의 상태에 따라 다를 수도 있다.

진출형태의 선택은 중국 비즈니스 전개에 있어서 큰 요점이다. 모 회사에 최적화라고 생각되는 형태가 꼭 다른 회사에도 알맞다고는 할 수 없다. 즉 어떠한 회사에도 통용되는 정답은 존재하지 않는다고 생각하는 것이 바람직하다. 그러나 경영시점으로부터 다음의 두 가지 중 어느쪽을 더 중시해야 하는지, 그 비중의 균형을 판단요소 중의 하나로 고려할 수 있다.

① 진출분야에 있어서 사업전개 또는 시장확보의 속도를 빠르게 하고 불투명한 투자환경에 대한 모험 경감을 중요시한다.

② 현지기업의 경영면에서 자유도 및 본사 입장의 경영 일관성을 중시한다.

①의 요소가 우선적이라면 합자형태를 취하고, ②의 요소가 우선적이라면 독자형태 즉 100% 전액 외자투자 회사를 선택하는 것이 어울린다. 합자회사 형태를 취하는 경우의 장점은 합자회사 또는 파트너의 경영자원이며 인력 · 노하우 등을 최대한 활용할 수 있다. 그러나 최대의 모험은 파트너의 능력과 신뢰도에 있다. 아무튼 파트너인 중국기업 또는 조직 · 기관이 경영관리능력, 사업전개 능력이 있는가를 통찰하는 것이 중요한 포인트다. 장래성이 있는 유력한 파트너와 손을 잡을 수 있는지 없는지는 경영자의 판단력과 결단력에 달려있다.

(4) MBA 해석과 해법(투자형태의 장점과 단점)

중국 비즈니스에서 기업이념의 구축, 사업영역의 설정도 중요하지만 어떠한 형태의 법인을 어디에 설립 할 것인지 정확히 하지 못하면 장래의 경영 실책들이 그것에 좌지우지 된다. 즉 진출형태 또는 투자지역의 선택은 사업전개 시나리오의 시점이고 사업모태(母胎)의 토대와 골격과 같다.

MBA적으로 사고를 하면 그 진출형태 또는 투자지역에 따라 초기 투자액이 결정될 뿐만 아니라 이후의 운용코스트를 결정하는 큰 요인이 된다. 여기서 실제적으로 비용지출이 동반되기 때문에 사업 전체의 채산성 평가 출발점이라고 한다.

합작기업형태, 합자기업형태, 독자기업형태의 장점을 리스트화 하는 것도 중요한 판단방법이다. 그럼 아래에 여러 가지 형태에 대한 장점을 열거하여 본다.

가. 합작기업형태

[장점] – 중국측 파트너의 토지며 설비를 사용함으로 초기 투자가 적게 든다.

- 출자비율에 관계없이 조기회수가 가능하다.

[단점] - 이익이 발생하지 않고 보상금의 지불이 정지 되는 경우 등의 트러블이 있는 경우에 분쟁이 일어나기 쉽다.
- 경영기간을 경과한 자산은 무상으로 중국측에 인도하는 케이스가 있다.
- 출자자책임 등의 법적 보증이 애매하다.

나. 합자기업형태

[장점] - 중국측의 인재, 생산・판매 활용에 따른 투자자금을 절약할 수 있다.
- 중국측 파트너가 있기 때문에 국내시장 진출이 비교적 용이하다.
- 행정수속이며 허가 취득이 비교적 용이하다.
- 지역 사회와의 마찰을 완화시킨다.

[단점] - 파트너 선택을 바로 하지 못하면 곤경에 빠지게 된다.
- 투자이익을 독점할 수 없다.
- 경영방침, 이익분배 등에 관한 중국측과의 의견 조절에 어려움이 있다.
- 노하우와 기술유출 가능성이 있다.
- 중국측 잉여인원, 낡은 기계설비 등을 받아들이지 않으면 안 되는 경우가 있다.
- 중국측의 현물출자 평가가 어렵다.

다. 독자기업형태

[장점] - 경영을 100% 공제할 수 있다.
- 이익을 독점할 수 있다.
- 신속한 의사결정을 할 수 있다.
- 노하우와 기술유출의 문제를 방지할 수 있다.

[단점] - 중국시장 진입이 엄연히 제한을 받게 된다.
- 토지, 공장건설 등의 자금부담 및 인력부담이 크다.
- 정부관계기관과의 관계조절이 어렵다.

라. 목적별 기업형태 분류

이상과 같은 장점과 단점을 고려한 가운데 진출 목적에 적합한 기업형태를 선택하는 것이 바람직하다. 기업형태 선택을 겨냥하여 목적별로 정리를 하면 다음과 같은 의사결정이 유효하다고 생각한디(합작형대는 제외).

1) 원재료(중국 국내에 희소)를 중국으로부터 조달 받는다. → 합자기업
2) 원재료(중국 국내에 풍부)를 중국으로부터 조달 받는다. → 독자기업
3) 염가의 노동력을 무기로 해외를 상대로 한 수출가공 공장을 세운다. → 독자기업

4) 시장 대상으로서 중국 국내의 비중이 높다. → 합자기업
5) 시장 대상으로서 중국 국내의 비중이 낮다. → 독자기업
6) 중국에 진출한 외자기업을 고객으로 물자제공이 가능하다. → 독자기업

과제별로 [생산위탁] [합자기업] [독자기업], 이 세가지 형태의 사업전개 수단에 대한 적합도를 그림으로 표시하면 다음 표와 같다.

사업전개방법	원재료조달	저코스트생산	신소재발굴	신재품개발	신판로개척
생산위탁	○	◎	X	X	X
합자기업	○	△	△	△	○
독자기업	△	○	△	△	△

(5) 중국비즈니스맨의 관점과 코멘트

중국 비즈니스의 목적에 따른 기업형태의 선택도 중요하지만 사업 가능성에 의한 분석 결과를 기초로 기업형태를 검토하는 것도 긴요한 일이다. 합자형태 또는 독자형태의 판단은 어느쪽이 자사에 유리한 점을 제공할 수 있는가를 검토해야 한다. 예를 들면 합자기업일 경우 본사의 연결결제의 대상으로 할건지 그렇지 않을 건지에 따라 출자비율이 결정될 수도 있기 때문이다.

*관련지식과 관련용어

중국기업의 분류, 회사설립 및 필요한 서류, 합작개발, 합작기업, 합자기업, 독자기업, 지주기업, 국유기업, 향진기업, EMS, M&A(=Mergers & Acquisitions),

※ 중국기업의 분류

중국의 기업은 자산소유형태에 따라 국유기업, 집단기업, 사영기업, 개인기업(개체호), 연합경영기업, 주식기업 등으로 분류된다. 또 별도로 인민공사 시대의 생산조직, 설비 등을 기초로 농촌에서 발전시켜 온 집단기업을 향진기업이라고 한다. 그 외에 외자기업의 직접적인 투자에 따른 삼자기업(독자, 합자, 합작기업)이 있다.

현대기업제도화의 발전과 함께 지금은 국유기업도 국가독자기업, 국유기업 자본연대제휴기업(연합경영기업, 내자연합경영기업), 사원지주제도의 국유기업, 국내주식시장상장 국유기업(상해와 심천의 A주, B주), 해외주식시장 상장 국유기업(홍콩의 H주, 뉴욕의 N주)로 분화 해 왔다. 또 기업의 경쟁력강화를 도모하기 위하여 중소국유기업과 향진기업

의 일부가 외자의 자본 참가를 추구하고자 삼자기업화의 방향으로 가기 위해 위와 같은 기업형태 변화를 시도하고 있다.

※ 회사설립 및 필요한 서류

회사의 설립에서 사업개시까지의 기본형태는 다음 순서로 진행된다.

Step 1: 대외경제무역위원회 관련 기관에 현지법인 설립 신고
Step 2: 공상행정관리국에 회사등기
Step 3: 외화관리국에 외화등기와 대외채무등기
Step 4: 은행계좌를 개설하고 자본금을 입금
Step 5: 세무국에 세무등록 및 등록증 수여 받음
Step 6: 제1차 동사장회의 개최와 건설준비 사무소를 개설
Step 7: 사업을 정식으로 개시

설립기업의 본사 소재지에 대해서는 유관기관이 부동산임대계약과 토지사용계약서 등으로 확인하는 경우도 있기 때문에 설립신청과 동시에 부동산 가계약을 해 놓는 것을 유의한다. 합자기업 및 독자기업의 설립에 필요한 서류는 아래와 같은 것들이다.

*설립신청서
*가능성연구보고서(F/S)
*정관
*법정대표자(또는 동사회 인선) 명부
*외국출자자의 자본신용증명서, 각종 법률증명서
*소재예정지의 지방정부(현급 이상)의 서면 회답서
*수입이 필요한 물자의 명세서
*기타 보고서
▷ 합자기업일 경우 상기의 내용 외에 합자계약서를 필요로 한다.

※ 합작개발

주로 석유 등의 광산자원 시스템에 대한 외자와의 공동개발 방식이다. 일반적으로 국제입찰방식을 사용한다. 탐광단계에서는 외자측이 출사하여 전면적으로 리스크를부담하고 채산이 맞지 않는 결과가 나올지라도 중국측은 책임을 지지 않는다. 채산이 부합될 경우 개발단계에서 외자측·중국측 쌍방이 공동으로 개발하여 제품을 분배하는 방식으로 투자를 회수하여 수익을 얻는다.

※ 합작기업

외자가 중국 국내에서 중국측과 공동으로 비교적 유연한 조직형태로 진행하는 기업이

다. 중국측이 외국측과 출자방법, 이익분배, 자산분배 등을 서로 상의하여 계약으로 확정짓고 설립하는 기업으로 '중외합작경영기업법(1986년 공포)'에 기초한다. 합자기업과 크게 다른 점은 외자측이 자금, 기술, 설비를 제공하는데 비하여 중국측은 토지, 건물, 노동력을 제공하는 것으로 자금은 내지 않는다. 쌍방의 책임, 권리, 의무는 쌍방이 교섭하기 때문에 비교적 자유로운 계약을 맺을 수 있다. 중국측은 경영진에게 임원을 파견할 수 있지만 사업책임을 지지 않고 일정한 고정이익 분배를 얻는다는 내용의 계약을 흔히 볼 수 있다. 또 나름대로의 출자를 부가평가 하지 않기 때문에 출자액에 대응되는 이익분배를 하지 않아도 된다는 점이 특징이기도 하다.

합작기업도 합자기업도 모두 계약연한(경영연한)이 있지만 합작기업의 자산은 계약연한이 만료될 경우, 전부 무상으로 중국측 것이 된다는 또 하나의 특징이 있다. 합작기업은 설립, 운영을 앞에서 서술한 것처럼 계약에 기초하여 진행되는 것이 특징인데 이 형태의 회사설립은 일반적인 제조업에는 부적합하다(손익 사전설정이 어렵기 때문). 주로 비제조업(서비스업 특히 호텔업, 골프장경영, 레스토랑)에서 흔히 사용하는 형태다.

※ 합자기업

외자가 중국에서 중국측 투자자와 공동으로 출자하여 경영하는 유한책임회사이다. 자본금에 있어서 외자 출자율은 25% 이상(상한기준은 없다)이어야 한다. 출자비율의 상한제한은 없지만, 중국의 육성산업으로 중점을 두고 있는 통신산업과 도매업 등은 현재 출자비율이 49% 이하로 제한되어 있다. 25% 미만일지라도 외자에 속하는 기업이라고 인정해 주는데 우대정책 대상에는 포함되지 않는다. 출자 쌍방의 책임은 서로가 보증하기로 한 출자액을 한도로 한다. 그래서 '합자'는 '함께한다'라고 하는 이유가 바로 여기에 있는 것이다. '중외합자경영기업법(합자법, 1979년 공포)'에 기초한다. 합자기업의 장점과 단점은 독자기업과는 달리 중국측의 인력·노하우를 활용하기에 용이한 반면, 의사결정에 있어서 중국측 출자자와 의견분쟁이 생길 가능성이 있다.

모든 회사는 계약연한(경영연한)이 정해져 있는데, 계약연한이 20년으로 정해졌다면 그 기간의 이익에 대해서는 중외 쌍방이 출자비율에 따라 분배하기로 한다. 또 합자 당사자 사이에 합의가 된다면 계약연한의 연장도 가능하다. 기업을 해산(철수)할 경우, 동사회의 '전원일치'가 필요하기 때문에 특히 중국측의 합의를 얻는 것이 어렵다는 점에 주의를 요한다.

※ 독자기업

독자기업이라는 것은 외국자본 100%의 현지법인으로서 '외자기업법(1986년 공포)'에 기초한다. 중국진출 외자기업의 약 60%가 이 형태로 진출을 한다. 독자기업은 문자 그대로 중국 자본이 없는 기업이기 때문에 사업운영에 있어서 중국측의 간섭을 받지 않고 자유로운 의사결정이 가능한 장점을 갖고 있다.

반면, 사업과 제품 판로를 중국 국내에서 찾을 경우, 중국측의 인력 노하우를 활용하기 어려우며 판로개척이 어려운 등 단점도 있다. 사업운영에 있어서 자유롭게 의사결정을 할 수 있는 장점이 있기 때문에 최근에는 합자·합작기업에 비해 독자기업의 설립이 늘어나고 있는 추세이며, 우수한 중국인을 관리직에 초청함으로써 개인의 노하우를 활용하는 것으로 위의 단점을 보완하는 경우가 있다. 이 형태의 설립에 잘 어울리는 회사들로는 제품의 원재료·부품 등을 해외로부터 들여오고 완성품을 100%수출하는 제조업들이다.

※ 지주기업

중국 국내에서 외자기업이 다수의 사업회사를 통괄하기 위한 지주회사(holding Company)의 정식명칭은 투자성회사라고 한다. 일반적으로 '지주기업'이라고 부른다. 중국투자에 실적이 있는 대기업이 중국 국내에 판매망을 구축하고 판매 강화를 도모할 경우 많이 사용된다.

1995년 4월 중국상무부(구: 대외무역합작부)에서 공포한 '외국투자에 따른 투자성회사의 설립경영에 관한 잠정시공규정'에 의하여 설립인가 기준과 수속이 명확하게 되었다. 이전에는 다수의 중국현지 주주를 갖고 있는 외국자본은 홍콩 등으로부터 개별적으로 통괄하고 있었다(일부 상사 중 본 규정이 공포되기 전에 실험적으로 지주기업의 설립을 인가 받은 예도 있다).

지주기업의 유리한 점은 산하기업에 비해 각종 기업에 대한 매매관련 무역대리업무, 판매업무, A/S업무, 자문업무, 시장운영 업무 외에 각 산하기업의 인민폐 거래에 관련된 알선과 채무보증, 외화유보의 융통 등 기업집단의 장점을 살릴 수 있다.

※ 국유기업

자산이 국유자산으로 되여 있는 기업을 말한다. 전인민소유제기업이라고도 한다. 개혁개방에 의해서 시장에 참입하게 되었고 외자기업, 향진기업, 사영기업과 경쟁격화로 경영난에 빠진 국유기업들이 많다.

다른 형태 기업들과의 경쟁격화로 인해 국유기업은 투자코스트 부담이 큰 대형산업에 집중하고 있는 것, <요람에서 묘지까지>의 종업원에 대한 기업복리관련 비용을 전부 기업에서 전부담 하는 것(철 그릇 밥통), 낡은 중앙(주요 성, 청 기관)의 계획경제에 따른 경영에 길들여져 온 것, 시장개척과 신제품개발 등 기업 독자적으로 경영확대를 진행하는 노하우 등이 결핍한 것, 삼각채무 문제가 정부도 구제할 수 없을 만큼 심각해진 것 등 문제로 금후에도 심각한 경영상태가 계속될 거라고 예측된다.

정부에 의해 사회보장비 부담이 전가된 후로부터는 파산도 쉽게 할 수 없게 되었다. 중앙정부는 특히 기업체력이 약소한 중소규모의 국유기업에 대해 양호한 기업에 <매입, 청부> 등을 적극 권유하고 있지만 결정적인 해결책은 아니다. 1993년 3월 전국인민대표대회에서 원래의 <국영기업>이 <국유기업>으로 이름을 바꾸게 된 것은 1992년의 <전인민소유제공업기업경영체제전환조례>의 반포 등에 의해 기업의 자기경영 책임이 강조되어 왔기 때문이다.

※ 향진기업

주로 농촌지구에서 농민으로 구성된 집단으로 조직적으로 설립 · 운영되고 있는 기업이다. 향진기업의 전신은 인민공사제도 시대의 인민공사, 생산대대, 생산대에 의해 운영 되였던 공업, 상업, 건축업, 운수업 등의 기업이다. 1984년 인민공사제도가 폐지된 다음 농촌의 비공유기업을 총칭하여 '향진기업'이라고 부르게 되였다.

그 경영형태는 개혁개방에 의해 합자, 합작 등이 가능하게 됨으로써 복잡 다양해 지게 되였는데 지금은 농민개인 또는 농민 여러 명이 공동 경영하는 기업부터 촌, 향, 진의 정부가 경영하는 기업, 또 그들이 국유기업, 사영기업, 외자기업(주로 홍콩, 대만 등의 자본)과 합자하여 설립한 기업에 이르기까지 모두 '향진기업'의 범위에 포함되게 되였다.

농촌기업의 이미지와는 동떨어진 대규모기업이며 한국기업과 기술협력 협정을 체결한 기업도 있는 만큼 강소, 산동, 절강, 광동, 강남 등 성 지역에서 지역경제 발전에 큰 공헌을 해오고 있다. 이에 동반하여 '향진기업의 주식화'등 기업 현대화도 진척되고 있다. 금후 중국의 시장 경제화 과정에서 그 역할은 한층 중요해 질것이다.

※ EMS

EMS는 Electronic Manufacturing Service의 약칭으로 전자기기의 위탁제조를 진행하는 기업이다. 최근에는 직접 보고 배우지 않고도 디자인 · 부품조달부터 물류 · 제품수리까지 모든 업무를 장악할 수 있게 되였다. EMS기업은 자사 브랜드로 제품을 수요자에게 파는 것이 아니며, 기업선전과 광고 등도 하지 않기 때문에 일반 소비자들에게 알려지는 일도 거의 없다. EMS산업은 주주가치의 증대를 가장 중요시하는 글로벌 모델경영의 시점에서 중요한 위치를 차지하고 있고, 유망한 성장산업으로 불리고 있다. 기존의 OEM(=Original Equipment Manufacturing : 상대의 브랜드를 위한 공급)은 도면과 부품을 외주기업에서 제공하여 생산 결과를 위탁하는 형태였지만, EMS는 부품의 개발부터 설계 · 부품조달 · 생산까지를 모두 책임진다고 하는 진일보 업그레이드 된 새로운 형태다.

※ M&A(=Mergers & Acquisitions)

기업의 매수 · 합병이다. 광의적으로는 경영지배권의 이전을 동반하지 않는 제휴며 합자기업 등도 포함된다. 합병은 2개 이상의 기업이 하나의 법인격으로 되는 것이고 매수는 기업의 일부 또는 전부를 사들이는 것을 의미한다.

제3장 중국진출 전 실무적인 검토단계

1. 중국투자 의사결정의 초기단계

(1) 진출기업측의 사전평가

낮은 코스트 노동력의 이용과 새로운 시장개척을 목표로 하는 해외 투자사업은 매력적이고 의욕적인 기업전략이다. 그러나 해외투자에는 다양한 위험도 따르기 때문에 장점과 단점을 비교 분석하여 진출 사업체는 유의사항을 사전에 평가할 필요가 있다.

가. 중국진출 결정에 관한 검토할 내용

A. 중국진출에 따른 장점

▷ 저임금 노동력 이용, 저렴한 원자재 조달 등에 의한 생산코스트 삭감
▷ 중국・지역시장의 확보
▷ 자사제품의 수출선, 원재료 조달선 국가와의 거래관계 친밀화 등이다.

B. 중국진출에 따른 단점

▷ 중국・지역의 특수성에 따른 기업환경의 위험도
▷ 국내종업원 삭감에 따른 노사간 마찰
▷ 종래 거래기업(원자재 조달선 등)과의 관계 조정

나. 중국진출 기업의 검토사항

① 회사전체의 중장기적인 사업목표에 적합한가?
② 진출에 따른 자금을 어떤 형태로 조달할 것인가?
③ 중국진출 프로젝트를 실행할 인재의 사내조달이 가능 한가? 또는 외부조직(상사, 은행, 공적기관, 해외기업, 컨설턴트회사 등)의 협력이 필요한가?
④ 중국에서의 분쟁 또는 프로젝트 진행이 늦어지는 경우 그 위험을 극복할 능력과 체제가 갖추어져 있는가?
⑤ 중국에서 생산한 제품이 국내와 중국 시장에서 전망이 매우 밝은가?
⑥ 중국 진출에 따른 국내종업원의 삭감 등, 종래의 고용・거래관계 변화에 따른 대책을 갖고 있는가?

(2) 명확한 투자목적의 설정과 검토할 항목

중국 진출을 선택하는 경우에 그 목적을 명확히 해 둘 필요가 있는 것은 일반적으로

사업전략을 책정하는 경우와 같다. 이것은 당연한 것으로 생각되지만, 투자목적이 애매모호한 채로 중국에 진출하여 사업적으로 실패하는 경우를 종종 볼 수 있다. 따라서 다음과 같은 투자의 목적을 명확히 설정하고 검토함으로써 진출지역, 사업규모, 사업의 우선순위, 사업형태의 결정이 좌우 된다.

가. 한국을 포함한 중국 외에 제품의 공급

▷ 국내, 타국과 비교하여 낮은 코스트가 정말로 실현 될까?
▷ 중국제품의 품질, 불량품 비율은 문제가 되지 않을까?
▷ 중국측이 수용할 체제가 충분히 정비되어 있는가?

나. 중국시장의 확보

▷ 자사제품에 대한 중국시장은 충분한 규모, 성장성이 있는가?
▷ 중국의 진입 조건 아래서 국내외 및 중국 타사와의 경쟁력이 있는가?

다. 거래처 기업의 중국거점에 현지공급

▷ 중국진출은 거래선 기업의 중장기 전략과 맞는가?
▷ 국내에서 수출에 의한 공급은 불가능한가?
▷ 국산 · 타국의 제품보다도 싸고 고품질인 제품의 생산이 가능한가?

2. 중국투자사업의 프레임 책정

(1) 진출지역의 선정

중국은 지역마다 차이가 매우 크고 일반적으로 중국 진출이라고 해도 사업목적에 따른 진출지역을 신중히 검토하여야 한다. 사업목적에 적합한 특성을 갖고 있는 지역을 진출지역으로 선택하기 위한 평가도 필요하다. 예컨대, 진출지역이 결정되기까지는 다음과 같은 내용들을 검토하여야 한다.

▷ 검토1: 중국의 어떤 자원을 이용할 수 있는가?(노동력, 원재료)
▷ 검토2: 각 지역에서 이용 가능한 자원의 질, 량, 가격의 평가
① 두뇌노동력→북경, 상해 등 대도시
② 기계공, 목공 등 숙련 노동력→전통적인 산지
③ 봉제, 조립 등 단순 노동력→도시근교와 내륙지역
④ 농산물, 광물, 목재, 수산자원, 석재→산출지의 근린지역
▷ 검토 3: 해당 지역에 신뢰하는 파트너 존재여부
▷ 검토 4: 해당 지방정부의 우대조치에 대한 평가

▷ 검토5: 물류와 수송설비에 대한 정비상황 평가
▷ 검토6: 인프라설비 구축에 대한 정비상황 평가
▷ 검토7: 기타(한국에 대한 감정, 거주환경 등)

(2) 사업규모의 결정

중국투자에 있어서는 세제, 무역제도 등 각종 법규와 정책들이 수시로 변경되어 예기치 않은 상황들이 종종 발생한다. 그렇기 때문에 중장기적인 프로젝트를 가지고 먼저 소규모적인 투자를 시작으로 시간을 갖고 점차적으로 단계적인 사업확장을 도모하는 것이 일반적이라고 할 수 있다.

(3) 사업형태의 결정

사업형태로서는 100% 외국자본으로 진출하는 독자기업형태와 중국측 파트너와 협력하는 합자기업과 합작기업의 형태가 있다. 일반적으로 중국에 수출거점을 필요로 하는 경우에는 독자기업 형태로 경제특구와 기술개발구에 진출한다. 중국 국내의 시장을 전개거점으로 생각하는 경우는 합자기업과 합작기업의 형태로 진출할 수 있다. 단지, 사업형태의 최종 결정에 대해서는 자사의 경영자원과 사업형태의 장단점을 비교 검토할 필요가 있다.

3. 진출기업의 채산성 평가

중국에 투자사업의 프레임을 결정한 후 생산코스트에 따른 채산성 평가를 할 필요가 있다. 생산코스트의 구성은 다음과 같은 것을 기준으로 검토한다.

▷ 구입 원자재비용 및 부품비용: 양과 질을 보증할 것
▷ 인건비: 본국 파견비용 등
▷ 수송비: 국내수송비, 한국에서 플랜트 수송의 보험료 및 관세 등
▷ 입지비용: 토지사용료 또는 공장임대료, 공장건설 및 정리비용 등
▷ 기타 비용: 금융비용, 감가상각 등

*주: 위 검토 사항은 100% 자기 자본으로 중국에서 생산하여 한국으로 수출하는 제품을 전제로 하고 있다.

4. 진출사업의 위험도 평가

중국 진출사업에 대해서는 설립단계, 운영단계 및 정치적, 경제적, 법제도의 미 정비에 의한 다양한 위험이 도사리고 있다. 중국 진출사업에 따른 다음과 같은 종류의 위험과 그 대책 방안을 검토해 본다.

(1) 설립단계의 위험도와 그 대책

가. 계약부분

① 계약서 해석을 둘러싼 분쟁 → 변호사, 컨설턴트, 현지 전문가에 의한 계약서의 사전 검토
② 합자사업의 현물출자 비율을 둘러싼 분쟁 → 현금출자 원칙

나. 인허가부분

① 종적 행정에 의한 복수의 행정기관에 신고·허가의 필요성
→ 중국측 파트너 또는 현지 대리인에게 수속 일임함.
② 권한 강화를 둘러싸고 관할담당 공무원들의 투자사업에 대한 간섭
→ 인적관계를 양호하게 하기 위한 소요경비는 필요한 경비라고 생각함.

다. 건설부분

① 공사비의 인플레이션 따른 상당 분의 추가청구
→ 인플레이션에 의한 공사비 상승률의 상한을 계약에 명기.
② 공사비의 과대청구, 공사의 하자, 공사자재의 도난
→ 분쟁발생에 대비하여 공사비용의 1%정도는 1년 정도 후에 지불.

(2) 운영단계의 위험도와 그 대책

가. 노무관리부분

① 국유기업 출신자의 저 생산성 → 역시 신규졸업자 노동력 채용
② 노임의 상승에 따른 인건비 상승 → 한국형 노사일체의 경영을 도모
③ 파견연수자의 조기퇴직 → 연수비용의 반환조건을 노동계약에 명기

나. 생산관리부분

① 품질관리 개념의 미숙
→ QC모임, 벌칙규정을 포함한 품질관리 개념의 정착화
② 보너스 임금도입이 품질 저하를 초래하는 경우
→ 고정급과 보너스 임금의 균형을 취함

다. 재무관리부분

① 인민폐 조달의 곤란 → 자금 조달력이 있는 파트너의 선택
② 외화수지의 불균형 → 국내판매와 수출사업의 적절하게 조화시킴
③ 중국측의 법률외적인 높은 배당 요구 → 삼항기금의 확보

라. 판매관리부분

매매대금의 회수곤란

→ 입금과 동시에 납품계약 또는 신뢰성이 높은 곳만 납품

마. 인프라부분

정전의 빈도가 높음 → 자가발전, 시차조업

바. 자재조달

자재공급이 불안정한 경우가 많음

→신뢰성이 높은 자재공급파트너의 선택

사. 정치적인 위험도

공산당 독재체제의 동요에 따른 조업도 저하, 조업정지

→ 출자자의 분산화, 보험가입

아. 경제적 위험도

인플레이션·환율인하 → 제품가격인상, 제품의 국제경쟁력의 향상을 도모

자. 법제도의 미정비

→ 제도(법령·세제), 정책변경 → 지역정부와 교섭에서 편이 도모

5. 공업단지의 진출

중국에서 사업을 시작하는데 있어서는 공업단지(개발구, 수출가공구 등)에 진출하는 것이 당초 사업 위험을 경감하게 된다. 또한 이러한 공업단지는 인프라정비, 판매가격 등 비교적 다음과 같은 조건들이 양호하게 갖추어져 있다.

▷ 원스톱서비스(창구의 일원화)를 받기 때문에 현지 정부와의 절충, 인허가의 신청 등 복잡한 수속 작업도 생략할 수 있다. 또 회사의 설립등기, 공장건실 및 조업의 지원도 받을 수 있다. 그리고 토지의 매수, 토지의 반납문제 등 번잡함을 피할 수 있다.

▷ 법률, 세무, 환율, 통관과 정책의 변경, 임금상황 등 보다 정확한 정보를 얻을 수 있다.

▷ 전기, 물, 전화, 배수 등의 인프라 시스템이 완비되어 있다.

▷ 세제면 등에서 우대조치를 받을 수 있다.

제4장 현지법인의 설립단계

1. 사업개시까지의 모든 절차

신규 공장을 설립하는 것은 한국에서도 상당한 시간과 노력을 필요로 하지만, 중국에서는 습관과 제도가 다르기 때문에 한국에서의 공장건설 이상으로 품이나 시간이 든다. 그러나 공장의 설립에 대한 절차는 다음과 같이 기본적으로 한국과 중국이 특별히 다르지 않다.

(1) 사전준비→ (2) 기업설립에 관한 수속→ (3) 사전 부지의 확보→ (4) 영업허가증의 신청과 수령→ (5) 공장건설→ (6) 조업 개시일까지 준비→ (7) 진출기업의 인사계획책정→ (6) 공장의 가동의 순이다.

(1) 사전준비

가. 중국측 사업파트너의 선정

사전준비단계에서 신뢰되는 파트너(합자기업 · 합작기업), 독자기업의 경우에는 현지 대리인을 확보하는 것이 매우 중요하다. 파트너의 역량이 중국 프로젝트의 성패를 좌우한다고 할 수 있다.

【파트너 선정시 유의할 점】

1) 한국과 거래실적이 있고 파트너의 실력이 분명히 있을 것
2) 파트너가 중국의 지방 · 중앙감독청에 인맥과 영향력을 갖고 있을 것
3) 파트너가 업계에서 발언권이 강할 것
4) 파트너가 기업으로서 조직력, 인재, 자금과 설비능력, 건전한 재무내용 등 실력이 있을 것 등이다.

이상과 같은 파트너를 만나게 된다면 ①인허가의 취득이 용이하다. ②원재료, 자재의 원활한 조달이 가능하다. ③중국에서 국내 판매 루트의 확보가 용이해 진다. ④인민폐의 안정적인 조달이 가능하다. ⑤완만한 분쟁의 해결이 도모된다.

【분쟁의 사례와 그 대책방안】

※ 분쟁의 사례

경영상태가 좋지 않은 중국기업을 파트너로 해서 시작하였기 때문에 중국측의 잉여인원, 노후된 설비, 부채까지도 합자기업이 책임지게 되었다. 이로 인하여 지장을 초래하고 수익이 오르지 않고 있다.

※ 분쟁의 해결방안

▷ 합자회사를 설립하기 전에 서류와 면담 이외에 거래처와 동업자의 평가도 고려하여 파트너의 실력을 평가해 놓는다.

▷ 제3자인 한국상사, 중국국제신탁투자회사(CITIC) 등의 중국을 대표하는 외자도입 창구의 국유기업에도 출자를 하여 분쟁 발생시 중개역을 담당하게 한다. 단지, 제3자와 파트너기업의 이해가 대립하고 있는 경우도 있고, 제3자 조직의 성격에도 주의해야 한다.

나. 인허가를 취득 시 유의할 점

계약서의 비준과 인허가를 취득 시에 중국의 관할관청 특유의 분쟁에 직면할 위험성이 있다. 이를 위해서는 관할관청에 강한 인맥과 영향력을 갖고 있는 중국측 파트너와 대리인을 확보하는 것이 중요하게 된다.

【분쟁의 사례와 그 대책방안】

※ 분쟁의 사례

▷ 종적인 행정 때문에 십 수개의 인허가를 개별적인 관할관청에 가서 받지 않아야 한다.

▷ 상부기관의담당자에게 의사전달 해놓은 안건이 하부조직의 실무 담당자에게 전달되지 않는다. 반대로 실무담당자와 합의가 된 결정사항이 상부담당자의 의지로 반려되는 경우이다.

▷ 담당자의 소속관청의 이익확대를 위해 법외적인 요구를 하였다.

▷ 소방용 스프링쿨러의 설치에 있어서 빌딩의 구조와 업무상 필요한 장소에 설치가 인정되지 않고, 법령에서 형식적으로 규정한 장소만 설치가 허가된다. 중국에서는 이러한 관할 관청들의 대응에 종종 직면하게 된다.

※ 분쟁의 해결방안

▷ 중국의 관할관청에 영향력이 있는 조직과 인맥을 중국파트너와 현지 회사의 고문으로 맞이한다.

▷ 다양한 수준의 각 관공서의 관계자와 일상적으로 양호한 인간관계를 쌓아둔다.

다. 외화와 인민폐의 운전자금 조달

현재 중국에서는 금융제도의 개혁이 진행 중이므로 금융상황이 불안하기 때문에 외화와 인민폐의 조달에 다음과 같이 주의할 필요가 있다.

【자금조달시 유의할 점】

▷ 외화의 경우: 원칙적으로 외화의 균형을 즉, 원재료 수입을 위해 사용하는 외화는 수출 등으로 조달한다는 원칙을 요구한다. 중국은행에서 인민폐와 외화의 교환이 가능 하지만, 외환관리국의 허가가 필요하다. 허가를 받을 수 있을까 하는 것은 그 때 그때의 경제상황에 따라 유동적이다.

▷ 인민폐의 경우: 중국 각 지역에서 인민폐 업무를 취급하고 있는 외자계 은행 또는 중국의 현지 은행으로부터 빌릴 수 있다.

(2) 기업의 설립에 관한 절차

가. 합자 · 합작기업의 설립절차

합자 · 합작사업의 경우는 일반적으로 중국측 파트너에게 수속을 하게끔 하는 것이 완만하게 진행하는 한 방법이다. 또 의향서와 협의서는 법적 구속력이 없다. 그러나 내용을 사후에 변경시킨다는 것은 신의상 어렵기 때문에 계약 내용은 사전에 충분한 검토를 해 둘 필요가 있다.

【합자 · 합작기업의 설립절차】

1) 합자파트너의 선정
2) 합자파트너와 예비교섭: 본 교섭 개시의 합의에 관한 의향서 교환

※ 필요한 관계서류

① 중국측 파트너가 작성하는 프로젝트 제안서
② 한중 쌍방에 의한 합자의향서
③ 한중이 공동으로 작성한 사업타당성(F/S) 보고서
④ 한중 쌍방의 영업허가증 사본
⑤ 환경보전에 관한 보고
⑥ 프로젝트의 관계자료(건설규모 및 부대시설에 관한 필요조건 등)

3) 성(省)과 시(市)의 인민정부, 기업주관부서(각 공업국 등), 인가기관(대외경제무역위원회)에 제안 서류의 제출 및 심사
→ 합자사업의 동의서, 인가서
4) 합자사업의 본 교섭 → 협의서, 한중 공동의 F/S보고서 작성
5) F/S의 심사 → F/S · 협의서 인가, 기업명칭의 가등기
6) 합자계약교섭 → 계약서, 정관작성과 사업자의 서명
7) 대외경제무역위원회에 설립인가 신청
→ 인가증서 발급(서류제출 후 3개월 이내)

※ 인허가신청 필요서류의 작성

① 설립신청서
② 한국측 법인등기등본
③ 프로젝트의 제안서
④ F/S보고서
⑤ 조인한 협의서, 계약서, 정관
⑥ 합자기업 동사회, 총경리, 부총경리 명부
⑦ 주관부서의 의견서
⑧ 전기, 물, 가스 등의 공급증명서
⑨ 자금증명서(중국측)
⑩ 수입기재의 항목
⑪ 자본신용 증명서(한국측)

8) 공상행정관리국에 등기수속(인가증서 발급 후 1개월 이내)
→ 영업허가증교부(회사설립일)

※ 등기사항

① 합자기업의 명칭, 소재지
② 인가증서(번호, 날짜)
③ 등록자본
④ 생산규모와 방식
⑤ 동사장, 총경리, 부총경리, 공장장, 부공장장 명부
⑥ 종업원 수 등

9) 은행계좌의 개설, 납세등기

나. 독자기업의 설립절차

독자기업의 경우는 합자·합작기업의 설립보다도 인허가가 어렵다고 보기 때문에 중국의 관계기관에 영향력이 있는 인물을 고문으로 모시는 등 분쟁의 발생에 대비하는 체제정비의 필요성이 있다. 또 유능한 중국인 변호시, 회계사와 전문가를 확보해야 한다.

【독자기업의 설립절차】

1) 현지 대리인의 선정, 위탁
2) 대외경제무역위원회에 프로젝트의 건의서 제출 → 비준의 취득
3) 건의서 비준을 전제로 하여 F/S보고서, 정관의 초안개시
4) 기업주관부서(각 공업국 등), 인가기관(대외경제무역위원회)에 F/S보고서, 정관의

제출 → 심사, 비준을 받는다

5) 대외경제무역위원회에서 재심사 → 인허가증서의 발급을 받는다

단지, 일정한 금액 이하의 사업은 심사가 생략된다. 직할시와 연해도시에서는 총액 미화 3,000만 달러를 초과하는 사업의 경우에 상무부(구 대외경제무역부)의 심사대상이 된다.

※ 필요한 관계서류

① 투자자의 합법적 증명서
② 비준된 프로젝트 건의서
③ 비준된 F/S보고서
④ 동사회, 고급관리자의 명부

6) 공상행정관리국에 등기수속(인가증서 발급 후 1개월 이내에)
→ 영업허가증교부(회사 성립일)

※ 등기사항

① 독자기업의 명칭, 소재지
② 인가증서(번호, 날짜)
③ 등록자본
④ 생산규모와 자본
⑤ 동사장, 총경리, 부총경리, 공장장, 부공장장 명부
⑥ 종업원 수 등

7) 은행계좌개설, 납세등기 → 통관수속

다. 기업설립 절차에서 주요 서류에 관한 문제

1) 계약서

계약서는 출자자 쌍방을 법적으로 구속하는 서류이다. 계약서를 작성하는 경우에 다음과 같은 점을 유의할 필요가 있다.

※ 계약을 둘러싼 분쟁의 원인

▷ 중국측이 제시하는 방안이 중국측에 유리하게 되어있다.
▷ 한국어 번역문이 정확하지 않다.
▷ 분쟁이 예상되는 문제에 관하여 명확하게 기재되어 있지 않다.

※ 분쟁의 해결방안

▷ 변호사, 전문가에게 계약서 내용의 검토를 의뢰한다.

▷ 계약문안을 한국측에서 준비한다.
▷ 출자자 쌍방의 권리, 책임을 계약서에 상세하게 작성한다.
▷ 한중 쌍방 서로가 마찰될 부분을 철저하게 준비하고 대항한다.

2) 기타 주요서 류의 의미와 유의사항

가) 의향서(意向書)란 무엇인가? → 법적 구속력은 없다

※ 내 용

① 예비교섭을 종료한 후, 본격적인 교섭에 들어가는 합의를 기록한 문서
② 합자의 개요에 대해 기록한 것으로 구체적인 내용의 기재는 필요하지 않다.
③ 교섭이 결렬되거나 다른 파트너로 결정하는 경우에는 상대방 측에 통고만으로 변경·철회할 수 있다.

※ 유의사항

① 중국측에 본 의향서는 프로젝트를 상부기관에 보고하기 위한 문서이고, 공적인 성격도 갖고 있다.
② 내용의 사후 변경은 신의상 문제가 있고, 윤리적 구속력을 갖고 있다고 말할 수 있다.
③ 따라서 의향서에 "법적 구속력이 없다" 라는 글귀를 삽입·확인하는 것이 필요하다.

나) 협의서(協議書)란 무엇인가 ? → 법적 구속력이 없다.

※ 내 용

① 의향서 다음 단계의 서류
② 의향서보다 구체적이고, 계약서의 전 단계의 행위다.
③ 상대 측의 통고만으로 파기할 수 있다.

※ 유의할 점

① 의향서와 같이 윤리적인 구속력이 있다.
② 최근에는 생략하는 경우도 많다.

다) 정관(定款)이란 무엇인가 ? → 법적 구속력이 있다.

회사의 '헌법' 으로 출자자 이외의 종업원 등도 구속할 수 있다.

3) 계약 및 교섭단계에서 무엇을 유의하여야 하는가 ?

첫째, 의향서·협의서의 교섭단계에서 중국 측이 "성(省)과 시정부(市政府)에 제출 보

고해 버렸다. 지금부터 내용을 변경할 수 없다" 는 핑계로 내용의 변경을 인정하려고 하지 않는 경우가 있다. 그러나 이러한 중국측의 주장이 한국측을 법적으로 구속하는 것은 아니다.

둘째, 한중 쌍방이 작성한 의향서는 원칙적으로 구체적인 내용을 결정하는 것은 아니다. 그러나 중국측이 상부에 제출하는 프로젝트 제안서(項目建議書)에는 인가를 얻기 쉽게 하기 위해 한국측이 이해가 되지 않는 의도와 내용이 쓰여져 있는 경우도 있다. 이러한 건의서가 일단 정부에 제출되어 허가가 떨어지면 사후적인 내용의 수정이 어렵게 되는 경우가 있다.

(3) 사업용 토지의 확보

중국에서는 토지를 소유할 수 없다. 기업은 토지사용권을 구입하거나, 토지를 임차해서 합자기업이나 합작기업의 파트너에게 토지를 현물출자 하여야 한다.

가. 토지사용권

중국에서 토지의 소유형태는 국가소유와 집단소유가 있으며, 일단 국유토지사용권으로 전환할 있는 것으로 유상양도와 담보이용이 가능하다. 즉 국유지사용에는 불하된 토지사용권과 할당된 토지사용권이 있다. 전자는 유상양도, 임차, 담보의 이용이 가능하다. 후자는 국가에서 국유기업에 할당한 것으로 유상양도, 임차, 담보이용을 할 수 없다.

나. 토지사용권의 취득

토지사용권의 취득에는 세 가지 방법이 있다.

1) 국가 또는 지방정부와 토지사용권 불하의 계약

국가나 지방정부로부터 토지소유권 취득까지의 흐름은 다음과 같다.

① 기업의 설립
② 건설용지의 예약을 진출하고자 하는 토지관리국에 신청
③ 토지사용권의 양도 의향서
→ 토지 소재지의 정부가 이 단계에서 수수료(양도 신용금)를 요구할 수도 있지만, 계약체결까지 양도형태를 알 수 없으니까 지불하지 않는 편이 좋다.
④ 토지사용권 양도 계약에 조인
▷ 국유토지사용권 양도 계약
▷ 시정부의 인프라 시설계획 계약
▷ 진출지역의 국유토지 사용권
⑤ 토지사용권 대금의 지불

→ 토지사용권의 가격은 일반적으로 각 향진(鄕鎭)정부가 결정하여 일괄 지불한다. 사용기한은 공장 50년, 주택 70년이다.
→ 토지사용권의 가격(사용료)은 인프라 정비상황에 따라 다르다.
⑥ 토지관리부서로부터 토지사용증의 취득
⑦ 토지사용증을 F/S에 첨부
⑧ 토지관리부서에 대해 새로운 기업으로서 정식적인 토지사용증의 취득을 신청한다.

2) 중국측 파트너의 현물출자

이 방법에서는 중국측 파트너가 합자기업의 등록자본에 토지사용권을 현물로 출자한다. 이 때 출자완료 시에 합자회사 명의로 토지사용증이 발행된다. 단지, 중국측이 출자하는 것이 '할당토지사용권' 인 경우에 합자회사가 출자 전에 '불하토지사용권' 으로 바꾸는 것이 원칙으로 되어있다. 이 경우의 토지사용료는 중국측 기업이 부담한다.

3) 외상투자기업 토지사용계약

삼자기업이 국가와 이 계약을 체결하여 '할당토지사용권' 을 획득한다. 이 경우에도 국유토지의 사용증이 발행된다.

다. 토지사용료

유상으로 토지사용권을 획득한 토지에 대해서도 대다수가 매년 토지사용료를 관할하는 토지관리국에 지불하여야 한다.

※ 사용료 지불의 원칙

→ 6월말과 12월말 2호로 나누어 지불하고 체납에 관해서는 체납금을 납부한다.

※ 지불면제의 요건

▷ 토지사용증 취득일로부터 연말까지 6개월에 되지 않는 경우에 그 해의 사용료는 면제된다.
▷ 토지사용증 취득일로부터 연말까지 6개월을 초과하는 경우에 그 해의 사용료는 1/2이 된다.
▷ 토지사용증 취득일로부터 영업개시일까지의 토지사용료는 토지관리국에 신청하여 1/2로 할 수 있다.

(4) 공장건설

가. 공장건설까지의 절차

건설비용의 증가, 계약 후 추가청구, 공사의 지연 등 분쟁이 종종 발생하기 때문에 설계 또는 입찰에 있어서 평판을 확실히 검토한 후 시공업자를 선택하는 것이 바람직하다. 공사 계약서는 상세하게 작성을 하고 공사가 끝날 때까지 철저하게 실행시키는 것이 중요하다.

【공장건설까지 절차의 흐름】

1) 공장건설계획의 검토단계
→ 외국인과 외자에 의한 투기를 방지하기 위해 토지사용증 수령 후 6개월 이내에 설계도와 건설신청서의 제출이 요구된다.
2) 설계사무소를 선택하여 공장건설을 위탁한다.
→ 중국에서 등록된 설계사무소(원)에 한정한다.
3) 설계도의 심사와 비준을 받는다.
→ 전신전화국, 에너지관리부서, 환경보호국(하수), 수도국(상수)에 신고를 한다. 소방, 노동국, 환경보호국으로부터는 설계에 대한 의견을 듣고 비준을 받는다.
4) 관할 건설국 등에 공장건설 신청서를 제출하여 비준을 받는다.
5) 시공업자의 선택(입찰)과 시공위탁 → 입찰가능조건
① 인민폐 30만위엔 이상의 프로젝트일 것
② 3자 이상의 입찰에 참가한다.
③ 시공기업이 2급(국가 · 성 · 시가 판정한 등급) 이상이어야 한다.
→ 입찰업무는 관할지표 사무실에 위탁한다.
6) 시공업자와 공사청부계약을 체결한다
→ 시공도를 설계한다.
7) 관할 건설국에 신청하여 인가를 받는다.

※ 필요한 서류
① 건설공사계획인가 신청서
② 시공인가 신청서
③ 안전시공감독관리 신청서 등
8) 공사의 개시, 시공완성 예정을 건설국에 보고한다.
9) 공사 완성 후 검사를 받는다
→ 시공주, 시공업자, 설계자, 소방국, 노동국, 환경국 등이 입회한다.
10) 관할 도시의 건설부서에 관계서류를 제출한다.

나. 공장건설 시 유의할 점

1) 공사청부계약 체결시의 주의

공사계약서에는 다음과 같은 항목을 명확히 기재해 놓을 필요가 있고, 계약에 기재되어 있지 않은 사항은 원칙적으로 고려하지 않는다는 자세도 때에 따라서는 필요하다.

① 공사내용
② 지불방법
③ 공사스케줄의 제출
④ 지진 등 예측 불가능한 재해시 손해부담
⑤ 설계사항 변경, 공사중지 시 손해부담
⑥ 소요되는 비용의 범위(예, 노동자 숙박비, 수도 및 전기요금 등)
⑦ 추가지불 증가분의 억지조항
→ 인플레이션에 따른 자재비용 상승, 지반을 강화하기 위한 비용을 이유로 한 추가지불요구를 방지하기 위한 규정이다.

2) 입찰 시 유의할 점

공사비용과 자재비용의 거품 견적이 종종 있기 때문에 복수의 업자들을 통해 경쟁 입찰하는 것이 효과적이다. 입찰 시에는 현지지역의 기업인가 하는 것이 하나의 선택 기준이 될 수 있다. 즉 현지 지역의 기업을 선택하는 경우에 다음과 같은 유리한 점이 있다.

① 현지 지역정부의 원조, 시공업자에 관한 감시가 기대된다.
② 분쟁 발생시 현지 지역정부의 중재로 해결할 수 있다.
③ 시공업자 측에 현지지역의 체면이 설 수 있도록 공사를 기한 내로 완성시키는 인센티브를 주는 것이 가능하다.
④ 전력, 수도, 가스 등 인프라 서비스, 자재조달이 유리하다.

3) 공사지연에 대한 대응책

① 시공스케줄에 따라서 시공을 업자에게 강하게 요구한다.
② 공사담당 관청뿐만 아니라 대외경제무역 위원회에도 항의한다.
③ 공사종료 후 부실공사 부분에 대한 보상담보로 총 지불액 10%정도의 지불은 1년 정도 연장한다.
④ 시공완료기한을 초과한 일수에 대해서 1일당 벌금을 계약에 명기해 둔다.

(5) 조업개시일까지 준비절차

A. 영업허가서의 교부 → 이 날이 성립 일이 된다.

B. 각종 인감의 작성 · 등록

▷ 회사인감

▷ 은행인감

▷ 총경리인감

▷ 회계인감 등

C. 은행계좌의 개설

→ 일반적으로 외자계 은행(외화의 입송금)과 현지지역 은행(인민폐 조달)에 계좌를 개설한다.

D. 출자금 납입, 출자검증보고

→ 일반적으로 토지사용권 취득지불과 사업설립비용은 은행계좌의 개설까지 모회사가 대신 지불한다.

E. 소속세무서에 세무등기 → 영업허가증 수령 후 30일 이내에 행한다.

F. 상무부(대외경제무역위원회), 설비 · 자재의 수입허가 신청

G. 세관에 개업신고, 수입신고

H. 제1회 동사회 · 개업식 전 개최 → 제1회 동사회에서 결정할 사항

① 출자불입의 확인

② 개업준비작업 · 개업준비 예산의 보고, 승인

③ 고급관리직의 임명, 급여 · 대우의 확정

④ 사내조직의 결정

⑤ 종업원채용 · 훈련계획(노동계약안을 포함)의 결정

⑥ 취업규칙(종업원 급여 · 대우포함)의 제정

⑦ 재무 · 회계규칙의 제정

⑧ 당기 사업계획의 결정

가. 출자금 납입에 관한 사항

1) 출자금의 납입시기

※ 독자기업의 자본금의 납입기한

① 납입기한을 설립신청서 및 정관에 기명하는 것이 필요하다.

② 분할출자를 하는 경우, 영업허가증 발행일로부터 3년 이내에 전액납입을 완료시킬 필요가 있다.

③ 첫 번째의 출자는 등록자본금의 15% 이상이어야 하고, 영업허가증 발행일로부터 90일 이내에 납입할 필요가 있다.

※ 합자기업의 자본금의 납입기한

① 납입기한을 합자계약서 및 정관에 명기할 필요가 있다.

② 일괄 납입을 하는 경우, 영업허가증 교부일로부터 6개월 이내에 납입을 완료시킬 필요가 있다.

③ 분할 납입을 하는 경우, 첫 번째의 출자액의 15% 이상이어야 하고, 영업허가증 교부일로부터 3개월 이내에 납입해야 한다.

▷ 합자기업: 납입기한은 등록자본(미화)에 따라 다르다.

- 200만 달러 이하의 경우: 6개월 이내
- 200만 달러 초과 500만 달러 이하의 경우: 1년 이내
- 500만 달러 초과 1,000만 달러 이하의 경우: 2년 이내
- 1,000만 달러 초과 3,000만 달러 이하의 경우: 3년 이내
- 3,000만 달러 초과의 경우: 등기 주무관청 등의 승인을 받아 불입기한 연장이 가능하다.

2) 출자검증

출자금 불입 후 60일 이내에 공인회계사의 출자검증을 받아 검증보고를 받는다. 그 후 30일 이내에 검증보고의 사본을 세관에 제출한다.

나. 수입관세에 관한 유의점

중국에서는 개혁개방 정책이래 외자에 수입면세의 조치를 취해 왔지만, 1995년 말 국무원의 통지가 있은 후 변화가 도모되고 있다. 종래 삼자기업에 인정되어 왔던 기계설비의 관세 수입관련 세금의 면세 조치는 1996년 4월에 폐지되고 일률적인 법정 세율로 관세수입 관세가 징수되고 있다. 단, 이미 설립되어 있는 총 투자액 3,000만 달러 이상의 삼자기업의 경우는 1997년 12월 31일까지 면세조치가 계속되어 왔다. 따라서 지역과 시간의 경과에 따라 정책이 자주 변경되기 때문에 사전 관계기관의 확인이 필요하다.

다. 기타 유의사항

▷ 조업개시까지 준비기간 중 작성한 서류는 조업개시 후에도 빈번하게 참조되기 때문에 복사와 한국어 번역은 확실하게 보관할 필요가 있다.

▷ 영업허가증 수령 후 만 6개월이 지났는데도 조업을 개시하지 않은 경우, 영업정지로 본다.

(6) 진출기업의 인사계획

가. 인사배치계획

현지법인인 합자·합작, 독자기업에 있어서 한국인과 중국인의 배치, 한국인을 배치할 위치는 중요한 문제이다.

※ 현지법인의 인원배치

▷ 한국인 총경리
▷ 한국인 기술담당 임원
▷ 중국인 총무인사 임원
▷ 중국인 중견간부
▷ 중국인 종업원(Staff)
▷ 한국인 현장기술자
▷ 중국인 종업원(Worker)
▷ 최고경영자 및 임원진에는 경영과 제품 등 품질에 영향을 주는 위치이고 국적을 묻지 않고, 경영방침과 품질기준에 능통한 인재를 배치한다.
▷ 한국인이라고 기록한 부분은 경영사정을 잘 이해하고 회화의 능력이 있는 인물이라면 중국인 간부라도 묻지 않는다.

나. 종업원의 채용계획

중국인의 인건비는 한국인과 비교하여 단계별로 낮게 책정하고, 공장설립과 같은 특수한 시기를 제외하고, 현지법인이라면 가능한 중국인 종업원을 고용하는 것이 중요하다. 종업원의 채용은 작성한 인원채용에 대한 계획을 소속 현지의 노동부처, 기업주관부처에 제출하여 등기를 하고, 모집 증명서의 발행을 받고서 시작한다. 채용에 있어서는 기업이 필요로 하는 능력을 갖고 있는지의 시험을 보고, 3~6개월 정도의 수습기간을 거친 후, 정식적인 사원채용을 결정한다.

※ 종업원채용의 구체적인 절차

1) 인원채용계획(동사회 결정)

2) 채용활동 → 고용할 수 없는 자

① 16세 미만의 자
② 학생
③ 국가의 결정으로 채용이 금지되어 있는 자(외국어학교 교사 등)

3) 모집방법

▷ 신문광고에 의한 공개모집

→ 신문광고를 내기 전에 노동부서에 신고한다.
▷ 대학・전문학교로부터 우수한 신규졸업자를 추천 받는다.
→ 학교 교사와의 인간관계가중요하다.
▷ 노동국, 직업소개소, 인재교류기구, 인재교류회, 리크루트대회
▷ 기업주관부처, 중국측 투자자, 현지 공산당지부(합자・합작기업인 경우)
▷ 기타 성 또는 도시지역
→ 소재지의 노동국 또는 인사국의 동의가 필요하다.

4) 채용시험

→ 일반적으로 서류심사, 필기시험, 면접시험의 3단계이고 시험문제는 각 기업에서 독자적으로 작성한다.

5) 합격 후, 각 구・현의 노동부처, 인사부처에서 채용수속

→ 종업원의 상주호적이 있는 지역의 노동부서에 채용예정 종업원의 명부를 보내준다. 종업원의 복리후생권 보호를 위해 필요한 절차이다.

6) 수습기간

7) 노동계약의 체결, 정식적인 채용

→ 노동계약서에는 급여, 직장에서의 의무와 책임 등이 명시되어 있다.

다. 종업원 채용 시 유의할 문제

① 경력자와 신입사원 채용의 균형을 고려한다. 한국과 중국은 근무상황이 크게 다르기 때문에 중국에서의 경력자보다도 젊은 신입사원이 생산성이 높다는 견해도 있다. 경력자와 신입사원은 균형을 맞추어 채용할 필요가 있다.

② 노동법 기타 각 지방의 중외합자기업 노동인사관리조례의 규정을 파악해 둔다.

③ 역시 근무지 가까이에 주재하고 있는 노동력을 채용한다. 법률로 휴가제도가 규정되어 있기 때문에, 고향이 먼 곳인 종업원에게는 장기휴가를 주어야 하고, 생산라인이 정체하는 경우가 있다.

④ 중요한 직책의 대한 채용은 한국인이 직접 한다. 재무・총무・인사의 관리부처, 각 생산부・영업부의 책임자, 통역 등 중요한 직책은 한국인 스태프가 직접 채용할 필요가 있다.

⑤ 재무담당사에게는 신뢰가 뇌는 인재를 채용한다. 재무담당자는 한국인 주재원의 급료, 세액, 중국인 종업원 전체의 임금을 알고 있다. 이 직책은 호적・가족관계가 명확하고 신뢰할 수 있는 인재를 채용한다.

⑥ 중국측 파트너기업에 딸린 종업원의 채용은 신중히 한다. 중국측 파트너기업이 자기기업의 종업원 일부를 합자기업에 채용할 것을 요구하는 경우가 있다. 그러나 그러한 노동력은 국유기업 특유의 '악평등주의'와 태만함이 몸에 배어있는 경우가 있

기 때문에 그 채용에 있어서 엄밀한 검토가 필요하다.

⑦ 최근에는 인재의 정착 비율이 낮아지고 있기 때문에 종업원의 채용과 재적 인수는 다소 여유 있게 준비할 필요가 있다.

※ 합자기업의 조직기구

▷ 董事長(회장)
▷ 副董事長(부회장)
▷ 董事(이사)
▷ 總經理(사장/최고경영책임자)
▷ 통역
▷ 副總經理(부사장)
▷ 廠長(공장장)→副廠長(부공장장)→科長/工程師(과장)→副長(계장)→工人(공원)
▷ 經理/處長(자재부장)→副經理(부부장)→科長(과장)→副長(계장)→工人(공원)
▷ 經理/總會計士(재무부장)→副經理(부부장)→科長(과장)→副長(계장)→工人(공원)
▷ 經理(시장개발부장)→副經理(부부장)→科長(과장)→副長(계장)→工人(공원)
▷ 經理(인사총무부장)→副經理(부부장)→科長(과장)→副長(계장)→工人(공원)
▷ 經理(기술연구부장)→副經理(부부장)→科長(과장)→副長(계장)→工人(공원)

2. 계약서와 정관 작성 시 유의할 점

(1) 경영의 규모와 범위

계약서 및 정관에는 장래에 행하고자 하는 사업도 기재해 놓을 필요가 있다. 이것은 신규사업을 하는 경우에 새로운 신청·인가의 수고가 필요할 뿐만 아니라 중국에서 정책변경이 있는 경우에 인가를 얻기 힘든 경우도 있기 때문이다.

(2) 자본과 출자관계

합자기업의 출자에 대해 중외합자경영기업법실시조례는 제25조에서 다음과 같이 규정하고 있다. 합자당사자는 화폐로 출자할 수 있을 뿐만 아니라 건물, 공장, 기계설비 또는 기타 공업소유권, 노하우, 토지사용권을 가지고 출자하는 것도 가능하다. 건물, 공장, 기계설비 또는 기타 공업소유권, 노하우를 가지고 출자하는 경우에 그 평가는 합자쌍방이 공평하고 합리적인 원칙에 따라 협의 확정할 것인지 또는 합자쌍방이 동의한 제3자에 의한 평가를 받는 것으로 한다. 즉 기업의 출자는 현금, 유형자산(건물・기계설비), 무형자산(토지사용권 등)으로 충당하는 것이 인정되고 있다.

가. 현물출자

현물에 의한 출자가 이루어지는 경우에 다음과 같은 시스템으로 평가된다. 그러나 중국측의 현물 평가기준은 명확하지 않고 결국은 한중 쌍방의 교섭을 통하여 쌍방이 납득할 수 있는 평가가격을 채용하게 된다. 이 때에 한국측은 독자적으로 전문적인 감정사에 평가를 의뢰하여 중국측에도 평가의 근거를 제시하도록 하여야 할 것이다.

※ 현물출자의 평가시스템

▷ 감정기준: 한국측 → 현물자산 → 외국기업재산감정관리규칙에 의거한다.
중국측 → 현물자산 → 각 도시의 고정자산평가위원회, 국가고유자산관리국의 지도에 따른다.

▷ 감정자 : 한국측 → 상품검사국
중국측 → 공인회계사

▷ 감정경향 : 한국측 → 낮게 평가되는 경우가 많다.
중국측 → 과대하게 평가되는 경우가 많다.

【현물출자를 둘러싼 사례와 대책】

※ 현물출자를 둘러싼 사례

① 중국측이 감가상각제 설비와 건물, 토지를 과대평가하고 재조달 가격으로 평가를 요구해 왔다.
② 한국측이 출자한 기계설비가 출자 후 고장이 나서 크레임에 걸렸다.
③ 한국측이 출자한 공업소유권, 노하우의 평가가 낮다.

※ 분쟁의 대책 방법

① 처음부터 중국측에 현금출자를 요구한다. 또는 중국측이 평가하기 전에 한국측에서 독자로 전문 감정사에 의뢰하여 평가를 해 놓는다.
② 현금출자를 기본으로 현지 합자기업이 기계설비를 구입하는 형식으로 한다.
③ 지적소유권은 현물출자로 하지 말고 한국측 모회사와 합자기업간의 기술공여 계약으로 제공한다.

나. 투자총액

프로젝트의 투자총액은 등록자본과 차입금의 합계이지만 그 액수가 규정한 금액을 초과하면 프로젝트 인가기관은 상급의 정부기관 또는 중앙정부가 된다. 규정한 금액 이내에도 업종에 따라서 중앙정부의 인가가 필요하다. 또 이 규정은 종종 변하기 때문에 확인이 필요하다.

다. 등록자본

등록자본이란 합자기업 설립시 등록관리기구에 등록된 자본총액을 가리킨다. 등록자본은 총투자액에 대한 비율은 다음과 같이 규정되어 있고, 계약기간 중 감액은 할 수 없다.

【등록자본 비율에 관한 기준】

	총투자액 : 등록자본 최저액
300만달러 이하	1 : 0.7만달러
300만 달러 초과 1,000만달러 이하	1 : 0.5210만달러
1,000만달러 초과 3,000만달러 이하	1 : 0.4500만달러
3,000만달러 초과	1 : 1/31,200만달러

(3) 동사회 및 경영관리기구

가. 동사회

▷ 성격: 경영 주요인사(총경리, 부총경리 등 고급관리직의 임명을 포함)가 이익처분 및 해산 등 중요사항의 결정에 책임을 갖는 최고의사결정기관이다.

▷ 동사장: 한중 쌍방의 출자비율을 참고하여 협의를 통하여 임명되는 법정대표이다.

▷ 일상업무: 총경리, 부총경리 등으로 이루어지는 경영관리기구가 집행한다.

나. 총경리의 권한

총경리는 합자기업의 일상업무의 최고책임자이고 대외적으로 합자기업을 대표하며, 대내적으로 일상업무의 최종결정을 한다. 그 주된 직책은 다음과 같다.

※ 총경리의 직책

① 동사회에서 심의되는 모든 의안의 작성, 제출과 동사회 결의의 실시
② 일상에 대한 모든 재무 · 회계관리
③ 최고관리직 이외의 종업원 고용 · 해고 및 배치 등 모든 인사결정
④ 일상의 모든 대외계약의 조인 및 그 이행
⑤ 일상 경영관리에 관한 모든 규칙의 제정 및 실시

⑥ 기타 일상 경영관리에 대한 모든 중요사항의 결정 및 실시

부총경리는 총경리의 업무를 보좌하며 총경리가 업무를 볼 수 없는 사유에 의해 그 직책을 수행할 수 없는 경우, 총경리의 지시에 따라 총경리의 업무를 임시로 대행한다.

※ 주의사항

▷ 한국측에서 총경리를 담당하는 경우는 총경리의 권한을 가능한 높일 필요가 있다.

▷ 중국측에서 총경리를 담당하는 경우는 그 권한을 제약하는 방안을 강구하여야 한다. 예컨대, 중요한 문제를 처리하는 경우 반드시 부총경리와 협의를 통하여 동의를 얻은 후 처리를 한다는 것을 고려해볼 수 있다.

다. 동사회에서의 결의사항

동사회에서 만장일치 사항은 ①정관의 개정, ②합자기업의 해산, ③증자와 출자지분의 양도, ④타 조직과의 합병이다. 기타 사항에 대해서는 어떤 항목은 어떤 결의 방법으로 결의할지를 결정하여야 한다. 결의 방법으로서는 다음과 같은 예가 있다.

※ 결의항목의 결의방법

▷ 동사회 출석 동사 및 대리인의 2/3 이상의 찬성을 요하는 결의 사항

① 중장기 사업계획의 책정
② 연도재무예산/결산 및 회계보고승인
③ 연도이익처분/손실처리 방법의 결정
④ 중장기 투자계획의 결정
⑤ 종업원의 임금/복리대우의 결정
⑥ 총경리, 부총경리의 선임・종임과 대우의 결정
⑦ 회계감사인의 선임・종임 및 대우의 결정
⑧ 중국 국내의 지점/자회사/사무소/대리기구의 설치 및 폐지
⑨ 자산의 전부 또는 중요한 일부분의 양도
⑩ 기타 경제조직으로부터 중요한 자산의 양도
⑪ 동사로부터 제출된 의안의 심의와 결의 등

이 때 주의할 사항은 한국측 동사수가 1/3 미만의 소수인 경우, 이 조항을 포함시키지 않던가, 한국에서 파견된 동사 1명의 동의를 포함한다는 단서를 달아야 한다고 본다.

▷ 동사회 출석 동사 및 대리인의 1/2 이상의 찬성을 요하는 결의 사항

① 생산년도, 판매계획
② 연도자금차입, 투자계획

③ 내부기구의 설치 및 직위의 결정과 변경
④ 제규칙, 제도의 승인 등
역시 한국측 동사의 수가 1/2 미만 소수인 경우는 위와 같은 대책이 필요하다.

※ 주의사항

중국측이 고급관리직의 선임과 종임에 대해서 동사회의 전원일치를 요구하는 경우가 있다. 이것은 고급관리직의 처분에 따라 얼굴 들기 부끄럽고 상부기관에 좋지 않은 인상을 주게 되는 것이 두렵기 때문이다. 이러한 요구를 인정한 경우에는 문제가 있는 고급관리직을 퇴직시키기 어렵게 된다. 이러한 문제를 사전에 예방하기 위해 동사회 전체의 만장일치 사항에 대해서는 충분한 검토가 있어야 한다.

라. 동사회 내의 역학관계

동사회에서 한국측이 주도권을 장악하기 위해서는 다음과 같은 점을 유의하여야 한다.

① 동사회에서 과반수 이상을 차지한다.

동사회의 주도권을 차지하기 위한 가장 직접적인 방법이다. 출자비율에서 과반수를 취하는 것이 중요하고 60~70%의 출자비율을 취하여야 하는 경우도 있다.

② 계약과 정관에 의한 장악

동사회에서 과반수가 되지 않는 경우 계약과 정관에서 결의방법을 붙들어매는 것이 필요하다.

③ 한국측의 운영체제의 강화

자본구성과 동사회의에서 과반수 이상을 차지했다 해도 일상의 운영에서 중국측이 실질적인 주도권을 행사하는 경우가 있다. 따라서 한국측의 운영체제를 견고히 해놓을 필요가 있다.

④ 자재조달

중국의 자재조달에 대해서는 질・량・납기가 불충분한 경우가 종종 있다. 그렇기 때문에 자재조달에 관한 조사는 사전에 충분히 하고 중국측 파트너의 자재공급 책임을 계약에 명기하여야 한다.

(5) 제품판매

가. 제품의 국내판매

▷ 합자・합작기업: 외화균형을 취하는 것을 원칙으로 국내판매를 할 수 있다.

▷ 독자기업: 지역에 따라 국내판매의 규제가 적용되는 경우도 있지만, 일반적으로 높은 수출비율을 요구하는 경향이 있다. 향후 중국의 국내 소비시장은 확대된다고 생각하기 때문에 한국측도 국내 판매의 권리를 확보해 나가야 할 것이다.

나. 제품수출

계약에 수출비율을 기재하고 합자파트너가 그 달성을 요구하는 경우가 있다. 이것을 피하기 위해 수출비율 조항에 대해서는 "목표로 한다. 노력한다" 고 하는 문구를 넣거나 명기하지 않도록 할 필요가 있다.

다. 제품가격의 설정

제품가격은 합자기업이 정하지만 기업주관부처 및 물가관리부처에 계획안을 보고하여야 한다(중외합자경영기업법실시조례 제66조). 동종에 대한 제품의 가격은 최저 수출가격을 상회하지 않도록 억제할 것인지 그 여부에 대해서는 한국측의 전권사항으로 해 놓을 필요가 있다.

(6) 해산 및 청산

중국에서 사업의 철수는 일반적으로 용이하지 않다. 해산에는 동사회의 만장일치가 필요하다. 따라서 해산 및 청산에 관한 원칙은 상세하게 정해야 하고, 가령 다음과 같은 규정을 계약서에 명기할 필요가 있다.

▷ 합자기업이 연속하여 중대한 결손이 발생하고, 누적결손액이 등록자본의 △%를 초과하여 경영을 계속할 수 있는 방법이 보이지 않는 경우에 이것을 해산한다.

▷ 청산 후 잉여자산은 한국측은 현금·외화, 중국측은 고정자산을 우선하여 분배한다.

▷ 청산 시 한국측이 받아야 할 현금이 부족한 경우에는 중국측이 고정자산을 매입하여 현금으로 한국측에 분배한다.

최근은 북경·상해·천진 등의 대도시에서 삼자기업의 해산·청산 조항을 넣는 조례가 제정되기 시작하였다. 이러한 조례에 따라 경영이 제대로 되지 않은 삼자기업이 합법적으로 해산할 수 있게 된 한편 중국측이 의도적인 해산·청산을 유도할 두려움도 생기고 있다.

(7) 이익배당

원칙적으로 한국측에 대한 배당은 외화를 우선하고, 외화가 부족한 경우는 합자기업에서 인민폐를 외화로 교환하여 분배하는 것을 정해 놓아야 할 것이다.

(8) 노무관리

중국측의 주장에 따라 한중 쌍방의 고급관리직 임금을 균일화하기 위해 중국에서의 한국인 간부에게 지불하는 임금은 중국인 간부의 임금수준과 같이하면서 그 차액은 다시 한국측 본사에서 지불하는 기업이 많은 것이 사실이나. 난지, 효율적 경영의 관점에서 보면 차액에 대한 보전 등의 보이지 않는 임금의 상승은 가능한 배제하고 합자기업의 부담으로 하여야 한다고 말할 수 있다.

3. 사업타당성의 조사(F/S)

(1) 중국 진출사업에 대한 사업타당성 조사

중국사업에 있어서 사업타당성 조사(F/S)는 한중 쌍방이 사전에 행한 F/S를 기본으로 중국측이 작성한다. 넓은 의미의 F/S는 다음 두 가지이다.

가. 예비적인 사업타당성 조사(PFS)

정식적인 합자교섭에 들어가기 전에 절충단계에 있어서 프로젝트를 검토하기 위한 조사자료이다. 기업주관부처에 대한 사전설명용 자료로서도 필요하게 된다.

나. 사업타당성 조사(F/S)

신규프로젝트가 중국측의 프로젝트 심사 · 비준기관(상무부: 대외경제무역위원회 등)에 의해 심사 받는 단계에서 제출을 요구하는 서류이다. 문제가 되는 프로젝트에 충분한 채산성이 있는지 등을 검증확인을 하기 위해 이용되는 것이다.

(2) F/S를 실시할 때의 문제점

중국측의 F/S는 정부인가를 얻기 쉽기 때문에 아무튼 어수룩하다. 실제의 프로젝트 건설 · 운영비용이 중국측 F/S의 견적을 상회하는 경우가 종종 일어난다. 그 때문에 한국측도 F/S의 항목을 충분히 검토하여 한국측의 의도대로 되었는지를 확인할 필요가 있다. 이상적인 F/S는 실태를 반영한 적절한 매상 · 경비견적, 외환루트 · 물가상승 · 임금상승율을 반영하는 등 전제조건의 명확화가 요구된다.

F/S단계에서 프로젝트 성공의 예측이 서지 않을 경우에는 중국측의 저항을 무릅쓰고 교섭을 중단하는 것도 있을 수 있다.

(3) F/S의 조사항목 사항

다음은 한국측이 고려해야 하는 F/S의 조사항목과 검토해야 할 내용을 살펴본다.

가. 프로젝트의 기본상황

※ 프로젝트의 내용

- 프로젝트의 명칭(공상행정관리국에 신고)
- 중국측 합자 파트너, 책임자 및 직책(독자기업의 경우는 한국측 출자자만)
- 프로젝트 설립소재지
- 상담의 경위(합자 · 합작기업만)
- 협의 순서

- 기업설립의 필요조건
- 해당지역 선택의 이유

【Point 1 : 프로젝트의 명칭】

▷ 동일한 명칭의 프로젝트가 이미 등록되어 있지 않은가?

▷ 극단적으로는 유사한 명칭도 인가대상이 되지 않는다.

▷ '집단' 은 5개 기업 이상이 동일 회사에 속해 있을 필요가 있다.

▷ 명칭은 원칙적으로 한자를 사용한다. 외국어 명칭의 경우도 그 한자명칭을 병기한다.

※ 중국측 합자파트너의 기본조건, 상황(합자/합작기업만)

- 공장용지 및 주변의 상황, 조건
- 기존의 설비 상황과 갱신계획
- 기존의 생산능력, 수준
- 당면의 업무경영상황(제품가격, 코스트, 이윤)

*기타 중국합자 파트너 및 소재지의 조건으로서

- 교통・운수, 통신, 전기, 가스, 수도 등 인프라의 정비상황, 공급능력
- 원재료의 안정공급 가능성

나. 제품・공장(설비)의 선정

※ 프로젝트의 구상과 범위

- 제품의 품종, 규격, 성능, 용도
- 생산규모, 년간생산량, 생산・증산계획, 기타 개발계획

【Point 2 : 제품의 성격】

▷ 제품설명은 가능한 상세하게

▷ 수출중심의 제품은 외화획득의 장점을, 국내판매 중심의 제품은 "신제품, 신 Concept" 라는 것을 강조한다.

▷ "수출을 위한 신제품, 첨단기술, 신Concept, 새로운 시스템" 이라고 하는 난어는 허가를 얻기 위한 열쇠가 된다.

▷ 중국 국내에 같은 제품이 존재하는 경우에 인가되지 않을 염려도 있다.

【Point 3 : 적용설비・기술에 대하여】

▷ 국내・수입설비를 포함하여 금후 필요하게 되는 설비는 모두 리스트업을 해 놓는다. 그 때 가능하면 수입으로 분류해 놓는 편이 요망된다.

▷ 신기술 · 설비도입의 장점을 최대한 강조한다. 신규설비가 아닌 경우에는 중국제 기계의 사용을 요구하는 경우가 있다.

※ 공장건설

- 공장용지의 선정~공장주변의 조건 조사
- 공장건설방안~계획에서 시공

① 건설, 건축기준(건축면적, 공장, 사무소, 창고 등)
② 건축재료의 공급, 가격 등의 계획(수입재료는 상세하게 기술)
③ 건축공사계획~공사비, 지불방법과 자금준비계획, 입찰방법
④ 건설시공계획(기공, 기초공사, 본체공사, 내외장, 준공검사 등)

【Point 4 : 공장설비에 대하여】

▷ 공장건설비의 견적을 빼놓는다.
▷ 배기가스, 배수, 산업폐기물, 굉음 등의 환경대책규제는 엄격하기 때문에 그 대책비용도계산해 놓을 필요가 있다.

다. 시장 · 판매와 공장의 생산능력

※ 시장수요의 전망

- 생산할 제품에 대한 현재 수요, 시장규모의 예측
- 생산할 제품의 시장에 침투도 예측(현재의 시장점유율, 예측), 제품판매의 예측
- 유사제품의 국내외 판매상황, 장래예측
- 국내외 판매비율의 계획, 예측
- 판매전략~선전, 조직, 서비스 등
- 판매수익예측, 수익률예측, 자금회수계획
- 국내외판매 가격의 조사: 기계제품은 일반적으로 10년 전후, 제품 수명이 짧은 것은 5년 전후의 예측이 필요하다.

※ 생산계획

- 판매액계획과 예측, 최저재고량, 소모량예측, 공장생산판매능력
- 생산계획: 제품의 품질, 규격, 생산량, 생산스케줄(시험운전, 시험생산, 공해처리 등)

※ 공장생산능력

- 공장생산능력과 최저 채산규모의 계산
- 정상시 공사생산능력과 자금, 노동력, 원재료 등 투입관계를 조사하고 생산코스트를

계산하여 적정한 규모를 요구한다.

- 판매액, 생산능력 및 원재료의 투입관계에 대하여: 시장예측, 판매, 가격 등을 통하여 생산능력, 생산코스트를 예측하고 원재료 투입의 적정치를 요구한다.

라. 원재료 등의 투입 및 조달

※ 원재료의 투입

- 원재료와 기타 주요 재료(반제품 등), 유지보호재료, 공장비품, 공공시설 사용료 등의 수요예측
- 투입원재료의 품질, 필요량, 조달방법, 코스트 등의 조사
- 국외에서 수입조달하는 물자품종, 규격, 품질, 수량, 가격 등의 조사

【Point 5 : 필요한 원재료 가격】

▷ 필요한 원재료가격은 장래 인플레이션 비율과 수급균형을 가미한 예측을 계산한다.

※ 공급계획

- 공급계획에 관한 각종의 기초자료 조사
- 공급원재료의 신뢰성, 기술・설비의 계획, 원재료 등의 수송・보존시 손실・교환품의 공급계획
- 이상의 조사에서 예측되는 원재료 등 공급계획의 책정 시 최적 공급량, 공급시기
- 원재료 등 투입 시 코스트계획예측

마. 종업원・조직 및 기업관리

※ 종업원의 고용, 대우와 인재육성

- 인원배치계획: 종업원의 기술수준, 배양의 진도, 현지고용, 파견기술자, 관리직원의 인원수, 일반종업원의 인원수, 인원계획
- 생산계획에기초한 종업원 인건비의 예측, 임금계획

【Point 6 : 인건비의 견적】

▷ 인건비는 지불임금에 복리후생비 등 각종 적립금을 포함하여 가능한 정확한 수치를 산출한다.

▷ 인건비를 계산하는 경우, 임금의 상승율과 인플레이션 비율도 고려해 넣어야 한다.

- 일반종입원의 고용, 해고 및 노동계약
- 종업원육성계획: 인원수, 기간, 해외연수, 한국인 기술자의 현지지도, 육성훈련비

※ 공장조직

생산, 서비스, 판매 등 각 공장의 조직안 작성

※ 생산관리비

기업관리비에는 생산관리비와 경영관리비를 포함한다.

【Point 7 : 종업원 인원수의 견적과 정착율】

▷ 종업원의 정착율은 외국자본의 투자가 많은 대중도시에서 악화되어 있다. 이것은 주위의 임금과 생활수준이 높고, 보다 높은 임금, 좋은 조건의 거주환경이 요구되는 상황이기 때문이다.

▷ 또 도시지역에서는 일자리를 바꿀 기회가 많고, 제조업에서 서비스업으로 노동력이 유출되는 경향도 있다.

▷ 종업원의 회전율을 전망하는 인원계획의 책정이 필요하다.

바. 투자액계획

※ 고정자산투자

- 정지(토지를 정리)비용
- 공장건설 및 토목건축비용
- 공장의 기계설비
- 공장소유권 및 토지사용권

※ 개업 전의 자본지출

- F/S시부터 등기까지의 필요한 경비지출

【Point 8 : 등기까지의 필요경비】

▷ 인감, 세관, 세무서 등록료 등 각종의 절차비용에 사무소 관계비용(복사, FAX, 전화료)의 합계이다.

- 공장 시운전 시의 지출

※ 순회전자금 = 유동자금 − 단기부채(3개월분 정도)

※ 등록자본과 총투자액비율

사. 자본조달

※ 자기자본

- 자기자본 총액 및 초기자본투자, 순회전자금의 필요량 예측
- 합자파트너와 출자비율의 조정
- 투자자본의 내용: 현금, 현물, 공장소유권, 토지사용권
- 현물 및 공장소유권의 평가

※ 차입자금

- 자금차입방법, 차입조건(이율, 기간 등)
- 차입 액 및 반제방법, 계획
- 차입루트, 프로젝트에 끼치는 효과 등의 조사

【Point 9 : 차입금 산정 시 유의할 점】

▷ 총 투자규모와 차입금 산정시의 비율(기업의 반제능력)

▷ 차입통화의 종별

▷ 자본회수율과 회수기간

아. 생산코스트 예측

※ 총생산코스트

- 제조코스트, 경영관리비, 판매비용, 재무비용, 감가상각비 등을 포함한 총 비용예측
- 총 생산코스트의 예측에는 각종 세금(기업소득세, 각종유통세, 토지가옥부동산세, 관세 등)도 고려해 넣는다.

※ 단위당 코스트의 계산예측

- 공장 가동율과 생산코스트 관계의 명확화
- 생산코스트가 낮아지는 것에 대한 조치의 가능성도 검토한다.

자. 외화균형

※ 외화지출예측

- 원재료, 부품의 수입
- 외국적 종업원의 임금, 여비, 후생비용 등
- 기술도입비, 외국측 파트너의 분배이익, 현지 종업원의 해외연수비용
- 기타 지출, 차입외화의 반제

※ 외화수입
- 제품의 수출에 의한 수입
- 기타 수입

※ 외화수지균형
【Point 10 : 제품의 수출비율】
▷ 노력의 목표로 제품수출 비율도 명기하여야 한다. 그 수준은 원칙적으로 지킬 수 있는 범위에 가까울 필요가 있다.

차. 재무분석과 평가

※ 재무제표의 예측
- 자금조의 예측: 수입(매상이익, 차입 등), 지출(설비투자, 원자재비)에 관한 자금조 예측표의 작성
- 순손익계산: 1회계기간에 발생하는 순이익을 예측한다.
- 자산과 부채의 회전율 예측: 기업의 지불능력, 변제능력을 판단하여 안전성을 분석한다.

※ 재무제표분석의 백분율계산의 예측
- 장기부채비율+장기부채/자기자본×100%: 기업 자본구성의 안정성을 나타낸다.
- 유동비율=유동자산/유동부채×100%: 이 수치가 높을수록 안전성이 높고, 일반적으로 100~200% 사이에 있을 것이 필요하다.
- 당좌비율=당좌자금/유동부채×100%: 즉시 지불능력을 표시하며, 일반적으로 100% 이상이면 좋다고 본다.
- 순이익율=단기순이익/매상고×100%: 기업의 수익력을 판단하는 지표로 시장 상황에 따라서 변동한다.
▷ 기타 매상채권회전율, 차입채무회전율, 총 자본회전율 등의 지표가 있다.

※ 재무분석
- 재무제표의 분석과 예측에 자기 투자분에 대한 수익률, 회수기간 등도 검토한다.

제5장 현지법인 경영상 유의할 점

여기서는 중국에 진출한 기업이 사업관리에 있어서 특히 유의해야 할 문제점을 정리하여 설명한다.

1. 노동사정

(1) 노동계약

노동계약서의 작성은 그 동안 1994년 7월 5일에 공포, 95년 1월 1일부터 시행되고 있는 노동법 및 관련 법령을 채용 했지만, 2006년 개정에 의한 근거 규정에 따른다. 노동계약에 관한 법규의 적용범위는 국유기업, 집단제기업, 개인경영기업, 주식제기업 등 내자기업 및 삼자기업(합자, 합작, 독자)와 외국기업의 지점 등을 포함한다. 외국기업의 주재원사무소와 현지 중국인 종업원과의 고용관계가 주재원사무소와 대외복무공사와 사이의 복무계약에 의한 경우는 본 항목의 적용외이다. 고용의 원칙으로서 민족, 성별 및 종교 신앙이 다르다는 이유로 고용을 차별해서는 안되고, 16세 미만의 미성년자의 고용은 금지되고 있다.

가. 현지종업원의 채용

- ▷ 현지 종업원의 채용에는 중국측의 합자 당사자가 지원자를 파견하여 모집하는 방법과 직접 모집하여 채용하는 방법이 있다. 그 어느 경우에도 채용시험을 실시하여 채용을 결정하는 것이 일반적으로 되어 있다.
- ▷ 채용을 결정한 신입사원은 수습기간을 정하여 수습기간 중 급여를 별도로 결정할 수 있지만, 노동법의 기준에 의하면 수습기간은 최장 6개월까지 설정하는 것이 가능하다.
- ▷ 현지 종업원의 채용에 있어서 주의해야 할 것은 해당 종업원과 원래 고용직장과의 노동계약이 해제되어 있는가 그 여부이다. 노동법에서는 "채용하고자 하는 직장이 노동계약을 해제하지 않은 노동자를 초빙, 고용하여 원래의 고용 직장에 경제적 손실을 초래한 경우에는 해당 직장은 연대배상책임을 져야 한다" 라고 규정하고 있다는 점에 유의할 필요가 있다.

나. 노동계약의 내용

노동계약은 서면으로 체결하여야 하며 ①계약기간, ②업무내용, ③노동보호, ④노동조건, ⑤노동보수, ⑥노동규율, ⑦계약종료의 조건, ⑧계약위반의 책임 등의 내용을 포함하여야 한다. 뿐만 아니라 고용하는 직장의 상업비밀보호 사항을 약정하는 것이 가능하다.

다. 노동계약의 종류

계약의 종류에는 ①기한부 노동계약, ②무기한 노동계약, ③일정업무가 완성할 때까지 기한을 정하는 계약이 있다.

노동계약의 기간에 관해서는 특별한 규정은 없지만, 일반적으로 1~5년 계약을 한다. 단, 노동자가 동일한 고용 직장에서 연속하여 10년 이상 근무하고, 당사자 쌍방이 노동계약의 연장에 동의하는 경우에 노동자가 무기한 노동계약을 희망하는 때는 무기한 노동계약을 체결하여야 한다.

라. 계약의 해제

고용직장은 다음의 사유에 해당하는 경우에는 노동계약을 해제할 수 있다.

① 수습기간 내에 노동자가 채용조건에 부적합하다는 것이 증명된 때
② 노동자가 노동규율 또는 고용직장의 규약, 제도에 현저하게 위반한 때
③ 노동자가 직무의 태만 또는 부정이득 행위로 말미암아 고용직장의 이익에 중대한 손해를 초래한 때
④ 노동자가 법률에 따라 형사책임이 추구되는 때
⑤ 노동자가 병기 또는 업무 외의 부상으로 의료기간 종료 후에 직장을 복귀하지 않고, 고용직장이 별도로 안배하는 업무에도 종사할 수 없는 경우 등은 고용직장은 사전(30일까지)에 서면으로 노동자 본인에게 통지하여 계약을 해제하는 것이 가능하다.
⑥ 고용직장이 파산에 직면하여 법정정리를 실시하는 기간에 있거나, 또는 중대한 경영부진에 의한 인원삭감이 필요한 경우에는 30일까지 노동조합 또는 종업원에 대해 상황을 설명하여 의견을 청취하고 노동행정부처에 보고한 후 계약을 해제할 수 있다.

(2) 노동조합(工會)

가. 노동조합의 지위

중국에서는 노동조합을 공회(工會)라고 한다. 종업원은 중화인민공화국 공회법(1992년 4월 3일)에 의해 노동조합을 조직하여 조합 활동을 할 권리가 있다. 따라서 계약서에 있어서는 다음과 같이 명기한다.

"본 회사의 노동조합의 기본임무는 중국의 법률규정에 따라서 본 회사 종업원의 합법적 권익을 보호하며, 노동규율을 준수할 수 있도록 종업원을 교육하여 본 회사의 각 경제임무 달성에 노력하는 것이다"

중국정부는 외자기업에 대한 노동조합의 역할에 대해 ①종업원 정치, 경제권익을 보호하는 일, ②안정 그 위에 협조적인 노동관계를 유지하여 외자에 의해 매력적인 환경을 만들어 내는 일 등 이 두 가지를 명확히 하고 있다.

나. 노동조합의 활동범위

1992년 4월 제7기 전인대 제5차 회의에서 통과된 중화인민공화국 공회법에서 노동조합의 활동범위에 관한 조항을 다음과 같이 정리할 수 있다.

① 정치학습
② 종업원의 교육
③ 오락조직 등의 활동
④ 합자기업에서는 동사회가 종업에 관한 사항(상벌, 임금제도, 생활복지, 노동보호, 보험 등의 문제)을 결정하는 경우에 종업원 측은 의견의 표명, 요구, 제안이 가능하다.

다. 조합비

조합비는 종업원의 실질임금 총액의 2%정도로(한국인 종업원 포함) 기업측이 부담한다.

라. 노동조합 결성의 증가와 노사협조의 필요성

경영부진을 동반하는 국유기업의 개혁 등에 따른 노동쟁의가 증가하고 있기 때문에 구체적인 숫자는 발표되고 있지 않지만, 국내기업뿐만 아니라 외자기업도 노동조합의 결성이 진행되고 있다. 금후 1기업에 1노동조합의 방향으로 진행될 것이다. 1992년에 개정된 공회법에서는 노동자의 권익수호, 기업발전에 협력이 강조되고 있다.

※ 공회의 운영

1) 간부(주석, 위원 등)의 선출

각 기업 공산당지부의 지도 아래 간부가 선출된다. 회사측의 사정을 잘 파악하고 있는 인물이 선출되도록 노력할 필요가 있다. 외자기업에 있어서는 특히 이점이 중요함을 명심하여야 한다. 또 추천자의 선출을 요구하는 경우도 있으며, 이 경우는 직급보다도 높은 지위에 상당하는 대우를 하는 등 그 대응이 매우 중요하다.

2) 단체협약

한국의 노사협정에 상당하는 단체협약이 진행되고 있다. 이 단체협약에 대해서는 회사측의 규약을 노동조합으로서 집단으로 변경하는 것을 요구하는 움직임도 있다. 회사측이나 외자기업의 경우는 평상시 노동조합과 양호한 관계를 해 놓는 것은 중요한 일이다. 노동조합과 기업 사이에 권리 의무관계를 결정하는 일이 발생하면 노사의 안정한 관계구축에 기여하는 집단계약이 된다.

3) 노동조합 관련 조직과 의사소통

상부기관(지역의 총공회)과 지역의 공산당이 일반적인 경우에는 직접적으로 개별기업의 노동조합 일상 활동에 개입하는 경우는 적어졌지만, 외자기업의 경우 일상의 의지를 소통하기 위한 상부기관과의 대화창구가 필요하다. 노동쟁의 등 분쟁에 발생한 경우에는 이러한 상부기관의 간부에 의한 조정도 요청할 수 있는 관계를 만들어 놓는 것은 중요하다.

2. 노동임금

1995년 1월 1일부터 시행된 노동법은 노동자의 이익을 보호하면서 종신고용과 동일한 보수의 불평등을 철폐하고, 기업경영면에도 효율화를 초래하는 것을 목적으로 하고 있지만, 이것에 의해 외자기업의 노임과 복리후생의 코스트도 이전보다 증가되었다. 기업의 임금제도는 과거 10수년의 개혁을 경유하여 기본적으로 정착되었다. 그러나 외자기업의 임금제도는 최저급여 수준을 제외하고 기본적으로 각 기업의 판단에 맡기고 있기 때문에 모두 동일하지는 않다.

(1) 최저임금수준

1994년도부터 중국 각 지역에서는 최저임금 수준을 제정하는 도시가 증가해 왔다. 최저임금은 실제수령 임금을 말한다. 각 지역의 최저임금 수준은 매년 갱신되고 있다.

(2) 노동코스트와 실제수령임금

기업측의 노동코스트 및 그 주요 부분인 실수령 임금의 내역은 대부분 다음과 같다.
(*상해시의 경우)

가. 실질임금

1) 표준임금

가) 기본임금
나) 직능급=기능급, 직위급

2) 특별임금=근속급

3) 수당 · 보조수당

가) 초과근무수당
나) 자격수당
다) 주식수당
라) 통근수당 등

4) 장려금

가) 상여금: 월, 반년, 매년
나) 보장금

나. 보험

1) 양로보험-실수령 임금의 25.5%

2) 실업보험-전 상해시 종업원 평균 임금의 1%

3) 건강보험: 의료보험-실수령 임금의 10%

4) 안전보험: 노동재해는 실수령 임금의 1~8%

중국인 종업원 총액의 15~20%

다. 주택기금: 실수령 임금의 15~20%(기업에 따라 다르다)

라. 노동회비: 실수령 임금의 2%

(3) 초과근무와 수당

노동법에 의하면 잔업은 1일 3시간 또한 1개월 36시간을 초과할 수 없다. 잔업시간 및 휴일 출근의 보수는 다음과 같이 규정하고 있다.

① 잔업시간의 보수는 정규 노동시간 내의 시급단가의 150% 이상

② 휴일 출근의 보수는 정규 노동시간 내의 시급단가의 200% 이상

③ 법정휴일 출근의 보수는 정규 노동시간 내의 시급단가의 300% 이상

A. 노동시간이 규정을 초과한 경우, 노동국으로부터 경고를 받게 되지만, 악질적인 경우(가령, 초과근무가 빈번한 경우)는 벌금 또는 영업정지 등의 처벌을 받게 된다.

B. 노동시간을 초과하는 예는 삼자기업에 많이 나타날 수 있지만, 노동국은 긴급한 생산이 필요한 경우(계절물의 상품 생산 등), 상황에 따라서 지도를 받을 수 있다.

C. 매월 매상의 상승분에 따라서 인센티브를 지불하고 있는 외자기업도 있다.

(4) 임금에 관한 기타 유의할 점

A. 외자기업의 중국 종업원의 급여수준은 다양하지만, 실수령 임금을 중국계 기업의 20%~50% 많게 결정하는 것이 일반적이다.

B. 한국인 사원의 급료는 본래 현지법인에서 부담해야 하지만, 한·중 임금의 격차가 너무 크기 때문에 한국인의 급료의 대부분은 본사의 부담이 되고 있는 예도 있다. (구미의 경우는 현지법인에서 부담하는 것이 일반적이다)

C. 중국에서는 종업원 사이에 급료를 비교하는 경우가 많다. 따라서 급료의 사정근거가 명확히 규정되어 있지 않은 경우, 분쟁의 씨앗이 되는 가능성도 있다. 그렇기 때문에 기능급에 관해서는 특히 평가의 기준을 명확히 해둘 필요가 있다.

D. 보너스를 결정하는 경우에 직능급을 기준으로 할 것인지, 출근일수를 기준으로 할 것인지는 회사에 따라 다르다.

E. 1995년 5월 1일부터 주휴 2일제, 주 40시간의 노동제도가 도입되었다. 2년간 실시 유예가 인정되었고, 97년 5월 1일부터 본격적으로 실시되었다. 이에 따라서 토요일 출근에 대해서는 휴일의 출근수당을 지불하여야 한다.

3. 복리후생

(1) 사회보험

A. 노동법은 전국통일의 사회보험제도와 사회보험기금의 설립을 목표로 하고 있지만, 현실적으로 중앙과 각 지방정부가 각각 실험적으로 개혁을 추진하고 있기 때문에 각 지방에 따라서 보험제도의 내용은 다르다.

B. 중앙정부는 이미 강소성의 진강시(鎭江市), 강서성의 구강시(九江市)를 실험도시로 지정하여 시험을 실시해 왔지만, 현재 그 경험을 점차적으로 강소성과 강서성의 성내에 각각 실험을 확대하고 있다.

C. 외자기업은 이제까지 실업보험, 양로연금보험, 의료비 및 주택적립금 등의 비용을 종업원을 위하여 지출하고 있지만, 납부처는 지방의 보험회사 또는 지방정부기관이다. 따라서 노동자가 타 도시로 전출한 경우에는 일반적으로 해당 기금 등은 이전되지 않는다.

※ 다음은 상해시 포동 금교수출가공구의 관리위원회 인터뷰 결과에 기초한 것이다(상해시는 기본적으로 동일한 상황임).

가. 양로보험

양로보험은 퇴직 후의 연금(양로금), 퇴직 후의 의료비, 사망시의 장의비용과 가족 조의금을 포함하며 실수령 임금 총액의 25.5% 정도이다.

나. 실업보험

실업보험에는 실업기간에 대한 실업구제금, 의료보조비, 사망시의 다양한 보조금, 친족의 부양을 위한 보조금이 포함된다. 실업보험은 시의 노동국 산하 회사인 노동복무공사가 취급한다. 실업보험료는 실수령 임금의 1%이다.

다. 건강(의료)보험

현 단계에서 건강보험은 두 가지 부분으로 나뉘고 각각 다른 방법으로 취급되고 있다. 즉 종업원의 입원비용에 관해서는 기업이 종업원 임금총액의 5.5%에 상당하는 금액을 정부의 보험기구에 지불하지만, 보통의 진료에 관해서는 진찰비용의 영수증에 따라서 기업이 60%~90%까지(기업에 따라 다름)지불하고 나머지는 개인이 부담하는 것으로 되어 있다. 그러나 금후 보통의 진찰도 통일적인 건강보험제도에 포함될 것이다. 따라서 각 지역에 따라 그 확인이 필요하다.

라. 노동재해보험

노동재해보험의 주된 항목에는 종업원이 업무상 부상을 당한 경우 사고, 유해한 물건의 취급에 따라 직업병에 걸린 경우의 의료비, 생활비, 신체에 장애가 생긴 경우의 보조비, 보상비, 사망의 경우에 장의비용, 가족의 조의금 등이 있다. 보험가입비는 해당 기업의 생산과정에 있어서 어느 정도의 위험이 있는가에 따라 다르다. 그리고 이 위험도를 결정하기 위해 안전계수가 산출되고 있다. 보험료는 안전계수가 높은 경우(위험도가 높다)는 실수령 임금의 8%, 낮은 경우는 실수령 임금의 1%가 된다.

마. 주택기금

상해의 규정에서는 종업원의 임금 총액의 15%~20%까지 주택기금을 공제하여 유보한다. 이 기금은 종업원 주택의 건축, 구입의 보조에 이용된다(이 기금이 직접 종업원에게 지불되는 것은 아니다).

(2) 휴일과 휴가

A. 종업원의 채용과 인사계획을 입안하는 경우에는 중국 특유의 유급휴가(귀성휴가, 산휴 등)를 염두에 둘 필요가 있다. 따라서 외지에 있는 사람과 출산 적령기에 있는 사람을 채용하면 법률에 정해진 유급휴가를 주는 만큼의 코스트가 높게 된다.

※ 다음은 상해시의 예로 상해시 노동국외자관리사무소의 자료를 근거로 설명한다.

가. 경축일

국가가 결정한 경축일이다. 중국은 국경절, 신정, 설날(春節), 5월 1일 노동절의 축일이 있다. 국경절, 설날, 노동절은 그 전후의 일과 연속하여 공휴일이 되기 때문에 그 해의 실제 공휴일수는 약간 다르다. 실제의 공휴일은 중앙정부가 그리고 그 직전에 각 지역 인민정부에 의해 공시된다.

나. 휴가

국유기업의 경우에는 종업원의 기업에 취업 연수에 따라서 7일간, 10일간, 14일간(장기 근무하고 있는 정도로 연휴도 길다)의 연휴가 설정되어 있다. 외자기업에 관해서는 중국 정부가 특정한 규정을 두고 있지 않기 때문에 각각 기업이 상황에 따라서 연휴제도를 설정하고 있다. 다국적 기업의 경우 다음과 같은 연휴제도를 설정하고 있는 기업이 많다.

다. 귀성휴가

종업원의 배우자, 또는 양친이 본인의 근무지 이외의 지역에 있는 경우에 귀성휴가가 인정되고 있다. 배우자가 동일지역 이외에 별거하고 있는 경우 일반적으로 1년 1회 30일간에 왕복 일수를 포함한 귀성휴가를 취할 수 있고 또 미혼으로 양친이 먼 거리에 있는 경우 1년에 1회 20일간에 왕복에 소요되는 일수를 포함한 휴가를 취할 수 있다. 기혼으로 부부가 동일지역에 있지만 양친이 먼 거리에 있는 경우에 4년마다 20일간의 휴가를 취할 수 있다.

라. 결혼 시 유급휴가

일반적인 경우, 결혼 시 3일간의 휴가를 주게 된다. 단지, 남성이 25세 이상, 여성이 23세 이상의 경우에는 만혼을 장려하고 있기 때문에 10일간의 휴가를 준다.

마. 조의휴가

가족이 사망한 경우에 주는 유급휴가이다. 예컨대, 부모, 배우자 등이 사망한 경우 1~3일간의 휴가를 주어야 한다. 일반적으로 2~3일간이고, 1일인 경우는 적지 않은 것 같다.

바. 출산휴가

주로 여성의 종업원에게 주는 유급휴가이다. 순산의 경우는 90일간의 출산휴가가 주어지고, 난산의 경우에는 105일간의 출산휴가가 부여된다. 또 남성 세대주에게도 3일간의 휴가가 부여된다.

관련사항으로서 출산휴가 후의 수유에 관한 규정도 있다. 예컨대, 아이가 1세 이내인 경우에는 매일 오전과 오후에 각 30분간의 수유시간을 모친에게 주고 있다. 기업 내에 유아원과 탁아소가 있다면 30분으로 충분하지만, 이러한 시설이 없는 경우 30분의 수유시간을 합하여 8시간의 노동을 7시간 노동으로 단축하는 것도 가능하다.

4. 국내판매

중국의 외자정책이 외자에 "내국민대우"를 부여하는 방향으로 가고 있고, WTO가입과 함께 외자기업에 대한 특별대우는 축소되어 중국기업과 동일한 조건에서 경쟁을 하게 된다.

종래 외자기업에 부과해 왔던 수출의무(국내판매비율의 상한 설정)는 폐지되고, "국가는 외자기업이 생산한 제품을 수출하도록 장려한다" 라고 수정하였다. 그러면서도 한편으로는 국유기업을 위협하고 있는 외자기업에 국내판매 비율의 폐지는 국유기업을 많이 안고 있는 지방정부의 수준에서 저항이 다소 예상되는 경우도 있기 때문에 지방정부의 정책을 예의주시 하는 것이 중요하다.

(1) 국내판매의 규제완화

A. 국내판매 비율은 일반적으로 선진기술분야, 고부가가치의 농업분야, 국내시장에 공급이 부족한 내륙과 빈곤지역에 투자가 있거나 또 투자금액이 큰 경우에 높은 국내판매비율을 인가하는 경향이었다. 또 100% 외자투자기업인 독자기업의 경우에 국내판매비율이 매우 낮다고 하는 경향도 있었다. 그러나 중국의 WTO가입과 관련한 법령들의 개정(중화인민공화국 외자기업법 실시세칙 제43조: 2001년 4월 12일)에서 "외자기업은 생산제품을 중국시장에서 판매할 수 있다. 국가는 수출하도록 장려한다" 라고 수정하였다.

B. 중국 국내판매 비율에 대한 규제가 폐지되었다고 해도 중국의 유통업자를 통한 대금회수(채권회수)의 어려움이 지적되는 유통의 면에서는 아직 문제를 안고 있다고 할 수 있다.

(2) 국내유통시장의 관행과 문제점

가. 지방정부에 의한 타지방제품의 판매에 대한 방해

1) 각 지방정부는 지역 기업의 보호를 위해 타지방에 있는 기업의 제품 판매, 유통을 방해하는 경우가 있으므로 주의를 요한다. 예컨대, 다른 성에 있는 자동차 메이커브랜드의 승용차에 대한 자동차번호의 발급에 관해서 수량제한을 한다든지, 발급 수수료를 높게 하는 등이 있다.

2) 이와 같은 지방수준의 유통방해, 유통장벽은 국가와 국가가 결정한 WTO에서는 좀처럼 제소하여 해결을 도모하는 것이 어렵기 때문에 좀처럼 개선되지 않을 것으로 보기 때문에 주의가 필요하다.

나. 대금결제

1) 인기가 있는 상품은 현금결제 또는 현금선불이지만, 그렇지 않은 경우 외상거래가 많은 것 같다.

2) 유통업자는 첫 번째 상품을 모두 판매한 후, 두 번째 상품을 구입하는 경우에 첫 번째의 물건에 대한 대금을 지불하는 경우가 많다.

3) 유통업자에게 신용이 있는 경우, 메이커가 은행에 대금결제의 위탁을 한다든지 정기적인 대금결제를 하기도 한다.

다. 유통마진

1) 유통마진은 수급상황, 유통루트・단계, 제품의 시장참여 역사에 의존한다. 수급이 안정되고 간결한 판매망이 있으며 시장 참여도의 역사가 오래 될수록 마진은 낮게 된다.

2) 따라서 신제품은 판매망이 많지 않고, 인지도도 낮기 때문에 마진을 높게 하지 않으면 팔리지 않을 가능성도 있다.

라. 뒷 수수료

1) 뒷 수수료는 위법이지만, 실제로는 자주 거래되고 있다. 이것은 도매업자가 기업의 매매인(개인)에게 매매대금의 일정 비율에 상당하는 금품을 인사로 지불하는 관행이다.
2) 조악품 정도에 따라 뒷 수수료 비율이 높기 때문에 조악품이 횡행하기 쉽다.

마. 성(省)외 거래

1) 수송의 문제

철도, 트럭, 콘테이너의 부족, 도시의 시내교통 혼잡완화를 위한 트럭의 야간 진입금지 등은 기타 지역으로부터의 반입을 방해하고 있다.

2) 지방보호주의의 문제

이전보다는 다소 줄었지만, 지방정부가 그 지역에 있는 기업을 보호하고 편의를 주기 때문에 지역 은행, 교통수송부문, 도매업자들에게 압력을 행사하여 해당 지역에서 생산된 제품 이외의 제품의 진입을 막고 있는 경우도 있다. 예컨대, 은행이 해당지역 이외의 제품에 대한 대금결제의 연기, 교통수송부문이 지역 외 기업의 화물인출 연기, 해당 지역의 도매업자가 지역 외 제품판매의 저지 등이 있다.

(3) 국내판매의 중요한 Point

가. 판로개척의 방법

신규판로를 개척하기 위해서는 각 지방의 유력한 도매업자와 거래관계를 확보하는 것이 필요하다. 여기에 주된 방법으로 다음 세 가지의 방법이 있다.

① **새로운 판매루트의 개척**: 주요한 소매, 도매업의 구매담당자를 호텔, 백화점, 자사공장에 초청하거나, 전람회, 발주회(發注會)를 개최한다. 또 상품전(견본) 시(市)에 기업으로서 참가한다.

② **도매업자에 마진의 제공**: 신제품으로 시장에 브랜드 인지도가 없는 경우에 판로를 확보하기 위해서는 도매업자에게 충분한 마진을 제공하는 것은 효과적인 방법이다.

③ **소비자의 인지도 향상**: TV광고 또는 쇼윈도의 방법으로 소비자의 인지도를 높인다.

나. 외상매매대금의 회수방법

외자기업들이 많은 제품을 거래하고도 매매대금의 회수에 어려움을 많이 겪고 있다. 그 해결 방법으로는 다음과 같은 것이 있다.

① **선불, 현금 또는 거래보증금의 요구**: 해당 상품의 수급에도 관련이 있지만 가능한 전액 또는 선불을 받는 등의 현금거래를 원칙으로 하는 것이다. 또 부득이 일정기간, 여신을 하지 않으면 안 되는 판매처에 대해서는 여신한도의 설정은 물론이고, 거래보증금을 요구하는 것이다.

② **사전에 신용조사**: 상호 신용을 기초로 하는 거래인 경우, 사전에 충분한 신용조사를 하여야 한다. 신뢰할 수 있는 신용조사기관, 그 지역에서 신뢰할 수 있는 사람, 중국공상은행 등을 통하여 또한 그 지역의 유력한 은행에 강력한 선을 갖고 있는 은행의 협력을 얻어 그 지역 거래은행의 의견을 청취한다든지, 그 지역 업계의 평판을 듣는 것은 매우 중요하다. 특히 경영자의 이력과 평판을 검토는 것은 중요하다. 또 그 기업의 재무회계부문이 확실하고 있는지 않는지의 검토도 그 예외일 수는 없다.

③ **지불독촉**: 여신을 한 경우에는 지불 기일이 다가오기 전 1개월 전 정도부터 매주 계속하여 그 지불을 독촉할 필요가 있다. 확실한 자금회수를 위해서는 이러한 노력을 계속하지 않으면 안 된다. 한편, 지불기일 연장을 요구하는 경우에는 안이하게 대처하지 말고 그 이유를 철저하게 추궁하여 상대방에게 기일에 맞추어 지불하도록 대책을 강구할 필요가 있다.

④ **지불보증의 요구**: 여신 액이 클 경우에는 상대방의 거래은행 또는 모(母)회사의 지불보증을 받아 둘 것을 권장한다.

⑤ **상대방과의 관계 긴밀화**: 신용 공여자는 상대방을 종종 방문하여 상대방의 경영자와 관계를 긴밀히 하게 해두는 것이 필요하다. 이에 따라서 상대방의 경영상황도 보다 잘 파악할 수 있고, 개인적으로 친한 상대방에게는 체면도 있고 해서 우선하여 지불하는 경향도 있다.

⑥ **상대방거래의 증가를 통한 상호계산**: 가능한 상대방의 거래를 증가시키고, 만일의 경우에 채무에 대한 상호계산 할 수 있도록 해두는 것도 중요하다.

⑦ **계약서에 벌칙(벌금)조항의 설정**: 여신 하는 경우에 지불연장에 대해서는 상당히 효율이 있는 벌칙(벌금)을 과하는 조건으로 계약하는 것은 지불지연을 하면 손해라는 것을 상대방에게 자각시키는 것도 효과적이다.

⑧ **정부기관의 협력요청**: 빋을 금액이 크고 장기간 지불지연이 발생하고 있는 경우에는 중국측 파트너의 상급기관 또는 그 지역의 정부기관에 해결에 대한 협력을 요구하고, 그 영향력을 행사케 하는 것은 불가결한 것이다.

⑨ **법적 수단의 운용**: 법적 수단을 강구하는 것은 판결이 늦고 그 집행을 수행하는데 있어서 문제가 있겠지만, 이것은 상대방에 대해 그 나름대로 위협적인 효과가 있다는 것은 부정할 수 없다. 그렇기 때문에 우수한 변호사를 언제라도 기용할 수 있는 체제를 정비해 둘 필요가 있다.

⑩ **외자기업과의 거래 증대**: 외자기업, 그리고 한국기업의 경우 지불에 있어서 문제가 발생하는 경우는 거의 드물기 때문에 이러한 기업에 판매를 증대하는 것은 지불지연 또는 불량채권 발생률의 저하와 직결한다는 것은 틀리지 않다. 이와 관련하여 말할 수 있는 것은 거래 조건이 좋은 거래처 일수록 위험도가 높다고 하는 것이다.

5. 재무경리

중국정부는 1992년 6월에 외국투자기업재무관리규정을 공표하였지만, 그 후 '외국투자기업의 기업재무관리제도 집행의 보충규정' 을 발표하였기 때문에 외자기업은 그 재무관리를 실제로 운영하는 경우 이 규정을 참조할 필요가 있다.

외국투자기업의 기업재무관리제도 집행의 보충규정 중에 특히 중요한 내용을 다음과 같이 살펴본다(*주: 정책의 변화에 빈번히 규정 뀐다는 것에 유의하고, 관할 세무국에 자문 및 확인이 필요함)

(1) 교제접대비의 계상

외자기업의 생산 경영에서 발생하는 교제접대비는 확실한 기록 또는 영수증의 제출을 전제로 다음과 같이 구분한 한도액 내에서 비용으로서 계상하는 것이 인정되고 있다.

① 공업제조, 식수, 양식, 상업 등의 기업에서 연간 순매상고가 인민폐 1,500만위엔 이하의 경우에는 순매상고의 0.5%를 초과할 수 없다.

② 관광, 음식, 우수, 건축, 설계, 콘설턴팅, 금융, 리스기업 및 기타 서비스기업은 연간 총수입고가 인민폐 500만위엔 이하의 경우에는 업무 총수입고의 0.1%를 초과할 수 없다. 연간업무 총수입고가 인민폐 500만위엔 이상의 경우 초과부분의 업무총수입고의 0.5%를 초과할 수 없다.

(2) 투자에서 회수한 배당, 주식이자

외자기업이 중국 국내에서 기타 기업에 출자하여 투자를 인수한 기업으로부터 취득하는 배당(주식이자)은 투자수익에 상계하지만, 해당 기업의 과세소득에는 계상하지 않는 것이 가능하다. 투자에 따라 발생한 비용과 손실은 해당 기업의 과세소득액과 상쇄할 수 있다.

(3) 이익처분의 순서

외자기업의 기업소득세를 납부한 후 이익은 다음 순서로 처분한다.

① 몰수된 재화의 손실, 지불된 각종 조세의 체납금 및 벌금

② 기업의 과년도의 결손보전

③ 삼항기금(적립준비금, 복리기금, 기업발전기금)의 적립
④ 투자자에 이익분배

(4) 출자의 화폐와 출자비율의 환산

외국투자자가 현금으로 출자하거나 합작 조건을 제공하는 경우에는 외화이어야 한다. 단지, 중국 국내에 설립한 기타 외자기업으로부터 분배 취득한 인민폐 이익(배당)에 대해서는 자본의 출자 또는 합작조건의 제공으로 하는 것이 가능하다.

합자기업의 투자자 출자비율은 계약에서 정해진 외환상장(중국인민은행이 공표하는 시장환률루트) 또는 기업이 처음에 출자하였을 때의 외환상장으로부터 환산하여 확정한 후는 환률루트에 따라 매번 변경해서는 안 된다.

(5) 비용에 계상되지 않는 원가와 비용

외자기업에서 발생한 지출 또는 손실 가운데 다음과 같은 것은 원가와 비용에 계상할 수 없다.

① 고정자산, 무형자산 및 기타 자산을 취득하기 위해 발생한 자본의 지출
② 각종 소득세 세액
③ 일반상업 차입 이자보다 높은 이자
④ 본부 기구에 지불하는 특허권 사용료
⑤ 중국 국내에서 활동하는 종업원의 국외 사회보험료
⑥ 기타 조직에 투자 및 그 관련 기업에 지불한 관리비
⑦ 규정의 기준을 초과하는 교제접대비 등
⑧ 몰수된 재산손실 및 지불체납금, 벌금, 위약금, 배상금
⑨ 삼항기금에 계상할 비용
⑩ 기업의 찬조금, 기부금지출
⑪ 국가의 법률, 법규의 규정 이외의 각종 지불비용
⑫ 기업의 생산, 경영업무와 관련 없는 기타의 지출

(6) 중국측 비임원의 관련비용

외자기업에서는 실질적인 직무를 담당하지 않는 중국측 동사장, 부동사장, 동사의 동사회 개최기간에서 발생한 출장여비, 회의비, 보조수당 등은 기업의 동사회비로 경비 처리할 수 있지만, 그 이외의 어떤 비용도 경비로서 처리할 수 없고, 기타 보수도 받을 수 없다.

(7) 배당의 사전분배(중간배당)

외자기업이 배당을 사전에 분배하는 것은 원칙적으로 할 수 없지만, 수익성이 비교적으로 양호하고, 기한도래 채무가 없으며 규정에 따라서 소득세를 예납한 후에도 비교적으로 많은 이익이 있는 경우에는 주관 재정기관의 승인을 얻어서 일부의 이익을 사전에 분배하는 것이 가능하다.

(8) 배당의 통화와 환율손실

외자기업이 현금으로 이익을 분배할 때는 계약서, 정관이 별도로 규정하고 있는 것을 제외하고 원칙적으로 기업의 경영소득 통화에 따라 배당을 한다. 출자자가 분배 취득한 인민폐 배당을 외화로 교환할 필요가 있는 경우에는 그 환율손실은 기업이 부담해서는 안 된다.

(9) 청산 시 기금마련 재산의 처리

기업이 청산하는 경우에 이미 불입한 종업원복리 장려기금, 중국측 종업원 주택보조금 이 두 가지의 기금을 사용하여 구입 및 설치한 각종의 자산, 시설을 기업의 재산으로 청산을 하는 곳에 사용할 수 없다.

제6장 중국기업의 M&A에 관한 절차

1. 중국의 M&A관련 배경과 규정

중국은 개혁·개방 후, 장기간 외자유치의 이용방법으로는 주로전통적인 외상직접투자(Foreign Direct Investment) 방식인 중국측 파트너와 공동으로 합자하는 중외합자경영기업과 중외합작경영기업을 설립하든지, 또는 외국투자자가 100%의 자본으로 설립하는 독자기업, 이른바 삼자기업(三資企業)과 외상투자주식회사의 형태로 새롭게 자회사를 설립하는 방법 이외의 선택여지가 없었고 M&A의 방식은 허가되지 않았다. 그러나 실무적으로는 많은 외국투자자는 M&A라고 하는 상대적으로 간단한 방법으로 중국시장 진출을 희망했다. 그러나 정비된 M&A관련 법규가 존재하지 않았기 때문에 종업원의 배치, 매수가격의 확정 등의 문제를 해결하는 것이 곤란하였다.

중국 정부의 입장에서도 외국투자자에 의한 중국 국내기업, 특히 국유기업에 대한 직접적인 지분 및 자산의 매수 등에 대해서는 국유자산의 유실, 종업원의 권익보호, 사회보험제도 정비 등의 문제로 중국정부는 신중한 자세를 취해 왔다.

1995년 7월에 발생한 '北旅持分讓渡事件' 은 외자의 중국기업에 대한 M&A에 관한 선례를 남겼지만, 미숙한 법적 환경의 영향을 받아 중국은 국유자산의 유출을 막기 위해 동년 9월에 국유주와 법인주를 외국투자자에게 양도한다는 것을 일시정지 한다는 통지를 공포하였다[4]

최근 중국경제의 안정적인 급속한 성장, WTO가입 및 외국투자자의 희망에 의해 중국정부는 외국투자자에 의한 국내기업 자본참가에 대해 아래와 같이 순차적으로 개방하여, 다음 관련법규를 제정하여 공포하였다. 역시 외국투자자에 의한 국내기업에 대한 자본참가는 일부 지역에는 시험적으로 외국투자자에게 국유중소기업자산의 양도, 매각을 해왔다[5]

(1) 외자에 의한 국유자산의 재편규정

2001년 10월 26일에 상무부, 재정부, 중국인민은행은《금융자산관리공사가 외국투자자를 도입하여 자산재편 및 처분참기에 관한 삼행규정(2001년 제6호령)》을 공포했다. 이것은 은행의 불량채권을 처리하기 위해 설립된 금융자산관리공사가 은행으로부터 매입

---

4) 예컨대, 1995년 9월까지 상장회사의 국유주 및 법인주를 외국투자자에게 양도에 관한 규정이 인정되고 실무상도 이루어졌시반, 그 후 관련 규정의 미비 등을 이유로 국무원은 통달(通達)로 국유주 및 법인주를 외국인투자자에게 양도하는 것을 일시 금지하였다(1995년 9월 23일 '상장회사의 국가주와 법인주의 외자에 대한 양도를 일시 정지하는 것에 대하여' : 國弁發 [1995] 48号.

5) 1998년 4월 10일에 하얼빈시는 '국유중소기업 재산권의 경매매각 관련 정책에 관한 잠행규정'(哈政發 [1998] 8号을 공포하였다.

한 불량채권 중에 국유자산의 재편에 외국투자자의 참가를 인정한 것이다.

(2) 외자에 의한 중국상장회사의 매수규정

중국의 증권시장에 대한 규제의 정비, 감독관리 수단의 강화 및 WTO가입에 따라 국유주와 법인주의 양도금지에 대해, 2002년 11월 1일 국무원의 승인을 얻어 국가증권감독관리위원회, 재정부, 국가경제무역위원회는《외국투자자에게 상장회사의 국유주 및 법인주 양도문제에 관한 통지》를 공포하여 외국투자자들에게 국유주 및 법인주의 양도를 인정하고, 그 조건과 명의개서 절차에 대하여 규정하였다.

이런 법령이 제정되어 중국의 상장회사를 매수하는 것도 법적으로 가능하게 되었다. 단지, 이 규정이 시행된 후 외국투자자가 상장회사를 매수한 예는 아직 없다. 금후, 실제의 운용이 어떻게 전개해 갈지 주목된다.

국유기업의 상장회사뿐만 아니라 사영기업의 상장회사와 외국투자기업의 상장회사도 있지만, 이 규정은 상장회사 전반에 대해 적용이 된다. 단지, 이러한 규정은 주식매수에 대해 규정한 것으로 자산매수에 대해서는 규정되어 있지 않다.

(3) 외자에 의한 국유기업의 재편규정

2002년11월 8일에 국가경제무역위원회, 재정부, 국가공상국, 국가외화국의 4부문이《외국투자자에 의한 국유기업의 재편에 관한 잠정규정》을 공동으로 제정한 것으로, 2003년 1월 1일부터 시행하였다. 이에 따라 외국투자자에 의한 국유기업에 대한 자본참가에 관한 규칙이 명확하게 되었지만, 국유기업 이외의 기업에 대한 매수에 관한규정은 제시되지 않았다.

(4) 외국투자기업의 심사비준 등에관한 규정

2002년 12월 30일 외국투자기업에 대한 관리를 규범화하고, 최근의 외국투자도입 과정에서 발생한 새로운 상황과 문제에 대응하기 위하여 상무부, 국가세무총국, 국가공상국, 국가외화국이 공동으로《외국투자기업의 심사비준·등기·환율 및 세수관리 문제에 관한 통지》를 제정하여 공포하고, 2003년 1월 1일부터 시행했다. 이 통지는 외국투자자에 의한 중국 국내기업의 매수를 인정함과 동시에 매수 후 자본의 불입 등에 대해 간단한 규정을 두고 있다.

(5) 외국투자자의 국내기업매수 잠정규정

2003년 3월 7일에 외국투자자에 의한 투자촉진과 규범화, 해외선진기술 및 관리기술의 도입, 외국투자자의 이용수준의 향상, 자원의 합리적인 배치의 실현, 취업의 보증 및 공정한 경쟁과 국가경제 안전의 유지 등 관점에서 상무부, 국가세무총국, 국가공상국, 국가외화국의 4개 부문이 공동으로 제정하였다. 이 규정은 외국투자자에 의한 기업의 M&A에 관한 조건·절차·인가 등을 정하고, 금후 외국투자자에 의한 기업의 M&A에 대해 법적인 근거 및 수속을 제시하였다.

2. 외자에 의한 M&A의 법률상 특징

외국기업으로서 중국기업에 대한 M&A의 경제적 메리트는 역시 신속한 투자가 가능하다는 것이다. 기존에 있는 기업을 매수하기 때문에 곧바로 기업의 운영이 가능하다. 그리고 중국에서 사업을 하기 위해서는 필요한 라이센스를 받는 것인데, 특히 전기·수도·가스 등 공공사업은 새롭게 면허를 받기가 그리 쉽지 않다. 면허가 있는 기업을 매수한다는 것은 그 만큼 유리한 것으로 아직도 수익성이 높은 기업도 많이 있다.

외자에 의한 중국기업의 M&A 법률상 본질은 외국투자자가 일정한 재산거래 방식으로 중국 국내 기업에 대해 재구축을 하는 과정이다. 즉 중국 국내 M&A대상 기업의 자산을 거래의 목적물로 하고 대상기업 재산의 소유권 또는 경영을 통제할 권리를 손에 넣는 것을 목적으로 하고, 기업재산의 소유권, 경영관리권의 변경을 주된 거래방식으로 하고 있다. 외자에 의한 중국기업의 M&A는 다음과 같은 독특한 법적 특징을 갖고 있다.

(1) M&A거래 주체에 대한 제한

외자에 의한 M&A의 주체는 매수를 하고자 하는 외국투자자와 매입 당하는 중국 국내기업이다. 기업의 모든 재산에 관련한 권리와 이익을 가리키는 기업재산권은 일반적으로 출자자의 출자비율에 따라서 향수 된다. M&A법률 관계에서는 양도를 하는 중국 국내기업 자신이 기업재산의 양도인 주체가 되지 않고, 양도인은 그 기업에 대하여 재산권을 갖는 출자자이다. 예컨대, 국유기업의 경우에 국유자산의 불하인은 그 국유기업 자체가 아니다. 국유자산의 소유자는 국가이고, 국유기업은 그 기업의 경영관리권을 갖고 있는 것에 불과하기 때문에 그 국유자산은 반드시 국가를 대표하는 자산관리부문에 의해서 처분되어야 한다. 다음에 권리를 얻는 측에 대한 제한이 있는데, 양수인은 외국의 회사, 기업, 경제조직 또는 개인 및 홍콩, 마카오, 대만지역의 회사, 기업, 경제조직 또는 개인이다. 재산권을 양수할 때는 중국 외상투자관련 법률에 의한 제한을 받는다.

(2) M&A거래 객체의 복잡성

외자에 의한 M&A의 객체란 M&A행위의 대상을 가리키며 일반적으로 다양성을 갖고 있다. 그것은 어떤 하나의 유형자산 또는 무형자산의 단순한 거래가 아니고 일종의 생산요소로서 해당 자산을 포함한 재산관계 전체의 거래이다. 현재 전형적인 그 객체로는 기업의 지분 또는 기업의 자산이다. 전자의 경우는 다시 유형자산과 무형자산으로 나누고, 유형자산에는 부동산, 설비, 차량운반구, 현금, 어음, 유가증권 등이 있다. 무형자산에는 상표, 특허, 저작권, 노하우 등이 포함된다. 기타 M&A에 대한 거래의 객체는 지분과 자산뿐만 아니라 양도되는 기업의 종업원의 배치 문제도 있다. 종업원은 기업의 노동력을 산출하는 요소이기 때문에 종업원의 배치는 M&A실무에 있어서 기타 형태의 거래와 다른 하나의 큰 특징이 되고 있다.

(3) M&A거래 방법의 다양성

외자에 의한 M&A방법으로는 양도를 하는 측이 받는 측에 대하여 기업재산권을 양도하는 것을 말한다. 현재 가능한 방법으로서는 협의 양도, 공개경매양도, 입찰양도 등 많은 방법이 있다. 단지, 비상장기업의 기업재산권 양도에 대해서는 현재 이용되고 있는 것은 지분협의양도 방식이다.

(4) M&A거래의 시장성

외자에 의한 M&A가 시장을 통하여 실현되고 주로 거래의 가격이 시장에 의해서 결정된다. 현재의 경우 중국 국내의 국유자산, 집단자산의 재산권 거래는 반드시 유형시장, 즉 재산권거래소(產權交易所)에서 해야 하고 기타 비국유자산이나 비집단자산에 대해서는 당사자 쌍방이 협의로 거래를 할 수 있다. 단지, 국가는 비국유자산이나 비집단자산에 대해서도 재산권거래소에서 거래가 이루어지도록 장려하고 있다.

3. 매수의 형태와 그 대상

(1) 외자에 의한 기업매수의 형태

'매수규정' 에 의하면 외국투자자에 의한 기업매수에는 위에서 언급한 바와 같이 지분매수와 자산매수 두 가지 형태가 있다. 전자는 외국투자자가 중국 국내기업의 출자자가 갖고 있는 지분을 직접 매수하는 방법과, 기업의 증자를 인수하는 방법 두 가지가 있다. 후자의 경우도 두 가지 방법이 있다. 외국투자자가 중국에 현지법인을 설립하고 그 기업을 통하여 중국 국내기업의 자산을 매수하는 방법이 일반적이다. 이와는 순서를 반대로 외국투자자가 중국기업의 자산을 매수하여 그 자산을 현물출자하여 중국의 현지법인 외상투자기업을 설립하는 방법도 규정하고 있다.

(2) M&A의 대상기업

'매수규정' 에 의하면 외국투자자가 중국 국내에서 법에 기초하여 설립한 투자성회사(지주회사)는 외국투자자에 의한 투자활동을 하는 실체로 보고, 투자성회사가 국내기업에 대하여 M&A를 할 때도 외국투자자로 보기 때문에 '매수규정' 이 적용된다.

외국투자자에 의한 외상투자기업의 매수에 대해서는 현행 외상투자기업에 관한 법률, 행정법규 및《외상투자기업의 지분변경에 관한 약간규정》을 적용하고, 이러한 규정에 없는 경우는 '매수규정' 을 준용한다.

외국투자자가 M&A를 할 대상기업의 범위6)는 M&A의 방법에 의해 확정된다. 이 '매수규정' 에 의하면 외국자본에 의한 지분매수의 대상기업은 중국 국내의 중국 회사법에 의해서 설립된 회사 또는 기업재편에 따라 회사로 편성된 기업에 한정한다. 자산매수의 대상기업은 중국 국내의 모든 형태의 기업을 포함한다.

4. M&A와 산업정책 및 출자비율

(1) 매수 가능한 영역

외국투자자의 기업매수는 중국의 법률, 행정법규 및 부문규정의 투자자 자격과 산업정책상의 요구에 합치하여야 한다. 즉 외국투자자에 의한 M&A영역은 외상투자산업정책과 일치하여야 한다. 현재 이 정책은 2002년 4월에 시행(2002년 3월 13일 개정)되고 있는 '외상투자산업지도목록' 에 따르고 있다. 이 '외상투자산업지도목록' 에 의하면 외국투자자의 독자적으로 경영이 허가되지 않은 산업에 대해서는 외국투자자가 매수에 의하여 기업의 모든 지분을 보유하여야 한다.

중국 측에 의한 지배 또는 상대적 지배가 필요한 산업에 대해서는 해당 산업의 국내기업이 M&A에 의해 매수된 후에도 계속 지배 또는 상대적 지배의 지위를 유지하여야 한다. 외국투자자에 의한 경영을 금지하는 산업에 대해서는 외국투자자는 해당 산업에 종사하는 기업을 매수할 수 없다.

(2) 경영범위와 산업정책의 일치

'매수규정' 에 의한 M&A의 대상기업은 국유기업인 경우가 많을 것이다. 그러나 국유기업의 경영범위는 일반적으로 외상투자기업 보다 넓고, 동시에 외국투자자에 의한 투자를 제한 또는 금지하고 있는 분야도 국유기업에 대해서는 제한 또는 금지하고 있는 경우

---

6) 중국의 M&A대상기업으로 주로 적자 국유기업, 외상투자기업, 비교적 우량기업, 사영기업, 상장회사도 포함된다. 여기서 국유기업, 외상투자기업, 사영기업이라는 분류는 누가 기업의 소유자인가로 분류를 하지만, 상장회사는 주식이 공개되어있는가의 관점에서 분류한다.

가 많다. 이와 같은 기업을 매수한 경우 M&A한 기업의 경영범위 조정이 필요하다. '매수규정' 에 따르면 외상투자기업의 산업정책 요구와 합치하지 않은 중국기업을 매수한 경우는 그 정책과 합치하도록 조정이 필요하다.

그 외에 외국투자자가 기업의 자산을 구입하여 해당 자산을 갖고 외상투자기업을 설립하는 경우는 외상투자기업 설립 전이기 때문에 해당 자산을 사용하여 경영활동을 할 수 없다는 것을 유의해야 한다.

(3) 출자비율에 대한 규제 완화

《중외합자경영기업법》에서는 외국투자자의 출자비율은 25% 이상으로 규정되어있다. 실무적으로도 일반적으로 심사비준기관은 외자의 비율이 25% 이하를 인정하고 있지 않다. 당시 이와 같은 규정을 한 것은 외자유치와 세수혜택이라는 관점도 있지만, 투자자가 외자의 이름을 빌려 출자하는 것에 그치지 않고, 사기적인 방법으로 외상투자기업의 지위를 취득하여 외상투자기업에 대한 우대혜택의 향유를 방지하기 위한 것이었다.

그러나 현재 외상투자관련 법률도 내국민대우원칙이 구체화되어 가고 있고, 외상투자기업에 대한 최저 출자비율은 실무적으로 그 의의를 잃어가고 있다.

2003년 1월 1일부터 시행된《외국투자기업의 심사비준 · 등기 · 환율 및 세수관리 문제에 관한 통지》는 출자비율이 25% 이하를 인정하고, 동시에 그 인가수속과 우대조치의 향수[7]에 대해 규정하였다. 그러나 이 통지는 외국투자자의 M&A에 의해 설립된 외상투자기업에 대한 외국투자자의 출자비율에 대하여 언급하지 않았다. 이번 '매수규정' 에서는 M&A에 대한 외국투자자의 출자비율이 25% 이하도 가능하다는 것을 명확히 하였다.

'매수규정' 에 따르면 외국투자자의 매수 후에 설립되는 외상투자기업의 등록자본에 대한 출자비율은 원칙적으로 25% 이하여서는 안 된다. 출자비율이 25% 이하인 경우는 법률과 법규에 별도의 규정이 없는 한, 현행 외상투자기업 설립에 관한 인가 등기수속에 따라 인가 등기를 하게된다.

인가기관이 외상투자기업 인가증서를 발급할 때는 '외국투자자의 비율이 25% 미만' 이라는 문자를 기입하고, 등기관리기관이 외상투자기업 영업허가증을 교부할 때도 '외국투자자의 비율이 25% 미만' 이라는 문자를 기입한다.

위와 같은 규정은 사실상 외자비율이 25% 보다 낮은 외상투자기업의 존재를 인정하고 있는 것이다. 이런 기업은 외자비율이 25% 이상으로 기업이 향유하는 세수, 설비의 수입

7) 동 규정 제3조에서는 "외국투자자의 출자비율이 25% 이하인 외상투자기업은 법률, 행정법규에 별도의 규정이 있는 것을 제외하고 그 투자총액 내에서 수입하는 자사용 설비, 물품은 면세혜택을 받지 않고 기타 세수에 대해서도 외상투자기업에 대한 대우를 받지 않는다. 외상투자기업 대우를 이미 받고 있는 외상투자주식회사에 대해서는 신주발행 증자 또는 외국투자에 대한 지분의 양도 후에도 변함없이 관련 규정에 따라서 외상투자기업의 대우를 향수 한다"고 규정하고 있다.

등에서 우대를 받지 못한다는 것에 지나지 않는다. 사실상 이러한 우대혜택도 '내국민대우를 초과한 것' 으로 장래 이런 제도들을 점차 폐지하는 쪽으로 이미 법률체계의 작업이 진행되고 있다.

5. M&A자산평가와 채권채무의 처리

(1) M&A자산평가의 방법

외자에 의한 M&A의 실시는 기업재산권의 거래로 그것은 상호 거래 가격의 확정을 가져온다. 따라서 기업의 자산평가는 외자에 의한 M&A를 하는데 있어서 매우 중요한 문제이다. 그러나 오랫 동안 중국의 자산평가와 외국에서 통상 해왔던 방법과는 일정한 차이가 있다. 그 차이는 일반적으로 M&A의 사전 교섭단계에서 나타난다. 그러니까 중국의 자산평가는 통상액면의 가치를 평가하는 방법이지만, 대부분 외국투자자는 국제적인 시장가치에 의한 평가방법을 요구하고 그 양자의 차액은 상당히 크다.

'매수규정' 에서는 M&A당사자는 자산평가기구의 양도예정지분 또는 매각예정 자산에 대한 평가결과를 거래가격의 확정근거로 하여야 한다고 명확하게 규정하고 있다. 또 M&A 당사자간 중국 국내에 합법적으로 설립된 평가기구를 선택하여 약정하는 것이 가능하다. 자산평가의 방법은 국제적으로 인정된 평가방법을 채용하여야 한다고 규정하고 있다(제8조 전단). 국제적으로 인정된 자산평가 방법에 관한 규정은 다소 추상적인 규정이 되지만 지금까지의 규정에서 본다면 큰 진전이라고 할 수 있다. 단지, 외국투자자가 중국 국내기업에 대해 M&A를 실시한 결과 국유자산의 투자에 의해 형성된 지분의 변경 또는 국유자산의 재산권 이전이 발생하는 경우 국유자산의 관리에 관한 규정에 의해 평가를 하고 동시에 거래가격을 확정할 필요가 있다(제8조 후단). 즉 평가결과 이하의 가격으로 지분을 양도하거나 자산을 매각하여 결과적으로 자본을 국외로 이전시키도록 하는 행위는 '매수규정' 에서 명확히 금지하고 있다. 이것은 일부의 경영자들이 M&A의 이름을 빌려 국외로 자산의 부정이전을 막기 위한 것이다.

(2) M&A채권채무의 처리

외국투자자에 의한 M&A에서 매수되는 기업의 채권채무 처리는 매수당사자 및 채권채무자에 있어서는 매우 중요한 문제이다. '매수규정' 은 지분매수와 자산매수에 대하여 각각 다른 처리방법을 규정하였다. 일반적인 원칙으로서 외국투자자가 지분매수를 실시하는 경우 매수된 중국 국내기업은 그 출자자가 외자에게 양도 또는 외자가 증자분 인수로 외상투자기업으로 변경 설립되기 때문에 매수된 기업이 갖고 있는 채권채무는 M&A의 외상투자기업에 의해서 승계된다.

외국투자자가 자산매수를 실시하는 경우 매수된 기업의 주체로서 법적 지위는 자산의 양도에 의해서 변경되지 않기 때문에 해당 기업의 채권채무는 자산을 매각한 기업이 종래 갖고 있던 채권과 채무를 인수한다. 단, 외국투자자, 매수된 기업, 채권자 및 기타 당사자는매수된 기업의 채권과 채무의 처리에 대해 제3자의 이익과 사회의 공공이익을 해치지 않는다면, 별도의 협의가 가능하다. 물론 채권채무에 관한 협의서는 심사·비준기간에 제출해야 한다.

채권자 보호의 관점에서 '매수규정' 은 자산매각 기업이 자산매각 결의일로부터 10일 이내에 채권자에게 통지서를 발송하고, 중국 전 지역으로 발행하는 성(省)급 이상의 신문지상에 공고하여야 한다. 채권자는 해당 통지서를 수령 또는 공고일로부터 10일 이내에 자산을 매각하는 중국 국내기업에 대하여 상응하는 담보의 제공을 요구할 권리가 있다.

6. M&A대금의 불입과 그 방식

(1) 지분매수의 경우

M&A거래대금의 지불에 대해 '매수규정' 은 엄격한 규정을 두고 있다. 즉 외국투자자가 중국 국내기업에 대해 M&A를 실시하여 외상투자기업을 설립하는 경우, 외국투자자는 외상투자기업 영업허가증이 발행된 날로부터 3개월 이내에 지분을 양도하는 출자자 또는 자산을 매각할 중국 국내기업에 대한 그 대가의 전액을 지불해야 한다. 특수한 상황으로 연장이 필요한 경우는 심사기관의 비준을 경유하여 외상투자기업 영업허가증이 발행된 날로부터 6개월 이내에 대가 총액의 60% 이상을 지불하고, 1년 이내에 대가 전액을 지불하여야 한다. 수익은 실제로 지불된 출자비율에 따라 분배한다.

(2) 매수 후 증자하는 경우

외국투자자가 출자지분을 매수하고, 매수 후 설립되는 외상투자기업이 증자할 때 투자자는 새롭게 설립되는 외상투자기업의 계약, 정관 중에서 출자기한을 정할 필요가 있다. '일괄적으로 불입한다' 고 하는 규정에 대해서는 투자자는 외상투자기업 영업허가증이 발행된 날로부터 6개월 이내에 투자자는 전액 불입하여야 한다. '분할하여 불입한다' 고 규정했을 때는 투자자는 제1회 출자에서 각자 인수한 출자액의 15% 이상을 불입하고, 그리고 외상투자기업 영업허가증이 발행된 날로부터 3개월 이내에 불입을 완료하여야 한다.

(3) 자산매수의 경우

외국투자자가 중국 국내기업 자산매수의 경우 투자자는 설립예정 외상투자기업의 계약, 정관 중에 출자기한을 규정할 필요가 있다. 외상투자기업을 설립하고 해당 회사를 통하여 교섭(협의)에 의해 국내기업의 자산을 구입하고 그 자산을 운영하는 경우, 그 자산대가에 상당하는 금액의 부분 출자에 대해서 투자자는 3개월(늦어도 1년 이내)의 대가 지불기한 내에 불입하여야 한다. 기타 부분의 출자에 대해 일괄 불입을 규정하는 경우 투자자는 외상투자기업 영업허가증을 발행한 날로부터 6개월 이내에 불입 완료해야 한다. 분할불입을 규정하는 경우 투자자에 의한 제1회 불입에서 각자가 인수한 출자액의 15% 이상을 불입하여야 하고, 외상투자기업 영업허가증이 발행된 날로부터 3개월 이내에 불입을 완료해야 한다.

(4) 출자비율이 25% 미만의 경우

외국투자자가 중국 국내기업을 매수하여 외상투자기업을 설립하고 외국투자자의 출자비율이 25% 미만일 때, 투자자가 현금으로 출자하는 경우는 외상투자기업 영업허가증이 발행된 날로부터 3개월 이내에 불입 완료해야 한다. 투자자가 현물, 공업소유권 등에 의한 것이라면 외상투자기업 영업허가증이 발행한 날로부터 6개월 이내에 불입을 완료해야 한다.

위에서 언급한 바와 같이 외자에 의한 M&A의 출자기한에 관한 규정은 외국투자자가 직접투자에 의해 외상투자기업(합작·합자·독자)을 설립하는 경우와 비교하면 엄격한 편이다. 그리고 그 출자기한이 매우 짧게 규정되어 있다. 즉 외상투자기업에서 투자액이 등록자본의 25% 이하인 경우에 현금출자는 3개월 이내에, 현물출자의 경우도 불입기한은 6개월을 초과해서는 안 된다.

(5) M&A대금 지불방식

'매수규정' 은 지불방식에 대해서도 원칙적인 규정을 두었다. 대가의 지불방식은 중국의 관련 법률과 행정법규의 규정에 합치하여야 한다. 외국투자자가 자신이 처분할 권한을 갖고 있는 주식 또는 합법적으로 보유하는 인민폐 자산을 갖고 지불하는 경우, 반드시 중국외환관리부문의 심사를 받아야 한다.

위와 같은 원칙적인 규정은 실질적으로 거래통화의 종류에 대한 규제를 완화한 것이다. 즉 종래의 외국투자자의 직접투자에서는 외화의 출자만 가능했는데, '매수규정' 에서는 외국투자자가 자신이 처분힐 수 있는 권한을 갖고 있는 주식 또는 합법적으로 보유하는 인민폐자산을 갖고 지불하는 것이 가능하다고 명확히 규정하고 있다. 이에 따라서 외국투자자가중국 국내 사업에서 취득한 인민폐 이익 또는 지분양도, 청산 등의 활동으로 취득한 인민폐 자산도 거래대금의 지불방식 수단으로 가능하게 되었다. 이것은 외국투자자가 중국 국내기업에 대하여 M&A를 실시하는 경우에 향유하는 내국민대우원칙이 어느 정도 구체화 된 것으로 볼 수 있겠다.

7. M&A 후 등록자본과 투자총액

(1) 지분매수 후 기업투자총액 설정

'매수규정' 은 외국투자자가 지분매수를 하는 경우, 매수 후에 설립된 외상투자기업은 다음 비율에 따라 투자총액의 상한을 확정하고 있다.

① 등록자본이 210만 미달러 이하의 경우는 총투자액이 등록자본금의 7분의 10을 초과해서는 안 된다.

② 등록자본이 210만 미달러 이상으로500만 미달러 미만인 경우, 총투자액은 등록자본금의 2배를 초과해서는 안 된다.

③ 등록자본금이 500만 미달러 이상으로 1,200만 미달러 미만의 경우, 투자총액은 등록자본의 2.5배를 초과해서는 안 된다.

④ 등록자본금이 1,200만 미달러 이상인 경우는 총투자액이 등록자본금의 3배를 초과해서는 안 된다

(2) 자산매수로 설립된 기업의 투자총액 확정

외국투자자가 자산매수를 하여 새롭게 설립한 외상투자기업 투자총액에 대해 '매수규정' 은 명확히 다음과 같이 규정하고 있다. 설립을 예정하는 외상투자기업의 투자총액은 매입한 자산의 거래가격과 실제의 생산경영 규모에 의해 확정해야 한다. 설립을 예정하는 외상투자기업의 등록자본과 투자총액의 비율은 관계규정에 합치한 것이어야 한다.

자산매수의 경우는 지분매수와는 달리 자산매수에 의해 설립 예정된 외상투자기업의 투자총액에 대해서는 구입자산의 거래가격 및 실제의 생산규모에 기초하여 확정하게 된다. 그 투자총액이 등록자본금과의 비율에 대해서는 지금까지 외상투자기업의 설립에 관한 규정을 적용하게 된다.

8. M&A와 독점금지 및 국내외 매수

(1) M&A와 반독점 심사의 제도

'매수규정' 의 큰 특징 중의 하나가 M&A로 인한 자원의 과도한 집중에 대한 심사의 문제에 대하여 명확히 규정한 것이다. 기업의 M&A로 기업규모가 확대됨과 동시에 기업의 자유경쟁에 악영향을 줄 가능성이 있다. 그러기 때문에 독점금지 입법을 통해 기업의 M&A(다국적 기업매수도 포함)에 대하여 독점방지를 위해 통제를 하는 것이 각 국들의 반독점 입법의 통상적인 방법이다. 현재 중국은 독점금지법의 입법화를 서두르고 있다. 독점금지법의 공포와 실시까지 외국투자자의 기업M&A에서 독점행위를 억제하고, 공평한

경쟁을 유지하기 위해 '매수규정' 은 외국투자자에 의한 M&A 독점금지 심사문제에 대해서도 원칙적인 규정을 두었다.

그 주된 내용은 ①외국투자자의 국내에서 중대한 매수의 보고·심사, ②외국투자자의 국외에서 중대한 매수의 보고·심사 및 독점금지 심사의 면제의 두 가지가 있다. 이와 같이 규모가 큰 M&A에 대해서는 중국 정부는 수시로 상황을 파악하고 조치를 취함으로써 통제를 하게 된다.

(2) 외국투자자 국내의 중대한 M&A신고와 심사

'매수규정' 제19조는 다음과 같이 규정하고 있다. 외국투자자에 의한 중국 국내기업의 매수에 다음 열거하고 있는 것 중의 하나인 경우, 투자자는 관계상황에 대하여 상무부와 국가공상국에 보고해야 할 의무가 있다.

① 매수 당사자의 당해 연도 영업액이 인민폐 15억원을 초과한 경우

② 1년 이내에 매수한 국내의 관련업종 기업이 합계로 10사를 초과한 경우

③ 매수 당사자의 중국시장에서 차지하는 점유율이 이미 20%에 달하고 있는 경우

④ 매수에 의해 매수 당사자의 중국시장 점유율이 25%에 달한 경우

위에서 언급한 조건을 만족하지 않은 경우도 외국투자자에 의해 매수된 기업과 경쟁관계에 있는 기업, 관련부문 또는 업계가 신청한 경우, 상무부 또는 국가공상국은 외국투자자의 매수와 관련한 시장 점유율이 거대하거나 또는 그 시장경쟁, 국가경제 및 국가생활의 안정에 영향을 미친다고 판단한 경우에는 외국투자자에게 보고를 하도록 요구할 수 있다.

그리고 상무부 국가공상국이 과도집중 등의 우려가 있다고 판단한 경우는 규정에 따라 모든 서류를 수령한 날로부터 90일 이내에 공동 또는 협의를 경유하여 단독으로 관련부문, 기구, 기업 및 기타 이해관계를 소집하여 청문회를 열어 매수의 비준 또는 비준하지 않는다는 것을 결정한다.

(3) 외국투자자 국외의 중대한 M&A신고와 심사

1) 국외의 중대한 매수 보고의무

외국투자자의 국외매수로 다음 열거한 상황 중 어느 하나에 해당하는 경우, 매수자는 매수안을 대외적으로 공포하기 전 또는 소재국 주관기구에 보고함과 동시에 상무부 및 국가공상국에 매수안을 보고하여야 한다. 상무부와 국가공상국은 보고를 받고 국내시장의 과도한 집중이 존재하고, 국내의 정당한 경쟁을 방해하며 국내소비자의 이익에 대한 침해의 우려가 존재하는지의 심사를 하고 매수동의 가부를 결정한다.

① 매수 당사자가 중국 국내에 인민폐 30억원 이상의 자산을 소유하고 있는 경우

② 매수 당사자가 해당 연도의 시장에서 영업액이 인민폐 15억원 이상인 경우

③ 매수 당사자가 중국시장의 점유율이 이미 20%에 달하고 있는 경우
④ 국외 매수에 의하여 국외 매수당사자의 중국시장 점유율이 25%에 달하는 경우
⑤ 국외 매수에 의하여 매수 당사자가 직접 또는 간접으로 자본참가 하는 국내관련 업계의 외상투자기업이 15사를 초과하는 경우

2) 매수심사의 면제

외국투자자의 국외매수가 다음 그 어느 상황에 해당하는 경우, 매수 당사자는 상무부 및 국가공상국에 대하여 매수심사의 면제신청이 가능하다.

① 시장의 공정한 조건을 개선하는 것이 가능한 경우
② 적자기업을 재구축하고 취업을 보장하는 경우
③ 선진기술과 관리를 위한 인재를 도입하여 기업의 국제경쟁력을 높일 수 있는 경우
④ 환경을 개선할 수 있는 경우

위와 같은 규정들은 중국정부가 외자에 의한 M&A의 독점행위를 감독함으로써 공평한 경쟁유지, 자원의 과도한 집중방지 등으로 장래 중국의 독점금지법 제정에 중요한 의의를 갖는다고 할 수 있다.[8)]

9. M&A인가기관과 제출서류

(1) M&A인가기관

'매수규정' 에 따르면 매수의 인가기관은 상무부 또는 성(省)급의 상무부문이고, 그 등기관리기관은 국가공상국 또는 수권 받은 지방공상행정국이다. 매수 후에 설립된 외상투자기업으로 법률규정에 따라 상무부가 인가할 필요한 특정유형 또는 업종에 속하는 외상투자기업은 성급 상무부문이 신청서류를 상무부에 송부하고, 상무부는 인가의 가부를 결정한다. 즉 외국투자자의 매수에 대하여 상무부의 인가 한도액 이상의 프로젝트 및 제한류 프로젝트의 매수는 상무부에서 인가를 하고, 기타 프로젝트는 성급 상무부문에서 인가를 한다. 성급 이하의 상무부문은 인가의 권한을 갖지 않는다.

(2) 지분매수의 경우 인가에 대한 제출서류

외국투자자가 지분을 매수하는 경우 투자자는 매수 후에 설립되는 외상투자기업으로 투자총액의 비율에 따라서 상응하는 심사권한을 갖고 있는 심사기관에 다음의 서류를 제출한다.

① 피매수기업의 매수에 관한 결의[9)]

---

8) 매수규정'은 2003년 4월 12일부터 시행되었다. 법적 효력이라는 측면에서 말한다면 국가부문의 규정에 불과하지만, WTO가입 후 그 원칙을 준수하고 이행한다고 하는 중국정부의 자세를 볼 수 있다.

② 피매수기업의 외상투자기업으로 변경하는 신청서류
③ 매수 후에 설립되는 외상투자기업의 계약서, 정관
④ 지분매수 또는 증자인수에 관한 협의서
⑤ 피매수기업의 최근 회계연도의 회계감사보고서
⑥ 투자자의 신분증명서 또는 개업증명, 자산신용증명서
⑦ 피매수기업이 투자하는 기업에 관한 상황설명
⑧ 피매수기업 및 그 투자기업의 영업허가증(부본)
⑨ 피매수기업의 종업원 취업지원 계획
⑩ 채권자에 대한 공고증명, 제19조에서 제출을 요구하는 서류

매수 후에 설립되는 외상투자기업의 경영범위, 규모, 토지사용권의 취득이 다른 정부부문의 인가를 요하는 경우 관련 인가증도 포함해서 제출한다.

(3) 자산매수의 경우 인가에 대한 제출서류

자산매수의 경우 투자자는 설립예정의 외상투자기업 투자총액, 기업유형 및 종사할 업종에 따라서 외상투자기업 설립에 관계하는 관련법규에 따라 상응하는 심사권한을 갖는 심사기관에 다음의 자료를 제출한다.

① 기업의 재산권 소유자 또는 권력기관의 자산매각 동의에 관한 결의
② 외상투자기업의 설립신청서
③ 설립예정 외상투자기업의 계약서, 정관
④ 설립예정 외상투자기업과 기업이 체결한 자산구매 협의서 또는 외국투자자와 기업이 체결한 자산구매 협의서
⑤ 피매수기업의 정관, 영업허가증(부본)
⑥ 피매수기업이 채권자에게 통지, 공고증명
⑦ 투자자의 신분증명서 또는 개업증명, 관련의 자본신용증명서
⑧ 피매수기업의 종업원 취업지원 계획
⑨ 채권자에 대한 공고증명, 제19조에서 제출을 요구하는 서류

전항의 규정에 의해 매수·운영되는 국내기업의 자산에 대해 기타 관계 정부부문의 인가를 요하는 경우 인가증을 포함하여 제출한다.

(4) 인가기간

M&A를 통하여 외상투자기업을 설립하는 경우에 매수심사의 경우를 제외하고 심사기

9) 피매수기업이 유한책임공사의 경우는 그 출자자 전원일치에 의한 지분매수에 관한 결의가 필요하고, 피매수기업이 주식유한공사인 경우는 그 주식매수에 관한 주주총회 동의 결의가 필요하다.

관은 모든 제출서류를 수취한 날로부터 30일 이내에 법에 의한 인가 가부를 결정한다. 허가를 결정하였을 때 심사기관은 외상투자기업의 인가증서를 교부한다.

10. M&A 후 기업등기절차

(1) 자산을 매수하는 경우

외국투자자는 외상투자기업 인가증서를 수령한 날로부터 30일 이내에 등기관리기관에 설립등기 신청수속을 하여, 외상투자기업 영업허가증의 교부를 취득한다.

(2) 지분을 매수하는 경우

피매수기업은 규정에 따라서 원래의 등기관리기관에 변경등기를 신청하여 외상투자기업 영업허가증을 취득한다. 원래의 등기관리기관이 등기관할권을 갖지 않은 경우, 신청서를 수취한 날로부터 10일 이내에 관할권을 갖는 등기관리기관에 전송하여 처리하는 것으로 하고, 동시에 해당 국내회사의 등기파일을 첨부한다.

(3) 변경등기의 필요서류

피매수기업은 변경등기를 신청할 때는 다음 서류를 제출하고, 그 진실성과 유효성에 대하여 책임을 지는 것으로 한다.

① 변경등기신청서
② 피매수기업의《회사법》및 회사정관에 기초하여 지분양도 또는 증자에 관한 주주총회 결의
③ 지분매수 또는 증자의 인수에 관한 협의서
④ 수정 후 회사의 정관 또는 원 정관의 수정안 및 제출이 필요한 외상투자기업의 계약서
⑤ 외상투자기업 인가증서
⑥ 외국투자자의 신분증명서 또는 개업증명, 자본신용증명서
⑦ 수정 후 동사회 명부, 신 동사의 성명 · 주소 및 신 동사의 재임증명서
⑧ 국가공상국이 규정하는 기타 관련자료 및 증서

국유지분의 양도 및 외국투자자에 의한 국유지분을 갖는 회사의 증자를 인수하는 경우는 다시금 경제무역 주관부문의 인가서류도 제출할 필요가 있다. 그 외에 투자자는 외상투자기업 영업허가증의 취득일로부터 30일 이내에 세무, 세관, 토지관리 및 외화관리 등의 부문에 등기수속을 한다.

11. 중국기업 M&A시 유의사항

일반적으로 중국에 진출하는 방법, 즉 현지법인의 설립방법이 단순히 삼자회사의 형태로 국한되어 있는 것처럼 보인다. 그러나 최근 중국정부의 국유기업의 개혁과 외국기업들의 대중국 진출의 한 전략으로서의 그 필요성이 합치하여 중국기업의 M&A현상이 금후 증가하리라는 것은 쉽게 예상할 수 있다. 이 또한 우리가 적극적인 중국진출 전략으로서 검토해야 한다.

(1) M&A시 일반적 검토사항

M&A는 일반적으로 기업의 적법한 존재, 계속 등에 대해서 실제로

① 회사의 영업허가증 등 일체의 관계문서에 대한 조사
② 영업관련 회사가 체결한 계약서류 등의 검토
③ 대차대조표상의 자산이 법적 권리의 확보여부
④ 대차대조표에 반영되지 않은 중대한 채무가 존재여부
⑤ 종업원에 대한 노동계약의 확인
⑥ 기업을 매수한 후에도 종업원의 계속적인 가동이 가능한지 여부
⑦ 노사관계에서 과도한 의무가 회사에 부과되어 있는지 등의 확인

(2) 중국적인 특색에 대한 유의할 점

위와 같은 일반론 적인 검토·조사뿐만 아니라 중국적 요소로서 특히 주의해야 할 것은 다음과 같은 것이 있다.

① 외자기업으로 조직변경이 된 경우에도 같은 형태의 당해 영업을 계속할 것인가 하는 점이다. 중국에서는 외자에 대한 규제가 아직 무수히 존재하기 때문에 조직형태 등의 회사법적인 측면과 산업정책적인 측면을 적극 고려하여 외자기업으로서의 영업을 한다는 사업타당성연구(F/S)의 조사가 필수적이다.

② 관련 주무관청과의 지속적인 협력을 얻을 수 있는가 하는 점이다.
중국에서 비즈니스를 하는 이상 관련기관의 협력은 반드시 필요 불가결한 것이다. 즉 중국 국내기업일 때는 좋은 관계가 있었는데 외자기업의 형태로 조직 변경된 후에 그 관계가 희박해져 관련기관에서도 우리와는 별로 관계가 없다라고 단정지면 곤란해진다는 것이 중국 비즈니스의 한 특색이다.

③ 국유기업을 매수하는 경우 특히 배후에 존재하는 모회사(母會社), 집단전체의 실태까지 파악해 놓는 것이 중요하다. 관련자 거래 등은 무난한 것처럼 보이는 표면적인 재무자료의 파악은 매수대상의 진상을 정확히 알 수 없는 경우도 있다.

④ 중국 국내기업의 운영에서는 통용된 일도 외자기업의 운영에 있어서는 허가되지 않는다

는 행위규제가 있을 수 있다. 그렇기 때문에 경영의 적법성에 대해서는 신중한 검토가 필요하다. 그 일환으로서 환경기준의 준수, 세금채무의 이행상황 등의 항목을 파악할 필요가 있겠다.

(3) 법률전문가 참여의 중요성

M&A의 교섭과정에서는 이상과 같은 주의 점을 중심으로 하여 매도측에게 관계 서류의 일체를 제출시켜 정밀조사를 함과 동시에 매도측의 경영진에게 필요한 인터뷰를 하는 등 매수측이 이것을 확인하는 작업이 필요하다. 이 경우 법률면에 대한 확인작업은 법적 지식이 필요하기 때문에 해당 법률전문가의 지원을 받는다. M&A에 있어서는 매수계약을 체결하는 것이지만, 그 확인 작업에서 확인할 없는 매수측의 불안 가령, 중대한 소송 등의 원인이 되는 잠재적 채무가 없을 것 등에 대하여 매도측에게 보증책임 및 잠재적 채무가 없다는 것을 표명케 하는 등, 만일의 준비를 위해 그 확인 작업에서도 법률전문가의 참여가 요망된다. 중국에서는 일단 매도한 물건을 계약 해제하여 매도측에게 되돌려 준다든지, 매도측에게 표명위반의 손해배상을 청구하는 것은 사실상 곤란한 경우가 많기 때문에 영업, 회계, 법무 등의 전면적인 확인 작업이 압도적으로 중요하다는 것은 두말할 필요도 없다.

12. 중국기업의 영업양도와 합병절차

중국에서 다른 회사를 흡수하는 방법으로는 역시 합병과 영업양도 두 가지 종류가 있다. 이 가운데 합병이란 역시 있는 그대로의 회사를 흡수하는 것(흡수합병)으로 흡수되는 측은 법인격을 잃게 된다. 한편 영업양도는 개별의 자산·부채를 모두 자산과 부채로서 흡수하는 것으로 흡수되는 측은 법인격을 잃지 않고, 양도대가를 받은 후에도 독립법인으로서 존속한다는 것이 합병의 방법과 다른 점이다.

(1) 외상투자기업의 합병

회사의 합병에 대해서는 1999년 11월 1일에 시행된 '외상투자기업의 합병 및 분할에 관한 규정(합병규정)' 에서 그 절차가 상세하게 규정되어있다. 합병규정은 외상투자기업간의 합병을 염두 해놓고 있는 것이지만, 중국 국내기업과의 합병에 대해서 적절한 참고가 되고 있다.(제2조 2항)

가. 합병에 관한 절차상 장점

① 합병규정이라고 하는 법률상 근거가 존재하고 절차가 명확하다는 점

② 자산 및 부채, 특히 제3자와의 관계가 문제가 되는 채권채무에 대해서 개별로 이전

수속이 필요하지 않고, 일괄 처리할 수 있다는 간편성을 향유할 수 있는다는 점

③ 세무상 우대조치 등의 정부관계에 대한 지위에 대하여 관련 정부기관의 확인을 거침에 따라서 승계하는 것이 가능하다는 점 등을 들 수 있다.

합병절차 대해서는 피흡수회사의 심사인가기관의 동의, 합병 후 존속하는 회사의 심사인가기관의 인가를 필요로 한다. 그리고 시장독점에 의한 공정경쟁 저해의 가능성이 있다고 판단되는 경우에는 대외무역경제합작부로부터 정보를 파악하거나 시장조사 등을 할 수 있다.

나. 합병에 관한 단점

위와 같이 채권채무관계에 대하여 일괄처리 하는 것이 합병의 메리트라고 할 수도 있지만, 그것은 인가취득 후에 전국을 상대로 하는 일간지 신문에 채무승계의 계획을 공고한다고 하는 것이 전제되어야 한다. 그리고 합병 당사자회사는 인지되고 있는 채권자에 대해서 개별적인 통지가 필요하고, 또 채권자가 채무승계의 계획에 대해 이의를 제기하는 경우에는 채무를 변제하거나 또는 상응하는 담보를 제공할 필요가 있다. 이런 의미에서 본다면 일괄처리의 메리트는 어느 정도 상쇄되고 만다.

(2) 영업양도

영업양도는 유기적 통일체(결국, 개별 자산이 아니고 정리한데로 상호 관련하여 가치가 있는 것으로서의 자산전체)로서의 영업을 양도하는 것이다. 이는 합병과 달리 영업양도 자체를 용인하고 동시에 규제할 법규가 존재하지 않다는 것에서 계약법에 정해진 개별의 채권채무 또는 계약상 지위의 이전에 관한 수속을 밟을 필요가 있다.

① 이 경우에 특히 채무에 대해서는 채권자 각각의 동의를 얻는 것이 필요하고, 채권자가 다수인 경우에는 막대한 시간과 협상이 필요하다는 점에 유의해야 한다.

② 그리고 세무상 우대조치 등의 정부관계와의 지위에 대해서도 그 승계를 어떻게 처리할 것인지 하는 점의 수속이 명확하게 되어있지 않고, 정부와의 교섭이 반드시 원활하게 이루지지 않는 경우도 있다.

한편, 합병의 경우와 달리 적어도 법률상은 피흡수회사가 은익한 채무를 인계한다는 부담을 회피할 수 있는 메리트가 존재한다고 할 수 있다.

(3) 합병과 영업양도의 선택문제

합병과 영업양도 그 어느 경우를 선택해야 한다고 하는 문제에 대해서는 구체적인 사정에 따라서 판단할 필요가 있지만, 그 경우에 합병당사자 회사의 규모, 채권자·채무자의 수 및 이러한 자들과의 관계, 관련정부기관과의 입장 등의 요소를 검토할 필요가 있다고 본다.

13. 중국기업의 지분양도 시 검토사항

중국의 국유기업의 개혁에 따른 구조 조정 중 기업간의 지분양도 행위가 많이 발생하고 있다. 중국은 상장회사의 지분양도에 대한 특별규정을 두고 있을 뿐, 일반 유형의 기업에 대해서는 구체적 규정이 없다. 따라서 유한책임회사의 지분양도 경우 그 방법은 우선 협상을 통한 합의를 본 후 계약을 체결하고 양도하는 기본적 절차를 채용하고 있다.

(1) 지분양도에서 자주 채용하는 절차

① 재산소유권거래시장(産權交易市場)을 거치거나 직접 상담하는 것
② 지분양도기업의 자산(資産)에 대해 평가하고 채권채무를 정리하며 자산양도의 최저가격을 확정하는 것
③ 최저가격을 기초로 입찰모집 또는 협상을 통해 거래의 최후 가격을 확정하는 것
④ 쌍방 소유자가 지분양도 계약을 체결하는 것
⑤ 지분양도 관련 법적 수속 밟는 것 등이다.

(2) 지분양도 이전의 법률적 검토

① 우선, 국내 및 각 현지방 도시의 지분양도 관련 법령·정책에 관한 정보를 검토하며, 특히 외자기업이 중국 국내기업의 주권을 취득하는 경우, 투자산업제한 항목에 적합한지의 여부의 파악
② 기업의 지분양도 또는 지분양수에 대한 타당성과 관련정책 및 법령에 따른 검토
③ 양수인의 경제적 능력과 경영능력을 조사하여 지분양도에 대한 지불능력에 대한 분석
④ 양도인과의 지분양도에 관한 의향서(意向書) 작성을 명확하고, 나아가서 과도기간 중의 관리에 대한 책임부담 문제를 명확히 한다.

(3) 법률·재무의 구체적인 조사

지분양수에 대한 조사활동은 두 부분으로 나눌 수 있는데, 법률적인 측면과 재무적인 측면의 조사다. 법률적 조사는 보통 법률사무소에서, 그리고 재무쪽은 일반적으로 회계사무소를 통해 진행시킨다.

① 초보적인 담판내용에 근거하여 지분양도 의향서와 프로젝트에 필요한 기타 계약서 초안을 작성한다.
② 지분양도 기업의 법적지위 및 재산상황, 양도하고자 하는 기업과 지분에 담보물권의 설정유무의 조사, 양도하고자 하는 지분이 어떤 사법적 제한을 받고 있는지의 여부다. 예컨대, 법원이 위의 지분에 대해 압류를 했는지 등에 대한 조사, 지분양도 기업

이 보증책임을 지고 있는가의 조사, 필요한 경우 지분양도계약에 보증조항을 부가하여 지분양도인으로 하여금 양도하는 지분에 어떤 의무나 책임이 없다는 것을 보증하도록 요구하는 것이다.

③ 지분양도 기업의 재무회계 브리핑을 심사하고 조사의 범위 내에서 브리핑 내용이 기업의 재무상황을 사실대로 반영하였는가를 확인한다.

④ 지분양도 기업의 자산에 대해 평가하고 양도하는 지분의 가격을 계산한다.

⑤ 지분양도 기업의 정관 및 계약(있을 경우)의 조항을 검토하여 지분양도 금지내용이 있는가의 검토 등이다.

제7장 중국의 지적재산권 침해와 대책

1. 중국의 지적재산권보호

(1) 저작권 보호에 관한 역사적 경과

1950년 9월에 개최된 제1회 전국출판공작회의에서 '출판사업의 발전과 개혁에 관한 결의' 가 채택되어 저작권 보호 규정이 처음으로 확립되었다. 그리고 1955년 '출판물의 저작권을 보호하는 조례' 가 기초(起草)되었지만, 중국공산당의 출판·선전(宣傳)정책과 일치하지 않는다는 이유로 이 법령은 공포되지 않았다.

1958년 국내의 모든 선전·언론 등이 정부의 관할로 일원화되면서 저작물은 국가가 통일적으로 결정한 기준에 따라서 처리되어 왔다. 그러나 이 방식은 그 후 일어난 문화대혁명으로 중단되었고, 1977년 저작물 보수제도가 부활할 때까지 지속되었다. 1979년에 들어서면서 '저작권법' 이 기초되었다. 즉 서방 여러 나라에서 보편적으로 정의되어 온 '저작권' 법령은1979년에 이르러 겨우 출시되었다.

중국 국내의 저작권보호법 제정을 촉진한 것은 1979년 9월 상해에서 체결된 '미국과 중국의 무역협정' 이다. 이 협정이 있기 전에 미국과 중국은 그해 1월에 '미·중 고차원 에너지·물리협정' 을 체결하였는데, 이 협정에서 상호 저작권을 보호한다는 의무조항을 두면서 부터이다. 그 당시 중국에는 아직 '저작권법' 이 존재하지 않았기 때문에 미국은 '세계판권조약(世界版權條約)' 의 기준에 따라 이것을 보호 하도록 요구하였다. 동년 9월에 시행된 '미·중 무역협정' 의 합의교섭에서 미국 측은 중국에 대해 특허권·상표권·판권에 대한 보호의무를 협정서에 명기할 것을 강력히 요구하였으며, 중국 측은 또한 미국의 '무역최혜우대국(貿易最惠國待遇)' 를 획득하기 위하여 이 협상을 받아들였다.

미국을 상대로 한 양국간 협정의 요구에 따라서 그 해 국가출판국은 '저작권법' 및 '판권법' 을 기초하였다. 그러나 '저작권' 을 확정한 국내법은 1990년 제7회 전국인민대표대회까지 기다릴 수밖에 없었다. 이러한 미·중 무역협정 후, 1985년 7월에 국무원은 '판권국(版權局)' 를 설치하고, 1986년에는 방송·영화·TV부처는 '녹음·녹화의 보호에 관한 잠행조례' 를 공포하고, 더욱이 1986년 '민법통칙' 이 시행되면서 지적재산권의 보호에 관한 기본법의 틀이 정비되었다. 그리고 1990년 전국인민대표대회에서 통과되어 1991년 6월 1일에야 비로소 저작권법이 시행되었다[10)]

10) 이규철, 대중국투자전략과 법률, 도서출판 두남, 2001. 7. 30. 279면 참조

(2) 특허권의 보호에 관한 역사적 경과

신 중국이 창립된 다음해인 1950년 8월 정무원(현재의 국무원)이 '발명·기술개조 및 합리화 제안의 장려에 관한 결의' 와 '발명권과 특허권의 보호에 관한 잠행조례' 를 공포하였다. 그리고 동년 10월에 '발명권과 특허권의 보호에 관한 잠행조례의 실시세칙' 을 공포함과 동시에 '발명심사위원회' 를 설치하였다. 또한 1954년에는 '발명·기술개조 및 합리화 제안을 장려하는 조례' 가 공포되었다. 그후 1955년부터 시작한 대약진계획의 파탄과 3년 동안 계속적으로 발생한 자연 재해로부터 다시 일어서기 위한 생산체제의 회복을 위하여 1963년 '발명장려조례' 와 '기술개조조례' 를 새롭게 공포하여 이미 1950년에 공포된 위의 두 법령을 교체하게 되었다. 그러나 그 후 문화대혁명의 영향으로 이러한 법규도 실속이 없게 되었고, 기술혁신과 발명정신을 적대시하는 시대착오적인 정책아래 '특허권의 보호' 라는 문제 자체가 현실에 부합되지 않는 공론(空論)이 되고 말았다. 중국의 개혁개방 정책이 시작된 1979년 이후, "특허제도 확립없이는 과학기술의 진보도 없다" 라는 것을 통감한 국무원 은 1980년 1월 특허행정을 전반적으로 관할감독하는 '특허청(國務專利局)' 을 설치함과 동시에 '특허법' 의 작성에 착수하였다. 또 한편으로는 그 해의 6월에 세계지적재산권기구에 정식으로 가입하였다.

그리고 1984년 3월에 개최된 제6회 전국인민대표대회 제4차 회의에서 '중화인민공화국특허법안' 이 채택과 함께 즉시 시행되었다. 또한 공업소유권의 보호에 관한 국제조약인 '파리조약' 의 가입 문제도 검토되었다.

특허법 제18조에서는 '국내에 상주하고 있지 않거나 또는 영업소를 두고있지 않는 외국인·외국기업 나아가서 기타의 외국기구가 중국 국내에서 특허권을 신청하는 경우, 그 소속 국가와 중국이 체결한 양국간 협의 또는 양국이 공동으로 가입하고 있는 국제조약에 따르거나 상호특혜 원칙에 의거하여 본 법령에 따라 처리한다' 고 규정하였다. 그러나 파리조약이 원칙으로 하는 내국민대우, 특허독립의 원칙 우선제도(각국의 법 제도와 언어가 다르다는 고려하여 외국출원을 진행하는 출원자에게 시간적 여유를 주는 제도)는 적용되지 않았다[11]

그렇기 때문에 중국은 ①특허권에 관한 번거로운 양국간 교섭의 간략화, ②특허권을 보호하는 국제적 흐름의 적극적인 대응, ③국내공업제품의 국제시장에서 이미지제고의 필요성, ④외국기업의 중국에 대한 투사촉진을 도모한다는 등등의 주요 원인으로 1985년 3월에 파리조약에 가입하였다.

그 결과 1985년 말에는 위의 '중화인민공화국특허법' 외에 '중화인민공화국특허법실시세칙' 과 '특허내리잠행규정' 을 공포, 이 세 법령에서 중국의 특허법에 관한 기본법이

11) 중국사업에서 자사 상품을 보호하기 위한 특허출원 방법에 대해서는 이규철, 중국비즈니스Q&A100, 학민사, 2003. 6. 30, 344면~346면.

정리되었다. 그 후에 '특허법' 과 '특허법실시세칙' 은 1992년 9월 특허법의 보호범위를 약품과 식품 등의 제품 또는 방법까지 확대하고, 발명특허의 보호기간은 15년에서 20년, 또 의장특허 및 실용신안특허의 보호기간은 5년에서 10년까지 연장하고, 방법에 대한 특허의 보호는 해당 방법에 의한 직접 얻은 제품 이외 특허권자가 갖는 특허제품의 수입권을 포함하도록 하는 대폭적인 개정을 하였다. 그리고 국무원은 1994년 '지적재산권의 보호를 한 단계 강화하는 결정' 을 공포하고, 1995년 3월에는 지적재산권에 관한 미국과 협상의 부속문서로 '지적재산권을 효과적으로 보호하는 행동계획안' 을 제정하여, 각 종 지적재산권의 보호에 관한 구체적인 시책을 명확히 하였다.

특히 2000년은 WTO가입을 위한 개정이 있었고, TRIPS협정(Agreement On Trade Related Intellectual Property Rights)에 규정되어 있는 특허권 보호의 조건을 구체화한 것이다.[12)]

(3) 상표의 보호에 관한 역사적 경과

중국에서 '상표' 의 보호에 관한 법제는 매우 우여 곡절한 경험을 갖고 있다. 상표에 관한 법령은 1950년에 '상표등기잠행조례' 와 '상표등기잠행조례실시세칙' 이 제정되었다. 이 법령은 냉전(冷戰)상태 하의 사회주의의 국내정책을 뚜렷하게 반영하고 있다. 예컨대, ①국내 내전 시기의 해방구(解放區)에 등록된 상표는 우선적으로 신 중국이 인정하는 상표증을 획득할 수 있고, 전국적인 범위로 그 점유권을 향유할 수 있다. ②국내에 남아있는 제국주의의 기득권이 있는 상표와 식민지시대의 잔여로 남아있는 상표 및 중국과 외교관계를 갖고 있지 않는 국가의 상표는 모두 중국 국내에서 등록할 수 없다. ③원래 국민당정부의 상표국에서 등록된 상표는 무효가 된다. ④중국 국내의 민족상공기업의 상표를 보호한다. ⑤제국주의, 자본주의 및 봉건주의의 색채를 띤 상표는 모두 단속 대상으로 한다는 것이었다. 따라서 동년에 실시된 법령에 의해 중화민국시대의 대부분의 상표가 소멸되었고, 또한 근대 중국에서 인지도가 높은 "코카콜라" , "위스톤" 등 서방자본주의 국가의 상표도 추방되었다.

그 후 계획경제체제를 기본원칙으로 하는 사회주의 여러 정책이 대체로 정착된 1966년에 1950년 제정한 '상표관련 두 가지 법(商標關聯二法)' 이 폐지되었다. 즉 국내기업은 정부가 지시한 생산임무를 완수하면 기본목표를 달성하는 것으로 계획경제로서 시장을 중요시할 필요가 없게 되었다. 따라서 자본주의 시장경제시스템으로 이해되고 있는 '상표' 가 보유하고 있는 내용들이 무용지물이 되고 와해 되었다. 이 시기는 오히려 계

---

12) '특허법 실시세칙'은 특허법과 함께 하는 가장 중요한 법규이다. 이 세칙은 1985년에 시행되어 1993년, 2001년에 특허법의 개정과 함께 2회 개정되었다. 외자의 도입, 해외로부터의 기술도입을 보다 촉진하고 경제발전 및 국제무역의 발전 추진을 위한 그리고 국내법을 TRIPS협정과 일치시키기 위해 중국이 특허법 개정을 하게 되었다(이규철, 대중국 투자전략과 법률, 277면).

획경제체제하에 있어서 생산자재와 생활자재의 품질과 공급량을 보장하기 위해 강제적인 상표등록제도가 도입되었다. 즉 상표가 없는 제품의 유통이 합법화되었고 상표국은 '제품 품질감독국' 으로 변신하였다.그리고 1966년부터 시작된 문화대혁명은 이러한 사회주의의 상표에 대한 개념도 파괴될 듯한 대 혼란을 초래하였다. 이 시기는 먼저 '상표' 는 자본주의의 산물로써 부정되었고, 그 대신 사회주의적, 혁명적 로고(logo)와 브랜드 이름이 대접받았다. 그 결과 이른바 이름 있는 브랜드인 "왕마즈(王麻子)" , "류우비즈(六必居)" , "퉁런당(同仁堂)" 등 상표가 봉건주의, 자본주의, 수정주의란 죄명으로 단속을 받았다. 반면에 "홍치(紅旗)" , "뚱펑(東風)" , "왜찐(躍進)" , "꿍눙(工農)" , "제팡(解放)" 등과 같은 상표를 통일적, 보편적, 강제적으로 사용하게 하는 정책을 취했다. 그 결과 상표의 무등록, 상표사용의 문란, 품질의 혼란, 동일한 상표의 범람, 위조 브랜드의 횡행 등 전에 들어보지 못했던 일들이 성행하게 되었다.

1978년에 이르러 개혁개방정책의 준비과정에서 먼저 공상행정관리총국이 설치되었고 즉시 전국적으로 상표등록 작업이 전개되었다. 이 작업은 문화대혁명전인 1963년에 시행된 '상표관리조례' 와 그 '실시조례' 를 기본법으로 적용하였다. 또한 ①등록하는 상표의 심사를 지방(縣級)과 시・성・자치구급의 2단계 심사, ②모든 상표의 등록 의무화, ③선출원주의(洗願主義), ④심사・등록・공고의 세 단계 수속에 의한 간소화가 원칙으로 기존 상표의 혼란 상태를 정돈하였다.

그 후 1983년 3월에 상표법이 시행되었다. 그리고 1993년, 2001년에 대폭 개정되어 현행법률 '중화인민공화국상표법' 이 제정 및 개정되었다. 또한 1997년에는 형법의 개정에 따라 '상표관련범죄' 의 형법 단속도 가능하게 되었다.13)

2. 지적재산권보호에 관한 법체계

(1) 지적재산권 관련법령

지적재산권의 보호를 법체계에서 볼 때 다음의 법률이 기본법이 된다.

법률명칭	상표법	특허법	저작권법	반부정낭경쟁법
입법기관	전국인민대표대회	전국인민대표대회	전국인민대표대회	전국인민대표대회
실행일	2001. 10. 27 (83,93년 구법 개정)	2000.8. 25 (84,92년 구법 개정)	2001. 10. 27 (91년 구법 개정)	1993. 12.1일 시행

13) 국무원이 1993년에 공포한 '상표법실시세칙'은 1993년, 1995년, 1999년 및 2002년 4회 개정되었다. WTO가입과 함께 이 실시세칙을 폐지하고 '상표법실시조례'가 2002년 8월 3일에 공포되어 2002년 9월 15일에 시행되고 있다.

또한 상기 기본 네 가지 법 외에 국무원이 공포한 행정법으로서 '상표법실시세칙' · '컴퓨터 소프트웨어 저작권보호조례' · '음반제품관리조례' · '녹음녹화출판권잠행조례' · '지적재산권세관보호조례' · '판권법(版權法)' · '도서간행물판권보호실시조례' · '상업비밀보호관련잠행조례' 등 많은 법령들이 있다.

(2) 중국이 가입한 국제조약 및 국제기구

① 세계지적소유권기관(W I P O)1980년 6월에 가입
② 파리조약(공업소유권의 보호에 관한 국제조약) 1985년 3월에 가입
③ 표장(標章)의 국제등록에 관한 마드리드협정1989년 10월에 가입
④ 집적회로지적재산권조약 1989년 10월에 가입
⑤ 베른조약(저작권보호조약) 1992년 10월에 가입
⑥ 만국저작권조약 1992년 10월에 가입
⑦ 녹음제품제작자보호와 무단복제방지에 관한 조약 1993년 4월에 가입
⑧ 특허협력조약(P C T)1994년 1월에 가입
⑨ W T O의 T R I PS조약 2001년 12월에 가입

3. 지적재산권보호에 관한 행정체계

(1) 중국의 지적재산권관리기구

가. 중앙기관 : 국가공상행정관리국, 상표국, 상표평의심사국(商標評審局), 국가지적재산권국, 특허국, 국가출판국, 공평거래회가 있다.
나. 지방기관 : 지방공상행정관리국, 지방출판국이 있다.

(2) 행정주도형 지적재산권 보호

중국의 지적재산권의 법률에 의한 보호로서 중국은 2중의 보호제도를 취하고 있다. 그것은 행정에 의한 보호와 사법에 의한 보호이다. 지적재산권의 침해행위에 대하여 당사자는 인민법원에 소송을 제기할 수도 있고, 행정관리부문에 처리를 청구할 수도 있다.

행정관리부문 즉 상표등록을 관리하는 국가공상행정관리국, 특허를 관리하는 국가지식산권국, 저작권을 관리하는 국가판권국에는 권리침해 행위의 정지명령, 위법소득의 몰수, 권리침해에 관계한 상품 및 도구의 몰수, 벌금 등의 처벌 수단의 권한이 부여되고 있다.[14] 중국의 현행 지적재산권 관련 법령의 규정에 의거 권리침해에 관한 분쟁안건에서 소송 이외의 사항(조사 · 심사청구 · 각종의 수속)은 저작권행정관리기관, 특허관리기관,

14) 상표법 제53조 제54조, 특허법 제57조, 제58조, 제59조, 저작권법 제47조.

상표행정관리기관이 안건의 구체적 내용에 따라 처리한다. 그러나 이런 경우 각 기관의 역할이 다른 것도 주의할 필요가 있다.

예컨대, 저작권행정관리기관은 행정처분권만 보유하고 있을 뿐 행정적인 조정권은 행사하지 못한다. 또한 특허관리기관은 권리 침해자에 대한 침해행위의 정지명령이나 손해배상을 명령하지만 행정처분권은 갖고 있지 않다. 그러나 이 가운데 상표행정관리기관은 예외로 행정처분권과 행정조정권을 모두 갖고 있다. 그러므로 이러한 행정기능을 종합하면 중국의 지적재산권보호에 관계되는 행정기관(특허국과 상표국)이 권리 보유자가 소유하는 지적재산권의 보호에 관한 민사권리의 최종적인 재정권(裁定權)을 갖고 있다고 할 수 있다. 오늘날 구미 또는 한국처럼 사법기관인 법원이 결정권을 갖고 있는 것과는 결정적으로 다르기 때문에 유의할 필요가 있다.

중국의 지적재산권 관할청은 지적재산권법과 행정처벌법에 근거, 지적재산권의 침해 행위를 저지른 자에게 행정처벌을 가할 수 있다. 행정수단을 이용하여 권리침해 사건을 해결하는 것은 중국의 지적재산권 보호조치의 큰 특색의 하나라고 할 수 있다.

4. 지적재산권보호에 관한 사법구조

(1) 지적재산권 소송의 전문화

중국에서 지적재산권 소송은 특정의 법정에서만 수리된다. 다음의 법원이 지적재산권 소송을 심리하는 특별법정을 설치하고 있으며, 이러한 법정은 '지적재산권법정' 이라고 불리고 있다.

가. 간이(簡易)법원(하급법원) 3개 소

▷ 북경 : 하이딩취(海淀區)지방법원

▷ 상해 : 포동신구 지방법원, 황포구 지방법원

나. 지방법원(中級法院) 17개 소

북경시 제1중급법원, 북경시 제2법원, 천진시 제1중급법원, 천진시 제2중급법원, 상해시 제1중급법원, 상해시 제2중급법원, 중경시 중급법원, 남경시 중급법원, 광주시 중급법원, 심천(深圳)시 중급법원, 산두시 중급법원, 주해시 중급법원, 복주시 중급법원, 해구시 중급법원, 장사시 중급법원, 무한시 중급법원이 있다.

다. 고등법원(高級法院)

북경시 고급법원, 상해시 고급법원, 천진시 고급법원, 중경시 고급법원, 광동성 고급법원, 복건성 고급법원, 강소성 고급법원, 사천성 고급법원, 하남성고급법원, 해남성 고급법원이 있다.

라. 대법원(最高法院): 북경에 1개소로 중국인민최고법원이 있다.

(2) 인민법원이 수리하는 지적재산권 소송안건

위의 각급 인민법원이 수리하는 지적재산권 소송안건은 아래와 같은 원칙이 적용되고 있다.

가. 저작권

① 저작권 침해의 분쟁안건. 저작권법에서 규정하는 15가지 침해행위에 관한 심리
② 저작권의 면허계약을 둘러싼 분쟁안건
③ 저작권의 권리귀속을 둘러싼 분쟁안건
④ 저작권 행정관리기관이 실행한 행정처분 · 손해배상 명령에 대하여

나. 특허권

① 특허권에 관한 행정안건
② 특허권에 관한 민사안건

이 사항에 대해 최고인민법원의 소송관할권에 관한 규정에 의하면 “민사안건의 소송당사자가 지방의 특허권 관리기구가 제출한 행정처분의 결정 및 불복에 관하여 심리한다. 그리고 각 성·자치구·직할시 중급인민법원 및 최고인민법원의 동의를 경유한 대도시의 중급인민법원에 대한 심리를 1심으로 하고 상응하는 지구의 고급인민법원을 2심으로 한다” 규정하고 있다.

③ 특허권 범죄사건: 형법 제216조와 제220조의 규정을 참조하여 심리한다.

다. 상표권

① 상표권 행정안건: 공상행정관리 부처에 의해 권리침해정지명령 및 행정처분에 불복이 있는 이의가 있을 경우, 통고를 받은 날로부터 15일 내에 행정소송 제기 가능하다.
② 상표권침해사건
③ 상표권 사용 면허계약에 관한 분생안건
④ 상표권 범죄사건

라. 그 밖의 지적재산권 관련 안건

①컴퓨터 · 소프트웨어의 저작권 침해 안건, ②상업비밀 관련 안건, ③부정경쟁 관련 안건, ④기술협력 · 기술이전계약 관련 분쟁안건이 있다. 이러한 안건은 모두 피고가 소재하는 장소, 권리침해가 발생한 지역, 계약 이행지의 지방인민법원이 관할한다.

5. 무형재산의 법적보호

중국에서는 무형자산(無形資産)의 법적 개념에 대해 2001년 1월 18일, 중국 재정부에서 공포한 '기업회계준칙' 에서 명확한 정의를 하고 있다. 무형자산이란 "기업이 생산활동에 종사 또는 노무제공, 리스공여 혹은 관리의 목적에 응하여 보유하는 실물 형태를 동반하지 않는 비화폐성 장기자산" 을 말한다.

구체적으로 식별할 수 있는 형태와 식별할 수 없는 형태 두 가지로 나눌 수 있다. 전자는 특허권(patent)・비특허기술・상표권・저작권・의장권・토지사용권・경영면허・상업마크 등이 포함된다. 후자는 신용・상호・상업비밀(trade secret) 등이 포함되어 있다.

(1) 비특허기술에 관한 법적 보호

중국은 비특허기술에 대한 법적 보호는 주로 계약법, 민법통칙, 부정경쟁방지법, 형법 등의 법률규정을 통하여 이루어지고 있다. 계약법 제18장 제3절에서는 생산기술의 노하우 양도를 기술양도계약의 일종의 독립한 형식으로 개별적 규정을 두고 있다. 또한 기술양도계약 당사자의 비밀유지의무와 계약위반책임에 대해서도 규정하고 있다. 또한 중국의 민법통칙 제118조에서는 "공민・법인의 저작권・특허권・상표전용권・발견권・발명권 및 기타 과학기술의 성과가 표절・개찬(改竄)・무단복제를 당한경우에는 권리침해의 정지, 악영향의 해소, 손실의 배상을 요구할 수 있다" 고 규정하고 있다. 또한 비특허기술은 지적재산권의 일부분으로서 외부로부터 불법침해를 받은 경우 침해자는 법률에 의거 민사배상책임을 지지 않으면 안 되는 것으로 되어 있다.

그리고 부정당경쟁법 제10조에서는 "경영자는 다음의 수단으로 상업비밀을 침해해서는 안 된다. ①절도, 이익유도・협박 또는 기타 부정수단으로 권리자의 영업비밀을 입수하는 경우, ②상기 수단으로 입수한 권리자의 상업비밀을 누설, 사용 또는 타인에게 사용을 허락하는 경우, ③계약상 약정 또는권리자의 상업비밀유지의 요구에 위반하여 상업비밀을 누설, 사용 또는 타인에게 그 사용을 허락하는 경우 등이다. 제3자가 위의 위법행위를 알면서 또는 알고 있으면서도 타인의 상업비밀을 입수, 사용 혹은 누설한 경우는 상업비밀의 침해 행위로 본다" 고 규정하고 있다.

특허권을 취득하면 일정한 기간 내에는 해낭 발명에 대해 독점적 실시권을 행사할 수 있다. 그러나 특허신청을 하는 경우 이것을 제3자에게 공개될 위험의 발생을 면할 수는 없다. 또한 일정기간 동안 독점 실시권한의 기한이 경과하면 그 기술을 독점적으로 실시할 수 없다. 이런 위험을 예방하기 위하여 그 발명의 특허권을 취득하지 않고 상업비밀로써 회사 내부의 엄격한 비밀관리를 하는 것도 기업전략의 한 가지 선택으로 할 수 있다.

이상에서 살펴본 바와 같이 비특허기술은 상업비밀의 일종으로서 중국에도 한국과 마찬가지로 법적 보호를 받을 수 있다. 미국처럼 통일된 법전은 없지만 민사상의 구제 방법으로서는 민법의 불법행위, 계약법, 부정경쟁방지법 등 단일법에 의한 민사구제와 또한 형사상의 처분에 있어서는 형법의 절도·업무상 횡령·배임 등에 대해 처벌을 실시할 수 있다.

그리고 중국의 형사법 제219조에는 "이하의 상업비밀 침해행위가 있어 상업비밀의 권리자에게 중대한 손실을 안겨준 경우 3년 이하의 유기징역에 처하고, 나아가서 단독으로 벌금처분을 과한다. ①절도·이익유도·협박 또는 기타의 부정수단으로 권리자의 상업비밀을 입수하는 경우, ②상기 수단으로 입수한 권리자의 상업비밀을 누설 또는 타인에게 사용을 허락하는 경우, ③약정 또는 권리자의 상업비밀유지 요구에 위반하여, 상업비밀을 누설 또는 타인에게 사용을 허락하는 경우 등이다. 제3자가 이상의 위법행위를 알면서 또는 알고 있으면서도 타인의 상업비밀을 입수·사용 혹은 누설하는 경우에는 모두 상업비밀 침해로 본다" . 본 조에서 말하는 상업비밀이란 일반 대중에게 알려지지 않고 권리자에게 경제적 이익을 주며 실용성을 갖고 또한 권리자에 의하여 보호조치가 취해진 기술정보와 경영정보를 가리킨다. 여기서 언급하는 권리자란 상업비밀의 소유자와 상업비밀의 소유자의 허가를 받은 그 사용자를 가리킨다. 중국에서 비특허기술의 침해행위는 민사책임과 행정책임을 질뿐만 아니라 상황이 심각한 경우 형사책임도 져야 한다.

그밖에 일부 특수한 기술비밀도 지적재산권법의 관련 규정에 의해 보호할 수 있다. 예컨대, 컴퓨터소프트웨어는 저작권법으로 보호할 수 있고 네임플레이트제품의 생산상의 비특허기술은 상표법의 네임플레이트제품의 상표에 관한 규정으로 간접적으로 보호할 수 있다. 일부 특허기술과 밀접하게 관련되는 비특허기술은 특허법의 특허기술에 관한규정으로 간접적 또한 사실상 보호를 할 수 있다.

(2) 비특허기술의 소유권과 실시권

노하우기술은 특허권·상표권·저작권처럼 특정 법률의 보호를 받는 것이 아니고, 법적 성격이나 보호 대상이 다르다. 노하우 기술양도계약을 체결할 경우를 가정하면 다음과 같이 지적할 수 있다.

전용(專用)기술의 양도계약에 확정되어 있는 계약대상은 기술의 소유권이 아니라 오히려 사용권 또는 실시권이다. 특허에 내한법적 보호는 그 특허기술의 전용권(專用權)에 대한 보호, 역으로 노하우기술의 경우는 전용권이 없고 양도된 후 기술 그 자체는 의연히 소유자의 기억과 경험에 남아있든지 데이터 파일에 보관될 수 있기 때문에 소유권의 이전이란 문제는 존재하지 않는다. 또한 특허권처럼 소유권과 사용권의 분리가 가능한 것은 아니고 실제로 노하우에 관해서는 양도 가능한 대상은 어디까지나 그 실시권에 지나지 않는다. 노하우 기술양도의 계약에는 모든 계약사항이 특허권의 실시허락계약과 같이 특허법에 의한 규제를 엄격히 받을 필요 없이, 당사자 사이 개별 교섭에 입각하여 계약할 수 있다.

(3) 공유기술의 개념과 종류

공유기술이란 특허법의 보호를 받는 특허기술과 비밀유지 수단에 의해 존재하는 기술비밀 이외의 이미 신규성(新規性)을 잃은 또한 각종 수단에 의해 일반대중이 알게 된 기술적 성과를 가리킨다. 공유기술에는 일반적으로 다음과 같은 종류가 있다. ①이미 공개간행된 출판물에 발표된 기술, ②기타 유형물체에 공개된 기술, ③이미 실제적 상황에서 응용된 기술, ④이미 구두(口頭)로 공표된 기술, ⑤잠재적 상태에 처해있는 공유기술이다.

⑤의 '잠재적 상태에 놓여 있는 공유기술' 이란 특허의 신청을 제기할 수 있는 기술이 국가의 인정을 받고 있지 않는 단계에서 이미 사전 공개된 기술을 가리킨다. 즉 이러한 기술은 이미 사회에 대해 공개되었지만 특허권을 취득하지 못한 경우다. 특허기관에 의해 특허신청 요건에 부합되지 않아 철회된 경우도 공유기술에 속한다.

공유기술은 노하우기술과 같이 지적재산권 관련 법률에 의한 보호를 부여하지 않는 것은 세계적인 상식이다. 역시 노하우기술의 이러한 특성에서 본다면 기술의 소유권을 둘러싼 권리주장은 할 수 있으나 그 소재를 인정하는 것은 곤란하다 하겠다. 가령, 발동기의 경우에는 설계상 사소한 개량, 이노베이션이 진행된 결과 기술특성이 다른 형태의 제품이 나올 수 있는 가능성을 부정할 수 없기 때문에 개량되기 전의 기계에 대해 기술소유권을 주장할 수 있다 해도 개량 이후에 생긴 신형엔진에 대해서는 소유권의 완전한 주장을 재판에서도 사적인 교섭에서도 모두 전개할 수 없는 것이 실정이다.

(4) 특허법의 개정에 관한 최신동향

중국의 특허법은 1985년에 시행되어 1992년 및 2000년 2회에 걸쳐서 개정되었다. 2000년의 개정은 TRIPS에 규정되어 있는 특허권 보호의 조건을 구체화 한 것이다. 특허법실시세칙은 특허법과 함께 가장 중요한 법규이다. 이 세칙은 1985년에 시행되어 1993년, 2001년에 특허법의 개정과 함께 2회 개정되었다. 중국은 파리조약, 특허협력조약, 국제특허분류협정, 부다페스트조약, TRIPS에 차례로 가입했다. 이 외에 국가지식산권국(이전 국가특허국)이 심사가이드, 특허관리기관에 의한 특허분쟁처리규칙 등의 행정법규를 공포했다. 최고인민법원은 '특허분쟁안건 심리의 약간 문제에 관한 회답 등의 사법해석' 을 공포하였다.[15)]

2000년 8월, 제9회 전국인민대표회의 상무위원회 제17회 분과회에서 특허법의 개정안이 심의에 상정되었고 새로운 특허법의 규정에 의해, 상해시 특허보호조례를 기초하여 하

15) 상해시 정부의 경우는 WTO 가입 후 중국이 지적재산권을 둘러싸고 법제 강화를 실현할 수 있는가에 대하여, 1997부터 상해시 특허국을 중심으로 특별지방조례를 제정하기 위해 여러 가지 연구조사 활동을 추진해 왔다. 상해가 대외적 이미지를 높이고 국제도시로써 법정비의 기반을 구축하기 위해 모든 인력을 동원하여 이러한 과제에 대응해 온 것은 여러 외국전문가들의 주목을 끌었다.

루빨리 제정하지 않으면 안 된다고 제안되었다. 동년 11월 이 특허법에 관한상해시 지방조례의 초안이 이미 작성을 마치고 상해시의 지방의회인 인민대표대회에 심의를 붙여, 이 초안은 다음과 같은 점에서 지방성의 특색을 띠고있다.

① 각 구, 현에 특허권 관리부처를 설치한다. 그 직책 범위를 명확히 한다. 기타 정보서비스기구 및 업계단체의 직책도 명확히 한다.

② 정부의 보조금 지원을 신청하는 중요한 연구개발 프로젝트, 기술개량, 기술혁신 프로젝트, 하이테크(high tech)성과의 전화(轉化)프로젝트, 과학기술진보 수상 프로젝트 및 수출입무역에서 특허기술에 관계되는 기업에 대해서는 특허 등기정보의 제공에 협력한다.

③ 행정기관의 권리 침해자에 대한 처벌, 정지(差止)를 포함한 처분조치를 강화시킨다.

④ 행정기관의 판결 또는 처분의 효력이 발생한 후 생기는 고의 침해행위에 대한 제재수단을 강화한다.

⑤ 행정기관에 대해 특허제품의 무단복제, 모조품 행위에 대한 조사와 단속수단을 강화한다.

⑥ 광고의 방법을 통하여 권리침해, 위조품 및 특허기술의 모방행위에 대한 제재를 가한다.

6. 판례를 중심으로 한 사례연구

■사례 1 Character상품의 저작권을 둘러싼 소송

가. 경 위

원고(A사)는 외국의 모 그래픽 디자인회사다. A회사는 1997년에 중국시장에서 피고인 상해 모 식품회사의 제품(眞味快樂軟糖상품이름 太妃糖)의 포장에 A사가 설계한 animation의 이미지 character를 사용하여 광범위하게 또한 대량으로 판매하고 있는 것을 발견하였다.

피고의 식품회사가 제조한 太妃糖의 포장에 인쇄된 animation은 A사의 본래의 작품으로 당연히 저작권도 A사에 귀속되어 있다. 그런데 피고는 원고의 허락없이 무단으로 이 작품을 도용하여 막대한 이익을 챙겼다.

원고는 이러한 저작권의 침해행위에 대해 ①피고는 A사에 저작권이 있는 animation character를 자기 제품의 포장에 사용하는 행위를 즉시로 정지할 것, ②피고는 원고에게 공개적으로 사죄할 것, ③피고는 원고가 입은 경제적 손해로 100만원(인민폐)을 원고에게 배상할 것. 이 세 가지 요구로 소송을 제기하였다.

이에 대해 상해시의 중급인민법원은 아래와 같은 판결을 내렸다. ①원고는 「A LITTLE IN LOVE」를 명칭으로 하는 미술작품의 저작권자다. ②해당 작품은 일본 국내에서 발표되어 있다. 일본과 중국은 모두 베른조약 및 만국저작권조약의 가맹국이다. 이 국제조약의 '국민대우' 원칙 및《중화인민공화국저작권법》의 관련 규정에 따라 원고가 보유하는 저작권은 중국 법률의 보호를 받을 수 있다.

③피고는 원고의 허락 없이 원고가 보유하는 미술작품 「A LITTLE IN LOVE」를 무단 복제하고 이것을 자기회사 제품의 포장에 사용하였다. 이러한 피고의 행위는 원고의 저작권에 대한 침해이기 때문에 법에 준거하여 해당한 책임을 져야한다. 피고는 이 판결에 불복하고 제2심(상해시 고급인민법원)에 상소하였는데 2심 판결은 본 안건을 화해조정으로 밀고 나가 결국 화해로 해결하였다.

나. 본 소송안건의 초점

1) 외국 국민(또는 법인)이 소유하는 저작권은 중국 국내에서 법적보호를 받을 수 있는가?

2) 중국의 법원은 해당 저작권 침해 손해에 대하여 어떤 배상판결을 내렸는가?

《위의 (1)의 문제에 대하여》

중국의 법원이 언급한 '베른조약' 은 1886년에 스위스의 베른에서 제정된 저작권(문학 및 예술작품의 저작권)보호조약이다. 중국은 1992년 10월에 가입하였다. 이 조약은 일체의 모든 수속을 요구하지 않는다는 무방식주의(작품의 탄생과 동시에 권리가 발생), 또한 내외국인 평등주의를 원칙으로 하고 있다. 무방식주의와 방식주의로 분리되어 있는 상황을 해소하기 위하여 제정된 '만국저작권조약' 은 1952년에 성립, 중국은 1992년 10월에 가입하였다. 따라서 중국에서는 외국인이 보유하는 저작권에 대한 중국 국내에서 발생한 침해 행위에 대해 법적인 보호를 하여야 한다.

또한《중화인민공화국저작권법》제2조 3항의 규정은 '베른조약' 관련 내용과 부합된다. 즉 "외국인이 중국 국내에서 작품을 발표하는 경우에 저작권보유자의 소속 국가와 중국간 체결한 관련 협정및 양국이 공동으로 가입한 국제조약(베른조약·만국저작권조약)에 의거하여 중국 국내에서 저작권을 보유하며 또한 본 법률의 보호를 받을 수 있다" 고 규정되어 있어 내외국인 평등의 원칙이 관철되고 있다. 따라서 법원의 해석은 중국 국내에서 발표된 모든 작품은 중국 법률의 보호를 받을 수 있다는 것을 명확히 하였다.

이 안건은 이른바 character상품에 관한 저작권 침해사건이다. 한국의 경우에 character 상품은 저작권법, 상표법, 부정경쟁법, 민법, 독점금지법 등에 의하여 보호되고 있다. 일반적으로 character상품에 관한 권리침해의 다수는 저작권법상 '복제권' , '번안권' 의 보호에서 법적 근거를 찾아 대항할 수 있다. 중국에도 상표법이며 부정경쟁방지법이 존재하는데 character상품에 관한 권리침해 행위로 된다면 중국에서도 마찬가지로 상기 '중화인민공화국저작권법' 을 근거로 대항할 수 있으며, 또한 국제조약체결국의 의무조항을 적용할 수 있다.

《위의 (2)의 문제에 대하여》

A사는 경제적 손실 배상금으로서 인민폐 100만원을 요구하였는데, 그 배상금 근거로

서 소송비용 132,385원(인민폐), 본 국에서 타인에게 작품 사용허가를 부여한 경우의 사용비용이 120만원(인민폐)에 해당하고, 또한 피고는 A사로부터 경고장을 받았음에도 불구하고 침해행위를 정지하지 않은 것에 대한 처벌 등을 들고 있다. 이에 대해 법원은 회계사무소에 감사업무를 위탁하여 해당 제품에서 획득한 이익을 인민폐 179,525원으로 산정하고, 해당 제품판매의 판매량과 시장점유율 등을 고려하여 획득한 이익에 상응한 배상금의 지불을 명하였다. 또한 배상금지불 외에 A사가 지출한 소송비용을 피고가 지불할 것을 명하였다.

다. 저작권 침해사건의 유의할 점

국제조약의 체결 전후로 하여 서로 다른 저작권의 법적 보호의 문제를 살펴보면 다음과 같은 경우가 있었다. 중국은 92년 10월 15일에 베른조약 가입, 92년 10월 30일에 만국저작권조약에 가입하였다. 그후 조약은 국내에서 비준되고 1년 후(1993년10월) 효력이 발생되었는데 효력발생하기 전에 발생한 저작권침해사건에는 법적 보호조치를 부여할 수 없는 경우가 많이 존재한다.

예컨대, 중국은 위의 국제조약 가맹국이 되기 전인 1992년 1월 17일에 미국과 '중화인민공화국정부와 미합중국정부간 체결한 지적재산권의 이해에 관한 각서' 를 체결하고 여기에서 "중국과 미국 양국정부는 각서를 체결한 60일부터 자국법률로 상대국 국민 작품에 대해 보호하기 시작한다" 고 규정하였다. 또한 이 양국간 협의와 위의 두 가지 국제조약에 대응하기 위하여 1993년 4월에 국가 저작권국은 '특정복제(特定複製)의 계속 사용의 문제에 관한 통지' 를 발포하여 "1993년 10월 15일부터 외국작품의 특정복제에 관해서는 원 저작권자의 수권(授權)을 취득하지 않으면 안 된다" 고 규정하였다.

마침 국제조약 체결 및 중국과 미국 양국간 협의의 효력 발생 중에 미국출판사가 중국 두개 기업(대륙과 홍콩)을 상대로 중국어판 서적(中國語版書籍)의 무단출판에 관한 소송을 제기하였다. 중국기업에 의한 무단출판은 제1쇄에서 제3쇄까지 진행되었지만, 1993년 10월 15일 전에 판매된 제1쇄와 제2쇄는 중국법의 보호를 받을 수 없고, 그 후 판매된 제3쇄에 대해서만 원고의 손해를 배상하는 보호조치를 취할 수 있었다.

■사례 2 특허권 침해 소송에서 외자기업 승소판결

가. 경위

원고(A사)는 1987년에 디젤엔진의 유압장치(油壓裝置)에 관한 발명특허 신청을 중국 특허청에 제출하여 1989년 9월 27일에 특허 인가번호 ZL : 85101733.9를 부여받았다. 본 소송에서 권리요구의 내용은 4기통(四氣筒)의 내연기에 사용되는 유압장치로써, 이 내연기는 적어도 한 개의동력 power cylinder를 갖고 있다. 이 동력 power cylinder에는 정상적인 회전운동을 할 수 있는 기축(基軸)이 포함되고, cylinder의 연소실과 세트로

된 기압밸브가 그 기축에 연동하여 밸브가 기축의 회전과 함께 동시에 on-off 개폐하는 밸브제어장치가 갖추어져 있다.

이 기술의 특성은 이러한 유압장치에 기축의 역회전 스피드측정 기능이 구비되어 있고 밸브제어장치 및 역전방향장치(逆轉方向裝置)가 서로 어울려 밸브가 멈추지 않도록 통제하는 밸브 동력장치를 갖추고 있다는 점에 있다.

1996년 11월, A사는 중국 광주시(廣州市) 국제자동차메이커에 대한 오토바이 전람회에서 우연히 자사의 상기 엔진부품의 특허권을 무단사용하여 제조하였다고 판단되는 오토바이를 발견하였다.

그래서 A사는 즉시 피고(상해 B사)가 제조한 'FL125T형' 오토바이를 2대 구입하였다. 그 중 1대는 차체번호가 97004476, 엔진번호는 97020124, 출하(제품이 상점이나 시장으로 나감)날짜는 1997년 4월, 다른 1대 차체번호가 97110477, 엔진번호는 97111210, 출하날짜 1997년 12월이다. A사는 B사가 제조한 이 2대의 오토바이에 사용된 4기통(四氣筒) cylinder의 유압장치 실물사진을 4장 찍었다. 사진에 찍힌 장치의 기술특성을 A사의 특허권 내용과 조합(照合)한 결과 피고가 사용한 기계부품이 자기 회사의 발명특허와의 일치함을 확인하였다.

그리하여 A사는 상해의 모 법률사무소를 대리인으로 위탁하고 1997년 8월, 9월, 10월에 걸쳐 B사에게 '변호사경고장' 을 세 번이나 송달하였다. 경고장의 내용은 B사한테 A사의 특허권에 대한 부당한 침해를 지적하여, 즉시 침해 행위를 정지할 것을 경고하고 서면 회답을 요구하는 등이었다. 그러나 B사는 서한으로 다음과 같은 코멘트를 표명하여 왔다. 즉 "특허권에 관계되는 오토바이의 부품은 자사제품이 아니다. 이것은 다른 지방의 타사가 제조한 것을 부품조달시장에서 구입했을 뿐이다. 이 부품중에 원고의 특허권이 포함되어 있다는 것을 모르고 있었기 때문에 이 경고에 관해서는 태도를 보류한다" 라는 내용이었다.

A사는 이 서한을 받고 1998년 1월에 상해시 제1중급인민법원에 제소하여 B사의 '지적재산권침해행위' 를 소송하였다. 소장에는 아래와 같은 청구를 제출하였다. B사의 침해행위가 A사의 특허권을 현저하게 침해하였다. 이로 인해 A사는 막대한 경제적 손실을 입었다. 그러므로 A사는 법원에 B사의 침해행위 정지, 제품의 폐기처분, 반제품, 기계부품, 관계되는 설비·재료 등의 폐기처분 및 원고의 경제적 손실에 대한 배상금으로 인민폐 65만원을 지불할 것, 또한 1997년 1월 1일부터 배상금의 지불완료까지 5%의 금리를 지불할 것, 신문지에 피고 이름으로 정식 사죄 공고를 게재할 것, 그리고 금후 이와 같은 부정행위를 하지 않는다는 표명과 서면 제출을 요구하였다.

이에 대하여 B사는 소장의 송달을 받은 후 아래와 같이 답변을 하였다. B사가 제조한 오토바이에서 사용한 엔진부품은 자사가 제조한 것이 아니다. 이것은 다른 회사가 제조한 부품인데 TL125T형의 오토바이에 적합할 것이라고 생각하고 도매센터에서 구입한 것이다. 다시 말하면 외부에서 주문한 제품이다. A사가 주장하는 특허권은 엔진의 일부분에 사용되는 장치로써 오토바이의 완성품이 아니다. 또한 B사는 A사의 특허권 보유사실에 대해서는 전혀 모르고 있었다. 더구나 A사는 지금까지도 B사에 본 특허권의 존재를 고지한 적이 없었다. 그러므로 중국의 특허법에 의거하면 B사의 행위는 지적재산권의 침범에 해당한다고 인정하기 힘든 것이다. B사가 사용하고 있는 엔진기술은 일반 대중에서 흔히 볼 수 있는 “보통공업기술” 이다. 그렇기 때문에 A사는 당사제품 오토바이에서 사용한 엔진을 제조한 내연기 메이커(內燃機製造商)를 고소해야 하는 것은 아닌가 라고 주장하였다.

그 후 공판심리 진행 중에 문제의 엔진은 B사가 1996년에 외부에서 주문한 것으로 외부 주문상대자는 호북성(湖北省)의 Y사라고 진술하였다.

그 결과 1998년 2월 3일, A사는 법원에 Y사를 본 안건의 피고로 추가할 것을 주장하였다. 법원은 Y사를 상해에 소환하여 피고인으로서 출정하도록 통지하였다. 동년 5월 12일 A사는 법원의 입회하에 증거보전 조치를 취하였고, 이 오토바이의 엔진에 대한 전면적 분해 검증작업을 실시하였다. 그러나 결과는 상기특허로 제조한 유압장치를 발견할 수 없었다. 따라서 A사는 호북성의 Y사는 혐의가 없다(결백)고 판단하고 동년 6월 4일 Y사에 대한 소송을 취소하였다.

B사는 또 문제 엔진의 메이커는 안휘성(安徽省)의 X사(안휘성디젤동력유한공사)라고 증언하고 이 회사로부터 본 안건에 해당한 특허침해 제품을 구입한 것이기 때문에 법원에 대해 X사를 피고로 추가할 것을 청구하였다. 법원은 이것을 접수하고 동년 6월 24일 X사를 피고로 상해로 소환하였다. X사는 소장을 받은 후 아래와 같이 답변하였다.

X사가 생산한 오토바이엔진 유압장치의 하청제조업자는 사천성 중경시(四川省 重慶市)에 있는 세 개의 중소국영기업이다. X사의 유압장치는 이 세 회사에서 제공한 부품으로 만들어졌다. 그러나 이 세 회사는 모두 X사에 대해 A사의 특허제품에 대해 언급하지 않았다. 때문에 설사 유압장치에 특허기술이 포함되어 있다고 해도 그 사용행위는 권리의 침해가 되지 않고 다만 선의 전제하에 조립・제조한 것에 불과하다라고 주장하였다.

중국최고인민법원의 법해석인 ‘특허권침해분쟁사건에 관한 재판지역의 관할규정’ 에 의거하여 가령, 본 안건에서 침해시실이 확정되었다 하더라도 소송의 관할 법원으로서 제품의 제조자가 소재하는 지방인민법원을 지정하지 않으면 안 된다.

이에 대해 원고 대리인은 X사에 대한 소송을 새롭게 제기하는 것을 이유로 피고(B사)의 제안을 거부하였다. 이 결과 상해 제1중급인민법원은 동년 8월 26일, X사에 대해 본 안건에서 퇴출하도록 요구하였다. 법원은 공판심리의 결과, A사의 소송을 전면적으로 인정하고 B사가 보유하는 특허권의 범위와 B사의 제조, 사용행위가 중첩됨으로써 A사의 특허권제품을 침해했다고 인정하였다.

나. 판결내용

B사는 특허권을 침해할 우려가 있는 유압장치를 장착한 엔진을 자사가 제조한 오토바이에 설치하였다. 그리고 엔진 본체에는 엔진메이커의 명칭, 브랜드 이름, 기타 제품마크를 명기하지 않았다. B사처럼 사용 면허를 허락 받지 않은 특허침해 제품을 기타 관계 부품과 함께 엔진에 조립한 행위는 일종의 제조행위로 인정된다. 그 외에 B사는 본체의 제조원 명칭, 트레이드마크 및 기타 식별마크의 명판 표시를 명확히 하지 않은 연기유압장치(燃機油壓裝置)를 장착한 엔진을 사용하여 조립한 오토바이를 판매하는 행위는 "B사가 엔진 제조업체다" 라고 소비자가 쉽게 오해할 수 있는 결과를 초래하였다.

그러므로 법적으로 B사는 오토바이 완성품의 제조자일 뿐만 아니라 그 부품인 엔진의 제조자, 나아가서 유압장치라 하는 A사가 보유하는 특허제품의 제조자라 인정할 수 있기 때문에 제조자로서의 책임을 져야 한다고 판정하였다. 따라서 판결에서 중국 특허법 제11조 1항, 제59조, 제60조의 규정에 의거하여 다음과 같은 제1심 판결을 내렸다. ①B사는 즉시 원고의 발명특허에 대한 침해행위를 정지할 것, ②본 판결의 유효일로부터 10일 내에 A사에 대해 배상금 6만원(인민폐)을 지불할 것, ③본 판결의 날로부터 10일 내에 A사에 대해 서면으로 '반성의 사과편지' 를 제출한다.

■사례 3 상표의 전용권을 둘러싼 소송

가. 경위

원고 : 미국의 A사

피고 : 중국의 B사, 상해환용공예인쇄공장(上海環龍工藝印刷場) C사, 중국항공기술수출입회사(中國航空技術進出口公司) D사

소송안건 : 상표의 무단사용 사건

A사가 제소한 중국측 피고는 세 회사이다. 소장에서는 먼저 '제1피고(모 가스라이타 제조업)는 원고의 등록상표인 "Marlboro" 를 무단으로 사용하였다. 제2피고(上海環龍工藝印刷場)는 이것을 자사의 상품에 인쇄하였다. 또한 제3피고(中國航空技術進出口公司)는 이것을 판매하였다…' 라는 내용의 안건으로 되어 있다.

심리결과는 아래와 같다.

제1심: 세 피고의 패소, 원고에 대해 손해배상을 한다.

제2심: 원 판결을 지지한다.

나. 외자의 중국 법적 지위와 상표취득

A사는 미국 기업법인으로서 중국 국내 소송에서 법적지위는 어떠한가? 란 문제점에 관해서는 중국 및 미국이 공동으로 체결한 국제기구 또는 국제조약에서 규정하고 있다. 상표소송인 경우 공업소유권에 관한 국제조약, 즉 중국이 1985년 9월에 정식 가입한 "파

리조약" 이 근거조약이 된다. 파리조약의 기본원칙은 ①내국민대우, ②특허독립원칙, ③우선권제도(각국의 법률제도, 언어의 다름을 고려하여 외국출원을 행하는 출원자에게 시간적 여유를 주는제도)이다.

이상의 원칙으로 A사는 우선 중국의 공민으로서도 대우를 받을 수 있고 소송권의 행사, 소송에 관한권리·의무, 관련되는 중국 국내법 보호 등의 중국 공민과 동등한 지위를 갖고 있다.

중국 상표법 제9조에서는 '외국인 또는 외국기업이 중국 국내에서 상표등록 신청할 경우, 그 소속국과 중국사이에 체결한 양국간 협의 또는 공동으로 참가한 국제조약에 의거한 대등의 원칙에 입각하여 실시하여야 한다' 고 규정하고 있다.

본 안건에서 A사가 속하는 미국도 피고가 속하는 중국 모두가 파리조약의 체결국이기 때문에 동 조약의 관계 규정에 따라 A사는 상표의 등기가 가능하며 또한 전용권 취득도 가능하다. 또한 자사 상표의 침해행위에 관한 소송을 할 수 있을 뿐만 아니라 중국 국내의 상표법의 보호를 받을수 있다.

다. 원고가 위탁한 대리인의 대리권

A사의 소송에서 법적지위에 대해 내국민 대우원칙에 의거 본 안의 관련 법규인 중국 민법통칙의 보호를 받는다. 그러므로 소송에서 필요로 하는 위탁대리 문제도 동법에서 규정하는 보호를 받을 수 있다.

제1피고(B사)는 제1심 판결에 불복하여 상소하였다. 이 때 피고는 "원고의 위탁대리인은 대리권을 갖고 있는가? 그 대리권은 합법적으로 취득한 것인가? 즉 미국 본국의 공증기관과 미국정부의 재외공관의 인정을 거쳐 소송대리권을 제출해야 하지 않는가?" 라는 이의를 주장하였다. 이 이의 제출의 이유는 A사의 기소장에 원고(A사)의 회사공인도 없고 A사의 법정대표자의 서명도 없다. 다만 A사가 발행한 '수권위탁서' 가 있을 뿐이다.

중국민법통칙 제63조 1항, 2항에서는 '공민 · 법인은 대리인을 통하여 민사법률 안건을 진행할 수 있다. 대리인은 대리 권한의 범위 내에서 대리인의 명의로 법률행위를 실시할 수 있다. 또한 대리인은 그 대리행위에 민사책임을 진다' 라고 규정하였다. 그러므로 민사행위의 위탁대리는 서면 위탁서에 대리인의 성명, 대리사항, 대리권한과 시간 및 위탁인의 서명 · 날인이 있으면 대리행위의 법적 요건을 충족하게 된다. 본 안건과 같은 섭외민사안건에 있어서 대리권의 취득은 위탁인이 주재하는 공증기관의 공증문서와 중국의 당해 국에 있는 제외공관의 인증을 첨부해야 한다.

본 안건에서 A사의 대리인은 상기 규정을 충족하며 원고(A사)는 자사가 발행한 위탁서의 대리권의 기재란에 '대리기소' 의 문구를 명시하였다. 그러므로 본 안건에서 상기 원고는 민법통칙에 따라 합법적 권익을 향유할 수 있으며, 또한 그 대리인으로서 대리권을 부여할 수 있다.

라. 배상금액의 계산방식

중국의 상표법 및 그 실시세칙에서 상표침해 행위에 대한 배상금 산정 금액기준에는 다음 두 방식이 있다. 즉 ①권리 침해자가 권리를 침해하는 기간에 획득한 이익액, ②권리를 침해당한 자가 침해 받은 기간 중에 받은 손실액이다. 1999년 12월 29일 국가공상행정관리국이 공포한 '상표행정의 법 집행에 있어서 약간 문제에 관한 의견' 에 의하면 침해자의 획득 이익을 기초로 산정하는 의제산정방법(擬制方法)과 피침해자의 실질적 손해액을 기초로 하는 실제의 손실산정 방법 중에서 원고가 선택할 수 있다고 규정하였다.

그러므로 본 안건의 경우 권리 침해자(세 회사)가 A사의 상표에 대한 침해 행위에 관한 도구, 장부, 판매자료 등의 차압조치 및 권리 침해기간 획득한 영업이익 상당액(가공비를 포함한 원가 부분은 공제)의 지불명령을 하였다.

7. 특허신청과 상표등록

(1) 특허신청

외국신청자는 중국 특허국(專利局)에 특허를 신청하거나 기타 특허업무를 행하고자 하는 경우는 중국 국무원이 지정한 섭외특허대리기구에 위임하여야 한다. 그리고 중국도 '선신청주의' 를 채용하고 있기 때문에 중국에 출원을 하려면 가능한 빨리 출원하는 것이 바람직하고, 실무상 다음 출원신청 종류에 따른 다음 기간에 주의가 필요하다.

가. 외국신청자(外國出願者)

외국신청자는 중국에 신청을 하려고 하는 중국에 항구적으로 거주하고 있는 주소 또는 영업소가 없는 외국의 개인 및 법인을 말한다. 중국에 신청할 수 있는 자는 다음 조건 중 한 가지에 해당하면 된다.

① 기타 외국인의 소속국과 중국은 상호 상대국의 국민에게 특허보호에 관한 내국민대우를 부여하는 협정이 있을 것
② 모두 파리조약의 가맹국일 것
③ 기타 외국인의 소속국 법률에 상호주의 원칙에 입각한 기타 국가의 국민에게 특허보호를 부여하는 조항이 있을 것

한국과 중국은 모두 파리조약의 가맹국이기 때문에 한국의 개인 또는 기업은 중국에 특허를 출원하는 것이 가능하다. 외국출원자가 아닌, 즉 중국출원자라고 주장하는 경우는 주장자가 심사관의 요구에 따라 공안기관 또는 중국공상행정관리국에 가서 주소 또는 영업소의 증명서를 제출하는 것이 필요하다.

중국에서 외국의 독자기업 또는 합자기업의 종업원이 만든 직무발명은 현지기업의 명의로 중국 특허국에 신청할 수 있다. 이 경우에 현지기업이 후술하는 대리기관을 통하지

않고 직접 중국 특허국에 신청할 수 있다. 중국 특허국에 출원하고 나서 양도수속을 통해 출원자 또는 권리자의 명의를 변경시키는 것이 가능하다.

나. 섭외특허대리기구

외국인은 중국에서 직접 특허사무를 볼 수 없기 때문에 중국 국무원이 지정한 특허대리기구를 선임하여야 한다. 즉 외국인의 특허업무를 취급하는 특허대리기구의 지정은 중국 국무원이 그 지정할 권한을 국가지적재산권국(國家知識產權局)에 부여하여 이 국이 특허대리기구의 조건에 대해 심사·인가·공고하고 있다. 이런 특허대리기구를 중국에서 '涉外專利代理機構' 라고 하며, 이 기구는 중국국제무역촉진위원회 특허상표사무소를 비롯하여 전국에 여러 곳이 있다. 일반적으로 외국신청자들의 출원을 보면 그 본국에 있는 특허사무소를 통하여 또는 직접 중국의 섭외특허대리기구에 위임하여 출원수속을 하고 있다.

다. 우선권을 주장하는 출원의 경우

중국은 1985년 3월 '공업소유권의 보호에 관한 파리동맹조약' 에 가입하였기 때문에 동 조약의 우선권에 관한 규정은 중국에도 적용된다. 따라서 한국의 출원자가 중국에 출원을 하는 경우는 한국, 중국, 기타 동맹국 또는 중국과 상호 우선권을 인정한 국가에 제출한 최초의 출원에 대한 우선권 주장을 근거로 우선권 주장이 가능하다.

파리조약의 규정에 따라 우선권 기간은 특허출원 또는 실용실안 출원에 12개월, 의장출원에 6개월로 되어 있기 때문에 우선권의 주장을 하고자 하는 신청을 제출하는 경우에는 이 기간에 충분한 주의를 해야 한다.

라. PCT출원의 경우

1994년 1월 1일 '특허협력조약(Patent Cooperation Treaty, PCT)' 이 중국에서도 발효되었기 때문에 외국의 출원자는 PCT루트를 이용하여 중국에 출원할 수 있다. PCT 출원의 중국단계 이행은 중국을 지정국으로 하는 경우는 우선권 일로부터 20개월 이내에, 중국을 선택국으로 한 경우는 우선권 일로부터 30개월 이내로 되어있다.

마. 분할출원의 경우

제출한 특허신청이 단일성을 충족하지 않은 경우에는 출원자는 심사관의 심사의견에 따라 또는 자발적으로 분할신청을 제출할 수 있다. 그 어느 경우도 분할신청의 제출은 모안신청(母案申請)이 특허 심사가 되기 전에 제출되어야 한다.

바. 기타 출원의 경우

기타의 출원은 신규성을 잃지 않도록 주의해야 한다. 신규성을 잃는 사유로서는 중국과 한국은 거의 비슷하게 즉 공지, 공용에 관해서는 국내주의를 간행물에 관해서는 세계주의를 채용하고 있다. 예컨대, 중국에서 판매하려고 하는 제품에 관한 출원의 경우는 그 제품이 중국에서 판매하기 전에 중국에 출원을 제출해야 한다. 단지, 출원일 전 6개월 이내에 다음 조건 중에 해당하는 경우는 신규성을 잃지 않게 된다.

① 중국정부가 주최 또는 인가한 국제전람회에 처음으로 출품했을 때

② 중국국무원 관련 주관기관 또는 전국적 학술단체가 조직하여 소집하는 학술회의 또는 기술회의에 처음으로 발표되었을 때

③ 타인이 출원자의 동의를 얻지 않고 그 내용을 누락시켰을 때

이 신규성을 잃지 않는 예외규정은 중국에 한하는 것으로 기타 국가에 출원을 제출할 때, 신규성을 상실할 이유가 될 가능성이 있기 때문에 주의가 필요하다. 그리고 위의 기간에 주의하는 것 이외에 중국의 현지 섭외특허대리기구가 출원서류를 한국어를 중국어로 번역하는 시간, 서류작성에 소요되는 시간을 고려하여야 한다. 또한 시급한 출원을 의뢰하는 경우는 수수료의 할증은 일반적이다.

(2) 상표등록

중국의 상표제도는 등록주의를 채용하여 상표에 대한 보호를 받기 위해서는 등록출원이 필요하며 상표의 등록이 인정된 후 비로소 보호를 받을 수 있다. 따라서 상표의 보호를 받기 위해서는 중국기업도 외국기업도 상표의 등록을 하여야 한다. 외국기업 및 개인은 중국 국가공상행정관리국에 의해 지정된 일반적으로 섭외상표대리기구라고 부르는 대리기구를 선임하지 않고서는 직접 중국의 상표국에 출원할 수는 없다. 상표를 등록 출원하는 경우에 중국 상표국에 제출하는 서류는 일반적으로 신청서, 위임장 및 상표의 견본이 있다.

가. 상표법상 외국인과 외국기업

중국 국내에 주소, 법인의 경우에는 영업소를 갖고 있지 않은 자를 말한다. 외국인이 중국에서 상표등록의 출원이 가능한지는 즉, 외국인의 내국민대우에 대해서는 상표법 제9조의 "외국인의 소속국이 중국과 협정, 모두 가맹하고 있는 국제조약 또는 상호주의에 근거하여 상호 내국민대우를 부여한다" 고 되어있으면, 그 외국인은 중국에서 내국민대우를 향유할 수 있다. 한국과 중국은 모두 파리조약의 가맹국이기 때문에 한국의 기업 또는 개인은 중국에서 상표를 등록 출원 한다든지 또 기타 관련 업무를 행하는 것도 물론 가능하다. 그리고 중국 국내에 있는 독자기업, 합자기업, 합작기업은 중국의 법률에 따라 설립된 중국법인으로 위에서 언급한 외국기업에 해당하지 않기 때문에 직접 또는 대리기구를 통하여 상표 등록을 출원할 수 있다.

나. 섭외상표대리기구 및 그 업무범위

중국의 공상행정관리국에 지정된 섭외상표대리기구는 중국국제무역촉진위원회 특허상표관리소를 비롯하여 수십 개가 중국 각 지역에 분포되어 있다. 그 대리기구의 업무범위는 주로 다음과 같다.

A. 상표국에 대한 수속의 대행

① 상표등록출원
② 상표권의 존속기간 갱신 등록출원
③ 등록상표의 양도신청
④ 상표권자의 명의변경
⑤ 상표권자의 주소변경
⑥ 상표등록증의 재발행
⑦ 등록상표의 말소
⑧ 상표사용허가계약의 신고
⑨ 상표등록의 이의신청
⑩ 상표권의 침해분쟁 안건

B. 상표평심위원회에 대한 수속의 대행

① 상표등록 거절 사정의 불복심판
② 이의신청 재정 불복심판
③ 등록상표 양도신청의 거절 사정 불복심판
④ 상표권 존속기간 갱신등록출원의 거절 사정 불복심판
⑤ 등록상표의 취소 불복심판
⑥ 등록상표의 쟁의재정
⑦ 부정등록에 의한 상표등록의 취소재정

다. 상표등록을 위한 서류

상표를 등록 출원하는 경우에 중국 상표국에 제출하는 서류는 상표의 종류, 상표의 지정상품 등에 따라 다르지만, 일반상품의 상표출원 또는 서비스마크의 출원이라면 출원에 빠트려서는 안 되는 서류가 신청서, 위임장 및 상표의 견본이 있다.

1) 출원자

① 의뢰서: 대리기관이 신청서를 작성하기 위한 기초서류, 일반적으로 의뢰사항, 출원자명의 및 주소의 중국어, 영어표기, 지정상품 또는 업무의 분류 및 그 항목, 우선권을 주장하는 취지 및 우선권에 관한 사항 등이다.

② 위임장: 정해진 양식으로 각 대리기관에서 입수할 수 있고, 출원자(법인대표)의 싸인 또는 날인이 필요하다.
③ 상표견본: 상표국에 1부 10매 제출할 필요가 있다. 따라서 대리기관이 대리 작성 등을 위해 일반적으로 대리기관에 15매를 제출한다. 견본의 크기는 길이와 폭은 5㎝이상 10㎝이하 일 것. 또 중국에서는 표준문자의 상표등록 출원제도가 없기 때문에 표준문자로 상표등록 출원도 견본을 만들 필요가 있다.
④ 우선권서류: 우선권의 주장은 최초의 출원일로부터 6개월 이내에 한하여 출원과 동시에 또 3개월 이내에 우선권 증명서를 제출한다.

2) 대리인

대리기관은 상기 서류에 기재되어 있는 정보에 근거하여 중국상표국에 제출서류를 작성하고 출원자에 관한 정보, 지정상품 또는 업무, 우선권 사항 등을 기입한다.

8. 컴퓨터의 소프트웨어 저작권

중국에서 컴퓨터·소프트웨어 저작권자는 공표권, 개발자 신분권, 사용권, 사용허락권 및 보수취득권, 양도권 등이 있고, 중국에 있는 기술자에게 위탁하거나 그와 함께 공동개발을 하는 경우 그 저작권은 양자간의 계약으로 결정한다.

(1) 중국저작권법이 보호하는 저작권의 내용

중국저작권법에서 말하는 저작권이 말하는 저작자 인격권과 저작자 재산권은 구체적으로 다음과 같은 권리가 포함되어 있다.[16]

가. 저작자의 인격권(著作者人格權)

① 발표권: 저작물을 공중에 공개할지의 그 여부를 결정한다.
② 서명권: 저작자의 신분을 표명하는 저작물에 성명을 표시한다.
③ 수정권: 저작물을 수정 또는 타인에게 저작물을 수정시킨다.
④ 동일성유지권: 저작물이 왜곡되지 않도록 보호한다.

나. 저작자의 재산권(著作者財産權)

① 복제권: 인쇄, 녹화 등에 의해 저작물을 1부 또는 다수 제작한다.

16) 관련 조문은 저작권법 제10조, 저작권법시행세칙 제5조.

② 연출권(實演權): 악곡을 연주하는 등에 의해 소리, 표정 및 동작을 통해 저작물을 공개한다.
③ 방송권: 무선전파 등을 통하여 저작물을 방송한다.
④ 전람권: 미술에 의한 저작물 등의 원본 또는 복제품을 공개 진열한다.
⑤ 발행권: 판매 등의 방식을 통해 공중에 대하여 일정한 수량의 저작물의 복제품을 제공한다.
⑥ 촬영권: 영화의 촬영 기타 유사한 방법에 따라 저작물을 일정한 게재할 수 있는 곳에 고정한다.
⑦ 번안권(飜案權): 저작물의 표현형태 도는 용도를 수정한다.
⑧ 번역권: 저작물을 다른 언어로 변화시킨다.
⑨ 주석권: 문자로 저작물 중의 어떤 부분에 대해 해석을 한다.
⑩ 편집권: 복수의 저작물 또는 저작물의 단편을 선택하여 재편집하여 하나의 저작물로 편집 작성한다.

(2) 소프트웨어 저작권자가 향유하는 권리

중국에서 컴퓨터·소프트웨어 저작권자는 다음과 같은 권리를 향유할 수 있다.[17]
① 공표권: 소프트웨어를 공개할 것인지에 대한 권리
② 개발자신분권: 개발자의 신분을 표시하는 권리 및 소프트웨어에 서명할 권리
③ 사용권: 사회공공이익에 손해를 주지 않는다는 전제하에 복제, 전시, 발행, 수정, 번역, 주석 등의 방식으로 그 소프트웨어를 사용할 권리
④ 사용허락권 및 보수취득권: 타인에게 ③에 정해진 방식의 일부 또는 전부을 이용하여 그 소프트웨어를 사용하는 것을 허락하는 권리 및 이에 따른 보수를 취득할 권리
⑤ 양도권: 타인에게 사용권 및 사용허락권을 양도할 권리

(3)공동개발에 대한 저작권의 귀속자

최근 한국을 포함하여 외국의 소프트웨어 엔지니어 등이 중국에 가서 중국에 있는 중국기술자에게 소프트웨어개발을 위탁 또는 그 기술자와 공동개발을 하는 경우가 많아졌다. 이 때 저작권의 귀속은 양자간의 계약으로 결정된다.

중국에 있는 중국기술자 등에게 소프트웨어개발을 위탁하는 경우의 저작권 귀속은 위탁자와 수탁자가 서면에 의한 계약으로 결정한다. 서면에 의한 계약이 없거나 또는 계약 중에 명확한 약속이 없는 경우에는 당해 저작권은 수탁자에게 귀속하게 된다.

17) 관련 조문 컴퓨터의 소프트웨어 보호조례 제9조.

중국에 있어서 중국기술자와 공동개발을 하는 경우 저작권자의 귀속은 별도의 합의가 있는 경우를 제외하고, 그 소프트웨어 저작권은 공동 개발자가 공유하게 된다. 또 공동 개발자는 소프트웨어 저작권의 행사에 대해서는 사전 서면에 의한 합의에 따른다. 만일 서면에 의한 합의 없다면, 공동 개발한 소프트웨어가 분할사용이 가능할 때는 각자 개발자가 개발한 부분에 대해 분할사용 가능할 수 있지만, 분할사용 불가능한 경우에는 공동 개발자가 협의로 그 권리를 행사한다. 그 어느 경우에도 공동개발 등의 다양한 형태에서 복잡한 문제가 발생할 가능성이 있다는 것을 생각하면, 권리관계의 처리에 대해서는 사전에 상세한 계약을 체결해 놓을 필요가 있다.18)

9. 부정등록상표에 대한 대책

자기의 상표와 동일 또는 유사한 상표가 타인에 의해 등록되었을 때는 당해 상표가 등록허가 일로부터 1년 이내에 '상표평의심위원회' 에 그 등록상표의 취소를 위한 '등록상표의 쟁의재정' 을 요구하거나, 또는 그 등록상표는 부정 등록여부를 검토하여 '상표심판위원회' 에 부정등록에 의한 상표취소 재정을 요구하는 것이 가능하다.

(1) 등록상표의 쟁의재정 청구

상표는 출원되고 심사를 경유하여 처음으로 등록되기 때문에 이미 중국에서 등록된 등록상표와 동일 또는 유사한 상표가 등록되는 일이 없어야 한다. 그런데 심사할 때 검색이 불충분했거나 심사관 1인 한사람의 심사기준에 이해의 차이에 따라 발생하는 등에 의해서 자기의 상표와 동일 또는 유사한 상표가 등록되어 있는 케이스도 있다.

즉 실체심사를 하고 나서 초보적인 사정 공고를 하고 일반 공중에 3개월의 이의 신청기간을 부여하지만, 이 3개월이 지나고 나서 처음으로 자신의 등록상표와 같거나 유사한 상표가 등록되어 있는 것을 발견하는 경우도 있다.

외와 같이 자신의 등록상표가 등록된 경우에 상표심판위원회에 그 등록상표의 취소를 요구하는 등록상표의 쟁의재정(爭議的裁定)을 청구하는 것이 가능하다. 단지, 청구기간은 그 등록상표의 등록공고 일로부터 1년 이내에 해야 한다.

(2) 상표등록의 취소재정 청구

등록상표의 쟁의재정을 요구할 때는 자신의 상표등록서의 등본과 취소하고자 하는 상표를 게재하는 상표공고의 간행호, 게재된 헝 및 등록번호를 제공할 필요가 있다. 또 이 경우에도 등록상표의 지정상품 또는 지정서비스 내용의 일부를 삭제하도록 부분 취소를

---

18) 관련 조문 컴퓨터·소프트웨어 보호조례 제10조~제12조.

청구하는 것도 가능하다.

그리고 자신의 상표는 중국에서 등록하지 않은 또는 위의 1년 기간을 경과한 경우에는 그 등록상표가 부정 등록되어 있는 것은 아닌가를 검토하고 나서 상표평의심위원회에 부정등록에 따른 상표등록의 취소재정을 청구할 수 있다.

(3) 사기 등 부정한 수단으로 등록한 상표

여기서 말하는 부정등록상표란 사기 또는 기타 부정한 수단으로 등록된 상표를 말한다. 사기 또는 기타 부정한 수단이란 다음 열거하는 각 호에 해당하는 것을 말한다.

① 진실 진상을 허위로 하거나 은익하여 또는 출원서류 및 관계 서류를 위조하여 등록을 받은 경우
② 신의성실의 원칙에 위반하여 복제, 모방, 번역 등의 방법에 의해 대중에 주지된 타인의 상표등록을 받은 경우
③ 수권을 받지 않고 대리인이 자기의 명의로 피대리인의 상표를 출원하여 등록을 받은 경우
④ 타인의 합법적 선등록 권리를 침해하여 등록시킨 경우
⑤ 기타 부정한 방법으로 등록을 받은 경우

(4) 부정등록한 상표의 취소청구

부정등록상표인 것을 이유로 하여 취소를 주장할 수 있는 등록상표는 상표법시행세칙 제1회 개정일인 1988년 1월 13일경을 중심으로 하여 등록 일이 그 후인 경우면 취소 가능하다. 단지, 주지 상표가 부정으로 등록된 경우 이에 한정되지 않는다. 또 타인에 의한 등록된 상표는 계속하여 3년 말의 사용을 이유로 상표국에 그 상표등록의 취소를 청구하는 것도 가능하다. 이 때 등록상표의 권리자는 그 상표를 사용하였다는 입증을 하지 않으면 안 된다. 그 상표의 진정한 권리자가 만일, 중국에서 당해 상표를 등록 출원하지 않았다면 이와 같은 미사용 등록상표를 취소한 후 그것을 출원할 수 있다. 상표법 제32조의 "등록상표가 취소되고 1년 이내, 상표국은 해당 상표와 동일 또는 유사한 상표등록 출원을 허가하지 않는다" 는 규정은 이것에 적용하지 않는다.[19)]

10. 모조상품에 대한 대책과 방법

대책으로는 소송을 통한 손해배상청구 등이 있지만, 자사에 모조품 대책반 설치, 행정기관과의 관계 강화 등 적극적인 대책을 강구해야 한다.

---

19) 관련 조문 상표법 제27조, 제30조, 제32조와 상표법시행세칙 제24조, 25조.

(1) 중국정부의 방안과 대책

중국정부는 위와 같은 현실에 대해 2000년 10월부터 대규모적인 캠페인을 실시함과 동시에 특허법, 상표법, 저작권법을 차례로 개정하여 위조 및 모조품에 대한 대책을 마련하였다. 그러나 법정비가 진행되고 있지만 사법 현장의 집행능력의 한계, 위조 제조업자들의 교묘함 등이 그 원인으로 피해 상황이 개선되고 있지 않는 것도 사실이다. 따라서 각 기업은 하루빨리 유효한 대책을 강구할 필요성에 놓여있다.

(2) A사의 리스크 5가지 대책

가. 회사 내에 모조품 대책반의 설치

미국 본사의 법무부와 지적재산부에서는 대응할 수 없기 때문에 중국 국내에 모조품대책반를 설립하였다. 그를 위한 특별예산 투입을 하였다.

나. 행정조직과의 꽌시(關係)구축

전문조사 회사를 통한 공상행정관리국, 제품품질관리국과 연락을 취하여 적발시 협조를 받는 다는 협조체제를 준비하였다.

다. 모조품대책 협회를 통해 중앙정부와 교섭

똑같은 피해를 입은 외자기업들로 구성된 모조품대책협회를 통하여 중앙정부에 의견을 제출하고 중국의 사법, 관련부문, 여론 등에 영향력을 발휘하는데 노력하였다.

라. 전문조사회사에 의한 조사

경험이 풍부한 현지의 전문조사회사에 모조품의 소매 및 도매, 판매루트, 생산공장, 중심인물 등에 관한 정보의 수집, 적발의 실시를 의뢰하였다.

마. 모조품 대책을 위한 사원훈련

중국 전지역의 합자회사, 대리점의 영업판매원 중에서 중국시장에 상세한 자를 선발하여 모조품 적발을 위한 전문훈련을 실시하고 정보수집과 시장감시를 자사 자체적으로 실시하도록 하였다.

(3) A회사의 처리결과

결국 A회사는 이러한 대책을 강구하여 현지 공안국과 협력하여 용의자 전원을 체포하는데 성공하였다. 체포된 중심인물은 놀랍게도 A사의 원 직원이었다. 이 인물을 포함하여 용의자 전원은 징역형에 처해졌고, A회사의 시장 점유율은 빠른 속도로 회복되었다.

이와 같이 모조품에 대한대책이 단발로 끝나지 않고 중앙정부, 관계행정부문에 대한 장기적인 협조체제를 구축, 그 후 모조품 시장의 감시체제 구축 또한 모조품 문제를 단순히 법률상의 문제로 취급하지 않고 브랜드의 이미지유지, 점유율 회복을 목적으로 한 마케팅 전략의 일환으로 처리했다는 점 등이 특히 평가할 만하다.

11. 지적재산권의 분쟁과 대책

중국에서는 지적재산권의 관할관청이 강력한 감독권, 검사권 및 준사법적인 권리권을 갖고 있기 때문에 지적재산권의 침해사건이 일어난 경우, 물론 손해배상 소송 청구를 통하여 하나의 선택 방법이지만, 그 외에 당사자간 협상과 제3자에 의한 조정도 자주 사용되는 분쟁해결의 수단이다.

(1) 협상에 의한 해결

협상이란 제3자를 통하지 않고, 권리자와 침해자 쌍방이 대화를 통해 합의에 도달하여 분쟁을 해결하는 것을 말한다. 협상에 의해서 합의에 달성된 합의는 법적 효력이 없고, 당사자 중에 어느 일방이 이행하지 않는 경우, 상대방이 다른 방법으로 분쟁의 해결을 도모하지 않을 수 없다. 협상에 의해서 당사자 쌍방의 주장이 확실하게 구분되기 때문에 만일, 당사자가 관할관청에 의한 해결을 도모하는 경우와 소송을 제기한 경우 쟁점의 정리가 용이하게 되고, 사건의 효율적인 해결에 도움이 된다. 이를 위해서 협상은 자주 사용되고 있고, 지적재산권의 분쟁해결에 피할 수 없는 한 방법 또는 하나의 단계로 되어있다.

(2) 조정(調解)에 의한 해결

조정(調解)이란 민간인과 민간단체 등의 개입으로 이루어지는 이른바 민간조정(民間調解)만을 지칭한다.(민간조정 외에 행정조정과 소송상의 조정도 있다) 일반적으로 쌍방이 손해배상의 금액과 배상방법에 대하여 조정으로 해결하는 것이 가능하다.

조정으로 합의에 달하지 못했을 경우, 당사자가 또 행정수단 또는 법적 수단을 취하는 것이 가능하다. 한편, 합의가 달성된 경우에도 합의 내용이 기재되어 있는 조정서(調解書)는 법적 구속력이 없기 때문에, 만약 일방의 당사자가 조정서에 정해진 내용을 준수하지 않는다면, 다른 당사자는 당연한 것으로 행정처벌의 신청 도는 민사손해배상의 청구소송으로 바꾸어 분쟁의 해결을 도모할 수 있다. 이 경우 조정서는 집행되지 않는다.

(3) 행정수단

중국의 지적재산권 관할청은 지적재산권과 중국의 행정처벌법에 근거하여 지적재산권의 침해행위를 저지른 자에게 대하여 행정처벌을 가할 수 있다. 행정수단을 이용하여 권리침해 사건을 해결하는 것은 중국의 지적재산권의 보호조치로써 큰 특색의 하나라고 할 수 있다.

(4) 소 송

지적재산권 침해사건의 해결을 위한 소송에는 ①민사소송과 ②행정소송이 있다. 지적재산권자가 침해자를 상대로 직접 인민법원에 손해배상의 소를 제기하는 경우의 소송이 민사소송이다. 지적재산권자 또는 침해자가 행정기관의 행정처벌의 결정 또는 그 재결에 불복한 경우 결정을 한 행정기관을 상대로 하여 제기한 소송, 그리고 지적재산권 침해행위의 주체가 행정기관인 경우에 지적재산권자가 당해 행정기관을 상대로 제기하는 소송이 행정소송이다. 중국에서 지적재산권의 손해배상소송은 다른 손해배상소송과 마찬가지로 일반적으로 기층인민법원(基層人民法院)의 관할이 된다. 섭외사건 및 지역에 있어서 중대한 사건은 중급인민법원에서 심리한다. 또 지적재산권의 손해배상소송은 침해행위의 발생지 또는 피고의 주소지에서 제기할 수 있다.

지적재산권자가 자신의 권리가 침해되고 있다는 사실을 발견한 경우 일반적으로는 먼저 침해자에 대해 구두 또는 서면으로 침해행위를 금지할 것을 경고하는 것이 가능하다. 그러나 경고를 받았다 하더라도 침해 행위를 그만두는 경우가 희박하기 때문에 경고한 후에도 그 문제를 해결하기 위해 그 어떤 수단을 강구해 놓는 것이 바람직하다.[20]

---

20) 관련 조문 민사소송법 제9조, 제18조~22조, 제29조, 제35조, 제85조, 제88조, 제89조, 제91조, 제147조, 제215조 행정소송법 제11조, 제37조~제39조, 제44조, 제50조 행정처벌법 제6조, 제35조, 제45조, 제51조, 제64조 특허법 제60조 상표법 제39조, 제40조 저작권법 제46조, 제48조, 제50조 컴퓨터.소프트웨어보호조례 제30조, 제34조, 제36조 반부정경쟁법 제20조, 제29조 등.

제8장 중국의 반덤핑법과 그 실제

1. 중국의 반덤핑 실체적 요건

(1) WTO가입과 신 반덤핑조례의 공포

중국은 1979년 이래 외국으로부터 많은 반덤핑제재를 받아왔다. 이에 대항하기 위해 또 WTO가입을 실현시키기 위해 중국정부는 1990년대부터 반덤핑에 관한 입법작업을 하게 되었고, 1997년 3월 25일 국무원에서 '중화인민공화국반덤핑 및 반보조금조례(동일 실시. 이하 '반덤핑 및 반보조금조례: 구 조례' 라 칭함)' 를 공포하였다.

2001년 12월 11일 중국의 WTO가입에 따른 구 조례를 WTO규칙과 그 정합성을 맞추기 위해 수정할 필요가 있어, 2001년 11월 26일 중국 국무원은 WTO가입의 약속을 이행하기 위하여 종래의 반덤핑 및 반보조금조례(구 조례)를 대체하는 것으로 새롭게 '중화인민공화국반덤핑조례(이하 '반덤핑조례' 라 칭함)' 를 공포(2002년 1월 1일 시행)하였다. 그러나 이 반덤핑조례는 역시 WTO가입을 의식한 가운데 제정한 것으로 대부분 구 조례의 내용을 수계한 것이기 때문에 WTO룰과 정합성을 보완한 것에 불과한 것이었다.

마침내 2004년 3월 31일에 반덤핑조례는 처음으로 개정(동년 6월 1일 실시)되었다. 이 개정에 실질적인 변경은 특별한 것이 없고, 주관 기관인 조사기관이 대외무역경제합작부 및 국가경제무역위원회가 국무원의 조직 개혁으로 인하여 상무부로 개정됨에 따라 조사기관에 관련한 조문 중의 문언이 조정되는 것이 전부이다.

(2) 덤핑의 인정기준

가. 덤핑의 개념

반덤핑조례 제3조에서 덤핑이란 통상의 상거래에서 수입상품이 그 정상가액을 밑도는 수출가격으로 중국시장에 도입되는 것을 말한다. 여기서 인용된 조문은 특별이 지정하지 않는 한 반덤핑조례의 조문을 말하는 것이다. 이 반덤핑 정의는 WTO의 반덤핑협정 제2.1조 규정과 완전히 일치한다. 이 정의에 의하면 덤핑을 인정하기 위해서는 통상의 상거래, 정상가액 및 수출가격이라는 3가지의 개념을 명확히 하여야 한다. 다음은 이런 개념에 대해 설명한다.

나. 통상의 상거래

통상의 상거래에 대하여 명확한 규정은 없지만 반덤핑조례 제4조, 제5조 및 제6조의 규정에서 가격에 정상적인 영향을 줄 가능성이 있는 모든 요소(예컨대, 원가할인판매와 관계자 사이의 거래 등)을 배제하고 공평·합리의 원칙아래 이루어지는 거래라고 이해할 수 있을 것이다.

관련회사와 거래는 일반적으로 통상의 상거래가 배제된다. 실제 반덤핑 조사에서 예컨대, 피조사기업 A가 중국시장에 피조사 제품을 수출하는 경우에 홍콩에 있는 A사 전액출자의 자회사 B를 통하여 이루어지는 경우에 대하여 구 대외무역경제합작부는 AB간의 거래는 통상의 거래가 아닌 것으로 AB간의 판매가격이 아니고 B가 중국 국내에 피조사 제품을 판매할 때 가격을 수출가격으로 인정한 예가 있다. 또 국내판매에 있어서 원가할인판매가 이루어지는 경우도 통상의 상거래에 해당하지 않기 때문에 해당 판매가격은 국내시장 가격으로서 인정되지 않는다.

다. 정상가액

정상가격은 덤핑이 존재하는지의 여부를 화정하는 중요한 요소가 된다. 반덤핑조례 제4조[21]에서는 첫째, 통상의 상거래에 대한 수출국의 국내시장가격, 둘째는 제품이 제3국에 수출되는 경우 수출가격, 셋째는 구성가격으로 수입제품의 정상가액을 확정하는 3가지 방법이 정해져 있다.

1) 국내시장가격

수입제품의 동종 제품에 대하여 수출국시장의 일반적인 상거래에 있어서 비교 가능한 가격이 있는 경우에는 그 비교 가능한 가격을 정상가액으로 한다. 이것을 소위 국내시장가격이라고 하며 국내시장가격을 채용하기 위해서 첫째는 국내시장에서 동종 제품이 판매되고 있을 것, 둘째는 그 판매가 일반적인 상거래로 이루어지고 있을 것, 셋째는 해당 시장가격과 비교가능 하다는 것을 만족하여야 한다.

2) 제품의 제3국에 대한 수출가격

수입제품과 동종 제품이 수출국(지역)의 국내시장에서 일반적인 상거래로 판매되지 않는 경우 또는 그 가격, 수량을 기초로 공평한 비교를 할 수 없는 경우에는 해당 동종 제품이 적당한 제3국(지역)으로 수출되는 경우에 비교 가능한 가격을 정상가액으로 한다. 반덤핑조례에서는 적당한 제3국의 비교 가능한 가격을 갖고 그것이 확정된 가능성이 높다고 생각하지만, 현재까지 중국에서 결정된 반덤핑 안건에 있어서 제3국에 대한 수출가격을 기초로 하여 정상가액으로 채용된 사례는 없다. 예컨대, 신문용지안건에서는 어떤 피조사기업이 제3국으로 수출하는 경우의 관련 자료를 첨부하였지만, 조사기관은 최종결정에서 "제공한 자료는 단지 각국(지역)의 한 건의 거래에 한한 것으로 명확성이 불안

21) GATT 제6조 및 WTO의 반덤핑협정 제2.2조와 같다.

전하고 불충분하며 대표성을 갖지 않는다. 따라서 제3국에 대한 수출가격의 방법을 이용하여 해당 기업의 정상가액을 확정할 수 없다" 고 판단하였다.

따라서 이론상은 이 방법이 존재하지만 실제적으로는 국내시장가격에 의한 계산방법과 구성가액에 의한 방법만이 채용되고 있다는 것을 알 수 있다.

3) 구성가액

반덤핑조례에 의하면 국내시장가격을 정상가액으로 할 수 없는 경우, 제품을 판매하고 있는 적당한 제3국과 비교 가능한 수출가격 또는 제품의 원산국(지역)의 생산원가에 합리적인 비용, 이윤을 부가한 가격의 그 어느 것을 선택하여 그것을 정상가액으로 할 수 있다. 후자는 국제반덤핑법으로 구성가액(Constructed Value)이라고 말하고 있는 것으로 일반적으로 동종 제품의 원산국에 대한 생산코스트(실질의 소모원재료, 감가상각, 에너지 소모 및 노동력 등)에 합리적인 관리비, 판매경비, 일반경비 및 이윤을 부가한 가격으로 확정한다. 반덤핑조례에서는 어떻게 제품원가에 대하여 계산 및 배분을 하는지 또 어떻게 합리적인 비용과 이윤을 확정하는 가에 대해서는 설명하고 있지 않아 불명확하다. 그러면서 모든 반덤핑 조사안건에서 대외무역경제합작부에 의해 발행된 국외의 생산자 및 수출업자에 대한 조사질문서에서 중국의 조사기관이 국제반덤핑의 실무에서 이용하고 있는 주요한 요소들을 근거로 구성가액을 확정하고 있다는 것을 알 수 있다.

또한 가령, 국내시장가격과 수출가격의 계산방법을 채용하는 경우도 피조사기업이 조사기관에 제출한 자료에 허위 또는 불만이 있다고 판단되면 조사기관은 구성가액의 계산방법으로 변경하고 그리고 '입수 가능한 최선의 정보(information available, BIA)' 에 기초하여 정상가격을 산정한다. 이 경우 피조사기업은 불리한 재결을 받을 수 밖에 없는 위험이 항상 잠재하고 있는 것이다.

라. 수출가격

반덤핑조례 제5조에서는 제품의 수출가격을 확정하는 방법에 대하여 다음과 같이 규정하고 있다.

1) 지불가격

수입제품에 대하여 실제로 지불된 대금은 또는 지불할 대금의 가격이 있는 경우, 그 기격을 수출가격으로 한다.

2) 독립된 매수로서 최초로 전매한 가격

수출가격이 없는 경우 또는 그 가격이 신뢰가치가 없는 경우에 가령, 수출업자와 수입자가 관련 회사인 경우 등, 해당 수입제품이 독립한 구입자가 최초로 전매했을 때 가격을 수출가격으로 한다.

3) 추정가격

해당 수입제품이 독립한 구입자에게 판매되지 않는 경우 또는 수입되었을 때의 상태에서 판매되지 않은 경우 조사기관은 적절한 기준에 의해 수출가격을 추정할 수 있다.[22]

마. 덤핑마진

정상가액과 수출가격의 확정 후 양자에 대한 비교가 덤핑의 성립을 인정하는 관건이 된다. 덤피마진은 덤핑계산상 무엇보다 중요한 항목의 하나이다. 반덤핑조례 제6조에서는 어떻게 정상가액과 수출가격을 비교하고 덤핑 및 덤핑마진을 확정하는 가에 대하여 규정하고 있다.

정상가액과 수출가격은 두 가지의 다른 시장에 대한 판매가격으로 거래의 단계 등 각 방면에서 상이점이 존재한다. 따라서 반덤핑조례에서는 가격에 영향을 미치는 각종 비교 가능한 요소를 고려하여 공평하고 합리적인 방법에 의해 비교하는 것을 규정하고 있다.[23] 반덤핑조례 제6조 3항 및 4항에 의하면 덤핑마진의 계산 방법에는 다음 3종류가 있다.

첫째, 가중평균에 의해 결정한 정상가액과 비교 가능한 모든 수출거래 가격의 가중평균을 비교하여 덤핑마진을 인정한다.

둘째, 각 거래에 대한 정상가액과 수출가격 비교를 기초로 덤핑마진을 인정한다.

셋째, 수출가격이 구입자, 지역 및 시기에 따라 현저히 다른 경우 가중평균에 의해서 정해진 정상가액을 각 수출거래의 가격과 비교하여 덤핑마진을 인정한다.

(3) 손해의 인정기준

가. 손해의 개념

반덤핑조례 제7조 1항에서 손해란 첫째는 이미 확립된 국산산업에 대하여 실질적 손해를 초래한 경우, 둘째는 국내산업에 대하여 실질적인 손해의 두려움을 생기게 하는 경우, 셋째는 국내산업의 확립에 실질적인 저해를 초래하는 경우의 세 가지 상황으로 나누어 규정하고 있다. 2003년 12월 31일까지 반덤핑조치가 발동된 안건은 모두 '실질적손해'가 인정되었다.

1) 국내산업의 범위

국내산업의 범위는 손해의 인정에 있어서 중요한 요소의 하나이다. 반덤핑조례는 기본적으로 WTO협정의 관련 규정을 계수하고 있다. 반덤핑조례 제11조 1항 전단에 의하면 국내산업이란 중국 국내 동종 제품의 모든 생산자 또는 그 총생산량이 국내 동종 제품의 총생신량의 대부분을 자지하는 생산자를 발한다.[24]단지, 국내 생산자가 수출경영자 또는

22) 이 인정 방법은 WTO의 반덤핑협정 제2.3조의 규정과 합치한다.

23) 덤핑마진의 계산 방법은 기본적으로 WTO의 반덤핑협정 제2.4.2조의 규정과 일치한다.

24) 여기서 국내 동종제품의 총생산량의 대부분을 차지하는 생산자란 '그 총생산량이 국내 동종 제품 총생산량의 주요한 부분

수입경영자와 사이에 관련이 있을 경우 또는 국내 생산자 자신이 덤핑 수입제품의 수입경영자인 경우에 해당 국내생산자를 국내산업으로부터 제외할 수 있다.

또 특수한 상황에서는 국내 특정지역 시장의 생산자가 해당 시장의 전부 또는 대부분의 동종 제품을 판매하고 있고 동시에 해당 시장에 대한 동종 제품의 수요가 국내 기타 지방의 생산자에 의해서 공급되지 않는 경우는 하나의 단독산업으로 볼 수 있다(반덤핑조례 제11조 2항).[25]

2) 동종의 제품

국내산업의 손해를 인정하기 위해서는 먼저 해당 국내산업이 피조사제품과 동일 또는 유사제품을 취급하고 있을 필요가 있다. 반덤핑산업손해조사규정 제10조에 의하면 동종제품이란 덤핑수입제품과 동일한 제품을 말한다. 동일제품이 없는 경우에는 덤핑수입제품의 특성과 가장 유사한 제품을 동종제품이라고 한다.

그리고 동종제품을 인정하는 경우에는 물리특성 및 화학성능, 용도, 생산설비 및 제조기술, 소비자 및 생산자의 평가, 제품의 대체 가능성, 판매망, 가격 등의 요소를 고려할 수 있다.[26]

나. 실질적 손해의 인정

중국의 반덤핑법은 WTO의 반덤핑협정과 마찬가지로 '실질성' 개념이 강조되고 손해를 확정하는 경우에 준수하여야 하는 원칙 및 요건에 대하여 명확이 규정을 하고 있다.

1) 심사항목

실질적 손해를 인정하는 경우에 ①반덤핑 수입제품의 수량, ②반덤핑 수입제품의 가격, ③반덤핑 수입제품의 국내산업에 대한 관련 경제요소 및 지표에 대한 영향, ④수출국(지역) 및 원산국(지역)의 생산능력, 수출능력 및 조사대상 제품의 재고상황, ⑤국내산업에 손해를 초래한 기타 요소를 고려하여야 한다(반덤핑법 제8조 1항).

중국이 지금까지 공포한 가결정 및 최종 결정에서 손해의 성립이 확정된 반덤핑의 안건은 모두 국내산업에 대하여 실질적인 손해를 초래한 것으로 결정하고 있지만, 그 손해에 대한 정보 공개가 부족한 것으로 보인다.

그리고 실질적인 손해의 공포[27] 및 국내산업의 확립에 초래하는 실질적인 저해, 실질적인 저해[28]의 인정에 관해서는 반덤핑산업손해조사규정의 제8조 및 제9조를 참조한다.

을 차지하는 생산자'를 말한다.

25) WTO의 반덤핑협정 제4.1.2조에 기초하여 추가된 조문이다.

26) 반덤핑산업손해조사규정 제11조.

27) '실질적인 손해의 공포'란 국내산업에 대하여 또는 손해를 초래하고 있지 않지만, 조치를 취하지 않으면 장래 국내산업에 실질적인 손해를 가져올 수 있는 증명이 가능한 증거가 있는 것을 말한다.

28) '실질적인 저해'란 국내산업에 실질적인 손해 또는 실질적인 공포를 초래하지 않지만 국내산업의 확립을 현저하게 저해하

2) 심사내용

위의 심사항목의 각각에 대하여 구체적인 내용과 그 사례들을 살펴본다.

①의 경우는 해당 덤핑수입제품의 절대량 또는 국내 동종 제품의 생산, 소비에 대한 상대량이 대폭으로 증가했는지 그 여부를 고려한다(반덤핑산업손해조사규정 제6조 1항).

②의 경우는 덤핑수입제품의 가격인하 또는 국내 동종 제품의 가격에 대한 대폭적인 억제 혹은 저하시키는 압력 등의 영향을 고려한다(반덤핑산업손해조사규정 제6조 2항).

③의 경우는 국내산업의 판매, 이윤, 생산량, 시장할당, 생산비율, 투자수익, 설비가동율 등의 방면에 대한 실질적 또는 잠재적인 저하, 국내가격에 대한 영향을 주는 요소, 덤핑마진의 정도, 덤핑수입제품의 현금 흐름, 취업, 임금, 자금조달, 재고, 산업의 성장 또는 투자능력에 대하여 부여되는 실질적 또는 소극적 영향이 인정의 대상이 된다(반덤핑산업손해조사규정 제7조).

④의 구체적 사례로써 한국산 폴리에스텔 섬유 안건을 들 수 있다. 이 안건의 최종 결정에서 한국은 세계 4위의 생산능력을 갖고 있는데 한국 국내의 수요가 줄고 있는 반면 중국 국내의 막대한 수요에 대하여 덤핑이 계속될 가능성이 높다고 판단되었다.

⑤의 조사도 손해조사의 공평성을 위해 필요 불가결한 것이다. 여기서는 국내의 수급과 소비상황, 국내산업의 경영상태, 관련 수출국 이외의 국가(지역)로부터 수입, 국내외의 경쟁상황, 거래규제 및 불가항력 등이 있다.

3) 누적평가

누적평가란 덤핑수입제품이 다른 국가(지역) 또는 동일한 국가(지역)의 다른 수출업자로부터 수입된 경우, 그러한 수입제품의 국내산업에 주는 영향을 누적적으로 평가하는 것을 말한다.

반덤핑조례에서는 덤핑수입제품이 2개 이상의 국가로부터 수입되는 경우에 덤핑수입제품이 국내산업에 초래하는 영향에 대하여 누적평가를 하는 것이 가능하다고 규정하고 있다(제9조 1항). 첫째는 각 수입국(지역)으로부터 덤핑 수입된 제품의 덤핑마진이 2%를 하회하지 않을 것, 둘째는 그 수입수량이 1개의 국가(지역)로부터 덤핑수입제품의 수량이 동종 제품의 총수입량에서 차지하는 비율이 3%를 하회하지 않거나 또는 3%를 하회하지만 3%를 하회하는 복수 국가(지역)의 총수입량이 동종 제품 수입량의 7%를 초과하고 무시할 수 없는 경우, 셋째는 덤핑수입제품 상호간 및 덤핑수입제품과 국내 동종 제품간의 경쟁조건에 기초하여 누적평가를 하는 것이 적당해야 한다. 현재 중국은 반덤핑조사실무에 있어서 누적평가를 적용하는 경우가 증가하는 경향이다.[29]

는 것을 말한다.

29) WTO의 반덤핑협정 제3.3조 및 제5.8조를 모방한 것으로 누적평가를 하는 경우의 조건을 위와 같이 구체적으로 규정하고 있다.

다. 덤핑과 손해의 인과관계

덤핑과 손해의 존재는 반덤핑 조치를 발동하는 두 가지의 필요조건이 있지만 그것만으로는 조건을 만족한다고 말할 수 없고, 그 덤핑과 손해에는 인과관계가 존재한다고 인정하는 것을 시작으로 반덤핑조치를 실시하는 것이 가능하다.

중국의 반덤핑 실무상 인과관계에 대한 조사는 기본적으로 국제관례와 일치하며, 현시점까지 중국의 반덤핑조사 모든 결정에서 인과관계에 대한 분석 및 인정이 존재하고 있다. 조사기관은 일반적으로 인과관계를 인정하는 경우 덤핑제품의 수입량(절대량과 증가율) 및 시장할당, 덤핑제품의 가격변동 및 그것이 국내 동종제품의 가격에 미치는 영향, 덤핑의 국내산업에 대한 영향(국내산업의 생산량, 판매량, 이윤율, 투자수익율, 재무상황 등을 포함), 덤핑수입과 손해발생의 관련성 및 일치성 등의 요소를 고려한다.

2. 중국의 반덤핑 조사기관

(1) 반덤핑조례상 조사기관

2004년 개정 전 반덤핑조례 제18조에 의하면 대외경제합작부(MOFTEC) 및 국가경제무역위원회(SETC)가 중국의 반덤핑 조사 기관이었으나, 2004년 개정에 따라 조사기관은 상무부로 통합되었다. 이외에 반덤핑조치의 실시를 담당하는 부처로서 국무원의 관세세칙위원회 및 관세총서가 있다. 또 국내산업의 조사에 있어서 농업과 관련된 분야에 대해서는 농업부가 상무부와 공동으로 이것을 조사한다(제7조 2항).

(2) 상무부의 수출입공평무역국

상무부의 수출입무역국은 반덤핑조사를 실시하는 부처일 뿐만 아니라 공고의 공포 등을 하는 대외적인 창구이며 가장 중요한 조사기관이라고 할 수 있다. 그 주요한 기능은 안건의 수리, 수입의 조사 대상제품에 대한 덤핑 및 덤핑마진의 조사, 계산 및 결정, 이해관계자의 신청에 대한 대응, 공청회 및 자료 공시회의 개최, 조사대상 제품의 생산자 및 수입자 또는 수출국 정부와 협의 및 가격약속의 체결, 반덤핑세 징수의 제안, 각종 공고 및 통지의 대외적인 공포, 행정재심사 및 신수출자의 재심사 등 광범위하다.

수출입공평무역국은 공식사이트(URL: http://gpj.mofcom.gov.cn)를 공개하고 있다. 이 사이트에는 수출입공평국의 소개, 연락방법 등 기본정보가 있고 그 외에 중국의 반덤핑관련 공고, 뉴스, 기사, 법률법규 등의 내용도 볼 수 있다.

(3) 상무부의 산업손해조사국

상무부의 산업손해조사국은 주로 손해관련 조사를 담당한다. 그 주된 기능은 국내산업의 손해 및 손해의 정도에 관한 조사 및 결정, 이해관계자의 신청에 대한 대응, 소해조사의 공청회 개최 등이다.

상무부의 산업손해조사국 및 수출입공평무역국이 주관하는 '중국무역구제정보망(URL: http://www.cacs.gov.cn)' 이라는 사이트가 인터넷상 공개되고 있다. 이 사이트는 중국의 반덤핑, 반보조금, 세프가이드에 관한 뉴스, 기사, 입건, 결정 및 공청회, 현지 조사정보 등을 게재하는 것뿐만 아니라 과거의 입건, 가결정, 최종 결정의 공고와 최신 입건된 안건에 대한 질문장의 다운로드 사이트가 있는 외에 온라인으로 조사신청 및 응소도 가능하도록 되어있고, 중국 반덤핑관련 정보를 수집하기 위한 중요한 공간이라고 할 수 있다.

3. 중국의 반덤핑 조사절차

(1) 반덤핑의 입건신청

가. 신청인의 자격

반덤핑 신청인 자격은 국내산업 또는 국내산업을 대표하는 자연인, 법인 또는 관련 조직은 누구나 가능하다(반덤핑조례 제13조).[30]

국내산업이란 국내 동종 제품의 모든 생산자 또는 그 총생산량이 국내 총생산량의 50% 이상을 차지하는 생산자를 말한다. 신청자가 되는 전제 조건은 국내산업 또는 국내산업을 대표할 수 있는 자이어야 한다. 결국 규정한 생산량의 요구를 만족하여야 한다. 그러면서 신청자의 생산량이 국내 동종 제품의 50%를 만족하지 않는 경우에 있어서도 '신청을 지지하는 국내생산자와 신청을 반대하는 국내생산자 가운데 지지자의 생산량이 지지자와 반대자의 총생산량 50% 이상을 차지하고, 동시에 지지자의 생산량이 국내 동종 제품의 총생산량 25%를 하회하지 않는다는 조건을 만족한다면 신청자의 신청은 국내산업을 대표한다고 본다'. 그러므로 신청인의 생산량이 국내 동종 제품의 총생산량 25%를 만족하지 않는 경우 덤핑조사를 개시해서는 안 된다.[31]

나. 신청서의 내용

신청서의 내용은 반덤핑조례에서는 구 조례에 비하여 엄격하게 되어 있다. 신청서에는 다음의 내용을 포함하고 있고, 관련 증거자료를 첨부하여야 한다. ①신청인의 관련사항, ②조사를 신청한 수입제품의 생산자·수출업자·수입업자, ③조사신청에 관계되는 수입제품 및 국내 동종 제품에 대한 충분한 설명과 양자간의 비교, ④덤핑 및 덤핑마진, ⑤국내산업이 손해를 받은 상황, ⑥덤핑 및 손해 사이의 인과관계, ⑦신청인이 설명이 필요하다고 인정한 기타 사항이다.

30) 반덤핑조사 신청을 제기하는 국내산업 또는 국내산업의 대표자는 일반적으로 국내산업협회 또는 국내산업의 이익을 대표하는 일부의 기업이다.

31) 반덤핑조례 제13조

(2) 입건 및 입건공고

가. 입건절차

대외경제합작부(MOFTEC)는 신청서 수령 후 일반적으로 질문장 또는 실시조사 등의 바법에 의해 신청서 및 신청서에 첨부된 증거 가운데 신청자의 자격 및 조사의 신청 등을 포함한 문제에 대하여 심사를 한다.[32] 또한 국가경제무역위원회(SETC)와 협의를 경유한 후 입건조사를 신청서 수령 일로부터 60일 이내에 입건의 여부를 결정하여야 한다.[33]

나. 입건공고

대외경제합작부(MOFTEC)는 입건조사를 결정한 후부터 그것을 입건공고를 공표하여야 한다. 공고를 공표하기 전에 수출국의 정부에 그 취지를 전달하여야 하여야 하지만, 대부분의 경우에 있어서 해당 통지는 입건공고의 1~2일 전에 한다.

입건공고에는 일반적으로 다음의 내용이 기재되어 있어야 한다. ①시청서의 개요 및 대외경제합작부(MOFTEC)의 신청에 대한 심사결과, ②조사의 개시일(통상 입건결정의 공포일) 및 조사의 종료일(통상 입건공고 일로부터 12개월이며 특수한 상황인 경우는 연장이 가능한데 6개월을 초과할 수 없다), ③조사대상 제품 및 조사범위, ④조사기간(덤핑에 대한 조사기간은 통상 조사신청 제기 전 1년간, 손해에 대한 조사기간은 통상 조사신청 제기 전의 3~4년간이다), ⑤이해관계자의 응소와 의견제출기한, ⑥이해관계자가 응소하지 않는 경우 부담해야 할 결과, ⑦조사의 방법, ⑧조사기관의 연락처이다.

(3) 응 소

가. 응소절차

응소절차에 대하여 반덤핑조례에 구체적인 규정은 없지만, '반덤핑질문장조사잠정시행규칙(이하 '질문장규칙' 이라 함)' 제2장에 이에 관한 규정이 있다. 질문장규칙 제정 전에는 응소절차는 입건공고에 규정되어 있었다. 질문장규칙에도 응소신청은 '입건공고의 요구에 따른다' 는 문건이 있다.[34]

응소기간 내에 응소신청을 하지 않은 이해관계자는 응소의 권리를 잃게 된다. 이 경우 외국의 생산자 및 수출업자로서는 반담핑 조사에 대한 방어 활동이 처음부터 막혀있을 뿐만 아니라 덤핑마진 등에 대하여 입수 가능한 최선의 정보에 기초하여 인정되기 때문에 최종 결정에서 가장 불이익한 제재를 받을 각오를 하여야 한다.

32) 반덤핑조례 제13조~15조의 규정 참조
33) 반덤핑조례 제16조
34) 질문장규칙 제6조

나. 응소신청

조사대상국의 생산자 또는 수출업자가 조사기관에 대하여 응소의 신청을 하는 경우는 다음의 정보를 중국어 간자체로 기입하여 제출하는 것이 의무화 되어 있다.[35] ①응소를 신청한다는 의사표시, ②응소기업의 명칭, 주소, 법정대표자, 연락방법 및 연락처, ③조사기간 내에 중국에 대하여 수출한 조사 대상이 되는 제품의 총량 및 총액이다. 그리고 응소기업이 중국 변호사에게 응소 대리를 위탁하는 경우에는 응소 신청서에 대리 변호사의 성명, 연락방법, 소속 변호사 사무소 및 기타 그 주소를 기입하고 동시에 수권위탁서 원본을 첨부하여야 한다.[36]

(4) 덤핑조사의 질문장

가. 덤핑조사의 질문장 작성

덤핑조사의 질문장[37]이란 상무부(MOFTEC)이 응소를 신청한 관련 수출국(지역)의 생산자 또는 수출업자(응소기업)에 대하여 송부하는 서면의 질문장을 말한다.[38]

1) 질문장의 구성

질문장은 일반적으로 회답서에 대한 요구, 반덤핑조사질문장 그리고 첨부서류 세 가지 부분으로 구성되어 있다.[39]

첫째, 회답서에 대한 요구 부분은 조사 대상기업이 질문장을 작성하는데 있어서 기입 언어 및 글자체, 전자데이터의 제출, 비공개 부분의 명시 등 주의 사항이다. 둘째, 반덤핑 조사 질문장은 구체적인 질문 항목이다. 이 부분에서 조사대상 기업은 그 기업정보 및 재무상황, 취급하고 있는 중국으로 수출하는 조사대상 제품의 수출정보, 조사대상 제품의 생산원가 및 판매비용 등에 관한 정보, 가격조정에 필요한 정보 등의 내용에 대하여 상세한 항목을 나누어 기입할 것을 요구하고 있다. 셋째, 첨부서류의 부분은 기업사항의 신빙성 및 조사기관에 대한 협력의사에 관한 서약서와 질문항목에 회답하기 위한 각종 명세표 양식이라는 두 가지 부분이 있다.

2) 질문장의 회답

응소기업은 규정의 기간 내에 질문장의 요구에 완전하고 정확한 회답서를 제출하여야 한다.[40] 또 회답의 요구에 대하여 질문장규칙은 다음과 같이 규정하고 있다. ①회답서는

---

35) 질문장규칙 제7조 1항

36) 질문장규칙 제7조 2항 및 3항

37) 덤핑조사에 대한 질문장은 수출입공평무역국이 작성하는 덤핑조사의 질문장과 산업손해조사국이 작성하는 산업손해조사의 질문장 두 가지가 있다. 여기서는 특별히 언급하지 않는 한 질문장은 전자를 말한다.

38) 질문장규칙 제4조

39) 질문장규칙은 2002년 3월 13일에 상무부에 의해 제정되고, 2002년 4월 15일 시행되었다. 서두에 언급한 바와 같이 WTO 가입 후 반덤핑법제도의 정비 일환으로 제정된 법규이다.

인쇄체의 간체자의 중국어로 기입·작성하고 동시에 요구에 따라 관련하는 증거자료를 제공하여야 한다. 증거자료의 원본이 외국어인 경우는 원문 서식에 의한 중국어의 번역문서를 제공하고, 동시에 외국어 원문 또는 사본을 첨부하여야 한다.[41] ②응소기업은 회답서에 사용되는 증거자료의 유래 및 출소를 명시해야 한다. 회답서에 관련있는 모든 판매증빙, 회계기록, 재무보고 기타 문서에 대해서는 요구에 의한 기업의 회답서에 첨부하는 것을 제외하고 조사를 위한 준비를 하여야 한다.[42] ③첨부된 증거 자료에 대하여 거래발생시기 및 거래의 단계에 기초하여 정리하고 동시에 목록을 제출하여야 한다.[43] ④기입 내용에 따라 관련기업 등 타 기업이 기입할 내용이 있는 경우는 해당 타 기업이 독자적으로 기입하는 회답서를 제출하여야 한다.[44]

나. 회답서의 제출

질문장의 회답서는 질문장 송부 일로부터 37일 이내에 상무부(MOFTEC)에 제출하여야 한다. 그러나 회답서의 내용이 광범위하게 걸쳐서 증거자료의 첨부, 중국어로 번역 등 조사대상 기업은 막대한 양의 작업이 강요되기 때문에 37일 내에 제출하는 것은 곤란한 경우가 많다. 여기에 정당한 이유가 있는 경우는 제출기간을 연장하는 것이 가능하다고 질문장규칙은 규정하고 있다.[45] 그러나 연장하는 기간은 14일을 초과할 수 없다.[46]

(5) 반덤핑조사 견본규칙

반덤핑조례는 WTO의 덤핑협정 제6.10조를 참고로 조시기관이 견본(샘플)의 방법을 이용하여 조사를 할 수 있다고 규정하고 있다(제20조 1항). 이러한 규정에 기초하여 '반덤핑조사샘플견본잠정시행규칙(이하 '견본규칙' 이라 함)' 이2002년 3월 13일 제정되고 동년 4월 15일 시행되었다.

상무부(MOFTEC)는 전면 조사를 하고 응소한 각 수출업자 또는 생산자에 대하여 단독의 덤핑마진을 인정하여야 한다. 그러나 수출업자, 생산자, 제품규격 또는 거래량이 지나쳐 각각의 수출업자 또는 생산자에 대하여 단독의 덤핑마진을 인정하는 것 또는 모든 제품규격 및 거래를 조사하는 것이 상당한 부담을 초래하고 동시에 반덤핑조사의 적시적인 수행을 방해하는 경우에 상무부(MOFTEC)는 견본의 방법을 채용하여 조사를 할 수 있다.[47]

---

40) 질문장규칙 제10조
41) 질문장규칙 제13조
42) 질문장규칙 제14조
43) 질문장규칙 제15조
44) 질문장규칙 제16조
45) 질문장규칙 제18조 1항
46) 질문장규칙 제18조 3항

견본조사에서 가장 중요한 것은 견본 추출이다. 견본규칙은 그 추출방법에 대하여 통계학상 유효한 견본방법을 채용하거나 또는 수출량에 따라서 조사견본을 추출하고,[48] 동시에 대표적 성질을 가져야 한다[49]고 규정하고 있다.

(6) 조사결과에 대한 가결정

상무부는 조사결과에 의하여 덤핑, 손해가 존재하는지 양자간의 인과관계가 성립하는가의 그 여부에 대하여 가결정을 한다. 가결정은 상무부에 의해 공고된다.[50] 반덤핑조사 전체의 조사시간(통상 입건 공고 일로부터 12개월, 특수한 사정이 있는 경우는 연장이 가능하지만 6개월을 초과할 수 없다)에 대하여 규정하고 있지만, 가결정 공포시기에 대해서는 구체적으로 규정되고 있지 않다. 이에 따라 각 반덤핑 안건에 대한 가결정의 시기는 상황에 따라 큰 격차가 있다. 현재까지 가결정된 반덤핑 안건들을 보면 가장 빠르게 가결정이 공포된 것은 입건 일로부터 약 8개월이고, 가장 늦었던 것에 경우는 15개월로 되어 있다. 가결정에 있어서 덤핑 또는 손해 혹은 양자간에 인과관계가 존재하지 않는다고 인정된 경우는 반덤핑조사를 즉시 종료 시켜야 한다.

(7) 현지조사 및 공청회

현지조사 및 공청회 조사는 질문장조사와 마찬가지로 반덤핑조례 제20조에서 규정한 조사방법이 있지만, 그 실시는 질문장조사와 크게 다르다. 먼저 조사시기 뿐만 아니라 질문장조사는 응소기업에 대한 최초의 조사이기 때문에 가결정 이전에 이루어진다. 이에 대하여 현지조사 및 공청회조사는 조문의 규정상 실시의 기간은 정해져 있지 않다. 지금까지 안건의 사례에서는 거의 모든 가결정 후 이루어졌다. 다음으로 조사기관은 원칙적으로 모든 응소기업에 대하여 질문장조사를 실시하지만 현지조사 및 공청회는 규정상 조사기관이 직권으로 실시가 가능하게 되어 있다. 그러나 지금까지 실례는 모든 이해관계자의 신청에 의해서 실시되고 있다.

가. 현지조사

현지조사란 상무부가 반덤핑조사 과정에서 직원을 관련 수출국(지역)에 파견하고, 관련 수출업자 또는 생산자가 제출한 정보 및 자료의 진실성, 정확성 및 검증 조사하고 반덤핑조사에 필요한 정보 및 자료를 수집하는 절차이다.[51] 중국의 반덤핑실무에서는 조사대상 기업의 허락에 응하여

---

47) 견본규칙 제3조
48) 견본규칙 제4조
49) 견본규칙 제5조
50) 반덤핑조례 제24조
51) 현지조사규칙 제3조

현지조사를 실시하는 경우가 대부분이다. 현지조사를 위하여 조사기관 담당관 초대 여부는 조사대상 기업자신의 판단에 위임된다고 할 수 있다. 또현지조사 실시는 조사대상 기업의 협력[52] 뿐만 아니라 조사대상 기업의 소재국(지역)정부의 동의도 얻어야 한다.[53] 따라서 현지조사를 위한 조사기관 담당관을 초대하려는 조사대상 기업으로서는 자국정부의 협력도 얻어야 한다.

나. 공청회

반덤핑조례 제20조에서 규정한 네 가지의 반덤핑 조사방법 가운데 공청회에 관한 실시세칙이 가장 일찍 제정되었다. 공청회는 조사대상 기업에 의하여 직접 반덤핑조사의 담당관에게 호소할 기회가 있을 뿐만 아니라, 안건 신청인의 의견을 듣고 그에 대한 반론을 할 기회도 있기 때문에 방어대책의 하나로써 중요한 의미가 있다.

(8) 최종결정

가결정에 덤핑, 손해 및 그 인과관계가 확정된 경우, 조사기관은 반덤핑조사를 계속하고 규정의 기간 또는 공고의 연장시간에 따라 최종결정을 한다. 반덤핑조사의 기간은 원칙적으로 입건 공고 일로부터 12개월간이지만 특수한 상황이 있는 경우 6개월 연장하는 것이 가능하다.[54]

최종결정의 내용에는 조사절차, 조사대상 제품의 설명, 각 조사대상 기업의 덤핑 및 덤핑마진, 국내산업의 손해 및 손해정도, 덤핑수입과 인과관계, 반덤핑조치 등 외에 조사를 중단하는 조사대상 기업 및 국가(지역)가 있는 경우는 그 취지의 설명도 필요하다. 그리고 응소기업에게 가장 중요한 부분인 반덤핑세의 세율이 기재된다.

(9) 기타 종료사유

반덤핑조례 제27조는 최종결정 이외에 의한 반덤핑조사 종료의 사유를 규정한다. 즉 ①신청인이 신청을 철회한 경우, ②덤핑 및 손해의 존재와 함께 양자 사이에 인과관계가 있는 것을 증명하기에 충분한 증거가 없었던 경우, ③덤핑마진이 2%미만인 경우, ④덤핑수입제품의 실제 수입량 또는 잠재적 수입량 혹은 손해가 무시할 없는 경우, ⑤상무부가 반덤핑 조사를 속행하는 것이 적당하지 않다고 인정한 경우에 반덤핑 조사를 종료하여야 한다.

52) 현지조사규칙 제9조
53) 현지조사규칙 제10조 2항
54) 반덤핑조례 제26조

4. 중국의 반덤핑 조치

(1) 잠정반덤핑 조치

가. 종 류

가결정에서 덤핑이 성립하고 국내산업에 손해를 초래한 것이 인정된 경우, 반덤핑조례 제28조는 가결정에서 덤핑성립이 인정된 후에 조사기관이 채용 가능한 2종류의 잠정조치를 취할 수 있도록 규정하고 있다. 즉 첫째는 잠정반덤핑세, 둘째는 보증금, 보증서 또는 기타 형식의 담보다.

잠정반덤핑세의 과세액은 현금 보증금, 보증장 또는 기타 형식에 의한 담보금액은 가결정에서 확정한 조사대상 각 기업의 덤핑마진을 초과해서는 안 된다.[55] 따라서 잠정적 반덤핑조치가 확정되면 수입업자는 관련 수출국 원산지의 조사대상 제품을 수입하는 경우에 가결정으로 정해진 덤핑마진에 상응하는[56] 보증금을 제공하여야 한다.

나. 기 간

반덤핑의 입건조사 결정 공고 일로부터 60일 이내는 잠정조치를 강구해서는 안 된다.[57] 이것은 WTO의 반덤핑협정 제7.3조를 참고한 규정이지만, 그 취지는 충분한 심사를 통하여 반덤핑조치 발동을 억제하는 것이다.

잠정조치의 실시기간은 잠정조치 결정의 공고에 규정하는 실시일로부터 4개월을 초과하지 않는 것으로 한다. 특수한 상황인 경우는 9개월까지 연장하는 것이 가능하다.[58] 이러한 잠정조치는 완전한 조사를 의미하는 것이 아니기 때문에 가능한 단기간에 종료 시키고 정식적인 반덤핑조치로 전환하는 것이다. 반덤핑조례 제30조의 규정은 잠정조치의 기간을 제한하여 그 부당한 연장을 막고 있다.

(2) 반덤핑세

가. 반덤핑세의 징수

덤핑이 성립하고 동시에 그로 인하여 국내산업에 손해를 초래하였다고 최종결정에서 인정된 경우 반덤핑세를 징수할 수 있다.[59]

55) 반덤핑조례 제28조 2항
56) 여기서 '상응하는'이란 동액의 보증금을 의미하는 것이라고 할 수 있다.
57) 반덤핑조례 제30조 2항
58) 반덤핑조례 제30조 1항
59) 반덤핑조례 제37조

최종결정의 공고에 있어서 반덤핑세의 징수도 공고된다. 최종결정에서 각 응소기업마다 덤핑마진에 의해 반덤핑세의 세율이 정해진다.[60] 그러나 반덤핑조사에 응소하지 않았던 기업에 대해서는 각 소재국 마다 반덤핑세가 정해진다. 일반적으로 이 응소를 하지 않았던 기업에 대한 세율은 응소기업에 대한 세율보다 높다. 반덤핑세는 덤핑수입 제품의 수입업자에 대하여 징수한다.[61] 반덤핑세의 세율은 조사대상 제품의 생산자에게 결정된다. 따라서 수입업자인 중국법인은 조사대상 제품의 생산자에게 정해진 세율에 의해 반덤핑세를 지불하여야 한다.

나. 징수기간과 재심사

반덤핑세의 징수기간은 5년을 초과하지 않는다고 규정하고 있지만[62], 실무상 징수기간은 5년으로 되어 있다. 그러나 재심사에 의해 반덤핑세의 징수를 중지하면 덤핑 및 손해의 계속 또는 재발로 결부된다고 인정한 경우는 반덤핑세의 징수기간을 적정하게 연장할 수 있다.[63]

(3) 가격약속

가격약속이란 응소기업이 상무부에 대하여 자유의지로 행한 가격개정 또는 덤핑가격에 의한 조사대상 제품의 수출을 중지한다는 약속이고, 상무부가 이에 동의하는 경우 조사를 중지 또는 종료하는 것이다. 제품을 덤핑 수입한 수입업자는 조사 기간 중 상부부에 가격의 변경 또는 덤핑가격에 의한 수출을 중지한다는 취지의 가격약속을 할 수 있다.[64]

가격약속의 제출기간은 가결정 공고 후 45일간으로 되어있지만, 상무부는 덤핑과 손해를 인정하는 가결정을 하기 전에 수출업자, 생산자에 대하여 가격약속을 한다든지 수출업자, 생산자가 신청한 가격약속에 동의해서는 안 된다. 상무부는 수출업자, 생산자에게 가격약속을 강요해서는 안 된다. 수출업자, 생산자가 자주적으로 가격약속을 하지 않거나 또는 상무부가 제안한 약속을 받아 들이지 않는 경우에도 그 덤핑 및 덤핑마진의 확정에 불리한 영향을 주어서는 안 된다.

가격약속의 내용에는 주로 다음의 내용이 포함된다. 즉 ①제품의 범위, ②가격의 확정, ③보고의무를 이행한다는 취지의 표명, ④현지조사에 동의한다는 취지의 명확한 표시, ⑤가격약속을 우회하지 않는다는 취지의 보증 등이다. 가격약속에 위반한 경우 잠정조치 실시 전 90일 이내에 소급하여 반덤핑세를 징수한다고 하는 무거운 중과세가 부과된다.[65]

---

60) 반덤핑조례 제41조 전단
61) 반덤핑조례 제40조
62) 반덤핑조례 제48조
63) 반덤핑조례 제48조 단서
64) 반덤핑조례 제31조 1항 전단

따라서 가격약속 대책의 채용여부는 위 제약에 의한 원가도 고려한 가운데 종합적으로 판단해야 한다.

(4) 우회방지조치

반덤핑의 우회란 어떤 제품이 수입국에 의해 반덤핑세가 부과되는 경우에 당해 제품의 생산자, 수입업자가 원산지 또는 수출의 방법을 변경하거나(가령, 제품의 부품 또는 조립용의 부품을 수입국 또는 제3국으로 수입하여 가공 또는 조립을 한다) 또는 제품을 조금 가공 혹은 외관을 조금 변하게 하는 등의 방법에 의해 덤핑수입을 계속하는 행위를 말한다. 위회방지조치란 수입국의 정부가 위와 같은 우회행위에 대하여 취하는 일종의 행정수단이다.

반덤핑조례에서는 우회 및 우회방지조치에 관하여 제55조에서 상무부는 적당한 조치를 취하고 반덤핑조치를 우회하는 행위를 방지할 수 있다고 하여 매우 간소하게 규정할 뿐 상세한 규정을 두고 있지 않았다.

5. 중국 반덤핑의 재심사

(1) 반덤핑 신규수출업자의 재심사

신규수출업자의 재심사란 반덤핑 조사기간에 조사대상 제품을 중국으로 수출하고 있지 않은 수출업자, 생산자(이하 '신규수출업자' 라 함)가 해당 덤핑조치가 발효 된 후 조사기관에 대하여 개별적으로 반덤핑세율의 확정을 요구하기 위해 하는 재심사를 말한다.

반덤핑세가 확정된 후 조사대상 기간 내에 중국으로 수출하고 있지 않는 수출업자가 반덤핑세 징수를 받는 수출업자와는 관계 없다는 것을 증명한 경우 상무부에 대하여 그 덤핑마진을 개별적으로 인정하도록 신청할 수 있다. 신청을 받은 상무부는 신속히 그 심사를 하고 동시에 최종 결정을 하여야 한다.[66] 그러므로 재심사를 신청한 신규수출업자는 해당 반덤핑 조사기간에 중국으로 조사대상 제품을 수출하고 있는 수출업자, 생산자와 관계가 없어야 한다.

반덤핑조례에서 규정하는 신출업자에 해당하는 기업은 '반덤핑 신규수출업자의 중간재심사 잠정규칙(이하 '중간재심사규칙' 이라 함)[67]' 에서 규정하고 있는 절차에 따라 상무부에 재심사를 신청할 수 있다. 신규수출업자의 재심사 신청은 서면으로 제출한다. 상무부는 신규수출업자의 재심사 신청 수령 일로부터 7일 근무일 이내에 해당 반덤핑조

65) 반덤핑조례 제36조 및 가격약속규칙 제27조 2항
66) 반덤핑조례 제47조
67) 2002년 3월 13일에 공포되고, 동년 4월 15일부터 실시되었다.

사의 신청자에게 통지한다. 해당 반덤핑조사 신청자는 통지 수령 일로부터 14일 이내에 재심사 입안에 대한 의견을 발표할 수 있고, 입건 여부는 상무부에서 최종적으로 결정한다.

재심사의 결정에서 덤핑의 존재가 확정된 경우, 조사기관은 재심사의 입건 후부터 결정 전에 신규수출업자에 의하여 수출된 조사대상 제품에 대하여 소급하여 반덤핑세를 징수한다.

(2) 덤핑 및 덤핑마진의 중간재심사

덤핑 및 덤핑마진의 중간재심사란 반덤핑조치의 유효기간에 심사기관이 반덤핑조치 발효 후에 변화가 생긴 정상가액, 수출가격에 의해 종래 방법 및 수준으로 반덤핑조치를 계속할 필요성이 있는가 그 여부에 대하여 재심사 하는 것을 말한다.[68] 중간재심사규칙은 반덤핑조치 유효기간 내에 반덤핑조치의 효력이 생긴 후 변화한 정상가액 및 수출가격에 의해 종래의 형식 및 기준에 따라서 계속하여 반덤핑조치를 실시할 필요성을 검토하기 위해 하는 중간 재심사가 적용된다.[69] 상무부는 이해관계자의 신청에 의해 입건 또는 필요하다고 인정되는 경우에 스스로 입건하여 중간재심사를 할 수 있다. 중간재심사의 신청은 반덤핑조치 발효 후부터 매년 1년 만료일로부터 30일 이내에 제출해야 한다.

국내산업 또는 수출업자, 생산자는 중간재심사의 신청을 서면으로 제출하고 반덤핑조례 및 중간재심사규칙에 따라 신청자료를 제출한다. 상무부는 일반적으로 중간재심사의 신청 수령 일로부터 60일 이내에 입건 여부를 결정하고 상무부가 중간재심사를 결정한 경우에는 중간재심사에 관한 공고를 하여야 한다. 재심사의 결과에 의해 조사기관은 반덤핑조례의 규정에 따라 반덤핑세에 대하여 계속, 수정 또는 취소를 결정한다.[70]

중간재심사는 일반적으로 재심사 입건 일로부터 12개월 이내에 종료한다. 상무부는 재심사기간 만료 전에 반덤핑세의 유보, 수정 또는 취소에 관한 공고를 공시한다. 종래 반덤핑조치는 중간재심사 기간에도 계속 유효하다. 재심사의 결정은 공고 일로부터 집행되고 수급효력을 갖지 않는다.

(3) 반덤핑세 및 가격약속의 재심사

반덤핑조례에 의해 반덤핑세의 부과 및 가격약속의 이행기한은 일반적으로 5년을 초과하지 않는다고 규정하고 있지만, 조사기관이 심사를 한 가운데 반덤핑세의 징수를 종료시킨 경우, 덤핑 및 손해가 계속 또는 재발할 가능성이 있다고 확정한 경우, 반덤핑세의 징수기한을 적당히 연장할 수 있다.

반덤핑세의 발효 후 또는 가격약속의 이행기간에 조사기관은 정당한 이유가 있다면 반

68) 반덤핑조례 제49조
69) 중간재심사규칙 제3조
70) 반덤핑조례 제50조 전단

덤핑세의 징수 또는 가격약속의 이행의 계속적인 필요성에 대하여 재심사가 가능하다. 또 일정한 합리적 기간의 경과 후 이해관계자의 요청에 따라 이해관계자가 제공한 증거에 대하여 심사를 한 후 반덤핑세의 징수 또는 가격약속의 이행의 계속적인 필요성에 대하여 재심사를 할 수 있다.[71] 심사기관은 재심사의 결과에 의해 반덤핑세 또는 가격약속의 유보, 수정 또는 취소에 대하여 결정하고 동시에 그 취지의 공고를 공시한다. 재심사의 기간 중 반덤핑조치는 재심사 수속에 의한 영향을 받지 않고 계속하여 실시하여야 한다.

6. 행정불복심사 및 사법심사

(1) 행정불복심사

반덤핑조례 제53조에 의하면 이해관계자가 최종결정에 대하여 불복하는 경우에 ①반덤핑안건의 최종결정, ②반덤핑세징수 및 소급적 징수의 결정,③세금환부의 결정, ④신수출자에 대한 징세의 결정과 함께 ⑤중간재심사 신청에 대한 결정에 불복하는 경우 행정불복 신청 또는 소송을 제출할 수 있다.

반덤핑조사의 이해관계자가 조사기관의 결정에 대하여 불복한 경우 행정소송법의 규정에 따라 관할권이 있는 법원에 소송을 제기할 권리가 있다.

(2) 사법해석

사법심사는 원칙적으로 행정소송법[72]을 적용하지만 최고인민법원은 2002년 11월 21일 '반덤핑행정안건의 심리에 대한 법률적용의 약간 문제에 관한 규정(이하 '사법심사규정' 이라 함)' 을 공포하고 2003년 1월 1일 시행하였다. 해당 규정에는 12조 조문밖에 없으며 그 대부분이 행정소송법 및 반덤핑조례 제53조의 규정에 의한 것이다.

인민법원이 수리하는 반덤핑 행정행위에는 ①덤핑 및 덤핑마진과 함께 손해 및 손해의 정도에 관한 최종결정, ②반덤핑세 징수 여부에 대한 결정 및 소급적 징수, 세금환부, 신규수출업자에 대한 징세에 관한 결정, ③반덤핑세의 계속, 수정 또는 취소 및 가격약속에 관한 재심사, ④법률 및 행정법규에 의해 소송을 제기할 수 있다고 규정한 기타 반덤핑 행정행위가 있다.[73]

사법심사규정 가운데 재판관할권에 관한 제5조가 중요한 규정이다. 동소의 규정에 의

71) 덤핑제품의 수입업자는 이미 납부한 반덤핑세의 세액이 덤핑마진을 초과한다는 증명하는 증거를 갖고 있는 경우는 상무부에 세금환부 신청을 제출할 수 있다. 상무부는 심사 및 조사확인을 하여 제안을 하여 국무원관세세칙위원회가 상무부의 제안에 의해 세금환부를 결정하고 세관이 이것을 실시한다(반덤핑조례 제46조). 그러나 반덤핑세의 세액이 덤핑가격차를 초과하는 것을 증명하는 유력한 증거란 아무런 규정이 없다. 2002년 3월 13일 공포, 동년 4월 15일 시행한 '반덤핑세환부잠정시행규칙'에 세금환부의 신청, 심사, 결정 및 집행수속이 규정되어 있다.

72) 1989년 4월 4일 제정되고, 1990년 10월 1일 시행하고 있다.

73) 사법심사규정 제1조

하면 반덤핑 행정안건의 제1심의 관할권은 ①피고 소재지의 최고인민법원이 지정하는 중급인민법원 및 ②피고 소재지의 고급인민법원이다.

사법심사의 결과에 의해서 사법심사규정은 세 가지 종류의 판결 내용을 규정하고 있다.[74)]

1) 소송의 대상이 되는 반덤핑 행정행위는 증거가 충분하고 법률 및 법규의 적용이 정확하며 법정절차에 합치하고 있는 경우는 결정을 유지한다.
2) 소송의 대상이 되는 반덤핑 행정행위가 주요한 증거에 결함이 있는 경우 법률과 법규의 적용이 잘못 되었을 때, 법정절차에 위반하고 있을 때, 직권을 월권하고 있을 때, 직원을 남용하고 있을 때는 인민법원은 결정을 취소하고 또는 부분적으로 취소함과 동시에 피고에 대하여 새로운 반덤핑 행정행위를 취할 것을 명한다.
3) 법률 또는 사법해석의 규정에 따라 기타 판결을 한다.

위의 1)과 2)의 규정에 의하면 인민법원은 반덤핑 행정행위를 유지 또는 취소할 수 있지만, 조사기관을 대신하여 반덤핑결정을 결정하는 것은 할 수 없다. 3)의 기타 판결이란 구체적으로 어떤 내용의 판결을 상정하고 있는가는 불명확하다.

74) 사법심사규정 제10조

제9장 현지법인의 철수(해산 · 청산)

1. 현지법인 철수의 가장 바람직한 방법

(1) 현지법인의 철수방법

중국이 21세기 세계적 생산기지이자 소비시장으로 부각되면서 한국기업들도 중국에 진출하여 외자기업 법인을 설립하거나 생산공장을 중국으로 옮기는 경우가 부쩍 늘었다. 그러나 원자재 공급에 대한 물류비용, 내수시장 판매 및 판매대금 회수의 부진 등 벌써 수년간 적자 운영으로 철수를 할 수밖에 없는 경우가 의외로 많다.

이와 같은 투자법인을 철수하는 법적 방법에는 과연 어떤 것들이 있는가?

그 방법으로는 ①회사의 지분을 제3자에게 양도하는 방법, ②회사를 해산하여 청산하는 방법, ③회사를 파산시키는 방법이 있다. 어떤 철수방법을 취할까 하는 것에 대해서는 투자자본의 회수라는 비즈니스의 측면, 요건과 효과라고 하는 법적 측면을 종합적으로 검토해야 한다.

(2) 지분양도에 의한 철수(가장 효과적인 방법)

지분양도에 의한 철수는 양수인이 존재하여 처음부터 가능한 거래행위다. 지분의 양수를 희망하는 자가 있다면, 지분을 적절한 가격으로 처분하는 것이 가능하며, 투자자본의 회수율도 높다. 그러나 양수인이 없는 경우에는 중국측 당사자에게 무상으로 지분을 넘겨주는 케이스도 있지만, 그렇다면 투자자본은 회수할 수 없다.

(3) 지분양도의 요건

지분양도의 요건은 ①중국측의 동의(합자회사의 경우), ②동사회 전원의 일치된 결의, ③정부심사기관의 인가다. 소요되는 수속기간은 채권자보호의 절차가 필요하지 않기 때문에 위의 요건들을 충족한다면, 그 기간이 짧고, 법인격은 계속 존재하게 된다.

기업이 계속 존재하기 때문에 노동계약의 해제에 따른 종업원의 소득보상이라고 하는 문제는 발생하지 않는다. 그러나 지분을 외국측이 아닌 중국측에 양도하는 경우는 외상투자기업의 자격을 잃기 때문에 관세와 소득세의 납세문제가 생긴다.

역시 지분양도에 의한 철수가 가장 소프트한 방법이다. 그러나 양수인이 없는 경우에 해산·방법 최악의 상태에 파산하여 철수하는 경우가 있기 때문에 여기서는 주로 이 부분에 대해 검토를 하고자 한다.

2. 왜 해산 · 청산하는 기업이 증가 하는가?

(1) 해산과 청산의 이유

중외합자기업법실시조례(中外合資經營企業法實施條例) 등에 외자기업의 해산사유가 예시되어 있는데 그 주요 원인은 다음과 같다. ①경영부진, ②중국측 파트너와의 의견이나 방침의 불일치, 중국측의 의무불이행, ③한국 등 외국측 투자자 방침의 변경, ④세법이나 법률의 변경에 의한 채산성 악화, ⑤개발위원회 등 외자유치기관이나 감독기관의 처음 시작 시 유치조건 등의 변경에 의한 경영계획에 차질, ⑥노무상 트러블 등이 있다.

가. 경영부진

①중국 국내 시장이 예상보다 작다. ②중국 국내 시장의 개척이 곤란하다. ③중국 국내 시장의 판매대금(매상채권)의 회수가 어렵다. ④종업원의 소질이 열악하여 불량품 비율이 높고, ⑤현지 원자재 조달 등이 쉽지 않고 원가절감이 진척되지 않는 등의 원인으로 채산성 악화다.

나. 중국측 파트너와 의견 또는 방침의 불일치와 의무불이행

①중국측의 자금부족으로 인해 예정된 투자액의 출자의무 불이행, ②중국측의 독단적인 행동에 의한 합자당사자 간의 불협화음, ③중국측의 사전 이익배당 요구 또는 사전 상담도 없이 하는 착취, ④중국측의 투자자금의 조기회수 자세, ⑤중국측의 내수시장 및 바이어 개척능력과 품질향상 등에 대한 능력의 한계 등이다.

다. 한국측의 투자자 방침 변경

①한국측 투자자의 생산거점 다각화 추진에 따른 중국의 생산규모 축소, ②해외 업적부진 등에 의한 자금부족으로 출자지분 일부를 제3자에게 양도

라. 세법이나 법률의 변경에 의한 채산성 악화

①수출에 관계되는 증치세 환불 취급의 변경으로 기업의 채산성 악화, ②투자총액에서 수입생산기계설립 등의 관세, 증치세의 면세조치 철폐 및 일부 부활 등에 의해 채산성의 당초 예정보다 악화되는 경우가 있다.

마. 당초 유치조건 등의 변경에 따른 경영계획 차질의 발생

①개발구 등의 인프라 정비가 불충분하여 전기, 수도 등의 설치를 위한 다액의 추가비용 발생, ②전력을 공급하는 전력국이 강제적인 자사비용으로 공장부지 내 전기공급설비의 설치요구, ③지역 특유한 반강제적 기부금의 요구 등이다.

바. 노무상 분쟁

①중국측에서 파견된 대표자와 재무담당자 등이 부정한 자금운용, 절도 또는 그 유사행위, ②기업의 취업규칙, 방침에 대한 집단적인 반항 등이 있다.

(※ 포인트)

이상과 같은 사항들이 만부득이 기업의 해산 · 청산을 고려하는 요인이라고 본다. 실제적으로 이런 요인들이 혼재하여 최종적으로 기업철수를 할 수 없게 되는 경우도 많다. 따라서 금후 중국진출을 계획하고 있는 기업은 당연한 일로 이와 같은 해산 및 청산요인을 모두 배제하고 사전에 그 대응책을 강구하여야 한다.

(2) 법률에 의한 해산사유(해산사유가 규정되어 있다)

가. 합자기업

1) 실질적 요건

① 합자기간이 만료되었을 때(중외합자기업법 실시조례 제102조 1항 1호)
② 기업에 중대한 손실이 발생하여 경영을 계속할 수 없는 경우(동 2호)
③ 합자의 일방이 합자기업의 협의, 계약, 정관에 규정된 의무를 이행하지 않아 기업이 경영을 계속할 수 없는 경우(동 3호)
④ 불가항력에 의해 중대한 손실을 입어 경영을 계속할 수 없는 경우(동 4호)
⑤ 합자기업이 그 경영목적을 이루지 못한 동시에 비전이 없는 경우(동 5호)
⑥ 합자기업의 계약, 정관에 규정된 기타 해산사유가 발생 시(동 6호)

(※ 포인트)

한국측 파트너가 처음부터 양보할 수 없다고 생각하는 해산 사항이 생각되는 경우에는 합자기업의 계약, 정관에 그 내용을 기재해 놓아야 한다.

2) 절차적 요건

기한만료 외에 상기 ②~⑤까지의 사유가 발생했을 때는 동사회에서 해산 신청서를 제출하고 인가기관의 인가를 받아야 한다(동2호). 동사회의에 출석한 동사 전원의 동의를 받지 못한 경우, 해산결의는 할 수 없다(동 제36조). 그러나 해산결의를 할 수 없는 경우는 인민법원의 판결 또는 중재기관의 재결에 의해 청산에 착수하는 것도 가능하다.

나. 합작기업

1) 실질적 요건

① 합작기간이 만료되었을 때(중외합작기업법실시세칙 제48조 1항 1호)

② 합작기업에 중대한 손실이 발생 또는 불가항력에 의해 중대한 손실을 받아 경영을 계속하기 어려운 경우(동 2호)

③ 합작의 일방 또는 여러 합작측이 합작계약 또는 정관에 규정된 의무를 이행하지 않아 기업이 경영을 계속할 수 없는 경우(동 3호)

④ 합작계약, 정관에 규정된 기타 해산사유가 있을 때(동 4호)

⑤ 합작기업이 법률 또는 행정법규를 위반하여 법에 의해 폐쇄를 명령받았을 때(동 5호)

2) 절차적 요건

기간만료를 제외 상기 ②또는 ④의 사유가 발생했을 때는 동사회 또는 공동관리위원회가 결정하며 해산신청서를 제출하여 심사인가기관의 인가를 받아야 한다(동 48조 2항). 단, 동사회 또는 공동관리위원회에 출석한 동사 또는 위원의 전원일치에 의하지 않으면 해산의 결의를 할 수 없다(동 29조).

③의 경우는 계약을 이행하고 있는 당사자는 심사 인가기관에 해산을 청구할 권리를 갖고 있다(동 48조 2항).

다. 독자기업

1) 실질적 요건

① 경영기간이 만료되었을 때(외자기업법실시세칙 제75조 1항 1호)

② 경영부진으로 중대한 결손이 생겨 투자자가 해산을 결정한 경우(동 2호)

③ 불가항력으로 중대한 손실을 입어 경영을 계속하기 어려운 경우(동 3호)

④ 파산 되었을 경우(동 4호)

⑤ 외자기업이 법률 및 법규를 위반하여 법에 의해 취소된 경우(동 5호)

⑥ 정관에 규징된 기디 해산사유가 있을 때(동 6호)

2) 절차적 요건

상기 ②~④까지의 사유가 발생했을 경우는 종료신청서를 제출하고 인가기관의 인가를 받아야 한다(동 75조 2항).

라. 회사법에 의한 해산

1) 실질적 요건

경영기간의 만료, 정관에 규정된 해산사유, 사원총회 등의 해산결의(회사법제190조)에 의해 해산할 수 있다.

2) 절차적 요건

주주총회의 해산결의는 출석한 주주가 소지한 의결권의 3분의 2이상 다수에 의한다(동39조 2항 및 제106조).

3. 청산시 당사자간 교섭, 중재, 소송에 의한 해결방법

(1) 상호의 교섭(화해)에 의한 해결

이것은 한국측 투자자와 중국측 투자자 상호 의논(교섭)에 의한 해결 방법이다. 화해에 의해 양자가 상호 납득하는 것이 시간에서 보나 비용에서 보나 가장 합리적인 방법이라고 할 수 있다. 그런데 실제로는 여러 가지 이해관계가 동반하기 때문에 쉽게 해결되지 않는 경우도 많다. 이런 경우는 조정 · 중재 등에 의해 해결하여야 한다.

(2) 조정에 의한 해결방법

당사자가 조정인을 지정하든지, 조정기관에 제소하여 외국투자공작위원회 등에 분쟁해결의 중재를 요청하는 방법이다. 조정결과는 자주적으로 존중해야 하는 것이지만, 당사자의 일방이 불복하는 경우는 기타(중재 또는 소송)에 의해 해결할 수밖에 없고 강제력은 없다.

(3) 중재에 의한 해결방법

중재와 소송은 서로 다른 분쟁의 법적 해결수단이며 양자를 동시에 채용할 수는 없다.

① 수리기관은 각 지역의 중재위원회(노무상 분쟁은 노동쟁의중재위원회).

② 중재위원회는 당사자 쌍방의 합의로 선정(노동쟁의 중재는 지역마다 기관이 설치)한다.

③ 중국법이 근거법

④ 외국변호사도 대리인으로서 출정가능

⑤ 중재비용은 소송비용보다 높게 설정(중재비용은 일반적으로 패소한 일방이 지불)되어 있다.

⑥ 중재는 비 공개적으로 진행

⑦ 중재판단은 개정한 날로부터 9개월 내에 나온다.

(※ 포인트)

중재판단은 최종적인 것으로 중재의 재신청 및 인민법원에 제소는 원칙상 불가능하다. 그러나 중재의 형식, 수속절차에 하자가 뚜렷한 경우 제소는 가능하다. 그리고 중재는 다른 국가의 중재를 별개로 채용할 수 없다. 즉 중국의 중재에 불복하는 경우 타국의 중재를 의뢰하는 것은 원칙적 불가능하다.

(4) 소송에 의한 해결방법(재결: 판결, 재정(裁定), 결정(決定)으로 이루어짐)

① 1심 판결에 불복하는 경우 상소할 수 있다.
② 재정은 일정한 사항(소송을 수리하지 않는 경우, 관할권에 대한 이의, 소송의 각하)을 빼고 상소할 수 없다.
③ 결정은 일률적으로 상소할 수 없다.

【소송의 개요】

1) 각 지역에 급별 법원이 있고 피고 소재지의 법원에서 관할
2) 중국법이 근거법
3) 공개적으로 진행
4) 담당판사은 법원에서 지명
5) 변호인은 중국 변호사 자격을 가진 자에 한정
6) 시효: 당사자가 당해 사항을 안 날 또는 알아야 하는 날로부터 2년
7) 기간은 1심 6개월 이내, 상소 15일 이내, 2심은 3개월 이내다.

4. 현지법인 청산절차 실무

(1) 청산절차의 개요

청산절차에 관해서는1996년 7월에『외국투자기업청산방법』이 공포된 것에 근거, 회사법에 의해 설립된 회사를 제외한 외자기업은 모두 이 규칙이 적용된다.

1) 절차

① 동사회에서 해산결의(전원일치) 후, 심사비준기관에 신청(기간만료 시는 불필요)하여 인가를 받는다.
② 동사회가 청산수속 · 원칙 및 청산위원회 목록을 작성하고 기업주관부처에 신청, 허가를 받는다.
③ 청산위원회가 자산, 채권 · 채무를 조사하고 대차대조표와 자산목록을 작성한다.

④ 청산위원회가 자산평가와 청산안을 작성한다.
⑤ 동사회가 자산평가와 청산안을 채택하고 청산위원회는 청산종료 후 보고서를 작성한다.
⑥ 동사회가 보고서를 채택하고 심사비준기관에 보고한다.
⑦ 공상행정관리국에서 기업등기를 말소하고 영업허가증을 반환한다.

【합자기업의 경우를 예로 한 청산절차】

<table>
<tr><td rowspan="4">청산의개시</td><td rowspan="4">⇒</td><td>①합자기간 만료(합자기업실시조례 제102조 1항 1호)</td><td>⇒</td><td rowspan="3">동사회가 청산위원회를 조직가능한지 큰 지장은 없는지(외국투자기업청산방법 제3조)</td><td rowspan="2">⇒
조직가능</td><td rowspan="2">보통청산절차로</td></tr>
<tr><td>②기타 해산사유 〔제1장2.(1)참조〕(합자기업법실시조례 제102조 1항 2~6호)</td><td>⇒</td></tr>
<tr><td>③심사인가기관이 인가한 기업해산일
④판결 또는 재결에 의한 기업계약 종결일(외국투자기업청산방법 제5조)</td><td>⇒</td><td>⇒
조직불가능 등</td><td>특별청산절차로</td></tr>
<tr><td>⑤파산에 의한 해산(외국투자기업청산방법 제2조)</td><td colspan="3">⇒</td><td>파산절차로</td></tr>
</table>

2) 유의사항
① 經貿委員會에 신청하며 해산에 관한 '비준회답' 을 받는다.
② 經貿委員會의 '비준회답' 을 근거로 영업허가증의 말소를 신청한다.
③ 기업이 소멸된 단계에 토지관리국에서 토지사용권의 변경수속을 밟는다.

(2) 보통청산의 절차

가. 청산의 개시

보통청산은 기업 자신이 청산위원회를 조직할 수 있는 경우에 적용된다(외국투자기업청산방법 제3조). 청산위원회를 조직할 수 없을 때는 인민법원의 판결 또는 중재기관의 재결에 따라 청산이 시작된다(외국투자기업청산방법 제5조). 이에 따라서 당사자 일방이 해산에 동의하지 않는 경우도 길이 열려있다.

동사회의 선임으로 청산위원회를 조직(최저 3인 이상)
청산위원 주임의 선임(외국투자기업청산방법 제9조)

↓

청산공고

↓

채무조사, 채권신고

↓

자산조사, 재산정리, 재무명세서 등의 작성

↓

청산 방안 작성 · 보고

↓

자산처리, 채무변제, 재산분배, 업무완료

↓

청산방안에 기초한 업무 처리의 완료에 관한 청산보고 작성 동사회 등의 확인, 심사인가기관에 보고, 등록

청산의 종결 수속 ↓

회계증빙서류 등을중문 또는 지정기관에 인도

↓

관세, 세무국, 공상행정관리국에서 등록 취소를 진행하는
업무허가서 반환 후, 기업종결 보고

나. 청산위원회의 성립

청산개시부터 15일 내에 동사회(공동관리위원회)는 청산위원회를 조직해야 한다(동 8호). 청산위원회는 3인 이상으로 구성, 외부 전문가를 위촉할 수 있다(동 9조).

다. 채권자에 대한 통보

청산위원회 성립 후 60일 내에 신문(전국 일간지 1종 및 성·시급의 지방지 1종)에 2회 이상 공고하고, 이미 알고 있는 채권자에 대해서는 성립 후 10일 내에 서면 통지해야 한다(동 17조).

라. 채권신고

최고(催告)의 통지를 받은 채권자는 수령 후 30일 내에, 그렇지 않은 채권자는 첫 번째 공고 후 90일 내에 채권증명자료를 첨부하여 신고해야 한다.

마. 채권의 확정

청산위원회는 심사결과를 채권자에게 통지한다(동 20조). 채권자가 이의가 있는 경우는 재심사를 청구, 그리고 중재나 소송을 제기할 수 있다(동 21조).

바. 청산재산의 평가

계약·정관에 청산재산의 평가에 관해 규정이 있는 경우는 그에 따르고 규정이 없는 경우는 투자자가 협의 결정하고 심사인가기관의 허가를 받아야 한다. 협의가 되지 않으면 자산평기관의 의견을 참고로 해야 한다(동 29호). 또한 청산재산을 환금할 때 당해 기업의 출자자가 우선 구입권을 가진다(동 30조).

사. 변제의 우선순위

청산비용(동 23조), 종업원 급여 및 노동보험료, 국세(잉여금이 자본금을 초과한 경우, 결산소득과 관계되는 기업소득세)(동 25조), 담보가 있는 채권(동 24조), 기타 채무(동 25조)의 순서로 변제한다. 그리고 남은 잉여금이 있는 경우 출자비율에 따라 출자자에게 분배한다(동 26조).

아. 회계증빙 등을 중국측 투자자 또는 지정기관에 인도(동 34조)

청산의 종결수속이 종료, 공상행정관리국에서 말소등록 수속을 밟기 전에 회계증빙·회계장부·회계보고서 등 자료를 이관해야 한다.

1) 합자기업·합작기업의 경우는 중국측 투자자가 보관책임을 진다. 중국측 투자자가 복수일 경우, 기업의 주관부문이 그 중에서 한 곳을 지정하여 보관책임을 지게 한다.

2) 외자기업(독자기업)일 경우는 기업의 심사기관이 지정한 부문이 책임지고 보관한다.

자. 말소등록

기업의 활동을 종결할 때는 공상행정관리국에 등록취소(말소등록)를 해야 한다. 기업의 말소등록신청에는 다음 서류 등을 작성 · 제출해야 한다.

① 청산조직 책임자(청산위원회주임)이 서명한 말소등록신청서
② 법원의 파산재정, 회사법에 의해 확정된 기업 청산결의 또는 결정, 행정기관으로부터의 종료문서
③ 주주회 또는 관계기관이 인정한 결산보고서
④ 세무기관, 세관으로부터의 말소등록증명서
당 말소등록증명서 입수 후, 10일 내에 공상행정관리국에 제출해야 함
⑤ 기업의 영업허가증
⑥ 공인(회사인감)
⑦ 기타(공상행정관리국이 제출을 요구하는 서류 등)

(※ 포인트)

그런데 토지이전 수속 등을 진행하는 취지를 설명하고 어떤 서류를 입수해 두는지 말소등록신청서를 2통 작성하며, 공상관리국의 접수인(受付印)을 받아 두는 등의 대처가 필요하다.

차. 청산의 종결

청산위원회는 말소등록 종료 후 신문(전국 일간지 1 종 및 소재지 성 · 시급 지방지 1 종)에 기업종결 공고를 게재해야 한다(외국투자기업청산방법 제33조). 채무초과가 확실할 때는 청산위원회는 인민법원에 파산선고를 신청하여 민사소송법에 의한 파산수속으로 이행한다(동 27조). 기타 경우는 원칙적으로 청산개시 일로부터 180일 이내에 종결해야 한다(동 6조).

(3) 특별청산의 절차

보통청산의 규정에 따라 청산을 하려고 해도 동사회 등 기업이 자기 혼자 청산위원회를 조직할 수 없는 등(동사회 · 출자자 · 채무자가 보통청산으로는 중대한 지장을 발생한다고 판단하였을 경우 기업이 폐쇄 명령을 받고 해산했을 경우), 보통청산 규정에 따라 청산을 행하면 중대한 방해가 되는 경우에 특별청산을 신청하지 않으면 안 된다.

동사회 등이기업의 심사 비준기관에 특별청산을 신청
(외국투자기업청산방법 제3조)

↓

심사비준기관 인가

↓

심사비준기관에 의한청산위원회의 조직, 청산위원 주임의 선정

↓

보통청산수속과 같이,
채무조사 · 자산조사 · 재산의
정리 · 재무명세서등의 작성

채권자 회의 개최

↓

청산방안에 대한심사 비준 기관의 확인

↓

자산 처리, 채무의 변제, 업무의 완료

청산의 종결 수속 ↓

청산방안에 기초하여 업무처리의 완료에 관한 청산보고작성, 동사회 등에서 확인, 심사 인가기관에 보고, 등록

↓

회계증빙 등을 중문 또는 지정기관에로의 인도

↓

관세, 세무국, 공상행정관리국에서 등록 취소를 진행하고
영업허가서를 반환후 기업 종결보고

청산위원회의 구성인원은 심사 · 인가기관 또는 그 위탁부문이 임명(외국투자기업법청산방법 제36조), 청산위원회는 심사 · 인가기관에 대해 청산업무를 보고할 의무를 갖고(동 37조) 청산방법, 청산보고에 대해서도 심사 · 인가기관의 확인을 거치는(동 42조) 등 심사 · 인가기관에 의한 감독이 엄격하게 되고 있다. 또한 모든 채권자에 의한 채권자회의가 설치되고(동 38조) 채권자회의는 채권의 심사, 청산방법 등에 대해 청산위원회에 의

견을 제출할 권리를 갖는다(동 41조). 회사법에 의한 회사의 청산절차는 보다 출자자의 자치에 맡기는 제도로 되어 있다.

(4) 파산절차에 의한 방법

보통청산 및 특별청산절차 중에 채무초과(소유재산으로 모든 반제 채무를 정리할 수 없는 것)가 판명된 경우 파산절차로 들어간다. 또한 채무자가 기한을 경과하여도 채무를 완제할 수 없는 경우 채권자가 채무자에 대해 파산선고를 주장할 수 있다. 파산에 관해서는 인민법원이 파산재산관리(管財)조직을 설치 또는 '청산사무소' 라 부르는 기관에 위탁해 진행한다.

보통청산절차	특별청산절차
↓	↓

청산절차 중 채무 초과가 판명

↓

채권자(청산 전후를 묻지 않고) · 동사회(청산 수속 중)또는 청산위원회(청산수속 중)가 인민법원에 파산신청

↓

인민법원이 파산선고

↓

인민법원이 파산재산관리조직을 설치

↓

파산공고, 통지

↓

채권자에 의한 채권신고

↓

파산재산관리조직에 의한파산재산의 보관 · 정리 · 평가 · 처리 · 분배

↓

처리의 종료를 파산재산관리조직이 인민법원에 보고

↓

세관, 세무국, 등기기관에서 등기 취소, 기업 종결 공고

5. 청산에 관한 공통적인 사항

(1) 청산소득에 관계되는 기업소득세

1) 외국투자기업이 청산을 진행할 때, 그 순자산액 또는 잉여재산에서 미처분이익, 각종 기금 및 청산비용을 공제한 금액이 자본금(납입자본)을 초과한 부분을 청산소득이라 하는데 소득세를 납부해야 한다.
2) 2면3감(2免3减) 등의 우대정책을 받은 기업의 경영기간이 결과적으로 10년 미만인 경우 지금까지 면세·기업소득세는 추가 납부해야 한다.

(2) 청산에 소요되는 비용

청산비용은 청산과정에서 채권자의 이익을 확보하기 위한 경비임으로 제약 받지 않고 필요에 따라 언제라도 지출할 수 있는 비용이다. 청산비용의 지불은 변제의 우선 순위에서도 제1위에 있기 때문에 채권자에 대한 변제보다 우선적으로 실시할 수 있다.

소유재산으로 청산비용을 전부 지불할 수 없는 경우, 미지불한 청산비용은 여러 가지 비율에 따라 지불된다. 그리고 지불 완료한 청산비용에 대해서는 반환을 요구할 수 없다. 청산비용의 주요한 것들은 다음과 같다.

가. 청산재산의 관리 · 환가 · 분배에 필요한 비용

1) 관리비용

청산팀의 청산행위를 보증하기 위한 경비로서 관리비는 청산작업에 있어서 기본적인 비용이라고 할 수 있다. 청산재산의 보관비용 · 창고비용 · 정리비용 · 수송비용 · 보험비용, 행정관리비용, 청산위원 구성원의 보수, 기업에서 기업을 지킨 자의 급여 · 노동보험비, 변호사 · 회계사의 위촉비용 등이 있다.

2) 환가비용(換價費)

청산팀이 금전재산이 아닌 것들을 처분하기 위해 지출한 비용으로서 재산평가·감정비용, 공고비용, 경매비용, 집행비용 등이 있다.

3) 분배비용

청산팀이 재산을 채권자에게 분배할 때에 발생한 비용으로서, 재산분배 목록 작성비용, 공고비용, 통지비용 등이 있다.

나. 소송 · 중재 관련 비용

1) 청산팀이 기업재산을 되찾기 위하여 행한 반환소송 등의 비용

① 사건의 접수비용, 집행비 및 기타 비용(증인의 출장비용 · 업무에 지장을 초래했을 경우의 보상비, 감정비, 서류 복사비 등)

② 소송 · 중재에서 변호사 위촉비용 등

2) 청산팀이 피고로서 소송 · 중재에 대응할 경우의 비용

예컨대, 과실로 인해 청산팀이 타인의 재산을 청산재산에 참가하여 타인으로부터 반환 또는 소유권 확인의 요구를 받은 경우에 필요한 비용이다.

3) 파산의 접수비용 · 공고 · 통지비용

파산에 의한 기업해산을 진행할 때에 지출하는 경비이다.

(3) 외자기업의 청산에 관한 몇 가지 문제

가. 상대방이 합의해 주지 않아 동사회의 결의를 얻을 수 없는 경우

'외국투자기업청산방법' 의 규정에 의하면, 동사회의 결의를 얻을 수 없어도 청산을 개시하는 것은 가능하다. 또한 청산위원회를 자기 혼자 조직할 수 없는 경우도 청산을 가능케 하는 특별청산의 절차도 규정되어 있다.

그러나 청산의 개시에 직면해서는 법원의 판결이나 중재기관의 판단이 필요하다. 그 후의 수속도 특별청산인 경우에는 심사 · 인가기관의 감독이 엄격하다는 제한이 있고, 아직도 출자자의 의향을 반영하기 어려운 제도로 되어 있다.

(1990년, 절강성의 사례)

동사간의 대립이 치열하여 동사회의 개최가 어려운 상황 하에서 청산을 실시한 절강성의 기업이 있었다. 당해 기업은 동사장이 청산수속, 청산위원의 선정 등을 하고 기타 동사에게 의견을 요구, 1개월 내에 동의 여부에 대한 답장을 하여야 했다.

당해 회사의 규정에 의하면 동사회의 결의에는 6명의 채택이 필요로 되어 있었지만 2명으로부터 회답을 받을 수 없어 5명의 동의밖에 받을 수 없었다. 그래서 작성한 청산안을 당해 회사의 주관부문에 보고하고 주관부문의 동의를 얻어 청산을 실시 · 종료하였다.

나. 청산재산의 평가, 분배 및 그 해외송금

재산평가는 자산평가위원회, 회계사무소 등이 맡아서 한다. 환금할 때는 가능한 전재산을 일괄하여 양도하는 것이 바람직하다. 그것이 불가능하거나 개별적 양도가 유리한 경우, 개별적으로 양도 상대자를 찾는다. 그러나 출자자에게 우선매입권이 부여되어 있기 때문에, 출자자가 매입을 희망하지 않는 경우에는 경매 등에 맡길 수 있다.

(*포인트 1)
재산평가에서 분쟁을 피하기 위해서는 기업설립 시 계약이나 정관에서 재산평가를 우선 명확히 해 두는 것이 바람직하다.

(*포인트 2)
〈토지〉 토지관리국으로부터 불하 받은 토지사용권은 타인에게 양도(전매)할 수 있다. 전매(轉賣)가 불가능한 경우, 실제상 국가로 반환하는 것으로 되어 있는데 금전의 반환은 어려운 것 같다.
〈건축물〉 토지사용권 위의 건물 등은 당연히 타인에게 양도가 가능이다. 그러나 전매 가능한 토지사용권 위에 건축된 건물 외에는 양도가 곤란하다.
〈기계설비〉 기계설립에 관해서는 매각처분(한국측 출자자가 사들여 한국으로 가져가는 등도 포함)하게 된다.

(*포인트 3)
재산매각대금의 해외송금은 청산소득세 지불증명을 외환관리국에 제시한 후 가능하다.

6. 청산절차 중 법적 책임 및 제약

'외국투자기업청산방법 제4장' 청산절차 중 여러 가지 법적 제약 및 벌칙 등이 규정되어 있다.

(1) 기업의 의무와 책임

1) 기업은 청산기간에 새로운 경제활동 진행할 수 없다.
2) 채권자 등에 대한 공고와 통지의무(청산공고에 반드시 기재해야 할 사항) ①기업명칭과 주소, ②청산원인, ③청산개시일, ④청산위원회의 연락처 주소, ⑤청산위원회 구성원 및 연락담당자
3) 정확한 회계자료 등의 작성의무: 재산을 은익 하거나 위조한 대차대조표, 재산명세표를 작성해서는 안 된다.

(2) 투자자의 의무와 책임

청산개시일~청산종료까지 쌍방 투자자는 기업재산의 처분을 해서는 안됨.
1) 청산보고서를 기업의 심사비준기관 등에 제출해야 하고 또한 보고시 중요한 사실을 감추거나 빠뜨려서는 안 된다.
2) 청산위원회는 신속히 등록말소 수속을 해야 한다.

(3) 청산위원회 구성원의 의무와 책임

청산위원회의 구성원은 직권을 이용하여 불법적으로 수입을 획득하거나 기업재산을 횡령해서는 안 된다.

제3부
중국 현지법인 인사 · 노무

제1장 중국노사관계 이해에 대한 시각

1. 노동조합과 공회(工會)

한국사회에서 노사관계 개념은 어느 정도의 존재감을 갖고 있을까. 해고의 부당성과 여성사원에 대한 승진차별 등의 개별적 노동쟁의가 있는가 하면, 경영단체와 노동조합의 대립과 투쟁은 하루가 멀다 하고 계속되고 있다.

한국은 오랫동안 억압적 노동의 전형적 국가였으며, 권위주의적 억압에서 벗어나 민주적 노사관계를 성취하기 위해 다면적 갈등을 겪고 있다. 십 년 남짓한 민주화 기간 동안 노사관계는 괄목할만한 발전을 이룩하였다. 그러나 한국은 이중적 과제에 직면하고 있다. 첫째는 아직도 그 구체적 내용과 제도를 둘러싸고 이견이 분분한 '민주적 노사관계' 를 이룩해야 한다는 오랜 과제가 그것이고, 둘째는 세계화의 거센 조류와 노사관계의 환경변화에 따른 노사관계 개혁의 방향과 정책 자체를 바꾸어야 한다는 시대적 압력이 또 다른 하나이다.

최근 발생하는 노사분규는 위 두 가지의 과제간 적절한 접합점이 찾아지지 않은 채, 양자 택일의 문제로 치닫는 경향이 발견된다. 즉, 세계의 모든 국가에서 진행되고 있는 것처럼 변화된 세계상황을 인식하여 노동자의 희생을 어느 정도 용인할 것인가, 아니면 국가경쟁력을 희생시켜서라도 노동의 요구를 끝까지 관철시킬 것인가 하는 문제 사이에 극단적 대립이 초래되고 있다. 관련 국제기구들의 지속적인 노사관계를 국제기준에 맞추라는 주문이 있다. 즉 국제노동기구(ILO)와 경제협력개발기구(OECD), 국제통화기금(IMF) 등의 주문을 외면할 경우, 큰 폭의 국제 신인도 추락이 예상된다. 정부와 열린우리당이 노사관계 법·제도 선진화 방안(노사관계 로드맵) 처리를 서두르고 있고, 이에 대해 민주노총은 이를 저지하기 위해 총력투쟁에 나설 것이라고 밝혔고, 한국노총 역시 노정관계의 더 큰 악화를 경고하고 있다.[75] 현재 노사관계 재정립 문제는 한국사회 개혁의 핵심적 과제이자 사회통합을 향한 중요한 정책적 영역이 되고 있다.[76]

중국의 기업사회에 있어서 노사관계는 대립의 개념이 성립하지 않고, 한국뿐만 아니라 국제사회의 노사관계 개념으로는 설명할 수 없다고 할 수 있다. 즉 중국의 공회는 기본적으로 교섭은 하지만 "쟁의권은 없고, 스트라이크는 할 수 없다" 고 하는 것이 기본원칙으로 경영의 대립을 둘러싼 이해대립의 문제는 '자본주의 사회의 노동자와 자본가의 대립과 노사관계' 라고 하는 개념이 아닌, '노동관계' 라는 단어로 표현되어 오고 있다. 그런 의미에서 아직까지 중국의 노동조합인 '공회(工會)' 는 노사간의 모든 문제를 평화적 방

75) http://tong.nate.com/bcaq471ttue/5988254
76) 원문: http://sociology.snu.ac.kr/hksong/articles/art_2000_4.hwp

법으로 해결하는 협력체제로써 현재의 '공회(工會)' 는 사원들의 운동회 등과 복리후생 행사를 담당하는 기관이라고 설명하고 있다.

그러나 실질적인 스트라이크가 일어나는 경우가 있다. "이런 노동조건은 받아들일 수 없다" 라고 하는 이유로 공회가 일절 거부를 하여 스트라이크를 할 수는 없다. 단지, 종업원이 자발적으로 사포타지[77]를 한다든지 회사를 봉쇄한다고 하는 사건은 중국에서 많이 일어나고 있다. 그러므로 단순히 중국에서 스트라이크가 일어나지 않는다고 봐서는 안 된다. 예컨대, 임금의 미지불, 관리자의 이유 없는 자의적 해고의 경우 심지어 격렬한 노동자는 고속도로를 봉쇄하는 경우도 있다.

오늘날 중국의 현상은 낙관과 비관, 빛과 그림자 그리고 경이와 위협이라는 양면성이 존재하고 있다. 실업자들을 배경으로 중국 전 지역에서 노동쟁의가 매년 증가하고 있다는 사실이 바로 그것을 뒷받침하고 있는 것이다. 그러므로 중국의 노사관계와 노동사정에 대해서 일률적으로 논할 수는 없다고 할 것이다.

2. 신세대 직업의 선호도

미국의 직장인들은 보다 유리한 업무와 지위 그리고 임금도 높은 곳을 찾아 직장을 옮긴다. 그것은 일반적으로 사회적 향상심리에 의한 이동 현상으로 설명되고 있다. 그리고 자기의 경력은 자기가 개척해 간다는 생각을 갖고 있다.

중국인이 전직을 포함하여 직업을 선택하는 경우 조건을 보면 단순히 급여(월급)뿐만은 아닌 것 같다. 중화영재망(中華英才網)의 2004년 조사에 의하면 중국의 대학생이 졸업 후 취직기업을 선택할 때 중요시하는 그 첫째는 '연구와 경력 향상의 기회(50%)' 가 반수를 차지하고, 다음으로 '복리후생을 포함한 급여(14%)' 로 되어 있다.

그리고 중국 직장인들의 경우도 이와 같은 현상을 보이는 것 같다. 현지 방문기업에 재직하는 신세대 직장인(화이트칼러 35세 이하)를 대상으로 한 설문지 조사에 의한 211명의 회답의 집계결과는 다음과 같다.

예컨대, 직업을 선택하는 경우 가장 중요시 하는 상위 3위는 ①능력의 발휘(72%), ②새로운 기술과 지식 습득의 기회(69%), ③비전(58%)로 되어 있다. 그리고 중국인이 전직하는 이유 상위 5위는 ①현재 회사의 인사제노 미정비, ②경력의 향상, ③유학, ④급여에 대한 불만, ⑤업무내용의 부적합을 열거하고 있다. 또한 경영의 방향성이 명확하지 않는 등 경영 측의 문제도 지적하고 있다. 결과적으로 자기의 능력이 정당하게 평가되고 그에 부합하는 급여와 지위를 얻을 것인지, 금후 자기 자신의 성장과 경력 향상의 기회가 충분히 있는가를 중요하게 생각한다. 한편 근무연수와 퇴직이유로는 1년 이내의 퇴직이

77) 태업 동맹파업과는 달리 조합원이 출근·취업하면서 생산능률을 저하 시키는 쟁의전술 서구에서는 기계를 부순다거나 하는 등의 적극적인 기업의 업무방해를 포함하는 넓은 의미로 사용되고 있다.

가장 많고, "업무가 자기의 적성과 맞지 않다" 라는 이유를 가장 많이 들고 있다.

또 '목표로 하는 자기의 장래상' 에서 "안정된 가정을 이루고 싶다" 는 3.9%, "업무에 시달리지 않고 좋아하는 일을 하면서 살고 싶다" 는 8.7%를 선택한 반면 "자기의 일에 관하여 자타가 인정하는 실력자가 되고 싶다" 는 49.0%라는 높은 비율을 나타내고 있다.

위에서 살펴 본 바와 같이 중국의 많은 신세대들이 "좋은 직장을 통하여 자기의 좋은 경력을 쌓고 싶다" 는 생각과 "높은 임금을 선호한다" 는 생각을 갖고 업무에 임한다는 것을 알 수 있다.

3. 다국적기업의 인기도와 그 이유

중국의 우수한 인재를 활용하고 싶다는 희망을 하는 현지 한국기업은 증가하고 있지만, 취직하는 학생들의 입장에서 보면 한국기업의 인기는 그 정도로 높은 것은 아닌 것 같다.

대학의 신규졸업자 채용업무의 중국 국내에서 가장 큰 대행기관인 중화영재망(中華英才網)이 시행한 2004년도 조사(표)에 의하면 대학생의 희망 취직기업 상위 50위 이내에 한국기업도 2개회사 포함되어 있다. 즉 삼성 11위, LG전자 28위로 되어 있다. 일본의 경우도 2개사 뿐인데 소니 26위, 마쓰시다(松下)전기 46위로 한국기업의 인기도가 일본기업 보다 높다는 것을 알 수 있다.

1위는 전년도에 이어 계속 중국기업의 하이얼기업이고, 전체적으로 유럽과 미국기업과 브랜드의 이미지가 높은 중국기업이 대부분을 차지하고 있다. 중화영재망의 장소문(張小文) 총경리(사장)에 따르면 한류(韓流)등의 원인으로 일본기업보다 인기가 올라가는 것은 사실이지만, 아직 기업이미지 향상의 노력이 좀 부족하고, 특히 한국기업은 제품의 선전에는 노력을 하고 있지만 학생들에 대한 기업 PR을 그 정도로 중요시 하지 않는 경향이 있다는 것이다.

그리고 일반적인 한국기업의 인기가 낮은 이유로 ①경력에 대한 자기 위치가 불명확(자기가 어떤 직무경험과 기술을 축적하여 장래 어떤 위치에서 일을 하게 될 것인가에 대한 기대를 알 수가 없고, 이에 대해 상사로부터 명확한 설명이나 대화가 적다는 것이다), ②평가시스템이 불명확(자기의 업무가 어떻게 평가되고 그 결과 보수와 직무 등 어떤 것을 얻는지 명확하지 않다), ③직무에 따른 권한이 주어지지 않는 것, ④경영의 현지화 진전도가 낮다는 것(결과적으로 간부 등의 승진이 어렵다), ⑤급여수준이 상대적으로 낮다는 것(간부들의 경우 동일한 직종에서도 구미기업에 비해 차이가 크다는 것이다). ⑥MBA 등 경력과 직결되는 교육연수의 기회가 구미기업과 비교하여 적다(OJT가 많다)는 등이 열거되고 있다.

유럽이나 미국의 구미기업의 인기도가 상위인 이유는 ①연수의 기회와 경력을 향상 시킬 수 있는 기회가 많다는 것, ②급여수준이 높다. ③개인의 능력과 실적을 중요시하는 등 공개·투명한 환경도 포함된다. 그리고 중국기업의 순위가 높은 이유는 중국기업의 성장성과 브랜드의 힘 외에 대학에서 적극적인 PR활동도 있다는 것이다. 그 지역의 기업이 대학 내의 이벤트 등으로 스폰서가 되는 것은 일반적인 기업PR의 방법이다. 가령, 연상(聯想)기업은 전국의 대학에서 스폰서로 활동하고, 우수한 연구생을 인턴사원으로 채용하는 등 기업의 이미지 향상에 노력하고 있다.

4. 인재들의 대이동 현상

현재 중국에서는 대대적인 인재의 유동현상이 일어나고 있다. 즉 구인과 구직이 교차하면서 인재 대이동이 일어나고 있다. 그것은 단순히 중국 전역에 대한 움직임에 머물지 않고, 다국적 기업을 포함한 글로벌화한 양상을 보이고 있다. 그렇기 때문에 중국은 인재비즈니스가 활황을 누리면서 지방자치단체는 인재시장의 충실화 방안을 구축하고 국가는 직업교육의 개혁에 박차를 가하고 있다. 사업활동은 매우 활발하고 급속히 늘어가는 민영기업과 외자기업으로부터 인재 구인의 수요는 계속 늘어나고 있다. 새로운 인재와 우수한 인재를 확보하기 위해 다각적으로 노력하고 있다. 전직을 지향하는 인재들에게는 절호의 기회가 도래한 것이다.[78]

인재시장에 등록하고 헤드헌팅의 대상이 되는 것은 중국 국내에 거주하는 중국인 뿐만 아니라, 해외에 유학하고 있는 젊은 인재와 해외기업에서 활약하고 있는 비즈니스맨도 포함된다. 매년 북경의 인민대회당에 세계각지의 우수한 중국인 학생으로 구성된 '해외청년합동중화교류단' 등 중국이 인재육성과 인재의 유동화를 글로벌적인 규모로 계속 추진하고 있다.

종전에는 인재들이 일방적으로 해외로 나가는 경향이 많았다. 자기 경력의 향상을 위해서 그리고 보다 좋은 직장을 구하기 위해 많은 인재들이 해외로 유실되는 경우가 많았지만, 지금은 해외로부터 다양한 인재들이 중국으로 유입되고 있다. 현재 중국에 취업등록하고 있는 외국인은 7만 명에 이르지만, 실제 숫자는 이것을 크게 상회한다고 한다.[79] 북경, 상해, 광주와 같은 대도시에서는 외자기업에 근무하고, 외국적 교사들의 수업을 받으며 외국인 요리점이 만든 요리를 맛보면서 미용원에서 고급 메이크업 아티스트와 헤이서비스를 받는 것은 이제 전혀 새로운 것이 아니다.

현재 중국에서 우수한 인재를 어떻게 획득하는가 하는 것이 비단 중국에 있는 한국기업을 포함한 외자기업뿐만 아니라 현지 기업들에게도 큰 과제로 대두 되고 있다.

---

78) http://www.nicchu.com/info/library
79) http://www.pekinsyuho.com

5. 인재초빙 시스템 필요성

이젠 중국에서 제조, 물류, 연구개발 등 현지법인 간부후보의 우수한 사원을 일괄 채용하기는 그렇게 쉽지는 않다. 다국적 기업들뿐만 아니라 중국기업들이 경쟁적으로 중국 각지의 문과, 이과대학 신규 졸업자들을 상대로 장래 간부로 육성시키기 위해 많은 시스템을 구축하고 있다. 즉 인재정보와 인재자료를 각 현지법인의 경영진과 공유하면서 구직자들의 능력에 따른 직장의 가장 적합한 곳에 배치될 수 있도록 전국적인 인재 발굴의 방침을 세우고 있다.

이젠 연공서열의 임금체계가 부서지고 능력과 실적에 따른 유럽이나 미국형태의 보수제도를 도입하고 있다. 연해안을 중심으로 경제개발 대도시의 세계 각국의 외자기업들과 현지기업들은 치열한 우수인재 확보의 어려움을 극복하기 위해 임금체계의 개혁과 인센티브의 제공이라는 제도를 도입하는 등 능력주의가 정착할 수 있도록 구직자들의 요구에 부합하는 시스템의 구축을 서두르고 있다. 실적에 따른 보수와 지위를 요구하는 현지 젊은 사원들의 요구에 부합하지 않는다면 우수한 인재를 장기간에 걸쳐서 확보하기 어렵게 되고, 또 우수한 간부 후보들의 구인이 어렵게 된다고 판단된다.

특히 외자기업들이 중국인 종업원들에게 업무의 신뢰 속에 중책을 맡기지 않고, 정보를 공유하지 않으며, 권한을 부여하지 않는다고 하는 것은 직장인으로서 인정을 그만둔 것으로 그들의 조직 내 상응한 지위의 갈망을 부인하고 있는 것인지도 모른다. 현지화를 추구하는 외자기업들의 강한 요구에 있어서 이러한 것들도 심사 숙고하여 검토할 필요가 있겠다.

제2장 노동계약의 체결부터 종료까지

1. 종업원채용과 노동계약체결

(1) 채용수속

가. 종업원 모집방법

외자기업이 중국인 종업원을 모집하는 경우, 노동사회보장국에 승인 받은 취업소개센터에서 모집하는 것을 원칙으로 하지만, 상해시를 포함한 많은 도시 등에서 외자기업의 직접모집을 인정하고 있다.

① 중국측 파트너 및 기업주관부처에서 추천하는 인원 중에서 채용
② 각종 대학, 전문학교, 기술학교의 졸업생 중에서 채용
③ 모집광고, 취직설명회 등의 방법을 통해서 직접 공개 모집하는 방법
④ 직업소개소, 외국기업을 위한 중개기관에 위탁하여 모집하는 방법

나. 종업원 채용 시 제한사항

① 상해시 기업 등의 종업원 모집・채용에 대해서는 "먼저 도시부, 후에 농촌부, 우선 상해시, 후에 외지"의 원칙이 있고, 농촌호적 또는 외래인원(외지 호적인원)의 채용에 대해서는 각종 제한이 있다.[80]
② 학생이 아닐 것
③ 만 16세 이상일 것

다. 종업원 채용할 시 유의할 점

① 허위 모집정보를 공고하지 말 것
② 신분증명서가 비합법적인 직원을 채용하지 말 것
③ 구직자로부터 모집비용을 받지 말 것
④ 채용예정자로부터 보증금을 받지 말 것
⑤ 채용예정자의 신분증서 등의 증서를 압수하지 말 것
⑥ 인원채용 명목으로 부정한 이익 접수 또는 위법활동은 하지 말 것
⑦ 무단으로 모집 전단지 배포금지, 또는 직업소개소의 규칙에 대한 심사를 거치지 않고 무단으로 각종 모집활동을 하지 않을 것
⑧ 국가가 규정한 종사에 부적격한 직종 및 직장을 제외하고 성별, 민족, 종족, 종교 등

80) 중국에서는 종업원에 대하여 '노동수첩'제도를 실시하고 있다. 노동수첩은 종업원의 취업, 전직, 실업, 직업훈련 및 실업보험 수령 등의 사항을 기록하는데 이용되고 있다.

을 이유로 채용을 거절한다든지 채용기준을 엄격하게 설정하지 말 것
⑨ 다른 직장과 노동관계를 해제하지 않은 종업을 채용하자 말 것
⑩ 16세 미만의 미성년자를 고용하지 말 것
⑪ 농촌 종업원 보다 도시 종업원을 우선하여 채용할 것
⑫ 지방출신 종업원 보다 해당 지역 종업원을 우선하여 채용할 것

(2) 노동계약

가. 노동계약 체결의 의무화

외자기업은 "노동법", "외자기업노동관리규정" 등의 관련 법규에서 노동계약의 체결을 법적인 의무로 하고 있다. 노동계약은 중국어로 기재하여야 하고, 동시에 외국어로 기재할 수 있으나 내용이 불일치 시 중문이 기준이 된다. 노동계약은 서면으로 체결하는 것으로 그렇지 않거나 또는 노동계약의 갱신을 서면으로 진행하지 않는 등, 서면에 의한 체결이 아닌 경우는 문제가 된다. 따라서 외자기업은 노동계약의 미체결 등을 이유로 종업원에 대하여 관련법규 등이 규정하는 노동복리, 사회보험, 노동보호 등의 의무를 면제할 수는 없다.

나. 종업원과 파트타임(非全日制)노동계약체결도 가능한가?

기업은 종업원과 파트타임 노동계약을 체결 할 수 있다. 파트타임의 종업원이 1개의 기업과 매일, 매주 또는 매월의 취업시간은 각각 법정취업시간의 50% 이하이어야 한다. 상해시의 경우 구두약정도 가능하다. 그러나 역시 기업 입장에서는 불필요한 노동분쟁을 회피하기 위해 서면에 의한 노동계약 체결로 노동권리 의무를 명확히 할 필요가 있다.

다. 노동계약서에 반드시 포함시켜야 하는 내용

① 노동계약기간
② 노동보수, 보험복리대우
③ 직무내용
④ 노동보호 및 노동조건
⑤ 노동기율(상벌, 퇴직 · 사직의 조건)
⑥ 노동계약 종료조건
⑦ 노동계약 위반책임
⑧ 기타 쌍방이 규정하는 것이 필요하다고 생각되는 사항

상기 노동계약의 필요적 기재사항 이외에 임의적 기재사항으로서 ①수습기간에 관한 조항, ②고용기업의 상업비밀의 보호유지조항, ③직업훈련에 관한 조항 등 관련법규에 저촉되지 않는 범위 내에서 합의가 가능하다.

라. 노동계약 체결 후 수속절차

외자기업이 노동계약을 체결한 경우, 체결 후 1개월 이내 현지 노동사회보장국의 인증, 채용의 등록을 받아야 한다. 정규직으로 취업하고 있는 종업원이 전직할 경우 아래와 같은 수속을 밟아야 한다(예, 상해의 경우).

1) 직원이 전직을 희망하는 경우 재직기업 및 전직기업의 동의를 얻고 재직기업은 "상해시직원전직표"를 작성한 후, 전직기업에 교부한다.
2) 전직기업이 "상해시직원전직표"를 확인한 후, 이것을 재직기업에 반환하고, 이것이 반환된 때부터 2주 이내에 노동계약 해제의 관련 수속을 종료하고, "상해시직원퇴직통지단"을 작성 발행하여 1부를 재직기업의 인사 당안으로 편찬하고 1부를 전직기업에 교부한다.
3) 전직기업은 ①상해시 직원전직표, ②상해시 직원퇴직통지단, ③직원의 "노동수첩", ④노동계약, ⑤영업허가증(부본)의 서류를 제출하여 종업원의 인증·채용 등록을 한다.

(3) 단체협약

단체협약(集體契約)이란 일반적으로 종업원의 대표인 공회(노동조합)과 기업이 집단협의(단체교섭)을 경유하여 체결하는 노동계약이다.

가. 단체협약 시 필요적 기재사항

1) **노동보수**: 임금의 분배방식, 지급방법, 증감의 폭, 최저임금, 임금계산기준, 잔업수당 등의 계산기준, 특수 상황하의 급여의 계산기준 등을 규정한다.
2) **노동시간**: 日, 周의 노동시간, 잔업시간, 야근시간, 스케줄(교체제도)노동의 형식·시간 등을 규정한다.
3) **휴식휴가**: 노동일의 휴식, 주휴, 법정휴일, 유급휴가 등을 규정한다.
4) **보험복리**: 의료, 양로, 실업, 출산, 업무상 상해 등 사회보험의 처리, 자금의 부담 및 기준, 종업원이 사망한 경우의 유족의 대우, 기업의 보상, 구제, 복리시설의 건설, 문화·체육활동의 경비부담, 종업원의 주택조건 개선 등을 규정한다.
5) **노동안전 및 위생**: 노동안전 위생목표, 노동보호의 구체적 조치, 작업환경표준, 건강진단의 실시, 노동보호 용품의 지급조건, 위험작업 인원의 안전보호 등을 규정한다.
6) **계약기한**: 1년에서 3년으로 되어 있다. 또 기간 갱신 등에 관한 규정은 없지만, 단체협약이 비교적 단기의 기간제한을 받고 있는 것을 고려하면 갱신 시 내용 등에 변경이 없어도, 원칙적으로 체결과 동일한 수속이 필요하다.
7) **단체협약의 변경, 해제, 종료에 관한 협의수속**: 단체협약의 변경, 해제는 일방 당사

자가 협의를 신청하여 7일 이내로 협의를 진행하고, 그 합의에 따라 진행하는 것이 원칙이다. 또 단체협약의 종료는 계약기간의 만료 또는 단체협약에 규정한 종료조건에 해당하는 경우로 되어 있다.

8) **계약당사자 쌍방의 단체협약 이행에 관한 권리 및 의무**
9) **단체협약의 이행에서 분쟁이 생길 경우의 협의처리의 약정**
10) **단체협약에 관한 위약책임**
11) **계약당사자가 협의 약정한 기타 내용:** 각종내용이 고려된다. 실무적으로는 기업의 입장에서 노동계약 해제의 조건, 감봉의 조건, 자택대기 경우의 조건 등을 규정하는 것이 고려된다.

나. 교섭계약체결 후 수속절차

1) **노동사회보장국 등의 심사청구:** 기업 및 공회의 수석대표가 단체협약을 체결한 후 7일 내에 구 현급의 노동사회보장국 및 상급 노동조합에 단체협약의 심사수속을 신청해야 한다.
2) **초기심사:** 상기 신청을 받은 노동사회보장국은 이하의 내용에 대한 초기심사를 진행하고 수리(受理)일시를 결정하여 등록번호를 부여한 후 기업의 회답을 교부한다.
3) **본 심사** : 노동사회보장국은 신청수리 후 15일 이내에 단체협약의 본 심사를 진행하고 "단체협약심사의견서"를 기업 및 공회에 송부한다.
4) **종업원에 대한 공고**

노동사회보장국의 심사를 종료하고 발효한 단체협약에 대해서는 기업이 공고 또는 기타 방법으로 종업원 전원에 공포해야 한다.

다. 단체협의 및 단체협약제도의 실시와 기업의 영향

1) **장점**

A. 단체협의제도를 두는 경우 기업관리자와 종업원은 충분한 대화가 가능하고 안정적인 노사관계의 구축에 유리하다고 본다.
B. 단체협의 및 단체협약제도를 실시하는 경우 종업원의 기업에 대한 민주적인 관리 및 기업관리자에 대한 감독강화에 도움이 된다고 본다.
C. 단체협의 및 단체협약제도를 실시하는 경우 기업관리 규범화에 도움이 된다고 본다.
D. 단체협의 및 단체협약제도를 실시하는 경우 종업원의 일에 대한 의욕을 환기시킬 수 있다고 본다.

2) **단점**

A. 단체협의제도를 실시하는 경우 시간과 비용이 필요하다.

B. 단체협의 및 단체교섭을 실시하는 경우 공회의 기업에 대한 지위 및 영향력 강화, 기업의 관리자에 대한 대항능력이 강화된다고 본다. 예컨대, 기업관리자와 공회의 투쟁이 격화되는 경우 스트라이크 등 극단적인 노동쟁의가 발생할 가능성이 있다.

C. 단체협의 및 단체협약을 실시하는 경우 단체계약에 의해 확정된 노동기준, 노동제도는 최저한의 것을 규정하고 있기 때문에 기업과 종업원이 개별적으로 체결한 노동계약의 탄력성에 영향을 준다고 본다.

D. 단체협의 및 단체협약을 실시하는 경우, 당해 기업의 임금제도 및 기타 구체적인 노동제도 또는 기준에 대한 기업관리자의 자주결정권에 영향을 준다고 보며, 기업이 부담하는 임금 및 복리비 등 비용코스트가 증가할 가능성이 있다.

위와 같이 단체협의 및 단체협약제도의 실시는 기업에 대하여 심도 있고 장기적인 영향을 주는 것은 아닌가 생각된다.

2. 외국인의 외자기업 취업

(1) 외국인의 취업조건

중국에서 외국인 취업자에 대한 조건은《중국에서 외국인의 취업관리규정》에 규정되고 있다(예, 상해의 경우).

① 신체가 건강하고 정신병, 에이즈, 성병, 개방성 폐결핵 등의 전염병이 없고, 또 종사하는 업무에 의해 발병하지 않을 것

② 확정된 업무기업이 존재할 것

③ 업무에 필요한 전문기능, 상응하는 학력 및 상응하는 2년 이상의 업무경험이 있을 것

④ 범죄경력이 없을 것

⑤ 유효한 여권 또는 그와 상응하는 유효한 국제여행 증서를 갖고 있을 것

⑥ 남성은 18세 이상 만 60세 이하, 여성은 만 18세 이상 만 55세 이하일 것

(2) 외국인 취업 신청 시 필요한 서류

해당 지역의 외자기업이 외국인을 중국 국외로부터 고용하는 경우는 먼저, 고용기업이 관할 시의 노동사회보장국 외국인 취업판공실에서 외국인 취업허가증 신청수속을 해야 한다. 보통 신청일로부터 1주일 정도면 외국인 취업허가증이 고용기업에 대해 발행된다. 신청시 필요한 서류는 다음과 같다.

① 외국인취업허가신청서(1부): 관할 노동사회보장국 외국인 취업판공실에 비치, 고용

기업에 의한 기재, 날인이 필요

② 외국인고용신청서(1부): 고용기업이 고용이유, 직무 등의 명기를 기재. 기업의 날인이 필요하지만 지점에 상당하는 지사의 경우 본사 인감의 날인이 필요

③ 고용기업의 영업허가증 또는 등록증 사본(1부)

④ 고용기업의 비준증서 사본(1부)

⑤ 조직기구 코드증 사본(1부)

⑥ 고용된 외국인의 이력서(1부)
최종학력, 경력(職歷) 등을 중국어로 기재한 후 고용기업의 날인이 필요하다. 또 최종학력의 증명서 등이 추가로 요구되는 경우도 있다.

⑦ 고용된 외국인의 담당직무에 관한 자격증명(1부)
관계기관이 발행하는 외국인 취업자의 직무에 관한 관계자격 또는 기술자격증을 말한다. 자격에 대해 관계기관의 증명서가 존재하지 않는 경우 해당 외국인 취업자가 2년 이상 재직했던 기업의 날인이 있는 재직증명서가 필요하다.

⑧ 고용된 외국인의 여권사본(1부)

외국인 취업허가증은 발행일로부터 6개월 유효하다. 6개월 이내에 관련 수속을 하지 않으면 자동적으로 실효되기 때문에 주의가 필요하다.

(3) 취업증의 발행 및 외국인취업등기표의 제출수속

취업비자를 취득하고 중국에 입국한 외국인은 입국 일로부터 15일 이내에 관할 노동사회보장국 외국인 취업관리 판공실에 가서 취업증의 발행신청을 진행함과 동시에 외국인 취업등기표를 제출해야 한다. 취업증 발행시 다음의 자료를 제출해야 한다.

(4) 외국인 거류증의 취득

취업증을 발행 받은 외국인은 취업증 발행일로부터 30일 이내에 관할 공안국 출입국관리처에서 외국인 거류증의 발행수속을 해야 한다.[81]

거류증의 발행시 다음의 자료를 제출해야 한다.

① 신청서(1부): 고용기업이 초빙하는 외국인 성명 등의 상황, 직무 및 초빙기간 등을 기재하고, 공안국 출입국관리처에서 작성하는 신청서로, 고용기업의 인감 날인이 필요하다.

② 고용기업의 영업허가증 사본(1부)

81) 거류증의 발행신청은 외국인 본인이 직접 진행할 필요가 있다. 그러나 거류증 수령시는 대리인도 가능하다. 관련 자료를 제출 후, 일반적으로 7일 근무일 후 거류증이 발급된다.

③ 고용기업의 비준증명서 사본(1부)
④ 외국인취업증 및 외국인취업등기표 원본(각 1부)
⑤ 건강진단증명서 원본(1부)
⑥ 임시거주증명서(1부): 외국인이 거주하는 장소가 결정된 경우에 해당 장소의 공안국(파출소)에서 거주등기를 하는데, 이때 공안국이 발행하는 증명서이다. 호텔에 거주하는 경우에는 호텔의 숙박증명으로 대체할 수 있다.
⑦ 사진 2매(3×4cm)
⑧ 여권

(5) 외국인의 취업관리

가. 노동계약의 체결

고용기업과 외국인 취업자는 직접 법에 따라 노동계약을 체결해야 한다. 노동계약에는 초빙기간, 직무, 보수, 보험, 노동시간, 초빙관계의 해제조건 및 위약책임 등을 규정하는 것이 필요하다. 또 해당 노동계약기간(초빙기간)은 최장 1년을 초과할 수 없고, 또 고용기업의 영업허가증 및 해당 외국인의 여권의 유효기간을 초과할 수는 없다. 노동계약기간이 만료된 경우는 해당노동계약은 자동으로 종료된다. 또 상기 노동계약기간의 만료와 동시에 취업증의 효력도 실효된다.

나. 노동계약의 갱신 및 취업증의 연장

고용기업이 외국인 취업자와의 노동계약을 갱신하는 경우는 원 노동계약의 기간만료 전 30일까지로 관할 노동사회보장국 외국인 취업관리판공실에 서류를 제출하고, 그 비준을 받은 후 취업증 기간연장 수속을 하고, 비준을 받은 후 10일 이내에 관할 공안국 출입국관리처에서 거류증의 거류기간 연장수속을 밟을 필요가 있다.

다. 노동계약의 해제와 취할 조치

고용기업이 외국인과의 노동계약을 기간만료에 따라 종료한 경우 또는 이것을 해제한 경우는 해당 고용기업은 외국인의 이직 후 10일 이내에 관할 노동사회보장국 외국인 취업관리판공실에 해당 사실을 보고하고, 취업증 및 거류증을 각각 발행기관에 반환하며 관할 공안국 출입국관리처에서 출국수속을 진행해야 한다.[82]

---

82) 외국인이 중국에서 취업수속을 적정하게 밟지 않은 까닭으로 공안국 등으로부터 벌금 등의 처분을 받은 경우가 많다. 수속이 비교적 번잡하다는 이유다. 외국에서 취업하는 외국인은 늘 외국에서 취업관리를 준수해 가는 것이 바람직하다. 한번 벌금 등의 경우를 당하게 되면 중국 자체가 싫어지고, 외자기업의 경영에도 영향을 주는 등의 쓸데 없는 부담이 생길 수 있기 때문이다.

3. 외래인원 채용과 그 관리

(1) 채용조건

외래인원의 취업관리는 외래인원의 노동호적 부여에 관한 호적관리를 통한 총량규제의 문제, 외래인원과의 노동계약, 노동계약의 체결 등에 관한 관리문제, 거주제공, 등록 등 거주관리문제, 외래인원을 고용하는 기업의 부담금의 문제 등 넓은 범위에서 법적 규제가 있다.[83)]

그러나 현실적으로 외래인원을 채용하는 외자기업은 상당수로 늘어날 것으로 생각되고, 노동사회보장국 등의 정부관련부처도 이러한 현실을 직시하면서 제도를 유연하게 운용하면서 실제관리를 진행하고 있다.

최근 외래인원에 관련하여 기업의 사회보장을 어떻게 실시하는가 등 사회보험제도와의 관계 등이 문제로 되고 있지만, 외래인원에 대해 종합보험제도 도입에 따라 해결이 도모되고 있다.

(2) 채용수속

가. 노동사회보장국의 비준

외래인원 채용에 관련 사정이 있는 기업은, 외래인원의 채용에 대해 노동사회보장국에 위의 사정을 증명하는 자료(모집부족증명)를 제출하고 노동사회보장국의 비준을 신청해야 한다. 노동사회보장국은 신청을 접수한 날부터 15일 이내에 비준여부를 결정한다.

나. 노무중개서비스기구와 노무계약의 체결

외자기업 등이 직접 외래인원을 채용하는 경우 관할지역 노동사회보장국의 비준이 필요하다. 이 경우 기업은 지정한 노무중개서비스기구와 노무계약을 체결이 필요하다. 노무계약에는 노무인수, 노무항목(직종), 노무제공기간, 노무제공의 대가(노무인원의 노무수입, 관리비 및 그 구성 등), 안전생산책임, 해제, 변경, 계약종료 조건, 위약책임 등을 규정해야 한다.

여기서 노무중개서비스기구와 체결을 통해 외래인원의 채용은 법제상 2년을 한도로 한 임시적인 노무관계이다. 그러므로 일반적으로 기업은 독자적으로 외래인원의 양로보험, 실업보험, 주택공적금 등의 노동보험, 노동복리 등을 부담하지 않고, 노무수출계약에 기초하여 외래인원의 노동보험, 노동복리 등에 관한 비용을 관리비로 노무중개서비스기구에 지불하게 된다.

---

83) 외래인원이란 해당 도시의 취업조건에 합치하고 그 시에서 취업하고 있지만 스 지역의 상주 호적을 갖고 있지 않은 외지의 성, 자치구, 직할시의 노동자를 말한다.

다. 공안국에서 "외래인원 임시거주증(暫住證)"의 취득

외래인원을 채용 기업은 각 외래인원에 대해 당지 소관 공안국에 "외래인원임시거주증"의 교부를 신청하고, 임시거주증의 교부를 받아야 한다. 이 임시거주증의 신청·교부는 외래인원의 거주관계를 명확히 하고, 이에 대한 경찰관리를 순조롭게 진행하기 위한 수속이다. 이 임시거주증은 "외래인원취업증" 교부 신청시 필요한 제출 서류가 된다.

(3) 외지 노동력 관리기금

외지노동력관리기금(이하 "관리기금" 이라 함)이란 외래인원을 채용하고 있는 기업에 부과되는 부담으로 이 기금은 주로 下崗인원(자택대기업자)의 재취업을 위한 직업양성, 생활보상 등에 사용되고 이외에 외래인원의 종업원 질 향상을 위한 양성, 서비스 등에 사용된다.

가. 관리기금의 표준(상해시의 경우)

관리기금은 아래의 표준에 따라 계산하고 노동사회보장국 또는 노동사회보장국이 지정한 관리부처에 납부해야 한다.

① 비준을 받고, 규정된 비율의 범위 내에서 외래인원을 채용하고 있는 경우: 외래인원 1인에 대하여 50위엔/월

② 규정된 범위를 초과하여 외래인원을 채용하고 있는 경우 또는 비준을 받지 않고 외래인원을 채용하고 있는 경우: 전년도의 상해시 노동사회보장국이 공포한 직원 월평균 급여의 50%/월

③ 상해시의 건축기업 또는 상해시의 비준을 받은 외지건축기업이 외래인원을 채용하고 있는 경우: 각각 위의 50%/월

나. 관리기금의 납부시기

관리기금의 납부시기는 기업의 외래인원 수에 따라 구분되어 있다.

① 실제 사용인수가 10명 이하(10명을 포함)인 경우: 1년

② 실제 사용인수가 10명 이상 50명 이하(50명을 포함)인 경우: 반년

③ 실세 사용인수가 50명 이상인 경우: 4분기

관리기금의 납부는 채용을 개시한 달의 10일까지 위의 납부시기에 따라 납부한다.

(4) 구체적 거주환경의 제공

외래인원에게 제공하는 거주는 다음의 요건을 만족해야 하고, 이러한 조건을 만족하고 있지 않는 경우에는 외래인원을 채용할 수 없다. 또 노동사회보장국은 기업에 대해 경고,

외래인원사용 및 채용자격의 취소를 진행할 수 있다. 실제상 외래인원은 '건물임대 치안허가증' 을 취득할 수 있는 건물에 거주해야 하고, 건물임대치안허가증의 발행의 기준은 아래의 기준과 일치하지 않으므로 거주의 수당에 상당한 비용이 드는 경우도 있다는 점에 주의가 필요하다(상해의 경우).

① 1단 침대인 경우에는 1인당 2㎡의 면적을 소유해야 하고, 2단 침대인 경우에는 1.5㎡의 면적을 소유해야 한다.

② 방의 높이는 2.5m이상에 달하지 않는 경우는, 1단 침대를 사용해야 하고 또 층계의 높이는 1.5m이상이어야 한다.

③ 외래인원의 주거는 "국가생활 음료수 위생표준"에 부합되는 생활음료수를 제공하고, 우물 물을 사용하는 경우에는 30m이내에 오염원이 없고, 또 엄격하게 소독을 진행해야 한다. 또 생산용수관과 생활 용수관은 접촉하여 있으면 안 된다.

④ 집합주택의 경우에는 위생표준에 부합되는 공용화장실을 설치하고, 수세식이 아닌 경우에는 그 취지를 고지하고 정기적으로 약품을 투입하고, 오염을 제거해야 한다.

⑤ 집합주택의 경우에는 그 부근의 규정에 따라 쓰레기통을 설치하고 관리인을 두어 쓰레기통을 정기적으로 청소하고 모기, 파리, 쥐 등의 병균생물들의 발생을 막아야 한다.

⑥ 집합주택은 일정한 통풍, 일조 조건을 확보하고 소방시설을 구비해야 한다.

(5) 외래인원 종합보험제도

외래인원의 합법적 권익을 보장하고 기업에 대한 종업원의 고용행위를 규범화하고 노동력 시장질서를 유지하기 위한 것으로 종합보험에 포함되는 보험은 업무상 상해, 입원치료, 노년보충수당(양로 일시금)이다.

(6) 외래인원 채용의 실제 문제점

외자기업에서 외래인원을 채용하는 경우, 일부 외래인원의 특수한 능력(외국어능력, 특수기술능력 등)을 이유로 하는 경우와 역시 값싼 노동력 확보의 관점에서 채용하는 경우로 나뉜다. 실제상 외자기업의 경우도 관련 법령의 절차에 따르지 않고, 외래인원의 적정한 사용 및 채용을 진행하는 경우도 많다.

외래인원이 호적지에서 납부해온 양로보험, 주택공적금 등의 처리에 문제가 생기는 경우도 많다. 실제로 이러한 문제에 대처하기 위해 일부 외자기업은 민간의 적립식 보험을 이용하거나 또는 호적지의 대외복무공사 등을 이용하여 외래인원의 노동보험 등의 관계를 처리하는 등의 방법을 채용하고 있다.

중국에서 유동인구의 관리의 곤란을 고려하면 외래인원의 채용법제가 정비되고, 각종 연금 등의 기금이 적정하게 관리되게 되기까지는 상당한 시간이 소요될 것이 예상되고, 또 각지 외래인원의 취업관리는 더욱 강화될 것으로 본다. 따라서 현재 적정하게 외지노동력을 사용하고 있다고 해도 이 에 따른 비용 및 관리비용도 증가될 것으로 전망된다. 외자기업의 외래인원 채용계획도 이러한 법제 현황 및 앞으로의 방향을 전제로 적절하게 책정하는 것이 바람직하다.

4. 노동계약기간과 수습기간

(1) 노동계약기간의 종류와 갱신

A. 고정노동계약기간

외자기업을 포함하는 기업과 종업원이 노동계약에 계약의 유효기한을 명확히 규정하는 것을 말한다.[84)]

B. 무고정노동계약기간

기업과 종업원이 그 체결하는 노동계약에 고정노동계약기간을 규정하지 않고 계약을 체결한 것을 말한다. 그러나 법으로 정한 정년의 연령에 달하면 노동계약기간이 종료한다.

C. 특정작업의 완료기간

노동계약에는 구체적으로 계약의 종료기한은 규정되지 않고, 특정작업이 완료하는 때에 노동계약이 당연히 종료하는 취지로 규정된 것을 말한다.

D. 노동계약의 갱신

노동계약기간이 만료한 경우 노동계약은 당연히 종료하는데, 기업과 종업원이 갱신을 동의하는 경우에는 갱신된 내용에서 노동계약기간은 연장되게 된다. 노동계약의 갱신 시 그때까지의 종업원의 근무상황, 기업의 상황 등에 따라 노동조건을 변경할 수 있고, 노동계약기간도 과거의 노동계약과 다른 합의를 할 수 있다. 노동계약의 갱신을 반복하는 것에 의해 연속근속연수가 누계되어 법적으로 이 연속 근속 연수에 의해 노동계약해제의 경우 경제보상금 등의 지불조건, 의료기간, 의료기간 중의 지불보상금 등의 노동보장조건이 변경된다.[85)]

E. 노동계약기간 만료와 그 종료 제한

다음의 경우 노동계약기간은 각 기간의 만료까지 자동적으로 연장된다.

① 종업원이 비업무성의 질병, 상해로 의료기간 내에 있을 때

② 종업원이 업무성의 질병 상해로 의료기간 내에 있을 때

③ 여자종업원이 임신기, 출산기, 포유기에 있을 때

---

84) 원칙적으로 노동계약기간의 제한은 없다. 즉 노동계약기간은 기업과 종업원이 자유롭게 결정할 수 있다. 보통 외자기업의 경우는 1년 단위로 재계약을 하는 것이 보통이다.

85) 노동계약기간이 만료된 것과 관계없이 노동계약의 갱신을 하지 않고 실제의 노무제공이 계속 진행되는 경우는 이 기간이 원래 노동계약기간이 연장된 것으로 취급된다.

(2) 수습기간

가. 수습기간의 설정

수습기간이란 기업과 종업원의 상호이해의 기초로 6개월을 넘지 않는 범위에서 설치하는 쌍방의 고찰기간을 말한다. 수습기간은 노동계약에 규정하지 않으면 그 효력을 발생하지 않는다. 또 수습기간은 노동계약기간에 당연히 포함되는 기간으로 된다.[86)]

1) 노동계약기간 3개월 이상인 경우 수습기간을 설정할 수 있다.
2) 기술직이 아닌 근무부서의 수습기간은 1개월을 초과할 수 없다.
3) 기술직 근무부서의 수습기간은 2개월을 초과할 수 없다.
4) 고급 전문기술직 근무부서의 수습기간은 6개월을 초과할 수 없다.

나. 수습기간의 기능

수습기간은 상호 고찰기간으로 기업은 수습기간 중에 종업원에 기업의 채용조건에 적합하지 않는 사실이 명확한 경우는 사전고지 없이 수시로 종업원에게 통지하여 노동계약을 해제할 수 있다. 한편 종업원도 기업의 상황, 취업조건, 복리대우 등을 검토하고 노동계약을 기업에 사전고지 없이 해제할 수 있다.[87)]그러나 수습기간 중의 임금 및 그 후의 임금은 노동계약의 규정사항으로 수습기간 중의 근무상황 등에 따라 기업이 이것을 일방적으로 변경할 수는 없고, 이 경우도 원래 노동계약을 변경할 필요가 있다.

(3) 노동계약의 이행과 변경

가. 고용단위의 합병 또는 분할시 노동계약 처리방식

고용단위가 합병 시 노동계약은 합병 후 관련 권리 의무를 승계한 고용단위에서 지속적으로 이행 또는 종업원의 동의를 거쳐 합병 전 고용단위가 종업원과 노동계약을 해지한 후 합병 후 관련 권리 의무를 승계하는 고용단위가 종업원과 다시 노동계약을 체결하게 할 수도 있다.

고용단위가 분할 시 노동계약은 분할 후의 고용단위에서 분할 협약서에 구분한 권리의무에 따라 이행 또는 종업원의 동의를 거쳐 분할 전의 고용단위가 종업원과 노동계약을 해지하고 분할 후의 고용단위에서 다시 종업원과 노동계약을 체결하게 할 수도 있다.

나. 노동계약의 중지와 회복

종업원의 군대 입소 또는 이직하여 국가에서 규정한 기타 의무를 이행하여야 하는 특

---

86) 수습기간에 대한 제한은 노동계약 기간의 길고 짧음에 의한 기업에 의한 일방적인 노동계약 해제권을 제한하는 종업원 보호의 견지로부터의 제한이라고 해석되어, 기업이 일방적으로 수습기간을 연장할 수는 없다.

87) 계약 해제권의 행사의 시기는 수습기간 중에 있어서 행사해야 하고, 수습기간경과 후에 종업원이 수습기간 중에 채용조건에 부합되지 않다고 하여 노동계약을 해제할 수는 없다.

수한 상황, 불가항력의 경우 그 노동계약을 최장 5년 범위 내에서 중지 또는 부분적 중지할 수 있다. 위와 같은 이유로 노동계약 이행 중지기간은 계속 근무연한에서 제외되며, 근로계약 이행 중지 사유가 소멸되었을 경우 그 회복에 대하여 명확히 하고 있다는 점에 유의해야 한다.

5. 노동계약의 해제

(1) 노동계약의 해제의 유형

노동계약의 해제란 당사자인 쌍방의 합의 또는 당사자의 일방이 타방에 대한 의사표시에 의해 노동계약의 기간만료 전에 노동계약을 종료 시키는 법률행위를 말한다. 노동계약의 해제의 유형은 다음과 같이 분류할 수 있다.

가. 당사자의 합의에 의한 해제

나. 당사자의 일방이 타방에 대하여 진행하는 해제

1) 외자기업으로부터의 일방적 해제: ①무최고해제, ②최고를 요하는 해제, ③정리해고, ④중국인 경리 기타 중국인 고급관리직원에 대한 해제가 있다.

2) 중국인종업원으로부터의 일방적인 해제: ①무최고해제, ②최고를 요하는 해제

다. 당사자의 의사표시를 요하지 않는 자동해제

(2) 노동계약의 해제의 요건

가. 당사자의 합의에 의한 해제

해제의 합의의 존재여부 또는 그 임의성에 대하여 쟁의해 올 가능성을 배제하기 위해서는 최소한 합의 해제를 구두로 하지 말고, 중국인 종업원이 임의로 합의에 응한 취지를 증명하는 서면을 작성하여, 종업원의 서명을 취득해 놓는 것이 필요하다. 또 서명을 취득할 때에 공회(노동조합)의 간부에 동석을 요청하여 그 서면에 참석자(증인)로 서명을 받아 두는 것이 바람직하다.

나. 외국투자기업의 일방적인 해제

1) 무최고 해제

외자기업은 다음의 세가지 경우 어떠한 최고 없이 노동계약을 해제할 수 있다. 해제의 의사표시는 서면을 요한다.

① 수습기간 중 채용조건에 부합하지 않는 것이 증명되었을 때

② 노동기율 또는 기업의 취업규칙 등 사내규칙의 중대한 위반의 경우

③ 직무태만 또는 부정이득행위로 외자기업에 중대한 손해를 끼쳤을 때

2) 최고를 요하는 해제

외자기업은 다음의 세가지 경우에는 30일 까지 중국인 종업원 본인에게 서면으로 통지하여 노동계약을 해제할 수 있다.

① 중국인 종업원이 업무와 관련 없이 부상하고, 규정된 의료기간 만료 후 종전의 업무에 종사할 수 없고, 외자기업이 별도 수배한 업무에 종사할 수도 없는 경우

② 중국인 종업원이 업무를 감당하지 못하고 훈련 또는 직위의 조정을 거친 후, 또업무를 감당하지 못할 경우

③ 법률, 행정법규가 규정하는 기타 사유가 있을 때(노동계약 중에 별도의 약정이 있는 경우)

3) 노동계약 해제의 제한

다음의 4가지 경우에는 노동계약을 해제할 수 없다.

① 직업병 또는 업무상의 부상이고, 또한 노동능력의 전부 또는 일부의 상실이 인정될 때

② 업무에 관계없이 부상하고, 규정된 의료기간 내에 있을 때

③ 여성종업원이 임신기, 출산기, 포유기 내에 있을 때

④ 법률, 행정법규가 규정한 기타 사유가 있을 때

다. 종업원의 일방적인 해제 방법

1) 무최고 해제

중국인 종업원은 다음의 3가지 경우에는 최고 없이 노동계약을 해제할 수 있다. 해제의 의사표시는 서면으로 한다.

① 수습기간 내에 있을 경우

② 외자기업이 노동계약의 약정에 따라 노동보수를 지불하지 않고, 또는 노동조건을 제공하지 않을 때

③ 외자기업이 폭력, 위협압박, 또는 위법으로 인신의 자유를 제한하는 수단을 사용하여 종업원을 강제한 경우

2) 최고를 요하는 해제

중국인 종업원은 어떤 이유를 막론하고 30일 전에 외자기업에 서면 통지를 통해 노동계약을 해제할 수 있다. 이 경우 사전에 공회의 의견을 구해야 하는 것으로 되어 있다.

3) 당사자의 의사표시를 요하지 않는 자동해제

다음의 2가지 경우에는 외자기업, 중국인 종업원 쌍방의 의사표시를 무언가 요하는 일이 없이 노동계약은 자동적으로 해제된다.

① 중국인 종업원이 법에 따라 형사책임 또는 노동교육을 추급 받을 때
② 외자기업이 해산을 선고하였을 때

(3) 종업원의 정리해고

가. 정리해고의 실체적 요건

다음의 2가지 경우 정리해고를 할 수 있다.

① 해고기업(외자기업)이 파산에 직면하고, 법정정리 기간 중으로 인원을 확실히 삭감할 필요가 있을 때
② 생산경영 상황에 중대한 곤란이 발생하고, 인원을 확실히 삭감할 필요가 있을 때
위의 상황에서 50명 이상의 인원 감축이 필요한 경우 고용단위는 해당 단위의 노조 또는 전체 종업원들에게 관련 상황을 설명하고 노조 또는 종업원 대표와 합의가 필요하다.

나. 정리해고의 수속 요건

외자기업이 정리해고 시 다음 수속을 진행할 필요가 있다.

① 30일 전까지 공회 또는 전체 종업원에게 사정을 설명하고, 또한 관련되는 생산경영 상황의 자료를 제공한다.
② 공회 또는 전체 종업원에게 인원 삭감방안을 제출한다. 인원 삭감방안의 내용에는 삭감되는 인원의 명부, 삭감기간 및 실시순서, 법률, 법규의 규정 및 단체계약의 약정에 부합되는 삭감될 인원의 경제보상방법이 포함된다.
③ 인원삭감 방안에 대하여 공회 또는 전체 종업원의 의견을 듣고, 또한 방안에 대하여 수정 및 개선을 진행한다.
④ 당지의 노동행정부문(노동사회보장국)에 인원삭감 방안 및 공회 또는 전체 종업원의 의견을 보고하고 또한 노동행정부처의 의견을 청취한다.
⑤ 고용기업(외자기업)은 정식으로 인원삭감 방안을 공포하고 삭감되는 인원에 대하여 노동계약의 해제수속을 취하고, 관련규정에 따라 삭감되는 인원 본인에 대하여 노동계약의 해제수속을 취하고, 관련규정에 따라 삭감되는 인원 본인에 대하여 경제보상금을 지불하고, 또한 인원삭감 증명서를 발행한다.
⑥ 인원을 감축할 때는 해당 단위의 근무기간이 비교적 길고 해당 단위와 비교적 긴 고정기한의 노동계약을 체결 또는 무고정기한의 노동계약을 체결한 종업원을 우선적 계속적으로 고용해야 한다.
⑦ 고용난위가 6개월 내 노동자를 재 채용 시 감원된 종업원을 우선적 채용해야 한다.

(4) 총경리, 고급관리 직원에 대한 해제

외자기업과 노동계약을 체결하는 것은 총경리 이외의 중국인 고급관리직원에 대해서도 중국인 종업원과 별로 다르지 않고 동일하다. 강조할 것은 중외합자경영기업법 등이 고급관리직원의 노동계약의 해제 시 다음의 규정이 있으므로 그 내용을 알아둘 필요가 있다.

가. 중외합자경영기업(합자기업)의 경우

"총경리, 부총경리 기타 고급관리직원이 부정행위 또는 중대한 직무태만이 있을 경우, 동사회의 결의에 따라, 수시로 해임할 수 있다."고 규정하였다. 앞에서 서술한 대로, "직무태만 또는 부정이득행위에 의해 외자기업에 중대한 손해를 주었을 때"에는 무최고 해제사유로 되는데, 고급관리직원의 경우에는 중대한 손해의 발생이 법문상 요구되지 않는다. 또 일반적인 중국인 종업원을 해고(노동계약의 해제)하는 권한은 일상 경영관리 사항으로서 총경리에게 귀속되지만, 고급관리 직원을 해고하는 권한은 동사회에 귀속되어 있다.

나. 중외합작경영기업(합작기업)의 경우

"총경리 기타 고급관리직원이 그 직무를 부담할 수 없을 경우, 부당이득 또는 현저한 중대한 직무태만이 있을 경우 동사회 또는 연합관리위원회의 결의를 거쳐 해임할 수 있다"고 규정하고 있다. 일반적으로 중국인 종업원의 경우와 비교하면, 합자기업에 대하여 서술한 것에 더하여, "업무를 감당할 수 없고, 훈련 또는 직위의 조정을 거친 후, 역시 업무를 감당할 수 없을 때"라고 하는 최고를 요하는 해제 사유와 다르고, "직무를 감당할 수 없다"는 이유만으로 해제 사유를 형성하고 있다는 점이 다르다. 이 사실은 고급관리직원과 일반적인 중국인 종업원과의 직위의 다른 점을 고려할 때 당연한 것이라고 생각된다.

다. 외자기업(독자기업)인 경우

독자기업인 경우 고급관리직원의 설치가 법령상 의무화되어 있지 않으므로 특별한 규정은 없다. 따라서 정관상 규정에 따른다 할 것이다.

(5) 실제의 노무관리의 대책방안

실제로 중국인 종업원을 해고(노동계약의 해제)하는 경우, 특히 징계 해고를 진행하는 경우에는 징계 해고 사유가 있다는 이유로 직접 무최고 해제를 진행하는 것이 아니라, 사후의 분쟁발생을 방지하는 관점에서 될 수 있는 한 의뢰 퇴직의 형태를 취하게끔 노력해야 한다. 이러한 노력은 한국에서도 진행되고 있는데, 중국에서는 징계 해고라는 불명예한 기록이 개인 당안(개인기록)에 남는 것이 두려워 중국인 종업원으로부터 격렬한 저항이 있는 경우가 많기 때문에 한국의 경우와 같은 노력이 필요하다. 또 이러한 노력을 잘 진행할 수 있는가는 유능하고 성실한 중국인 인사담당 관리직이 있는가 없는가에 좌우되는 부분이 크다. 그래서 외자기업은 이러한 관리직을 육성하는 노력이 필요하다.

6. 노동계약 해제와 경제보상금 및 노사의무

(1) 합의 해제의 경우

A. 경제보상금의 지불을 요한다.

B. 경제보상금의 지불액은 다음과 같다.

① 외자기업에서 근무연수가 만 6개월인 경우 반달의 급여, 만 1년인 경우는 1개월 급여를 노동자에게 경제보상금으로 지급해야 한다.

② 이 때 노동자가 해당 단위의 근무연한이 6개월 이상 1년 미만일 경우는 1년으로 계산하며, 6개월 미만인 경우는 6개월로 계산한다는 점에 유의할 필요가 있다.

③ 특히 노동계약을 연장 체결할 때 고용단위는 경제보상금을 지급하지 않으며 노동계약이 종료되어 경제보상금을 계산하는 경우 계속 노동계약의 매 5년 마다 경제보상금을 10% 줄여 지급할 수 있다.

가. 무최고 해제의 경우

경제보상금·의료보조금의 지불을 요하지 않는다.

나. 최고를 요하는 해제의 경우

1) 경제보상금의 지불을 요한다.

"중국인 종업원이 질병 또는 업무와 관계없이 부상하고, 규정된 의료기간이 만료된 후, 종전의 업무에 종사할 수 없고, 외자기업이 별도 수배한 업무에 종사할 수도 없다"는 사실을 해제이유로 하는 경우 의료보조비의 지불을 요한다.

2) 경제보상금의 지불액은 다음과 같다.

① 외자기업에서 근무 연수가 만 1년에 달할 때마다, 중국인 종업원의 1개월 수취임금 상당의 경제보상금을 지불한다. 그러나 최고로 12개월 분을 초과하지 않는다.

② 근무 연수가 만 1년에 달하지 않는 경우, 1/2월 수취임금 상당의 경제보상금을 지불한다.

③ 1개월의 임금수입은 기업의 정상생산 상황 하에서 종업원의 계약해제 전 12개월의 월평균 수취임금을 말한다. 그러나 중국인 종업원의 월평균 수취임금이 기업의 월평균 임금을 하회하는 경우 기업의 월평균 임금에 따라 계산한다.

3) 의료보조비의 지불은 다음과 같다.

① 외자기업에서 근무 연수가 5년 미만일 경우, 중국인 종업원의 3개월의 수취임금 상당액을 지불하고, 5년 이상일 경우, 중국인 종업원의 6개월의 수취임금 상당을 지불한다.

② 중국인 종업원이 중병 또는 불치의 병에 걸려있는 경우 의료보조비를 가산해야 한다. 중병에 걸린 경우의 가산비율은 의료보조비의 50%를 하회하지 않고, 또 불치의 병에 걸린 경우의 가산비율은 의료보조비의 100%를 하회하면 안 된다.

다. 정리해고의 경우

1) 경제보상금의 지불을 요한다.

2) 경제보상금의 지불액은 다음과 같다.

① 외자기업에서 근무 연수가 만 1년에 달할 때마다, 중국인 종업원의 1개월의 임금수입 상당의 경제보상금을 지불한다.

② 외자기업에 있어서 근무 연수가 1년 미만인 경우, 만 1년으로서 계산한다.

③ 1개월의 임금수입은 기업의 정상생산 상황 하에서 종업원의 계약해제 전 12개월의 월평균 수취임금을 말한다. 그러나 중국인 종업원의 월평균 수취임금이 기업의 월평균 임금을 하회하는 경우 기업의 월평균 임금에 따라 계산한다.

(2) 종업에 의한 해제의 경우

가. 무최고 해제의 경우

1) "외자기업이 노동계약의 약정에 따라 노동보수를 지불하지 않고, 또는 노동조건을 제공하지 않는" 것 또는 "외자기업이 폭력, 위협 압박 또는 위법으로 인신의 사유를 제한하는 수단을 취하여 노동을 강제한" 사실을 해제 이유로 하는 경우, 경제보상금의 지불이 필요하다.

2) 경제보상금의 지불액은 외자기업의 최고를 요하는 일방적인 해제의 경우와 동일하다.

나. 최고를 요하는 해제

경제보상금 · 의료보조비의 지불을 요하지 않는다.

(3) 노동계약 종료에 의한 경우

① 외자기업의 파산, 해산 또는 영업허가증이 취소된 것을 노동계약 종료의 원인으로 한 경우 경제보상금 지불이 필요하다.

② 경제보상금의 지불액은 외자기업의 최고를 요하는 일방적인 해제의 경우와 동일하다.

(4) 노동계약 해지와 노사의무

고용단위는 노동계약을 해지 또는 종료일로부터 7일 이내에 종업원에게 관련 서류 및 사회보험 이전수속을 대행 해주어야 하며, 실업등록이 필요한 종업원에게는 노동계약 해지 또는 종료 관련 증명서를 제공해 주어야 한다. 종업원은 쌍방의 약정에 따라 업무 인수를 완료해야 하며 고용단위가 경제보상금을 지급해야 할 때는 업무 인수의 수속이 완료되는 시점에 종업원에게 지급한다.

제3장 종업원의 임금

1. 임금의 기본원칙과 지급방법

(1) 임금의 정의 및 기본원칙

임금이란 기업 등 고용기업(단위)가 국가의 관계규정 또는 노동계약의 약정에 따라서 화폐형식으로 종업원에게 지불하는 보수이다. 일반적으로 임금에는 시간계산임금, 안건계산임금, 상여, 수당 · 보조금, 시간외근무수당, 특수상황하의 임금이 포함된다. 임금은 종업원의 노동보수의 주요한 구성 부분이다. 임금은 노동에 따라서 지급한다는 원칙을 준수하고 동일노동에 동일 보수를 지불해야 한다. 동일의 업무에 종사하여 같은 양의 노동을 하고 동시에 동일 노동의 실적을 올리는 종업원에 대해 기업은 동등한 보수를 지불해야 한다.

(2) 임금총액 및 임금구성

임금총액이란 기업이 일정 기간 내에 기업의 전사원에게 직접 지불하는 노동보수 총액을 말한다. 임금총액은 ①시간에 따른 임금, ②안건에 따른 임금, ③장려금, ④수당 및 보상금, ⑤시간외 노동할당임금, ⑥특수 상황하에 있어서 지불하는 임금으로 구성된다.

(3) 외자기업의 일반적 임금구성

외자기업의 임금구성은 기업의 환경, 업계, 규모 등의 상황에 따라서 약간의 차이가 있다. 외국계 기업에서는 종업원 임금은 일반적으로 다음과 같은 항목으로 구성되고 있다.[88)]

가. 실수입 임금

1) 기본임금(기준임금)

① 기본급(근속연수수당, 직무수당 등), ②기능급, ③어학수당, ④법정수당(복리보조금, 종업원보호수당, 기타 법정 복리수당 등)

2) 기본 외 임금

① 통상 시간초과 근무수당, ②공휴일 근무임금, ③법종휴일 근무임금

3) 장려금

4) 기타 수당(통근수당, 식사수당, 출장수당 등)

나. 비실수입 임금

비실수입 임금이란 법정납부금, 결국 기업이 법에 의해 임금에서 공제하여 납부하는 것

88) 실제, 외자기업은 임금구성을 결정하는 경우 자주결정권을 갖고 있다. 실무상 기업은 위의 항목을 참고로 할 수 있고, 자사의 상황을 고려하여 조정이 가능한 임금구성을 제정할 수 있다.

을 말한다. 즉 ①양로보험, ②의료보험, ③실업보험, ④생육보험, ⑤업무상상해보험, ⑥주택적립금이 있다.

(4) 임금지급의 동일노동 동일임금(同工同酬)의 원칙

일반적으로 노동분배의 원칙으로 불리고 있다. 사회주의제도하의 근본적인 기본원칙으로 인식되고 있다. 동일노동 동일임금의 원칙이란 고용자는 동일한 업무에 종사하고 동일량의 노동을 제공하고 또 동일한 노동공적이 있는 종업원에 대해서는 동일한 노동임금을 지급해야 한다는 원칙을 가리킨다.

(5) 임금에 관한 단체협의와 임금의 지급방법

외자기업 임금단체협의란 공회 또는 종업원대표와 기업의 대표가 국가의 법률, 법규, 기업내부의 임금지급제도, 임금의 지급형식, 임금수입 수준 및 그 승급범위 및 복리 등의 문제에 대하여 협의를 진행하고, 이러한 것에 관한 사항을 단체계약의 형식으로 체결하는 행위를 가리킨다. 임금단체협의는 단체계약으로서 노동사회보장국의 심사를 거친 후 효력을 발생하고, 노사 쌍방을 법적으로 구속하는 규범으로 작용하게 된다. 임금의 지급방법에는 ①금전지급의 원칙, ②직접지급의 원칙, ③정기지급의 원칙, ④전액지급의 원칙 이 있다. 기업이 종업원에게 임금을 지급하는 경우, 종업원에 지급하는 임금의 액, 지급 일시, 임금수령자의 성명 등을 기재한 임금대장을 작성해야 하고, 이 임금대장은 적어도 2년간은 검사에 대비하여 보존해야 한다. 또 임금 지급 시에는 기업은 지급되는 임금의 명세를 종업원에 발행해야 한다.

2. 최저임금

(1) 최저임금 구성 및 적용범위

최저임금이란 종업원이 법정노동시간(기준노동시간)에 정상적인 노동을 제공한 경우, 고용자가 종업원에 대하여 화폐로 지불해야 하는 임금의 최저액을 가리킨다.[89] 최저임금기준의 적용대상은 관할 지역의 행정지역 내 국유기업, 단체기업, 주식기업, 외자기업 등의 각종 기업과 노동관계를 확립한 종업원이다. 기업이 종업원을 고용하는 경우에는 기업최저임금기준을 고지해야 하고, 따라서 외자기업이 종업원과 노동계약을 체결하는 경우에

89) 최저임금에는 고용자가 종업원에 대하여 지불하는 각종의 임금이 포함되는데 단지, 다음의 항목은 제외된다. ①시간외노동수당, ②준야근(야근의 일종으로 오후부터 야간에 걸쳐서 근무), 야근, 고온, 저온, 지하, 유독유해 등의 특수 작업조건하의 수당, ③ 관할 지역 시의 노동행정부처가 규정한 최저임금에 속하지 않는 기타 수입, ④이외에 관련법규 및 기업의 규칙에 규정된 노동보험, 복지대우 등 최저임금에 포함되지 않는다. 또 이상의 항목 이외에 기업이 종업원에게 제공하는 비화폐성 수입(이익)도 포함된다. 예컨대, 제공된 식사 또는 사원 기숙사 등도 최저임금 범위 내에 포함되지 않는다. ⑤부식보조, 주택보조 등의 화폐수입이 아닌 노동보조 등이 있다.

그 계약 체결 전에 현지 기업 최저임금기준을 종업원에게 고지하고 노동계약으로 규정된 임금이 이 기준을 밑돌지 않는다는 점을 확인할 필요가 있다.

그러나 기업의 생산경영에 곤란이 생겨 기업이 정부 또는 관련부처의 비준, 인민법원의 재정에 따라 폐쇄, 정돈 또는 파산수속에 들어간 경우에 최저임금보장의 적용은 제외된다.

(2) 파트타임(비전일제)근무와 최저임금

국가 규정에서는 파트타임(비전일제)근무의 시간 최저임금 기준은 성, 자치구, 직할시에 따라 정하고 동시에 노동사회보장부에 보고하도록 되어있다.[90)]

90) 예컨대, 상해에서는 2003년 7월 1일부터 전일제 종업원의 시간당 최저임금기준은 5위엔으로 조정되었지만, 기업은 최저임금 외에 비전일제 종업원 개인이 납부할 사회보험료 1시간 최저 2.5위엔을 지불해야 한다.

제4장 사회보험과 주택적립금제도

1. 양로보험제도

(1) 양로보험의 제도의 적용범위

가. 양로보험의 정의

양로보험이란 법정수속이 확립된 정부의 주관부처의 책임 아래 조직, 관리되고, 기업(단위) 및 재직 종업원이 공동으로 양로보험료를 납부하는 의무를 지고, 퇴직직원이 그 양로보험료의 납부상황에 대응하여 향수하는 양로보험대우를 받는 사회보장제도이다. 따라서 양로보험은 민간 보험회사의 적립형 저축연금 등의 상품과 다른 성질을 띠고 있다. 외자기업을 포함한 기업(단위) 및 종업원은 관련법규에 따라 사회보험으로써 양로연금비를 납부하고, 또 종업원은 양로연금을 수령하게 된다.

나. 양로보험의 적용범위

양로연금제도는 해당 지역의 범위 내에 있는 기관(정부기관), 기업, 사업기업(단위) 및 재직종업원, 퇴직종업원에 적용된다. 외자기업의 외국적 종업원 및 국가가 별도 규정한 기업(단위) 및 종업원에는 적용되지 않는다.

다. 기업의 양로보험에 대한 수속

도시마다 운영되는 도시양로보험제도의 적용을 받는 기업(단위)은 해당 지역의 사회보험관리국이 지정한 양로보험사업관리센터에서 기업(단위)의 양로보험등록을 진행함과 동시에 종업원의 양로보험등록도 진행 해야 한다. 새로 설립된 기업(단위)은 설립일(외자기업의 경우는 영업허가증의 발행일)로부터 1개월 이내에 상기 양로보험등록 수속을 진행해야 한다. 양로보험등록을 하면 기업(단위)에게는 양로보험기업 번호가 부여되고, 종업원에게는 양로보험 개인계좌가 지정되어 "양로보험수첩(手帳)"이 교부된다.

또 기업(단위)에 분할, 합병, 파산 또는 취소 등의 사태가 발생하거나 또는 종업원의 새로운 채용 또는 이직(그 원인은 문제로 되지 않고, 사직, 해고, 제명 등의 상황을 포함함) 등의 사태가 생길 경우는 1개월 이내로 등록한 양로보험사업관리센터에서 양로보험 변경등록 또는 등록말소 등의 등록수속을 처리해야 한다.

(2) 양로보험의 납부

가. 양로보험료 납부금액

양로보험료는 도시양로보험의 적용대상 기업 및 종업원이 매월 규정된 기한에 납부할

필요가 있다. 양로보험료의 납부금액기준은 각 지역 마다 다를 수 있다.[91]

나. 양로보험 적립기준

종업원의 양로보험 개인계좌에는 ①종업원 개인이 납부한 양로보험료의 전액, ②기업(단위)이 납부한 양로보험료 중 다음의 계산기준에 따라 산출된 금액의 합계액의 기준에 의해 양로보험료가 적립된다.

또 기업(단위)이 납부하는 양로보험료에서 종업원의 양로보험 개인계좌로 기장부분은 각 개인의 납부비율 상승에 따라 조정되어야 한다. 위에 따라 적립된 개인양로보험료에 대해서는 이자가 붙게 되고, 이 이자율은 동시기 은행의 1년 정기예금 이율을 하회하지 않는 범위에서 결정된다.

다. 양로보험료 납부방법

종업원의 양로보험료는 기업이 월액임금 중에서 이것을 공제하고, 대리납부 해야 한다. 기업은 매월 결정된 날까지 양로보험사업관리센터에 해당 기업(단위) 및 재직 종업원이 납부해야 하는 양로보험료의 심사를 받고, 이 결과에 따라 필요한 금액을 납부한다. 위의 방법으로 납부된 양로보험료에 대해서는 양로보험사업관리센터가 양로보험개인계좌의 결산을 1년에 1차 진행하고, 양로보험료의 납부리스트를 종업원에게 발행한다.

라. 양로보험료의 징수 감독기관

각 지역의 노동사회보장국, 사회보험관리국(각 감찰부문) 및 양로보험사업관리센터는 정기적 또는 부정기적으로 양로보험료의 징수상황의 감독과 검사를 진행하고, 행정처벌을 진행할 권한이 있다. 사회보험관리국이 기업(단위)에 대하여 고용상황, 임금표, 재무보고표 등의 자료의 제시를 요구할 경우에는 기업(단위)은 이것을 거절하거나 허위보고를 진행하는 등이 금지되어 있다.

(3) 벌 칙

가. 기업이 관련규정에 따라 필요한 양로보험등록을 진행하지 않는 경우

노동사회보장국은 기간을 정하여 필요한 등록을 진행하도록 요구하고, 양로보험료의 납부를 요구하는 외에 가중체납금의 납부를 요구할 수 있다. 또 기업(단위)의 법정대표자 또는 관련 책임자에 대하여 벌금을 부과할 수 있다.

---

91) 기업의 경우 가령, 상해시 기업의 양로보험료 납부율은 2001년 1월 1일부터 기업 전 사원의 전(前)월 분 임금총액의 25.5%에서 22.5%까지 인하되었다. 종업원의 경우 지방마다 다른데, 상해시는 종업원의 양로보험료 납부율은 본인의본인의 전년도 월액평균 임금을 납부 기수로 하는데, 2003년 8월 1일부터 7%에서 8%로 인상되었다.

나. 기업이 규정된 기일에 양로보험료의 납부를 진행하지 않은 경우

노동사회보장국은 기간을 정하여 납부하도록 요구한다. 양로보험료의 납부요구 외에 가중체납금의 납부를 요구할 수 있다. 기업(단위)에 대해 미납부금액의 1배에서 2배의 벌금 및 기업(단위)의 법정대표 또는 관련 책임자에 대하여 벌금을 부과할 수 있다. 기업이 자산, 재산의 은닉, 이전 등을 진행한 경우 또는 기간을 경과했어도 납부하지 않은 경우에는 노동사회보장국은 인민법원에 직접 강제집행을 요구할 수 있다.

다. 관련서류의 편성에 관한 벌칙

기업(단위)가 관련 재무, 회계, 통계 등의 법규에 위반하여 이것을 위조, 변조, 고의로 훼손하여 양로보험을 확정할 수 없게 된 경우는 행정처벌, 형사처벌 및 체납금 지불 외에 노동감찰기구는 직접 책임자 및 기타 책임 종업원에게 벌금을 부과할 수 있다.

라. 양로보험의 수급자가 사망하였음에도 불구하고 위조증서 또는 기타 수단을 이용하여 양로연금을 수령한 경우

지급한 양로연금의 반환을 요구할 수 있고, 또 사정이 심각한 경우에는 해당 사회보험관리국은 지급 금액의 1배에서 5배의 벌금을 부과할 수 있다.

2. 보충양로보험제도

(1) 보충양로보험의 개요

보충양로보험이란 기본 양로보험제도를 기초로 그리고 종업원이 퇴직 후 풍요로운 생활을 보장하기 위해 기업이 자사의 경영상황에 따라서 자사의 자금을 이용하여 자주적으로 설립하는 보조제의 양로보험이다. 기업의 경제적 이익 상황에 따라 자주적으로 적립되는 것으로 정부는 이것을 장려한다.

(2) 보충양로보험의 적립

보충양로보험의 적립은 일반적으로 기업의 전(前)년도 임금총액의 5%(상해의 경우)를 초과하지 않는 것으로 되어 있다. 그러나 사회보험관리국의 비준이 있는 경우에는 그 비율을 초과하여 적립할 수 있다.

보충양로보험료용의 적립은 기업만 적립하는 방법 또는 기업과 종업원만이 적립하는 방법에서 임의로 기업이 선택할 수 있다. 그러나 종업원도 비용을 적립할 경우는 개인의 적립은 적립금총액의 50%(상해의 경우)를 초과할 수 없다.

종업원이 전직한 경우, 원 기업의 이직증명에 따라 양로보험관리센터는 보충양로보험개인계좌를 새로운 취업직장으로 이전한다. 보충양로보험은 각 기업에 따라 그 적립방법이 다르지만, 전액이 종업원의 보충양로보험계좌에 적립되므로 전직할 경우도 과거의 적립에 새로운 기업에서 적립된 보충양로보험료가 단순하게 적립 가산되어 간다.

새로운 직장의 기업에 보충양로보험제도가 없는 경우 원 기업이 잠정적으로 과거의 형식대로 해당 종업원의 보충양로보험계좌를 관리하는 것이 필요하다(그러나 원 기업 및 개인이 새로운 보충양로보험료를 적립할 필요는 없다).

(3) 보충양로연금의 수령

보충양로보험금은 종업원이 정년에 도달하여 정년의 인가를 얻은 후, 수령할 수 있다. 지급방법은 각 기업이 월차 또는 일괄로 지급할지를 결정할 수 있다.

또 정년에 도달하기 전에 종업원 본인이 사망한 경우 또는 정년 후 보충양로보험계좌의 적립금을 남긴 채 사망한 경우, 해당종업원의 계좌내의 적립잔금은 "승계법(承繼法)"에 기초하여 지정상속인 또는 법정상속인에게 일괄로 지급된다.

(4) 보충양로보험 실시계획의 책정

기업이 보충양로보험제도를 실시할 경우 기업의 재정부처가 양로보험사업관리센터로부터 재정심사를 받는다. 해당 심사에 합격한 후 기업 또는 공회가 보충양로보험실시방안을 기업이 책정한 다음, 공회회의 또는 종업원 전체회의 결의를 거쳐 그 소재지의 양로보험사업관리센터의 심사를 받는다. 심사 후 소재지 사회보험국 및 재정국에 등록하고 보충양로보험제도를 실시할 필요가 있다.

3. 의료보험제도

(1) 의료보험의 적용 범위와 수속

가. 개념 및 적용범위

의료보험제도는 기본양로보험, 실업보험과 함께 중국 사회보험제도의 중요한 구성 요소이다. 의료보험은 외자기업을 포함하는 도시, 진의 기업의 중국인 전 종업원(재직중인 종업원 뿐만 아니라, 정년 퇴직한 종업원도 포함)이 포함된다. 단지, 외자기업 및 외국기업의 상주대표기구 외국인 종업원에게는 적용되지 않는다. 의료보험의 주관부처는 각 지역의 의료보험국이다. 각 구, 현의 의료보험판공실은 해당 관할구 내의 기본의료보험관리업무를 담당한다.

나. 의료보험 등기수속

외자기업은 지정된 구, 현 의료보험관리기구에서 의료보험 등기수속을 해야 한다. 새로 설립된 외자기업은 설립 일로부터 30일 이내에 의료보험 등기수속을 해야 한다. 외자기업이 분할, 합병 또는 종료된 경우에 비준일 또는 관련 상황의 발생일로부터 30일 이내에 원 등록된 구, 현 의료보험관리기구에서 변경등록 또는 취소 등록수속을 해야 한다.

(2) 의료보험료의 납부

외자기업의 의료보험료의 납부비율은 재직중인 중국인 종업원의 전(前)월 임금총액의 4%다(상해의 경우). 이 비용은 기업소득세를 납세하기 전에 지출된다. 납부는 외자기업 소재의 구, 현의 사회보험사업관리센터에서 한다. 또 납부비율은 영구불변의 것은 아니고, 의료보험국이 관련 부문과 함께 방안을 제기하고, 해당 지역 인민정부에 보고하여 비준을 얻은 후 조정될 여지가 있다.

(3) 의료보험증명서 발급

외자기업이 입원의료보험 등록수속을 진행하고, 또한 기한을 준수하여 제1개월째의 의료보험료를 부족 없이 납부하면 구, 현 의료보험관리기구는 외자기업의 종업원에게 의료보험증명서를 교부한다.

외자기업이 분할, 합병 또는 종료하는 경우와 외자기업 종업원이 입원의료보험증명서를 분실한 경우에 외자기업은 증명서를 교부한 구, 현 의료보험관리기구에서 입원의료보험증명서의 취소수속을 한다.

(4) 의료비용의 지불 및 결제

가. 의료보험기금에 의한 입원의료비용의 지불(원칙)

종업원이 매번 약정의료기구에서 입원하고 의사의 치료를 받는 것으로 생기는 의료비용이 다음의 기준을 초과할 경우, 초과부분의 비용은 의료보험기금에서 85%를 교부한다(상해시의 경우). 특히 이 비율은 영구불변한 것이 아니고 해당 지역 의료보험국이 관련부문과 공동으로 방안을 제기하고, 해당소재지 인민정부에 보고하여 비준을 받은 후 조정할 여지가 있다.

나. 의료보험기금에 의한 입원의료비용의 지불(예외)

종업원이 다음 사성으로 입원하여 의사의 치료를 받는 경우에 발생한 의료비용은 의료보험기금에서 지불하지 않는다. 즉 ①자살, 스스로 자해행위(정신질환 환자를 제외), ②독극물의 흡인, ③의료사고, ④교통사고, ⑤규정된 의료기구 이외로 입원하여 의사의 치료를 받은 경우, ⑥의료보험국이 규정한 기타 지불하지 않는 사정이 있는 경우 등이다.

(5) 불복신청

관련 법률과 법규에 의해 기업 등 의료보험료의 납입자는 노동사회보장국, 의료보험부처에 의한 구체적인 행정행위에 대하여 관련 법률에 기초하여 행정에 대한 재심의를 신청할 수가 있다. 그런데 심의결과에 불복하는 경우, 인민법원에 행정소송을 제기할 수 있다.

4. 실업보험제도

(1) 실업보험제도의 적용범위

가. 개념 및 적용범위

실업보험조례는 실업자 실업기간의 기본생활을 보장하고, 동시에 그 재취업을 촉진할 것을 목적으로 하여 제정되었다. '실업보험금 수령신청 지급방법' 은 실업자가 지체 없이 실업보험금 기타 실업보험 대우를 취득하는 것을 목적으로 제정되었다.

실업보험제도의 적용범위는 ①도시·진기업(국유기업, 도시·진 집단기업, 외자기업, 도시·진의 사영기업 및 기타 도시·진기업을 말한다), ②국가기관, 사업단위, 사회단체, ③관할지역 인민정부의 비준을 받은 기타 기업, ④상기의 기업, 기관 및 단체의 현직 종업원이다.

나. 기업의 실업보험 등기수속

실업보험 가입 기업(단위)은 모두 사회보험처리기구에 기업 및 그 직원들에 대하여 실업보험등기를 해야 한다. 새롭게 설립된 기업은 영업허가증을 취득하였거나 또는 비준을 받은 기업(단위)이 설립된 후 30일 이내에 실업보험 등기수속을 처리해야 한다. 기업이 분할, 합병, 파산 또는 취소될 경우 30일 이내에 사회보험처리기구에 변경 또는 취소의 등기수속을 처리해야 한다.

(2) 실업보험료의 납부

가. 실업보험료의 납부액

가입기업은 전년도의 해당 기업의 재직 종업원의 월액 임금총액의 2%를 사회보험처리기구에 납부해야 한다. 또 현직 종업원은 월액 납부할 할 실업보험료 1%를 실업보험료로 납부한다. 또 종업원이 부담하는 실업보험료는 기업이 종업원의 임금에서 매달 공제하여 납부할 필요가 있다.

나. 실업보험료의 납부면제

종업원에게 다음 사유가 있고 실업보험료의 납부가 곤란한 경우는 개인의 실업보험료 납부를 면제하는 것이 가능하다.

① 재취직서비스센터에 등록한 취업대기종업원
② 정기적인 생활곤란 보조를 받고 있는 직원
③ 노동 능력을 상실한 직원
④ 기업과의 사이에서 노동관계의 유보를 합의한 종업원

다. 실업보험료와 소득세

실업보험료는 소득세 납부 전에 지출로 계상 한다고 규정되어 있다. 개인납부의 실업보험료에 대해서는 개인소득세의 징수를 면제하고, 기업 및 종업원 개인이 실업보험조례의 규정의 비율을 초과하여 납부한 실업보험료에 대해서는 종업원 개인의 당기 임금으로 계상하여 법에 의거 개인소득세를 계상하여 징수한다.

라. 실업보험료의 납부수속

실업보험료의 납부는 매월 15일 이전에 사회보험 취급기관에 실업보험료를 납부하여야 하고, 종업원이 납부할 실업보험료는 본인이 소속하는 기업이 월마다 임금에서 공제하여 납부한다. 실업보험료 납부가 지연되는 경우에는 미납 일로부터 일정한 체납금(상해는 0.2%)을 납부해야 한다.

(3) 실업보험금의 수령

실업보험의 수급자격을 가진 종업원은 다음의 조건을 만족하는 종업원(실업자)을 말한다.
① 법정노동 연령에 해당하고, 본인의 의사에 관련 없이 취업이 중단된 경우
② 시와 진에 상주호적을 갖고 있는 경우
③ 본인이 재직기간 중에 규정에 따라 실업보험료를 납부하고 있는 경우
④ 노동관계의 해제, 종료 전에 실업보험료를 납부한 기간이 1년 이상인 경우
⑤ 관련법규에 따라 실업등기수속, 실업보험금 수령 신청수속을 하면서 동시에 취업을 구하고 있는 경우

(4) 실업자의 대우

실업자는 실업보험금 외의 다음의 대우를 향수하는 것도 가능하다.

가. 실업기간 중 육아보조금

여성실업자가 실업보험금을 수령하고 있는 기간에 출산한 경우로, 국가의 계획출산에 관련된 규정을 준수하고 있는 경우에는 3개월의 육아보조금(이 육아보조금의 금액은 실업보험금의 금액과 동일금액)의 수령신청을 할 수 있다.

나. 실업보험 기간 중 의료보조금

실업자가 실업보험기간 중에 질병에 걸린 경우(출산을 포함)로 호적 소재지의 지방병원 또는 지정병원의 진찰을 받은 경우에는 취업서비스기구에 대하여 의료보조금의 수령신청을 할 수 있다. 의료보조금은 소요된 의료비의 70%를 기준으로 하지만, 의료비가 본인이 부담할 수 없을 정도의 고액의 경우 실업자는 취업서비스기구에 대해 의료보조금의 추가신청을 할 수 있다.

다. 실업자의 장의보조금과 조의금

실업자가 실업보험기간 중에 사망한 경우, 그 유가족은 취업서비스기구에 대해 법정기준에 따라 장례보조금, 직계친족 부양 일시금의 수령신청을 할 수 있다.

(5) 벌칙 및 분쟁해결제도

가. 실업보험에 관련된 벌칙

1) 실업보험료의 지불지연

기업(단위)이 사회보험처리기구의 규정에 따라 실업등기, 변경등기, 취소등기 등을 진행하지 않은 경우 또는 규정에 따른 실업보험료를 납부하지 않은 경우에는 기간을 결정한 개선 명령이 있는 외에 악질인 경우에는 책임자 및 기타 직접책임자에게 관할 지역의 규정에 의한 벌금을 부과할 수 있다.

또 기업(단위)이 관련법규에 따르지 않고 장부, 자료 등을 위조, 변조, 고의로 훼손한 경우 또는 이러한 것을 작성하지 않고, 실업보험료 등의 기수의 계산을 정확하게 확정할 수 없었던 경우에 기업은 미납부한 보험료를 납부해야 하고, 또한 행정처분, 형사처분을 부과한다. 그리고 납부를 지연한 경우에는 체납금의 납부 외에 책임자 및 기타 직접적인 책임자에게 벌금을 부과하는 경우가 있다.

2) 실업보험금의 편취

실업등록증서를 위조하거나 취업하고 있는 사실을 숨겨 실업보험을 계속 수령 등의 실업자가 허위적인 사실 신고로 위법 실업등기를 거쳐, 실업구제금 등을 수령한 경우에는 수령한 그 액을 반환해야 한다. 또 상황이 심각한 경우에는 실업보험처리기구로부터 수령한 금액의 1배 이상 3배 이하의 벌금을 부과할 수 있다.

3) 실업보험금의 유용

노동사회보장 행정부처의 종업원이 위법으로 실업보험기금을 무단으로 운용, 사용하였을 때는 행정처분 외에 형사범죄를 구성하는 경우에는 법에 따라 형사책임을 추궁하게 된다.

나. 실업보험 관련 분쟁해결제도

1) 행정재심의

실업보험대우의 향수에 기인하여 실업자 개인은 사회보험 취급기관과 사이에 분쟁이 발생한 경우 '중화인민공화국재심의법' 및 '실업보험수령신청지급방법' 의 규정에 의해 사회보험 취급기관을 주관으로 하는 노동행정부처에 행정재심의 신청을 할 수 있다.

2) 중재신청

종업원이 실업보험료의 문제로 기업과 분쟁이 발생한 경우 기업의 소재지구의 구, 현의 노동분쟁 중재위원회에 중재를 신청할 수 있다. 개인 또는 기업(단위)가 중재의 재결에 불복할 경우는 중재 재결서 수령 날부터 15일 이내 인민법원에 소송을 제기할 수 있다.

5. 주택적립금제도

(1) 주택적립금의 개념과 용도

가. 주택적립금의 개념

주택적립금관리조례에 의하면 주택적립금이란 "국가기관, 국유기업, 성진집단소유제기업, 외상투자기업, 성진사영기업 및 기타 성진기업, 사업단위, 민영비기업단위, 사회단체 및 그 재직 종업원이 납부하는 장기주택기금" 을 말한다.

나. 주택적립금의 용도

주택적립금은 종업원의 주택구입 등에 대해서 자금수요 및 종업원의 주택건설자금에 융통에 사용되고, 어떤 기업 및 개인이나 다른 용도로 유용해서는 안 된다. 종업원은 주택구입을 위하여 주택적립금의 잔고에 따라 통상 금융기관의 금리보다 낮은 금리로 일정한 자금 융자를 받는 것이 가능하다.

단지, 보충주택적립금은 종업원 개인이 이용한 후에 역시 잔고가 있는 경우 기업에 대출하여 그 기업의 주택건설 또는 주택구입자금으로 충당할 수 있다.

(2) 강제주택자금의 납부

가. 강제주택적립금의 납부수속 및 납부액

① 우선, 기업은 주택적립금관리센터에 주택적립금 납부등기를 한다. 새로 설립된 기업은 설립 일로부터 30일 이내에 이 수속을 해야 한다.

② 다음으로 기업은 수탁은행에서 종업원주택 적립금계좌를 개설한다. 이 수속은 주택

적립금 납부등기를 한 날부터 20일 이내에 진행해야 한다.

③ 마지막으로 기업은 종업원의 전년도 월평균 임금에 종업원 및 기업의 주택적립금 납부비율을 곱한 것의 합계액을 강제주택적립금으로 하여 납부한다.

④ 종업원 및 기업 등의 강제주택적립금 납부비율 및 납부액의 상한 및 하한은 매년 관할지역의 적립금관리센터가 관계부문과 공동으로 제기하고, 주택위원회의 심사 · 동의를 얻고, 또한 관할 지역 인민정부에 보고하여 비준을 득한 후, 공포 · 집행된다.

나. 종업원의 채용, 퇴직 및 기업의 합병 등의 경우 강제주택적립금

1) 종업원의 채용경우의 처리

기업이 종업원을 채용하는 경우, 채용 일로부터 30일 이내에 수탁은행에 대하여 종업원 주택적립금계좌의 개설 및 이전소속을 해야 한다.

2) 종업원의 퇴직경우의 처리

기업과 종업원의 노동관계가 종료된 경우, 종료일로부터 30일 이내에 수탁은행에 대하여 종업원 주택적립금계좌의 이전 및 보존 수속을 해야 한다.

3) 사업통합 등에 따른 합병 등 경우의 처리

합병, 분할, 해산 등의 사정이 발생하거나 또는 법에 따라 파산이 선고된 기업 등은 이런 사정이 발생한 날부터 30일 이내에 원 기업 등 또는 청산조직이 적립금관리센터에 주택적립금의 납부등기의 변경 또는 취소 수속을 진행하고, 또한 수속한 날부터 20일 이내에 수탁은행에 대하여 주택적립금 계좌의 이전 또는 보존수속을 해야 한다.

(3) 강제주택적립금의 인출

가. 인출에 관한 제한

주택적립금은 종업원의 개인 재산이지만 이것을 인출할 수 있는 것은 원칙상 다음의 경우에 한정된다. ①자가주택의 구입, 신축, 개축, 수선, ②이직 또는 퇴직, ③노동능력을 완전히 상실하고 또한 그 소속된 기업과 노동관계를 종료하였을 때, ④호적이 관할 지역에서 타 도시로 옮기거나 또는 국외에서 거주할 때 등이다. 그러나 예외적인 경우로 종업원이 사망하거나 또는 사망이 선고된 경우 종업원의 계승인 또는 수증자는 해당 종업원의 주택적립금계좌 중의 예금잔액을 인출할 수 있다.

나. 강제주택적립금의 인출신청

강제주택적립금의 인출신청을 할 경우 종업원이 소속된 기업은 사실 확인을 하고 또한 인출인을 위해 인출증명을 부여하게 된다. 종업원은 인출증명을 첨부하여 관할 지역 적립금관리센터에 인출을 신청한다. 적립금관리센터는 인출신청을 접수한 날부터 3일(상해의 경우) 이내에 인출허가 여부의 결정을 한다.

(4) 강제주택적립금의 사용방법

가. 종업원에 의한 강제주택적립금 차입

강제주택적립금의 납부의무를 이행하는 종업원이 자가주택을 구입하고, 건설하거나 또는 소유권이 있는 자가건물을 건립하거나 크게 수리하는 경우 주택적립금 차입을 신청할 수 있다. 이 경우에 담보를 제공할 필요가 있다. 담보제공에 대해서는 종업원이 소유한 주택에 저당권을 설정하는 방법이 통상 인정되고 있다.

나. 국채 등의 구입

적립금관리센터는 주책적립금이 정상적으로 지불되는 것을 보증하는 것을 전제로 국채를 구입하거나 또는 금융기관에 위탁하여 가치를 보전하고, 가치를 증액하도록 운용하고, 가치가 증액한 수익을 주택적립금에 납입하여 준비금으로 이용할 수 있다.

다. 기업 등에 의한 주택적립금 차입

주택적립금의 납부의무를 이행하는 기업은 종업원 주택을 건설하거나 또는 구입할 경우, 주택적립금 차입을 신청할 수 있다. 그러나 담보를 제공해야 한다.

제5장 종업원의 노동조건

1. 노동시간과 시간외노동

(1) 노동시간에 관한 원칙

노동법의 시행 후 노동시간에 대해서는 전국적인 통일 노동시간제가 철저해져 현재 1일 8시간, 1주 40시간이라는 기준노동시간제가 실행되고 있다. 대부분의 외자기업에서 상기의 기준노동시간제가 채용되고 있다.

외자기업의 경우 시간외 노동에 관한 의식이 박약하고, 그 관리가 적정하게 진행되지 않는 경우가 있기 때문에 종업원이 데모를 일으키고, 노동사회보장국 및 공회의 지도를 받는 경우가 있다.

가. 노동법의 규정과 기준노동시간제의 변경

1996년 1월 1일부터 1일 8시간, 1주 40시간제의 기준노동시간제가 실시되어 과도기간을 거쳐 1997년 5월 1일부터 전국에서 통일적으로 채용되고 있다. 또 모든 1주간의 지정휴일은 토요일과 일요일이 지정되어 있고, 주휴 2일제가 실시되고 있다. 그러나 지정휴일의 통일적인 채용이 어려운 기업에 대해서는 실제상황에 대응하여 휴일을 조정할 수 있다. 외자기업도 위의 기준노동시간제가 적용되어, 원칙상 기준노동시간제를 채용하는 것이 의무화 되어 있다.

나. 노동시간과 지정휴일의 단축

기업(단위)의 업무성질, 특징 등으로부터 기업(단위)이 기준노동시간을 단축, 또는 지정휴일을 삭감하는 것이 허락되는가가 문제다. 원래, 기준노동시간제는 종업원의 노동시간에 관한 상한을 긋는 주요한 기능으로 기업(단위)이 실제상황에 따라 이것을 진행할 수 있다고 본다. 한편, 지정휴일을 삭감하는 경우는 종업원의 휴일에 관한 보장을 제한하는 것이기 때문에 특수노동시간제를 채용하는 경우 외에 노동법상 최저보장인 주휴 1일을 보장하고 또 1주의 노동시간이 40시간을 초과하지 않는 범위에서 지정휴일을 삭감할 수 있다고 해석된다.

다. 특수노동시간제

기준노동시간제를 채용하는 것이 업무의 성질 또는 생산관련 특별한 제한 등으로 불가능한 경우 "특수노동시간제"를 채용할 수 있다. 특수노동시간제는 크게 부정기노동시간제 및 종합노동시간계산제가 있다.

1) 부정기노동시간제

부정기노동시간제란 1일의 고정노동시간을 설정하지 않는 노동시간제를 말한다. 1일의 노동시간의 초과 제한 및 1주 또는 1월의 노동시간의 초과 제한 등의 적용을 받지 않고, 할증임금의 지급을 진행할 필요도 없다. 이 노동시간제에 따라 채용하는 종업원에 대해서는 업무의 달성율, 업무고찰 등에 따라 기업(단위)이 휴가, 휴일을 잡을 수 있고 또 임금의 지급도 기업(단위)의 임금지급 규정 등에 기초하여 종업원의 실제 노동시간 및 업무 달성율의 상황을 감안하여 지급할 수 있다. 부정기노동시간제는 업무의 성질, 직책의 범위 등으로부터 1일의 고정업무시간을 설정할 수 없는 아래와 같은 종업원에 대하여 채용이 가능하다. ①고급관리인원, ②외근인원, ③판매원, ④당직인원, ⑤소방당직인원, ⑥당직운전사, ⑦기타 업무 성질상 기준노동시간으로 평가할 수 없는 종업원 등이다.

2) 종합노동시간계산제

종합노동시간계산제란 고용기업(단위)의 생산 또는 업무의 특성으로부터 종업원의 노동시간을 날로 계산하는 것이 불합리하여 주, 월, 4/4분기, 년 등의 주기로 노동시간을 종합하여 계산하는 노동시간제를 가리킨다. 따라서 1일의 노동시간, 1주간의 노동시간은 기준노동시간제의 제약을 받지 않고, 기업(단위)가 이것을 제정하고, 관련 비준을 받은 노동시간 계획에 따라 노동제공을 요구할 수 있다. 그러나 평균한 1일 노동시간과 1주 노동시간은 기준노동시간을 초과할 수는 없다. 종합노동시간계산제는 아래와 같은 종업원에 대하여 채용된다.

① 교통, 철도, 우편, 전신, 수운, 항공, 어업 등의 업종에서 업무의 특수한 성질로부터 연속하여 업무를 수행할 필요가 있는 종업원
② 지질・자원탐색, 건축, 제염, 제당, 여행 등의 계절 및 자연조건에 의해 제한 받는 업종의 종업원
③ 계절성이 있는 과일, 야채 등의 식품가공기업(단위)의 종업원, 패션생산기업(단위), 호텔, 식당, 오락장의 복무원 등
④ 기타 종합노동시간제를 실행하는 것이 적당한 종업원

라. 특수노동시간제 채용의 수속

기업(단위)가 특수노동시간제를 채용하는 경우에 기업(단위)은 종업원의 건강을 보장하고, 또 충분히 종업원의 의견을 들은 다음 종업원의 권리 등을 충분히 보장하는 것을 전제로 그 채용수속을 밟아야 한다.

① 중앙정부급 기업(단위)인 경우: 국무원의 주관부문의 심사를 받은 후, 노동부의 비준을 받는다.
② 지방정부급 기업(단위)인 경우: 성, 자치구, 직할시의 노동사회보장국이 특수노동시

간제에 관한 방법을 제정하고 국무원에 보고한 후, 해당방법에 따라 처리한다.

지방급의 외자기업의 경우, 각 관할권을 보유한 노동사회보장국에 대해서만 비준신청을 진행하면 된다. 한편, 중앙급 외자기업의 경우는 원칙대로 기업의 주관부처에 심사를 신청한 후, 노동부의 비준을 받고 상해시의 노동사회보장국에 신고해야 한다.

(2) 시간외 노동

가. 시간외 노동의 시간적 제약

시간외 노동이란 구체적인 기업(단위)가 실행하고 있는 노동시간제(정상적인 노동시간제)의 규정 노동시간을 초과하여 노동제공을 진행하는 경우를 말한다. 기업(단위)은 그 생산경영의 필요에 대응하여 공회 및 종업원과 협의를 진행한 후, 노동시간의 연장(시간외 노동)을 진행할 수 있다. 그러나 일반적으로 1일 1시간을 초과할 수 없다. 특별한 이유로 연장할 피료가 있는 경우에는 종업원의 신체건강을 보장한다는 조건으로 1일 3시간을 초과할 수 없는 범위에서 노동시간을 연장할 수 있다. 단지, 1개월 36시간을 초과할 수 없다(노동법 제41조).

나. 시간외 노동에 관한 수속

공회 및 종업원과의 협의가 법적으로 필요하고, 기업(단위)가 개개인의 종업원에 대하여 시간외 노동을 명령하는 경우에는 공회 및 해당 종업원과 시간외 노동에 대하여 합의하고 법정의 제한 범위 내에서 시간외 노동을 결정할 수 있다. 이제도는 공회 및 종업원은 시간외 노동을 거절할 권리를 가지고 있는 사실을 전제로 하고 있기 때문에 기업(단위)은 공회 및 개개인의 종업원의 의사에 어긋나게 시간외 노동을 명령할 수 없다는 점에 유의가 필요하다. 현실적 대응으로 시간외 노동의 수속을 취업규칙 등에 규정하고 또 구체적인 시간외 노동에 대하여 확실하게 종업원의 동의를 얻어놓는 것이 필요하다.

다. 시간외노동과 할증임금

1) 할증임금의 지급기준

기준노동시간제 또는 종합노동시간제를 채용하는 기업(단위)의 종업원이 시간외 노동을 진행한 경우 기업(단위)은 다음의 기준에 따라 할증임금을 지급할 필요가 있다. 기준노동시간제를 채용하는 기업(단위)은 시간외 노동에 대해서 1일의 노동시간, 지정휴일, 법정휴일을 단위로 계산되고, 이것을 주, 분기, 년도 등의 기간으로 계산할 수는 없다.

① **잔업의 경우**: 종업원 본인의 시간임금의 150%를 지급 또는 상당한 보조휴가를 준다.

② **지정휴일 근무의 경우**: 종업원 본인의 1일 임금 또는 시간임금의 200%를 지급한다.

③ **법정휴일 근무의 경우**: 종업원 개인의 임금 또는 시간임금의 300%를 지불한다.

2) 1일 임금, 시간임금의 계산방법

종업원 개인의 1일 임금은 기준노동시간제를 채용하고 있는 경우에 개인의 월임금(정상적인 상황에서 실취득 임금의 70%를 기준으로 하면 된다)을 기준으로서 20.92로 이것을 나누어 계산한다.

※ 월평균근무일수산정공식=(년간일수-축제일-공휴일 수)÷12개월=20.92

※ 월근무일수=(365-10-104)÷2=20.92일

※ 종업원이 결근한 경우의 임금계산

= 통상월급의 70%-(통상월급의 70% / 월 근무일수) x 결근일수

(3) 노동시간제에 관한 실제문제

가. 종업원의 동의에 기초한 시간외 노동

일부 외자기업은 종업원이 법정시간외 노동의 제한을 초과한 시간외 노동에 동의한 것을 들어, 제한을 초과하는 시간외 노동을 진행시키는 케이스가 있다. 이 경우에 규정한 할증임금을 지급하고 있다고 해도 전술한 바와 같이 시간외 노동시간에 관한 제한은 강행법규로 종업원의 동의 및 규정된 할증임금의 지급에 의해 합법화되는 것은 아니다. 이러한 노동시간제의 실행은 위법이고, 처벌대상이 된다는 점에 대해 유의가 필요하다.

나. 고급관리인원, 외근영업인원의 노동시간제의 문제점

외자기업이 기업(단위) 내에서 일정한 직위(경리, 부장, 과장 등의 부장이상의 직위) 이상인 종업원의 경우, 시간외노동에 대해 할증임금을 지급하지 않고, 관리직수당 등의 지급을 하는 기업이 많다. 이러한 종업원들은 각 부문의 책임자인 경우가 많고 업무의 성질상, 시간외노동이 많이 취급되고 있다. 한편, 종업원측도 직위에 자부심을 갖고, 관리수당 외에 할증임금의 지급이 없는 것이 당연하다는 의식도 있다.

한편, 법제도적으로 고찰한 경우에 위와 같은 경우 기업(단위)은 이미 서술한 바와 같이 당초부터 해당직위에 대한 노동시간제의 책정을 진행 또는 개별적인 종업원과의 노동계약의 체결, 변경 시에 필요한 사항을 결정하여 종업원의 동의를 전제로 노동사회보장국의 비준을 얻어, 부정기노동시간제를 채용하여 합법적인 노동시간제를 실행할 수 있다. 외자기업이 이러한 수속을 밟고 있는 사례는 대부분이라고 생각되는데, 종업원도 당연하다는 의식을 갖고 있어서 이 제도가 문제되는 경우가 적지 않다.

다. 고급관리직과 부정기노동시간제의 문제에 관한 대책

그러나 부정기노동시간제를 채용하지 않는 한, 고급관리직 등 직위의 종업원에도 기준노동시간제, 시간외노동에 관한 규정을 당연히 적용해야 한다. 이러한 규정은 강행성을

띤 규정으로 가령, 종업원이 상기 노동시간제에 동의하였다 해도 그 위법성을 면할 수 없다. 정규적으로 수속을 밟지 않아 종업원으로부터 시간외노동에 대한 할증임금의 지급을 요구 받은 경우 법적으로는 이것을 지급해야 한다.

이 경우에 여전히 적정한 수속을 거쳐 노동사회보장국의 비준을 취득하여 실행하든가 또는 현실적이지 않을 지도 모르지만, 관리직 수당을 시간외의 할증임금 예정액으로 성격을 부여하여 달마다 집계를 하여 초과부분(또는 잉여부분)의 조정을 진행하는 등 수고로움이 필요하게 된다.

2. 휴일 · 휴가제도

(1) 휴 일

외자기업은 종업원에게 매주 적어도 1일의 휴가를 주어야 한다. 하루의 노동시간은 8시간을 초과하지 않고, 또한 1주간의 평균 노동시간은 40시간을 넘지 않는 것으로 되어 있기 때문에, 하루 노동시간을 8시간으로 설정하고 있는 외자기업에서는 매주 2일의 휴일을 부여하게 된다. 매주 2일의 휴일에 대하여 국가기관, 사회단체, 사업기업(단위)인 경우 통일적으로 토요일과 일요일로 되어 있지만, 외자기업의 경우 휴일의 지정은 없이 실제 상황에 기초하여 적당한 휴일지정을 하면 된다.

(2) 축제일

가. 외자기업은 다음의 명절기간 중 종업원에게 휴일을 부여해야 한다.

명절이 일요일과 중복되는 경우, 원칙상 명절의 다음날이 휴일로 된다.

① 원단 1일(신정: 매년 1월1일)
② 춘절 3일(설날: 음력 정월1일부터 3일까지)
③ 국제노동절 3일(매년 5월1일~3일까지)
④ 국경절 3일(매년 10월1일~3일까지)
⑤ 법률, 법규가 규정한 기타 명절

나. 법률, 법규가 규정한 기다 축제일

1) 전인민이 아닌 일부 인민에게만 적용되는 축제일에 대해 일부 인민의 집단 활동의 편의를 도모하기 위해 반나절의 휴일을 부여하든가 또는 해당 일부 인민 중의 일부 사람에게 반나절의 휴일을 부여하고, 기타 일부사람을 대표하도록 추천하여 기념식전에 참가 시킨다. 특히 어린이날은 초등학생, 유아원생(3세부터 초등학교 입학 전인 아동)에게 하루의 휴일을 부여하는 제도로 개정되어 있다.

① 부녀절(부녀에 한정) 3월8일
② 청년절(중등학교이상의 학생에 한정) 5월4일
③ 아동절(어린이 날) 6월1일
④ 인민해방군 건국기념일(군대 및 군사기관) 8월1일

2) 소수민족의 습관에 따른 축제일은 각 소수민족 거주지구의 지방 인민정부에 의해 각 소수민족의 습관을 감안하여 축제일의 기일을 규정하게끔 되어 있다.
3) 상기 ①,②의 축제일은 모두 일부 인민에게만 적용되는 것이다. 이러한 축제일이 일요일과 중복되어도 전인민에 적용되는 축제일과 달리 대체 휴일은 없다.
4) 또 1997년 7월1일의 홍콩회귀기념일과 같이 그 년도에 한하여 휴일로서 지정되는 경우가 있다.

다. 기타 축제일

간호사절, 교사절, 기자절, 8월 15일 항일전쟁 승리기념일 등은 모두 휴일이 아니다.

(3) 휴가의 종류

휴가의 종류는 연차 유급휴가, 친족방문휴가, 출산·육아휴가, 생리휴가, 결혼휴가, 장례휴가, 업무상 병상휴가, 비업무상 병상휴가가 있다.

가. 기업의 연차유급휴가제도

외자기업의 종업원은 연속 1년 이상 근무한 경우, 연차유급휴가를 향수할 수 있다. 그 구체적인 방법은 국무원의 규정에 따르게 되어 있는데, 현재 국무원의 규정은 없다. 따라서 외자기업이 연차유급휴가를 설정하는 것은 현시점에서 꼭 강제되는 것은 아니라고 본다. 외자기업이 임의로 연차유급휴가를 설정하는 경우, "중공중앙, 국무원의 종업원휴가에 관한 통지"(1991년 6월 5일 중발전[1991]2호)에 기초하여 연차유급휴가를 설정할 수 있다. 이 통지 내용의 주요부분은 "종업원의 휴가일수를 확정하는 경우, 업무 및 각종 인원의 자격, 이력, 직위 등 다른 상황에 기초하여 구별할 것을 요하는데 가장 길어도 2주간을 넘을 수 없다"로 되어 있다.

나. 친족방문 휴가

친족방문휴가란 원격지에 거주하는 친족을 방문하기 위한 휴가로, 원래는 국가기관, 인민단체, 국영기업(전민소유제기업) 및 사업기업(단위)의 종업원에게 적용이 예정된 제도이다. 이 제도는 외자기업에도 적용된다.

1) 친족방문휴가의 취득요건

① 외자기업에서 만 1년 이상 근무한 종업원이 배우자와 함께 거주할 수 없고 또한 지정휴일에 함께 할 수 없는 경우

② 외자기업에서 만 1년 이상 근무한 종업원이 양친 쌍방과 함께 거주할 수 없고 또한 지정휴일에 모일 수 없는 경우, 그러나 종업원이 양친의 일방과 지정휴일에 모일 수 있는 경우는 제외된다.

2) 친족방문휴가 빈도 및 휴가기간

① 종업원이 배우자를 방문하는 경우, 매년 1회, 30일의 친족방문휴가를 부여한다.

② 미혼인 종업원이 양친을 방문하는 경우, 원칙상 매년 1회, 30일의 친족방문휴가를 부여한다. 업무의 필요상 외자기업이 어떤 년도에 있어서 친족방문휴가를 부여할 수 없는 경우, 또는 종업원이 2년에 1회의 친족방문을 희망하는 경우, 2년에 1회, 45일의 친족방문휴가를 부여할 수 있다.

③ 기혼인 종업원이 양친을 방문하는 경우 4년에 1회, 20일의 친족방문휴가를 부여한다.

다. 혼인휴가

외자기업의 종업원이 결혼한 경우, 3일의 혼인휴가를 부여한다.[92] 만혼, 즉 남성 25세, 여성 23세의 초혼인 경우는 1주간 가산된다(초혼 연령의 계산은 결혼증서상 허가를 기준). 혼인휴가기간 중에 공휴일과 법정휴일이 중복되는 경우는 공휴일은 포함하지만, 법정휴일은 포함되지 않는다. 그러나 만혼에 의해 1주간을 가산할 수 있는 것은 부부쌍방이 만혼요건을 구비한 경우에 한하고, 일방만 만혼요건을 구비한 경우 그 일방만이 결혼휴가를 연장할 수 있다.

라. 장례휴가

외자기업의 종업원은 직계친족(양친, 배우자 및 자녀)이 사망한 경우 1일에서 3일까지의 장례휴가를 부여한다. 배우자의 양친이 사망한 경우 이전에는 장례휴가를 부여하지 않는 경우가 많지만, 현재는 종업원이 장례를 치를 필요가 있을 경우 외자기업의 허가를 받고 1일에서 3일의 장례휴가를 취득할 수 있다. 장례가 외지(상해시 이외의 지역)에서 진행되는 경우 노정의 원근에 따라 별도 노정휴가를 취득할 수 있다.

92) 결혼 연령은 남성 22세, 여성은 20세 이상이다.

3. 업무상 병상휴가 및 비업무상 병상휴가

(1) 업무상 병상의 인정

가. 업무상 병상의 인정기준

종업원이 다음 사항의 하나에 의해 부상당하고 후유증이 남아 사망한 경우, 업무상 병상으로 인정된다.

① 외자기업의 일상생산, 업무 또는 외자기업의 책임자가 임시로 지정한 업무에 종사하고 있는 경우 또는 긴급상황 하에서 외자기업의 책임자가 지정하고 있지 않지만, 외자기업의 중대한 이익에 직접 관련되는 업무에 종사하고 있는 경우

② 외자기업의 책임자에 의한 배치 또는 그 동의를 거쳐 외자기업과 관련되는 과학시험, 발명창조 및 기술개량 업무에 종사하고 있는 경우

③ 생산업무의 환경 하에서 직업성인 유해물질에 접촉하여 직업병에 걸린 경우

④ 생산업무의 시간 및 지역 내에 있어서 위험물질에 따르는 예상하지 않은 상해(급성중독을 포함)를 받은 경우

⑤ 생산업무의 시간 및 지역 내에서 업무상의 긴장에 의한 돌발성 질병에 걸리고, 사망 또는 최초의 구급치료 후 노동능력 전부를 상실한 경우

⑥ 직책을 이행한 것에 의해, 인신상해를 받은 경우

⑦ 위급구조, 재해구조, 구급조작 등, 국가 사회 및 공중의 이익을 도모하는 활동에 종사한 경우

⑧ 공무 또는 전쟁에 의해 후유 장해를 받은 군인이 복원하여 외자기업의 업무에 종사한 후 재차 발병한 경우

⑨ 업무에 의환 외출기간 중 업무상 원인에 의해 교통사고 또는 기타 예상치 못한 사고를 당해 상해를 받았거나 행방불명이 된 경우, 또는 돌발성 질병에 의해 사망하거나 또는 최초의 구급치료 후 노동능력을 전부 상실한 경우

⑩ 통근의 규정시간 또한 통근에 필요한 노선상에서 종업원에 책임이 없지만 또는 종업원에 주요한 책임이 없는 도로교통기관의 사고가 발생한 경우

⑪ 법률, 법규가 규정한 기타 사항이 있는 경우

나. 업무상 병상으로 인정되지 않는 경우

종업원이 다음의 경우에는 업무상 병상으로는 인정되지 않는다.

① 범죄행위 또는 위법행위에 의한 경우

② 자살행위 또는 자상행위에 의한 경우

③ 싸움(다툼)에 의한 경우

④ 음주에 의한 경우

⑤ 법률, 법규가 규정한 기타 사정이 있는 경우

다. 업무상 병상의 인정수속

1) 외자기업은 "기업 종업원의 업무상 상해사망사고보고 및 처리규정"에 부합하는 업무상 상해사고가 발생한 경우, 동일규정 및 관련규정에 의해 보고, 통계, 조사 및 회답한다.

2) 외자기업 위의 사고가 발생한 경우, 직접 전화 등으로 기업소재지의 구, 현의 노동사회보장국 및 시의 노동사회보장국에 신속하게 보고하고, 또한 20일 이내(상해의 경우)에 "기업종업원의 업무상의 긴장에 의한 돌발성 질병조사처리 보고서"를 기입하고 심사 받는다.

3) 외자기업은 직업병이 발생한 경우, 전화 등으로 기업소재지의 구, 현의 노동사회보장국 및 시의 노동사회보장국에 신속하게 보고하고, 또한 20일 이내에 "기업종업원의 직업병조사처리보고서"를 기입하고, 직업병 전문의료기구가 제공한 직업병에 걸리는 경위의 증명재료 및 직업병진단결과를 첨부하여 시의 노동사회보장국에 보고하고 시의 노동사회보장국이 재차 심사를 한다.

4) 외자기업은 업무상 병상통지의 해당 기준에 부합하는 중병 이상의 사고가 발생한 경우, 직접 전화 등으로 기업소재지의 구, 현의 노동사회보장국 및 시의 노동사회보장국에 신속하게 보고한다.

5) 종업원이 업무에 의한 외출기간 중 또는 위난구조, 재해구조 중에 행방불명이 된 경우, 외자기업은 업무상 병상통지에 의해 처리하는 외에 기업소재지의 공안부처에 보고해야 한다. 구, 현의 노동사회보장국은 인민법원의 사망선고의 결과에 기초하여 업무상의 사망을 인정하는 회답을 한다.

(2) 업무상 병상휴가 및 대우

가. 업무상 병상휴가로 인정되는 의료기간

종업원이 업무상 병상 또는 직업병으로 업무를 정지하고 치료를 받을 필요가 있는 경우, 업무상 병싱의 의료기간을 부여한다. 업무상 병상의 의료기간은 지정된 치료병원이 제출한 의견에 대하여 외자기업의 종업원의 노동능력감정위원회의 확인을 거친다. 업무상 병상의 의료기간은 상해의 정도에 따라 1개월부터 24개월까지 확정한다. 중대한 업무상 상해로 의료기간을 연장할 필요가 있는 경우에도 최장 36개월을 초과할 수 없다.

나. 업무상 병상의 의료기간 중 보험대우

업무상 병상의 의료기간에 종업원은 다음의 보험대우를 향수한다.

1) 종업원이 지정된 병원에서 치료를 받는 경우에 필요한 등록비, 입원비, 약값, 즉 의료비용 전액을 외자기업이 종업원에게 반환한다. 비준을 거쳐 외지 치료를 진행하는 경우에 필요한 교통비, 식비, 숙박비는 업무상의 출장기준에 따라 반환한다.[93]
2) 입원치료기간은 기업 종업원의 업무상 출장 식비 보조기준의 2/3의 비례로 입원 식비 보조비를 지불한다. 병원의 확인을 통하여 간호가 필요한 경우 병원간호기준에 따라 간호비를 지불한다.
3) 업무상 병상수당을 교부한다. 업무상 병상수당기준은 업무상 병상인 종업원 부상전의 12개월의 월평균임금으로 한다.
4) 외자기업은 노동계약을 해제할 수 없다.

다. 업무상 병상휴가 만료 후 조치

1) 업무상의 병상휴가가 만료된 후에도 종업원이 치료를 받을 필요가 있는 경우, 업무상 병상의료 대우의 향수를 지속하게 된다.
2) 종업원이 업무상 병상에 의한 의료종결 후 또는 의료기간 만료 후, 노동능력의 감정을 거쳐 후유 장해 등급을 확정한 경우 등급에 따른 보험대우를 향수한다.

라. 종업원이 업무로 사망한 경우

다음 규정에 의해 장례보조금, 부양직계친족정기구조금 및 1회의 업무상 사망보조금을 지급해야 한다(상해의 경우 다음과 같다).

1) 장례보조금을 지급하는 경우, 기준은 본시 전년도의 종업원 월평균임금의 6개월 분으로 한다.
2) 매월, 부양직계 친족정기 구조금을 지급하고, 부양조건의 소멸시에 지급을 정지한다.
3) 직계친족에 일시금의 업무상 사망보조금을 지급한다. 일시금에 한하는 업무상 사망보조금 기준은 업무상 병상사고에 의해 직접 사망하고, 또는 의료기간 내에 구급효과 없이 사망한 경우, 상해시 전년도의 종업원 월평균 임금의 50개월분으로 의료가 종결 되고 또는 의료기간이 만료하고, 후유장해 1급에서 4급으로 감정된 후, 재차 발병하여 사망한 경우에 상해시 전년도의 종업원 월평균 임금의 25개월분으로 한다.
4) 종업원이 업무상 병상의 후유장해 1급에서 4급으로 감정되어 병상이 원인으로 사망하였을 때는, 업무상 병상에 의한 사망상례보조금 및 부양 직계친족 정기구조금을 지급하고 직계친족의 1차성 업무사망보조금은 지급하지 않는다.

93) 의료비용의 지불에 대하여 입원하는 종업원에 대하여 "상해시의 도시·진의 기업 종업원의 입원의료보험잠행규칙"에 따라 지불하고, 그 잔액에 대해서는 현행의 규정에 따라 지불한다.

정기 후유 장해구조금, 간호비 및 부양 직계친족 정기구조금의 기준에 대하여 상해시의 노동사회보장국은 상해시 전년도의 종업원 임금이 증가하는 일정비율에 따라 매년 1회 조정한다.

마. 외자기업을 임대, 합병, 양도, 분할 할 경우

외자기업을 임대, 합병, 양도, 분할 할 때에는 승계하는 경영자는 종전의 기업 종업원의 업무상 상해보험 책임을 부담해야 한다. 종업원이 노무수출에 의해 대출기간 또는 고용기간에 업무상 병상사고가 발생한 경우 차입 또는 고용한 고용기업(단위)가 업무상 병상보험책임을 부담한다.

(3) 비업무상 병상의 인정

가. 비업무상 병상의 구체적인 인정기준

업무상 병상과 같은 구체적인 기준은 없지만, 종업원이 질병에 있거나 또는 부상을 입고 동시에 업무상 병상의 해당기준에 해당하지 않는 경우 비업무상 병상이 된다. 그리고 비업무상 병상의 경우 업무상 병상과는 달리 시의 노동사회보장국 등에 인정을 필요로 하지 않는다. 양자의 구별이 애매한 경우는 업무상 상병의 해당성에 대하여 노동사회보장국 등의 인정이 이루어진다. 이 경우 노동사회보장국이 비해당이라고 회답하면 비업무상 병상으로 공적으로 인정되는 것이다.

나. 비업무상 병상의료기간 중 임금 지급

비업무상 병상의 의료기간 중에 지급되는 임금의 계산기준이 되는 "본인임금"이란 종업원의 정상 상황하의 수취임금의 70%로 계산한다. 그러나 비업무상 병상의 의료기간이 6개월 이내인 경우와 이상인 경우 외자기업은 연속근무연수 기준에 따라 질병휴가 임금을 지급한다.

(4) 비업무상 병상휴가 만료 후 조치

비업무상 병상휴가가 완료된 후 종전의 업무에 종사할 수 없고 게다가 외자기업이 별도로 할당한 업무에도 종사할 수 없는 경우에 외자기업은 종업원과의 노동계약을 해제할 수 있다. 이 경우 외자기업은 종업원의 근무연수를 만 x년으로 한 경우, x개월 분의 수취임금에 상당한 경제보상금과 3개월에서 6개월까지의 수취임금 상당액의 의료보조비를 지급할 필요가 있다.

4. 여성종업원과 미성년에 관한 특수노동보호

(1) 여성종업원 보호의 목적

가. 여성종업원의 특수노동보호

특수노동보호란 고용균등, 동일노동 동일임금, 소위 "4기(四期)"(임신기, 분만기, 수유기, 생리기)에 대한 보호, 특정직무의 취업금지 등의 노동보호 관점에서 여성종업원 보호를 하는 것을 말한다. 주로 ①여성종업원의 노동권익보호(남녀평등관점에서), ②여성종업원의 특정직무의 취업금지, ③여성종업원의 4기보호, ④여성종업원의 위생보건 및 ⑤여성종업원의 노동권익보호에 관한 감독제도의 5가지 내용을 포함한다.

나. 여성종업원의 노동권익보호

여성종업원은 남성종업원과 평등하게 노동 및 취업할 권리가 있다. 기업은 종업원을 채용할 경우에 여성종업원에게 부적당한 직종 또는 직위인 경우를 제외하고 성별을 이유로 채용을 거절하거나 또는 그 채용기준을 높일 수 없다. 또 임금 및 복지대우에 대하여 동일노동 동일임금의 원칙을 실행하고, 남녀 평등하여야 한다. 승진 및 전문기술직무평가 등에서도 남녀평등의 원칙을 철저히 준수해야 하고 여성종업원을 차별해서는 안 된다.

(2) 여성종업원의 특정업무 취업금지

여성종업원의 특정업무 취업금지란 여성종업원의 생리적 및 신체적 특성 및 그 자녀의 정상적인 성장과 발육을 감안하여 법적으로 특정업무에 종사하는 것을 금지하고 있다.

① 광산의 광내 작업

② 삼림업에서 벌채, 집목, 유목작업

③ "체력노동강도분급" 기준 중의 제4급 체력노동강도(이상)의 작업

④ 건축업의 족장대(足場臺)의 구축 및 해제작업

⑤ 전력, 전신업의 고소가선(高所加線)작업

⑥ 연속부하중작업(1시간당 부하중회수가 6회 이상인 작업)으로 1회당 부하중이 20kg을 넘고, 단속적인 작업으로 1회 부하중이 25kg을 넘는 작업

한편, 건강한 자녀출산을 보장하기 위해 위의 일반적인 취업금지에 임신기, 분만기, 수유기, 생리기의 모든 4기에 있어서도 취업이 금지되고 있다.

(3) 생육, 육아에 관한 보호제도

가. 여성종업원의 출산휴가

1) 일반적인 출산일 경우

출산휴가는 90일이고, 산전휴가 15일, 산후휴가 75일로 구성된다. 본인이 신청하여 기업이 인정한 경우 2개월 반의 산전휴가를 취득할 수 있다. 또한 산휴기간 만료 후 신체적인 원인으로 업무를 행할 수 없는 경우는 의료기관의 증명을 얻어 산휴기간을 초과하는 기간에 대해서는 종업원의 병상에 관한 규정에 따라 병상휴가로 처리해야 한다.

2) 만육(고령출산: 여성의 만 24세 이상의 초산)의 경우

일반 출산의 경우의 상해의 경우는 일반출산휴가에 15일을 가산한다. 남성 종업원에 대해서는 3일의 출산휴가를 부여한다.

3) 난산인 경우

일반 출산휴가에 15일을 가산한다.

4) 쌍둥이 이상의 출산인 경우

2인 이상의 영아, 1인당 일반 출산인 경우의 출산휴가에 15일을 가산한다.

5) 유산의 경우:

중앙의 규정에 따르면 여성종업원이 유산한 경우 기업은 의료기관의 증명서에 의해 일정기간의 출산휴가를 준다. 또 임신기간이 4개월 미만에 유산한 경우는 15일에서 30일의 출산휴가를 주고, 4개월 이상인 경우는 42일의 출산휴가를 부여한다.

이에 대해 상해시의 규정에 의하면 임신3개월 이내에 자연유산 또는 자궁외 임신인 경우 출산휴가를 30일 부여해야 한다. 또 임신 3개월 이상 7개월 이하인 자연유산인 경우, 출산휴가를 45일 부여해야 한다.

또 상기 특별한 조건하에서 출산휴가 기간의 가산은 각 조건을 만족하는 부분을 합산하여 계산할 필요가 있다.

나. 수유기간 중 여성에 대한 보장

여성종업원이 출산한 후 영아가 만1세를 맞이하기까지의 기간(수유기)에 대해서는 고용자는 다음을 보장해야 한다.

1) 수유시간의 부여

근무시간 내에 1회 30분의 수유시간을 2회 부여해야 한다. 수유시간은 1일의 수유시

간을 합산하여 60분으로 하고 이것을 1회에 한하여 부여하는 것도 가능하다. 쌍둥이 이상 출산인 경우에 2인 이상의 영아 1인당 1회에 30분을 가산해야 한다. 그리고 구, 현급 이상의 의료보험기구의 진단에 의해 영아가 만 1세 이하 허약아로 인정을 받은 경우는 상기 수유기간을 6개월 초과하지 않는 범위에서 연장할 수 있다. 또 수유를 외부 등에서 진행할 경우의 기업(단위)과 수유장소의 왕복시간은 노동시간으로서 취급해야 한다.

2) 수유휴가의 부여

출산 후, 여성종업원의 직장에서 수유 등이 곤란하고, 작업상 차질이 없는 경우에 여성종업원의 신청에 의하여 기업(단위)은 6개월 반의 수유휴가를 부여할 수 있다. 이 수유휴가는 기업(단위)에 의무적으로 규정된 것은 아니고, 어디까지나 기업(단위)에서 자주적인 판단이 전제로 된다는 점에 주의가 필요하다.

3) 종래의 작업으로 단계적 이행

출산휴가 만료 후의 직무복귀에 대해서는 기업(단위)은 1주에서 2주간에 걸쳐 종래의 업무량으로 회복하도록 배려를 해야 한다.

다. 임신, 출산, 수유기간 중 노동계약의 해제 여부

기업(단위)은 여성종업원의 결혼, 임신, 출산휴가, 수유 등을 이유로 여성종업원을 해고 또는 노동계약의 해제를 진행할 수 없다. 또 원칙상 여성종업원이 임신기, 출산기, 수유기에 있는 기간은, 여성종업원과의 노동계약을 종료(노동 계약기간 만료에 따른 종료) 또는 해제를 할 수 없다.[94] 그러나 임신기, 출산기, 수유기의 노동계약의 해제 제한은 여성 종업원의 임신, 휴가의 취득, 수유를 이유로 하는 해제를 금지하는 것이라고 생각되기 때문에 다음과 같은 사유가 생긴 경우는 노동계약을 해제할 수 있다.

① 수습기간 내에 있고 채용조건과 부합되지 않는 것이 증명될 때
② 종업원에게 중대한 규율위반 또는 외자기업의 규칙제도위반이 있을 경우
③ 중대한 실직행위, 사리행위가 있고 외자기업에 중대한 손해가 생길 경우
④ 법에 따라 형사책임을 추급된 때
⑤ 법률법규가 정한 기타 상황

라. 여성종업원이 출산 시 의료비의 부담자

여성종업원이 기업(단위)의 의료기구 또는 기업(단위)의 지정 의료기구에서 검사를 받

94) 여성종업원이 임신, 출산휴가, 수유기간 중에 노동계약의 기간이 만료한 경우, 노동계약기간의 만료에 따라 노동계약을 종료할 수 없고, 노동계약기간은 결과적으로 각각 임신, 출산휴가 또는 수유기의 만료시까지 자동적으로 연장된다.

고, 분만을 진행하는 경우는 그 검사비, 출산비용, 수술비용, 입원비용 및 의약품비용은 기업(단위)가 부담해야 한다.

마. 여성종업원의 임신기, 출산기 및 수유기 시 임금대우

여성종업원의 임신기, 출산기 및 수유기에 대해서는 검사, 휴식 등, 실제로 노동을 제공하지 않은 시간이 있다고 해도, 여성종업원의 기본임금을 인하할 수 없다. 또 산휴기간 중인 여성종업원의 임금은 과거의 임금을 하회할 수 없다.

더욱이 기업(단위)의 허가에 따라 2개월 반의 산전휴가 및 산후 6개월 반의 수유휴가 기간 중에는 종래의 임금의 80%를 하회할 수 없다. 여기서 말하는 종래의 임금이란 사전휴가 또는 출산휴가의 신청전의 일반근무를 한 경우의 관련법규 및 노동계약에 기초한 일체 임금을 가리킨다.

임금의 승급에 대해서는 출산휴가 등을 어떻게 직무평가 등에 있어서 평가해야 하는가에 관한 규정은 없지만 노동사회보장국은 출근한 것으로 인정되는 한, 기타 종업원과 동등한 평가를 진행하게끔 요구하고 있다.

또 상기 임금 이외 임금지급을 전제로 고용자가 부담해야 할 양로보험금, 실업보험금, 입원의료보험금, 공적금 등의 사회보험비용의 부담도 계속할 필요가 있다.

(4) 여성종업원의 위생보건

여성종업원의 건강 및 그 자녀의 건강적 성장을 보호하기 위해 기업은 여성종업원의 위생보건에 대하여 다음의 보건조건을 제공하여야 한다.

가. 보건시설의 설치

100명 이상의 여성종업원이 근무하는 기업(단위)은 여성종업원의 위생실(화장실) 및 임부휴식실 등의 보건시설을 설치해야 한다. 또 100명 이하인 기업(단위)에 있어서도 온수통(온수를 사용할 수 있는 시설: 온수기 설치), 세면시설 등을 설치하는 것이 요구되고 있다. 또 수유영아가 5명 이상인 기업(단위)는 수유실을 설치하는 것이 요구되고 있다.

나. 부인병검진

각 기업(단위)는 정기적으로 여성종업원(정년퇴직한 여성종업원을 포함)에 대하여 부인병검진을 실시하고 그 질병의 치료를 진행해야 한다. 또 400명 이상의 여성종업원이 재직하고, 의무실을 설치하고 있지 않는 기업(단위)에 대해서는 1명의 전문인 또는 겸직인 산부인과 의사를 배치하여야 한다.

(5) 여성종업원 보호에 관한 벌칙

가. 기업이 여성종업원의 법적 권익을 침해 시 법적 보호

기업이 여성종업원의 법적 권익을 침해한 경우, 여성종업원은 노동중재에 제기에 따라 법적 보호를 요구할 수 있는 외에 기업의 주관부처 또는 기업을 관할하는 노동사회보장국에 대해 침해사실을 신고할 수 있다. 상기 관련 부처는 신고를 수리한 날로부터 30일 이내네 그 처리를 결정해야 한다. 여성종업원이 이 처리의 결정에 불복이 있는 경우는 결정서를 수령한 날로부터 기산하여 15일 이내에 인민법원에 소송을 제기할 수 있다.

나. 기업이 여성종업원의 권익을 침해한 경우

여성종업원의 권익을 침해한 기업(단위)의 책임자 및 직접담당자에 대해서는 기업주관부처가 그 상황의 경중에 따라 경고, 과실기록, 중과실기록 등의 행정처분을 진행하고, 동시에 기업(단위)는 권익을 침해 받은 여성종업원에 게 경제보상을 진행해야 한다. 이러한 침해가 형사사건을 구성할 경우에는 책임자 및 직접담당자에 대하여 형사책임이 추궁된다. 또 노동사회보장국은 여성종업원의 보호상황에 대해, 기업(단위)를 검사할 수 있고, 위생국 및 공회, 부인연합조직, 여성종업원의 권익보호의 상황을 감독할 수 있다.

(6) 미성년 종업원 보호의 목적

가. 미성년자의 정의

미성년자란 만 16세 이상 만18세 미만의 종업원을 말한다.

나. 미성년종업원의 특수노동보호

미성년종업원의 특수노동보호란 미성년종업원의 성장, 발육의 관점(기관의 형성, 체력의 미성숙, 저항력의 저하 등 육체적 관점 및 판단력의 미성숙 등 정신적 관점) 및 교육을 받을 필요성 관점에서 미성년 종업원에게 주어지는 각종 특수보호를 말한다. 주로 특정작업의 취업금지, 정기건강진단 등 특별보호가 실시된다.

다. 미성년 종업원의 특정직무 취업금지

미성년종업원의 합법적 권익과 건강을 보호유지하기 위하여 기업은 다음의 노동작업을 종사케 할 수 없는 것으로 되어 있다.

① "생산성분진(粉塵)작업위해정도분급" 국가기준 제1급 이상인 분진접촉작업
② "유독작업분급" 국가기준 제1급 이상인 유독작업
③ "고소작업분급" 국가기준 제2급 이상의 고소작업
④ "냉수작업분급" 국가기준 제2급 이상의 냉수작업

⑤ "고온작업분급" 국가기준 제3급 이상의 고온작업
⑥ "저온작업분급" 국가기준 제3급 이상의 저온작업
⑦ "체력노동강도분급" 국가기준 제4급 이상의 저온작업
⑧ 광산정(鑛山井)내 및 광산지면의 채석작업
⑨ 임업에 있어서 채벌, 방류 및 삼림보수작업
⑩ 방사성물질에 접촉하는 작업
⑪ 가연, 가폭, 화학성연소 등의 위험도가 높은 작업
⑫ 지질탐색, 자원탐색 등의 야외작업
⑬ 잠수, 터널작업 등 및 해발 3000m이상의 고원작업
⑭ 연속부하중작업으로 1회당 부하중이 20kg을 넘고, 단속적인 작업으로 1회당 부하중이 25kg을 넘는 작업
⑮ 드릴암석작업 , 항타기(杭打機), 전기톱 등을 사용하는 작업 등이 있다.

(7) 미성년 종업원의 채용수속

가. 미성년 종업원을 위한 정기적 건강진단

미성년 종업원을 고용하는 기업(단위)은 아래의 경우에 미성년종업원의 정기 건강진단을 진행해야 한다.[95]

① 직장에 배속하기 전
② 취업 후1년을 경과한 경우
③ 만 18세 되기까지 직전의 건강진단에서 반년이 넘을 때

기업(단위)은 위의 실시된 건강진단의 결과에 따라 미성년종업원을 적정한 직무에 종사 시켜야 한다. 건강진단의 결과 종래의 직무에 종사할 수 없는 경우에 의료부처의 증명에 의해 노동량을 경감 또는 기타 노동에 종사 시켜야 한다.

나. 미성년 종업원 고용 시 수속절차

미성년 종업원의 고용 및 특수노동보호의 상황에 대해서는 등기제도가 실시되고 있다. 따라서 미성년 종업원을 고용하는 기업은 일반적 종업원 고용수속 외에 해당 기업을 관할하는 현급 이상의 노동사회보장국에서 등기수속을 하여야 한다. 미성년 종업원의 등기는 "미성년 종업원건강검사표", "미성년 종업원등기표"를 제출하고 노동사회보장국이 미성년 종업원의 직무, 건강상황을 심사하고 기업(단위)이 "미성년 종업원등기증"의 발행을 받는 것에 의해 완료된다. 미성년 종업원은 "미성년 종업원등기증"이 없으면 취업할 수 없다.

95) 미성년 종업원의 건강진단 비용은 기업이 부담한다.

제6장 기업의 비밀관리

1. 기업비밀관리

(1) 비밀관리의 요청

가. 기업비밀의 관리는 왜 중요한가

기업비밀이란 일반대중이 알지 않고 권리자에게 기업의 이익을 초래하여 실용성을 갖고, 또 기업자에 의해 보호조치가 취해진 기술정보 및 영업정보를 말한다. 기업비밀은 이것을 갖는 기업으로서 시장에서 독자성과 우의성을 획득하고 유지하는 것이 가능하다. 그러면서 이와 같은 우의성은 타사 특히 경쟁사가 알지 못하는 비밀확보로 유지되는 것이고, 비밀정보가 누설되면, 우의성은 크게 훼손되어 경쟁력을 잃게 된다. 예컨대, 코카콜라의 성분과 캔터키 후라이치킨의 맛이 누설된다면 그 우의적인 위치는 크게 훼손되는 것이다. 최근 많은 외자기업들이 화학제품을 중국에서 생산하고 있지만, 이것도 역시 제품의 화학방정식이 누설되면 경쟁력을 잃게 된다. 이와 같이 기업비밀은 사업에 따라서는 그 생명선이 되는 경우가 있기 때문에 비밀관리의 문제가 중대한 과제가 되고 있다.

나. 중국에는 비밀관리 할 필요성이 높은 최신기술도 도입

얼마 전까지 중국에서는 최신기술의 라이센스료에 대하여 당사자간에 자유롭게 결정할 수 없었기 때문에 외자기업에 의해서 라이센스를 부여하는 메리트가 적어, 기업비밀이 누설되는 리스크가 될 만한 최신기술 라이센스를 부여하는 기업은 거의 없었다. 그러나 2002년 1월 1일부터 라이센스에 대한 대폭적인 규제완화를 내용으로 하는 기술수출입관리조례가 시행되어 악평이 높았던 라이센스료의 제한이 철폐되고, 원칙적으로 외국의 기술 라이센스료에 대해서 기업은 라이센스료를 자유롭게 결정할 수 있게 되었다. 이 규제완화도 최첨단기술이 중국에 도입되는 커다란 계기가 되었다.

다. 중국에서 비밀관리 요청의 정도

중국에서 노동계약은 1년 계약 등의 기간계약이 보통이다. 기업은 좋지 않은 종업원의 계약기간 연장을 거부할 수 있는 반면, 종업원의 기업에 대한 귀속의식도 높지 않은 것이 일반적이다. 기업에 남아 좋아한다고 생각하는 종업원도 보다 좋은 기업으로 옮기려고 하는 종종 있다. 여기서 종업원이 보다 좋은 조건으로 좋은 기업으로 전직하려면, 다른 종업원과 차별화 하기 위해 원래 기업의 기업비밀을 갖고 나간다고 생각하는 것은 기업에 대한 귀속의식이 낮고, 개인주의적인 측면이 강하다고 하는 문화 풍토적인 특징에 비추어 보면 자연스러운 것이다. 그리고 경쟁 타사가 기업비밀의 누설을 조건으로 좋은 조건을 제시하는 것도 자연스런 것인지도 모른다. 이와 같이 중국에서는 기업비밀의 누설이라고 하는 문제는 결코 간단한 문제가 아니라는 점에 유의할 필요가 있다.

라. 종업원과 비밀보호유지 계약을 체결 시 유의할 점

1) 일반적인 비밀보호유지계약의 실정

다음과 같은 비밀보호유지의무를 부과한다.

① 종업원은 노동계약체결, 이행 및 종료를 통하여 얻은 또는 알고 있는 기업의 비밀을 제3자에게 개시, 누설해서는 안 된다(개시, 누설의 금지).

② 종업원은 비밀을 목적 외에 사용해서는 안 된다(목적 외 사용의 금지).

③ 위 ①, ②의 의무는 노동계약 유효기간뿐만 아니라 그 만료 후도 존속한다(비밀보호유지의무).

2) 비밀보호유지계약 위반에 대한 책임의 설정

비밀보호유지의무를 종업원에게 준수 시키기 위해서는 의무에 위반한 경우 어떤 제재가 부과되는지, 종업원에게 주지를 철저히 하는 것이 유효하다. 종업원이 기업비밀을 개시, 누설하는 목적이라는 것은 기업에 대하여 경제적 이익을 도모하는 경우가 대부분이다. 기업비밀을 개시, 누설하는 것에 의한 이익과 불이익을 비교하여 불이익 쪽이 크다라는 인식을 하도록 하면 단순한 생각으로 종업원이 기업비밀을 개시, 누설하는 것을 막을 수 있을 것이다. 중국에서 기업비밀에 대해서는 법적 보호가 이루어지고 있고, 이와 같은 법적 보호를 전제로 종업원의 비밀보호유지계약 위반에 대한 책임을 설정해야 한다.

(2) 기업비밀보호의 법제도

가. 기업비밀에 대한 민사법상 보호

기업비밀도 무형재산으로서 재산적 가치를 갖고 있는 것이고, 불법침해를 받은 경우 침해자는 법률에 의해 민사배상책임을 져야 한다. 비밀보호유지계약에서는 종업원이 비밀보호유지계약에 위반한 경우, 종업원 및 종업원의 위반행위에 가담한 제3자에 대하여 손해배상책임을 명기해 놓을 필요가 있다. 위반행위에 가담한 제3자도 불법 침해자로서 책임을 지게 된다.

특히 비밀보호유지계약 위반 의해 손해배상청구를 행하는 경우 비밀보호유지계약의 위반에 의해 기업에 손해가 생긴 것을 입증해야 하는데, 실무상 그 입증은 쉽지 않다. 따라서 비밀보호유지계약을 위반 경우에 기업에 현실적으로 손해가 발생하고 안 하고를 떠나서 기업이 위약책임을 추궁할 수 있다면 기업으로서는 용이하고 또 확실하게 비밀보호유지계약 위반의 책임을 추궁할 수 있기 때문에 종업원은 확실히 추궁 당해 또 추궁 당한 경우 다액의 손해배상액을 예견할 수 있기 때문에 이러한 위약책임의 설정은 기업비밀의 개시, 누설을 방지하기 위해 커다란 억지력이 된다.

나. 기업비밀에 대한 행정법상 보호

부정경쟁방지법 제10조는 경영자가 기업비밀을 부정한 수단으로 입수 또는 제3자의 위법한 누설행위를 알면서 또는 알고 있는 것을 묻지 않고 타사의 기업비밀을 입수하는 등의 기업비밀의 침해행위를 금지하고 있다. 그 가운데 이와 같은 행위에 대해서는 관계부처(예컨대, 국가공상관리국 공평교역국)에 고소한다는 사실을 종업원에게 명백히 할 필요가 있다.

형사법 제219조에서는 기업비밀의 침해행위에 의해 권리자에게 중대한 손실을 준 경우, 3년 이하의 징역 또는 구역에 처하고 그리고 벌금처분을 부과하는 것이 규정되어 있다. 그 가운데 형사책임을 추궁하기 위하여 고소도 불사하지 않는다는 태도를 종업원에게 표시해야 한다.

다. 종업원측의 계약 해제와 기업비밀 보호를 위한 특별규정

기업은 기업비밀의 보호유지의무를 지는 종업에 대하여 종업원이 노동계약해제를 요구하는 사전의 기간을 6개월을 초과하지 않는 범위 내에서 설정하는 것이 가능하고, 기업은 이 기간에 상당한 비밀보호조치를 취할 수 있다. 즉 급히 퇴직하는 경우 기업으로서도 그 퇴직자에 의한 기업비밀의 침해행위에 대해서는 충분한 대응을 취할 수가 없다. 퇴직하는 취지를 사전에 일찍 받아 놓으면 기업은 통지 후 퇴직일까지의 기간, 그 종업원에게 일절 기업비밀에 접촉되지 않도록 시키는 등 자위조치를 취할 수가 있다.

(3) 비밀보호유지계약

가. 비밀관리의 실효성을 담보하기 위한 수단

비밀관리체제를 구축하여 종업원의 기업비밀의 누설을 방지해야 한다.

1) 비밀관리책임자

책임감, 관리능력을 갖는 자를 비밀관리책임자로 하고 비밀관리체제의 운영지휘, 종업에 대한 비밀관리 등에 관한 교육 등을 담당 시킨다. 기업비밀의 보관책임을 기밀관리책임자에게 책임지게 하여 종업원에 의한 기업비밀의 사용에 대해서는 비밀관리책임자 별개의 허가를 요건으로 한다.

2) 사용의 제한

종업원의 기업비밀 사용을 제한한다. 사용은 근무시간 중에 한정하고 기업 밖으로 기업비밀을 갖고 나가는 것은 원칙적으로 금지한다. 그리고 복사, 필사 등 부본 등의 작성을 원칙적으로 금지한다. 부본의 작성을 자유롭게 해 놓으면 모른 사이에 기업비밀이 누설되는 경우가 있기 때문에 이 점에 대해서는 특히 엄격한 관리를 필요로 한다. 데이터 등의 전자적인 기록도 같다. 복사기, 컴퓨터 등의 복제기능을 갖고 있는 것의 설치와 갖는 것에 대해서도 제한할 필요가 있다. 기업비밀을 사내 디지털 서버 등에 보존하는 경우는 사용권을 갖는 자를 제한할 필요가 있다.

그리고 이러한 사용제한에 위반한 경우, 누설행위의 유무에 관계없이 기업에 손해가 발생했는지 여부에 관계없이 위약책임을 추궁할 수 있는 권리를 계약상에 규정해 놓고 기업비밀의 누설에 대해 기업으로서 엄격한 대응을 취한다는 자세를 종업원들에게 주지시킬 필요가 있다.

나. 비밀보호유지계약 체결 시 주의사항

비밀보호유지계약은 먼저 자사의 종업원과 체결하지만 이것만으로는 부족하다. 예컨대, 기업비밀을 갖는 기업이 기술 라이센스하는 경우 자사 종업원뿐만 아니라 라이센스를 받는 기업의 종업원으로부터 기업비밀이 누설될 염려가 있다. 메이커 브랜드의 제조를 청부업자에게 발주하는 경우 청부업자의 종업원과 하청업자 종업원에 의하여 기업비밀이 누설될 우려가 있다. 이러한 타사의 종업원과의 고용관계가 없기 때문에 직접 비밀보호유지의무를 지게 할 수 없다.

따라서 라이센스계약, 청부계약, 업무제휴계약 등을 체결하는 경우에 상대방 기업에 대하여 전 종업원과 해당 기밀정보에 대해 비밀보호유지계약을 체결하는 것을 계약상 의무화 시켜 그 비밀보호유지 계약서의 제출을 요구하는 등 상대방 기업의 비밀관리가 적정하게 행해지고 있는지 확실하게 신중성이 요구된다.

2. 경업금지의무

(1) 기업비밀누설 방지를 위한 전직금지 요구가능 여부

종업원이 기업비밀을 누설하는 경우로서 경업 타사에 기업비밀을 갖고 전직하는 경우가 많다. 이와 같은 전직을 금지시키면 기업비밀의 누설을 방지할 수 있다. 이런 경업금지의 필요성이 강하게 인식되어 있는 중국에서는 종업원에게 경업금지의무를 부과하는 것이 법령상 인정되고 있다. 그러나 경업금지는 무제한 인정되는 것이 아니고 한정적인 범위에서 제한을 가하고 있다.

(2) 종업원에게 경엽금지의무를 부과 시 유의할 점

가. 경업금지의 기간

경엽금지기간에 대해서는 당사자간 약정에서 정한 것으로 법령에 별도의 규정이 있는 경우를 제외하고 최장 2년을 초과할 수 없다고 되어있다.

경업금지의 기간에 대해서는 기업비밀이 시장에서 경쟁 우의성을 가질 수 있는 기간, 기업이 해당 기업비밀을 기초로 하여 개발진척 상황 등을 종합적으로 가미하여 역시 단기간으로 설정되는 것이 희망 된다. 기술이 매일같이 진보하고 있고, 곧 기술정보가 낡은 분야로 되는 상황 하에 불필요하게 장기간 경업피지의무를 부과할 필요는 없다.

나. 경업금지에 대한 경제적 보상

전술한 바와 같이 경업금지의무를 부과하는 경우에는 경제보상금을 종업원에게 지불할 필요가 있다. 고용단위가 노동자와 경쟁업종 취업제한 의무를 약정한 경우 고용단위는 경제보상금을 노동자에게 지불할 필요가 있다. 그 금액은 노동자가 당해 고용단위에서 수령하던 연봉보다 낮은 수준으로 약정해서는 안 된다. 그런데 노동자가 경쟁업종 취업제한 의무 약정을 위반한 경우 고용단위에 위약금을 지불해야 하며 그 금액은 고용단위가 노동자에게 지불하는 경쟁업종 취업 제한에 따른 경제보상금의 3배를 초과할 수 없다.

이와 같이 경업금지 의무를 부과하는 경우에 법령상 적어도 경제보상금을 종업원에게 지불하는지, 종업원에게 경업피지의무를 부과하지 않고, 경제보상금도 지불하지 않는 가를 선택할 권리를 기업측이 고려 해 둘 필요가 있다.

3. 직무발명

가. 직무발명에 대한 종업원과 계약체결

1) 문제의 소재

직무발명이란 기업이 직무를 수행하고 또는 주로 해당 기업의 물질기술 조건을 이용하여 완성시킨 발명제조라 정의한다(특허법 제6조 1항).

근래 중국 국내에 외자기업에 의한 연구개발센터 설립이 계속 이어지고 있다. 또 많은 기술이 도입되고 있기 때문에 직무발명을 둘러싼 트러블이 승가하고 있다 중국에서는 일반적으로 권리의식이 높고 그 가운데 중국에 대한 특허관련 분쟁 중 권리귀속에 관한 사건이 다수를 점하고 있고, 특허출원건수가 급격히 증가하고 있는 현상을 보면 금후도 귀속을 둘러싼 분쟁이 생길 가능성은 점점 증가하고 있다고 본다. 이와 같은 트러블을 방지하기 위해서는 직무발명과 비직무발명 구별의 제도화 및 직무발명에 해당하는 경우의 보수산정 방법에 대한 제도화를 둘 필요가 있다.

2) 직무발명과 비직무발명의 구별

직무발명의 특허권자는 기업(특허법 제6조 1항), 비직무발명의 특허권자는 종업원(특허법 제6조 2항)으로 되어 있기 때문에 직무발명인가 비직무발명인가가 중요한 문제가 된다. 이 점, 기업의 물질기술조건(직장의 설비 등)을 이용하여 완성한 발명에 대해서는 기업과 종업원간의 계약에 의해 그 권리의 귀속을 정할 수 있다고 되어 있기 때문에(특허법 제6조 3항), 이와 같은 발명에 대해서는 기업에 귀속한다는 취지의 규정을 정해 놓을 필요가 있다.

또 기업의 물질적 조건을 이용하여 발명창조를 시도하는 경우에는 기업에 사전 통지의무를 요구하는 등 해당 발명이 물질기술조건을 이용한 것인지의 여부를 명확히 해 놓는다.

3) 직무발명에 대한 보수

특허권이 부여된 기업은 직무발명의 발명자에 대하여 장려금을 주어야 하고, 발명에 기초하여 창조가 이루어진 후, 그 보급과 응용의 범위 및 취득한 경제효과에 기초하여 발명자에 대해 합리적인 보수를 주어야 한다.[96] 이것은 직무발명 창조의 고안자에 대한 인센티브를 줌으로써 발명제도의 활성화를 도모한다는 취지가 있다.

합리적 보수는 종합적인 것을 감안하여야 하지만 국유기업의 경우 1가지 특허권 발명에 대해 장려금은 인민폐 2,000위엔 이상이어야 한다.[97] 특허 라이센스를 한 경우 보수는 세금을 제외하고 라이센스 피의 10% 이상이어야 한다. 이런 규정이 하나의 해석지침이 되리라 본다. 사전에 장려금, 보수를 정하는 경우에 이것을 충분히 고려한 후에 검토가 요망된다.

96) 특허법 제6조
97) 특허실시세칙 제74조

제7장 노동감독 및 분쟁해결제도

1. 공회(노동조합)

(1) 공회의 역할

가. 공회의 정의

공회는 한국의 노동조합에 상당하는 것이지만, 한국 등 자본주의국가의 노동조합과는 성질상 다르다. 공회란 일반적으로 '공인(중국어로 종업원의 의미)위원회' 의 약자로 이해되고, 그 성격으로서 ①복리증진, 노사분쟁방지의 역할을 갖고 기업과 이익공동체일 것, ②공산당 하부 조직으로서 행정기관과 같은 역할을 담당하고 있을 것, ③중국 유일의 내셔널 센터인 중화전국총공회는 국가적 관리기능을 갖고 있다는 점에서 한국의 노동조합과는 다르다는 것에 유의할 필요가 있다.

중앙 규정인 '공회법' 의 정의에서 공회는 종업원이 자유의사로 결합하는 종업원 계급의 대중적 조직으로 종업원의 이익을 대표하고, 법에 따라 종업원의 적법한 권리를 유지보호하는 것이다.

나. 공회와 한국 노동조합과 비교의 특징

한국은 자본주의 국가이고 종업원을 착취하는 자본가의 존재를 전제로 노사간 대립이 상정되어있다. 약자인 종업원의 단결, 즉 노동조합의 설립을 보호하는 것으로 노사관계 대등을 실현하고 종업원의 경제적 지위의 향상을 목적으로 하는 구조가 취해지고 있다.

이에 대해 중국은 사회주의 국가이고 종업원을 착취하는 자본가 존재도 노사간 대립도 상정되어 있지 않기 때문에 공회도 노사대등을 실현할 법적 수단으로 위치부여 되지 않고 있다. 따라서 공회는 종업원의 이익대표로서 위치가 부여되었으면서 외자기업과 대립하는 것이 아니고 노동쟁의가 발생한 경우, 기업 내 조정에서는 공평 중립한 판단자로 노사간의 이익조정 역할을 다하고 있다. 종업에 의한 데모가 발생한 경우, 외자기업과 협력해서 문제해결에 노력하고, 가능한 일찍 생산회복과 일의 질서를 회복할 의무를 부담하는 등, 노사분쟁을 평화적으로 해결하는 역할이 기대된다. 또 인민정부가 사회주의국가 정권을 전개하는 것에 조력한다고 하는 공적인 역할도 기대 되어 지고 있다.

이렇게 중국의 공회는 외자기업과 적대하는 것을 상정한 단체가 아니라는 점을 정확히 이해하는 것이 외자기업과 공회 관계 구축을 고려하는 경우에 가장 중요하다. 단지, 최근 시회주의시장경제의 발전에 따라 외자기업 등의 새로운 경제조직에 고용되는 종업원이 증가하고 또 역으로 국유기업 개혁과 구조조정에 따라 종업원이 대폭적으로 감소하는 등, 중국 노동사정에도 큰 변화가 생기고 새로운 문제가 발생하고 있다. 이런 상황에 대처하기 위해 2001년 공회법이 개정되었다. 이 개정에 따라 공회는 노동조합으로서 종업원의 이익대표로서 성격이 강해지고 있다.

다. 공회에 부여된 역할

중국에서 공회의 주된 역할은 다음과 같다. 한국의 노동조합을 염두에 두는 한, 왜 공회가 그러한 역할을 하는 것인가 이해할 수 없는 것이 포함되어 있지만, 공회는 종업원에 일방적으로 가세하는 것이 아니라, 노사간의 이익조정역할을 하는 것, 인민정부에 의한 사회주의 국가 정권의 전개에 조력한다고 하는 공적인 역할을 하는 것을 감안하면 납득할 수 있다.

1) 종업원이 헌법 및 법률의 규정에 의해 민주적 권리를 행사하고 국가 주인공으로 역할을 발휘하고, 각종 방법 및 형식을 통하여 국가사무의 관리, 경제 및 문화사업의 관리와 사회사무의 관리에 참여하도록 조직 교육하는 것
2) 인민정부가 업무를 전개하는 것에 협력하여 종업원계급이 지도하고, 노동동맹을 기초로 하는 인민민주독제의 사회주의국가 정권을 유지 보호하는 것
3) 전국 인민의 전체 이익을 보호함과 동시에, 종업원의 합법적인 권익을 대표하고 유지 보호하는 것
4) 평등한 협의(단체교섭) 및 단체계약(노동협약)제도를 통하여 노동관계를 조정하고 종업원의 노동권익을 유지 보호하는 것
5) 법률의 규정에 따라 종업원대표대회 기타 형식을 통하여 종업원이 해당 기업의 민주적 정책결정, 민주적 관리 및 민주적 감독에 참여하도록 조직하는 것
6) 종업원과 긴밀히 연락하고, 종업원의 의견 및 요구를 청취 반영하고, 종업원의 생활에 관심을 갖고 종업원의 곤란을 해결하며 성심성의로 종업원을 위해 종사하는 것
7) 종업원이 적극적으로 사회주의 시장경제 건설에 참가하고 생산성 임무 및 업무상 임무의 완성에 노력하도록 동원 조직하는 것
8) 종업원들이 끊임없이 사상도덕, 기술업무 및 과학문화 요소를 향상하도록 교육하고 이상, 도덕감, 교양, 규율이 있는 종업원 조직을 확립하는 것

(2) 공회의 설립 및 운영관리

가. 공회의 설립

공회는 중국국내의 기업, 사업단위 및 기관에 설립되는 것이 예정되어 있기 때문에 외자기업의 공회를 설립하는 것은 당연히 적법한 것이다. 외국은행의 중국 지점은 "기업, 사업단위 및 기관" 에 포함되지 않는 까닭에 공회의 설립이 법에 부합되는지의 여부가

문제 되지만, 외국은행의 중국의 지점도 종업원과 사이에 노동관계가 성립하고 있는 이상, 외국은행의 중국지점은 "기업"에 준하는 존재로 해석하고, 적법하다고 본다. 실무에서는 외국은행의 중국지점에 공회가 설립된 사례가 있고, 감독행정기관인 중국인민은행에서 공회설립을 독촉하는 사례도 있다.

나. 공회의 설립의무

공회는 공회가입자격이 있는 사람이 민주집중제의 원칙에 기초하여 자유롭게 설립할 수 있다. 따라서 외자기업의 종업원이 공회를 설립하지 않는 것도 자유고, 외자기업은 공회설립을 적극적으로 독촉할 의무도 없다는 것이 원칙이다. 무엇보다도 상해시에서는 외자기업에 공회가 없는 경우 개업일로부터 6개월 이내에 종업원이 공회설립 하는 것을 지지하고, 조력해야 한다고 되어 있다. 이 지지 조력의무는 종업원의 공회설립을 방해하지 않는다고 하는 소극적인 운용뿐이 아닌, 감독행정기관(노동국 등)으로부터 행정지도에 따라 공회설립을 적극적으로 촉진하는 의무로서 운용될 가능성이 있다.

공회 설립에는 1급 이상인 공회의 인가를 받는 것이 필요하다. 따라서 공회설립의 자유는 그 한도에서 제약된다. 예를 들면 외국인 총경리를 공회주석으로 하는 공회의 설립인가에 대해서는 부적당을 이유로 거부 처분될 수 있고, 명확한 규정상의 근거는 없지만, 인가실무는 1기업 1공회를 전제로 하고 있다고 추측되고, 제2 공회의 인가신청에 대해서도 부적당을 이유로 거부 처분이 발동된다고 본다.

다. 공회의 조직구조

외자기업이 설립한 기업공회는 법적으로 기층공회로 불린다. 기층공회의 상급공회로서 지방 각급공회가 있다. 지방각급 공회는 현급이상 지방이 설립한 것으로, 예컨대, 직할시인 상해시인 경우 상해시와 각 구, 각 현에 지방 총공회가 설립되어 있다. 또 지방 총공회 이외에 동일업종 또는 성질이 근사한 몇 개의 업종에 대하여 필요에 따라 전국 또는 지방(상해시의 경우, 지방총공회와 동일하게 시, 구, 현을 의미한다)의 산업공회가 설립되는 경우가 있다. 그리고 기층공회, 지방총공회, 전국 및 지방산업공회를 지도하는 최상급 공회로서 중화전국총공회가 있다.

이와 같이 공회의 조직구조는 중화전국총공회를 정점으로 하고 기층공회를 저변으로 하여 지방총공회 및 전국 및 지방산업공회를 중간층으로 하는 구조로 되어 있다. 중국공회의 최고권력(의사결정)기관은 5년 마다 개최하는 전국공회대표대회 및 이 대회에서 선출되는 중화전국총공회 십행위원회이다.

※ 공회의 법인성

중화전국총공회, 지방총공회, 산업공회는 사회단체로서 법인자격을 가지고 있다. 기층공회는 원칙상 법인자격이 없지만 상해시에서는 다음의 각 조건을 구비하고, 일급이상의 공회에 보고한 후 사회단체로서 법인자격을 가질 수 있게 되어 있다. 또 사회단체로서 법인자격을 가진 공회의 법정대표자는 공회주석이 된다.

① 이미 공회위원회를 설립하고 있는 경우
② 필요한 재산 또는 경비가 있는 경우
③ 자체의 명칭 또는 사무소가 있는 경우
④ 독립하여 민사책임을 부담할 수 있는 경우

라. 공회의 운영관리

1) 공회위원회

공회의 집행부는 법적으로는 공회위원회라고 불린다. 공회위원회는 각급 공회마다 설립되어 있지만 기층공회 회원이 25명 이상인 외자기업은 기층공회위원회 설립이 의무화되어 있다. 25명 미만인 경우는 단독으로 기층공회위원회를 설립하는 것이 가능하고 그리고 위원 1인을 선출하여 활동을 전개하는 것도 가능하다.

기층공회위원회에 더하여 여성종업원의 인수가 비교적 많은 경우에는 각급의 공회마다 공회여성종업원위원회를 설립하는 것이 가능하고 상해시의 규정에서는 여성회원이 25인 미만인 경우는 위원회가 아니고 공회회원대회 또는 회원대표대회에서 민주적으로 위원이 선출되고 설립된다.

공회회원대회 또는 회원대표대회는 공회위원회가 조직한 인원을 파면할 권리를 가지고 있게끔 되어 있기 때문에 선거 후에 공회위원회의 위원이 파면되는 경우도 있다. 또 대형 외자기업의 공회위원회는 업무의 필요에 대응하여 상급공회위원회의 비준을 거쳐 상무위원회를 설립 할 수 있다.

2) 기층공회위원회의 기본적 임무

기층공회위원회의 기본적 임무는 다음과 같다. 기층공회위원회가 기본적 임무를 완성하는 활동을 할 수 있는 것은 생산 또는 근무시간 외에 한하고, 생산 또는 근무시간에 활동할 필요가 있는 경우, 외자기업의 동의를 얻을 필요가 있다는 점에 주의를 요한다.

① 회원대회 또는 회원대표대회의 결의 및 상급공회의 결정을 집행하고 기층공회의 일상업무를 주관하는 것
② 종업원을 대표하고, 조직하고, 법률의 규정에 기초하여 종업원대표대회 및 기타 형식을 통하여 본 단위의 민주관리 및 민주감독에 참가하는 것. 기업, 사업단위의 공회위원회는 종업원대표대회의 업무기관이고, 종업원대표대회의 일상업무에 책임을 지는 동시에 종업원대표대회의 결의의 집행을 검사하고 독촉하는 것
③ 노동관계의 조정 및 노동쟁의의 조정에 참여하고 기업, 사업단위의 관리부처와 협의

제도를 설치하고, 종업원의 실제 이익에 관련된 문제를 협의하여 해결하는 것. 종업원 및 기업, 사업단위의 관리부처가 노동계약을 체결하는 것에 협력하고 지도하고, 종업원 및 기업, 사업단위의 관리부처를 대표하고, 단체계약 또는 기타 협의를 체결하고 동시에 그 집행을 감독하는 것

④ 종업원을 조직하여 노동경쟁(작업량 등을 경쟁하는 것), 합리화제안, 기술혁신 및 기술협력 활동을 전개하고, 선진적인 경험을 총괄하여 추진하는 것. 선진적인 생산(업무)자 및 노동모범의 선정, 표창, 훈련 및 업무관리를 철저히 진행하는 것

⑤ 종업원에 대하여 정치사상 교육을 진행하고 종업원이 문화, 과학기술 및 관리지식을 학습하는 것을 격려, 지지하며 건강한 문화체육 활동을 전개하는 것. 공회문화, 교육, 체육사업을 철저히 진행하는 것

⑥ 관련법률, 법규의 관철집행을 감독하는 것. 기업의 관리부처가 임금, 노동안정위생, 사회보험 등의 업무를 진행하고, 종업원의 집단적 복리사업을 진행하며 종업원의 생활을 개선하는 것에 대하여 협력하고 독촉하는 것

⑦ 여성종업원의 특수이익을 보호하고, 여성종업원을 차별, 폭행, 희롱, 박해와 투쟁하는 것

⑧ 공회조직의 확립과 건전한 민주제도 및 민주생활의 건설을 철저히 진행하는 것. 공회가 적극적으로 회원조직을 건설하고 전개하는 것. 신회원의 가입, 교육업무를 철저히 진행하는 것

⑨ 공회경비를 징수, 관리, 적절하게 사용하여 공회의 재산 및 공회의 기업, 사업을 철저히 관리하는 것

3) 공회의 간부

공회의 간부로서 주석, 부주석이 있다. 주석, 부주석은 회원대회 또는 회원대표대회에서 직접 선거하는 것도 가능하지만, 공회위원회가 선거하는 것도 가능하다. 공회가 법인자격을 갖는 경우, 주석은 공회의 법정대표자가 되는 것은 상술한 바와 같다. 주석, 부주석에 대하여 임기제가 채용되는 경우, 임기가 만료하지 않은 경우에 외자기업은 주석, 부주석의 업무를 일방적으로 교체할 수 없고, 공회위원회 및 1급 이상 공회의 동의를 받아야 한다. 주석, 부주석 이외의 간부로서 청년간부, 부녀간부, 소수민족 간부 등이 있다.

외자기업의 종업원이 200명 이상인 경우 필요한 종업원공회 업무인원(전문종사자)을 배치하도록 되어 있다. 상해에서는 외자기업의 종업원이 200명 이상의 경우, 필요한 전문종사 공회업무담당자의 배치가 의무화 되어 있다. 종업원이 200명 미만인 경우, 전문종사자 또는 겸직업무 담당자를 배치하는 것은 가능하다.

전문종사업무 담당자(공회주석, 부주석 또는 위원)는 취임일로부터 그 노동계약기간은 자동적으로 연장되고, 연장기간은 그 담당기간에 상당하며 임기가 만료한 후에 전문적인 공회직무에 취임하지 않는 경우는 외자기업은 그 직무를 배정해줘야 한다. 전문공회업무

담당자의 노동보수 및 기타 복리대우는 국가 및 상해 규정이 있는 경우는 규정에 따르고 규정이 없는 경우는 공회 또는 상급공회가 외자기업과 협의하여 약정한다.

(3) 공회의 회원

가. 종업원의 공회 가입과 탈퇴

1) 가입자격

중국 국내의 기업, 사업, 기관단위에서 임금수입을 주요한 생활재원으로 하는 육체종업원 및 두뇌종업원은 민족, 종족, 성별, 직무, 종교신앙, 교육수준의 구별이 없이 공회정관을 승인하고, 모든 공회에 회원으로서 가입할 수 있다. 그래서 법적으로는 외국인 종업원도 회원이 될 자격이 부여되고 있다. 또 노사간의 대립을 전제로 하는 한국의 노동조합의 경우 임원, 감독적 지위에 있는 종업원은 조합원이 될 자격이 없지만, 노사간의 대립을 전제로 하지 않는 중국의 공회의 경우에는 외자기업과 노동계약으로 맺어진 총경리, 부총경리 및 기타 고급관리직원도 회원이 될 자격이 있다.

이에 대하여 파견사원, 즉 외자기업과 파견사원을 고용하는 기업과의 사이에서 체결된 노무수출계약(한국에서 말하는 파견계약에 상당하다)에 기초하여 외자기업에 파견된 사원은 외자기업과 노동관계를 설립하지 않았기 때문에(중국법상 노무관계가 있다 라고 설명됨) 외자기업의 기업공회의 회원으로 될 자격은 없다. 또 회원이 외자기업을 이직, 정년퇴직하고, 또는 실업한 경우에도 회원적을 보류할 수 있기 때문에 이직자 등에도 회원자격이 인정된다. 특히 실업의 원인이 외자기업의 해산 또는 청산에 있는 경우, 기업공회는 해산 및 청산과 함께 소멸되므로 기업공회 회원으로서 회원적을 보류하는 것은 논리적으로 불가능하다.

2) 공회의 가입, 탈퇴 및 제적

종업원이 공회에 가입할 경우, 본인이 임의로 신청하고, 공회 내의 소그룹(공회의 간부 기타로 구성된 가입심사를 위한 소그룹을 지칭하는 것으로 생각된다)이 토론을 거쳐 공회기층위원회가 비준하고 회원증을 교부한다. 이에 대하여 종업원이 공회로부터 탈퇴하는 경우에 탈퇴의 자유가 인정되어 있고, 회원은 본인이 공회 내의 소그룹에 탈퇴신청하고, 공회기층위원회가 그 탈퇴를 선고하고, 회원증을 반환 접수한다. 또 강제적인 탈퇴에 대해서도 규정이 있다. 즉 회원이 정당한 이유없이 연속 6개월 회비를 납부하지 않고, 공회조직 생활에 참가하지 않으며 교육을 거쳐도 개선되지 않는 경우에는 자동탈퇴로 간주한다.

공회결의를 집행하지 않고, 공회정관을 위반한 회원에 대하여 비판과 교육을 진행하고, 심각한 법률위반에 의해서 범죄로 되어, 형사처분을 받은 회원에 대해서는 회원적을 제적한다. 회원적을 제적하는 경우, 공회 내의 소그룹이 토론하여 의견을 제기하고, 공회기층위원회가 결정하여 1급 이상의 공회에 보고한다.

나. 공회 회원의 권리의무

1) 회원의 권리

① 선거권, 피선거권(공회대표 등 공회간부의 선임) 및 표결권

② 공회의 조직 및 업무담당자를 비판하는 것. 공회업무담당자의 파면을 요구하고 공회업무에 대하여 감독하는 것

③ 국가 및 사회생활문제에 대하여 비판 및 제안하고, 관계 방면에 반영되도록 공회조직에 요구하는 것

④ 적법한 권익이 침해되는 경우, 공회에 보호를 요구하는 것

⑤ 공회가 진행하는 문화, 교육, 체육, 여행, 요양, 휴양사업 등의 우대혜택을 향수하고 공회가 부여하는 각종 장려를 향수하는 것

⑥ 공회의 회의 및 공회의 간행물상에서 공회업무 및 종업원의 관심문제에 관한 토론에 참가하는 것

2) 회원의 의무

① 정치, 경제, 문화, 과학, 기술, 공회의 기본지식의 학습

② 민주관리에 적극 참가하고, 생산 및 업무상의 임무완성에 노력하는 것

③ 헌법 및 법률을 준수하고 사회도덕 및 직업도덕을 보호하고 노동기율을 준수하는 것

④ 국가, 집체, 새인 삼자의 이익관계를 정확히 처리하고, 국가, 사회이익을 침해하는 행위에 대하여 투쟁하는 것

⑤ 종업원계급내부의 단결 및 통일을 보호하고, 계급의 우애를 발양하고, 상호협력을 철저히 진행하는 것

⑥ 공회정관을 준수하고, 공회결의를 집행하고, 공회활동에 참가하고, 매월 회비를 납부하는 것

(4) 공회의 권한

가. 공회의 권리의무

공회의 주요한 권리 및 의무는 다음과 같다. 또 공회의 외자기업에 대한 권리는 종업원과의 관계에서는 의무가 되고, 종업원에 대한 권리는 외자기업과의 관계에서는 의무가 된다.

1) 조사

공회는 대표를 파견하여 외자기업이 종업원의 합법권익을 침해하는 문제에 대하여 조사를 진행할 수 있다. 업무상 상해 및 사망사고, 기타 종업원의 건강에 중대한 위험을 미치는 문제의 조사 처리에는 반드시 공회는 참가하여 관계책임자의 책임을 추궁할 권리를 갖는다.

2) 시정요구

외자기업이 노동법 등을 위반하여, 종업원의 합법권익을 침해한 경우, 공회는 외자기업에 그 시정을 요구할 수 있다.

3) 노동계약의 체결에 관여, 단체교섭 및 단체계약의 체결

공회는 종업원과 외자기업이 노동계약을 체결하는 것에 협력하고, 지도한다. 또 공회는 종업원을 대표하여 외자기업과 단체계약을 체결할 수 있다. 단체계약의 초안은 종업원대표대회 또는 전체종업원에 교부하고, 토론을 거치는 것으로 되어 있다

4) 노동계약의 해제, 처분에 대한 의견제기

외자기업에 의한 노동계약의 해제 및 종업원의 처분에 대하여 공회가 부적당하다고 인정할 경우, 의견을 제기할 수 있다.

5) 노동쟁의조정 업무에 대한 참가

공회는 외자기업의 노동쟁의 조정업무에 참가한다. 이 경우 공회는 노사간의 이익조정역할로서 행동하는 것이 예정되어 있는 것에 대해서는 상술한 바와 같다. 특히 외자기업이 종업원의 노동권익을 침해하고 있는 경우, 공회는 조정처리 의견을 제기하고 종업원이 노동쟁의 중재위원회, 인민법원에 소송을 제기하는 것에 대하여 지지 및 협력할 수 있다.

6) 노동조건 및 노동위생시설 등에 관한 의견제기 등

종업원들의 노동조건 및 위생시설 등의 문제에 대하여 조사하고, 외자기업에 의견을 제기 및 개선을 요구할 수 있다.

7) 업무태만에 대한 조치

종업원의 업무태만이 있을 경우, 공회가 외자기업과 함께 종업원의 합리적인 요구의 실현 가능성을 모색하면서, 정상적인 생산질서를 될 수 있는 한 빨리 회복하는 조치를 강구한다. 중국에서는 파업을 중심으로 하는 분쟁권의 규정은 없고, 오히려 공회에 직무태만에 대한 정상생산 회복의무가 부여되는 것은 노사간 대립이 예정되어 있지 않는 사실의 단적인 표현이다.

8) 종업원의 복리에 관한 의견제기 등

외자기업이 종업원의 단체복리사업을 철저히 진행하고 임금, 노동보호 및 노동보험업무를 철저히 진행하는데 협력한다.

9) 종업원에 대한 훈련 등

공회는 외자기업과 함께 종업원을 조직하며 업무 외의 문화기술학습 및 종업원 양성훈련을 종업원을 조직하여 문예오락, 체육활동을 전개한다.

나. 공회의 경비재원, 용도의 제한

① 공회회원이 납부하는 회비

② 외자기업이 매월, 전 종업원 임금총액의 2%를 교부하는 공회경비

③ 공회에 소속하는 외자기업이 상납하는 수입

④ 인민정부의 보조금

⑤ 기타의 수입

공회는 경비독립원칙에 기초하여 예산, 결산 및 경비심사 감독을 하는 것으로 되어 있기 때문에 공회경비의 관리는 각급의 공회마다 이루어진다. 각급 공회는 경비심사위원회를 설립하여 각급 공회의 경비수지 상황은 동급 공회의 경비심사위원회가 심사하고 정기적으로 공회회원대회 또는 회원대표대회에 보고하여 감독을 받고 회원대회 또는 회원대표대회는 경비의 사용상황에 대하여 의견을 제출할 권리를 갖는다.

(5) 외자기업의 공회에 대한 대응방법

종업원들이 공회설립의 의향이 있는 경우에 이것을 지지하고 협조하는 것은 외자기업의 의무이기 때문에 부당하게 간섭하거나 방해 작업을 진행하는 것은 위법이다. 그 뿐만 아니라 본래 외자기업과 종업원의 교량의 존재인 공회가 사실상 자본주의사회 경우와 같이 외자기업에 적대적인 존재로 될 가능성이 있기 때문에 이러한 행위가 신중해야 하는 것은 당연하다. 따라서 공회의 설립에 대해서는 환영의 의향을 표시하면서, 공회가 정말로 노사간의 이익조정 역할로서 기능을 하게끔 공회주석, 부주석 등에 종업원의 인망이 두텁고, 한국측 사정에 밝은 사람(예컨대, 한국어를 유창하게 구사할 수 있는 인사부장 등)이 배치되도록 배려하는 것이 타당하다. 이러한 인원이 공회간부에 취임하는 경우, 예를 들면 종업원의 징계해고에 대하여 그것이 정당한 이유에 기초한 것인 만큼 기타 종업원에 대한 설명기능, 노동국 등 감독행정기관에 대한 설득기능을 수행하는 것을 기대할 수 있고, 일상 경영관리에 대하여 종업원들의 경영진에 대한 본심을 이해하고, 이익조정 기능을 수행하는 것을 기대하는 등, 외자기업에도 좋은 결과를 갖다 준다. 이상과 같이 공회를 불필요하게 적시하거나 두려워하거나 하는 일 없이 공회가 기대되는 기능을 다하도록 배려하는 것이 중요하다.

(6) 공회법의 벌칙규정[98]

1) 공회는 공회법의 규정에 위반하여 그 적법한 권익을 침해한 경우는 인민법원 또는 관계부처에 처리를 요구하고 또는 인민법원에 소송을 제기할 권리를 갖는다.

2) 종업원이 공회에 참가, 조직하는 것을 방해하거나 상급 공회가 종업원들의 공회설립을 원조, 지도하는 것을 방해하는 경우는 노동행정부처가 시정하도록 명한다. 시정을 거절하는 경우는 노동행정부처는 현급 이상의 인민정부에 처리를 요구하고 폭력, 협박 등의 수단으로 방해하고 중대한 결과를 초래하여 범죄를 구성하는 경우, 기업은 형사책임이 추궁된다.

3) 직책을 이행하고 있는 공회업무담당자(상해시의 경우 공회주석, 부주석, 위원이라고 정함)에 대해 기업이 정당한 이유 없이 직장의 배치변경 등의 보복을 한 경우, 노동행정부처는 시정을 명하고 기업은 종업원을 원위치로 복귀시키고 손해가 생긴 경우는 배상해야 한다.

4) 공회 활동에 참가한 이유로 노동계약을 해제한 경우와 공회업무 담당자가 직책을 이행했다는 이유로 노동계약을 해제한 경우는 노동행정부처가 기업에게 본인을 업무에 복귀시키도록 명하고 또한 노동계약을 해제한 기간에 받을 보수를 지불하고 또는 본인 년 수입의 2배를 배상하도록 명할 수 있다.

5) 공회조직이 불법으로 해산된 경우와 공회가 업무상 상해, 사망사고 및 기타 종업원의 적법한 권익을 침해한 문제에 대해 조사, 처리하는 것을 방해한 경우는 현급 이상의 인민법원이 시정하도록 명하고 법에 따라 처리한다.

6) 공회 업무담당자가 종업원 또는 공회의 권익을 훼손한 경우는 동 수준의 공회, 상급의 공회가 시정을 명하거나 또는 처분을 한다.

---

98) 2001년의 개정 공회법에서는 '법률책임'이라는 장이 새롭게 추가되어 벌칙규정이 강화되었다. 2002년의 개정 '상해시공회조례'에도 같은 규정이 제정되었다.

2. 노동감찰제도

(1) 노동감찰제도

가. 노동감찰제도의 정의

노동감찰란 노동사회보장국 등이 기업 및 종업원 법률, 법규, 규칙의 준수상황에 대하여 검사를 진행하고 위법행위에 대하여 처벌한다.

나. 노동감찰의 주체

노동감찰은 현급 이상 지방의 노동사회보장국에 의하여 이루어진다. 노동사회보장국은 공용기업의 노동관련법령의 준수상황에 대하여 감독검사를 하고 노동관련 법령의 위반에 대하여 이것을 제지할 권한을 갖고 또 시정을 요구할 권한을 갖는다. 또 노동사회보장국과 협력하여 의료보험, 인사, 공안, 공상, 재정, 세무 등의 정부관계 부처도 감찰업무를 진행한다. 기업 주관부처는 그 업계에 속하는 기업에 대하여 감독을 한다. 그 외에 공회는 종업원을 대표하여 고용기업의 노동보호 업무에 대한 종업원 측에서 감독을 한다.

다. 노동행정부처의 전문 감찰부처

현급 이상의 지방 노동행정부처의 노동감찰기구가 노동감찰업무를 담당하고 재임 및 겸임의 노동감찰원이 배치되어 있다. 노동감찰원이란 현 이상의 각급 인민정부와 노동행정부처의 노동감독 검사의 공무를 하는 직원을 말한다.99)

라. 노동감찰기구의 직무권한

① 국가의 노동정책방침과 노동법률, 법규, 규칙을 기업 및 종업원들이 철저히 집행하도록 한다.

② 기업과 종업원의 노동법률, 법규, 규칙의 준수상황에 대하여 감독 검사를 실시하고 법에 의한 시정, 규정위반 행위를 조사 처리한다.

③ 노동감찰원에 대하여 훈련 및 감독을 한다.

④ 법률, 법규, 규칙 등에서 정해진 기타 검사직책 등이 있다.

그리고 지방노동감찰기구의 업무는 1급 이상의 노동행정부처가 감독, 지도를 한다.

---

99) 상해시 노동감찰업무 행정부처는 노동사회부장국이다. 상해시 행정단위인 구, 현의 노동감찰총대와 구, 현 노동행정부처에 소속하는 노동감찰대는 구체적인 노동감찰을 실시한다.

마. 노동행정부처의 노동감찰대상

A. 사회노무중개기관과 사회훈련기관의 관련법률 준수상황
B. 노동계약의 체결과 이행상황
C. 기업의 종업원 모집행위
D. 종업원의 노동시간
E. 기업의 임금총액과 규정의 준수상황
F. 기업의 종업원에 대한 임금지불상황
G. 국유기업 경영자의 수입이 상황(외자기업은 국유기업에 해당하지 않기 때문에 해당 규정은 적용되지 않음)
H. 기업과 종업원의 사회보험 납부상황
I. 사회보험 납부상황
J. 기업의 종업원 복리후생규정의 준수상황
K. 기업 및 종업원의 직업기능개발 종업원 직업기능고사 감정 및 증서발행상황
L. 국외정부공사, 대외적인 노무제휴, 국외취업청부기관의 국외취업인원에 대한 합법적 권익보호상황
M. 여성종업원 및 미성년종업원의 특수보호상황
O. 신체장애자 취업보증금 납부상황
P. 법률, 법규, 규칙에서 정한 기타 사항

바. 노동감찰기구 및 노동감찰원의 권한

① 수시로 관계 기업에 출입검사를 할 수 있다.
② 필요한 경우, 기업 또는 종업원에 대한 "노동감찰질문통지서", "노동감찰지령서"를 발행하고, 기업 또는 종업원으로부터 상기 서면 수령 후 10일 이내 서면에 의한 회답을 요구할 수 있다.
③ 검사를 받은 기업에 관한 자료를 검사, 열람, 복사 및 관련자의 의견청취를 할 수 있다.

(2) 공회에 의한 감독

가. 공회의 기업에 대한 노동보호감독권

공회는 종업원을 대표하여 고용기업의 노동보호 업무에 대하여 종업원 측의 감독 권한이 있다. 고용기업이 노동보호의 관련법규를 위반한 경우, 중대사고를 은폐하는 경우 등, 공회는 이것을 규탄하거나 개선을 요구하는 의견, 건의를 제기할 권한이 있다. 사상사고가 발생한 경우 등에는 조사를 실시하고 또 관련부처에 관계자 등의 법적인 책임을 추궁하도록 요구할 수 있다.

나. 전문 노동법률감독위원회 설치

현 이상의 공회지도기관에는 공회노동법률감독위원회가 설치되어 있고, 관계업무부처 인원으로 구성되며 나아가서는 사회관계자도 참가할 수 있다. 공회노동법률감독원은 상급 공회의 훈련, 시험을 받은 후, "공회노동법률감독원증"이 발행된다. 노동법률감독위원회는 종업원의 신고를 접수하고 고용기업에 대하여 조사를 하는 경우에는 적어도 2인이 진행하고 고용기업은 편의를 도모하고 상황 파악과 자료 열람에 협력해야 한다.

다. 공회의 노동보호감독 실시 대상

① 취업의 규정상황
② 노동계약의 체결, 이행, 변경, 해제의 상황
③ 단체계약의 이행상황
④ 노동시간, 휴식시간, 휴가 등의 상황
⑤ 임금의 지급 등에 관한 상황
⑥ 노동안전위상, 사상사고, 직업병 등의 처리상황
⑦ 여성종업원, 미성년종업원의 보호상황
⑧ 노동교육 등의 실시상황
⑨ 보험, 복리대우의 상황
⑩ 기타 노동관련법규의 실시상황 등이다.

라. 공회의 노동보호감독에 대한 직권

① 고용기업의 노동법률법규의 준수상황에 대한 감독의 실시
② 조사, 처분에 참여
③ 노동조건 등의 개선요구 의견의 제기
④ 노동부처에 처분신청
⑤ 종업원의 고발 등에 대한 지지 등이다.

(3) 고용기업에 의한 노동보호

가. 고용기업의 노동보호의 책임여부

고용기업은 노동보호를 실시하고 고용기업의 법정대표자는 해당 기업의 노동보호업무에 전면적 책임을 진다.

나. 고용기업의 노동보호 직책

① 노동보호법규 및 노동안전위생규정 및 표준의 준수, 정기검사

② 노동국, 기업주관부처, 공회 등의 감찰부문의 감독을 받고, 정기적으로 직원대표대회, 직원대회에 노동보호상황의 보고
③ 건전한 노동안전위생제도를 확립한다.
④ 노동조건 및 작업환경의 개선, 종업원의 노동과정에 대한 안전과 건강의 보장 등이 있다.[100)]

다. 고용기업의 노동보호를 위한 조직 설치

고용기업의 구체적인 상황에 따라 노동보호기구, 노동보호전문, 겸직 담당자를 배치할 필요가 있다. 고용기업은 필요에 따라서 노동보호기구를 설치할지 또는 전임, 겸임의 노동보호담당자를 배치하는 것이 가능하다. 노동을 하는 장소가 위험발생이 높은 고용기업은 전문 노동보호기구 또는 전임노동보호 담당자를 배치하여야 한다.

라. 고용기업의 사업계획 책정 시 노동보호 문제 검토

고려해야 한다. 고용기업은 사업계획의 책정과 동시에 노동보호에 필요한 기술조치에 관한 계획도 책정하고 그런 비용을 확보해야 한다.

마 고용기업의 안전조치 필요성

고용기업이 종업원의 노동장소의 제공에 관련하여 안전조치를 알려주고, 종업원의 생명, 신변안전, 건강을 확보할 필요가 있다. 구체적인 안전조치의 설치기준은 상세한 것을 규정하고 있는데 그 중에서도 노동보호관찰에 관한 법규는 아래와 같은 기준을 설정하고 있다.

1) 위험과 위해를 줄 위험이 있는 생산설비 또는 노동장소는 국가, 업계, 상해시의 노동안전위생규정 및 표준에 일치하는 상응한 노동보호시설을 설치해야 한다. 또 기술개조를 동반한 공장의 건설, 보수, 확대 등을 진행할 경우에는 그 실시과정에서 노동보호시설을 설계하고 준비하여 사용해야 한다.

2) 종업원의 노동장소 제공에 관하여 국가, 업계, 노동안전위생규정 및 표준에 일치하는 안전조치를 알려주고 종업원의 생명, 신변의 안전, 건강을 확보해야 한다. 이러한 안전조치에 대해서는 고용기업은 정기적으로 보수를 진행하고, 이것을 효과적으로 사용해야 한다.

3) 폭발, 낙하 등의 위험이 있는 노동장소는 고용기업은 그 위험등급에 따라 관련규정에 따른 안전조치를 알려주어야 하고, 또 노동행정부처에 신고해야 한다.

---

100) 상기 고용기업의 노동보호는 법정대표자가 전면적인 책임을 져야 한다.

4) 독물, 소음, 고온, 방사선, 전자파 등의 위험요소가 있는 노동장소 및 체력강도가 높은 노동에 대해서 고용단위는 국가, 업계, 상해시의 노동안전위생규정 및 표준에 따라 평가를 진행하고 이것을 노동행정부처에 신고해야 한다.

5) 기계 등의 생산설비의 설계, 개조, 설치, 보수 및 사용은 국가, 업계, 상해시의 노동안전위생규정 및 표준에 합치돼야 한다. 또 특수설비는 자격이 있는 검사기구의 검사를 받고 안전 사용증을 발급 받은 것을 사용해야 한다. 또 특수설비는 자격이 있는 검사기구의 정기검사를 받을 필요가 있다.

6) 고용단위가 관련법규에 따라 종업원에게 제공하는 노동보호용품은 국가, 업계, 상해시의 노동안전위생규정 및 표준에 합치돼야 한다. 또 특수노동보호용품은 생산허가증, 생산합격증 및 안전감정증서를 구비한 것 이여야 한다.

바. 종업원의 노동보호교육훈련 의무

고용기업은 고용하는 종업원에 대하여 노동안전, 보호교육 등을 실시하는 것이 요구되고, 그 구체적인 실시방법은 아래와 같다.

1) 고용단위가 신기술, 신공정, 신재료, 신설비를 채용하는 경우에 종업원에 대하여 그 사용방법 등에 관한 교육을 진행하는 것이 필요하다.

2) 또 위험작업에 종사하는 종업원에 대해서는 노동보호기술의 교육을 실시하고 필요한 보호지식을 준 후, 취업 시켜야 한다. 더욱이 생산경영의 주요한 책임자, 노동보호전문직원에 대해서는 노동보호전문교육을 실시하고 노동보호에 관한 지식을 가르쳐야 한다.

3) 특수작업에 종사하는 종업원은 관련규정에 따라 노동보호전문교육 및 고찰을 실시하고, 노동국이 발행한 특수작업안전조작증을 받은 후 취업 시켜야 하고, 또 특수작업원에게는 정기적 교육을 실시해야 한다.

(4) 노동사고

가. 사고재해 시 종업원의 조치

종업원은 사고와 위험 요소를 발견한 경우 고용기업에 대해 노동보호 조치를 요구할 권리가 있고, 고용기업의 관리자 규칙에 반하는 지시와 위험작업 강요에 대해 거절할 권리가 있다.

나. 고용기업은 상해사망 사고 시 처리방법

고용기업은 상해 사망사고가 발생한 경우, 다음과 같은 수순으로 처리해야 한다.

1) 관련부처에 보고

사상사고가 발생한 후, 고용기업은 필요한 구호조치를 취하고, 사고의 확대를 방지함과 동시에 사고현장의 보존을 도모해야 한다. 또 사고발생 후 24시간 이내에 기업주관부처, 노동국, 공안국, 인민검찰원, 공회 등에 사고발생 보고를 해야 한다.

2) 사고조사

사고보고 후, 아래의 사고분류에 따라 사고의 원인, 발생과정, 사상자의 인수 및 손실 등의 조사를 진행할 필요가 있다.

① 사고가 경상 또는 중상사고인 경미(輕微)한 사고: 고용단위는 관련법규에 기초하여 독자적으로 사고의 조사를 진행한다.

② 중상자가 3인 이상 또는 사망 사고로인 경우(중대사고): 노동국이 공안국, 공회의 인원 등과 사고조사 그룹을 편성하여 사고의 조사를 진행한다.

3) 사고처리 의견의 제출

사고조사 완료 후, 조사그룹은 책임자의 처분의견, 방지조치의 설치, 선후처리방안 등을 기재한 "기업의 사상사고 조사처리보고서"(사고처리의견), 방호조치에 관한 건의를 노동국 및 고용기업에 제기하고 고용단위의 동의 및 노동국의 비준을 거쳐 방지책을 실시한다.

4) 사고처리의 보고

고용기업은 사고처리 의견 등에 기초하여 사고처리상황 및 결과를 노동국에 보고할 필요가 있다.

(5) 고용기업의 노동관련 법규 위반 시 법률책임

가. 노동관련 법령규정 위반 시 법적책임

노동행정부처는 감찰지령서를 발급하고 시정을 지시하며, 경고처분에 처하여 규정에 기초하여 벌금을 부과할 수 있다. 노동행정부처는 규정위반 고용기업에 대하여 행정처벌을 하는 경우, 기타 행정관리부처의 관할범위에 미치는 경우, 기타 행정관리부처와 공동으로 처리하는 것으로 한다.

노동행정부처가 고용기업에 대하여 행한 행정처벌과 동시에 고용기업이 규정위반에 따라 종업원에게 손해를 끼친 경우 기업은 해당 종업원에 대하여 손해책임을 진다.

나. 노동관련법령 위반 시 고용기업과 관계책임자 처벌

노동행정부처는 동시에 고용기업의 법정대표자, 생산경영의 주요 책임자 및 직접 책임자에 대하여 일정한 벌금을 부과할 수 있다. 또 고용기업의 사고 또는 위험요소에 대하여 예방조치를 강구하지 않고, 또는 관련법규를 위반한 노동에 종사 시켜 중대한 사상사고가 발생한 경우, 노동국은 법정대표자, 생산경영 주요책임자 및 직접책임자에 대하여 필요한 행정처분을 부과할 수 있고, 이 경우 형사사건을 구성한 경우에는 관련수속에 따라 형사책임을 추궁하게 된다.

그리고 고용단위에 아래와 같은 행위가 있는 경우에는 공안국은 책임자를 15일 이하의 구속, 벌금 또는 경고처분을 할 수 있고, 이러한 범죄를 구성한 경우에는 형사책임을 추궁할 수 있다.

① 폭력, 위협 또는 부적법한 신변자유제한 수단을 이용하여 노동을 강요하는 경우
② 종업원에 대하여 체벌, 구타, 부적법한 수사를 하고 구금한 경우

다. 노동관련 법령 위반 기업의 행정처벌 경감 대상

해당 기업의 행정처벌의 경감은 가능하다. 단지, 다음 조건에 적합해야 한다.

① 종업원의 직업병이 발견되었지만, 노동조건이 모두 개선되어 있는 경우
② 고용기업이 적극적으로 위업행위에 의한 위해 결과를 제거 또는 경감하도록 하는 경우 등이 있다.

라. 노동관련 법령 위반행위 시 처분수속

노동국 노동보호감찰원의 조사결과, 고용기업 또는 종업원에게 관련법규를 위반한 위법행위가 있다고 인정될 경우에 노동보호관찰위원은 아래의 수속에 따라 해당위법행위에 대해 처분을 결정한다.

1) 입안등기

위법행위의 단서가 있는 경우에 초기심사를 거쳐 위법사실의 확인 및 법적인 책임추궁이 필요하다고 판단한 경우에 사건을 입안 등록한다.

2) 조사 및 증거의 수집

입안된 사건과 관련하여 신속한 조사증거 입수를 실시한다.

3) 처리

조사증거 입수 후 법률책임을 추궁하지 않으면 안 되는 안건에 대하여 노동행정부처가 처리를 결정한다. 처리결정 전에 노동행정부처가 당사자의 의견을 청취해야 한다.

4) 처분결정서의 작성

노동국이 처분을 정식으로 진행하는 경우에 반드시 서면에 의한 결정서를 작성해야 한다. 이 처분결정서에는 소관 노동국 인감도장의 날인 외에 아래의 사항을 기재할 필요가 있다.

① 당사자의 성명, 주소 등의 기본상황
② 노동국이 인정한 위법사실
③ 적용되는 법률, 법규 또는 규범성 문서
④ 처분의 결론
⑤ 처분결정내용의 이행시기, 기한
⑥ 당사자는 불복신고 또는 소송을 제기할 수 있다는 취지의 표시
⑦ 처분을 결정한 기관의 명칭
⑧ 처분결정을 진행한 시기 등이다.

5) 송 달

노동국은 처분 결정한 날부터 7일 이내에 처분결정을 당사자에 송달해야 하고, 당사자가 수령한 때에 처분의 효력이 생기게 된다. 또 사안이 경미하여 사실관계 및 증거가 명확한 위법 행위인 경우에는 노동국은 현장처리 수속에 의해 처분을 진행할 수 있다. 현장처리 수속은 현장처리 결정서에 필요사항을 기재하고 당사자자가 이것을 교부하는 것으로 완료한다. 이 경우 현장처리 수속에 당사자가 이의가 있는 경우 노동국은 상기 일반수속으로 사건을 처리하면 안 된다.

마. 당사자가 노동행정처벌을 불복 시 법적 수단

고용기업이 노동국으로부터 받은 처분에 불복할 경우에 상기 행위가 행정처분인 경우에 불복이 있는 당사자는 "행정復議(불복심사)조례", "행정소송법"에 따라 불복신고 또는 소송을 제기해야 한다. 또 상기 관련법규에 기초한 불복신고 또는 소송의 제기는 노동국의 결정집행에는 영향을 미치지 않는 것이 원칙이지만, 일반적으로 각 수속이 완료되기까지 노동국은 처분의 집행을 대기한다. 당사자가 기한을 초과하였는데도 불복신고 또는 소송제기를 진행하지 않는 경우, 또 처리결정도 하지 않는 경우에 노동감찰기구는 인민법원에 인민법원에 강제집행을 신고할 수 있다.

바. 외자기업이 노동감찰 조사를 받을 시 주의할 점

노동국에 의한 노동감찰은 노동문제가 발생한 경우에 종업원으로부터 고발 등에 따라 자주 진행된다. 대부분의 경우가 적정하게 직권을 행사하고 있는 듯 하지만 종업원과의 개인적인 연고 등 애초부터 종업원 측 입장에서 조사를 진행하는 노동문제의 조정, 처분

등을 진행하는 케이스도 있다. 또 노동감찰원이 아닌 노동국 인원이 종업원의 부탁을 받고 조정을 진행하기도 하고 형사고발 등을 암시하는 등 악의적 행위도 보고된다.

외자기업이 노동보호관찰을 실행한 경우에 이 처분에 대한 아래의 점들에 충분히 유의하고, 사실을 확실하게 확정 받고 공동으로 수속의 적정성을 확인하고 또 사후의 분쟁에 대비하여 수속과정이 되는 개 개의 사실상의 조정, 사실상의 명령, 처분 등을 될 수 있는 한 서면으로 요구하는 것이 필요하다.

① 적정한 "노동감찰원증"을 보유한 노동관찰원인가?

② 관할 노동국의 노동관찰원인가?

③ 노동감찰원의 조사방법이 적정한가?

④ 처분이 수속에 따라 적정하게 되고 있는가?

⑤ 최종적인 처분이 위법사실에 대응한 법정의 범위내의 것인가?

그러나 현실적으로 노동보호관찰은 개별적인 노동문제를 단서로서 개시된다고 해도 소송 등과 달리 개별적인 노동문제의 범위에서 진행되는 것은 아니고, 법적으로는 넓게 고용단위의 관련 법규 준수에 대하여 진행할 수 있으므로 개별의 문제와 무관한 노동관련 법규 위반 등을 지적 받고(특히 특수작업 등에 대해서는 완전히 관련법규의 요구를 만족하는 기업은 적다), 결국 종업원의 주장을 받아들이는 상황이 발생할 수도 있다. 결국은 사건의 성질과 사실의 대응에서 여러 가지로 전개되지만, 어느 경우나 상기 사항의 의식은 필요하다.

그리고 노동보호관찰이 실행되는 경우에 외자기업측에 문제가 있고, 외국인 총경리의 노동관련법규의 몰이해로부터 문제가 크게 불거져 결국 시간과 비용을 사용하게 되는 케이스도 많다. 최종적으로 노동국은 관련법규에 따라 사실을 확정하고 처분을 진행하기 때문에 우선 발생한 노동문제의 사실확인과 법적인 문제의 검토를 고용단위로서 충분히 진행한 후, "사건발생시"를 가려낼 필요도 있다고 생각한다.

3. 노동쟁의

(1) 노동쟁의의 해결방법

가. 노동쟁의의 정의

노동쟁의란 중국 국내의 외자기업과 종업원과 사이에 있는 다음 노동쟁의를 말한다. 이외에 외자기업과 기업공회(노동조합) 또는 종업원대표가 단체계약을 체결, 이행하는 것에 따라 발생하는 노동쟁의가 있다.

① 외자기업이 종업원을 제적, 제명, 해고한 것에 따라 또는 종업원이 퇴직하고 자동적으로 이직한 것에 따라 발생한 쟁의

② 국가의 임금, 보험, 복리, 훈련, 노동보호에 관한 규정을 집행하는 것에 따라 발생한 쟁의
③ 노동계약을 이행하는 것에 따라 발생한 쟁의
④ 법률, 법규가 "중화인민공화국 기업노동쟁의처리조례"에 따라 처리해야 할 취지를 규정한 기타의 노동쟁의 등이 있다.

나. 노동쟁의의 해결방법

외자기업과 종업원 사이에 노동쟁의가 발생한 경우, 당사자는 법에 따라 조정, 중재, 소송을 제기할 수 있다. 그리고 협의에 따라 해결할 수도 있다. 협의에 의한 해결은 당사자의 의논에 의한 해결밖에 되지 않기 때문에 제도화된 노동쟁의의 해결방법으로서는 조정, 중재, 소송 3가지가 있다. 외자기업과 기업공회 사이에 노동쟁의가 발생한 경우의 해결방법도 동일하다. 또 임금 미지불 안건에 대하여 보전제도인 선예집행의 이용이 있다.

(2) 노동쟁의 조정

가. 노동쟁의 조정 담당부서

노동쟁의조정은 외자기업 내에 설립되어 있는 노동쟁의조정위원회가 담당한다. 특히 노동쟁의조정위원회의 설립은 의무가 아니고 어디까지나 외자기업의 결정에 따른 것이므로 외자기업이 이것을 설립하지 않은 경우, 노동쟁의조정을 이용할 수 없게 된다.

나. 노동쟁의조정위원회의 구성

노동쟁의조정위원회는 다음 인원으로 구성된다. 구체적인 위원수는 종업원대표대회(또는 종업원대회)가 제기하고 총경리와 협의하여 확정한다.

1) 종업원대표

종업원대표는 종업원대표대회(또는 종업원대회)가 추천 선임한다. 노동쟁의의 당사자인 종업원은 종업원대표로 취임할 수 없다고 해석하는 것이 타당하다.

2) 외자기업대표

외자기업대표는 총경리가 지정한다. 경리 자신이 위원으로 취임하는 것은 명문으로 금지되어 있지만, 외자기업의 일상경영관리에 관련한 대표권을 가진 존재로서의 당사자 성질이 있으므로 위원으로 취임하는 것은 타당하지 않은 것으로 해석된다. 또 외자기업대표는 위원총수의 3분의 1을 초과하면 안 된다고 되어 있다.

3) 기업공회대표

기업공회대표는 기업공회위원회(조합집행부)가 지정한다. 기업공회대표는 노동쟁의조정위원회의 대표로 취임한다. 그 관계상 노동쟁의중재위원회의 사무기구는 기업공회위원회에 설치된다.101)

다. 조정기간의 제한

노동쟁의조정위원회에 의한 조정은 당사자가 조정을 신청한 날로부터 계산하여 30일 이내에 종료해야 하고, 30일을 경과해도 종료하지 않은 경우 조정 불성립으로 본다.

(3) 노동쟁의중재

가. 노동쟁의 중재의 실시기관

노동쟁의중재는 시, 현, 시 관할구가 성립한 노동쟁의중재위원회에 의해 진행되는 것이다. 노동쟁의중재위원회의 설립은, 시, 현, 시관할구의 의무로 되어 있기 때문에 노동쟁의의 해결방법으로서 노동쟁의 중재는 반드시 이용할 수 있는 것으로 된다.

나. 노동쟁의 중재위원회의 구성

노동쟁의중재위원회는 ①노동행정주관부처(노동국)의 대표, ②동급의 지방 각급 총공회의 대표, ③정부지정의 경제종합관리부처의 대표로 구성된다. 중재원이 되는 노동행정주관부처, 경제종합관리부처의 직원 또는 공회의 공회업무자는 전문 종사자가 아닌 겸직이어도 좋고 또 노동행정주관부처, 경제종합관리부처의 대표는 그 직원에 한정하지 않고, 전문학자와 변호사라도 좋다. 전문학자와 변호사가 중재원이 되는 경우 겸직이 인정되는 것은 물론이다.

노동쟁의중재위원회가 구체적인 노동쟁의를 처리할 경우, 중재정(仲裁庭)이 담당한다. 중재정을 구성하는 다음 각 호의 위원은 모두 홀수여야 하고, 합계 3인의 주임에는 노동행정주관부처의 책임자가 취임한다. 그 관계상 노동행정주관부처의 노동쟁의처리기구가 중재위원회의 사무기구가 되고, 중재위원회의 일상 사무의 처리에 책임을 진다. 또 간단한 노동쟁의 안건인 경우, 중재위원회는 1명의 중재원을 지정하여 처리 시킬 수 있다.

다. 노동쟁의중재의 관할

시, 현, 시 관할구의 노동재쟁의중재위원회는 해당 행정구역 내에서 발생한 노동쟁의에 내하여 책임을 지게 된다. 구를 설치하고 있는 시의 노동쟁의중재위원회 및 시 관할의 노

101) 기업공회가 설립되어 있지 않는 외자기업의 경우 노동쟁의조정위원회의 설립과 그 조직은 종업원대표와 외자기업대표가 협의하여 결정한다.

동쟁의중재위원회가 노동쟁의 안건을 수리하는 범위는 성 또는 자치구의 인민정부가 규정한다. 가령, 직할시인 상해시의 경우는 상해시와 각 구의 노동쟁의중재위원회가 노동쟁의안건을 수리하는 범위는 상해시가 규정하는 것으로 생각된다.

라. 노동쟁의중재신청의 출소기간 제한

중재신청은 노동쟁의 발생일로부터 60일 이내에, 관할 노동쟁의중재위원회에 대하여 서면으로 제기해야 한다. 출소기간을 넘긴 경우 노동쟁의중재위원회는 중재신청을 접수하지 않고 또는 접수 후 상대방으로부터 출소기간의 초과에 대한 주장이 있는 경우, 사실이 확인되면 실체심리에 들어가지 않고 각하(却下)재결이 내리는 것으로 해석된다. 이렇게 출소기간의 제한은 중재를 받는 기회를 확보하고 또 중재를 신속히 종료 시키는 수단으로서 중요하기 때문에 다음의 기본적 사항을 이해해 둘 필요가 있다.

1) 우선 60일의 출소기간의 기산일(起算日)인 노동쟁의 발생일이란, 당사자가 권리침해를 알거나 또는 알 수 있는 날을 말한다. 보다 구체적으로는 권리자가 권리 침해된 사실을 알게 된 날을 증거로 증명할 수 있는 날 또는 일반규율에 기초하여 권리자가 권리 침해된 날을 알았다고 추정되는 날을 말한다.

2) 다음으로 60일의 출소기간은 기업노동쟁의조정위원회에 의한 조정 중 일정기간에 한하여 진행이 중지된다. 즉 노동쟁의의 당사자가 기업노동쟁의조정위원회에 조정을 신고한 경우 당사자가 신고를 진행한 날부터 계산하여 출소기간의 진행을 중지한다. 그러나 기업노동쟁의조정위원회에 의한 조정은 최장 30일로 종료해야 한다고 되어 있기 때문에 중지 기일의 최장도 30일로 되고, 가령 조정기일이 30일을 넘었어도 31일자부터 잔존한 출소기간의 진행을 재개한다.

3) 최후로 출소기간을 경과한 경우라도 당사자가 불가항력 또는 기타 정당한 이유가 있을 때는 노동쟁의중재위원회는 중재신고를 접수해야 한다.

마. 노동쟁의중재 신청방법

당사자가 노동쟁의중재위원회에 중재 신청하는 데는 신청서를 제출하고 피신청인의 인수별로 부본을 교부해야 한다. 신청서에는 다음사항을 기재할 필요가 있다. 신청서의 제출 시에 안건수리비 및 처리비가 되는 중재비를 예납해야 한다.

① 당사자인 종업원의 성명, 직업, 주소 및 근무처 기업의 명칭, 주소 및 법정대표자의 성명, 직무
② 중재청구와 함께 근거가 되는 사실 및 이유
③ 증거, 증인의 성명 및 주소

바. 노동쟁의중재신청 수리 여부의 확인

노동쟁의중재위원회는 신청서 접수 일로부터 7일 이내에 접수 또는 불접수의 결정을 한다. 노동쟁의중재위원회가 접수를 결정한 경우, 결정 일로부터 7일 이내에 신청서의 부본을 피신청인에게 송달하고 중재정(仲裁庭)을 조직한다. 중재정을 구성하는 중재원은 당사자의 이해관계자가 아니어야 하고, 이해관계자인 경우에는 회피된다. 피신청인은 신청서의 부본 수령한 날로부터 15일 이내에 답변서 및 관련 증거를 제기한다. 그러나 기간내에 답변서를 제기하지 않거나 또는 답변서를 제기하지 않은 경우에도 안건심리에는 영향주지 않는다. 불접수를 결정한 경우, 이유를 설명해야 한다.

노동쟁의중재위원회의 접수사무를 담당하는 사무기구는 불접수로 한 중재신고에 대하여 안건마다 노동쟁의중재위원회에 보고하고 사정을 설명하게 되지만 노동쟁의중재위원회가 접수해야 한다고 판단한 경우, 직접 접수할 취지를 당사자에 통지한다. 접수시점에서 60일의 출소기간이 경과해도 당초의 신고 시부터 접수시점까지 출소기간은 중지되는 것으로 인정된다.

사. 중재의 심리 및 재결절차

1) 중재정은 개정의 4일 전까지 개정시간, 장소를 서면으로 당사자에 통지해야 한다. 당사자는 서면통지를 수령했음에도 불구하고 정당한 이유없이 출정을 거부하고 또는 중재정의 동의 없이 중도 퇴정할 경우 신청인에 대해서는 신청철회 하고, 피신청인에 대해서는 결석재결할 수 있다.

2) 중재정이 노동쟁의를 처리할 때 우선 조정을 진행하고 사실조사의 기초에서 당사자 쌍방이 자주적으로 합의하도록 촉구해야 한다. 조정이 합의를 달성한 경우 중재정은 합의내용에 기초하여 조정서를 작성한다. 조정서는 송달한 날부터 법적효력을 구비한다. 조정이 불조정(不調)로 끝나든가, 또는 조정서를 송달하기 전에 당사자가 번복(飜意)한 경우 중재정은 직접 재결을 해야 한다. 재결은 일반적으로 중재신고 일로부터 60일 이내로 진행하는 것으로 되어 있다. 그러나 복잡한 안건에 대해서는 노동쟁의중재위원회의 비준을 얻고 30일을 초과하지 않는 범위에서 기한연장이 인정되고 있나.

3) 중재정이 노동쟁의안건을 재결할 때에는 다수결의 원칙이 채용된다. 강조할 점은 의견이 갈라진 경우 소수자의 의견에 대해 기록에 남기는 것이 요구되고 있다.
중재정은 중대 또는 곤란한 노동쟁의안건을 처리할 때 노동쟁의중재위원회에 송달하여 토론한 후 결정할 수 있다. 노동쟁의중재위원회의 결정에 대하여 중재정은 집행할 의무가 있으므로 재결은 결정을 원칙에 따라 진행되게 된다.

4) 노동쟁의중재위원회가 노동쟁의를 처리할 때 관련단위에 안건관련기록, 자료 및 기타 증명재료를 조사·열람하고, 사정에 밝은 사람에게 조사할 권리를 준다. 관련단위 및 개인은 이것을 거절할 수 없다. 노동쟁의중재위원회는 상호 조사를 위탁할 수 있다. 노동쟁의중재위원회는 노동쟁의안건의 조사 중에 취득한 비밀 및 개인정보에 대하여 비밀을 지켜줄 것을 요한다.

5) 중재정은 재결 후 재결서를 작성하고 당사자에 송달해야 한다.

(4) 노동쟁의소송

가. 노동쟁의소송의 기관

노동쟁의소송의 실시기관은 인민법원이다. 보통인민법원의 조직구성은 최고인민법원을 정상으로 지방각급인민법원으로서 고급인민법원, 중급인민법원, 기층인민법원이 있다. 이외에 특별인민법원으로서 군사인민법원, 해사(海事)인민법원, 철로운수인민법원, 삼림(森林)인민법원이라는 전문인민법원이 있는데, 특별인민법원은 노동쟁의소송의 실시기관이 아니다.

나. 노동쟁의 소송을 하기 전 노동쟁의중재 여부

우선, 노동쟁의소송을 제기하기 전에 반드시 노동쟁의중재를 거쳐야 하는가가 문제다. 이 점에 있어서 노동법 79조는 노동쟁의조정, 노동쟁의중재, 노동쟁의소송의 상호관계에 대하여 다음과 같이 규정하고 있다.

노동쟁의발생 후 당사자는 본 단위의 노동쟁의조정위원회에 조정을 신고할 수 있다. 조정되지 않는 경우 당사자의 일방이 중재를 요구할 때는 노동쟁의중재위원회의 중재를 신청할 수 있다. 중재재결에 불복할 경우에 인민법원에 소송을 제기할 수 있다.

이 규정대로 해석한다면 노동쟁의소송을 제기하기 전에 반드시 노동쟁의중재를 거칠 필요가 있다. 그러나 최고인민법원 인민법원출판사에서 출판되고 있는 2권의 노동법관련 해설서(解說書)가 노동쟁의소송은 노동쟁의 중재를 거치지 않고 제기할 수 있다고 해설한 원인으로 혼란이 생겼다. 그러나 현재, 최고인민법원의 사법해석에 참조하더라도 노동쟁의중재의 전치주의가 인정되고 있는 것으로 해석되므로 노동법 79조의 문언대로 노동쟁의소송을 제기하려면 반드시 노동쟁의중재를 거칠 필요가 있다고 해석된다.

다. 노동쟁의소송 전에 노동쟁의 중재를 하지 않으면 안 되는 이유

그런데 왜 노동쟁의중재를 노동쟁의 소송 전에 할 필요가 있는가, 노동법 79조의 취지가 문제다. 이 점에 대하여 노동쟁의중재는 노동관계법이라는 특수한 법령의 해석과 적용이 필요한 이상, 노동쟁의가 많이 발생하기 때문에 우선 노동쟁의중재위원회에 의한 판단을 우선하는 것이 분쟁의 합리적 또한 신속한 해결에 도움이 되는 것으로 지적하고 있다.

다음에 노동쟁의중재를 노동쟁의소송 전에 하고 그 결과에 불복하면 노동쟁의소송의 제기는 중재재결의 수령 일로부터 15일 이내에 인민법원에 소송을 제기할 필요가 있다. 이 기간을 초과하는 경우, 소송요건을 결하여 법원이 접수하지 않는 경우가 있기 때문에 주의가 필요하다.

라. 노동쟁의소송의 관할

1) 급별관할

급별관할이란 노동쟁의안건의 성질, 영향 및 범위에 따라 상하 각급 인민법원으로 나누어 제1심으로서 노동쟁의안건을 심리하는 업무분배 및 권한을 말한다. 급별관할은 민사소송법의 관할규정에 의하면 다음과 같다.

① 기층인민법원이 원칙상 제1심 인민법원으로 된다.

② 그러나 중국인민법원의 관할구역내에 있어서 중대한 영향이 있는 노동쟁의안건에 대해서는 중급인민법원이 제1심 인민법원으로 된다.

③ 또 고급인민법원의 관할구역내(중국인민법원의 관할구역보다 광범한 구역으로 된다)에 있어서 중대한 영향이 있는 노동쟁의안건에 대해서는 고급인민법원이 제1심 인민법원으로 된다.

④ 더욱이 전국에 있어서 중대한 영향이 있는 노동쟁의안건에 대해서는 최고인민법원이 제1심 인민법원으로 된다.

1인 또는 소수의 종업원이 제기한 노동쟁의안건에 대해서는 원칙대로 기층인민법원이 제1심 인민법원으로 되는 것이 압도적이다. 정리해고인 경우와 같이 다수의 종업원이 제기하는 노동쟁의 안건에 대해서는 그 규모에 따라 중급인민법원, 고급인민법원이 제1심 인민법원이 될 가능성이 있다. 최고인민법원이 제1심으로 될 수 있는 경우는 전국 각지에 지점이 있는 대기업이 대담한 구조조정을 실시하여, 전국각지에서 정리해고를 실시하는 경우 등이 예상되는데, 실제로는 최고인민법원이 제1심으로 되는 사례는 우선 있을 수 없는 일이라고 말할 수 있고, 이 경우에도 각급 인민법원이 제1심인민법원으로 된다고 생각된다.

2) 지역관할

당사자의 소재지에 따라 노동쟁의 안건의 관할 인민법원을 나누는 것을 지역관할이라고 부른다. 지역관할은 민사소송법의 관할규정에 의하면 다음과 같다.

① 원칙적으로 피고 주소지의 인민법원이 관할 인민법원이다.

② 예외로는 크게 나눠 2가지가 있다. 우선 노동계약의 이행지의 인민법원은 관할 인

민법원으로 될 수 있다. 다음으로 노동계약에 합의관할조항을 설치한 경우 피고주소지, 노동계약의 이행지 이외에서도 노동계약의 체결지, 원고주소지의 인민법원을 관할 인민법원으로 할 수 있다.

③ 또 동일한 노동쟁의 소송에 복수의 피고가 있는 경우 각 피고주소지의 인민법원은 임의로 관할 인민법원이 된다. 그러나 원고가 그 중 하나의 인민법원에 소송을 제기할 수 있고 이럴 경우 해당인민법원이 관할 인민법원으로 된다. 또 원고가 복수의 인민법원에 소송을 제기한 경우 최초에 입안한 인민법원이 관할 인민법원으로 된다.

마. 노동쟁의소송 제기 시 소장의 필요

소송의 제기(起訴)는 소장 관할 인민법원에 제출하여 진행하는 것이 원칙이다. 소장을 기재하는 것이 어려운 경우에 구두소장도 가능하다고 되어 있는데, 실무적으로 이용사례는 많지 않다고 생각된다. 소장은 원본 이외에 피고의 인수분의 부본을 제출해야 한다. 소송대리인을 선임한 경우, 수권위임장의 제출이 필요하다. 소송대리인의 수는 2인까지로 되어 있다. 또 한국의 경우와 달리 변호사 이외의 일정한 사람도 소송대리인으로 될 자격이 있다.

바 노동쟁의소송의 수리

소장의 제출을 받은 인민법원은 기소요건에 적합한가 어떤가를 심사하고, 법에 부합되는 경우에 7일 이내로 입안, 즉 노동쟁의사건을 접수 및 등록하고 당사자에게 통지한다. 소장 심사결과 법에 부합되지 않는다고 인정될 경우 7일 이내로 불접수로 재정된다. 불접수 재정에 불복이 있는 원고는 상소할 수 있다. 또 관할이 다른 경우, 인민법원은 원고에 대하여 관할권이 있는 인민법원에 기소하게끔 고지하고 그에 따르지 않을 경우, 불수리 재정이 된다.

사. 노동쟁의 소송에서 피고가 되었을 때 답변서

피고는 소장의 송부를 받은 날부터 15일 이내에 인민법원에 답변서를 제출하게 되어 있다. 그러나 답변서의 제출은 의무가 아니고, 제출하지 않는 경우에도 심리에는 영향을 주지 않는다(그대로 결석판결 되는 경우는 없음).

(5) 심 리

가. 심리 전의 준비단계

사건에 대한 담당법관이 결정되면, 법정을 열고 심리하기 전에 담당법관이 사건에 대한 조사, 증인조사 등을 진행한다. 구체적으로는 담당법관은 개정 전에 당사자가 제출한 증거를 심사하고 쟁점・문제점을 파악하는 것, 전문사항에 대하여 감정, 회계검사가 필요로 인정될 경우 신속하게 감정, 회계감사를 시키는 것, 개정 전에 당사자와 대리인을 소집하고, 증거 관계를 조사하며 이의가 없는 사실로 증거는 기록하고 당사자가 서명하고, 법정심리 시에는 이것을 사실의 인정에 사용할 수 있는 등이 규정되어 있다.

나. 개정심리의 공개원칙

인민법원의 민사안건의 심리는 국가기밀, 사생활 또는 법률에 의한 별도의 규정이 있는 경우를 제외하고 원칙적으로 공개한다. 안건이 상업비밀에 관계된 경우는 당사자가 비공개의 심리를 요구하는 것이 가능하고, 그 경우 인민법원의 판단으로 심리를 공개하지 않는 것도 가능하다.

다. 개정심리의 진행단계

개정심리는 법정조사와 법정변론 2단계로 나뉜다.

1) 법정조사

법정조사는 원고・피고・소송 참가한 제3자의 진술, 증인조사, 출정하지 않은 증인의 증언기록의 낭독, 서증・물증 및 시청각자료의 제시, 감정결과의 낭독, 검증기록의 낭독의 순서로 진행된다. 또 중국의 재판에서는 일반적으로 개정전 조사가 중심이라는 점은 앞에서 서술한 대로인데 당사자는 법정조사의 단계에서 새 증거를 제출하는 것은 물론 가능하다.

2) 법정변론

법정조사를 종료하면 법정변론이 진행된다. 법정변론은 원고 및 그 소송대리인의 발언, 피고 및 그 소송대리인의 답변, 제3자 및 그 소송대리인의 발언 또는 답변, 상호변론의 순으로 진행되고, 법정변론이 종결한 단계에서 법관은 원고, 피고, 제3자의 순서로 각각의 최종진술을 요구하는 것으로 되어 있다.

(6) 판 결

가. 판결이 내려질 때까지 소요기간

판결은 원칙상 사건을 등록한 날부터 6개월 이내로 되어 있다. 그러나 특별한 사정이 있는 경우 법원장의 허가를 받고 6개월의 연장이 인정된다. 더욱이 연장이 필요한 경우에는 상급인민법원의 승인이 필요하다.

나. 선예집행의 정의

선예집행이란 판결 전에 선행급부(원래는 확정판결을 받지 않는 한 실현할 수 없는 결과의 실현)를 인정하는 제도이다. 선예집행은 임금미불의 경우(다만 임금미불인 경우뿐만 아니라 본 소에서 노동계약의 해제무효를 분쟁하는 경우에 있어서 선예집행으로 종업원의 지위를 인정하고 임금 가정지불을 요구하는 케이스를 포함한다), 종업원이 외자기업에 대하여 판결 전에 임금지불을 실현하기 위하여 이용할 수 있다.

다. 판결의 선고

법정변론이 종료된 사건에 대해서는 판결이 내려진다. 판결은 공개법정에서 공포한다. 판결서는 심리종료 후 법정에 있어서 판결이 직접 공포되는 경우, 10일 이내에 당사자에 송달되고, 별도로 판결 기일이 결정된 경우 언도한 직후에 당사자에 교부하는 것으로 되어 있다.

제1심 판결에 불복할 경우 판결서 송달된 날부터 15일 이내에, 1급 이상인민법원에 상소할 수 있다. 상소는 상소장에 상대방의 인수분으로 부본을 첨가하여 원심 인민법원을 통하여 제출하여 진행하는 것이 원칙이다. 당사자가 직접 제2심 인민법원에 상소한 경우 제2심 인민법원은 5일 이내로 상소장을 원심 인민법원에 이송, 교부하는 것으로 되어 있다.

제2심의 판결은 제2심 사건 등록한 날부터 원칙상 3개월 이내로 하는 것으로 되어 있다. 중국의 재판제도는 2심 종심제로 되어 있으므로 제2심 판결은 최종 판결이고 이에 대하여 일반적인 불복신고 수단은 없다.

제4부
중국 현지법인 세무 · 회계

제1장 현지법인 설립과 세무회계

1. 중국에서 법인 설립 후 세무등기 시 주의사항

법인은 영업허가증 취득 후 30일 내에 세무등기를 해야 한다. 탈세, 금융세탁을 방지하기 위해 은행계좌 개설이 엄격해졌기 때문에 은행계좌 개설 전에 세무등기를 취득할 필요가 있다.

(1) 외국투자기업 세무등기표의 기재사항

기업명칭, 기업주소, 투자자명칭, 동사장, 부동사장, 총경리, 부총경리, 투자총액, 등록자본금, 출자비율, 경영기한, 개업일, 종업원수, 외국국적 인원수, 계약인가기관의 명칭, 인가번호, 인가일, 공상등기기관의 명칭, 등기번호, 등기일, 경영범위 등, 신축건물과 확장건물의 면적, 용도, 원가, 완성일 등도 기재하도록 되어있고 도시부동산세(건물세)의 과세자료도 제공하도록 되어있다.

(2) 외국투자기업의 세무등기에 필요한 첨부자료

공상국이 발행하는 영업허가증, 합자 등의 계약서, 정관, 그 인가증서, F/S, 동사회 명부등이다.

(3) 세무등기의 수속

공상국에서 영업허가증 취득한 날로부터 30일 이내에 세무국에서 세무등기증을 발행받는다. 기업의 세무등기는 "외국기업"과 "외국투자기업", "외국투자기업의 지점기구"의 세가지로 분류된다.

(4) 은행계좌의 개설

현지법인은 이 세무등기증을 소지하고, 해당은행에 가서 은행계좌를 개설한다. 은행계좌개설 후 모든 은행계좌 번호를 세무국에 신고하도록 규정되어 있다. 탈세 등 금융세탁을 방지하기 위한 것이다.

(5) 주재원 개인의 세무등기

외국인 주재원도 중국의 거주자로 되는 경우, 세무국에 개인소득세의 세무등기를 해야 한다. 세무등기 시 여권을 제시와 비자의 종류, 출입국기록, 주재원의 대표증, 외국인거류증(공안국 발행) 등이 검토된다. 주재원사무소의 주재원일 경우 본인의 급여증명이 되는 자료를 제시해야 하는데 개인소득세가 본인 부담인지, 회사부담인지를 증명할 수 있는 자료도 제시할 것을 요구한다. 일반적으로, 본사로부터의 급여증명서를 제시하면 된다. 경우에 따라서는 급여규정, 해외부임규정, 본국의 급여명세서까지 제시할 것을 요구하는 때도 있다.

(6) 세무등기 시 유의할 점

현지법인을 설립하면 직원급여의 개인소득세의 원천징수의무가 발생된다. 따라서 현지법인은 원천징수 의무자이기도 하므로 원천징수가 발생되는 날로부터 30일 이내에 소재지의 세무국에 원천징수 세액등기를 하고, 원천징수 세액등기증서를 수령해야 한다. 세무등기증에 원천징수 세액등기사항을 기재하는 것만으로 원천징수등기를 종료할 수도 있다. 현지법인은 은행예금계좌를 개설한 후 15일 이내로 세무국에 그 전부의 예금계좌번호를 서면으로 신고해야 한다. 변경이 있을 경우 변경일로부터 15일 이내로 세무국에 서면으로 보고해야 한다.

세무등기가 필요한 기업		
외국투자기업의 대표처	외국투자기업	외국기업
외국투자기업의 대표처	합자기업, 합작기업, 독자기업.	외국기업으로서 중국국내에 기구 등 장소가 있는 것으로 지점, 경영관리, 건설청부, 조립, 탐사 등 사무소 등을 갖춘

2. 중국의 공인 회계사제도

회계사제도 창설 당시는 재정국과 세무국의 OB가 회계사무소를 만들었지만, 현재는 공인회계사 시험제도로 자격을 부여하고 있다. 외자계 회계사무소도 설립되고 있지만, 일정한 다음과 같은 한계점도 있다.

(1) 중국의 공인회계사제도의 역사

중국의 민간회계사무소가 처음으로 설립된 1980년대 초에는 재정국 세무국을 정년퇴직한 사람들에 의해 사무소가 설립되기도 하고 학자, 세무국OB, 재정국OB, 공장의 경리 실무경험자 등이 재정국의 담당관의 면접에 의해 공인회계사의 자격을 취득하여 감사업무를 시작하였다. 1986년에는 공인회계사조례가 만들어져 중국의 회계사무소는 본격적인 발전단계로 들어섰다. 그 후 1992년부터 공인회계사 시험제도가 시작되어, 대학을 졸업하고 회계사 시험에 합격한 청년들이 중국의 회계사사무소에 근무하게 되었다.

1996년에는 주로 국유기업 등의 감사와 자산평가 업무를 진행하고 있던 심계사무소(심계사)와 외자계기업의 감사를 진행하고 있던 회계사무소(회계사) 두 협회가 합쳐 공인회계사협회로 변신하였다. 1990년대에 들어서면서 중국의 회계사무소는 대규모의 회계사무소도 탄생하였다. 당시의 중국회계사무소는 자금의 거출, 인재의 본거지인 재정국 등 정부기관으로부터 진행된 관계로 회계사무소의 근대화를 위해 정부기관으로부터 완전히 분리할 필요가 있었다. 그리고 회계사무소는 합작제도로 개편되어 출자금도 정부기관이 아닌 회계사개인에 의해 출자되게끔 제도가 수정되었다.

2001년에는 과거의 회계사무소가 대폭으로 분할, 정리 통합되어 대부분의 회계사무소가 새로운 모습으로 업무를 진행하고 있다. 현재 공인회계사사무소의 주된 업무는 국내상장기업의 감사, 해외상장기업의 감사, 외자계기업의 감사, 국유기업개혁에 따른 자산평가업무, 합자기업 등에 출자되는 국유자산의 자산평가업무, 회계상담, 투자상담 등이 있다.

(2) 외자계 회계사무소 역할의 한계

1980년대는 외자계 회계사무소는 아직 정식으로 업무를 인정받지 못하고 주재원사무소의 형태로 보조적인 업무를 진행하였다. 1990년대부터 외자계 회계사무소와 중국 회계사무소와의 합자조건으로 회계사무소의 설립이 인정되어 외자계 기업의 감사, 중국기업의 해외상장의 감사가 가능해졌다. 1997년까지 외자계의 회계사무소는 모두 합자회계사무소였다.

지금은 중국인 회계사가 합자회계사사무소를 설립, 그 합자회계사무소가 외자계의 회계사무소와 전략적 제휴를 취하는 외자계 회계사무소도 있다. 외자계 회계사무소도 대부분의 스탭은 중국인회계사 또는 중국인보조자로서 외자계 회계사무소에서 실력을 쌓은 중국인회계사가 중국계의 회계사무소로 자리를 옮겨 이제 중국계 회계사무소도 실력이 많이 향상되어 있다.

또 외자계 회계사무소일지라도 감사보고서는 중국측 파트너인 중국인 공인회계사만 서명할 수 있다. 외국인회계사는 중국의 공인회계사가 아니므로 감사업무의 관리는 불가능하고, 직접 감사보고서에 서명하는 것도할 수 없다.

3. 중국에서 회계사무소의 선택 방법

중국 현지 회계사무소와 외자계의 회계사무소가 있는데 선택은 어느쪽이라도 괜찮다. 오히려 회계사무소와의 창구담당자의 인재 육성이 무엇보다 중요하다.

(1) 중국계와 외자계의 회계사무소

중국계 회계사무소는 원래 세무국, 재정국의 OB가 창설한 회계사무소로 창설자금도 재정당국, 세무당국, 대학 등으로부터 조달되는 관계로 정부의 회계사무소에 가까운 것이었다. 회계사무소의 민영화를 추진하기 위하여 1990년대 말부터 자금의 조달을 정부, 대학 등으로부터 이탈하여 민간 합작에 의한회계사무소로 전환되게끔 하고 규모도 분할 축소한 후, 재통합하는 등 큰 변동이 있었다. 중국계 회계사무소의 업무로 처음에는 외자계기업의 감사가 대부분 이였지만, 최근에는 국유기업 등의 감사도 진행하고 있다. 또 이에따라 외자계의 회계사무소는 1990년대 중반부터 중국기업의 해외상장업무를 중심으로 급속히 규모를 확대할 수 있었다.

사실 외자계 회계사무소는 외자계기업의 감사보다 중국기업의 해외상장과 국내상장이 주된 업무이다. 외자계 회계사무소도 아직 역사가 짧기 때문에 선배급 중견 스탭이 아직 충분이 육성되어 있지 않다. 또 역사적으로 중국기업의 홍콩상장업무가 주된 업무였으므로 외자계 회계사무소는 실질적으로 홍콩의 회계사무소의 영향을 강하게 받고 있다.

(2) 중국계, 외자계의 장점과 단점

중국계 회계사무소의 특징은 여전히 현지 정부 관계자와 깊은 인맥이 있다. 또 비용은 홍콩의 영향을 강하게 받고 있는 외자계 회계사무소에 비해 비용이 안정적인 사무소도 많다. 아직 많지는 않지만 중국계 회계사무소 중에도 해외에서 연수한 회계사, 외자계 사무소에서 경험을 쌓은 회계사가 있는 곳도 있다. 특히 외자계 기업의 업무를 경험한 회계사는 외자계 기업이 무엇을 요구하고 있는가를 감각적으로 이해하고 있다. 이와 반대로 외자계 회계사무소라 하여 반드시 외자계 기업의 상담을 이해할 수 있다는 보장도 없다. 여전히 개인의 경험, 자질이 중요한데 특히 회계사의 경험이 몇년이라는 스탭이 압도적으로 많은 회계사무소에 어느 경우는 사회경험 조차도 부족한 사람들이 있는 상황도 있다.

(3) 중요한 회계담당자의 육성

현지법인을 설립하는 한국기업측은 현지법인 중에 중국인이고 회계세무에 강한 사람을 주목해야 하는데 더욱이 전문용어도 통역할 수 있는 사람이 필요하다. 그러나 본사로부터 회계세무의 전문가를 파견할 정도로 강력한 회사는 드물다. 오히려 일반적으로 회계세무를 경험한 적이 없는 공장장, 기술자, 영업담당자를 파견하는 것이 대세이다. 따라서 가능하다면 현지에서 외자계의 경리실무를 경험한 사람을 채용하든가, 회계 등을 전문 학습한 경험이 있는 사람을 채용하여 교육하는 것이 필요하다. 현실적으로 쉽지 않지만 현지법인의 인재를 육성하는 것을 시작으로 회계사무소 등과 의사소통이 가능해진다.

(4) 회계사무소의 선택

회계사무소의 선택은 품질의 문제, 고객대응의 성실성, 비용의 합리성, 비밀유지의 신뢰성 등에 의해 판단할 수 있다. 일반적으로 외자계 회계사무소는 홍콩계의 경영자로 주식상장을 주로 하고 있으므로 한국계 기업에 대한 서비스 의식은 저조하다. 그러나 비용은 홍콩과 같이 세계에서 가장 높은 수준이다. 또 법정 감사보고서는 중국의 공인회계사 자격이 아니면 책임 서명이 불가능하다. 어느 쪽이든지 중국인 회계사의 급성장이 기대되고 있다.

4. 기업의 기업연도검사

현지법인은 감독 각 관청의 검사를 해마다 1회씩 동시에 받아야 한다. 검사에 합격되지 않는 항목이 있으면 그 항목에 관하여 그 후 당국의 신청인가가 엄격해진다.

(1) 기업연도검사의 목적

현지법인은 감사 이외에 "기업연도검사"라는 행정기관의 기업현황 조사를 해마다 받아야 한다. 본 검사는 매년 1월부터 5월 사이에 실시되는데 관련되는 행정기관은 표에 기록된 7개 기관이다. 현지법인에서 보면 이러한 정부기관은 회사설립부터 일상업무까지 관계가 깊은 감독관청이고, 검사는 여러 가지 관계한 법정서류가 정리되었는가를 체크하는 것이다.

각 기관이 여러 가지 검사를 진행하게 되면 기업의 일손이 부족하므로 동일 시기에 회계사무소 등에 기업의 준법성의 체크를 위탁조사 시키도록 하는 것이다.

(2) 기업연도검사의 절차

현지법인은 스스로 공상행정관리국에 가서 연도검사보고서를 수령하고 회계사무소의 감사를 받은 후 4월 말까지 연도검사의 신고를 진행해야 한다. 연도검사에 필요한 제출서류는 각 정부기관별로 표에 기재되어 있다.

연도검사보고서는 주로 공상행정관리국에 제출하는 것으로 다른 정부기관에는 사본이 제출된다. 이러한 서류는 대부분 부본, 사본이다. 또 감사완료의 대차대조표와 손익계산서란 공인회계사에 의한 감사보고서가 첨부된 것이다.

외환관리국의 연도검사에 대해서는 은행과 외환관리국의 시스템정보관리제도를 사용하고 있는 경우에는 면제된다.

기관의 관할 사항과 필요서류		
기관명칭	관할사항	필요서류
상무부 (구:대외무역경제합작부)	설립인가 영업허가관계	연도검사보고서, 인가증서, 영업허가증, 출자검증보고서
공상행정관리국	법인등기관계	연도검사보고서, 감사완료의 대차대조표와 손익계산서, 영업허가증, 출자검증보고서
경제무역위원회		연도검사보고서, 감사완료의 대차대조표와 손익계산서
재정부	재정관계기출	연도검사보고서, 재정등기증, 전년도회계결산보고서와 감사보고서, 출자검증보고서
외환관리국	외화등기, 외채등기	연도검사보고서, 외화등기증, 외화계좌개설통지서, 감사보고서, 출자검증보고서, 외채등기증, 외화대부등기증 등
국가세무국	세무등기	연도검사보고서, 세무등기증, 세무등기표, 영업허가증
세관	통관등기수출입업무보고	연도검사보고서, 감사완료의 대차대조표와 손익계산서, 통관등록등기증과 통관원증서, 수출입통관업무상황표

5. 현물출자 시 자산평가 방법

건물의 평가방법은 재조달원가법과 시장가격유사비교법이 일반적이고, 기계는 시장가격법과 재조달원가법이 일반적이다.

(1) 건물의 평가방법

건물의 평가는 일반적으로 재조달원가법에 의한 사례가 많다. 평가방법으로서는 이밖에 시장에서의 판매를 약정하고 있는 경우에는 시장가격유사비교법이 있다.

이밖에도 건물의 구조, 양식, 자재, 내장 등에 의한 건물의 기준가격이 명확한 경우의 평가 방법인 기준가격수정법이 있다. 시장가격과 기준가격이 해당하지 않은 경우, 부가(簿價)에 일정한 수정율을 곱한 부가수정법도 있다. 또 가임 등의 수입을 근거로 하는 수익환원법 등의 평가방법도 있다.

(2) 재조달원가법

건물을 재조달원가법으로 평가할 때는 그 건물을 현재 건축할 경우의 건설 총원가를 계산한다. 구체적으로는 그 지역의 건설관리위원회 등이 제정한 건축공사 총합단가 정액표, 건축공사 간접비용 정액표 등에 의해 건설자재의 조달가격을 결정한다. 다음으로 수년 경과한 신축이냐 구건물이냐에 따라 다음과 같은 방법으로 평가한다.

① 기존의 감가상각율에 의해 경과된 내용(耐用)연수에 상당한 감가상각비율을 재평가액에서 공제한다.

② 재조달가격에 의한 감가상각계산을 실시하여 감가상각 누계액을 계산하여 이것을 공제한다.

평가자산의 경제적 가치를 고려하여 내용연수에 예상되는 사용가능연수를 증감한 비율, 즉 성신율(成新率)을 적용하여 평가액을 결정한다.

(3) 시장가격유사비교법

부동산의 판매를 전제로 하여 동일 또는 유사한 부동산가격을 참고로 하는 시장가격유사비교법이 채용되는 때도 있다.

※ 건물평가액=유사부동산의 건축단가×(1+물가상승률)×건축면적

(4) 기계설비의 평가

기계설비의 평가는 주로 현행의 시장가격을 기준으로 하는 시장가격법이 채용되는 경우가 많다. 동일하거나 또는 유사한 시장가격이 없는 경우는 재조달원가법 등이 채용될 수 있다. 장비설비와 같은 세트형의 기계설비에 대해서는 수익환원법이 적용되는 경우도 있다. 기계설비를 시장가격법 또는 재조달원가법으로 평가할 때는, 기본적으로 다음과 같은 계산식으로 평가액이 결정된다.

※ 평가액=재평가액(1－실질가격감소－효능가격감소)×성신율[102]

102) 성신율(成新率)은 내용(耐用)연수를 경제적 가치의 관점에서 다시 보는 것이다.

성신율의 결정은 제멋대로 하기 쉽기 때문에 어떤 근거로 결정되었는지를 확인할 필요가 있다. 실질가치 감소와 효능가치 감소에 대해서도 동일한 문제가 존재한다.

현물출자 자산의 평가법	
기계의 평가	건물의 평가
시장가격법 재조달원가법 수익환원법 기타	재조달 원가법(재취득 원가법) 시장가격 유사비교법 기준가격수정법 부가수정법 수익환원법

제2장 현지법인의 세금

1. 조세우대 정책의 종류

조세우대정책에는 지역별 경감세율, 면세기한, 원천세의 감면 등이 있다. 장래는 산업정책에 따른 우대정책, 직접적인 우대조치보다 간접적인 우대조치로 전환될 전망이다.

(1) 조세우대정책의 동향

주요한 조세우대정책은 다음표가 보여준 바와 같다. 이밖에 산업정책, 예를 들면 정보산업에 대한 우대정책과 같이 지역별의 정책에서 산업별의 정책으로 바뀌어 가고 있다. 또 경감세율, 면세기한(일정기간의 감면세)과 같이 직접세액을 감면하는 직접적인 우대정책에서 손금(비용)의 여부에 따른 과세소득조정형, 투자세액공제와 같은 간접적인 우대정책으로 전환되고 있다.

(2) 지역별의 세율경감

가. 경감세율15%

*경제특구에 설립된 외국투자기업

*경제기술개발구에 설립된 생산형 외국투자기업

*경제특구와 경제기술개발구가 있는 도시의 구시가에서 특정의 장려프로젝트를 실시하는 외국투자기업 등

<table>
<tr><td>조세우대정책</td><td>• 지역별 경감세율
• 면세기한
• 재투자에 따른 세금환급
• 배당금의 원천세 면세
• 원천징수세의 경감
• 인프라 기반정비의 경감세율
• 중서부의 경감세율</td></tr>
</table>

나. 경감세율 24%

*연해경제개방구에 설립된 생산형 외국투자기업

*경제특구가 있는 구시가 지역에 설립된 외국투자기업
*경제기술개발구가있는 도시의 구시가지역에 설립된 외국투자기업

(3) 정기감면세

가. 2면 3감: 경영기간 10년 이상의 생산형 외국투자기업은 생산경영을 개시한 후에 최초로 이익을 계상한 연도부터 2년간은 기업소득세를 면세, 그 후 3년간은 기업소득세를 50%가 된다(이것을 2면 3감이라 한다). 최초에 이익을 계상한 연도의 의미는 개업당초에 결손이 발생하고 있는 경우 결손금을 5년간 이월하는 것이 가능하지만, 이 이월결손금을 이익에서 보전한 후에 이익이 있는 연도를 말한다.

나. 기타: 그 외에 인프라 관계에서 5면 5감, 특정지역의 서비스업에서 1면 2감 등도 있다.

(4) 재투자에 의한 세액환급

외국투자자가 취득할 배당금을 직접 재투자하여 그 기업의 자본금을 증자시킬지, 기타기업에 자본금으로서 출자하는 경우에 재투자한 배당금에 과세된 외국투자기업의 소득세 납부액의 40% 또는 전액을 외국투자자에게 환급하는 것이다.

(5) 배당금의 원천소득세 면제

외국투자기업의 배당소득은 원천소득세가 면제된다.

(6) 원천징수세율의 경감

2000년 1월 1일부터 외국기업이 중국에서 취득한 이자, 리스료, 특허권 사용료 등의 원천징수세율을 일률적으로 10%로 경감하였다.

(7) 인프라 기반정비와 중서부의 경감세율

에너지 교통산업 기반 프로젝트에 종사하는 생산형 외국투자기업과 중서부지역에서 설립된 일정한 외국투자기업의 세율은 15%로 경감되어 있다.

(8) 중서부지역의 외국투자기업 경감세율 15%

서부지역에 설립된 장려산업의 내자기업과 외국투자기업은 일정 기한 내에 기업소득세의 세율이 15%로 경감되어 있다.

2. 정보산업의 조세우대정책

정보산업 전반에 공통된 우대와 하이테크제품, 소프트산업, 집적회로산업에 대한 우대정책이 있다.

(1) 정보산업전반의 우대규정

가. 수입설비의 면세

- 소프트기업

소프트기업이 수입하는 자가사용설비 및 계약에 의한 수입설비에 동반된 기술(소프트등)과 세트부품 등은 면세 불허가품을 제외하고 관세와 수입증치세가 면세된다.

- 집적회로생산기업

집적회로 생산기업이 집적회로 기술과 생산설비 1식을 도입하여, 집적회로전용설비와 기기를 하나의 프로젝트로써 수입하는 경우에 관련규정에 따라 관세와 수입증치세가 면세된다.

- 하이테크제품

외국투자기업 또는 외국기업이 "국가 하이테크 제품목록"의 제품을 생산하기 위해 수입하는 자기용 설비 및 계약에 따른 설비에 부수하여 수입하는 기술 및 세트부품, 부품은 면세 불허가품을 제외하고 관세와 수입증치세가 면세된다.

나. 국산설비의 증치세환급

"외국투자산업지도목록"의 장려 분류에 속하는 외국투자기업이 "당면 국가가 중점적으로 발전을 장려하는 산업, 제품 및 기술목록"의 투자항목에 해당되는 국내구입 설비와 그 부수설비(플라스틱부품, 필림부품, 도자기, 부품 및 석유화학 프로젝트에 사용되는 배관부품 등)를 구입하였을 때는 구입에 지불된 증치세가 환급된다.

다. 국산설비의 투자세액 공제

외국투자기업 및 중국에 기구・장소 등을 갖고 있는 외국기업이 투자총액내에서 구입한 국산설비가 "외국투자산업지도목록" 의 장려분류에 속하는 항목이고, "외국투자항목 면세불허가 수입상품목록"에 해당하지 않는 것일 경우, 그 구입한 국산설비 투자액의 40%를 설비를 구입한 년도와 전년도를 비교하여 새로 증가된 기업소득세에서 공제할 수 있다.

상술한 기업이 기존의 설비에 대하여 선진적인, 응용적인 신기술, 신공예, 신설비, 신재료 등을 채용하여 생산기술 조건을 개선하면 투자총액 이외에서 구입한 국산설비 투자의 40%에도 설비를 구입한 년도와 전년도를 비교하여 새로이 증가된 기업소득세에서 공제가 가능하다.

(2) 하이테크의 우대정책

"중공중앙 및 국무원의 기술창조와 혁신, 하이테크의 발전, 산업화의 실현에 관한 결정"에는 다음과 같은 우대조치가 포함되어 있다.

가. 컴퓨터 소프트웨어의 증치세 환급

판매시 17%의 세율로 과세하고, 실제로 세 부담이 6%를 초과한 부분을 환급한다. 생산기업의 소규모 납세의무자에 대해서는 6%의 증치세 과세로 하고, 상업기업의 소규모 납세의무자에 대해서는 4%의 증치세 과세를 하고 있다.

나. 기술양도와 기술개발의 영업세의 면세

외국투자기업, 외국투자연구개발센터, 외국기업, 외국적 개인에 적용된다. 이 영업세의 면제규정에 의해 종래 로얄티 등 해외 송금시 기업소득세와 함께 과세되던 영업세가 면세되었다. 영업세의 면세는 기술양도, 기술개발, 관련기술 컨설턴트, 관련기술서비스를 대상으로 한다. 면세되는 기술양도는 특허와 노하우의 소유권과 사용권을 유상 양도하는 것을 말한다.

기술개발이란 타인의 위탁에 의해 개발자가 신기술, 신제품, 신공예/신재료, 시스템을 연구개발 하는 것을 말한다. 관련기술 컨설턴트란 특정된 기술항목의 실시가능성 검증, 기술예측, 기술조사, 분석 등을 말한다.

(3) 소프트산업의 우대정책

"소프트산업 및 집적회로산업의 발전을 장려하는 약간의 정책" 에는 다음과 같은 우대정책이 포함되어 있다.

가. 소프트제품의 증치세의 환급

자사에서 개발생산한 소프트제품을 판매하는 경우에 2010년까지 17%의 법정세율로 증치세를 과세하고, 실제의 세금부담이 3%를 넘는 부분에 대해서는 즉과세즉환급(일단 과세한 후에 곧바로 환급하는 방법)한다.

나. 소프트산업의 기업소득세의 감면

새로 창업한 소프트기업은 인정받은 후에 이익을 획득한 년도로부터 기업소득세의 2면 3감(2년간의 면세와 3년간의 50%세)의 우대조치를 향수할 수 있다.

다. 소프트기업의 경감세율

국가계획국이 공포한 중점 소프트기업은10%의 세율로 경감하여 기업소득세가 과세된다.

라. 소프트의 내용(耐用)연수의 단축

기업이 소프트를 구입하고 고정자산 또는 무형자산으로 취급할 경우 그 감가상각 또는 상각의 연수를 적당히 단축할 수 있는데, 가장 짧게는 2년으로 할 수 있다.

(4) 집적회로산업의 우대정책

집적회로사업에 대한우대정책에는 다음과 같은 것이 포함되어 있다.

가. 집적회로산업의 증치세의 경감

증치세의 일반납세의무자가 그 자사가 생산한 집적회로제품(단결정 실리콘을 포함)을 판매한 경우에 대해 2010년까지 17%의 법정세율로 증치세를 과세하고, 실제의 세금부담율이 6%를 넘는 부분에 대해서는 즉과세 즉환급 한다.

나. 15%경감세율 적용

다음의 그 어느 경우의 한가지 조건에 부합되는 집적회로 생산기업에 대해서는 15%의 경감세율이 적용된다.

① 투자액이 80억 RMB를 넘는 것

② 집적회로선이 0.25마이크로메터(천분의 1미리)보다 작은 것

다. 수입한 자가생산용 원재료 등의 수입면세

집적회로 생산기업이 자가용의 생산성 원재료, 소모품을 수입하는 경우에는 관세와 수입단계의 증치세가 면세된다.

라. 집적회로 생산기업의 내용(耐用)연수의 단축

집적회로 생산기업의 생산성설비의 내용연수는 최단 3년이다.

마. 가공칩의 관세 경감

국내의 집적회로 설계기업이 집적회로를 설계하는 경우에 국내에서 생산이 불가능한 칩을 국외에서 생산하는 경우에는 수입시 우대의 잠정세율로 관세의 과세가 가능하다.

바. 기술개발비의 소득공제

외국투자기업 및 외국기업이 당 년도에 국내에서 발생된 기술개발비가 전년도 대비 10%이상 실질적으로 증가하고, 세무기관이 인정한 경우에는 당 년도에 발생한 기술개발비의 실제 발생액의 50%를 당 년도의 과세소득액에서 공제할 수 있다.

당 년도의 과세소득액을 초과하는 소득공제액(실제 발생액의 50%)은 당 년도에만 공제할 수 있고 이월공제는 인정하지 않는다. 다만, 결손보전 후에 과세소득액이 없는 기업은 공제가 가능하다.

*집적회로 설계기업: 집적회로 설계기업은 소프트산업으로 분류되어 소프트산업의 관련 정책이 적용된다.

정보산업의 우대정책	정보산업전반의 우대정책	① 수입설비 면세 ② 국산설비의 증치세환급 ③ 국산설비의 투자세액 공제
	하이테크의 우대정책	① 소프트웨어의 증치세환급 ② 기술양도, 기술개발의 영업세 면세
	소프트산업 우대정책	① 소프트제품의 증치세의 환급 ② 소프트산업 기업소득세의 감면 ③ 소프트기업의 경감세율 ④ 소프트의 내용연수의 단축
	집적회로산업	① 집적회로산업의 증치세의 감면 ② 15%경감세율적용 ③ 수입자가생산용 원재료 등의 수입면세 ④ 집적회로 생산기업의 내용연수의 단축 ⑤ 가공칩의 관세경감 ⑥ 기술개발비의 소득공제

3. 보세구와 수출가공구의 조세우대정책

국외로부터 구내로 반입하는 설비, 원재료부품 등은 과세되지 않는다. 보세구와 수출가공구의 다른 점은 증치세의 면세환급이 있다.

(1) 보세구의 조세우대정책

보세구 내의 가공기업의 기업소득세의 세율은 15%로 경감된다. 세관상 보세구는 국외이기 때문에 국외와 보세구를 반출입하는 화물의 수입관세, 증치세, 소비세는 과세되지 않는다. 보세구 내와 보세구 외의 화물 반출입은 수출입이 되지만, 수출에 의한 증치세의 면세와 환급에 대해서는 보세구 외에서 보세구 내로반입한 것만으로는 수출로 취급하지 않는다.

보세구에서 국외로 실제의 수출이 조건이기 때문에 증치세의 수출환급은 실제적으로 해외로 수출하지 않으면 진행되지 않는다.

(2) 수출가공구의 조세우대정책

수출가공구기업은 경제기술개발구의 소득세정책(경감세율15%)가 적용된다. 수출가공구기업이 구내에서 가공 생산하는 화물에 대해서는 직접수출에 속하는 화물 및 구내기업에 판매하는 화물이면 증치세와 소비세는 과세하지 않는다.

수출가공구내에서 생산하는 인프라 건설을 위해 필요한 기기, 설비와 생산공장, 창고시설을 위해 필요한 건설 물자의 반입은 면세된다. 구내기업의 생산에 필요한 기기, 설비, 주형 및 비용부품은 면세된다.

수출가공구기업이 수출제품의 가공에 필요한 원재료, 부품, 조립품, 포장자료 및 소모재는 보세된다. 수출가공구기업의 자기사용의 합리적 수량의 사무용품은 면세된다.

(3) 보세구와 수출가공구의 다른 점

구외(보세구 이외의 국내)에서 보세구로 제품 등을 판매한 것만으로는 수출로 취급되지 않고, 그 판매화물이 보세구에서 외국으로 실제로 운반되지 않으면 수출판매로서의 매상증치세의 면세, 매입증치세의 세액공제 또는 환급이 인정되지 않는다.

구외(수출가공구 이외의 국내)에서 수출가공구로 제품등의 판매는 수출로 취급되기 때문에 구외 기업은 수출가공구에 판매한 시점에서 매상증치세의 면세, 매입증치세의 세액공제 또는 환급이 인정된다.

(4) 외고교보세구의 조세우대정책

생산형기업 기업소득세의 세율은 15%로 경감된다. 일반지역과 동일하게 경영기간이 10년 이상인 생산형 기업은 처음 이익을 계상한 연도(이월결손금을 보전한 후에 최초 이익이 계상되는 연도)로부터 2년간은 기업소득세가 면제되고, 그 후의 3년간은 기업소득세가 반감된다.

외고교보세구의 무역, 창고 등의 비생산형기업의 기업소득세 세율도 15%이다. 단지, 비생산형기업이기 때문에 경영기간이 10년 이상인 경우는 최초로 이익을 계상한 연도부터 1년간은 기업소득세를 면세, 그 후의 2년간은 기업소득세가 반감된다.

보세구 기업이 생산하여 구내의 기업으로 판매하든가 또는 외국으로 판매한 제품은 생산단계의 증치세가 면세된다.

그러나 보세구에서 구외(비 보세구)로 판매한 제품은 증치세 등이 과세된다. 이 경우에 제품을 생산하기 위하여 외국으로부터 모든 원재료, 부품을 반입한 경우는 그 원재료, 부품의 가격에 따라 과세된다. 외국에서 원재료, 부품과 보세구내에서 조달한 원재료, 부품이 있을경우는 제품에 포함된 원재료, 부품의 비율에 따라 과세한다.

※ 보세구와 수출가공구 우대의 다른 점
○ 보세구 ⇒ 증치세 환급 없다.
○ 수출가공구 ⇒ 증치세 환급 있다.

4. 위탁가공의 세금면에서 장점과 단점

장점은 ①위탁가공에 사용하는 생산설비의 수입관세와 증치세가 면세로 되는 것. ②가공비용에 증치세가 붙지 않는 것, ③더욱이 가공을 위해 수입하는 원재료부품에 수입관세와 증치세가 과세되지 않는 것이다.

(1) 위탁가공

위탁가공이란 중국현지의 회사와 한국의 본사 등이 위탁가공계약을 체결하고 한국의 본사가 원재료, 부품 등을 현지의 회사로 무상으로 제공하고 현지회사가 이것을 가공한 제품을 본사로 수출하고, 현지의 회사는 가공료를 본사에 청구하는 것이다. 원재료, 부품 등과 제품은 무상으로 오간다.

(2) 위탁가공의 생산설비의 면세

위탁가공의 가장 큰 장점 첫째는 한국의 본사가 중국 현지의 회사로 무상으로 생산설비를 제공한 경우, 수입통관 시에 관세와 증치세가 면제되는 것이다. 위탁가공계약이 종료되면 이 생산설비는 현지회사의 소유로 된다. 또 제3자에게 전매하는 경우에는 수입시의 관세와 증치세가 추가 과세된다.

(3) 위탁가공임의 증치세 면세

두 번째의 장점은 가공임에 증치세가 과세되지 않는 것이다. 일반적으로, 중국에서는 물품의 판매, 가공, 수리, 조립수리, 물품의 수입에 대하여 17%의 증치세가 과세된다.

보통의 제조회사라면 매상고에 의한 증치세, 즉 매상세와 매입에 의한증치세, 즉 매입세의 차액을 납세해야 한다. 매상과 매입이 가공임 상당이라고 하면, 위탁가공의 증치세의 면세가 가능한 우대조치임을 알 수 있다.

(4) 무상지급의 원재료부품 등의 보세취급

세 번째의 장점은 수입하는 원재료, 부품 등이 보세 취급되고, 제품으로서 수출되기까지 관세와 증치세가 과세되지 않는 것이다.

일반적인 수입과 수출이라면 원재료, 부품이 수입될 때에 관세와 증치세가 과세되고, 제품이 제조되어 수출될 때에 수입 시에 납부한 증치세가 환급된다. 다만, 이러한 경우에 관세는 환급되지 않는다. 또 수입 시에 관세와 증치세의 납세자금 부담이 발생한다. 따라서 현행 위탁가공에 대한 보세취급은 현지기업에 있어서는 꽤 유리한 조치라고 말할 수 있다.

(5) 위탁가공의 단점

위탁가공은 단 하나의 단점이 있다. 그것은 위탁가공이 한국의 본사로부터 무상지급 원재료 부품만으로 제품가공이 가능하면 문제는 없지만, 일부의 원재료 부품을 중국 국내에서 조달해야 할 경우에는 그 국내에서 구입한 원재료부품에 증치세가 과세된다는 점이다.

위탁가공은 보세에 의한 특별조치가 적용되기 때문에 매상에 소요된 증치세 즉 위탁가공임의 증치세는 면세되지만, 일반적인 수출제품에 인정되고 있는 매상의 면세이외의 매입증치세의 공제와 환급은 인정되지 않는다.

위탁가공은 완전히 세금이 면제되는 것이 아니고, 국내조달의 원재료 부품에 소요된 증치세는 부담해야 한다.

위탁가공(來料加工)의 장점	위탁가공(來料加工)의 단점
① 원재료부품 등은 수입면세 ② 위탁가공임도 면세 ③ 가공생산설비도 수입면세	① 국내 매입 원재료 부품의 증치세는 부담

5. 유상지급의 수입가공과 세금관계

원재료 부품을 무상지급하는 것이 위탁가공(來料加工)이고, 원재료 부품을 유상지급하는 것이 수입가공이다.

(1) 위탁가공과 수입가공

위탁가공이란 원재료, 부품 등을 무상으로 지급하여 제품을 무상으로 인수하고, 가공임을 지불하는 계약이다. 위탁가공은 중국어로는 "래료가공(來料加工)"이라고 부른다. 사실 원재료가 들어온다는 말인데, 중국에서는 위탁가공과 같이 취급하는 것으로 "진료가공(進料加工: 수입가공)" 이란거래가 있다.

"진" 이란 수입의 의미로 해외로부터 원재료, 부품 등을 유상으로 구입하여 가공 생산한 제품을 유상으로 판매한다. 원재료, 부품의 수입계약과 제품의 수출계약 쌍방이 거래하여 각종 대금은 각각 결제한다.

수입가공과 위탁가공의 다른 점은 원재료, 부품 등과 제품이 유상인가 무상인가 하는 것인데, 위탁가공(來料加工)도 수입가공(進料加工)도 실질적으로는 같은 가공무역 거래이다.

(2) 수입가공의 우대정책

수입가공도 위탁가공과 같은 우대정책을 받는다. 즉 생산설비를 무상으로 현지기업에 제공할 때는 생산설비의 수입시 관세와 증치세는 면제된다. 또 유상으로 지급된 원재료, 부품 등도 보세취급되므로 원칙적으로 수입의 관세와 증치세는 과세하지 않는다.

그러나 두 가지 형태사이에서 하나만 그 취급이 다른 점이 있다. 그것은 "증치세의 수출환급에 따른 취급"이다. 위탁가공은 관세와 증치세는 전부 적용하지 않는데 비해 수입가공은 증치세 수출환급계산의 구조에서 증치세 환급율이 증치세 세율보다도 낮은 경우에 세금비용 부담이 발생한다.

따라서 이 점에서만 위탁가공보다 불리하게 취급된다. 그 세금부담의 계산은 아래의 계산식에 따른다.

※ **세금비용부담액**=(제품수출가격−원재료・부품 등의 보세가격)×(증치세 세율-증치세 환급율)

이 계산식이 보여준 바와 같이 만약증치세의 환급율이 증치세의 징세율 17%와 같을 경우 전체가 0이 되므로 세금비용은 발생하지 않는다.

현재 전기제품, 전자제품 등 대부분의 제품의 세금 환급율이 징세율과 같은 17%로 되어있기 때문에 대부분의 업종에서 세금코스트는 발생하지 않는다. 그러나 일부 업종에서는 세금 환급율이 17%보다 낮은 것이 있고, 이런 경우는 세금코스트가 발생하여 그 부분만 불리하게 취급된다.

(3) 국내 매입의 증치세 취급

앞서 진술한 것처럼 진료가공에서는 증치세의 세금 환급율이 징세율 보다도 낮은 경우에는 증치세의 부담이 발생하므로 위탁가공보다 불리하다.

그러나 위탁가공에서는 국내구입의 원재료부품 등에 대해서는 공제 또는 환급이 불가능하가 때문에 매입증치세의 부담이 발생한다. 이에 대하여 수입가공(진료가공)에서는 국내 구입의 원재료 부품 등에 대해서는 구입세액 공제 또는 환급이 인정되고 있다.

따라서 업종분야와 취급제품, 지리적 요소 등도 고려하여 어느 것으로 할 것인지 선택할 필요가 있다.

위탁가공과 수입가공	
공 통 점	다 른 점
• 무상으로 제공한 생산설비의 수입관세와 증치세는 면세된다. • 원재료부품의 수입은 보세되어 수입관세와 증치세는 과세되지 않는다.	• 수입가공은 증치세의 수출환급으로 환급율이 징세율 보다 낮으면 원가부담이 발생한다. • 위탁가공은 국내구입 원재료 부품의 증치세에 의한 원가부담이 발생한다.

6. 중국 세금의 종류

중국은 유통세인 증치세가 가장 세수가 큰 세금이다. 법인세, 소득세 등의 기본적인 세법은 상속증여세를 제외하고 대부분 있다.

(1) 중국의 세제

중국의 세금은 아래 표와 같이 분류된다 이 표와 같이 중국의 세금은 내자기업을 대상으로 한 국내세법과 외자계 기업을 대상으로 한 섭외세법으로 분류되어 있는데 아직 통일된 조세체계가 되어있지 않다. 중국은 WTO에 가입하고 세법의 통일을 위해 세제개정이 진행될 전망이다.

여기서는 현행의 세제에 대하여 대략적인 소개를 한다.

(2) 한국의 소비세와 중국의 증치세

중국의 세제는 유통세를 중심으로 한 체계로 되어 있다. 가장 세수가 큰 것은 증치세인데, 이것은 한국의 소비세와 같은 세법이다. 한국의 소비세는 물품과 서비스의 두 방면을 과세대상으로 하고 있는데 중국의 증치세는 물품을 과세대상으로 하고 서비스에 대해서는 영업세로 과세하고 있다.

그러나 중국의 영업세는 판매액에 대해 세율을 곱하여 세액을 계산하는데 한국에서는 영업세에 해당한 세금은 없다.

(3) 한국의 법인세와 중국의 기업소득세 등

한국의 법인세에 상당한 것이 기업소득세이다. 중국의 기업소득세는 현재의 경우, 중국의 내자기업을 향한 "기업소득세"와 외자계 기업을 향한 "외국투자기업 및 외국기업소득세법"으로 분류되어 있는데, 멀지않은 장래에 통일될 전망이다. 개인소득세는 한국의 소득세에 상당하다.

이밖에 외국계 기업에는 자원세, 토지증치세, 도시부동산세, 차량선박감찰사용세, 차량구입설치세, 인지세, 도살세, 계세, 관세가 적용된다.[103] 한국에 있고 중국에 없는 세법으로는 국세로 상속세, 증여세, 등록면허세 등이 있다.

지방세로 부동산취득세 등이 있다.

(4) 중국의 세금도표(국내와 섭외비교)

중국의 세금			
세금 종류	법 규	국 내	섭 외
유통세	증치세 잠정조례	적 용	적 용
	소비세 잠정조례	적 용	적 용
	영업세 잠정조례	적 용	적 용

103) 조세징수관리법은 한국의 국세징수법에 상당한 것으로 2001년에 세법이 개정되고 2002년에 실시세칙이 개정되었다.

세금 종류	법 규	국 내	섭 외
소득세	기업소득세 잠정조례 외국투자기업 및 외국기업소득세법 개인소득세법	적 용 적 용	 적 용 적 용
자원세	자원세 잠정조례 도시향진토지사용세 잠정조례	적 용 적 용	적 용
특별목적세	도시옹호건설세 잠정조례 고정자산 투자방향조절세 잠정조례 토지증치세 잠정조례	적 용 적 용 적 용	적 용
재산행위세	부동산세 잠정조례 도시부동산세 잠정조례 차량선박사용세 잠정조례 차량선박감찰사용세 잠정조례 차량구입설치세 잠정조례 인지세 잠정조례 도살세 잠정조례 연석세 잠정조례	적 용 적 용 적 용 적 용 적 용 적 용 적 용	 적 용 적 용 적 용 적 용
농업세	농업세 조례 경지점용세 잠정조례 계세 잠정조례	적 용 적 용 적 용	적 용
관 세	수출입 관세조례	적 용	적 용
징수관리	조세징수 관리법	적 용	적 용

7. 주요한 세금의 종류

한국의 법인세에 상당한 것으로 외국투자기업 및 외국기업 소득세법이 있고, 한국의 소득세에 상당한 것으로서 개인소득세법, 이 밖에 한국의 소비세에 상당한 것으로서 증치세, 영업세 등이 있다.

(1) 유통세

증치세의 "증치"라는 것은 부가가치를 의미하고, 물품의 제조판매 및 가공제공에 대한 부가가치세이다. 영업세는 공업적인 노무이외의 노무, 무형자산, 부동산의 판매 금융서비스 등에 과세되는 세금이다. 따라서 증치세와 영업세를 합친 것이 한국의 소비세에 상당하다고 생각할 수 있는데 엄밀히 말하면 영업세의 과세방법이 전부 같다고는 말할 수 없다. 즉 증치세와 한국의 소비세는 매상세에서 매입세를 덜어낸 부가가치부분에 대해 세율을 적용하는 데 비해 영업세는 매상금액에 대해세율을 적용한다. 영업세는 외국의 매상세와 비슷하다. 중국의 소비세는 술, 담배 등의 사치품 등에 대한 세금이다.

(2) 소득세

기업소득세는 중국기업에 대한 것(기업소득세)과 외자계 기업에 대한 것(외국투자기업 및 외국기업 소득세)이 있는데, 둘 다 한국의 법인세에 상당하다.

개인소득세는 한국에서 말하는 소득세이다. 이전에는 기업, 개인에 대한 것과 외국에 대한 것으로 분류했는데 1994년에 개인소득세로 일체화되었다. 그러나 기업소득세는 그 당시 국유기업, 집체기업, 사영기업 등으로 분류되어 있던 기업소득세법이 중국기업으로 일체화되고, 외자계와 같은 세율(33%)로 조정되어 기업소득세법으로 확립된 상태이다.

WTO도 가입하였고, 중국기업과 외자계 기업을 공평하게 취급하기 위하여 기업소득세를 법인세법으로 통일하는 것도 현재의 목표다.

(3) 기타 세금

자원세는 한국의 석유세, 광산세와 같은 것이다.

도시 및 향진(鄕鎭) 토지사용세, 부동산세, 도시 부동산세는 어느쪽이나 한국의 고정자산세와 같은 것이지만 외자계에 대해서는 도시부동산세가 적용된다. 도시옹호건설세는 한국의 도시계획세와 같은 것으로 아직 외자계에 대해서는 적용되지 않지만, 멀지 않아 세법이 개정되어 적용될 전망이다.

고정자산 투자방향조절세, 도살세, 경지(耕地)점용세, 농업세, 계세(契稅)는 한국에서도 마땅히 해당되는 세금이 없다. 토지증치세는 한국에서도 이전에 법인의 토지중과(重課)제도로서 특별세율로 토지의 양도소득에 대해 과세되던 것과 비슷하다. 차량선박관계로는 3가지 세금이 있다. 그러나 차량구입설치세는 최근 제정된 것이다.

8. 중국의 세금징수 구조

중국의 세금징수 시스템의 특징은 증치세를 중심으로 하는 간접세 주체의 세수구조와 지방정부의 막강한 독립성에 있다.

(1) 국세와 지방세

현재에는 어떤 지역에 가더라도 국가세무국과 지방세무국이 있다. 원칙적으로 국세는 국가세무국, 지방세는 지방세무국이 징수하는 것으로 되어 있다. 가장 세금이 많은 증치세는 공통세로서 징수는 국가세무국이 일괄로 진행하고, 75%가 중앙정부, 25%가 지방정부에 귀속된다.

외자계기업에 관계가 깊은 외국투자기업 및 외국기업 소득세(지방세도 포함)와 소비세도 국가세무국이 징수하지만, 개인소득세와 영업세는 지금의 경우 지방세로 분류되어 있기 때문에 지방세무국에서 납세하도록 되어 있다.

(2) 중앙정부와 지방정부

증치세도 그렇지만 이전에는 세금의 징수는 전부 지방정부의 세무기관이 징수하여 그 징수한 세금의 일부를 중앙정부에 상납하는 시스템이었다.

그 당시는 세금수입의 약 60%가 지방정부에, 약 40%가 중앙정부에 귀속되어 있었지만, 1994년 세제개혁에서 중앙집권화가 강화되어 새로 국가세무국이 각 지역에 설치되어 중앙정부가 직접 세금을 징수하도록 체제가 정리되었다. 이 세제개혁으로 중앙정부의 세수(稅收)는 약 60%로 되고, 지방정부의 세수는 역으로 40%가 되었다.

중앙정부의 세수를 증가하여 인프라의 정비, 연해지역과 내륙지역의 경제격차 해소 등을 진행하기 위한목적이다. 그러나 세금징수의 역사가 원래 지방정부 주체에 의했던 관계도 있지만, 중국에서는 전국통일의 조세정책, 세무해석이 아닌 언제나 지방정부가 중앙정부의 말대로 세금을 징수하지 않는 습관은 지금도 뿌리 깊게 남아있다.

중앙정부의 통지가 아닌 지방정부의 실정이 우선시 되어 지방에 따라 징수방법이 다른 현상을 늘 볼 수 있다.

(3) 지방정부의 우대정책

한국기업이 중국으로 진출할 때에 만나게 되는 한 장면이 그 지방정부 또는 지방정부산하의 개발회사가 그 지방 독자의 우대정책을 설명하여 외자도입을 권유하는 경우가 있다. 지방정부의 조세우대정책은 지방정부가 권한을 가지고 있는 지방세라면 각 지방정부가 자신의 권한으로 우대하는 것이 인정되겠지만, 그것이 경우에 따라서는 국세인데도 불구하고 감면세를 제멋대로 해버리는 경우가 있다.

이와 같이 통일적지 않은 지방의 우대정책을 시정하기 위하여, 중앙정부는 2001년에 각 지방정부가 지금까지 제정하였던 조세우대정책을 폐지한다는 통지를 전국에 발표하였다. 이에 따라 2002년부터 각 지방정부 단위에서 독자적인 우대정책을 폐지하는 규정이 생겨났다.

현행 국세와 지방세	
국 세	관세 소비세 중앙정부 소속기업의 기업소득세 지은(地銀), 외은(外銀)이외 금융기구의 기업소득세 국유전업은행, 보험공사 등의 영업세 등
지방세	영업세 지방정부 소속기업의 기업소득세 개인소득세 부동산세, 인지세, 토지증치세 등
공통세	증치세(75%는 중앙정부, 25%는 지방정부) 등

9. 현지 외자법인 설립과 관련 세금

합자계약의 체결부터 시작하여 생산설비의 수입과 현지조달, 공장건물의 건설, 차량의 구입, 그리고 기술자와 임원의 파견, 생산가동에 따른 원재료부품의 수입과 현지조달에 동반되는 세금이 발생한다.

(1) 합자회사의 경우 주재원의 세금 등

다음 표와 같이 과세관계를 합자화사의 설립을 예로 하여 설명하겠다.

우선, 중국에 합자회사를 만들기 위하여 담당자가 몇 차례 출장하여 합자계약 교섭 등의 회사설립 준비를 진행하는 사이는 일반적으로 세금이 발생하지 않는다. 그러나 출장자가 1년 사이에 183일을 넘게 중국에 체류하면 개인소득세가 체류 일수에 따라 과세된다.

합자교섭이 합의되어 중국에서 합자계약이 체결되는 때는 합자계약서의 작성에 대하여 인지세(印紙稅)가 과세된다. 다음으로 합자계약이 인가되어 회사의 설립등록을 완료하고, 자본금을 투입하여 합자회사의 공장, 사무소를 건설하여 한국에서부터 생산설비도 수입한다.

한국에서 생산설비가 합자회사로 수출되는 때는 그 합자회사가 수입설비의 면세 수속을 밟으면 수입설비의 관세와 증치세는 면세된다. 국내에서 설비, 비품을 구입하면 대금지불시에 증치세가 발생한다. 합자회사가 자동차를 구입하면 번호판세(稅)로 차량선박감찰(鑑札)사용세가 과세되고, 차량구입설치세도 과세된다. 완성된 공장, 사무소는 건물이기 때문에 한국에서 말하는 고정자산세와 같은 도시부동산세를 납세해야 한다.

또 도시부동산세에는 건물뿐이 아닌 토지사용권의 취득도 포함되어 있지만 외자계 기업에 대해서는 토지사용권의 취득에 따라서 지금의 경우 과세하지 않는다. 건물만이 납세대상이 된다. 멀지 않아 중국기업을 대상으로 하는 부동산세와 합하여 세법이 개정될 전망이다.

(2) 主재원의 세금 등

합자회사로 떠나는 한국인 주재원으로 중국에 1년 이상 거주할 예정으로 파견되는 경우는 중국의 거주자로서 개인소득세 납세의무자가 된다.

회사 설립시 한국에서 응원 기술자가 파견되어 한국의 본사와 합자회사가 기술서비스계약을 체결하여 얼마만큼 비용이 한국의 본사로 송금되는 경우가 있다. 그 비용은 로얄티로서 기업소득세가 원천 징수됨과 동시에 영업세가 과세될지도 모른다. 또는 노무계약으로 한국본사는 기업소득세와 영업세의 자기신고를 해야 할 것이다.

합자회사는 원재료와 부품을 국내와 해외로부터 조달하여 매입(仕入) 또는 수입의 증치세를 지불하고, 제품을 국내 판매할 경우에는 판매전부터 증치세를 매상세로서 회수하지 않으면 안 된다. 이 매상세와 매입세의 차가 합자회사가 세무국에 납세하는 증치세액이 된다.

이 때에 수출판매를 하고 있으면 수출제품에 관계하는 원재료와 부품의 매입 또는 수입시에 지불한 증치세가 환급 될 수 있다. 합자회사가 제품의 판매만이 아니라, 서비스제공도 사업으로 진행하고 있으면 그 서비스 수입에 대하여 영업세가 과세된다. 연도 말에는 기업소득세의 확정신고도 있다.

합자회사에 대한 세금	
대조되는 거래 사항	관련되는 세금
합자계약 등 체결	인지세(印紙稅)
생산설비 구입 등	수입관세, 증치세
차량 구입	차량선박감찰사용세, 차량구입설치세
공장 완성	도시부동산세(도시건물세)
한국인 주재	개인소득세
로얄티 지불	기업소득세, 영업세
원재료 수입	수입관세, 증치세

10. 현지 외자법인의 세무신고 종류

증치세의 신고와 환급, 소비세와 영업세의 신고, 기업소득세의 4반기 예납신고와 확정신고 및 원천징수신고, 개인소득세의 월차신고 또는 원천징수 등에 의해 여러가지 신고서가 있다.

(1) 증치세

"증치세신고서"에는 일반납세자용과 소규모납세자용이 있다. 증치세의 매입세액 공제를 위하여 증치세의 일반납세자의 인정신청표를 제출하여 일반납세자로 되어야 한다.

(2) 소비세 및 영업세

"소비세신고서"와 "영업세신고서"는 특히 설명이 필요하지 않지만, "영업대리공제 대리공제 납세신고서"는 외국기업에 특허권 사용료를 지불하였을 때에 영업세를 원천 징수하는 경우와 하청업자에게 대금을 지불하는 때에 영업세를 공제하여 납세하는 경우에 사용하는 것이다.

(3) 기업소득세

외국투자기업 및 외국기업의 4반기 예납 시에 "4반기소득세신고서"를 사용하고, 확정신고 시에 "년도소득세신고서"를 사용한다. "외국투자기업 청산소득 신고서"는 기업을 청산할 때에 사용하는 것이다. "원천소득세보고서"는 현지기업이 이자, 로얄티의 사용료 등을 본사 등에 송금하는 경우에 기업소득세를 원천 징수한 때에 제출하는 것이다. "외국투자기업 지점기구 년도소득세 신고부속서"는 본점 이외에 지점기구를 설립한 외국투자기업이 소득을 합산 신고하지 않은 때에 사용하는 것이다.

(4) 개인소득세

"개인소득세 월차신고서"는 급여를 지급 받는 주재원, 현지법인 부임자 등이 매월 원천징수되는 소득을 신고할 때에사용되는 것이다. 일반의 주재원, 부임자는 회사 단위에서 원천징수되기 때문에 회사가 원천징수 세액을 납부하였을 때에는 "원천개인소득세보고서"가 제시된다. "개인소득세연도신고서"는 국외소득이 있는 사람이 연말에 신고하는 것이다.

(5) 증치세의 수출환급신고

앞에서 살펴본 바와 같이 증치세의 매입세액 공제를 받기 위해서는 증치세의 일반납세의무자의 신청을 하고, 증치세 납세신고서를 제시해야 한다.

그리고 수출판매를 진행하는 생산회사가 수출판매에 의한 증치세의 면세, 매입세액공제, 환급을 받기 위해서는 다음과 같은 등기와 신고수속이 필요하다. 우선 세무당국에서 수출세금환급의 등기수속을 진행하고, 수출판매가 진행된 후에 "생산기업수출화물면세, 공제, 환급신고총괄서", "생산기업수출화물면세, 공제, 환급신고명세서" 등의 서류를 제시하지 않으면 증치세의 수출판매에 의한 면세, 공제, 환급을 받을 수 없게 된다.

현지법인의 세무신고서	
세금종류	신고서 명칭
증치세	증치세 신고서(일반납세자와 소규모납세자용) 생산기업 수출화물면세, 공제, 환급 신청서
소비세	소비세 신고서
영업세	영업세 신고서 영업세 대리공제 대리납세 신고서
기업소득세	외국투자기업 및 외국기업 4분기 소득세 신고서 외국투자기업 및 외국기업 년도소득세 신고서 외국투자기업 청산소득세 신고서 원천소득세 보고서 외국투자기업 지점기구 년도소득세신고 부속서
개인소득세	개인소득세 월차신고서 개인소득세 년도신고서 원천개인소득세 보고서

11. 한국 본사의 현지 과세종류

현지법인 설립을 위한 기술자 파견이 기업소득세, 영업세, 개인소득세의 과세문제로 발전할 가능성이 있다.

(1) 사업소의 과세

일반적으로 보통의 외국회사는 중국에 사업소가 없는데, 따라서 중국에서 사무소득을 과세하는 일도 없다. 왜냐하면 중국에서는 아직 자유로운 사업활동이 불가능하고, 외국의 회사가 지점, 사업소를 설치하는 것도 극히 예외적인 것이기 때문이다. 사무소의 등기가 인정되는 것은 건설청부공사계약, 설계감리계약, 기술계약 등의 경우에 국한되어 있다. 그러나 세금의 문제가 발생하는 경우는 역설적으로 사업소의 등기도 가능하다는 것이다.

(2) 현지공장의 설립

과세문제가 발생하는 경우로서는 중국에 새로이 회사를 설립하는 경우로 한국에서 가지고 온 기계설비를 공장에 설치하기 위해 기술자를 현지로 투입 사업을 진행하는 경우가 있다. 이 "기술자를 파견하여 그 보수를 취득한다"고 하는 계약이 현지에서 기업소득세와 영업세의 과세문제가 발전할 가능성이 있다. 예컨대, 대형기계설비를 설치하기 위하여 공장의 기초건설공사까지 관여한다면 건설청부공사계약으로서 과세되는 경우도 있다. 공장건설의 설계감리계약으로서 과세될 수도 있다. 또 단순한 기계설비의 시운전이 아닌 기술적인 비지니스의 제공에 의해 기술노무계약으로서 과세되는 경우도 있다. 따라서 현지기업과 본사 사이의 이러한 노무청부계약과 그 보수에 대해서는 충분한 세무상의 검토가 필요하다.

(3) 공장설립 후

회사를 설립한 후에도 기술자를 장기간에 걸쳐서 파견할 필요가 있을지도 모른다. 기술자의 파견이 단순한 기술이전계약이 아니고 기술노무계약에 관련되는 경우도 있다. 로얄티와 노하우라면 기업소득세는 10%의 원천징수로 끝나지만, 기술노무에 해당될 경우는 원천징수가 아닌, 사업소득으로서 납세 신고해야 한다.

(4) 사업소득 등의 신고

신고납부에 있어서는 당연한 수입뿐만 아니라 비용도 근거를 제출하여 계상하여야 하는데, 인건비와 경비를 정확히 파악하고 한국에서 발생한 관련비용도 포함된 코스트계산은 좀처럼 쉽지 않다. 근거가 있는 자료를 제시하는 것이 곤란할 경우, 세무당국이 사정(查定)한 추정된 이익율로 과세소득이 결정될 때도 있다.

(5) 관련세금

일단, 세무당국에 기술노무계약으로서 인정되어 기업소득세의 사업소득으로서 납세하게 되면, 영업세도 과세될 가능성이 있다. 또 그 기술노무제공을 위해 파견된 기술자 개인도 개인소득세의 납세의무자에 해당된다.

기술자파견에 의한 과세가능성
*로얄티 과세 *노하우 과세 *건설청부 과세 *설계감리 과세 *기타

12. 로얄티의 송금과 세금

기업소득세가 10%의 세율로 원천 징수된다. 영업세는 면세가 인정되지 않으면 5%의 세율로 과세된다. 한국에서는 기업소득세는 법인세에서 세액 공제되지만, 영업세는 세액 공제 되지 않기 때문에 손금(損金)으로써 경비처리 된다.

(1) 로얄티의 과세관계

현지법인이 외국의 본사에 로열티를 송금하는 경우는 기업소득세 10%와 영업세 5%가 과세된다. 그러나 영업세에 대해서는 정보산업에 관련되는 장려정책(기술창조와 하이테크 기업의 장려)에 해당하는 기술양도, 기술개발, 기술컨설턴트, 기술서비스에 대해서는 영업세가 면세되고 있다.

(2) 기업소득세와 영업세의 관계

로얄티를 포함한 특허사용료의 기업소득세의 원천징수 세율은 10%로 영업세의 면세적용이 없는 경우는 기업소득세가 과세되기 전에 5%의 세율로 영업세가 과세된다.

예컨대, 100의 로얄티가 있으면 영업세의 세금 5를 공제한 95에 대하여 10%의 세율로 9.5가 기업소득세의 원천세가 된다. 따라서 해외 송금되는 로얄티의 금액은 85.5가 된다.

(3) 한국에서의 실무처리

로얄티를 받는본사 등의 한국에서 처리는 기업소득세와 영업세에서는 다르다. 기업소득세는 소득세이므로 한국의 법인세에서 외국세액공제가 가능하다. 한편, 영업세는 수입에 과세되는 것이고, 소득에 대한 과세는 아니므로 소득세의 세액공제대상이 아니다. 영업세는 한국에서는 비용, 손실과 비슷하게 과세소득에서 공제되는 손금(損金)으로 되지만, 법인세에서 공제되지 않는다.

(4) 로얄티에 대한 영업세의 과세와 면세

영업세의 규정에는 무형자산의 양도가 과세대상으로 되어 있고 당초 로얄티는 무형자산의 양도에는 해당되지 않고 과세대상이 아니었다. 그러다가 1998년부터 로얄티도 무형자산의 양도로서 영업세를 과세 받게 되었다.

국제과세의 관례에서도 로얄티에 대한 과세는 법인소득세의 원천징수 과세인 까닭에 기타 세금이 동시에 과세되는 경우는 일반적으로 없다. 따라서 외자계기업 및 외국정부 등에서 개선을 요구하였지만, 중국 정부당국은 결국 요구를 받아들이지 않고 계속 과세하고 있다.

외자계기업 등으로부터 요구에는 중국 정부가 요구하고 있는 기술도입과 그 영업세의 과세는 상반되는 것이라는 주장이 강조되어 왔다.

2001년부터 중국정부 당국은 최종판단을 내려 기술창조, 하이테크기술, 컴퓨터소프트 등의 국가가 장려하고 있는 기술양도, 기술개발, 기술컨설턴트, 기술서비스에 대한영업세를 면세하기로 하였다. 따라서 현재에도 이러한 하이테크 등의 장려대상의 기술양도 이외의 로얄티 송금에 대해서는 영업세가 과세되고 있다. 또 기술양도 등과 관련이 없는 무형자산의 양도에 대해서는 영업세가 과세되고 있다.

13. 경영지도료의 송금과 세금

기업소득세와 영업세가 과세될 가능성이 있고, 파견된 한국인의 개인소득세의 과세에도 영향이 있기 때문에 주의가 필요하다.

(1) 경영지도료

현지법인을 설립했을 때에 경영관리를 지원하기 위하여 한국본사에서 사람을 파견하여 현지법인이 순조롭게 운영되도록 교육지도를 진행하는 경우가 있다. 상황에 따라서는 경영노하우를 제공하기 위해 장기간에 걸쳐 인재를 배치하는 경우도 있다. 이러한 경영관리 지원을 위한 인건비 등을 회수하기 위하여 현지법인과 본사에서 경영지도료가 결정되는 경우가 있다.

(2) 경영지도료의 과세관계

중국의 기업소득세법을 보면 이러한 경영지원을 위한 인재파견은 노무청부계약이고 경영관리계약으로서 기업소득세와 영업세의 과세를 받게 된다.

또 파견된 개인은 개인소득세의 납세의무자가 된다. 이 경우에 외국의 본사는 현지법인 중에 경영관리를 위해 사업소(항구적 시설이라고도 말한다)를 소유한 것으로 분류되고, 본사가 그곳에서 직접 사업을 진행하고 있는 것으로서 중국에서 사업소득의 신고를 하지 않으면 안 된다. 즉 경영지도료가 사업수입이고 파견한 사람의 급료가 인건비로 경비도 발생한다. 수입에서 인건비용과 경비를 뺀 금액이 이익이 되어 과세소득이 된다.

(3) 노하우와 노무계약

경영관리계약은 원칙적으로 노무청부계약인데 경영노하우로서 원천징수 과세가 진행되는 경우도 있다. 단지, 최근에는 현지법인이 외국기업에 해외 송금하는 거래에 대하여, 특히 노무거래와 무형자산의 양도거래에 대해서는 외환관리법(外爲管理法)상 비무역의 노무계약으로서 실체가 없는 것에 대해서는 송금을 인정하지 않는다는 케이스도 있기 때문에 계약내용에 따라서 예상 밖의 트러블이 발생하는 경우도 있다. 또 이러한 거래에 대해서는 외화송금하기 전에 관련되는 기업소득세와 영업세가 이미 납세 완료되었는지의 여부를 외화지정 은행에 의해 송금되기 전에 확인된다.

노무청부계약 또는 경영노하우 중 어느 쪽이나 영업세는 5%의 세율로 과세된다. 이밖에 파견한 사람의 개인소득세가 과세되기 때문에 이러한 3가지의 세금을 합하면 상당한 세액이 된다.

(4) 등기와 송금수속

경영관리계약이 노무청부계약인 경우에는 원칙적으로 공상행정관리국에서 영업등기를 진행할 필요가 있다. 이것은 영업등기를 함으로써 영업허가증이 발급된다. 영업등기에 기초하여 다음에는 세무국에서 세무등기도 할 필요가 있고, 세무신고에 연결된다. 경영관리료를 송금할 때에는 계약서, 청구 인보이스, 납세증명서 등의 첨부자료를 은행에 제시하여 문제가 없으면 외국으로 송금하게 된다.

경영지도료의 과세	
원칙적인 것	예외적인 것
노무청부계약	노하우계약
*기업소득세 과세 *영업세 과세 *개인소득세 과세	*기업소득세 과세 *영업세 과세

※ 경영지도료의 외화송금 확인서류
○ 계약서
○ 청구 인보이스
○ 납세증명서 등

14. 현지기업에 대출한 이자의 세금

이자는 10%의 원천징수과세를 받는다. 국내 세법에서는 20%의 원천징수과세인데, 2000년부터 이자, 리스료, 사용료, 기타 소득의 원천세율은 일률적으로 10%로 되어 있다.

(1) 이자의 원천세 과세

중국의 현지법인이 해외 본사로 지불하는 차입금 이자에 대해서는 외국투자기업 및 외국기업소득세가 원천징수 과세된다.

이 원천징수세율은 원 세법에서는 20%였는데 2000년에 특별한 세무통지가 공표되어 일률로 10%로 경감되었다. 경감의 취지는 중서부개발을 위해 공평한 과세를 위한 것으로 되어 있다. 그 결과 이자, 리스료, 특허권사용료, 기타 소득에 대한 원천징수세율은 10%로 되었다.

(2) 중국에서의 민간기업간 대출행위

중국 국내에서는 기업간에 다른 기업에 자유롭게 대출을 할 수 없다.

중국기업간 대출은 원칙적으로 금지되어 있고, 꼭 기업간에 대출의 필요가 있는 경우에는 기업이 위탁대부금이라고하는 대부금을 은행에 위탁하여 은행이 상대 회사에게 대출해주는 위탁대부금 제도가 있다.

외국투자기업도 대출행위(융자)가 가능한 것은 금융업무가 특별히 인가된 외국은행의 지점, 외국투자의 리스회사, 투자성 회사(지주회사) 등에 한정되고 있다. 외국투자의 투자성 회사에서 조차도 지주기업에 대출할 때는 개별적으로 인민은행에서 인가를 받아야 하는데 실제로는 그다지 기능하고 있지 않다.

(3) 외국본사에서 현지법인에 대출

한편, 해외의 본사가 중국의 현지법인에 대출을 진행하는 것은 문제 없이 당국에 인가된다. 그러나 차입을 받는 현지법인은 회사설립 시에 외화관리등기와 차입금의 외채등기를 진행해야 한다. 또 외환관리국의 인가를 받고, 외화차입금의 원금이자 반환용의 외화전용예금계좌도 개설할 필요가 있다. 이러한 소정의 수속을 밟은 다음 중국의 현지법인에 대출할 수 있다.

그리고 외국 본사에서 현지법인에 대출하는 경우에 유의해야 할 점은 현지법인 설립시의 투자총액과 자본금의 관계이다. 투자총액과 자본금의 차액이 차입금이 되기 때문에 외국 본사로부터 외화차입금은 이 투자총액과 자본금의 차액 범위 내에서 진행되어야 한다.

기업소득세 경감의 통지
공평한 세금부담과 중서부지역의 경제발전을 지지하기 위하여 "중화인민공화국 외국투자기업 및 외국기업 소득세법" 제19조의 규정에 기초하여 여기에 외국기업이 중국에서 취득한 이자, 대부금료, 특허권사용료 등 소득의 기업소득세 과세문제에 대해 다음과 같이통지한다. 2000년 1월1일부터, 중국국내에 기구, 장소를 설립하지 않은 외국기업이, 중국에서 취득한 이자, 대부금료, 특허권사용료 및 기타소득 또는 기구, 장소가 설립되어 있지만 상술한 각종 소득이 그 기구, 장소와 실제적 관련이 없는 경우에는 10%로 세율을 경감하여 기업소득세를 과세하기로 한다. (외국기업의 중국국내원천의 리자 등의 소득의 소득세 감세문제에 관한 통지<국무원 국발 [2000] 37호 2000년 11월18일>)

15. 배당금의 재투자 시 환급제도

배당금으로 자회사의 증자를 진행한다든가, 타회사의 증자 또는 신규설립을 진행하면 배당년도에 납부한 기업소득세의 40% 또는 100%가 출자자에게 환급되는 제도가 있다. 그러나 재투자 전의 경영기간이 5년 이상이어야 하는 조건이 있다.

(1) 재투자

배당금의 재투자란 외국투자기업(합자, 합작, 외자기업)으로부터 배당을 배당기업의 증자, 다른 신규기업에 대한 출자 또는 기존기업의 증자에 사용하는 것을 말한다. 중국의 우대정책의 하나로 이렇게 이익배당을 직접 재투자하는 것에 대해 재투자에 해당되는 배당에 과세되는 기업소득세의 일부가 그 출자자에 환급되는 제도이다.

(2) 재투자의 유의사항

이 배당의 재투자에 따른 세금을 환급받기 위해서는 배당기업의 증자인 경우, 외국투자기업의 출자자가 실제로 배당을 받지 않고 그 기업의 증자자금으로 충당해야 한다. 일단, 배당을 받은 후에 투자하면 배당자금이 충당되었는지 여부를 확인할 수 없게 되기 때문이다.

한편 기타 외국투자기업의 신규설립출자, 또는 증자의 자금이 이전된 사실을 제시하여 그 자금의 추적이 가능하게끔 해둘 필요가 있다. 또 이러한 재투자 전 기업의 경영기간은 5년 이상이어야 한다.

중국에서 복수의 회사를 설립하여 사업을 확대해 가고 있다면 그 배당에 의한 재투자는 유효하다. 그러나 타이밍이 중요하다. 2면3감이 적용되는 기업일 경우 기업소득세의 과세가 시작되는 것은 2년간의 면세기한이 종료된 후부터이다. 따라서 기업소득세를 납부하여 배당이 진행되기 까지는 기업을 설립하여 빨라도 3년째(2년간의 면세 후)쯤, 늦으면 6년째(적자해소 3년 12년간의 면세)쯤에서부터 효과적으로 적용되는 우대조치라고 말할 수 있다.

(3) 환급세금

환급되는 세금은 그 배당을 진행하는 외국투자기업이 실제로 납세한 기업소득세의 금액이다. 따라서 "배당으로 회수되는 이익이 어느 때의 회계년도에 발생된 것인가?", "그 때의 기업소득세의 납부세액이 얼마인가?" 가 중요하다.

만약 배당이 해당되는 연도에 기업소득세가 면세되어 세금이 없었을 경우에는 당연히 환급되는 세금도 없다. 세금환급을 받는 데에는 이러한 배당을 진행한 기업의 배당 귀속년도의 증명서류 외에 배당승인결의 동사회 의사록, 투자 전 기업의 재투자에 따른 출자검증 증명서 등이 필요하다.

세금의 환급율은 일반적으로 40%인데, 제품수출형기업과 선진기술형기업으로 인정된 기업의 신규설립 또는 확장을 위한 직접 재투자로 인정된 경우에는 세금의 환급율은 100%이다.

배당금의 재투자		
재투자의 방법	환급 세금	환급 받는 대상
*배당기업의 증자로 충당 *신규기업의 설립투자 *기존기업의 증자	*원칙: 40%의 세금환급 *예외: 100%의 세금환급 제품수출형기업 선진기술기업	*배당기업의 외국투자자 (배당기업은 아니다)

16. 현지법인 매각 시 세금관계

외국기업을 매각하는 경우에 출자지분의 양도가격에서 지분의 원가와 양도비용을 뺀 양도이익에 대하여 10%의 세율로 기업소득세가 과세된다. 양도계약 기재금액의 0.05% 세율로 인지세도 과세된다.

(1) 지분의 양도

중국의 현지법인을 매각한다는 것은 외국투자기업(합자, 합작, 외자기업)의 출자지분을 제3자에게 양도하는 것을 말한다.

외국투자기업은 유한책임 회사이고 일반적으로 주식회사가 아니기 때문에 주식의 양도는 아니다. 따라서 출자지분이라는 무형의 자산을 양도하는 것이다. 구체적으로 합자회사라면 매각당사자로서 지분양도 계약서를 체결하고 합자계약서와 정관의 수정안과 함께 인가기관에 제시하여 출자자 변경의 인정을 받는다. 경우에 따라서는 출자자의 변경과 동시에 등록자본금의 변경, 회사명칭의 변경, 합자계약에 부수되는 계약의 변경등도 진행된다.

(2) 지분양도 이익의 과세

중국의 세법에 의하면 이러한 외국투자기업의 매각에 따른 그 지분 양도이익에 대하여 기업소득세가 과세된다. 양도자와 양수자가 동시에 외국의 법인일 경우도 외국투자기업이 중국 국내에 등기되어 있으면 그 양도소득은 국내원천소득으로서 10% 세율로 과세된다.

외국회사가 현지법인의 지분을 양도한 경우에는 그 지분의 양도소득은 사업소득에 해당하는 것이 아니라, 원천징수과세의 대상인 소득 중에서 기타 소득에 해당한다.

세법의 규정에 따르면 원천징수 세율은 20%이지만, 원천징수 세율은 특별한 장려규정에서 10%로 되어있다. 양도소득은 양도가격에서 그 지분의 원가와 관련 비용을 뺀 차액이 양도이익으로 되어 과세소득이 된다.

(3) 인지세(印紙稅)의 과세

이 기업소득세 이외에 지분양도 계약이 인지세의 과세문서에 해당되기 때문에 재산권양도 이전증서로써 계약서 기재금액의 0.05% 인지를 양도인과 양수인이 각각에 지불해야 한다.

(4) 기타 과세문제

이 지분양도계약에서 주의해야 할 점은 외국투자기업이 설립된 때에 토지사용권 등의 무형자산이 현물출자 된 경우이다. 이런 경우 금번의 지분양도에 의해 간접적으로 토지사용권이 양도되므로 현물출자 시에는 과세되지 않았던 영업세가 여기서 처음으로 과세된다.

회사설립 시의현물출자가 아니라 그 외국투자기업이 현금 등으로 토지사용권을 취득하고 있었다면 이러한 문제는 발생하지 않는다.

영업세는 무형자산의 양도가격에 5%의 세율로 과세되기 때문에 주의가 필요하다. 또 완전히 지분의 양도 즉 기업의 재산권 전체가 일체로서 양도될 때는 증치세도 영업세도 과세되지 않는다는 원칙의 세무통지가 2002년에 발표되어 있기 때문에 특수한 상황이 아니면 지분의 양도에 증치세와 영업세는 과세되지 않게 된다. 그리고 감사 완료된 대차대조표와 손익계산서란 공인회계사에 의해 감사보고서가 첨부된 것이다.

외국기업에 의한 지분양도과세			
기업소득세	인지세	영업세	증치세
•양도가격-(지분취득원가+양도비용) =지분양도이익 •지분양도이익×10%의 원천세율 =기업소득세 세금	•양도가격×0.05% =인지세	없음	없음

17. 현지법인 청산 시 세금관계

청산기간 중의 청산소득에 대하여 기업소득세가 과세된다. 감면세조치가 취소됐을 때에는 관련세금이 추가 징수된다.

(1) 청산 수속절차

현지기업을 해산하는 경우, 동사회에서 해산결의에 의해 동사 중에서 청산위원이 임명되어 청산위원회가 조직(동사 이외의 변호사 등을 청산위원으로 임명하는 것도 가능)된다.

① 청산위원회의 주임(主任)을 중심으로 청산사무가 전개된다.

② 청산업무의 순서에 따라, 채권자에 대한 통지(이 사실을 알고 있는 채권자에 대한 개별통지와 기타 채권자에 대한공고)가 진행된다.

③ 기업재산을 조사하여 청산대차대조표, 재산목록 등의 관련서류를 작성한다.

④ 다음에 재산평가안과 청산안을 결정하고, 재산의 처분과 청산작업이 진행되고, 채권회사와 채무지불이 실시되며, 세금의 납부가 진행된다.

⑤ 최후에 잔여재산을 분배하여 청산완료보고서를 작성 보고하고, 법인등기를 말소하면 수속이 완료된다.

(2) 수입설비의 면세취소

만약 외국투자기업을 경영 도중에 해산해야 할 경우에는 면세조치의 취소에 주의할 필요가 있다. 가장 자금 규모가 큰 면세는 회사설립 시 외국에서 수입한 생산설비의 관세와 증치세의 면세이다. 이 면세 관세에 따른 감독기한은 기계 설비일 경우, 수입통관으로부터 5년으로 정해져 있기 때문에 통관 일부터 5년 이내라면 면세된 관세와 증치세의 일부가 취소되어 과세된다.

(3) 면세기한의 취소

다음으로 중요성한 것은 경영기간이 10년 이상인 생산형 외국투자기업에 인정되는 "2면3감"이다. 해산하는 시기에 따라서 경영기간이 10년 미만인 경우에 과거에 감면세된 세금을 납부해야 한다. 또 외국투자기업의 해산뿐만 아니라 예컨대, 합자기업의 출자자인 한국기업이 지분을 중국측 파트너에게 매각하여 사업에서 철수하는 경우도 동일한 상황이 적용된다.

외자가 완전히 철수하는 경우 이 외국투자기업은 중국기업으로 조직변경되지 않으면 안 되기 때문에 외국투자기업에만 적용되는 조세우대조치는 취소되고 세금은 과세되게 된다.

(4) 청산소득의 계산

사업년도의 개시일부터 청산이 시작될 때까지의 시간은 일반적인 사업년도로 되어 통상 확정신고가 진행된다. 다음으로 청산개시일에서 청산완료 일까지의 기간에 재산의 처분, 채권채무의 지불, 청산비용의 발생 등에 의해손익이 발생되는데 이러한 손익이 청산소득을 구성한다. 따라서 청산개시일 이전의 손익에 대하여 2중으로 기업소득세가 과세되는 일은 없다. 청산소득이 있으면 기업소득세를 납세한다.

청산소득은 청산처분 후의 순자산액에서 청산비용, 청산 직전의 미처분이익, 기업발전기금, 준비기금, 자본잉여금, 등록자본금을 차감한 것으로 산정할 수 있다. 또 청산처분 후에 분배대상이 되는 기업의 순자산액은 등록자본금, 자본잉여금, 준비기금, 기업발전기금, 청산 후의 미처분이익으로 구성된다.

청산처분 후의 분배가능재산
*등록자본금 *자본잉여금 *준비기금 *기업발전기금 *청산확정 후의 미처분이익

18. 중국 상장기업의 주식 매각 시 세금관계

증권 우대세제에 의해 중국 국내의 상장주식을 매각한 경우에는 그 매각이익에 대하여 기업소득세도 개인소득세도 과세되지 않는다.

(1) A주와 B주

중국의 상장회사는 A주와 B주를 발행하고 있다. A주는 국내의 중국인과 중국기업을 대상으로 한 주식이고 인민폐로 거래되고 있었다. B주는 외국인과 외국기업을 대상으로 한 주식으로서 외화로 거래되고 있었다.

근래까지 A주와 B주는 엄밀하게 구분되어 동일한 회사일지라도 A주의 주가와 B주의 주가가 완전히 다른 가격대로 취급되고 있었다. 그러나 최근에는 국내의 잠재적인 증권투자 자금을 더욱더 개발하기 위하여 증권투자금의 조달 증가 의향도 있고, B주를 중국인과 중국기업에 개방하였다. 이렇게 되면 B주도 활발하게 거래될 것으로 전망된다.

(2) 외국투자기업의 국내상장

외국투자기업도 원래는 모두 개인적인 유한책임회사였지만, 회사의 발전과정에 주식회사로 조직 변경하여 중국 국내의 증권거래소에 상장하는 것도 가능하다. 다만, 현행규정에 따르면 외국투자기업이 상장주식회사로 되었을 경우에도 그 상장회사는 상장주식 이외로 비상장주식(비유통주식)도 발행해야 한다. 비유통주식의 25%이상이 외자에 의해 소유되지 않으면 외국투자기업으로 인정하지 않고, 외국투자기업에 대한 우대조치가 적용되지 않는다.

(3) 상장주식의 거래

중국에서는 증권투자를 장려하기 위하여 이와 같은 중국기업 및 외국투자기업의 B주를 취득하여 매각하였을 경우에 그 양도이익에 대하여 기업소득세는 면세되고 있다. 일반적으로 외국투자기업의 지분을 양도하였을 경우에는 10%의 세율로 양도이익에 과세되므로 B주는 꽤 우대되고 있다.

이러한 우대조치는 국내 증권시장의 활성화를 위한 것인데, B주의 배당소득에 대해서도 기업소득세와 개인소득세는 함께 면세되고 있다.

외국기업과 외국인은 B주의 양도이익과 배당에 대하여 기업소득세와 개인소득세는 과세되지 않는다.

(4) 상장회사의 비유통주식

중국의 주식시장은 약간 독특한 세계가 있고, 상장회사가 발행하고 있는 주식에는 A주와 B주와 같은 상장주식 이외에, 비유통주식도 동시에 발행하고 있다. 이 비유통주식에는 발기인주식, 법인주식 등이 있는데, 마음대로 거래될 수 없게 되어 있다. 이 비유통주식의 시가도 상장주식의 시가와는 다르다.

주식매각 이익의 우대조치
외국기업
•외국투자기업의 지분매각: 지분양도이익×10%의 세율=기업소득세 •중국국내상장기업의 주식매각: 주식매각이익=면세
외 국 인
•기업의 지분매각: 지분양도이익×20%의 면세=개인소득세 •중국국내 상장기업의 주식매각: 주식매각이익=면세
A주식- 중국 국내상장기업의 중국인 투자가 상대 주식 B주식- 중국 국내 상장기업의 외국인 투자가 상대주식 현재는 중국인투자자도 거래가능 H주식- 중국 내자기업의 직접 또는 간접적인 홍콩 상장기업주식 N주식- 중국 내자기업의 직접 또는 간접적인 뉴욕 상장기업주식

제3장 기업소득세

1. 기업소득세의 과세대상

기업소득세가 과세되는 것은 현지법인과 비법인형의 합작기업, 중국 국내에서 사업활동을 진행하고 있는 외국기업, 특히 중국 국내원천의 투자소득, 재산소득을 취득하고 있는 외국기업이다.

1. 기업소득세가 과세되는 경우

(1) 과세소득의 범위

합자, 합작, 독자기업은 현지법인으로서 중국 내외의 모든 소득이 과세대상이 된다. 이와 상대적으로 비법인형의 합작기업과 외국기업의 기구, 장소(공사현장, 사업소 등의 사업을 진행하고 있는 장소를 말하는데, 항구적 시설이라고도 부른다)는 중국 국내원천소득 과세대상이 되어 중국국외에 원천이 있는 소득은 과세되지 않는다.

(2) 비법인

"비법인형 합작기업"이란 법인을 설립하지 않고 외국기업과 중국기업이 공동사업을 중국 국내에서 진행하는 방식인데 한국의 공동사업체와 같은 것이다. 이러한 합작기업은 외국기업이 스스로 사업을 진행하고 있는 것과 같은 상황이 되므로 외국기업의 기구, 장소와 같은 취급을 한다.

(3) 외국기업의 기구·장소

외국기업의 기구·장소란 구체적으로 말하면 먼저 "주재원사무소"가 있다. 주재원사무소는 본사와 업무연락, 시장조사, 상담업무 등 보조적, 준비적 업무를 맡고 있기 때문에 원래 과세되지 않았는데, 대체적으로 영업활동을 진행하고 있다고 간주하기 때문에 지금은 주재원사무소도 과세하는 경우가 대다수이다.

주재원사무소로 과세되고 있는 것은 우선 상사의 주재원사무소, 제조상의 판매회사의 주재원사무소가 있다. 주재원사무소의 과세에 대해서는 구체적인 규정이 있는데, 대략적으로 말하면 자사제품이 아닌 타사제품의 중국으로 대리무역을 진행하고 있는 상사, 판매회사의 주재원사무소가 그 과세대상이 된다.

다음으로 항공대리점, 광고대리점, 회계사무소, 법률사무소 등의 주재원사무소도 중국 국내에서 수입을 취득하는 경우에 과세대상이 된다. 그리고 현재 중국에서 외국기업으로

"지점"을 개설할 수 있는 업종은 은행, 보험, 항공회사 등으로 매우 제한되어 있기 때문에 일반적인 외국회사에서는 지점을 개설할 수 없다. "사무소"란 건설청부공사사무소 또는 공사현장, 설계감리사무소, 기술노무 제공장소, 경영관리청부사무소 등을 가리키는데 중국에서 사업을 진행하고 있는 것으로 과세되고 있다.

(4) 기구· 장소를 소유하지 않은 외국기업

중국 국내에서 기구・장소를 소유하지 않은 외국기업이라도 중국 국내 원천의 투자소득, 재산소득(이자소득, 사용료소득, 지분・부동산의 양도소득)이 있으면 그 중국 국내 원천소득에 대하여 기업소득세의 원천징수과세 등이 진행된다.

기업소득이 과세되는 기업			
외국투자기업		외국기업	
현지법인	비법인	기구 · 장소 있음	기구 · 장소 없음
합작기업 합작기업(법인) 외자기업	합작기업(비법인형)	주재원사무소 지점 사업소 기타	

2. 기업소득세의 과세소득 계산방법

과세내용에 따라 다르다. 사무소득은 수입에서 원가, 비용, 손실을 뺀 다음의 금액이고, 투자소득(이자, 사용료)은 수입이 과세대상으로 된다. 양도소득은 수입에서 원가, 비용을 뺀 다음의 금액이다.

(1) 현지법인 등

제조업은 표에서와 같이 과세소득을 계산하고 있다. 대체로 한국의 손익계산과 같은 것인데 다음과 같은 점이 약간 다르다.

① 재무비용(지불이자에서 수취이자를 뺀 것)이 구별되어 있는 것

② 기타 업무이익이란 주요 업무가 아닌 포장, 운송 등의 관련 부수 업무에 의한 매상수입

③ 영업외 수입과 영업외 지출이란 한국에서 말하는 영업외 수익(수취이자, 배당금 등,

유가증권 매각이익)과 영업외 비용(지불이자, 잡비)이 아닌 한국에서의 특별손익(임시거액 특별손실, 투자손익 등)이 포함된 것이다. 상업, 서비스업 등도 제조업과 동일한 과세소득계산이 진행된다.

(2) 주재원사무소, 사업소의 과세소득계산

가. 소득과세

수입과 원가, 비용, 손실을 정확히 계산할 수 있는 경우에는 상술한 바와 같은 과세소득계산이 진행되고, 이러한 과세방법을 소득과세라고 부른다.

현지법인은 회계장부를 정비하여 수입, 원가, 비용을 정확하게 계산할 수 있기 때문에 소득과세가 당연하지만 과세되는 주재원사무소, 지점, 사무소에 따라서는 수입 또는 원가, 비용을 계산하는 회계장부, 회계증빙이 완비하지 않아 과세소득 계산이 불가능한 상황도 있다. 예컨대, 영업활동을 진행하고 있는 주재원사무소에서 과세업무와 비과세업무의 구별이 명확하지 않다든가, 수입 중 어느 부분이 본사에 귀속되고 어느 부분이 주재원사무소에 귀속되는 지가 분명하지 않은 등의 사정이 있다. 이렇게 현지법인은 스스로 손익계산을 하여 과세소득을 정확하게 산출하는 소득과세방식에 따라 사무소득을 산정하지만 주재원사무소와 건설청부 공사사무소 등에서는 경비과세 추정이익과세방식도 채용되고 있다.

나. 경비과세

경비금액에서 추정된 이익율을 사용하여 영업수입을 역산하여 과세소득을 요구하는 "경비과세"라는 방법이 있다.

다. 추정이익과세

건설청부공사사무소 등에서는 모든 인건비, 경비를 파악하는 것이 곤란한 경우도 있고, 경비가 부정확하기 때문에 추정된 이익율을 사용하여 계약수입 금액으로 추정 이익율을 적용하여 과세소득을 산정하는 "추정이익과세"라는 방법이 있다. 이 추정이익율은 관할구역의 세무국이 동일업종의 동일사업에 해당하는 평균이익률을 요구하여 세무국의 판단으로 이익률을 확정하기 때문에 적자사업에 과세소득이 발생하는 일이 있을 수 있다.

외국기업이 타당한 추정이익율이 되도록 교섭하는 경우는 정확한 손익이 산정할 수 없어도 매우 설득력이 있는 근거 자료를 제시할 필요가 있다.

(3) 사업소득과 투자소득 · 재산소득

현지법인, 비 법인형 합작기업, 과세되는 주재원사무소 지점, 자영업소의 과세소득은 사업소득으로 불리므로 이에 대하여 외국기업이 중국 국내원천의 투자소득, 재산소득을 취득할 경우에는 원천징수의 방법으로 과세가 진행된다. 외국투자기업의 배당은 면세지만 이자와 사용료(로얄티, 노하우 등)는 원칙적으로 수입에 대하여 10%의 세율로 원천징수 과세가 진행되고 있다. 또 외국투자기업의 지분매각, 중국에서의 부동산매각에 따른 양도소득에 대해서는 양도손익을 계산한 다음 10%의 세율로 과세되고 있다.

제조업의 과세계산
과세소득액 = 제품매상고-제품판상원가-(판매비용+관리비용+재무비용)+기타 업무이익+영업외 수입-영업외 지출

3. 주재원사무소의 과세

원래의 주재원사무소의 활동을 진행하고 있는 것이라면 비과세 업무이기 때문에 과세되지 않지만, 과세업무를 진행하면 과세된다.

(1) 과세되지 않는 주재원사무소

주재원사무소는 영업활동을 하지 않으면 과세되는 일은 없다. 주재원사무소의 원래업무는 "한국의 본사와의 업무연락", "본사를 위한 시장조사", "상담업무 등"이 주된 것이다. 이러한 준비적이고 보조적인 활동을 진행하고 있으면 중국에서도 과세되지 않는다. 그리고 본사가 생산회사라면 여기에 "본사 자사제품의 중국에의 수입활동"이 포함된다. 본사제품의 중국에 수입에 관한 주재원사무소의 연락상담, 시장상황 자료의 수집 등 준비적·보조적 활동을 진행하고, 중국기업과 수출입계약은 본사가 체결하고 있다면 주재원사무소는 과세되지 않는다.

(2) 과세되는 주재원사무소

한편, 주재원사무소가 과세되는 경우는 자사제품이 아닌 타사제품을 취급하여 연락상담, 계약체결 등의 중개업무에 종사하는 경우이다. 또 타사를 위하여 중국 국내에서 시장조사, 연락사무, 시장상황 자료의 제공 등을 진행하고 보수를 받는 경우이다. 본사의 고객이고 중국 국내의 고객이며 타사를 위해 대리무역입무 또는 컨설턴트에 종사하면 과세된다.

한가지 유의해야 할 점은 본사를 위한 컨설팅은 과세대상이 되지 않지만 본사와 같은 기업그룹 내의 회사에 대한 컨설팅은 다른 회사에 대한 컨설팅 제공으로 되어 과세대상이 된다.

(3) 주재원사무소의 과세소득계산

주재원사무소가 과세되는 경우에 세금은 기업소득세와 영업세가 된다. 기업소득세의 신고시에 수입과 원가, 비용이 명확한 경우에는 그 이익에 따라 신고하면 좋지만 수입이 명확하지 않을 때도 있다. 수입이 명확하지 않을 때는 원가, 비용 대신 주재원사무소 경비를 사용하여 이익율을 추정하여 역산으로 수입을 확정하고, 수입에서 경비를 차감 과세소득을 추정한다.

이 방법은 "경비과세"라고 불리고 있다. 경비과세는 주재원사무소가 효과적인 계약서, 협의서 등을 제공할 수 없고 과세업무와 비과세업무를 구별할 수 없을 경우에 주재원사무소와 본사가 공동으로 고객에 대해 서비스를 제공하여 양자를 구별할 수 없을 경우, 또는 수입액을 정확히 신고할 수 없는 등의 경우에 신청할 수 있다. 또 원가, 비용이 명확하지 않은 원인으로 수입에 추정된 이익율을 곱하여 과세소득을 추정하는 "추정이익과세"라는 방법도 있다. 대리무역업무의 추정이익률은 10%, 영업세의 세율은 5%이다.

(4) 주재원사무소의 과세확대

주재원사무소의 과세는 1985년부터 시작되었고 당초는 상사, 제조상의 판매회사, 광고대리점, 여행대리점, 외국회계사무소 등에 국한되어 있었다. 1997년에 과세범위가 더욱 확대되어 비지니스 컨설팅, 법률의 컨설팅 비지니스, 세무컨설팅 서비스, 기업그룹, 지주회사의 주재원사무소가 그룹기업에 제공하는 서비스, 금융기관의 주재원사무소가 진행하는 투자컨설팅, 운송회사의 주재원사무소가 고객을 위해 진행하는 서비스활동 등도 주재원사무소의 과세대상으로 되었다.

주재원사무소의 과세, 비과세		
비과세업무	과세업무	과세방법
본사와 연락, 시장조사, 본사와 상담업무	대리무역업무-타사제품의 상담, 계약체결, 중개컨설팅업무-타사를 위한 시장조사 등	소득과세, 경비과세, 추정이익과세

4. 회계상의 이익과 세무상의 과세소득 관계

이전에는 회계상의 이익과 세무상의 과세소득이 대략 일치하였는데, 최근에는 "과세소득액 정표"를 작성하여 세무상의 가감(加減)계산이 진행되고 있다.

(1) 회계와 세무의 일치

현지법인의 회계상 이익과 세무상 과세소득의 관계에 대해서 이전에는 중국의 회계와 세무가 완전히 일치하였기 때문에 회계상 이익이 그대로 과세소득이 되었다. 물론 교제비, 영업과 관계없는 기부금(寄付金)의 손금불산입(損金不算入)이라는 세무만의 과세소득 계산이 있었기 때문에 양자가 일치하는 것은 아니다. 그러나 이전은 이러한 세무상 과세소득계산과 회계상 이익은 일치해야 한다는 공인회계사가 많았던 원인으로 감사의 결과 양자가 불일치한 경우에는 회계상의 이익을 수정하여 세무상의 과세소득에 일치시키는 경우도 있었다.

감사를 담당하는 공인회계사가 과세소득과 다른 이익의 계산을 발견한 경우는 감사의견 자체가 불적정(不適正)한 의견으로 되어, 결산서의 이익을 과세소득으로 수정하여 적정(適正)의견을 붙이는 사례도 있었다.

(2) 중국의 현지법인 감사

중국의 현지법인은 대기업이든 소기업이든 결산서를 세무신고를 위해 제출하는 것에는 공인회계사에 의한 감사를 받는 것이 의무화되어 있다.

한국의 공인회계사에 의한 상법, 증권거래법에 의한 감사와는 다르게 중국의 현지법인에 대한 감사는 감독관청을 위한 감사이다. 그 중에서도 특히 중요한 관심을 갖고 있는 것이 세무당국이고, 현지에서는 세무신고용의 세무감사의 의미부여가 강력한 것으로 되어 있다.

(3) 이익과 과세소득의 조정

그렇기 때문에 현지법인의 결산서가 세무의 규정과 다른 경우에는 상술한 것처럼 공인회계사가 결산서의 회계상 이익을 수정하여 과세소득에 일치시키는 방법으로 많이 진행되었다. 그 후 세무당국은 회계상의 이익과 과세소득 사이에 차이가 있을 경우에는 양자의 차이를 과세소득액조사표에 기재하여 감사보고서에 첨부하는 것을 의무화하였다. 따라서 현재는 회계상의 이익과 과세소득을 일치시킬 필요가 없이, 양자의 차액은 과세소득액조사표로 조정하는 방법이 일반화되어 있다고 본다.

그리고 2001년에는 중국기업에 대하여 회계상 원가, 비용, 손실과 세무상의 손금의 차이에 대하여 "기업소득세 세전공제(稅前控除)규칙"을 제정하고 명확한 세무처리 기준을 규정하였다. 이 세전공제규정은 외국투자기업에 대해서는 아직 제정되어 있지 않고 일부의 규성밖에 없다.

그러면서도 2002년부터 외국투자기업에 대해서도 중국기업과 같은 기업회계제도가 적용되었기 때문에 금후 회계상의 이익과 과세소득의 조정에 관한 규정이 차례로 제정될 전망이다.

(4) 회계감사와 세무조사

또 공인회계사의 감사보고서가 있으면 세무조사가 없다고 생각하는 현지법인도 있는데, 세무당국의 견해에 따르면 감사와 세무조사는 완전히 다른 것이다. 제도상으로 회계감사는 기본적으로 재정부와 공인회계사협회의 관할이고, 세무조사는 국가세무통국의 관할이다.

세무조사는 세무당국의 권한에 의한 것이기 때문에 감사의견과 관계없이 세무조사를 진행하고, 세무조사 결과 과세문제가 발생하면 감사결과와 관계없이 과세소득이 수정된다.

회계상의 이익	
세무상의 가산항목	세무상의 감산항목
기부금, 교제비의 한도초과액 등	세무상의 과세소득

5. 개업비의 처리방법

개업비란 회사의 설립등기에서 생산경영개시까지 발생한 비용인데, 그 개업비용의 회계처리와 세무처리는 다르다. 따라서 개업 준비기간에 발생한 외환손익(爲替損益)도 회계와 세무상 처리가 다르다.

(1) 개업비용의 회계처리

외국투자기업의 회계제도는 2002년 1월 1일부터 변경되었다. 과거에 적용되던 외국투자기업회계제도(구제도)는 2001년 말까지 적용되고, 2002년부터는 기업회계제도(신제도)로 변경되었다. 다음은 주로 기업회계제도의 회계처리와 현행 세무처리를 비교해 본다. 회사의 설립등기에서 생산경영을 개시하기까지의 개업비용은 생산경영을 개시하는 당월의 손익에 일괄 계상한다.

구 외국투자기업회계제도에서는 개업비용은 일단 자산으로 계산하여 5년간에 걸쳐 균등상각(均等償却) 하였는데, 현재의 기업회계제도에서는 자산으로 계산하지 않고, 개업한 당월에 전액을 비용으로 일괄 계상한다.

(2) 개업비의 세무처리

세무에서는 개업비는 생산경영을 개시한 달의 익월부터 5년 이하가 아닌 기간에 상각(償却)한다고 규정되어 있다.

(3) 개업준비기간 외환손익의 회계처리

구제도에서는 개업준비기간 중에 발생한 외환손익(爲替損益)의 회계처리는 특별한 방법을 선택하여 처리되고 있다.

가. 외환손실(爲替損失)

외환손실은 자산으로 계상하여 생산경영개시 때부터 5년 이상으로 균등상각한다.

나. 외환수익(爲替收益)

외환수익은 다음중에 임의 회계처리를 선택한다.

① 자산으로 계상하여 생산경영개시 때부터 5년 이상으로 균등상각한다.

② 결손보전을 위해개업준비기간 외환수익으로서 유보하고 부채로 계상한다.

③ 개업준비기간 외환수익으로서 유보하여 청산시의 청산수익으로 산입한다.

신제도에서는 개업준비기간 외환손익에 대한 규정은 없다.

(4) 개업준비기간 외환손익의 세무처리

현행의 세무에서는 국가가 별도로 규정하는 것을 제외하고 각각 기간의 손익에 합리적으로 계산하고 있고, 회계처리와 세무처리는 대체로 일치하고 있다.

(5) 미대체상각 외환손익

또 개업준비기간 외환손익과 아주 비슷한 회계과목(科目)으로서 미대체상각 외환손익이라는 과목이 있다. 이 과목은 예컨대, 1994년에 진행된 인민폐의 절하와 같은 외환환율의 대폭적인 변경에 의해거액의 외환손익이 발생하였을 때 사용된다.

미대체상각 외환손익은 5년 이상의 기간에 균등 상각되기도 하고, 결손보상 또는 청산손익으로 대체하기 위해 장기간에 걸쳐 자산(기타 장기자산) 또는 부채(기타 장기부채)로 계상된다.

6. 재고정리자산의 평가방법

재고정리자산의 가치가 감소한다거나 재고품이 팔고 남아 있을 경우에는 회계처리로 평가손을 진행할 수 있지만, 세무에서는 재고정리자산 평가보증금을 계상할 수 없다. 재고정리 손실도 세무당국의 승인을 받지 않으면 손실로 계상되지 않는다.

(1) 재고정리자산 평가보증금의 회계처리

회계에서는 재고자산이 훼손되어 판매가격이 원가보다 낮게 되는 등의 원인에 따라 정미(正味)실현가능가격(판매 또는 처분가능가액)이 재고정리 자산가격보다 낮은 부분을 재고정리자산 평가가격 보증금으로 계상할 수 있다. 정미실현가능가액(價額)이란 기업이 정상적인 생산경영 과정에 있어서 견적판매가격에서 견적추가제조원가와 견적판매비용을 공제한 후의 가격을 말한다. 다음 상황중 하나가 존재할 경우 재고정리자산 평가보증금을 계상한다.

① 시가가 지속적으로 하락하고 또한 예견 가능한 장래에 재인상 가능성이 없는 경우
② 기업이 해당 원재료를 사용하여 생산하는 제품의 원가가 제품의 판매가격보다 높은 경우
③ 기업이 제품의 모델을 바꾸어 기존의 재고 원재료가 신제품의 수요에 전부 부합되지 않고 또 해당 원재료의 시장가격도 그 장부원가보다 낮아진 경우
④ 기업이 제공하는 상품노무가 예산을 넘었거나 소비자의 취향이 변하고 또 시장수요에 변화가 생겨 시장가격의 일정한 단계의 하락을 초래한 경우
⑤ 기타 해당 재고정리자산이 실질적으로 감손이 발생한 것을 충분히 증명하기에 족한 사실

(2) 재고정리자산 평가보증금의 세무처리

세법에서는 재고정리자산 평가보증금의 계상은 인정되지 않으므로 회계상으로 계상된 재고정리자산 평가보증금은 세무상에서는 자기부인 해야 한다.

(3) 재고정리 손실의 회계처리

다음 사실에 해당하는 경우는 재고정리자산부가(簿價)의 전액을 당기손익으로 대체해야 한다.

① 모두 변질된 재고정리의 자산
② 모두 사용기한이 지나 양도가치가 없는 재고정리 자산
③ 생산 중에 수요가 없어져 사용가치와 양도가치가 없어진 재고정리 자산
④ 기타 이미 사용가치와 양도가치가 없는 것이 충분히 증명되는 재고정리 자산

(4) 재고정리 손실의 세무처리

재고정리자산, 재고잔여손실, 부식손실, 도난손실, 자연재해손실, 자연도태 손실이 발생한 경우는 필요한 증거자료를 첨가하여 세무당국의 승인을 받고 처리할 수 있다.

(5) 실지 재고정리

최저 년 1회(결산기 종료전)의 실지 재고정리가 의무화되어 있다.

회계와 세무에서 다른 재고 정리 자산평가손(減)		
	회계상의 처리	세무상의 처리
재고정리자산평가담보금	회수불능을 계상	보증금의 계상은 불가
재고정리 손실	일정사실로 계상	세무당국의 승인 필요

7. 고정자산의 회계와 세무처리방법

고정자산의 회계 세무처리에는 어떠한 것을 고정자산으로 계상하는가, 감가상각에는 어떠한 것이 있는가, 임대수입 고정자산의 처리, 고정자산 건설에 드는 차입비용의 처리 등이 있다.

(1) 고정자산의 범위

고정자산이란 기업의 사용연수가 1년을 초과하는 건물, 건축물, 기기, 운수공구 및 기타 생산, 경영과 관련되는 설비, 기구, 공구 등을 말한다. 생산, 경영의 주된 설비에 속하지 않는 물품으로 단가가 인민폐 2,000원 이상으로 이미 사용연수가 2년이 초과된 것도 고정자산이 된다. 기업은 고정자산의 목록, 분류방법, 내용(耐用)연수, 견적잔여가액(價額), 감가상각방법을 정하여 기업 내부의 적절한 승인 및 동사회 등의 승인을 받을 필요가 있다.

(2) 고정자산의 취득원가

고정자산은 취득시의 원가로 장부에 기록한다. 취득시의 원가에는 구입가격, 수입관세, 운송비 및 보험료 등의 관련비용이 포함되고 또 그 고정자산을 예정의 사용가능 상태로 돌이키는데 필요한 지출도 포함된다. 고정자산은 취득 형태에 따라 다음과 같이 취득원가를 결정한다.

가. 구입

구입가격, 포장비, 운송비, 거부(據付)원가, 관련세금

나. 자사(自社)건설

그 고정자산을 예정의 사용가능 상태로 되돌리는데 필요한 지출

다. 현물출자

투자의 각 당사자가 인식한 가치, 예를 들면 합자기업은 합자계약서에서 확정한 출자 평가액 등을 말한다. 또 출자 평가액에 문제가 발생하는 경우도 있는데 회계규정에서는 거기까지 저촉하지 않는다.

라. 금융리스

금융리스로 수입된 고정자산은 임대 개시일의 임대자산의 원래 장부가액과 최저 리스료 지불액의 현재 가치의 양자 중 낮은 가격으로 장부에 기록된다. 최저 리스지불액이란 리스기간 내에 리스의 임차인이 지불할 또는 지불이 요구될 가능성이 있는 금액으로 리스 종료시에 자산잔가(잔존가치)로서 임차인 등이 보증한 금액을 가산한 금액을 말한다.

마. 개조 · 확대건설

기존의 고정자산을 개조, 확대하여, 예정의 사용가능 상태로 돌이키는데 필요한 순 지출금액이다.

(3) 감가상각의 회계처리

기업이 채용하는 감가상각 방법에는 정액법, 작업량법, 연수총합법, 배액잔고저감법(200%定率법) 등이 있다. 위에서 서술한 바와 같이 기업은 자주적으로 견적내용 연수와 견적 잔존가치를 합리적으로 결정해야 한다. 그 때에는 고정자산의 성질과 소모방법, 과학기술의 발전, 환경, 기타 요소를 고려한다.

(4) 감가상각의 세무처리

현행 세법에서 감가상각은 원칙적으로 정액법 등인데 기타 가속상각법 등의 채용도 인정되고 있지만, 세무당국의 승인이 필요하다. 세법에 있는 내용연수는 건물 20년, 기계 등 생산설비 10년, 전자설비 운수공구 · 기구 등 5년으로 정해져 있고, 견적 잔존 가액은 10%로 되어 있다. 따라서 기업이 채용한 감가상각 방법과 세법이 규정한 감가상각 방법이 다른 경우에는 세무상의 조정 계산이 필요하게 된다.

(5) 고정자산의 임대

중국의 기업회계제도에서는 임대회계가 본격적으로 도입되고 있다. 임대회계처리에는

오피스텔 임대와 금융임대 두 가지 회계처리가 있다.

오피스텔 임대에서는 임대자산의 임대인이 그 고정자산을 계상하여 감가상각을 진행한다. 임대자산의 임차인은 임대료를 비용 계상하면 된다.

금융리스에서는 역으로 임대자산의 임차인이 그 고정자산을 장부에 계상하고 감가상각을 진행한다. 임대자산의 임대인은 고정자산을 매각한 것과 같은 처리를 하여 수익인 금리 등을 기간에 따라 계상한다.

(6) 금융리스의 정의

중국에서는 기업회계제도와 별도로 기업회계준칙이라는 것이 있고, 기업회계제도 보다 구체적으로 규정되어 있다. 이 기업회계준칙에서는 금융리스의 정의를 실질적으로 자산의 소유권과 관련하는 모든 리스크와 보수(편익)가 이전하는 임대라고 규정하고 있다.

금융리스는 다음의 하나에 해당하는 것이다.

① 임대기간 만료시에 임대자산의 소유권이 임차인으로 이전되는 것

② 임차인에 구입선택권이 있고, 권리행사 시의 공정가치 보다 엄청 낮은 가격으로 구입하는 것이 합리적으로 예측 가능한 것

③ 임대기간이 임대자산의 사용가능 예측기간의 75%이상인 것

④ 최저 리스지불액의 현재 가치가 리스자산 원 시장부가격의 95%이상인 것

⑤ 리스자산의 성질이 특수하여 비교적 큰 수선이 없이 임차인이 사용하는 것

기업회계제도에서는 금융리스에서 받은 고정자산은 리스자산의 원 시장부가격과 최저 리스지불액의 현재 가치에서 낮은 가격으로 계상하는 것으로 되어 있다. 또 금융리스 자산이 자산총액의 30% 이하이면, 최저 리스 지불액으로 금융리스수입 고정자산으로 계상할 수 있다. 금융리스의 고정자산은 자사 소유의 자산과 같은 감가상각 방침으로 리스자산의 사용연장 가능연수 또는 리스기간 중 짧은 기간으로 감가상각한다.

(7) 금융리스의 세무처리

현행 세법에서는 금융리스의 처리에 대해서는 규정이 없다.

(8) 고정자산건설 등에 대한 차입비용의 회계처리

고정자산의 구입건설과 관련하는 다음의 비용은 고정자산의 사용가능 상태 전에 발생힌 것은 자본화 하여 고정자산 원가로 산입하고 사용가능 상태 후에 발생한 것은 당기의 재무비용으로 한다.

(9) 차입비용의 자본화

고정자산으로서 계상할 수 있는 차입비용에는 특정차입금의 이자, 사채발행차익금의 상각비와 보조비용(수수료), 외화특정 차입금의 외환차(爲替差)손익 등이 있다. 자본화하기 위해서는 다음의 조건을 전부 만족할 필요가 있다.

① 자산지출이 이미 발생 완료된 것
② 차입비용이 이미 발생하고 있는 것
③ 자산을 예정사용가능 상태로 도달시키기 위해 필요한 구입건설 활동이 이미 개시되고 있는 것

(10) 차입비용의 세무처리

현행법에서는 차입비용을 고정자산으로 계상하는 취지의 규정은 있지만, 구체적 방법에 대해서는 아무것도 규정하고 있지 않다. 그러면서 실무적으로는 회계처리 방법을 용인할 가능성이 있다.

8. 장기투자의 계상방법

장기투자에는 장기지분투자와 장기채권투자가 있고, 실제원가로 계상하지만 장기지분투자는 원가법 또는 지분법에 의해 평가한다.

(1) 장기투자

장기투자에는 장기지분투자와 장기채권투자가 있다. 장기지분투자란 투자기간이 1년을 넘는 지분의 성질을 띤 투자로 주식과 기타 지분투자이다. 장기채권투자란 1년 이내로 현금화할 수 없지만, 수시 현금화의 예정이 없는 채권과 기타 채권이다.

(2) 평가방법

장기지분투자의 평가방법에는 원가법과 지분법이 있다. 지분법이란 처음에는 초기 투자원가로 계상하고, 그 후 투자자의 소유자 지분의 변동에 기초하여 투자의 장부가치를 수정하는 것이다. 예컨대, 처음에는 투자지분을 100으로 구입하였다면, 원가법에서는 100이 투자지분의 초기원가가 된다. 그 투자처가 20의 이익을 올려 그 투자처에 대한 출자지분 비례가 20%였다면 그 투자지분의 가치는 4만 상승한다.

지분법은 이와 같이 투자지분을 취득한 후의 가치 변동을 초기투자 가치에 증감시켜 투자지분을 평가하는 방법이다. 원가법에서는 이와 같은 투자지분의 변동을 인식하지 않기 때문에 투자지분을 증감하지 않는 한 일반적으로 투자원가의 가치가 변동되지 않는다.

(3) 장기지분 투자의 평가

투자회사가 투자처에 대하여 지배·공동지배의 관계가 없거나 또는 중대한 영향을 주는 일이 없을 경우 원가법으로 평가할 수 있다. 다음과 같은 경우에는 지배관계가 없거나 중요한 영향을 주는 것이 없으므로 원가법으로 평가할 수 있다.

장기투자의 분류	
장기투자	
장기지분투자	장기채권투자
원가법 또는 지분법으로 평가	*취득시-실제원가 *이자 등을 수익으로 계상

① 의결권의 20%미만인 지배·공동지배의 경우
② 의결권의 20%이상인 지배·공동지배가 있지만 중대한 영향이 없는 경우

이에 대하여 투자처에 대하여 지배·공동지배의 관계가 있거나 또는 중대한 영향이 있는 경우에는 지분법으로 평가해야 한다.

다음과 같은경우에는 지배관계가 있거나 또는 중요한 영향을 주는 것으로 그 투자지분은 원가법이 아닌 지분법으로 평가해야 한다.

① 의결권의 20%이상의 지배·공동지배가 있고 중대한 영향이 있는 경우
② 의결권은 20%미만이지만 피투자처에 중대한 영향이 있는 경우

(4) 장기투자의 세무처리

현행 세법에서는 기업회계제도가 규정하는 지분법의 세무상에 대한 취급규정은 없다. 따라서 세무상 어떻게 취급할까는 금후의 규정을 기다려야 한다.

(5) 장기투자의 취득원가

장기지분 투자에는 주식투자와 유한회사에 출자 지분투자 등이 있다. 이와 상대적으로 장기채권 투자에는 사채, 전환사채, 이부채권 등이 포함된다. 장기지분투자 또는 장기채권 투자를 현금으로 취득했을 때는 실제로 지불한 구입대금 총액(세금, 수수료 등의 여러 가지 비용을 포함)에서 확정배당, 확정이자의 미수부분을 뺀 금액이 초기투자의 원가로 된다. 세금, 보험료가 적은 때에는 그 여러 가지 비용을 재무비용으로 처리할 수도 있다.

9. 무형자산의 계상기준과 상각방법

(1) 무형자산의 계상기준

관련 규정에서 고정자산의 계상기준은 아래와 같이 규정되어 있다.

가. 외국투자기업회계제도

외국투자기업의 무형자산은 공업소유권, 노하우, 토지사용권 및 기타 무형자산을 포함 각각 구별하여 계산해야 한다. 출자자가 현물 출자한 무형자산은 합자계약서, 회사설립 신청서류에 기재한 금액에 기업이 부담하는 관련비용을 가산하여 계산한다.

나. 기업회계준칙

무형자산이란 기업이 장기적으로 사용하는 실체가 없는 자산을 말하고 특허권, 비특허 기술, 상표권, 저작권, 토지사용권, 신용 등을 포함한다. 구입한 무형자산은 실제원가에 따라 기장해야 한다. 투자를 수취한 무형자산은 평가감정금액, 또는 계약의 약정금액에 따라서 기장해야 한다. 자체로 개발한 무형자산은 개발 과정에서 실제로 발생한 지출에 따라 기장해야 한다.

다. 외자기업소득세법

기업의 특허권, 노하우, 상표권, 저작권, 토지사용권 등의 무형자산의 평가는 취득원가를 기준으로 한다. 자체로 개발한 무형자산은 개발과정에서 발생한 실제지출액을 취득원가로 한다.

투자로서 수입한 무형자산은 협의서, 계약서에 규정한 합리적인 가격을 취득원가로 한다.

(2) 상각방법

무형자산의 상각은 잔존가치가 없는 정액법상각을 진행한다. 상각년한은 "계약서 등에 사용년한이 규정되어 있는 경우는 그 수익기간", "사용년한의 규정이 없는 경우는 10년 이상의 기간"으로 상각을 진행한다. 당연한 일이지만 무형자산의 규모가 큰 경우는 세무국과 사전의 협의(상각년한의 결정)를 진행하는 것이 바람직하다고 말할 수 있다. 또 세무상의 손금산입한계도 원칙상 회계상의 상각액과 동일액이므로 회계상의 상각액이 기업소득세상에도 손금으로 취급된다.

(3) 무형자산의 현물출자와 과세

외자기업설립 시에 외국출자자가 무형자산으로 현물출자를 진행하는 일도 가능하다. 관련 규정(외자기업법, 합자기업법, 재무관리규정, 회사법 등)에서는 무형자산에 의한 현물출자는 등록자본금의 20%를 상한으로 하는 것으로 규정되어 있다. 다만 지역에 따라 약간의 차이는 인정되기 때문에 특히 하이테크 기업에 대한 무형자산의 현물 출자인 경우 자세한 것은 사전에 확인할 필요가 있다. 현물출자의 수입이 아니고 주주 등의 관계 당사자로부터 구입하는 경우는 가격설정의 타당성에 관하여 관계 당국의 꼼꼼한 체크가 진행되기 때문에 무리한 가격설정은 피해야 한다. 또 외국기업이 중국 거주자에게 무형자산을 양도하는 경우 양도액에 대하여 기업소득세 및 영업세가 과세(원천징수과세)된다.

10. 결손과 배당

결손금이 이익에서 보전될 수 없는 한 배당할 수 없다. 은행에서 배당송금 수속 시에 기업소득세 납부영수증을 제시해야 한다.

(1) 이월결손금과 배당

회계상이나 세무상이나 이월결손금을 이익으로 보전한 후가 아니면 배당할 수 없다. 배당 송금할 때에는 그 이익처분에 관련되는 의사록 외에 그 년도의 이익에 대한 기업소득세의 납세증빙도 확인하기 때문에 필요한 제시 서류가 없을 경우에는 송금할 수 없게 된다.

(2) 이월결손금과 2면3감

현행세법에서는 현지법인의 결손금은 5년간의 이월이 인정되고 있다. 일반적으로 개업당초는 거액의 투자가 진행되기 때문에 적자가 발생하기 쉬운 상황이다. 따라서 처음에 결손금이 계상되어 그것이 점차 그 후의 단년도 흑자에 의해 보전되어 가고, 최종적으로는 누적결손금이 해소되어 최종 이익이 흑자로 된다.

세무상에서는 예컨대, 01년도에 발생한 결손금은 06년도까지만 이월할 수 있다. 또 결손금의 보전은 처음 년도의 결손금에서 순서적으로 충당해 간다. 이렇게 이월결손금을 이익으로 보전하여 누적베이스에서 이익이 처음으로 발생한 년도를 이익계상 개시년도라고 부른다.

주의해야 할 점은 이 이익계상 개시년도부터 개시되는 "2면3감"의 감면세조치는 일단 적용되면 중지 또는 보류하는 것이 불가능하다.

예컨대, 초년도의 이익이 조금밖에 없고, 다음년도에 적자가 되더라도 2년간의 면세적용 년도는 변하지 않기 때문에 대체로 면세가 없어져 버리는 결과를 초래한다. 따라서 2면3감의 적용 초년도에 대해서는 신중한 검토가 필요하다. 자주 있는 사례로 개업초년도에 이익이 났지만, 년도 말이 되자 그대로 결산을 고정하면 얼마의 년도이익으로 종료되는 경우가 있다.

이렇게 년도 말쯤에 이익이 계상되는 경우는 세무당국의 인가를 받고 그 손익을 다음 년도에 이월하는 것이 가능하다.

(3) 이월결손금의 보전

중국에서는 외국투자기업의 감자(減資)는 대체로 가능하게 돼 있지만 한국과 달리 인가 당국의 인가가 필요하다. 회사의 생산규모를 꼭 감소해야 하는 경제적 합리성 등의 이유가 없을 때에는 꼭 감자가 인가된다고는 단정 지을 수 없다. 이월결손금의 보전방법으로 준비기금의 사용이 고려된다. 준비기금의 적립 목적은 원래 손실의 보전과 자본금의 증가에 있다. 따라서 상황에 따라서는 준비기금을 사용하여 이월결손금으로 충당 결손금의 해소를 진행하는 것도 가능하다.

(4) 이익처분의 방법

한국에서는 3월 결산 후에 주주총회가 개최되어 거기서 이익 처분된 배당금은 결의 후에 회사의 미불배당금으로 확정 계상되어 지불된다.

상대적으로 중국에서는 12월 결산후에 동사회가 개최되어 거기서 이익처분된 배당금은 그 이익이 계상된 12월말 현재의 결산서 중에서 미불배당금으로서 이월계상 된다.

이와 같이 중국에서는 확정계상과 이월계상이라는 이익처분 방법이 한국과는 다르게 진행되고 있으므로 주의가 필요하다.

※ 배당에 유의할 점

○ 이익으로 초과 결손금을 해소

○ 2면3감 시작의 타이밍

○ 결손금의 보전방법

○ 미불배당금의 이월계상

11. 기업소득세의 납세기한과 유의할 점

4분기 예납과 년도말 확정신고가 있다. 4분기는 15일 이내로 세금을 예납하고 년도 말은 3개월 이내에 확정신고하며 4개월 이내에 청산 납부한다.

(1) 회계년도

현지법인의 회계년도는 원칙적으로 양력 1월 1일부터 12월 31일까지다. 과거는 외국투자기업 중 독자기업에 대해서는 12월 31일 이외의 결산년도가 인정되었는데, 최근의 세무통지에 의해 사업년도는 원칙대로 양력 1월 1일부터 12월 31일까지 기간 이외는 인정될 수 없게 되었다.

(2) 납세신고

12월 31일을 년도결산일로 하는 현지법인은 우선 4분기 순서로 기업소득세의 예납을 진행할 필요가 있다. 예납신고는 원칙적으로 4분기의 실제 이익액으로 예납하지만, 이것이 어려운 경우에는 전(前)사업년도 실적의 4분의 1에 의한 신고도 좋고, 이익계획에 의한 예정신고납부도 가능하다. 이 예납신고납부를 4분기 종료 후 15일 이내에 진행하고 년도 종료후 4개월 이내에 확정신고(년도기업소득세신고서와 회계결산보고서를 감사보고서에 첨부하여 교부)를 진행하고 5개월 이내에 예납신고액과 확정세액과의 차액을 추가납부 또는 환급 받는다.

일반적으로 현지법인이 2월 초순경까지 결산서의 숫자를 고정하여 2월 중에 공인회계사의 감사를 받고, 3월에 동사회를 개최하여 결산서와 이익처분을 확정하고 4월에 확정신고를 진행한다. 다만, 중국기업은 대부분이 12월 결산으로 공인회계사의 감사도 1월부터 3월로 집중되어 있기 때문에 회계사무소에 따라서는 예정대로 감사를 진행할 수 없는 곳도 있어 주의가 필요하다. 또 합자・합작의 경우에는 중국측 파트너와 의견 조정에도 시간이 걸리는 경우가 있고 예정대로 결산일정을 끝마치는 것이 쉽지 않은 경우도 있다.

(3) 원천징수신고납부

외국기업이 중국국내 원천소득을 취득하여 원천징수가 진행되는 경우 현지법인 중국기업이 외국기업에 로얄티의 사용료를 지불하는 경우 등, 현지법인 중국기업이 사용료를 송금하는 때에 10% 세율인 기업소득세를 원천징수하여 제한 후, 5일 이내에 현지 세무국에 원천소득세신고서를 교부 원천징수세액을 국고에 납부해야 한다.

(4) 체납금

기업소득세뿐만이 아니라 개인소득세도 포함한 세금 일반에 대하여 말할 수 있지만, 세금을 납세기한을 지나 납세한 경우에는 세금을 체납한 날부터 기산하여 매 1일 마다 0.0005의 체납금이 가산된다. 하루에 0.0005의 체납금이라는 것은 년율로 환산하면 18.25%의 가산금이기 때문에 연수가 지난 만큼의 금액이 된다. 이 체납금은 조세징수관리법이 개정 실행된 2001년 5월 1일부터 실시되고 있는데, 개정 전은 연률 73%로 꽤 높은 세율의 체납금이었다.

<table>
<tr><td rowspan="2">납세
신고
납부
기한</td><td>납세신고 납부</td><td>① 예납신고
*4분기종료 후 15일 이내에 신고납부
실제이익 액에의한 신고
전년실적에 의한신고
이익계획에 의한 신고
② 확정신고
*년도 종료 후 3개월 이내에 결산서류 승인
*년도 종료 후 4개월 이내에 확정신고
*년도 종료 후 5개월 이내에 정산납부</td></tr>
<tr><td>원천징수 신고납부</td><td>사용료 등을 송금한 날부터 5일 이내에 원천납부</td></tr>
</table>

12. 원천징수된 세금의 처리방법

중국 자회사가 원천징수하여 본사가 납세의무자로 되는 "직접외국세액"과 중국 자회사가 납세의무자로 되는 "간접외국세액"은 한국의 본사에서 외국세액공제가 가능하다.

(1) 직접세액공제

한국의 본사와 중국의 현지법인에서 대부계약과 기술이전계약을 체결하여 현지법인으로부터 로열티 비용(기술사용료 특허권사용료), 이자의 송금을 받은 경우에는 현지에서 10%의 원천징수가 진행되는데, 그 10%세금의 납세의무자는 한국의 본사이다. 즉 한국의 본사에 의해 납부되는 세금이 현지법인이란 원천징수 의무자에 의해 대신 납세되고, 원천징수된 세금은 한국의 본사에서 얼마간의 처리를 할 필요가 있다. 이 10% 중국세금은 기업소득세로 한국법인세와 같은 것이기 때문에 한국과 중국에서 같은 소득에 대해 동일한 소득세가 2중으로 과세되지 않도록 한국에서는 "외국세액공제"라는 제도가 있다.

그리고 한국과 중국에서 체결하고 있는 조세조약에서도 2중 과세의 배제라는 항목으로 "한국법인이 중국법인의 의결권이 있는 발행된 주식 등을 25%이상 소유"하고 있으면 이 외국세액공제가 가능한 구조로 되어 있다.

한국 독자의 외국세액공제제도에서도 6개월이상 발행된 주식 등을 소유하고 있으면 외국세액공제가 가능하게 되어 있다.

(2) 직접세액공제의 계상

로열티와 이자가 100의 수입이라면, 중국의 현지법인이 한국에 송금할 때 10%가 원천세로서 징수되므로 90%가 송금된다. 한국에서는 일단 90의 수입으로 받아들이지만 클로즈업하여 수입은 100에서 10의 이미 납부한 세금이 되고, 100의 수입에 대해 만약 법인세 등이 실질적으로 41%의 실효세율로 과세되면 한국에서 법인세 등의 세금은 41이 된다.

중국에서 납부한 10의 기업소득세는 외국세액으로서 한국의 법인세 등에서 공제될 수 있기 때문에 이자의 경우에는 41에서 이미 납부한 10을 차감한 31이 한국에서 법인세 등의 납부액이 된다. 로얄티의 경우 한국에서 20%에 상당한 20을 차감한 12가 법인세 등의 납부액으로 된다. 이렇게 한국의 본사가 직접 납세의무자로 되어 외국에서 실제로 지불한 세금을 한국에서 법인세 등에서 세액공제하는 것을 "실제직접외국세액공제"라고 부른다.

중국일 경우, 실제 직접 외국세액공제에는 특허권사용료, 임대료, 이자, 양도소득 등이 해당된다.

(3) 간접세액공제

이와 상대적으로 "실제간접외국세액공제"라고 하는 말도 있는데, 이것은 한국의 본사가 직접 납세의무자가 되는 것이아니고 현지법인이 납부한 것을 간접적으로 납세하는 것으로 한국에서 세액공제하는 것이다.

중국의 현지법인은 현지에서 기업소득세를 납세하는 의무가 있는데 간단한 예로 설명하면, 현지법인(한국본사의 100%출자회사)의 이익이 100으로 기업소득세의 세율이 33%이면 100에서 세금의 33을 덜어낸 67이 배당으로서 전액 한국으로 송금될 수 있다. 한국본사가 받은 67의 배당은 실질적으로 10의 수입으로 한국의 본사 대신 현지법인이 납세한 것과 같은 상황이 된다.

한편 한국 본사가 현지법인이 아닌 지점을 중국에 개설해 있다면 직접이익 100에 대해 과세되는 33의 기업소득세는 한국 본사가 직접 납부하는 것으로 된다. 이렇게 지점과 자회사라는 해외진출의 형태에 의한 한국에서의 세액공제 가능여부는 2중 과세의 방지와 실질적인 세금부담의 공평성의 관점에서 바람직하지 않다. 해외 자회사가 직접 납부한 기업소득세도 한국의 본사가 직접적으로 납부한 것으로 간주하여 한국법인세 등에서 외국세액 공제를 하는 것이 가능하다.

중국에서 납부된 세금
실제직접외국세액- 이자, 사용료 등에서 원천 징수된 기업소득세 실제간접외국세액- 중국 자회사가 직접 납부한 기업소득세

13. 이전가격의 사례

이전가격이란 간단히 말하면 한국의 본사 등과 중국 자회사와의 사이에서 거래가격을 조작하는 것에 따라 중국 자회사의 이익을 감소시키는 것이다.

(1) 이전가격제도

이전가격이란 "현지법인이 특수한 관계를 가진 중국 국외의 관련기업(예를들면 한국본사)과의 사이에서 거래가격을 조작하여 중국에서의 과세소득을 적게 하는 것"이다. 이에 대하여 세무당국은 이 조작된 거래가격을 독립한 기업간의 거래가격(제3자가격)으로보고 과세소득을 재계산하고 세금을 확보하는 제도가 있는데 이것을 "이전가격세제도"라고 부른다.

〖 이전가격의 조건 〗

국외 관련기업 (한국본사 등)	⇔ 거래가격을 조작 ← 소득을 이전	중국관련기업 (현지법인 등)

(2) 이전가격의 사례

이전가격제도는 이전가격을 이용한 세금의 회피를 방지하기위한 것이다. 즉 거래가격을 조작하는 것에 의해 외국투자기업의 이익(과세소득)을 국외 관련기업으로 이전하는 것을 대상으로 한다.

A. 구체적으로 외국투자기업은 원재료 부품을 고가격으로 수입하고 제품을 저가격으로 수출하는 것에 의해 이익을 국외 관련기업으로 이전하는 경우가 있다.

B. 또 지불거래에서는 국외 관련 회사로부터의 수입설비의 가격을 높이기도 하고 본사로부터 받고 있는 노무계약의 금액을 높게 설정한다.

C. 이밖에 본사에 지불하는 특허권 사용료의 가격을 높이기도 하고 대부금의 이자를 높게 설정하는 것 등에 의해 외국투자기업의 이윤을 감소시키고 그 부분 만큼의 소득을 국외 관련기업으로 이전하는 경우도 있다.

(3) 국외 관련기업의 정의

국외 관련 기업은 다음과 같은 관계를 가진 것으로 정의되고 있다.

① 2자 사이에서 어느 일방 지분의 총합이 25% 또는 그 이상 직접 또는 간접적인 소유관계

② 직접 또는 간접적으로 제3자에 의해서 같은 지분의 25% 또는 그 이상을 소유 또는 지배되고 있는 관계

③ 기업과 기타기업 사이에서 대차자금이 기업 자기 자금의 50% 또는 그 이상을 점하든가, 또는 기업의 대차자금 총액의 10%를 기타 기업이 보증하고 있는 관계

④ 기업의 동사(출자자에 의해 지명된 출자자를 대표하는 대리업무원) 또는 부장 등의 고급관리직의 과반수 이상 또는 한명의 상무 동사가 기타 기업으로부터 파견되어 있는 관계

⑤ 기업의 생산경영 활동이 기타 기업이 제공하고 있는 특허권리(공업소유권, 점유기술 등)에 의존하여 정상 운영되고 있는 관계

⑥ 기업이 생산경영을 위해 구입한 원재료, 부품 등(가격 및 거래조건 등을 포함)이 기타 기업에 의해 지배 또는 공급되는 관계

⑦ 기업이 생산하는 제품 또는 상품의 판매(가격 및 거래조건 등을 포함)가 기타 기업에 의해 지배되고 있는 관계 등이다.

〖 국외 관련기업의 정의 〗

*직접 또는 간접적으로 25%이상인 소유관계
*차입금이 자기자본의 50%이상인 대차관계
*차입금의 10% 이상의 보증관계
*과반수 이상의 임원, 고급관리직의 파견
*1명의 상무임원의 파견
*생산이 일방의 특허권 등에 의존하고 있는 관계
*생산이 일방의 원재료 부품에 의존하고 있는 관계
*판매가 일방에 의존하고 있는 관계
*기타 실질적인 지배관계

14. 이전가격의 조사대상

이전가격의 대상으로 되는 거래에는 ①유형재산의 판매, ②무형자산의 양도, ③금전의 대부(貸付), ④노무의 제공 4가지가 있다.

(1) 유형재산의 매매 등

유형재산의 매매, 양도 및 사용에는 건물구축물, 운송수단, 기계설비, 공구, 상품(제품) 등의 유형재산의 매매, 양도 및 임대거래를 포함한다.

(2) 무형자산의 양도 등

무형재산의 양도및 사용에는 토지사용권, 판권(저작권), 상표, 상호(商號), 전매특허 및 노하우 등의 특허권, 공업품의 디자인 설계 또는 실용신안 등의 공업재산권의 소유권 양도 및 사용권의 제공거래를 포함한다.

(3) 금전의 대부

금전의 대부에는 각종 장단기자금의 대부 및 보증, 유가증권의 판매에 각종 이자부(利子附)인 선급대금과 기한 경과 미불대금 등의 거래를 포함한다.

(4) 노무의 제공

노무의 제공에는 시장조사, 판매, 관리, 행정사무, 기술서비스, 정비, 설계, 컨설팅, 대리, 학술연구, 법률, 회계실무 등의 서비스제공 등을 포함한다.

(5) 이전가격조사

이상과 같이 이전가격 대상이 되는 거래범위는 폭이 넓다. 이전가격의 거래는 중국에 있는 외국투자기업(합자, 합작, 외자기업)과 중국 국외 관련기업과의 거래가 대상으로 되고 있다.

또 중국에 있는 외국기업의 사업장소(항구적 시설 또는 기구·장소라고도 부른다)와 중국 국외의 관련기업과 거래관계도 대상으로 되고, 소득이 중국에서 국외로 이전하는 거래를 대상으로 한다.

이러한 거래 중에서도 문제되는 거래는 일반적으로 여전히 구입 매매거래가 많다. 예컨대, 중국의 현지법인이 생산 거점이고 한국 본사가 원재료 부품을 공급하여 제품을 거래하며, 한국 국내 또는 아시아 등에 매매하는 경우 한국의 지급 원재료 부품의 가격과 중국에서 수출되는 제품의 가격이 문제가 된다.

이런 종류의 거래에 대하여 현지 세무당국은 "무엇 때문에 동일지역의 동일업종의 외국투자기업에서 이익율이 전혀 다른가?"는 의문이 생긴다.

또 "동일 외국투자기업이라도 수출가격과 국내판매가격이 왜 서로 틀리는가?"라는 의문도 가지게 된다.

그리고 "몇 년이 지나도 여전히 흑자가 나오지 않는 것이 이상하다"라는 의문도 있고 이전가격의 조사에 착수하는 경우가 많다.

〖 중국에서 본 이전가격의 예 〗

<table>
<tr><td rowspan="11">한국 본사</td><td>⇒</td><td rowspan="11">중국 자회사</td></tr>
<tr><td>고가로 원재료부품 구입</td></tr>
<tr><td>←</td></tr>
<tr><td>저가의 제품 수출 판매</td></tr>
<tr><td>⇒</td></tr>
<tr><td>고가의 경영지도료 지불</td></tr>
<tr><td>←</td></tr>
<tr><td>고가의 로얄티 지불</td></tr>
<tr><td>←</td></tr>
<tr><td>고가의 대부금이자 지불
←</td></tr>
<tr><td>고가의 기술서비스 지불</td></tr>
</table>

15. 이전가격의 조사방법

회사의 이익에 부자연스런 움직임을 보이고 있는 경우에 이전가격 조사대상이 될 가능성이 있다. 또 그 지역의 동일업종의 평균이익 수준도 참고가 되고 있다.

(1) 이전가격 조사대상

중국의 이전가격 규정에서 다음의 경우에 해당하는 기업은 중점적으로 조사대상이 되고 있다. 이 가운데 아래의 ①과 ② 경우는 외자계열의 출지비율이 높고, 임원 등을 파견하고 있는 외국투자기업에서 수출입거래를 진행하고 있는 경우면 대부분이 해당하는 것으로 다른 특징은 없다. ③이하의 선택이유는 매우 흥미깊은 내용이 있고 이 이전가격의 규정이 발행되기 전에 이러한 외자계열기업이 존재하고 있은 사실을 제시하고 있다고 생각된다.

① 생산, 경영관리의 정책결정권이 관련기업의 지배를 받고 있는 기업
② 관련기업과 거래금액이 비교적 큰 기업
③ 장기적인 결손기업(연속하여 결손이 2년 이상인 경우)
④ 장기에 걸쳐서 경미한 결손에도 불구하고 끊임없이 경영규모를 확대하고 있는 기업
⑤ 손익의 변동폭이 큰 기업(격년으로 이익 또는 결손으로 정상적인 궤도를 넘은 경영효율을 획득하고 있는 기업)
⑥ 세금이 가벼운 국가(홍콩 등)에 설립한 관련기업과 거래를 발생시키고 있는 기업
⑦ 동일업종의 이익수준 보다 낮은 기업(해당지역의 동일 업종의 이익수준과의 상대적인 비교)
⑧ 집단공사(그룹기업)의 내부비교로 이익율이 낮은기업(관련기업과의 상대적인 비교로 이익율이 낮은 기업)
⑨ 명분을 세워 관련기업에 각종 불합리적인 비용을 지불하고 있는 기업
⑩ 법정의 감면세기간을 이용하든가 또는 감면세기간이 만료되어 이익을 급락시켜 조세회피를 진행하고 있는 기업, 그리고 기타 조세 회피의 의심이 있는 기업

(2) 이전가격조사의 실태

현재 진행되고 있는 이전가격의 조사는 전술한 대상기업이 많은 듯 하다. 즉 면세기한(2면3감)이 지난 후부터 이익이 급격히 감소하거나 생산규모가 확대되고 있음에도 불구하고 이익율이 저조한 경우는 조사대상이 되는 경향이 있다. 또 늘 들을 수 있는 사례로서 본사의 수출판매 주력인 회사가 설립 이래 적자가 계속되고 있고, 오랜 시간에 걸쳐 결손회사로 되어 있는 경우도 회사의 이익율이 의문시 받게 된다.

중국에서 이전가격조사의 특징은 가격형성 과정이 문제로 되기 보다도 회사의 이익율이 문제로 되고 있다는 점이다.

일반론이지만 조사 대상 기업이 소재한 지역의 평균 이익율과의 비교가 중요시되고 있는 듯하다. 원래는 평균이익율이 아닌 독립 제3자의 가격형성이 중요시 되어야 하는데 무슨 영문인지 이익율이 중시되고 있는 듯하기 때문에 유의가 필요하다. 이전가격의 규정에서는 "기업이 정확한 가격, 비용 등의 증빙자료를 제공할 수 없는 상황에 있어서는 추정 이익율의 방법으로 조사를 진행할 수도 있다"라고 규정되어 있기 때문에 이러한 조정이 많이 진행되고 있는 실정이며 추정이익율에 의한 조정에 편중하고 있는 경향이 특히 강한 것 같다.

※ 이전가격조사의 계기
○ 2년 이상의 적자결손
○ 경영규모가 확대되고 있는데도 이익이 제로(0)
○ 적자와 흑자의 되풀이
○ 면세천국(세금천국)기업과의 관련거래
○ 평균이익율보다 낮은 이익율
○ 그룹기업간에서도 낮은 이익율
○ 명목적인 지출
○ 면세기한 후의 급격한 이익저하

16. 이전가격의 조사절차

중점조사 대상으로 선정된 기업은 사전조사 자료를 제시해야 하고, 사전조사 후에는 회사에서의 실지(實地) 조사가 진행된다. 실지조사에서는 관련거래의 상세한 자료를 제시하게 된다.

(1) 사전조사

이전가격의 규정에서는 현지법인은 결산일 후 4개월 이내에 이전가격에 관련된 일련의 신고서류의 제시가 의무화되어 있지만 실무적으로 지금까지 그다지 실시되는 것 같지 않다. 다만, 세무당국은 이전가격으로 중점조사 대상에 선정한 기업에 대해서는 사전자료의 제시를 요구하고 있다. 요구된 제시 서류는 꽤 분량이 많게 된다.

세무국의 조사담당자는 사전에 그 기업의 인가문서, 등기서류, 투자이익율, 판매이익율, 매상고분석, 원가비용의 지출합리성, 융자자금의 이자수준, 유형・무형자산의 양도가격, 사용료 가격의 합리성 등을 중점적으로 분석한다.

(2) 실지(實地)조사

이러한 사전조사를 받고 세무조사원이 기업에 직접 찾아가서 현장조사・증거수집, 공장 등의 현지시찰, 장부・증빙・계약서 등의 감사, 문제점의 설명・청취 등의 실지조사가 진행된다. 실지조사는 2인 이상의 조사원으로 진행되고 3일에서 7일 전에 조사시간, 장소, 내용이 기업에 고지되게 된다.

실지조사의 과정에서 발견된 문제와 상황은 정식으로 기록되고 피조사자의 서명이 요구된다(서명이 거부된 때에는 세무조사원 2명에 의한 서명이 필요하다). 조사원이 세무조사에서 기업에 관련 거래의 가격, 비용기준 등의 자료를 요구하는 때에는 서면으로 자료 제공에 관한 통지를 발행하도록 되어 있다.

(3) 납세자의 거증(擧證)책임

기업은 통지를 수령한 날로부터 늦어도 60일 이내에 관련 거래의 유형, 내용, 범위, 기간, 수량, 금액 등의 상세한 자료를 제시해야 한다. 세무조사에서는 기업에 대해 관련 거래와 관계되는 이전가격의 정상성, 합리성에 대한 거증책임을 부과한다.

세무당국이 조사결과에 의해 이전가격을 조정할 때에는 주로 기업이 제공하는 신고 자료에 기초해야 하는 것으로 되어 있다. 증거자료의 거증책임이 납세자에 부여되기 때문에 세무조사가 일단 시작되면 회사의 사무부담은 인적, 시간적 방대한 것이 될 가능성이 있다.

사례로 세무조사를 수년에 걸쳐 받은 회사도 있는데 세무조사를 받는 것은 기업에 있어서 꽤 부담이 되는 일이다. 이러한 방대한 시간과 사무처리의 손실을 피하기 위해 세무당국과 이론외(理論外)로 타협하는 경우도 있다.

〖 이전가격조사의 절차 〗

기업에 의한 이전가격 신고자료의 제시(결산일 후 4개월 이내)

↓

세무국 담당자에 의한 신고자료의 분석

↓

세무국 담당자에 의한 실지조사

↓

기업에 의한 추가자료 제시(지료청구 통지의 수령 일로부터 60일 이내)

↓

세무조사 보고서에 기업서명(署名)

중국의 세무조사에서는 회사가 정확한 증빙자료를 제공할 수 없는 경우에는 추정 이익율로 조정하는 것이 가능하다고 규정되어 있다.

그러면서도 양국사이 상호협의도 없이 대응적 조정도 없는 채로 결정이 진행되는 것은 바람직한 일은 아니다.

17. 이전가격의 조정방법

주요한 조정방법은 "독립가격비준법(比準法)", "재판매가격기준법", "원가기준법"의 3가지이다. 이 3가지 방법이 적용될 수 없을 때에 기타 방법이 적용된다.

(1) 독립가격비준법

"독립가격비준법"이란 독립된 기업간에서 진행되는 동일 종류 또는 유사한 거래 활동의 가격으로 조정하는 방법이다. 즉 기업과 그 관련기업간의 거래가격을 그 비관련 기업과의 거래가격(제3자 가격)과 비교하여 분석하는 것으로 공평한 거래가격을 확정하는 방법이다.

(2) 재판매가격기준법

"재판매가격기준법"이란 제3자에 재판매하는 가격으로 판매하였을 때의 이익수준으로 조사하는 방법이다. 즉 제3자에 재판매한 때에 취득하는 판매수입에서 합리적 비용과 정상적인 이익수준의 이윤을 공제한 거래금액을 판매자의 정상적인 거래가격으로 하는 것이다.

(3) 원가기준법

"원가기준법"이란 원가에 합리적 비용과 이윤을 가산한 것에 의해 가격을 조정하는 방법이다. 즉 판매자의 상품(제품)원가에 정상적인 이윤을 가산한 것을 공평한 거래가격으로 한다.

(4) 기타 합리적인 방법

기타 합리적인 방법은 상술한 3가지 조사방법이 전부 적용될 수 없을 때에 적용되는 것이다. 기타 합리적인 대체방법으로 예를 들면 "영업이익비준(比準)법", "이익안분(按分)법", "순이익법" 등을 채용하여 조정을 진행할 수 있다.

A. **영업이익 비준(比準)법 (비교대상이익 비준법)이란?** 독립 제3자의 비교 대상 가능한 영업이익율과 비교하는 방법으로 거래의 순이익 마진을 비교하는 방법이다.

B. **이익안분(按分)법(이익분할법) 이란?** 관련 기업간의 수익 등에 대한 공헌도에 따라 이익을 분할하는 방법이다. 예를 들면 제조부문, 개발부문, 판매부문이 수익에 얼마만큼 공헌하였는가를 측정하여 일정한 분할율을 적용하여 이익을 분할하는 방법이다.

C. **순이익법은?** 중국의 규정에 구체적인 기재가 없기 때문에 확정적인 것은 말할 수 없지만, 독립 제3자의 순이익과 비교하는 방법이라고 생각된다.

기본적인 3법, 즉 독립가격비준법, 재판매가격기준법, 원가기준법은 어느쪽이나 거래가격에서 착안한 방법이다.

이와 상대적으로 기타 합리적 방법은 그 어느 것이나 이익에 착안한 방법이다. 그러나 이익 중에도 2가지 종류가 있고 거래가격에 포함되는 이익에 착안한 영업이익비준법과 회사가 획득한 이익에 착안한 이익안분법(이익분할법), 순이익법으로 나눌 수 있다.

그리고 중국의 규정에 따르면 기업이 정확한 가격, 비용 등의 증빙자료를 제공할 수 없는 상황에 있어서는 추정이익율의 방법으로 조정을 진행할 수 있다고 규정하였다.

※ 이전가격의 조정방법

① 유형재산의 판매거래 등:
- 독립가격 비준법
- 재판매가격 기준법
- 원가 기준법
- 기타 합리적인 방법(영업이익 비준법, 이익 안분법, 순 이익법 등)

② 무형자산의 양도 등: 비관련 기업이 동의할 수 있는 금액을 참조하여 조정하는 방법

③ 금전의 대부거래:
- 금전의 대부에 대해 정상적인 이익수준을 참조하여 조정하는 방법
- 전대(轉貸)융자에 대해서는 원가기준법에 유사한 방법

④ 노무의 제공거래: 유사한 노무활동의 정상적인 수입기준을 참조하여 조정하는 방법

18. 이전가격의 조정방법 종류

"독립가격비준법"은 제3자와 비교 가능한 요소가 있는지 어떤지, "재판매가격기준법"은 실질적인 가공을 진행하고 있는지 어떤지, "원가기준법"은 이익율을 합리적으로 확정할 수 있는지 어떤지가 포인트다.

(1) 독립가격비준법의 포인트

이 방법을 채용할 때에는 선택 적용한 거래와 관련기업의 거래가 비교 가능한 요소를 가지고 있는가 어떤가를 검토할 필요가 있고 다음과 같은 거래 요소가 고려된다.

A. 판매조건에 대하여

판매과정의 비교 가능성에는 거래의 시간과 장소, 인도조건, 인도수속, 지불조건, 거래수량, A/S의 기간과 장소 등이 포함된다.

B. 판매과정에 대하여

판매단계의 비교가능성에는 공장출하단계, 도매단계, 소매단계, 수출단계 등이 포함된다.

C. 판매화물에 대하여

판매화물의 비교가능성에는 품명, 브랜드, 규격, 형식, 성능, 구조, 외형, 포장 등이 포함된다.

D. 판매환경에 대하여

판매환경의 비교가능성에는 사회환경(민족풍속, 소비자의 취미 등), 정치환경(정국의 안정도 등), 경제환경(재정, 세수, 외환정책 등)이 포함된다.

(2) 재판매가격기준법의 포인트

이 방법을 채용하는 데는 재판매자가 상품(제품)에 대해 실질적으로 부가가치가 있는 가공(예를 들면 외형, 성능, 구조의 개조, 상표의 변경 등)을 진행하지 않는 경우, 즉 간단한 가공 또는 단순한 판매거래만을 통하여 이미 재판매자가 취득해야 하는 이익수준을 합리적으로 선택하고 확정할 수 있는 경우에 한정되어 있다.

(3) 원가기준법의 포인트

이 방법을 채용하면 원가와 비용의 계산이 중국의 세법의 관련 규정에 부합되어 있어야 하고, 한편 부합되는 원가이익율을 합리적으로 선택하여 확정할 필요가 있는 점에 주의해야 한다고 규정하고 있다.

(4) 기본 3법의 적용

독립가격비준법은 동일한 상황 하에 독립적인 제3자에 판매한 (또는 구입된)때의 가격과 비교하는 것이다. 예를 들면 동일한 상황의 수출판매에서는 국외의 관련기업에 판매한 가격과 국외의 비관련기업에 판매한 가격이 비교된다.

재판매가격기준법은 주로 판매회사에 대한 매상에 대해 적용된다. 독립가격비준법에서는 제조회사의 판매에도 적용되지만, 재판매가격기준법에서는 판매회사의 판매에 적용되어 그 판매회사에서는 간단한 가공이 진행될 뿐이며 큰 부가가치를 부여하는 제조 가공이 진행되지 않는 것이 전제로 되고 있다.

독립 제3자에 대한 재판매가격에 기초한 판매회사의 총이익이 포인트로 된다. 예를 들면 한국 본사로 판매한 경우에는 동일한 상황에 있는 독립 제3자의 판매회사의 재판매가격에서 판매회사의 판매마진(매상 총이익 등)을 공제한 가격이 비교 대상가격이 된다.

원가기준법은 제조회사가 원가에 부가한 이익율을 비교대상으로 한 것이다. 예를 들면 중국 국내에서 독립 제3자에게 판매할 때의 이익율과 국외 관련자에 판매할 때에 부가하는 이익율을 비교한다.

재판매가격기준법은 판매전문회사의 판매마진에서 독립 제3자가격을 산정하는데 원가기준법은 제조원가에 부가하는 원가 이익율에서 독립 제3자가격을 산정하는 것이다.

※ 기본 3가지 방법의 포인트

○ 독립가격비준법 : 독립기업간의 실제거래가격

○ 재판매가격기준법 : 판매회사의 판매가격-판매마진

○ 원가기준법 : 재조원가+제조마진

19. 이전가격의 사전확인

납세자와 세무당국이 사전에 규정을 확인하고 납세자가 결정한 규정에 따르고 있는 경우에는 이전가격이 문제없게 하는 방법이다.

(1) 사전확인제도

이전가격제도에 있는 사전확인제도란 납세자와 세무당국이 이전가격 산정방식을 사전에 확인하는 것으로 납세자의 세무조사에 대한 시간과 비용부담을 경감하는 것과 함께 합의한 방식 이외에서는 과세하지 않게 하여 과세의 안정성을 계획하고 이전가격 사안을 사전에 방지하는 제도이다.

중국에 있어서는 다음과 같은 사전확인제도가 채용되고 있다. 여기서는 그 규정 조항을 그대로 게재하겠다.

"관련기업간 거래의 이전가격에 대한 세무조사의 비용을 절약하기 위하여 기업이 어떤 기업과 관련 기업사이 거래의 이전가격 규정으로 계산방법을 제시, 주관 세무기관이 논증하고 확인한 후에 기업과 관련 기업간 거래의 과세소득액을 계산 또는 합리적인 매상 이익율의 폭을 확정한 것을 근거로 하는 것을 인정한다.

사전확인가격법을 채용하는 경우 기업이 신청서를 제시하고 또 관련 자료를 제공하고 동시에 "사전확인 가격 확인신청서"를 기재해야 한다.

주관 세무기관은 심사 검토하고 승인한 후에 기업과 사전확인 가격협의서를 서명 체결하고 또 협의서의 집행을 감독해야 한다."

(2) 부담의 경감조치

중국의 이전가격의 세무 문제는 처음에는 남방의 홍콩과 인접한 지역에 비교적 많이 발생하였다. 이전가격의 세무팀이 본격적으로 조직화된 것도 이 지역이었다. 물론 동북지역 등에서도 이전가격의 문제는 발생하였지만 남방지역 쪽이 수가 많았다.

그러나 최근에는 폭 넓게 외국투자기업에 대하여 이전가격 조사가 진행되고 있다. 이전가격 조사는 기업에 대하여 방대한 자료의 제공과 많은 노동력을 강제하는 것으로 기업도 가격형식에 관한 합리적인 근거와 이유를 제시해야 한다.

따라서 기업은 방대한 부담을 경감하기 위하여 세무당국과 사전확인제도가 가능하다면 장래적으로는 이것을 이용할 가능성이 있다.

그러나 현재는 앞에서 서술한 바와 같은 사전확인제도의 규정조항이 있을 뿐이므로 구체적인 수속, 즉 납세자가 어디에 어떻게 신청하는가, 신청서류에는 무엇이 필요한가, 확인수속은 지방의 국가세무국이 진행하는가, 또는 국가세무총국이 진행하는가 등의 자세한 규정이 없다. 아무튼 구체적인 수속이 공포되면 이 사전확인제도는 더 많이 활용되고 앞으로 한국과 중국과의 상호협의도 가능하게 되고 대응적인 조정도 진행할 수 있기 때문에 2중과세가 발생하지 않는 수단이 강구될 수도 있다.

(3) 구제조치

납세자는 세무당국의 조정에 대하여 이의가 있는 경우에는 세금을 납부한 후에 세무기관에 이의신고를 진행할 수 있다. 또 세무기관의 이의신고의 결정서에 불복할 경우에는 인민법원에 제소할 수도 있다.

한중간에는 조세조약에 의해 정부간 상호협의를 진행할 수 있다. 앞으로는 사전확인제도가 정비되어 단독이 아닌 상호 협의에 의한 사전 확인이 효과적으로 진행되면 대응적 조정도 가능하게 되어 불합리한 과세도 회피할 수 있다.

※ 이전가격 구제조치
○ 부담의 경감조치
*사전확인제도+상호협의+대응적 조정

○ 구제조치
*세무기관에 대한 이의신청
*인민법원에 대한 소송
*조세조약에 따른 정부간의 상호협의 신청

제4장 개인소득세

1. 개인소득세가 과세되는 경우

출장하여 중국에 체류하는 경우 183일을 초과하면 과세된다. 중국에 부임하는 경우도 과세된다. 또 현지에 출장 또는 부임하지 않는 경우도 과세되는 경우가 있다.

(1) 거주자의 정의

우선 "거주자"와 "비거주자"로 구분되어 있다. 거주자는 중국국내에 주소를 가진 개인과 주소를 가지지 않은 개인으로 분류된다. 주소란 "호적, 가정, 경제적 이익관계에 의해 습관적으로 중국국내에 거주하는 것"으로 정의 되어 있는데, 일반적으로는 중국인으로 호적을 갖고 있는 사람이 "주소를 가진거주자"로 취급되고 있고, 외국인은 "주소를 가지지 않은 거주자"로 분류되고 있다. 따라서 중국에 1년 이상 거주한 한국인이 거주자로 된다.

이 주소를 가지지 않은 거주자도 5년 이상과 5년 미만으로 구분되어 있다. 다른 점을 말한다면 5년 이상 거주한 외국인은 중국인 거주자와 동일하게 전부의 소득이 과세소득으로 되지만, 5년 미만인 거주 외국인은 국외원천소득 중 국외에서 지불되는 부분이 비과세소득으로 된다.

(2) 국내원천소득과 국외원천소득

국내원천소득이란 "국내에 소득의 발생원천이 있다"는 것으로 예를들면 중국에 근무하고 있는외국인은 중국에서 노무를 제공하고 있기 때문에 급료가 외국에서 지불되고 있어도 급여소득은 국내원천소득으로 된다. 국외원천소득이란 국내원천소득 이외의 소득이고 예를 들면 중국에서 보면 한국인 거주자의 한국에 있는 예금의 이자, 유가증권의 양도소득, 부동산의 임대소득, 양도소득이다.

중국으로 부임하는 한국인은 일반적으로 4년에서 5년 정도 체류하므로 "5년 미만의 거주자"로서 중국 국내에서 발생된 원천소득, 즉 급여소득의 납세의무자가 되고 한국에서 발생하는 예금, 유가증권, 부동산관계의 국외원천소득은 일반적으로 과세소득으로 되지 않는다.

(3) 유의할 사항

중국에서 개인소득세를 납세할 때에 그 과세되는 소득이 임금급여 소득인 경우에 늘 틀리게 감정되는 부분인데, 어느 범위 내의 임금급여를 신고하면 좋은가 라는 것이다.

중국에 1년 이상 부임할 예정으로 주재한 경우에는 부임처에서 임금 급여가 지급되는 외에 한국 본사에서 지급하는 해외 주재수당이 지급되는 경우가 있다. 임금 급여소득의 중국 국내원천소득이라 함은 중국에서 근무하는 것에 의해 취득하는 임금 급여를 가리킨다. 한국 본사에서 지급하는 해외 주재수당도 중국 근무로 인하여 취득 하는 것이기 때문에 중국 국내원천소득에 해당된다. 따라서 신고소득은 부임처에서 지급하는 임금 급여와 한국 본사가 지급하는 수당의 합계가 된다.

<table>
<tr><th colspan="3">개인소득세의 과세</th><th>과세대상</th></tr>
<tr><td rowspan="3">거주자</td><td colspan="2">주소 있음</td><td>전체 소득</td></tr>
<tr><td rowspan="2">주소 없음</td><td>5년 이상거주</td><td>전체소득</td></tr>
<tr><td>1년 이상 5년 미만 거주</td><td>국내원천소득
국외원천 국내불입</td></tr>
<tr><td rowspan="2">비거주자</td><td colspan="2">6개월 초과 1년 미만 거주</td><td>국내원천소득</td></tr>
<tr><td colspan="2">6개월 이내 거주</td><td>국내원천소득</td></tr>
<tr><td>거주하지 않음</td><td colspan="2"></td><td>국내원천소득</td></tr>
</table>

2. 중국 출장에서 과세되는 경우

중국 체재기간이 년간 183일 초과, 또는 중국의 고용주로부터 보수가 지불되거나 또는 중국의 항구적 시설(사업장소)이 보수를 부담하든지 그 어느 경우에 해당되면 개인소득세가 과세된다.

(1) 단기체류자의 면세규정

한중조세조약에서는 "단기체류자의 면세규정"이 있고 아래 3개의 조건을 전부 만족하는 경우에는 그 중국 체류자는 중국에서 개인소득세가 면세된다.

① 한국인의 거주자가 중국에 체류(거주)하는 기간이 1월 1일부터 12월 31일까지 1년에 183일 이내일 것(183일 기준)

② 그 체류자의 보수가 중국 이외의 고용주 또는 이것에 대체되는 자로부터 지불 받을 것(국외 고용주의 보수지급기준)

③ 보수가 중국 국내의 항구적 시설(사업장소)이 부담하는 것이 아닐 것(항구적 시설의 보수 부담기준)

(2) 국내원천소득

또 "비거주자"의 과세소득으로서 "거주없음", "6개월이내거주"(=183일 이내)의 그 어느 경우도 국내원천소득이 과세소득으로 되고 있는 것에 의문을 가지는 사람도 많기 때문에 여기서 설명을 부가하겠다. 여기서 기재하고 있는 국내원천소득이란 급여소득뿐만 아닌 적금의 이자소득, 유가증권의 양도소득, 부동산의 양도소득, 임대소득 등 모든 소득을 포함하는 것이다.

이 국내원천소득을 급여소득으로 이해하면 183일(7개월)을 초과하여 1년 이내 중국에 체류하는 외국인은 그 급여소득 중 중국에 체류하는 기간에 상당한 급여소득을 납세 신고해야 한다.

중국 체류가 6개월 이내지만 중국 국내의 기업, 외국기업의 사업장소가 그 급여를 지불, 부담하는 경우에는 여전히 중국 체재기간에 상당한 급여소득이 과세소득으로 된다.

일반적으로 이러한 급여소득이 국내원천 소득에 해당하지만, 국내원천 소득에는 급여소득 이외에 적금, 유가증권, 부동산 등의 소득도 해당하는 경우가 있다. 예컨대, 중국에 완전히 거주하지 않는 외국인이라도 중국 국내의 회사에 출자하거나 부동산을 소유하는 경우도 있고, 이러한 중국 국내에서 소유하는 출자지분권, 부동산의 양도소득, 임대소득은 중국 국내원천 소득에 해당되기 때문에 중국에서 개인소득세의 과세소득이 발생하게 된다.

반대로 중국에 1년 이상 거주한 한국인이 한국에서 소유하고 있는 적금, 유가증권, 부동산에서 발생되는 소득은 국외원천소득이 되므로 중국에서는 과세되지 않는다.

※ 개인소득세의 면세, 과세의 기준

A. 단기체류자의 면세조건:

아래에 기록한 3가지 조건에 모두 부합되면 면세

*183일 기준: 중국체류가 년간183일 이내

*국외지급기준: 중국 국외의 고용주가 급여를 지급

*국외부담기준: 중국 국내의 항구적 시설의 급여부담 없음

B. 중국 국내 원천소득의 예:

*급여소득: 중국에서 근무하는 것에 기인된 급여소득

*재산소득: 중국에서 운용하고 있는 예금, 유가증권, 부동산 등에서 생긴 이자 양도소득, 임대소득 등

C. 중국 국외원천소득의 예:
*재산소득: 한국에서 운용하고 있는 예축금, 유가증권, 부동산 등에서 생기는 이자, 양도소득, 임대소득 등

3. 중국에 잠시 체재하는 경우도 과세

중국 국내에서 추정이익과세를 받고 있는 사업소에서 사업하고 있는 외국인과 주재원 사무소의 상주대표로 취임하고 있는 외국인에게는 과세된다.

(1) 중국에서의 과세

한국인이면 중국체류가 183일 이내로 급료, 보수가 한국의 회사에서 지불되고 있고 그 인건비를 중국국내의 기구, 장소(공장현장, 사업소 등의 사업을 진행하고 있는 장소를 말하고, 항구적인 시설이라고도 부른다)가 부담하고 있지 않으면 중국에서 개인소득세가 과세되는 일은 없다. 그러나 다음의 두 사례에 해당하는 때는 개인소득세가 과세된다.

(2) 사례 1의 경우

현지에서 어떤 공사프로젝트가 진척되고 있고 그 공사 자체는 사업소로 세무당국에 인정되어 기업소득세가 과세되고 있는 경우이다.

기업소득세의 납세방법으로 추정이익과세방식(계약수입액에 일정한 이익율을 추정하여 수입으로 추정이익율을 곱하여 과세소득을 산정하는 방식)을 채용하고 있는 경우에는 그 공사현장에서 노무를 제공하고 있는 한국인 파견자는 예컨대, 체재일수가 5일(183일 이내)이라고 해도 개인소득세를 납세해야 한다. 이 경우 그 사람의 급료는 그 공사현장이 부담하는 것으로 간주되기 때문이다.

중국에서 개인소득세가 면세되는 소위, 단기체재자의 면세규정 3가지 조건은 183일 기준과 국외지급기준, 국외부담 기준이지만, 이 한가지 조건인 국외부담 기준이 국외부담기준이 충족되지 않는 것으로서 개인소득세가 과세된다. 예컨대, 체재가 5일이라도 5일분의 급료를 계산하여 개인소득세가 과세되는 것이 된다.

(3) 사례 2의 경우

보통 때는 한국에 거주하여 한국 국내의 업무에 종사하고 있는 사림이 명의만 있는데 중국의 주재원사무소의 상무대표로 되어있는 경우이다. 이 한국의 거주자가 업무관계로 중국에 늘 출장하는 것과 같은 경우에 중국에서의 개인소득세 과세 문제가 발생하는 경우가 있다.

중국의 주재원사무소는 "본사와의 업무연락", "본사에서 의뢰 받은 시장조사", "상담사

항 등"을 진행하고 있는 동안에는 중국에서 과세되지 않는다. 그러나 이러한 보통 주재원 사무소에서 영업수입이 없이 기업소득세를 납세하지 않는 주재원사무소의 상주대표에 취임하고 있는 경우라도 그 상주대표는 주재원사무소의 직무담당자이다.

그 사람의 급여는 당연히 주재원사무소가 부담해야 하는 것이기 때문에 동일하게 단기 체류자의 면세조건의 하나인 국외부담기준에 부합되지 않기때문에 개인소득세의 납세의 무자가 된다. 다만, 과세소득은 중국에 체류하지 않고 상주대표의 이름을 등록하고 있을 때에는 이 점에 주의해야 한다. 또 이러한 명목뿐인 주재원이라도 개인소득세가 과세되는 일에 의심은 남아있지만 현행 중국의 세무통지의 개정이 없는 한 과세된다.

※ 개인소득세가 과세되는 사례
○ 중국국내의 사업소
⇒ 추정이익과세로 기업소득세를 납세
⇒ 한국인파견자는 개인소득세 과세

○ 주재원사무소
⇒ 상주대표 등으로 등록
⇒ 명목이라도 개인소득세 과세

4. 현지법인 임원의 겸임과 세금

임원이라도 동사와 고급관리직에서는 다른 점이 있고, 동사는 일반적으로 무보수이고 과세되지 않지만, 고급관리직으로서 임원보수의 지급을 받으면 현지에서 과세된다.

(1) 임원취임의 다양성

한국 본회사의 임원이 현지법인의 동사에 취임하는 경우가 늘 있다. 또 본사의 사원(社員)이 경영관리와 의사결정 양면의 편이성을 고려하여 동사 겸임의 총경리직이 된 경우도 비교적 많이 볼 수 있다. 또 한가지 일반적인 경우로서 한국 본사의 중역이 현지에서도 총경기와 동사를 겸임하는 경우가 있다.

이렇게 한마디로 현지법인의 임원이라고 말해도 여러 가지 경우가 있고 위의 3가지 형태 외에도 다양한 경우가 있을 것이다. 따라서 이런 저런 경우에 대하여 개인소득세가 어떻게 과세되는가 또는 과세되지 않는가를 판단하는 것은 구체적인 상황을 자세히 들은 후 판단하는 수밖에 없다. 여기서는 대체적인 원리원칙을 설명하겠다.

(2) 동사

"중국의 현지법인의 동사, 총경리 등의 고급관리직을 담당하는 사람은 중국 현지법인이 지불한 경우에는 중국 체류기간에 관계 없이 또 중국 국외에서 직무를 수행하든가 어떤가에 관계없이 그 직무를 담당한 시간부터 그 직무를 해제하기까지의 시간은 개인소득세를 신고납부해야 한다"라는 세무규정이 있다.

여기서 우선 주의해야 할 점은 동사와 고급관리직의 다른 점이다. 동사는 1회 이상 개최되는 동사회에 출석하여 결의에 참가한다. 일반적인 경우라면 동사에 보수가 지급되지 않는다. 동사는 무보수가 원칙으로 되어 있기 때문이다. 이렇게 현지법인이 동사로 취임되어도 무보수이면 개인소득세를 원칙적으로 과세되지 않는다.

동사회에 출석하기 위한 여행비, 회의비 등은 실비용이 지급 되지만 이러한 비용은 현지법인의 관리비용으로서 기업소득세의 손금으로 계산되고, 개인소득세의 과세대상은 되지 않는다는 원칙이다.

(3) 고급관리직

여기에 상대적으로 고급관리직의 경우에는 일반적으로 현지법인으로 부임하여 직무를 수행하기 때문에 금액의 다소에 관계 없이 모두 상당한 급료가 지급된다. 여기서 고급관리직이란 총경리, 부총경리, 총수, 총감, 기타 유사 관리직으로 규정되어 있다. 총수라든가 총감이란 용어는 세무규칙에 의한 것으로 일반적으로는 사용되지 않는다. 또 동사와는 상대적으로 지급되는 보수와 고급관리직에 지급되는 급여(임금 급여)는 개인소득세에서는 별도의 과세 항목이다.

실제 예를 들면 현지법인의 부총경리로 취임한 한국 회사직원이 대개는 한국 본사의 직무를 담당하고 출장차 중국으로 가서 중국 체류는 년간 약 100일 쯤으로 현지법인의 부총경리의 직무를 담당하고 있는 경우가 있다.

한국 본사와 현지법인 양측에서 급여를 받고 있을 경우, 현지법인으로부터 지급되는 고급관리직의 급여에 대해서는 앞에서 서술한 단기체류자의 면세조건을 전부 만족하지 않기 때문에 중국의 개인소득세가 과세된다.

그러나 동시에 중국에 체류하고 있은 기간에 상당한 한국 본사에서 지급되고 있는 급여도 현지 급여와 합산하여 개인소득세의 과세대상이 되기 때문에 유의해야 한다. 상황에 따라서는 많은 한국인 측이 불합리하게 생각하고 있는 규정이지만 현장에서는 이러한 과세실무가 존재하고 있다.

※ 동사와 고급관리직의 보수
○ 동사
- 원칙적으로 무보수
- 예외적으로 보수지급

○ 고급관리직
- 원칙적으로 급여지급
- 예외적으로 무보수

5. 부임자의 소득신고

중국의 거주자에 해당되면 급여소득은 중국지불의 급여와 한국지불의 해외수당 등의 합계가 신고소득이 된다. 한국의 거주자이면 단기체류자의 면세규정이 있다.

(1) 중국 부임자

중국에 부임해서부터 현지에서 거류증 등을 취득하여 "중국의 거주자"로 된다. 중국에서는 세무국에서 개인소득세의 세무등기를 하고 자신의 급여소득의 증명자료를 제시한다.
한국기업의 주재원사무소의 주재원이면 한국 본사로부터 제시되는 급여증명서를 세무국에 제시해야 한다. 그 때 기재하는 급여로는 중국 지불급여 뿐만이 아니라 한국에서 지급되는 한국 지불급여도 포함되므로 주의가 필요하다.

(2) 과세소득

해외 부임자에 대한 급여의 내역에는 해외 주재수당 등이 있다, 이러한 한국에서 급여지급액을 현지에서 신고하지 않아도 좋다고 이해하는 경향이 있다. 그러나 이렇게 한국의 급여지급액도 결국은 본인이 중국에서 근무하여 노무를 제공하는 것에 의해 지급되는 보수이다.
따라서 본인에 지급되는 전부의 급여가 중국 국내원천 소득이 되어 중국에서 그 전액을 신고게 된다. 또 한국인에 대한 현지법인이 지불하는 급여가 현지급여 수준에 부합되는 것으로 실질적으로 한국에서의 급여 수준보다 낮게 되는 경우가 있기 때문에 그 차액을 한국본사가 보충하는 경우가 있다. 이러한 급여도 합산하여 신고해야 한다.

(3) 현지에서의 유의사항

현지법인과 한국 본사에서 어떻게 급여를 지급하고 부담하는가는 여러 가지 상황에 따라 천차 만별이라 한마디로 설명하기가 어렵다. 그러나 중국 부임자가 취득하는 급여가 현지 지급과 한국 지급으로 분리되어 있고, 그 양자가 중국 국내원천소득에 해당하는 경우에는 그것들을 합산한 소득을 신고 소득으로 해야 한다. 현지 지불만이 아니고 한국 지불을 신고하지 않으면 과소신고가 된다.

중국의 조세징수관리법과 그 실시세칙에서는 세금을 신고하지 않거나 또는 과소 신고한 경우에는 세무기관은 3년간 추가 징수할 수 있고 금액이 큰 경우에는 5년간으로 연장이 가능하다고 규정되어 있다. 그러나 이 시효는 납세자에 착오 등의 과실이 있을 경우의 시효로 되어 있고 납세자가 과실에 의해 틀린 무신고 또는 과소 신고였을 경우에 적용되는 시효이다. 그러므로 납세자가 의도적으로 무신고 또는 과소 신고한 경우에는 착오 등에 의한 과실로 인정되지 않는다.

납세자에 탈세 등의 사실이 있을 경우에는 무신고 또는 과소신고에 시효의 적용은 없고 세무기관은 무기한으로 언제라도 세금을 추가 징수함과 동시에 체납금, 벌금 등도 과세할 수 있다. 체납금은 납세자의 착오 등에 의한 과실인 경우에도 적용된다. 중국의 체납금은 비교적 높고 조세징수관리법이 적용되는 2001년 5월 이전에는 연율 환산으로 73%나 되는 체납금이었다. 수년이 지나면 어느새 몇 배의 금액이 된다. 현행의 조세징수관리법에서는 체납금은 연율 환산으로 18.25%이기 때문에 경감되었다고는 하지만 금리보다는 훨씬 높게 설정되어 있다.

※ 무신고, 과소 신고의 시효

*세무기관의 과실에 의한 것: 3년
*납세자의 과실에 의한 것: 원칙상 3년, 특별한 경우 5년
*탈세, 납세거부, 세금사취(詐取): 시효 없음

6. 급여소득의 세율

회사가 본인의 개인소득세를 부담하는 회사 부담방식과 본인이 자신의 급여에서 개인소득세를 지불하는 본인 부담방식의 2가지 방법이 있다.

한국의 소득세는 급여수입에서 급여소득공제를 제하고 급여소득금액을 산정, 거기서 사회보험료공제, 의료보험공제, 배우자공제, 부양공제, 기초공제 등을 공제한 과세소득금액을 산출한다.

중국에서는 소득공제가 4,000위엔 밖에 안되고 외국인에 적용되는 세율도 최고 45%로 매우 높기 때문에 개인소득세는 꽤 높은 것으로 이해하는 쪽이 무난하다.

※**납세액**=과세소득액(세입급여54893위엔-비용공제표준액4000위엔)×적용세율30%-공제액3375위엔=11892위엔

※**납세액**=(세입급여-비용공제비준액)×적용세율-공제액

〖 급여소득의 세율 〗

단계	회사부담방식	본인부담방식	속산공제액	세율
1	475위엔 이하	500위엔 이하	-	5%
2	475위엔 이상, 1,825위엔 이하	500위엔 이상, 2,000위엔 이하	25위엔	10%
3	1,825위엔 이상, 4,375위엔 이하	2,000위엔 이상, 5,000위엔 이하	125위엔	15%
4	4,375위엔 이상, 16,375위엔 이하	5,000위엔 이상, 20,000위엔 이하	375위엔	20%
5	16,375위엔 이상, 31,375위엔 이하	20,000위엔 이상, 40,000위엔 이하	1,375위엔	25%
6	31,375위엔 이상, 45,375위엔 이하	40,000위엔 이상, 60,000위엔 이하	3,375위엔	30%
7	45,375위엔 이상, 58,375위엔 이하	60,000위엔 이상, 80,000위엔 이하	6,375위엔	35%
8	58,375위엔 이상, 70,375위엔 이하	80,000위엔 이상, 100,000위엔 이하	10,375위엔	40%
9	70,375위엔 이상	100,000위엔 이상	15,375위엔	45%

제5장 유통세

1. 증치세의 납세와 환급구조

증치세의 납세액은 매상세에서 구입(仕入)세를 공제한 금액이다. 수출하였을 때에는 수출매상은 면세, 수출제품의 생산에 사용된 원재료, 부품에 지불된 구입세는 매상세에서 공제되든가 공제할 수 없으면 환급된다.

(1) 증치세의 계산

증치세의 과세는 물품을 판매하였을 때, 수입하였을 때, 노무(가공, 수리, 조립)를 제공하였을 때에 진행된다. 국내에서 원재료, 부품을 구입하면 구입대금에 17%의 구입증치세를 가산하여 납입업자에게 지불한다.

국내에서 제품을 판매하면 제품대금에 이미 17%의 매상증치세가 가산하여 대금과 함께 매상세를 수령하게 된다. 수입 구입이 있으면 수입시에 관세와 함께 수입의 구입증치세를 세관에 납부한다.

가공업무를 수탁하였을 때에도 가공임에 매상 증치세를 가산하여 위탁자로부터 대금과 매상세를 수령한다. 따라서 여기까지의 거래로 해당 관할의 세무국에 납부해야 하는 증치세를 계산하면 다음과 같은 계산식이 된다.

※ **납부세액**=국내매상세-구입세총액(국내구입세+수입구입세)

(2) 수출판매에 드는 증치세

다음으로 회사가 제품을 수출하였을 때는 매상에 대한 증치세는 면세된다. 그 수출제품을 생산하기 위하여 구입한 원재료부품 등의 구입 증치세(국내구입세와 수입구입세의 일부)는 국내 판매에 의한 매상세에서 공제된다.

만약, 매상세에서 공제할 수 없는 것이면 위의 계산식으로 납부세액이 마이너스가 되기 때문에 환급된다. 이렇게 매상은 면세, 구입세는 공제되든지, 면제되는 방식을 "면세, 공제, 환급방식"이라고 부른다. 원래 공제되든지 환급되는 구입세액은 다음과 같은 산식으로 구할 수 있다.

※ **공제・환급세액**=수출제품에 사용된 원재료부품의 구입고(高)×17%

그러나 세무당국은 실무적으로 이러한 수출제품에 사용된 원재료 부품의 구입고를 구하는 것이 곤란하자 다음의 계산식을 사용하였다.

※ **공제 · 환급세액**=제품수출가격×환급률
※ **공제환급불능액**=제품수출가격×(징세률−환급률)

또 이 계산식을 도입한 당시는 증치세의 환급률이 징수율 보다 낮은 세율이 적용되고 있고, 징세율에서 환급율을 차감한 부분은 공제도 환급도 안 되는 부분으로서 납세액에 가산되었다.

이 공제환급불능액을 처음의 계산식에 대입하면
※ **납부세액**=국내매상세−(구입세총액−공제환급불능액)
※ **납부세액**=국내매상세−구입세총액+제품수출가격×(징세률−환급률)

지금은 대부분의 제품에 대하여 환급율이 징세율까지 인상되어 오고 있기 때문에 공제도 환급도 할 수 없는 금액은 0으로 되는 것이 많지만, 일부제품에 대해서는 환급율이 낮기 때문에 세금비용이 더 발생하고 있는 경우도 있다.

(3) "면세, 공제, 환급방식"과 "선납불 후 환급방식"

또 일부지역에서는 다음 계산식과 같이 먼저 납부세액을 전액 납세하고 후에 환급하는 "선납부 후 환급방식"도 채용되고 있다.

※ **납부세액**=국내매상세−구입세총액+제품수출가격×징세율
※ **환급세액**=제품수출가격×환급율

현재 생산형기업에 대해서는 모든 지역에서 "면세, 공제, 환급방식"이 적용되는 것이 원칙으로 되어 있다.

2. 증치세의 수출환급 문제

과거에 주로 문제가된 수출환급 문제는 환급율이 징세율보다 낮은 것이었는데 지금의 주된 문제점은 환급수속이 규칙적 정기적으로 진행되지 않는 것과 보세구에 판매한 때에 곧바로 환급되지 않는 문제 등이 있다.

(1) 증치세의 전액환급문제

증치세의 계산식은 다음과 같이 환급율이 징수율 보다 낮은 물품은 세액의 전액환급은 진행되지 않는다.

※ **납부세액**=국내매상세−구입세총액+제품수출가격×(징세율−환급율)

현재 환급율이 징세율 보다 낮은 물품과 그 환급율은 다음의 표에서 표기한 바와 같다. 이러한 물품에 대해서는 환급되지 않는 세액만 기업 부담으로 남는다.

(2) 위탁가공무역의 증치세 부담

위탁가공에는 래료가공(원래의 원재료의 무상지급에 의한 위탁가공)과 진료가공(원재료의 유상 지급에 의한 위탁가공)이 있다. 래료가공에서는 관세와 증치세는 보세되어 면세되지만 환급 규정이 적용되지 않기 때문에 국내 조달에 드는 구입 증치세가 자기부담이 되는 문제가 있다. 또 진료가공(수입가공)에서는 다음의 증치세 계산식에서 세금부담 문제가 남아있는 것을 알 수 있다.

※ **납부세액**=국내매상세−구입세총액+(제품수출가격−보세원자재 예정가격)×(징수률−환급률)

이 계산식은 앞에서 서술한 증치세의 납세, 환급세액의 계산식에 "보세원재료 가정가격"이 삽입된 것으로 의미는 보세 취급으로 과세되지 않는 수입가공에 의한 원재료 부품의 수입가격을 제품 수출가격에서 공제하는 것이다. 따라서 보세 원재료 부품의 부분만큼 납세액은 감소되는데, 그것도 환급율이 징세율 보다 낮은 경우에는 증치세의 부담이 남는다. 이 문제도 환급율이 징세율과 같으면 문제는 해결된다.

(3) 증치세의 환급지체

4대기전(기계설비, 전자기기 및 전자제품, 운수공구, 시험기기)제품의 환급율이 17%로 인상된 1999년 이래 증치세의 주요한 환급문제는 그 환급 수속의 지연에 관한 것으로 옮겨졌다. 원래 증치세의 불환급 문제는 부정환급 신청에 의해 과대환급, 재정자금의 부족에 원인이 있었기 때문에 재정문제 등이 해결되지 않는 한, 환급 수속도 원활하게 진행되지 않는 상황이 있다.

증치세의 환급수속은 2002년부터 제도로 정비되었지만 실제 운용에서는 아직 선납불후 환급수속이 진행되기도 하고, 환급 청구를 정기적으로 받을 수 없는 상황도 있고, 또

환급 청구해도 곧바로 환급 받을 수 없는 경우도 있고, 기업에 환급세금에 상당하는 자금의 부담을 강요하는 상황이 남아있다.

(4) 보세구 경유의 수출판매

보세구에서 해외로 수출 판매되는 경우는 일반지역에서 보세구에 판매되는 것 만큼은 수출로 보지 않고, 수출화물이 실제로 해외로 운송되지 않으면 증치세의 수출환급 수속을 할 수 없게 되어 있다.

※ 증치세의 환급률이 낮은 물품

○ 환급률 15%의 물품:

*복장품 이외의 방직원재료 및 제품
*4대 기전제품 이외의 기타기전제품
*농업기계
*시계, 신, 도자기, 강재와 그 제품, 시멘트
*유기화학공업원료, 무기화학공업원료, 도료, 염료, 연료, 고무제품
*완구와 운동용품, 플라스틱제품, 여행가방과 트렁크

○ 환급률 13%의 물품:

*농산물 가공제품과 기타 화물
*환급률 5%의 물품
*농산물

3. 영업세가 과세되는 경우

증치세는 주로물품에 과세되지만, 영업세는 서비스(노무)에 과세된다. 다만 가공조립업무는 증치세의 과세범위에 포함돼 있고 가공조립 이외의 노무제공이 영업세의 과세노무로 되어있다.

(1) 영업세의 과세 사례

과세노무 중의 건설업에는 건설, 수리, 장식이 포함되고, 건설업의 세율은 3%이다. 따라서 중국으로 기술자를 파견하여 건설공사의 감독을 진행한 경우에도 3%의 영업세가 과세된다. 다음으로 서비스업에는 대리업과 기타 서비스업이 있고 세율은 5%이다. 기타 서비스업에는 측량시험, 과학검사, 녹음, 녹화, 설계, 제도(製圖), 탐색, 컨설팅, 계산 등이 있다.

따라서 한국기업이 현지에서 설계업무, 컨설팅 등에 종사하면 영업세가 5%로 과세된다.

한국기업이 중국의 현 비법인과 중국기업에 특허권, 노하우 등을 제공하여 그러한 특허권, 노하우 등이 소정의 수속에 의해 영업세의 면세대상이 될 수 없는 경우 영업세가 5%의 세율로 과세된다.

(2) 영업세의 문제점

증치세가 물품에 대한 세금인 것과 상대적으로 영업세는 노무에 대한 세금이다. 다만, 증치세가 한국의 소비세와 동일하게 매상고(高)에서 구입고(高)를 공제한 부가가치에 대응되는 세금인 반면, 영업세는 매상고(高)에 대한 세금이라는 점이 중요한 문제점으로 된다. 즉 매상고에 대해 몇 번이나 과세하는 것으로 되는데, 예를 들면 컴퓨터소프트를 제작하는 경우에는 원 회사에서 하청회사로 업무가 위탁되는 경우가 많다. 하청으로 위탁될 때마다 영업세가 2중 3중으로 과세되는 것이다. 이에 반해 증치세는 부가가치세이기 때문에 매상세에서 구입세를 공제할 수 있다. 영업세는 매상을 계산한 회사가 그대로 부담하므로 하청회사는 모두 영업세의 부담자가 되어 버린다. 증치세와 같은 구입세액공제는 없다. 이러한 영업세의 폐해를 제거하기 위해 중국 정부는 반도체와 소프트산업에 대해 영업세를 면제하여 영업세의 과중과세를 회피하는 조치도 취하고 있다.

마찬가지로 건설업과 부동산업에서는 건설을 위해 구입한 건설자재에 부과된 증치세는 그 건설회사가 증치세의 납세의무자가 아니고, 영업세의 납세의무자이기 때문에 증치세의 구입세액 공제를 진행할 수 없다. 영업세에서는 구입세액 공제가 없기 때문에 그대로라면 구입 증치세는 건설업자의 부담이 되므로 특별히 세액에서 공제하는 방법을 사용하고 있다. 이밖에 운수업에 대한 영업세의 과세가 기업의 세금부담을 가중시키고 있는 문제의식에서 운송요금을 지불하는 기업이 세액공제할 수 있다는 취지의 방법도 강구하고 있다.

※ 영업세의 납세의무자

○ 과세노무의 제공자:

교통운수업, 건설업, 금융보험업, 우편전기통신업, 문화체육업, 오락업, 대리업, 여관업, 음식업, 관광업, 창고업, 임대업, 광고업, 서비스 등

○ 무형자산의 양도자:

무형자산에는 토지사용권, 상표권, 특허권, 노하우, 저작권, 영업권(신용)이 포함된다.

○ 부동산의 양도자:

건설물 또는 구축물, 기타 토지에 부착되는 것의 양도를 말한다.

4. 증치세와 영업세의 관계

증치세는 부가가치 부분에 대하여 과세되지만, 영업세는 매상 그 물체에 과세된다. 증치세의 최종 부담은 소비자이지만 영업세는 매상한 자에 대하여 과세된다.

(1) 물품과 노무

증치세는 과세대상이 주로 물품의 판매와 수입이고, 물품에 대한 세금이다. 이것과 상대적으로 영업세의 과세대상은 노무(서비스)이다. 한국의 소비세는 물품도 서비스도 포함하고 있다. 한편 중국의 증치세는 가공, 조립, 수리라고 하는 노무도 포함돼 있지만, 주로 물품에 대한 부가가치세이다.

(2) 고정자산의 구입세

부가가치세라는 점에서는 한국의 소비세나 중국의 증치세가 같지만 다른 점은 한국의 소비세는 고정자산의 구입에 걸리는 소비세도 구입세로써 구입세액 공제가 되는데 비해, 중국의 증치세는 구입세액 공제를 인정하지 않는다.

재고정리 자산의 구입 세액공제는 인정되고 있지만, 고정자산의 증치세는 고정자산의 취득원가로 취급하여 감가상각 되도록 하고 있다. 다만, 이 점은 앞으로 세법을 개정하여 한국의 소비세와 같이 구입세액 공제가 가능하도록 개정될 전망이다.

(3) 부가가치세와 매상세

한편 중국의 영업세는 부가가치세는 아니다. 과세대상은 노무(서비스)이고, 과세표준은 그 수입 전부에 세율을 곱하므로 부가가치 부분에 세율을 곱하는 소비세와 증치세와는 다르다. 이 점이 중국의 영업세의 특징이고 또 문제점이 되고 있다. 예를 들면 하나의 기업이 증치세의 과세업무와 영업세의 과세업무를 겸영하고 있을 경우, 주로 어느쪽의 세법을 적용해야 하는가의 문제가 있다.

증치세와 영업세의 과세업무가 사업부문에서 명확히 구분되어 있으면 여러가지 세법이 적용되지만, 혼합되어 있을 경우 어느쪽인가가 적용된다. 반대로 건설업으로서 영업세의 과세를 받고 있는 건설회사의 경우 건설공사에서 사용하는 건설자재의 구입시에 지불된 구입 증치세는 이 회사가 영업세의 납세의무자이기 때문에 증치세 구조인 구입세액 공제는 적용되지 않는다. 지불된 증치세 17%는 비용으로서 영업비가 된다.

(4) 세금의 최종부담자

증치세는 소비자로부터 매상세를 수령하여 구입 전에는 구입세를 지불하고, 공제는 세무국에 납세하기 때문에 원칙상 자금의 수수가 있는 만큼 비용으로 되는 일은 없다. 고정자산과 전술한 예외 처리에서 원가, 비용으로 계상되는 경우가 있을 뿐이다. 이와 상대적으로 영업세는 매상한 기업이 영업세의 납세의무자로 영업수입의 공제항목으로서 처리된다.

증치세과 같이 자금의 수수에서 손익에 영향주지 않는 것은 없다. 영업세는 손익계산서의 영업수입 다음에 세금비용으로 계상된다. 또 영업세는 증치세와 한국의 소비세처럼 거래처 전가해야 하는 것은 아니고 수입을 수취한 자가 납부하여 부담해야 할 세금이다.

〖 증치세와 영업세의 다른점 〗

세금의 종류	증치세	영업세
세금의 성격	부가가치세	매상세
과세대상	물품	노무
세금의 부담	최종소비자 부담	납세자 부담

5. 영수증(發票) 처리시 주의할 점

중국에서는 함부로 영수증을 조작할 수 없다. 지정된 영수증 이외의 것을 사용하면 처벌된다. 세무당국이 지정한 영수증을 구입하여 사용해야 한다. 최근에는 기계화가 진척되고 있다.

(1) 영수증의 발행권한

한국에서 영수증은 기업, 개인이 자유로 작성하여 발행할 수 있고 영수증의 양식도 특별히 규정되어 있지 않다.

이와 달리 중국에서 영수증은 세무당국의 완전한 관리관할 하에 놓여있다. 즉 세무당국은 영수증의 인쇄에서부터 구입, 작성, 취득, 보관, 반환에 이르기까지의 관리와 감독권한을 갖고 있다.

(2) 영수증의 의미

여기서 말하는 영수증은 중국어로 "파표아오(發票)"라고 하는데, 엄밀히 말하면 한국에서 말하는 영수증과는 약간 다르다.

한국에서는 상품 등을 매상하였을 때 우선 먼저 청구서를 매입처에 발송한다. 청구서에 따라서 대금이 회수되는 때에 영수증이 발행된다.

한편 중국의 發票는 대금을 회수할 때에 발행된다는 의미에서는 사실 영수증이 옳은데, 청구서 없이 청구서와 영수증을 겸하여 發票가 발행되는 경우도 있다. 어쨌든 發票는 영수증에 가까운 것으로 세금과 밀접한 관계가 있기 때문에 發票의 세무상의 처리를 이해해야 한다. 또 기업이 비용을 지불할 때에 發票를 취득하지 않으면 비용으로서 인정되지 않는 것도 이해 해 둘 필요가 있다.

(3) 發票의 관리

發票란 "상품의 판매, 노무의 제공과 수인(受人) 및 기타 영업활동에서 상품을 판매하였을 때, 노무를 제공하였을 때 또는 대금을 수령하였을 때 일방의 당사자가 상대에게 발행하는 입금증빙"이라고 세법에서는 규정되어 있다.

發票는 국무원이 공포한 發票관리규칙에 따라 관리되고 있고, 發票에는 증치세 전용發票와 普通發票가 있다.

증치세전용發票는 중앙정부의 국가세무총국이 관리감독하고 지정기업이 인쇄하고 있다. 普通發票는 지방정부인 성, 자치구, 직할시의 국가세무국 또는 지방세무총국이 관리감독하고 지정된 기업이 인쇄하고 있다.

發票의 관리가 엄격하게 진행되던 과거는 發票의 사적인 발행과 위조와 판매 등이 진행되어 비용의 과대청구, 수입의 은닉, 탈세, 사기에 의한 수출증치세의 환급 등이 횡행하였다. 그 결과 發票의 관리가 엄격하게 되어 세무당국이 지정업자에 인쇄하게 한 發票 이외는 금지되었다.

증치세의 發票작성은 현재는 특수한 발행기구가 사용되고 있고 번호관리도 세무당국에 의해 엄격하게 진행되고 있다.

상품 등을 구입한 때에 증치세의 發票를 취득하지 않으면 구입세로서 납세액에서 공제할 수 없게 되므로 發票의 취득은 매우 중요하다.

제6장 현지법인의 회계

1. 현지법인의 회계장부 종류

한국의 회계장부와 완전히 같다고 생각하면 된다. 현지에서는 회계장부 일식이 판매되고 있고, 비교적 저렴한 회계소프트도 있다. 정평이 있는 회계소프트이면 충분히 사용된다.

(1) 회계장부의 설정

현지법인은 영업허가증을 취득하고 15일 이내로 회계장부를 설치해야 한다고 세법의 규정에 규정되어 있다. 또 기업회계제도와 세법에서 회계장부는 동일하게 정의되어 있다. 즉 회계장부란 사역장(仕驛帳), 총감정원(元)장, 보조부(簿) 및 기타 보조적인 장부로 되어 있다.

(2) 주요 장부

사역장은 모든 거래를 거래 발생 순으로 차방과 대방이란 신분으로 기장(記帳)한 것이다. 회계처리는 사역이 원점으로 된다. 이 사역장과 총감정원장을 주요 장부라고 말하지만 총감정원장은 각 감정과목에 거래의 합계가 기장된 장부이다.

세법에서는 사역장과 총감정원장은 장정본이 아니면 안 된다고 규정되어 있다. 또 사역의 원천이 되는 회계전표에는 임금전표, 출금전표, 전환전표의 3가지가 있고, 회계전표와 그 근거가 되는 원시증빙을 회계증빙이라고 한다.

(3) 보조장부(補助簿)

보조원(元)장(보조명세장)은 각종 감정의 명세과목에 대하여 기장한 장부이다. 예컨대, 현금출납장, 당좌예금출납장, 보통예금출납장, 외화예금출납장, 판매비명세장, 관리비명세장, 채무비용명세장 등이있다.

보조적인 장부로는 상품유고장(有高帳), 거래처원장(得意先元帳), 구입처원장, 고정자산대장(臺帳), 차입금대장(臺帳), 유가증권대장 등이 있다. 이러한 회계장부의 체계는 한국과 같다.

(4) 컴퓨터회계

컴퓨터회계를 사용하는 경우는 회계소프트, 프로그램, 사용설명서 등을 세무당국에 교부해야 한다. 컴퓨터회계를 사용하는 조건은 회계제도가 건전하고 컴퓨터에 의한 계산으로 수입 또는 소득이 정확, 완전히 계산할 수 있으면 그 보존 내용과 수출의 회계기록을 회계장부로 취급한다.

(5) 회계서류의 보존

'회계서류관리방법' 이라는 법규에서는 회계서류를 다음과 같이 분류하고 있다.

① 회계증빙 : 원시증빙, 기장증빙, 통괄증빙, 기타 회계증빙
② 회계장부 : 앞에서 서술한 주요장부와 보조장부
③ 재무보고서류 : 월차, 4분기, 년도의 재무보고서
④ 기타 : 은행예금잔고조정표, 은행감정조합표, 회계서류인계(引繼)대장, 회계서류보관대장, 회계서류폐기(廢棄)대장 등

※ 회계서류의 보존기한(합작기업의 경우 중국측 파트너가 보존)

① 회계증빙: 15년
② 회계장부
*주요장부: 15년
*보조장부: 15년
*고정자산카드는 폐기처분 후: 5년
*현금출납장부와 예금출납장부: 25년
③ 재무보고서류
*월차, 4분기의 재무보고서: 3년
*연도재무보고서: 영구보존
④ 기타
*은행예금잔고조정표: 5년
*은행감정보합표: 5년

※ 회계장부의 체계

○ 주요장부: 사역(仕驛)장, 총감정원(總勘定元)장
○ 보조장부
*보조원장: 현금출납장, 예금출납장, 판괘금원장(賣掛金元帳), 사입장, 매상장, 수취어음기입(受取手形記入)장, 지불수형기입(手形記入)장 등
*보조장부: 상품유고장, 고정자산대장, 차입금대장 등

2. 경리관련 규정의 작성방법

한국의 경리규정, 예산제도, 자산관리규정, 컴퓨터관리규정과 같은 규정을 작성할 필요가 있다.

(1) 경리관련규정의 제정

여기서는 주로 세법의 규정에 의해 어떠한 것이 요구되고 있는가를 소개하겠다. 회계장부를 설계한 후에 "재무제도", "회계제도", "재무회계처리규정", "회계계산소프트"를 세무당국에 교부하도록 되어 있다.

(2) 재무제도규정

"재무제도"란 재무활동의 규범으로 되는 것으로 재무예산제도, 자금조달, 자산관리(고정자산, 유동자산, 무형자산, 이월자산 등의 자산관리규정), 부채관리, 대외투자, 원가와 비용의 관리, 수입과 분배의 관리, 자산의 처분, 납세관리 등의 내용이 규정되어 있다.

중국의 재무제도는 회계제도와 유사한 내용이기 때문에 상술한 내용에서 실질적으로 필요한 것을 제도로서 제정하면 좋다고 본다.

(3) 회계제도규정

"회계제도"의 내용으로서는 다음과 같은 것을 들 수 있다. 회계계산의 기본원칙, 회계감독의 기본원칙, 회계증빙의 관리, 회계과목과 회계장부의 설치, 기장(記帳)의 규칙, 재무제표(諸表)의 작성과 교부, 회계자료의 분석과 이용, 회계의 내부감사의 수속과 방법, 컴퓨터회계관리, 회계서류의 보존과 관리이다. 이러한 내용도 회사의 실태에 맞춰 필요한 것을 제정하면 좋다고 본다. 이러한 회계제도는 한국에서 말하면 경리규정에 상당한 것이기 때문에 많은 경우 한국본사의 경리규정을 참조하여 중국기업 회계제도의 내용과 참조하고 맞추어 중국화 된 경리규정을 작성하는 방법이 실제적이다.

(4) 회계처리규정

"재무회계처리규정"의 내용으로서는 예컨대, 외화환산방법, 매상계산기준, 감가상각방법, 세금의 회계처리, 연결재무제표의 작성방법 등을들 수 있다.

"회계계신소프트의 규정"은 회계계산에 사용되는 컴퓨터 프로그램언어, 관련문서, 사용설명 등이 규정되어 있다.

(5) 기업회계제도

이상이 세법에서 요구하고 있는 것인데, 기업회계제도에서도 외국투자기업은 기업의 구체인 상황에 따라서 회계제도를 제정하고 재정부문, 세무부문 및 기업주관부문에 교부해야 한다고 규정되어 있다.

아무튼 한국에서 말하는 경리규정, 예산제도, 자산관리규정, 컴퓨터관련규정 등을 현지의 실정에 맞춰 작성한다. 또 여기서 서술한 관련 제 규정을 "재무회계규정"으로 통일한 내용의 규정도 실무적이다. 그리고 실무담당자를 위한 매뉴얼이 필요하다면 중요한 것에 대해서는 "실시세칙", "취급요령" 등을 작성할 때도 있다.

※ 경리관련규정

○ **재무규정**: *재무예산제도, 자금조달
*자산관리(채권, 고정자산, 재고정리자산 등)
*대외투자(유가증권투자 등; 일반적으로 없음)
*부채관리
*손익관리(수입, 원가, 비용, 분배)
*자산처분 등

○ **회계규정**: *기본원칙
*회계증빙관리
*회계과목과 회계장부
*재무제표의 작성과 제출처
*회계자료의 분석이용
*내부감사제도
*컴퓨터회계관리
*회계서류의 보존과 관리

○ **회계처리규정**: *외화환산방법, 매상계산기준, 감가상각방법, 세금회계처리,연결재무제표

3. 연결재무제표의 작성 필요성 여부

1995년에 도입된 당초는 외자기업은 임의로 적용하였지만, 2002년도부터 실시된 기업회계제도에서는 연결의 범위에 속하는 기업에 대해서는 연결재무제표를 작성해야 한다고 규정되어 있다. 또 실질적으로 지배하고 있는 기업에 대하여 장기 지분투자에 대해서도 지분법의 적용이 원칙으로 되었다.

(1) 연결의 강제적용과 임의적용

중국에서는 1995년에 "연결회계재제표 잠정규정"을 공포하고 연결회계가 도입되고 있다. 그러면서도 연결재무제표의 작성이 의무화 된 것은 중국의 기업집단, 국내상장회사, 특정된 외국무역회사로 일반적인 중국기업과 외자계열기업에는 적용되지 않았었다.

그러나 2002년부터 외국투자기업에 적용된 기업회계제도에서는 출자비율이 50%넘든가 또는 50%미만이라도 실질적으로 지배하고 있는 기업이 있으면 연결재무제표를 작성해야 한다고 규정되어 있다.

그리고 구 외국투자기업회계제도에서도 연결재무제표의 작성이 규정되어 있었지만, 실제로 해당되는 기업에서 연결재무제표를 작성한 외국투자기업은 아주 적었다. 따라서 연결재무제표의 작성이 완전히 의무화되는가 어떤가는 금후의 실무를 신중히 지켜볼 필요가 있다. 연결회계재무제표 잠정규정도 원래는 구체인 회계준칙으로서 공포해야 하는 것으로 이 잠정규정이 어떤 형태로 개정된다면 연결실무도 정착될 것으로 본다. 또 연결재무제표가 강제 적용되지 않는 기업이 연결재무제표를 작성할 때에도 중국의 이 연결회계재무제표 잠정규정에 준거(準據)해야 한다.

한국의 연결재무제표 작성을 위해 중국 복수의 자회사를 연결하는 경우라면 중국의 연결원칙을 검토할 필요도 있다.

중국기업에서는 특정된 기업집단 등은 연결재무제표를 작성함과 동시에 세무상으로 연결납세제도가 실시되고 있다.

(2) 비례연결

기업회계제도에서는 연결 대상인 합자기업에 대해서는 그 자산, 부채, 손익의 전부를 연결하는 것이 아니라 투자한 지분상당액에 대응하여 연결하는 비례연결의 방법을 적용하는 것으로 하고 있다.

(3) 장기 지분투자의 평가

연결재무제표를 작성하지 않은 경우라도 상황에 따른 장기지분 투자에 대해서는 지분법을 적용해야 한다.

※ 과거의 연결회계재무제표 잠정규정

○ 연결의 강제적용: 중국의 기업집단, 국내상장회사, 특정회사

○ 연결의 임의적용: 일반적인 중국기업, 외국투자기업

4. 중국의 회계제도 이해방법

회계법이 기본법이고 회계법 아래 재정보고조례와 회계준칙이 있으며, 회계준칙의 아래에 회계제도가 있다. 회계제도는 기업회계제도와 업종별 회계제도로 분류되어 있다.

(1) 회계법규의 체계

중국의 회계법류의 체계는 가장 위로 "회계법"이 있다. 회계법은 1985년에 제정되었는데, 최근에는 1999년 10월에 근본적인 개정이 진행되어 2000년 7월부터 개정회계법이 시행(施行)되고 있다. 이 회계법은 기업, 회사의 회계업무뿐만 아니라 국가기관, 사회단체, 사업단체 등의 전체 조직의 회계업무 전반을 대상으로 하고 있다.

개정된 회계법과 기업재무보고조례에서 특히 주목할 것은 회계증빙 회계장부의 개정, 등에 의한 허위 재무제표의 작성에 대한 벌칙과 그 방지수단의 강화이다.

회계법이 개정된 배경에는 국유기업 등이 제출하고 있는 재무제표의 허위기재, 공인회계사에 의해 감사되는 상장회사 등의 재무제표, 자산평가보고서가 허위 기재된 것으로 하여 다수의 투자가가 손실을 입은 사건이 발생된 사실을 들 수 있다. 때문에 회계증빙, 회계장부, 전산자료, 재무제표 등의 위조, 개조, 훼손, 감실 등 외에 법률, 행정법류 더욱이 국가가 제정한 통일적인 회계제도에 대한 준법성의 위반에 대하여 벌칙이 강화된 것과 함께 내부감사제도, 공인회계사감사, 정부기관에 의한 회계감독 등이 강화되었다.

(2) 기업회계준칙

회계법 아래에 "기업회계준칙"이 있고 모든 기업과 회사의 회계처리는 이 기업회계준칙에 따라야 한다. 기업회계준칙에는 회계의 일반원칙을 규정한 "기본회계준칙"과 개별적인 회계문제를 취급한 "구체회계준칙"의 두 가지가 있다. 기본준칙은 1992년 12월에 제정되어 1993년 7월부터 정식으로 실시되었다.

구체회계준칙은 2000년 말까지 다음의 10개의 준칙이 공포되었다. 공포된 순번으로 그 명칭을 배열하면, ①관련당사자의 관계 및 그 거래의 개시(開示) ②현금유동계산서, ③후발사상(後發事象), ④수입, ⑤채무재편, ⑥건조(建造)계약, ⑦투자, ⑧회계방침, 회계평가의 변경 및 회계상 착오의 수정 ⑨비화폐성거래, ⑩우발채무 이다.

2001년 처음에는 구체회계준칙 중 무형자산, 차입비용, 임대의 3가지가 새로 공표됨과 동시에 이미 공포된 9개 중 6개의 구체회계준칙이 개정되었다(현금유동계산서, 채무재편, 투자, 회계방침의 변경 등 비화폐성거래).

이 결과 외자계기업에는 현금유동계산서, 채무재편, 비화폐성거래, 회계방침의 변경 등 채무비용, 임대거래, 우발채무의 7개의 구체회계준칙이 적용되게 되었다.[104)]

(3) 회계제도

이 기업회계준칙과 병행 또는 그 아래로 "회계제도"가 있다. 현재의 회계제도에는 "기업회계제도"와 "업종별 회계제도"의 두 가지 회계제도가 있다. 원래는 "기업회계제도"가 모든 기업에 적용되었는데 2001년도는 잠정적으로 주식회사에 적용되고, 2002년부터 외자계열기업에 적용되었다. 주식회사와 외국투자기업 이외의 유한회사 또는 중국기업에는 과거부터 존재하는 업종별 회계제도가 적용되고 있다. 또 기업회계제도는 대기업과 중소기업에 적용되는데 정책적인 배려보다 소규모기업은 대외적인 자금조달이 필요 없기 때문에 "소규모기업회계계산제도"가 적용될 전망이고 금융관련기업은 경영상의 특수한 상황이 있기 때문에 2002년도부터 "금융기업회계 계산제도"가 적용되고 있다.

5. 현지법인 결산의 특징

외화로 장부를 기장하는 것이 가능하다는 것, 이익처분에 3기금이라는 특별한 항목이 있다는 것, 이익처분에 의한 결과가 다음기한이 없이 당기로 처리된다는 것, 양력에 의한 결산년도를 들 수 있다.

(1) 외화기장의 결산서

한국에서는 한국 원화로만 회계기장을 작성할 수 있다. 이와 상대적으로 중국에서는 외국투자기업이 외화로 기장, 결산서를 작성하는 것을 인정하고 있다. 물로 원칙은 인민폐에 의한 기장이지만 예를 들면 주요한 거래통화가 외화의 합리적인 이유가 있으면 외화기장도 인정된다.

외화로 기장할 경우 최후의 외환(建)재무제표에 외화로부터 인민폐위엔(元)으로 환산한 인민元건재무제표의 작성도 요구된다.

외화로 기장할 수 있다는 것은 그 외화에 의한 거래에서 외환손익이 원칙적으로 발생하지 않는다는 것이므로 외환상장(爲替相場)의 급격한 변동에 의한 영향이 제거된다.

(2) 외화기장 3항기금

다음으로 특징적인 회계처리는 이익처분이다. 외국투자기업의 이익처분에는 "3항기금"이란 것이 있다. 합자기업과 합작기업의 "준비기금", "종업원장려복리기금", "기업발전기금"의 3개의 기금 가운데 외자기업은 "준비기금", "종업원장려복리기금"의 두 가지 기금을 반드시 적립해야 한다.

---

104) 2001년 11월 중간재무제표, 고정자산, 재고정리자산의 3개의 구체회계준칙이 공포되었지만 상장회사와 주식회사를 향한 회계준칙으로 외자계열기업에 모두 적용되는 것은 아니다.

세금을 낸 후 이익에서 이러한 기금을 제한 잔액이 배당가능 이익이 되지만, 이익처분에서는 임의적립금과 같은 이익유보를 위하여 적립금 과목이 설정되지 않고, 이익유보 하기에는 그 분의 이익처분을 진행하지 않고, 미처분이익으로서 이월할 수밖에 없다.

(3) 이익처분의 조상(繰上)결산

한국에서는 이익처분 항목은 주주총회에서 확정한 때의 회계연도에 경리처리 된다. 예컨대, 01년도의 이익처분으로 배당된 경우에는 미불배당금이 실제로 계상되는 것은 다음해인 02년도로 된다. 이것을 확정결산이라고 부른다. 이에 대하여 중국의 기업회계제도에서는 01년도의 이익처분안(3항기금의 적립, 이익의 배당 등)은 02년의 3월까지 동사회에서 승인된다.

승인된 시점에서 01년도의 결산서(대차대조표 등) 중에서 3항기금은 적립완료로 처리가 되고 미불입배당금이 계상되게 된다. 즉 이익처분이 결의된 02년의 전(前) 년도에 이월된다. 원칙상 외국투자기업은 이월결산이지만 실무에서는 확정결산에 의해 이익처분을 하고 있는 회사도 있다.

(4) 현지법인의 회계년도

중국에는 회계법이라는 법률이 있고 이 회계법에서 기업의 회계년도는 양력 1월 1일부터 12월 31일까지로 규정되어 있다.

외국투자기업도 이 회계법에서 규정하고 있는 회계연도를 집행하도록 되어 있다. 한국본사의 회계년도와 중국현지법인의 회계년도가 일치하지 않을 경우에는 중국 현지법인의 12월 31일을 결산년도 말로 한 재무제표를 한국 본사의 결산년도 말로 조정하여 재무자료를 제공할 수 있도록 되어 있다.

(5) 현지법인의 납세년도

현행 세법에서는 외국투자기업의 납세년도는 양력 1월 1일부터 12월 31일까지로 규정되어 있다. 2002년 1월부터 기업회계제도가 외국투자기업에 적용된 사실과 함께 회계년도와 납세년도는 양력 년도로 되었다. 다만 2001년까지 세무당국의 인가를 받고 12월 31일 이외의 납세연도를 규정하고 있는 독자기업은 그대로 계속하여 같은 납세년도를 적용할 수 있다. 2002년부터 신규로 설립된 외국투자기업의 납세년도는 일률적으로 양력 1월 1일부터 12월 31일이다.

6. 이익처분의 진행방법

이월결손금이 있을때는 결손금을 보전하고, 이월 미처분 이익이 있을 때는 당기순이익으로 가산하여 분배가능 이익을 산출하고, 3항기금을 공제하여 투자자 분배가능 이익을 산출하여 분배한다.

(1) 분배가능이익

기업이 당 년도에 실현한 순이익에 전년도에서 이월된 미처분 이익과 기타 임시대체금액을 가산한 금액이 분배가능이익이다.

전년도에서 이월결손금이 있고, 순이익에서 이월결손금을 보전한 후에 이익이 남으면 그것이 분배가능 이익으로 된다.

(2) 이익처분의 순서

분배가능 이익은 다음의 순서로 분배한다.

① 이익잉여금(준비기금과 기업발전기금)의 적립

② 법정공익금(종업원장려 및 복리기금)의 적립

외국투자기업은 법률, 행정법규의 규정에 따라 순이익에서 준비기금, 기업발전기금, 종업원장려 및 복리기금 등을 적립해야 한다.

중외합작기업은 규정에 따라 합작기간 내에 이익에서 투자자에게 반환하는 투자 및 국유공업기업이 규정에 의해 이익으로 보충하는 유동자본도 분배가능 이익에서 공제한다. 분배 가능한 이익에서 적립한 법정이익잉여금, 법정공익금을 감액한 금액은 투자자 분배가능 이익이라 부른다.

(3) 투자자 분배가능이익

투자자 분배가능이익은 외국투자기업의 경우 일반적으로 출자자에 대한 배당금이 해당된다.

(4) 미처분이익

투자자 분배가능이익은 상술한 분배를 경과한 후에 미처분이익(또는 미처리결손금)으로 된다. 미처분이익은 익년도 이후로 유보하여 분배하는 것이 가능하다. 기업에 결손이 발생한 경우는 규정에 따라 익년도 이후의 이익에서 결손보전을 하는 것이 가능하다.

중국과 한국의 이익처분의 다른 점에 대해서 설명하면 중국에서는 이익처분은 그 이익이 발생된 회계년도의 재무제표(결산서)에 반영된다. 즉 미불배당금은 이익이 발생된 년도의 미불배당금으로 된다. 한국에서는 이익처분이 진행된 년도로 계상한다.

※ 일반적인 외국투자기업의 이익처분계상서
① 순이익
▷ 가산: 년초 미처분이익, 기타 임시대체수입
② 분배가능이익
▷ 감산: 종업원장려 및 복리기금 적립, 준비기금 적립, 기업발전기금 적립
③ 투자자분배가능이익
▷ 감산: 배당금지불, 배당금의 자본편입
④ 미처분이익

7. 이익처분의 3항기금

중국기업에는 없는 외국투자기업 특유의 법정이익잉여금(준비기금과 기업발전기금)과 법정공익금(종업원장려 및 복리기금)이다. 준비기금과 기업발전기금은 자본금으로 편입될 수도 있다.

(1) 3항기금

3항기금이란 종업원장려 및 복리기금, 준비기금, 기업발전기금의 세가지를 말한다. 합자·합작기업은 3항기금을 독자기업은 그 가운데 "기업발전기금"을 제외한 두 가지를 적립하면 좋게끔 되어 있다. 다만 적립은 이월결손을 보충한 후에 미처분 이익이 나오고 나서 적립을 시작한다.

(2) 종업원장려 및 복리기금

종업원장려 복리기금이란 종업원의 단체복리, 특별한 공헌상여, 년말결산상여 등에 사용되고, 적립된 후는 확정 채무로서 종업원을 대표하는 노동조합 등의 단체복리자금으로 된다. 종업원장려복리기금은 회사에 있어서는 채무가 되므로 반드시 지불해야 하고 회사가 유보하거나 사용할 수 없다.

(3) 준비기금

준비기금은 기업의 예비적인 유보자금으로 결손금의 보전과 증자에 사용하는 것이 가능하다. 외자기업법에서는 "등록자본금의 50%에 달할 때까지 세금을 낸 후 이익의 10% 이상을 적립해야 한다"고 규정하고 있다.

한편 합자기업법과 합작기업에서는 이러한 규정은 없기 때문에 3기금을 얼마 적립하는가는 기업의 자유다. 과거의 사례에서는 3항기금 합계 15%로 각각 5%씩 하여 합계가 10%정도인 것이 많은 편이었다. 또 합자계약서 등에서는 적립율을 정하는 것은 아니고, 각 회계연도 말의 재정상태, 경영성적, 현금유동상황 등을 감안하여 동사회가 적립액을 결정하게끔 규정하고 있는 사례도 많다.

(4) 기업발전기금

기업발전기금은 기업의 기술개량과 설비의 증설 등에 사용되고 증자로 사용하는 것도 가능하다.

(5) 이익잉여금의 자본편입

준비기금과 기업발전기금은 확정 채무가 아니고, 기업자본 부분에 유보되는 법정이익잉여금이고, 이 2가지 기금이 자본금으로 임시 대체되는 것이 인정되고 있다. 세무상에서도 이러한 이익잉여금에서 자본편입은 배당금의 재투자와 같고 재투자에 의한 기업소득세의 환급조치가 적용된다. 동일하게 외환관리당국이 공포한 규정에서도 외국투자기업의 준비기금과 기업발전기금의 등록자본금으로 증자 수속이 인정되고 있다.

기업의 이익유보를 계획하여 장래적으로 자본금의 증자를 고려하고 있는 경우에는 이러한 기금으로 적립을 증가시키는 것도 하나의 방법으로 생각해볼만 하다. 다만 중국에서는 일단 자본금으로 하면 감자(減資)는 개별적인 인가가 필요하기 때문에 자본금으로 임시대체는 신중하게 진행할 필요가 있다. 또 준비기금과 기업발전기금의 자본구조는 증자 수속 완료 후에 정식으로 회계처리 된다.

〖 이익처분의 3항기금 〗

기금의 명칭	성 격	목 적
종업원장려 및 복리기금	확정채무	종업원의 집단복리
준비기금	자본항목	결손보충과 증자
기업발전기금	자본항복	설비갱신과 증자

8. 외환거래의 환산방법

거래 발생일의 외환비율, 당월 1일의 외환비율로 환산한다. 환산에 따른 손익은 원칙상 재무비용으로 계상한다. 개업준비 기간의 외환손익과 고정자산에 드는 차입 비용의 자본화에 따른 외환손익은 일단 자산으로 계상된다.

(1) 외환거래

외환거래란 기장본위 통화 이외의 통화로 진행하는 금액의 수지, 거래결제 등의 거래를 말한다. 기업이 외환거래를 처리할 때는 상응한 외화 감정을 설치하지만, 외화의 감정에는 외화현금, 외화은행예금, 외화로 결제하는 채권(예컨대, 수취어음, 매매대금 등)과 채무(예컨대, 단기차입금, 지불어음, 전수금, 미불임금급여, 장기차입금 등)이 포함된다.

(2) 외화환산비율

외환거래가 발생한 때는 외화금액을 기장본위통화 금액으로 환산하여 기장하여야 한다. 별도 규정이 있는 것을 제외하면 외환거래와 관련된 모든 외환감정은 거래발생 시의 외환비율을 채용하여야 하고, 거래가 발생된 시기의 기수(期首)의 외환비율을 채용하여 환산할 수도 있다. 종래부터 외환거래에 사용되는 외환비율에는 발생일 비율과 당월 1일의 외환비율이 있다.

(3) 기준통화 이외의 외환거래

기업에 외환거래가 발생한 때는 중국인민은행이 공포한 인민폐의 미달러, 일본엔, 홍콩달러 등의 기준 외환비율을 직접 채용하여 환산비율로 한다.

기준통화 이외의 외환비율은 미국 달러 대 인민폐의 기준 외환비율과 국가외환관리국이 제공하는 뉴욕외환시장의 미국 달러의 기타 주요 외화의 외환비율에 기초하여 환산하고, 환산 후의 외환 비율을 환산비율로 한다.

(4) 외화감정잔고의 기말환산

기말에는 각종 외화감정(외화현금 및 외화로 결제하는 채권과 채무를 포함한다)의 기말잔고는 기말 외환비율로 인민폐로 환산해야 한다. 기말 외환비율로 환산한 인민폐 금액과 당초 장부의 인민폐 금액과의 차액은 외환손익으로 다음의 상황에 따라 처리한다.

① 개업준비기간(건설준비기간)에 발생한 외환손익은 장기 전불기용으로 계상한다.

② 고정자산의 구입건설과 관련한 외화의 특정 차입금으로 발생한 외화손익은 차입비용의 자본화의 룰에 의해 처리한다.

③ 상술한 상황 이외 외환손익은 당기의 재무비용으로 계상한다.

(5) 자본금의 외화환산

현금출자는 회사의 은행구좌에 실제로 입금한 금액으로 기장된다. 현물출자는 계약서, 협의서, 기업의 설립신청서, 검수(檢收)명세서에 기재된 금액으로 기장된다. 출자액이 외화인 경우로 계약서의 약정에서 외환비율이 결정되고 있는 경우는 그 공표 외환비율 또는 실제 은행비율로 환산한다.

한편 약정에서 외환비율이 결정되어 있지 않는 경우는 회사가 출자액을 받은 때의 공표외환비율로 환산한다.

※ 일반적인 외국투자기업의 이익처분계상서

○ 자본금의 환산

*외화예금: 계약 약정인 외환비율, 입금 당일의 공표비율

*현물자금: 출자 당일의 공표비율

○ 출자자산의 환산

*외화예금: 입금 당일의 공표비율, 당월 1일의 공표비율

*현물자산: 출자 당일의 공표비율, 당월 1일의 공표비율

9. 외환재무제표의 환산방법

외환의 대차대조표, 손익계산서, 이익처분계산서, 현금유동계산서를 인민폐로 환산하는 방법이 지정되어 있다. 한국에 있는 외환재무제표의 환산방법과 대체로 같다.

(1) 외환재무제표

중국에서는 한국과 다르게 자국통화 이외의 재무제표(결산서)의 작성을 인정하고 있다. 한국에서는 원 형태의 재무제표의 작성밖에 인정하지 않지만, 중국에서는 실제의 필요성에 따라 인민폐 이외의 미국달러, 일본엔 등의 주요 외화 통화에 따른 기장이 인정되고 있다.

(2) 외환재무제표의 환산

외화를 기장본위통화로 하는 외국투자기업이 기말의 외환재무제표에 대하여 어떠한 외환비율로 환산해야 하는가에 대해서는 다음과 같이 규정하고 있다.

가. 대차대조표

① 모든 자산, 부채항목은 기말 외환비율에 따라 인민폐로 환산한다.

② 소유자 지분항목은 "미처분이익" 항목을 제외하고 거래발생 시의 외환비율로 인민폐

로 환산한다.

③ "미처분이익" 항목은 환산 후 이익처분계상서의 해당 항목의 금액을 그 금액으로서 계상한다.

④ 환산 후의 자산항목과 부채항목과 소유자 지분항목의 합계금액의 차액은 대차대조표의 "미처분이익" 항목 아래에 "외환재무제표환산차액"으로서 표시한다.

⑤ 기수(期首)금액은 전기 환산 후 대차대조표의 금액으로 표시한다.

나. 손익계상서와 이익처분계상서

① 손익계상서의 모든 항목과 이익처분계산서 중에서 관련 표시된 발생액의 항목은 재무제표 계상보고 기간의 평균외환비율에 따라 인민폐로 환산해야 한다. 기말외환비율을 채용하여 환산한 경우는 재무제표 주기를 설명해야 한다.

② 이익처분환산서 가운데 "순이익" 항목은 환산 후 손익계상서의 해당 항목의 금액으로 표시한다.

③ 이익처분계산서 가운데 "기수미처분이익" 항목은 전년도 환산 후의 기말 "미처분이익" 항목 중의 금액으로 표시한다.

④ 이익처분계산서 가운데 "미처분이익" 항목은 환산 후 미처분 이익계산서 가운데 기타 각 항목 금액으로 계산 표시한다.

⑤ 년도 실제금액은 전기 환산 후의손익계산서와 이익처분계산서의 금액으로 표시한다.

다. 현금유동계산서

현금유동계산서의 모든 항목은 기말 외환비율에 따라 인민폐로 환산한다.

※ 일반적인 외국투자기업의 이익처분계산서

○ 손익계산서

*손익항목: 년간평균비율 또는 기말비율

○ 이익처분계산서

*순이익: 손익계산서의 수치로부터
*기수(期首)미처분 이익: 전기(前期)비율
*미처분이익: 공제 합계한 수치

○ 대차대조표

*자산: 기말비율
*부채: 기말비율

*소유자지분
*자본금: 거래일비율
*미처분이익: 이익처분계산서의 수치로부터

○ 현금유동계산서
*전체항목: 기말비율

10. 임대회계의 종류

금융임대에 해당하는 경우 임대측은 자산매각과 동일하게 처리하여 발생기준으로 이자 등을 계상한다. 임차측은 임대자산을 고정자산으로 계상하여 감가상각한다. 오피스텔 임대에서는 임대측은 임대료를 수입으로서 인식하고 임차측은 비용으로 인식한다.

(1) 금융임대와 오피스텔임대

임대에는 금융임대와 오피스텔임대가 있고, 기업회계제도에서는 양자 구별에 대하여 구체적인 설명이 없지만, 구체회계준칙에서는 다음과 같이 금융임대를 정의하고 있다.

금융임대란 실질적으로 자산의 소유권과 관련되는 리스크와 보수(報酬)가 이전하는 임대로 다음의 몇 가지에 해당하는 것이다.

① 임대기간 만료시에 임대자산의 소유권이 임차측으로 이전하는 것
② 임차측에 할인구입 선택권이 있고 권리행사시의 공정가치보다 많이 낮은 가격으로 구입하는 것인 합리적으로 예측 가능한 것(공정가치의 5%이하)
③ 임대기간이 임대자산의 사용가능 예측기간의 75% 이상인 것
④ 최저임대 지불액의 현재 가치가 임대자산 원시장부가격의 95%이상인 것
⑤ 임대자산의 성질이 특수하여 비교적 큰 수정이 없이 임차측이 사용할 수 있는것

(2) 금융임대로 수입한 고정자산

금융임대로 수입된 고정자산은 임대 개시일 임대 자산의 원시장부가액과 최저임대료 지불액의 현재 가치의 양자 중에서 낮은 가격으로 기장가액으로 한다. 최저임대료지불액이란 임대기간 내에 기업(임차측)이 지불해야 하거나 또는 지불을 요구 받을 가능성이 있는 각종 금액(장래 우발적으로 발생하는 가능성이 있는 우발 임대료와 계약이행 비용은 포함하지 않음)에 기업(임차측)또는 이것과 관련된 제3자가 보증하는 자산잔가(殘價)를 가산한 것을 말한다.

다만 기업(임차측)에 임대자산을 구입할 선택권이 있고 소정의 구입대가 견적이 선택권을 행사할 때의 임대자산 공정가격 보다 많이 낮은 것에 의해, 임대 개시일에 기업이 이 종류의 선택권을 행사하는 것이 합리적으로 확정해야 하는 경우는 그 구입가격도 그 중에 포함해야 한다. 또 자산잔가란 임대개시일에 견적 받은 임대기간 만료시의 임대자산의 공정가치를 말한다.

기업(임차측)이 최저임대 지불액의 현재가치를 계산할 때에 임대측의 임대료에 포함되는 이율을 숙지하고 있는 경우는 임대측이 내포하는 이율을 할인율로서 채용해야 한다. 그렇지 않을 경우는 임대계약이 결정하는 이율을 할인율로서 채용해야 한다. 임대측의 임대료 가운데 포함되는 이율과 임대계약이 결정하는 이율을 숙지할 수 없는 경우는 동 기간의 은행대부 이율을 할인율로서 채용하여야 한다.

금융임대자산이 기업자산총액에 차지하는 비율 등이 30%와 같거나 이보다 낮을 경우는 임대개시일에 있어서 기업도 최저임대료 지불에 따라 고정자산의 기장 가치로 하는 것이 가능하다.

(3) 미인식 융자비용

금융임대 수입고정자산은 임대개시일에 임대자산의 원 장부가치와 최저 리스료를 지불금액의 현재 가치 중 어느쪽인가 낮은 가치를 금융임대수입 고정자산의 기장가치로 해야 한다.

임대자산의 원 장부가치를 고정자산의 기장 가치로 하고 최저 임대지불금액의 현재 가치를 장기미불금의 기장 가치로 한 경우, 양자의 차액이 미인식융자비용이 된다. 미인식융자 비용은 임대기간 내의 각 기간에 있어서 합리적인 방법으로 상각을 진행하고 상각할 때는 재무비용 과목에 임차측 기장하고 미인식융자비용 과목에 기장한다. 또 금융임대 이외의 임대가 오피스텔 임대로 된다.

11. 결산서의 종류

현지법인으로 부터 감사 후에 입수(入手)하는 결산서의 구성과 기업회계제도에서 규정되어 있는 재무회계 보고서의 구성을 이해할 필요가 있다.

(1) 현지법인의 결산서

현지법인의 결산서, 즉 외국투자기업의 재무제표에 대하여 간단히 소개하겠다. 우선 처음으로 결산서의 표지 다음 장에 공인회계사에 의한 "감사보고서"가 첨부되고 있다.

감사보고서의 문언은 중국의 감사기준에서 정해진 표현으로 통일되어 있다. 또 감사보고서에는 감사를 실시한 회계사무소의 날인(社印)과 공인회계사의 개인 이름에 의한 서명 날인이 있다.

결산서에는 대차대조표, 손익계산서, 현금유동계산서의 세가지 "기본재무제표"가 있고 이러한 기본재무제표에 각주(설명사항)이 계속된다.

각주의 형식은 다양한데 회계사무소에 따라서는 간단한 것부터 유용한 정보까지 기재내용이 꽤 다르게 되어 있다. 과목의 대략적인 내역만 기재한 곳도 있다.

외국투자기업의 재무제표의 각주에는 회사의 개황, 중요한 회계방침(외화환산의 방법, 재고정리자산의 평가방법 등), 주요한 과목의 내역, 이익처분의 상황, 관련 당사자에 관한 정보 등도 기재되어 있다.

끝으로 회계이익과 세무상의 과세소득과의 차액을 조정한 "과세소득액조정표"도 첨부되어 있다. 이것은 세무당국의 요청에 의해 결산서에 첨부되도록 된 것이다.

현지법인은 재무회계보고서를 4분기 제출분은 4분기 종료 후, 15일 이내에, 연차제출분은 연도 종료 후 4개월 이내에 감사보고서를 첨부하여 재정국, 세무국, 외화관리국, 공상행정관리국 등의 관련 당국에 제출한다.

(2) 기업회계제도의 재무회계보고서

기업회계제도에서는 재무제표에 재무제표 각주(회계방침 등을 기재한 주기)와 재무상황 설명서를 더하여 재무회계보고서라고 부르고 있다.

※ 재무회계보고서의 체계

○ 재무제표
○ 재무제표각주
○ 재무상황설명서

(3) 재무제표

재무제표는 다음의 서류로 구성되어 있다. 기본 재무제표로서 대차대조표, 손익계산서, 현금유동계산서 3가지의 재무제표가 있다. 부속명세표는 대차대조표의 부속명세표로서 자산감손보증금, 주주지분증감변동표, 미납증치세 명세표가 있다.

손익계산서의 부속명세표로서 이익처분계산서, 부분보고서(사업별), 부분보고서(지역별)가 있다.

〖 재무 제표의 구성 〗

편성번호	재무제표명칭	작성시기
회기(會企)01표	대차대조표	중간보고, 년도보고
회기 02표	손익계산서	중간보고, 년도보고
회기 03표	현금유동계산서	적어도 년도보고
회기 01표 부표1	자산감손보증금명세서	년도보고
회기 01표 부표2	주주지분증감변동표	년도보고
회기 01표 부표3	미납증치세명세표	중간보고, 년도보고
회기 02표 부표1	이익처분계산서	년도보고
회기 02표 부표2	부분보고서(사업별)	년도보고
회기 02표 부표3	부분보고서(지역별)	년도보고

(4) 재무제표각주의 기재내용

① 회계처리의 기본적 전제와 적합하지 않은 경우에는 그 설명
② 중요한 회계방침과 회계평가의 설명
③ 중요한 회계방침과 회계평가 변경의 설명
④ 우발사항과 대차대조표일 후의 사항 설명
⑤ 관련 당사자의 관계 및 그 거래의 개시(開示)
⑥ 중요 자산의 양도 및 그 매각설명
⑦ 기업의 합병, 분할의 설명
⑧ 재무제표 중의 중요 사항의 명세자료
⑨ 재무제표의 이해와 분석에 필요한 설명에 작용하는 기타 사항

(5) 재무상황 명세서의 기재내용

① 기업 생산경영의 기본적 상황
② 이익의 실현과 분배상황
③ 자금의 증감과 이전의 상황
④ 기업의 재무상황, 경영성과 및 현금유동에 대하여 중대한 영향이 있는 기타 사항

(6) 재무회계보고서의 작성시기

기업이 작성하는 재무회계보고서는 년도, 반기, 4분기 및 월차를 대상기간으로 한다. 월차, 4분기의 재무회계보고서란 월차와 4분기의 종료시의 재무회계 보고로서 일반적으로는 재무제표가 작성되고 재무제표 각주와 재무상황 설명서는 작성하지 않는다.

반기재무회계보고서는 매회계년도의 전반기인 6개월이 종료할 때에 대외적으로 제공하는 것이고, 년도재무회계보고서는 년도종료 시 대외적으로 제공하는 것이다. 반기, 4분기 및 월차의 재무회계보고서를 중간 재무회계보고서라고 총칭하고 있다.

월차의 중간재무회계보고서는 월차 종료 후 6일 이내(휴가일은 차례로 연기함, 이하 동일)에, 4분기의 중간재무회계보고서는 4분기 종료 후 15일 이내에, 반기의 중간재무회계보고서는 년도 반기 종료 후 60일 이내(연속 2개월에 상당)에, 년도 재무회계보고서는 년도종료 후 4개월 이내에 대외적으로 제공해야 한다.

※ 현지법인의 재무회계보고서의 체계

○ 재무제표

1) 기본재무제표: ① 대차대조표, ② 손익계산서, ③ 현금유동계산서

2) 부속명세표

A. 대차대조표부속명세표:

① 자산감손보증금, ② 주주지분증감명세표, ③ 미납증치세명세표

B. 손익계산서부속명세표:

① 이익처분계산서, ② 사업부분보고서, ③ 지역부분보고서

○ 재무제표각주

○ 재무상황설명서

〖 재무 제표 등의 제출기한 〗

기 간	제출기	제출기한	제출서류
중 간	월차	6일 이내	재무제표
	4분기	15일 이내	재무제표
	반년	60일 이내	재무제표 재무제표주석 재무상황설녕서
년 도		4개월이내	재무제표 재무제표주석 재무상황명세서

* 월차 및 4분기로 제출하는 재무제표에는 기본 재무제표와 부속명세표가 포함되어 있지만, 부속명세표에 대해서는 현지에서 확인이 필요하다.

12. 대차대조표의 자산을 보는 방법

자산감손보증금의 계산방법, 재고정리자산의 내역, 고정자산의 감가상각방법 등의 중요한 회계방침은 재무제표주기에서 설명되고 있기 때문에 주기의 설명과 과목 잔고의 전기 비교 등을 신중하게 검토할 필요가 있다. 동일과목은 현금유동 계산서도 비교 검토하여야 한다.

(1) 유동자산

한국의 결산서와 대체로 같은 배열과 과목이다. 과목의 명칭은 일반적으로 중국어와 영어로 병기되어 있다. 금액은 2년간의 수치가 비교형식으로 기재되어 있다. 우선 유동자산에는 현금, 은행예금 등의 화폐자금, 단기투자, 수취어음, 미수배당금, 미수이자, 매매대금, 기타 미수입금, 전불금, 미수보조금, 재고정리자산, 전불비용 등이 계산되고 있다.

(2) 장기투자 등

유동자산 이외의 자산은 장기투자, 고정자산, 공사물자, 건설가감정, 미처리고정자산, 무형자산, 장기전불비용, 기타 장기자산의 순으로 기재되어 있다. 장기투자에는 장기지분투자와 장기채권투자가 있다.

투자의 기간이 1년을 넘는 주식, 현물출자와 은행예금, 채권이 기재되어 있지만 실제로는 주식, 채권에 투자는 규제도 있고, 다른 외국투자기업으로의 출자도 적기 때문에 장기투자가 계상되는 회사는 거의 볼 수 없다. 일반적으로는 고정자산(유형고정자산), 건설가감정, 무형자산, 기타 자산이 기재되어 있다.

(3) 무형자산 및 기타자산

무형자산에는 토지사용권, 특허권, 비특허기술(노하우), 상표권, 저작권 외에 신용이 있다. 토지사용권이 계산되는 것은 합자에서 중국측 파트너가 현물 출자한 경우와 회사가 토지불하(관공서가 불필요한 물건을 민간인에게 팔다)를 받은 유상의 토지사용권을 구입한 경우이다. 다만, 임대에 의한 토지사용은 토지사용권에는 해당하지 않는다. 일반적으로 현지법인은 공업소유권의 사용료를 한국의 본사에 지불하는 등 자체적으로 공업소유권, 전용기술을 소유하고 있는 회사는 드물기 때문에 계상하고 있는 회사는 적다고 본다.

기타 자산에는 장기전불비용과 기타 장기자산이 있고, 장기전불비용에는 고정자산의 큰 수리지출, 임대수입 고정자산의 개량지출, 기타 상각기간이 1년 이상인 전불비용이 계상되어 있다.

개업비는 개업준비기간의 전손익이 개업 시점에서 일괄하여 손익으로 계상되기 때문에 자산으로는 계상되지 않는다. 개업준비기간 외환손익은 장기전불비용으로 계상된다.

외환비율의 대폭적인 변경에 의해 발생한 미 전환상각 외환손실은 임차측 잔고라면 기타장기자산 과목에, 임대측 잔고라면 기타 장기부채로 계상된다.

기업회계제도가 집행되기 전에 계상된 이연투자손실, 기타 이연지출이 있을 경우는 장기전불비용 또는 이연수익 등으로 계상되고 있다. 이연투자손실은 회사가 투자한 현물출자 자산과 무형자산의 장부가격과 그 출자평가액과의 차액을 계산하는 것으로 상각되고 있다.

(4) 이연세항목

이연세액 임차측은 회사가 세효과 회계를 도입하여 손익계산서의 기업소득세를 납세베이스의 금액이 아니고, 발생 베이스 금액으로 수정했을 때에 세금을 이연하는 과목이다.

현지법인은 아직 세효과 회계를 도입하는 것이 강제되어 있지 않기 때문에 적용하고 있는 회사는 적다고 본다. 이상이 대차대조표의 주요한 자산 과목인데, 주요한 감정과목에 대한 내용, 회계처리기준은 재무제표각주(주기설명사항)에 자세하게 설명되어 있다.

13. 대차대조표의 부채를 보는 방법

기본적으로는 잔고의 전기 비교가 유효하다. 매매대금, 기타 미불금, 장기미불금, 기타 장기부채의 내역을 재무제표각주에서 검토할 필요가 있다. 견적부채에 대해서는 대략적인 계산이 있기 때문에 계산금액의 분석도 필요하다.

(1) 유동부채

유동부채에는 단기차입금, 지불어음, 매매대금, 전수금, 미불임금 급여, 미불 복리비, 미불 배당금, 미불 세금, 기타 미불금, 미불비용, 견적부채, 1년 내 기한도래 장기부채가 있다. 수취어음과 같은 지불어음도 상관습상, 계상되는 금액은 크지 않다. 미불임금 급여에는 중국인 종업원과 외국적 파견사원의 임금 급여와 각종 수당이 계산되고 있다.

미불 복리비에는 중국인 종업원의 퇴직양로보험금, 실업보험금, 주택보조기금, 보험복리비용 등이 계산되고 있다. 종업원장려복리기금은 이익처분으로 계상된 것을 확정부채로서 미불복리비로 계상한다. 이 기금은 경상적이지 않은 상여와 단체복리의 지불에 충당된다.

미불배당금은 그 년도의 이익처분에 의해 확정한 배당금이 미불배당금으로서 계상된다. 한국처럼 배당이 확정한 년도에 계산하는 것은 아니고, 배당의 원자인 이익이 귀속하는 년도로 배당금이 계상되는 것이기 때문에 주의가 필요하다. 미불세금은 회사의 관련 증치세, 영업세, 기업소득세, 개인소득세가 계상된다.

미불비용에는 미불임차료, 미불 보험료 등이 계산되고 기타 미불금에는 이러한 유동부채의 과목 이외의 여러 가지 미불금, 가(假)수금, 예탁보증금, 기한경과 후의 미불임차료, 미불 배상금, 미불 이자, 미불 조합경비 등이 포함된다.

견적부채는 기업이 견적 받은 부채를 처리하는 것으로 대외적으로 제공한 보증, 상업인수 어음의 할인, 미결된 소송, 제품 품질보증 등의 발생 가능성이 있는 부채를 포함한다.

(2) 장기부채

장기부채에는 1년 이내로 기한이 도래하지 않는 장기차입금, 사채, 현금유동에 의한 고정자산의 장기미불금 등이 계산된다.

장기미불금은 장기차입금과 사채 이외의 기타 장기 미불금이고 보상무역 방식을 채용하여 도입한 국외설비대금, 미불금융임대 수입 고정자산의 임대료 등이 포함된다. 또 금융임대에 의한 고정자산의 자산계산은 고정자산 과목에서 고정자산과 동일하게 취득가액, 감가상각누계, 고정자산정미가액이 기재되어 있다.

(3) 이연세과목

이연세액 임대측은 세효과 회계를 채용하여 소득세의 회계처리를 하는 기업이 기간차이(또는 일시차이)에서 생기는 세금내기 전의 회계상의 이익과 과세소득액 사이의 차이가 소득세에 영향을 주는 금액 및 그 후의 각 기간에서 차이가 해소하는 금액을 처리하는 것이다.

세효과 회계를 채용하여 계산하는 기업은 당기의 손익으로 계산해야 하는 소득세비용으로 소득세 과목에 임차측기장(차방기재)하고, 당기로 과세소득액과 규정된 소득세율로 계산한 납부소득세로 미납세금(미납소득세)과목에 임대방(대방) 기장한다.

(4) 적자(마이너스) 잔고

중국의 결산서 과목 중에서 한국인이 적응이 안 되는 경우가 있다. 그것은 감정과목의 마이너스 표시이다. 중국에서는 이러한 감정잔고의 마이너스 표시가 일반적이다.

14. 대차대조표의 자본을 보는 방법

합자기업이라면 감자적립이익 등의 특별한 과목이 있는데 합자기업, 외자기업에서는 특수한 과목이 없기 때문에 부속명세표의 소유자지분 증감 변동표와 이익처분 계산서를 충분히 검토하여야 한다.

(1) 소유자지분

소유자지분이란 소유자가 기업의 자산 중에서 향수하는 경제적 이익을 말하고 그 금액은 자산에서부터 부채를 감액한 잔액이다. 소유자지분에는 불입자본금(또는 주주 자본금), 자본잉여금, 이익잉여금 및 미처분이익 등이 포함된다. 기업의 불입자본금이란 투자자가 기업의 정관, 또는 계약, 협의서의 약정에 따라 기업에 실제로 투입한 자본금을 말한다.

가. 현금출자

투자자가 현금으로 투입한 자본금은 실제로 받은 또는 기업의 계좌개설은행에 예금된 금액을 불입자본금으로서 기장한다. 실제로 받았거나 기업의 계좌개설 은행으로 예입된 금액이 그 기업의 등록자본금으로 차지한 상당액을 초과하는 부분은 자본잉여금으로 계산한다.

나. 현물출자

투자자가 비현금자산으로 투입한 자본금은 투자 각 당사자가 인식한 가치로 불입자본금으로서 기장한다.

다. 외화출자

투자자가 투입한 외화는 계약으로 약정한 외환비율이 없는 경우는 출자액을 받은 당일의 외화비율로 환산한다. 계약에 외환비율이 약정되어 있는 경우는 계약이 약정한 외환비율로 환산하고 외환비율이 달라진 것에 의한 외환차액은 자본잉여금으로서 처리한다.

라. 합작의 투자회수

중외합작경영기업이 합작기간에 투자자에게 투자를 반환하는 경우는 이미 반환된 투자에 대하여 개별적으로 처리하고 대차대조표 중에서 불입자본금의 감액항목으로서 개별적으로 표시한다.

(2) 자본잉여금

자본잉여금은 자본불입잉여금, 자산수증익(受贈益), 거출금수입(據出金受入), 외화자본환산차액 등을 포함한다. 자본잉여금 중 각종 준비금 항목은 자본금(주주 자본금)으로 증자 임시 대체할 수 없다. 자본잉여금 항목은 주로 다음과 같은 것을 포함한다.

가. 자본불입잉여금

자본불입잉여금이란 기업의 투자자가 투자한 자금이 그 등록자본금에서 차지하는 지분 상당액을 초과하는 부분이다.

나. 비현금자산수증익(受贈益)

비현금자산수증익이란 기업이 비현금자산의 증여를 받아 들여 증가한 자본잉여금을 말한다.

다. 현금수증익

현금수증익이란 기업이 현금의 증여를 받아 증가한 자본잉여금을 말한다.

라. 지분투자준비금

지분투자준기금이란 기업이 피투자처의 장기지분 투자에 대하여 지분법을 채용하여 처리할 때, 피투자처가 증여를 받아들이는 등의 원인에 따라 자본잉여금을 증가시킨 경우의 기업이 지분비율에 따라 계산하고 증가시킨 자본 잉여금을 말한다.

마. 거출금수입(受入)

거출금수입이란 국가가 거출한 기술개조, 기술연구 등에 전문적으로 사용되는 거출금을 기업이 받아들인 프로젝트가 완성한 후에 규정에 따라 자본잉여금으로 임시 대체된 부분을 말한다.

바. 외화자본환산차액

외화자본환산차액이란 기업이 외화투자를 받아 채용한 서로 다른 외환비율에 따른 자본환산 차액을 말한다. 즉 외국투자기업의 투자자가 외화로 출자한 경우에 합작계약서 등으로 약정한 외환비율이 있을 경우 자본금은 그 약정 외환 비율로 환산하고, 출자한 현금 등의 자산은 출자를 받은 당일의 외환비율로 환산한다. 이 자본금의 약정비율과 수입자산의 당일 외환비율의 차이에 따른 환산차액이 자본잉여금의 외화자본 환산차액에 플러스 또는 마이너스로 계상된다.

사. 기타 자본잉여금

기타 자본잉여금이란 상술한 각종의 자본 잉여금 이외에 형성된 자본잉여금, 및 자본잉여금의 각종 준비금 항목에서 임시 대체된 금액을 말한다. 채권자가 면제한 채무도 기타 자본잉여금 과목으로 처리한다.

(3) 중국기업의 이익잉여금

이익잉여금은 기업의 성격에 따라 각각 다음의 내용을 포함한다. 기업의 이익잉여금은 결손보충, 자본(주주자본)증자 임시대체로 사용할 수 있다. 조건에 부합되는 기업은 이익잉여금을 사용하여 현금배당을 분배할 수도 있다.

가. 법정이익잉여금

법정이익잉여금이란 기업이 규정한 비율에 따라 순이익 중에서 적립한 이익잉여금을 말한다.

나. 법정공익금

법정공익금이란 기업이 규정한 비율에 따라 순이익 중에서 적립하여 종업원의 집단복리시설에 사용하는 공익금을 말한다.

(4) 외국투자기업의 이익잉여금

가. 준비기금

준비기금이란 법률, 행정법류의 규정에 따라 순이익 중에서 적립된, 인가를 받고 결손보충 및 자본증가에 사용되는 기금을 말한다.

나. 기업발전기금

기업발전기금이란 법률, 행정법률의 규정에 따라 순이익 중에서 적립되어 기업의 생산발전에 사용 및 인가를 받고 자본증가에 사용되는 기금을 말한다.

다. 감자적립이익

감자적립이익이란 중외합작경영기업이 규정에 따라 합작기간 내에 이익으로 투자자에게 반환하는 투자를 말한다. 이 감정과목은 합작기업에서 감자한 때의 회계처리를 진행하기 위한 것이다. 합작계약에서는 이익을 가지고 투자자에게 출자 원본에 상당하는 금액을 반환할 수 있지만, 이 실질적인 감자거래를 자본감정 과목으로 표시하기 위한 특수한 감정 과목이다.

구체적인 회계처리는 다음과 같다. 합작기업이 이익에서 투자액의 일부를 반환한 때에는 감자환불금 과목을 차방으로 기장하고 은행예금과목을 대방으로 기장한다. 동시에 이익처분 과목의 감자적립이익 과목을 차방 기장하여 이익잉여금 과목의 감자적립이익 과목을 대방 기장한다.

이 회계 업무에 따라 결과로서 불입자본금의 감액항목으로서 감자환불금 과목이 계상되고, 이익잉여금의 내역과목으로서 감자적립 이익이 계상된다. 양자는 동일 금액으로 마이너스와 플러스로 계산된다. 합작계약이 종료한 때에는 양사는 상쇄되어 제로(0)가 된다. 동시에 불입자본금(외국측 합작자)은 불입자본금(중국측 합작당사자)으로 임시대체된다.

(5) 미처분이익

회계연도 종료시에 모든 손익이 계상된 당기의 순이익은 이익처분 과목으로 임시 대체된다. 즉 당년도 이익과목이 차방, 이익처분(미처분이익)과목이 대방으로 기장된다. 이익처분이 진행되었을 때는 이익처분 과목이 차방으로 기장되고, 이익처분의 상대과목이 대방으로 기장된다.

최후에 남은 이익처분과목 중 미처분이익과목의 잔고가 대차대조표의 미처분과목으로 표시된다. 대차대조표의 미처분이익은 이익잉여금 과목의 다음으로 표시된다.

15. 손익계산서를 보는 방법

한국의 손익계산서와 크게 다른 점은 기타 업무이익과 영업외 수입과 영업외 지출의 표시 정도가 있고 기본적인 손익구조는 같다.

(1) 영업이익

한국의 손익계산서와 비교할 때 영업이익까지는 기본적으로 같은 손익계산구조로 되어 있지만 약간 다른 점이라면 판매비용, 관리비용, 재무비용이 열거되고 있다는 점이다. 한국에서는 일반판매 관리비와 영업외 손익으로 분류되어 있고 재무비용은 영업외 손익에 포함되어 있다. 한국의 영업외 손익에 포함되어 있는 이자, 할인료, 수취배당금, 유가증권 이자, 유가증권매각 손익, 외환손익, 구입할인 · 매상할인, 유가증권평가손, 개업비 상각 등 가운데 이자, 할인료, 외환손익, 구입할인 · 매상할인은 재무비용으로 포함된다.

수취배당금, 유가증권이자, 유가증권매각손익, 유가증권평가손은 투자수익에 포함된다. 개업비 상각은 관리비용으로 표시된다.

반대로 앞에서 언급한 영업외 수입과 영업외 지출은 한국의 특별손익에 해당하기 때문에 영업외수입 · 지출에는 투자수익과 과년도손익수정을 제외한 고정자산처분손익, 벌금과료, 기부금, 임시손실 등이 계상되는데 이것들은 어느 것이나 한국에서의 특별손익항목이다.

(2) 손익항목의 설명

다음에 설명이 필요한 손익항목을 약간 설명한다.

가. 주요 영업세금 및 부가비용

주요 영업세금 및 부가비용은 기업의 일상 활동에서 부담해야 하는 세금 및 부가비용을 처리하고 영업세, 소비세, 도시옹호건설세, 자원세, 토지증치세 및 교육비부가 등이 포함된다.

나. 기타 업무이익

기타 업무수입과 기타 업무지출의 순액이 표시된다. 기업의 주요 영업수입 이외의 기타 판매 또는 기타 업무수입을 처리하는 것으로 예컨대, 재료매각, 대리구입 대리판매, 포장품 임대 등의 수입이 있다. 기타 업무지출은 기업의 주요 영업원가 이외의 기타 판매 또는 기타 업무에서 발생한 지출을 처리하는 것이다. 원재료매각, 포장품 리스 등의 노무제공 등에 따라 발생한 관련 원가, 비용 및 관련세금과 부가비용 등을 포함한다.

다. 영업비용

영업비용이란 기업이 상품을 판매하는 과정에서 발생하는 비용으로 기업의 상품판매 과정에서 발생하는 운송비, 하조(荷造)비, 포장비, 보험료, 전시비용, 및 광고비 이와 함께 당기업 상품을 판매하기 위하여 전문적으로 설립된 판매기구(판매네트웍, A/S네트웍 등을 포함한다) 종업원의 임금급여 및 복리비, 임금급여와 유사한 성격의 비용, 접대비 등의 경영비용을 포함한다.

라. 관리비용

관리비용이란 기업이 기업의 생산경영을 조직하고 관리하기 위하여 생기는 관리비용이다.

관리비용에는 기업의 동사회와 행정관리부문이 기업의 경영관리에 있어서 발생하는 또는 기업이 통일적으로 부담하는 회사경비(행정관리부문의 종업원의 임금급여, 수리비, 물품소모비, 저가격 소모품 상각, 사무소비 및 출장여비 등을 포함한다), 노동조합경비, 실업보험료, 노동보험료, 동사회비, 중개기구비용, 상담료(고문료를 포함), 소송비, 업무접대비, 건물세, 차량사용세, 토지사용세, 인지세, 기술양도료, 광산물자원보상료, 무형자산상각, 종업원교육경비, 연구개발비, 오염배출비, 재고정리차손 또는 재고정리차익(영업외 지출로 계산해야 하는 재고정리 손실을 포함하지 않음), 재고정리자산 평가보증금이월 등이 포함된다.

마. 재무비용

재무비용이란 기업이 생산 경영에 필요한 자금을 조달하기 위하여 생기는 비용이다. 기간비용으로서 이자지출(이자수입을 감액), 외환손실(외환수익을 감액) 및 관련 수수료 등이 포함된다. 고정자산의 구입 건설을 위하여 차입한 특정차입금으로 발생한 차입비용은 자본화 처리를 하여 고정자산으로 계상하기 위해 재무비용에는 포함하지 않는다.

바. 투자수익

투자수익은 기업이 대외투자로써 취득한 수익 또는 발생한 손실을 처리하는 것이다. 단기투자매각손익, 장기지분 투자매각익, 장기채권 투자매각익, 장기지분투자를 원가법으로 평가하고 있는 경우의 배당금수입, 장기지분 투자를 지분법으로 평가하고 있는 경우의 지분손익, 투자감손 보증금이월액, 사채발생차손익의 상각액 등이 계상된다. 투자수익이란 기업이 대외적으로 투자하여 취득하는 수익에서 발생한 투자손실과 계상한 투자평가보증금을 감액한 후의 순익이다.

사. 보조금수입

기업이 규정에 따라 실제로 받은 보조금 수입을 처리하는 것이다.

아. 영업외 수입

영업외 수입은 기업에 발생한 그 생산 경영과 직접관계 없는 각종 수입을 처리하는 것이다. 고정자산재고정리차익, 고정자산처분순익, 비화폐성거래수익, 무형자산매각익, 벌금순수입 등이 포함된다.

자. 영업외 지출

영업외 지출은 기업에 발생한 그 생산 경영과 직접 관계가 없는 각종 지출이다. 예를 들면 고정자산재고정리차손, 고정자산처분 순손실, 무형자산처분 순손실, 채무재편손실, 고정자산감손보증금이월, 무형자산감손보증금이월, 건설가감정감손 보증금이월, 벌금지출, 기부금지출, 임시손실 등이 포함된다.

차. 소득세

소득세는 당기손익에서 감액한 소득세를 처리하는 것으로 다음의 회계처리를 선택 적용한다.

※ 납세액법

납세액법을 채용하여 처리하는 기업은 기말에 과세소득액에 따라 당기의 미납소득세를 계산해야 한다. 소득세과목에 차방 기장하고, 미납세금(미납소득세)과목에 대방 기장한다.

※ 세효과 회계법

세효과 회계법을 채용하여 처리하는 기업은 당기에 손익으로 계상해야 하는 소득세비용으로 소득세 과목에 차방 기장하고, 당기의 과세소득액에 따라 미납소득세를 계상한다.

※ 소득세의 환불

기업은 실제로 받은 소득세의 환불에 따라 은행예금 과목에 차방 기장하고 소득세과목에 대방 기장한다.

※ 과년도손익수정

과년도손익수정은 기업의 당 연도에 발생한 과년도 손익으로 수정하는 사항을 처리하는 것이다.

※ 당년도이익

이윤이란 기업의 일정한 회계기간에 있어서 경영 성과를 말하고 영업이익, 이익총액과 순이익이 포함된다. 영업이익이란 주 영업수입에서 주 영업원가와 주 영업세금 및 부가비용을 감액하고 기타 영업이익을 가산하여 영업비용, 관리비용 및 재무비용을 감액한 후의 금액을 말한다.

이익총액이란 영업이익에 투자수익, 보조금수입, 영업외 수입을 가산하고 영업외 지출을 감액한 후의 금액을 말한다.

영업외 수입과 영업외 지출이란 기업에 발생한 그 생산 경영 활동과 직접적인 관련이 없는 각종의 수입과 각종의 지출이다. 소득세란 기업이 당기손익으로 계산해야 하는 소득세 비용이다. 순이익이란 이익총액에서 소득세를 공제한 후의 금액이다.

16. 현금유동계산서를 보는 방법

약간 다른 점은 있지만 한국의 현금유동계산서와 대체로 같은 내용으로 구성되어 있다.

(1) 회계이익과 현금유동

회계상의 이익에는 감가상각비, 무형자산상각, 평가손 등 현금의 움직임을 동반하지 않는 회계처리가 포함되어 있기 때문에 이익조작이 가능하지만, 현금유동은 객관적인 자금의 유동을 파악하므로 기업의 재무판단에 유효한 정보를 제공한다. 채권의 회수가 비교적 곤란한 중국에서는 흑자 도산도 있고 하기 때문에 현금유동계산서는 점점 그 중요성이 부각되고 있다.

현금유동계산서는 영업활동, 투자활동, 재무활동의 세가지로 나뉘어지고 회사의 현금자금의 수지를 판단하는 것이므로 원칙상 자금의 총액으로 표시되고 있다. 현금유동계산서는 자금의 총액을 표시함과 동시에 각주의 형식으로 손익계산서의 순이익에서 출발한 현금유동도 보충 자료로서 작성되고 있다.

중국의 현금유동계산서는 구체회계준칙의 "기업회계준칙-현금유동계산서"가 출발점이다.

(2) 현금유동의 의미

현금유동계산서란 기업의 한 사업년도에 있는 현금자금의 수입과 지출의 상황을 활동에 표시한 것이다. 현금유동계산서는 기업의 실제자금 상황을 표시하는 것이기 때문에 흑자도산처럼 대차대조표와 손익계산서만으로는 알 수 없는 기업의 자금 리스크도 이것에 의해 사전에 알아낼 수 있다.

현금유동계산서가 대상으로 하는 자금의 범위는 현금 및 현금 동등한 물건으로 한국과 중국에서는 대체로 같다. 현금이란 수허(手許)현금과 요구지불예금을 말하는데, 요구지불예금이란 예컨대, 보통예금, 당좌예금, 통지예금 등이 포함되고 예입기간의 규정이 있는 정기예금은 포함하지 않는다.

중국에서는 금융기관에 사전통지에 의해 인출할 수 있는 정기예금은 현금의 범위에 포함되어 있다.

다음으로 현금과 동등한 물건이란 한국과 중국에서는 약간 정의가 다르고 또 가치의 변동에 대해서도 아주 적은 리스크 밖에 부담하지 않는 단기투자를 말한다. 시장성이 있는 주식은 환금이 용이해도 가치변동 리스크가 적지 않고 현금과 동등한 물건에는 포함되지 않는다.

중국에서 현금과 동등한 물건이란 기업이 소유하는 기한이 짧고, 유동성이 높은 환금성이 용이한 가치변동 리스크가 아주 적은 투자로 정의되어 있다. 예컨대, 3개월 이내로 기한이 도래하는 정기예금, 증권시장에서 유통하고 있는 주식 등의 단기채권투자 등이 현금과 동등한 물건으로 되어 있다.

(3) 현금유동계산서의 양식

한국이나 중국이나 현금유동계산서의 양식은 대체로 같고 영업 활동에 의한 현금유동, 투자 활동에 의한 현금유동, 재무활동에 의한 현금유동이 기재되어 있다. 중국의 현금유동계산서의 구체적인 양식은 끝부분에 게재하고 있기 때문에 그것을 열람하기 바란다.

(4) 영업활동 현금유동에 대하여

가. 세금의 표시

영업활동의 현금유동 기재항목은 한중간에서 약간 다른 점이 있다. 우선 영업수입(매상에서부터 채권회수에 이르기까지의 현금수입)과 영업지출(구입부터 매매대금 채무지불에 이르기까지의 현금지출)에 대한 것인데, 한국에서는 매상과 구입에 소비세가 관련되어 있고, 영업수입 또는 영업지출의 금액은 3가지의 방법 중 어느 것이라도 좋다. 즉 소비세입의 금액, 소비세인출금액, 소비세와의 조정액을 표시하는 방법이다.

이것과 달리 중국에서는 매상과 구입에 증치세가 관련되어 있는데 증치세의 수입과 지출의 금액은 영업수입 및 영업지출과는 독립된 항목으로 표시되고 있다.

이 밖에 중국에서는 소득세(기업소득세로서 한국의 법인세에 상당함)를 표시하고 증치세와 소득세 이외의 세금비용도 독립적인 기재항목으로서 표시해야 한다.

나. 이자와 배당금의 표시

한국에서는 이자와 배당금의 표시에 대해서는 2가지 방법의 선택 적용이 인정되고 있다. 하나는 수취이자와 수취배당금, 지불이자를 영업활동에 표시하고 지불배당금을 재무활동에 표시하는 방법이다. 두 번째는 수취이자와 수취배당금을 투자 활동으로 하고 지불이자와 지불배당금을 재무활동에 표시하는 방법이다. 이에 대하여 중국에서는 수취이자와 수취배당금은 투자활동 구분이고 지불이자와 지불배당금은 재무활동에 구분표시 되어 있다.

다. 리스료의 표시

한국에서는 오피스텔 리스에 의한 임대료의 수입과 지출은 영업활동으로 되어 있지만, 자세히 말하면 임대료에 포함된 이자 상당 부분에 대해서는 상술한 이자의 표시 구별에 따라야 한다. 또 중국에서는 금융리스에 의한 임대료 지출은 재무활동에 표시되어 있다.

(5) 투자활동에 의한 현금유동

한국에서는 현금과 동등한 물건에 포함되지 않은 단기투자와 고정자산의 취득과 매각이 기재되고, 중국에서는 현금과 동등한 물건에 포함되지 않은 투자의 취득과 처분, 장기자산의 취득이 기재되어 있기 때문에 내용적으로는 비교적 비슷하다.

자회사의 취득과 매각에 대해서는 한국에서는 연결기준의 현금유동계산서이기 때문에 연결 범위에 넣거나 또는 연결에서 제외 되는지의 정보를 독립적인 기재항목으로 해야 한다. 이와 상대적으로 중국의 현금유동계산서는 개별적인 재무제표 기준이기 때문에 자회사, 영업단위의 취득과 처분에 대하여 그 현금유동의 순액을 동일하게 투자 활동에 포함하여 기재하도록 되어 있다.

(6) 재무활동에 의한 현금유동

재무활동은 한국에서는 자본의 조달과 반제(返濟)를 기재한다. 중국에서는 자본과 채무의 규모와 구성의 변화를 기재하고 있고 내용은 비교적 비슷하다.

(7) 현금유동계산서의 작성

현금유동계산서의 작성과 표시 방법에는 직접법과 간접법의 2가지가 있다. 직접법이란 주요한 거래사항에 수입총액과 지출총액을 표시하는 것이고 현금유동에 관한 기초데이터를 주의할 필요가 있다.

간접법이란 세금을 납입하기 전(稅引前) 당기순이익에서 개시하는 형식으로 자금지출을 동반하지 않는 비용과 수익을 가감산하고, 다음으로 영업활동에 관련한 자산과 부채의 증감을 가감산하여 최후에 기타 영업활동에 의한 손익항목과 법인세 등의 지불액을 표시하여 영업활동에 의한 현금유동을 합계한다. 그리고 투자활동에 의한 현금유동과 재무활동에 의한 현금유동을 각각 표시한다.

직접법은 기초데이터의 집계가 중요한 한편, 실제거래의 총액이 표시되는 것에 대하여 간접법은 작성이 비교적 용이하면서도 순이익과 영업활동에 의한 현금유동의 관계가 명시되어 있다는 점에 장점이 있다.

중국에서는 직접법에 따라야 한다는 것으로 되어 있고 그리고 현금유동계산서의 주기부분에서 간접법에 의한 표시도 요구되고 있다. 간접법에 의한 현금유동의 표시는 세금납부 후 이익에서 시작하여 손익계산서 과목 중에서 현금유동을 동반하지 않는 항목을 조정하는 것에 의해현금유동을 표시하기 때문에 손익과의 관계가 잘 표시되어 있다.

제5부

한 · 중 합자계약서와 정관의 작성방법

(외자기업의 정관과 합작계약서 작성방법)

제1장 한 · 중 합자기업과 계약서의 중요성
제2장 한 · 중 합자기업의 설립방법
제3장 합자계약의 구성과 작성방법
제4장 한 · 중 합자기업 정관의 구성과 작성방법
제5장 외자기업의 설립방법과 정관작성
제6장 한 · 중 합작기업의 설립방법과 계약서 작성

제1장 한·중 합자기업과 계약서의 중요성

1. 파트너와 우정을 위해서도 최소한의 계약서 준비

한국의 중국에 대한 투자는 92년 한·중국교 수립 이후 90년대 중반 제1차적인 붐을 시작으로, 2000년 IMF 졸업을 기점으로 제2차의 붐이 꾸준히 확대되어 왔다. 중국에 대한 직접투자는 뚜렷한 신장을 보이고 있다. 그 원인과 한국의 대 중국 투자에 관한 법적 진단을 해 본다.

(1) 중국투자 붐의 원인

오늘날 지금까지 중국투자에 소극적이었던 중소기업들도 일제히 중국진출을 향해 뛰기 시작했다는 감각을 중국 현장에서 느낄 수 있다.

그 원인으로는 중국시장의 성장과 구매력의 증대, 소매업, 운송업 등의 직접투자에 대한 제한 해소, 중국정부의 적극적인 외자유치, 나아가서는 중국사회와 정책의 안정성에 대한 신뢰향상 등이다. 한국기업의 특이한 원인으로서는 국내 불황대책과 인건비의 상승대책 등을 들 수 있겠다.

(2) 한국기업의 법적 안전망 구축의 현주소

이미 중국에 기업을 설립하거나 또는 그 설립을 준비 중인 회사들에 있어서 전문적인 법무팀의 그룹을 갖고 있는 기업도 있겠지만 그렇지 않는 기업도 많고 중국과 거래실적 경험이 전혀 없는 회사도 있다. 또 전문적인 법무팀이 있어도 중국어에 의한 계약서 작성은 대부분의 경우 전혀 새로운 분야이므로 곤란한 점들이 많다. 이런 이유로 외자측과 중국투자선의 분쟁이 급증하고 있고 중국에서 철수하는 한국기업도 증가하고 있다. 중국에서 계약서를 작성할 때의 특징은 조문이 간단하고 애매한 용어가 많이 사용되고 있다는 점이다. 이 또한 현재 한·중 거래에 있어서 많은 분쟁의 원인이 되고 있다. 역시 계약을 둘러싼 분쟁을 피하는 유일한 방법은 대중투자 또는 무역에 관한 법률문서를 확실히 작성하는 것이다.

(3) 비즈니스상 합자결혼과 동시에 이혼준비도

중국에서 합자기업의 설립은 언어, 민족, 사상, 관습, 사회제도, 법제 등 대체적으로 모든 환경과 상황이 다른 기업과 계약관계를 통한 공동 경영이다. 최종적으로 최소한 법적 안정장치는 역시 계약서뿐이다. 말할 것도 없이 우호와 우정은 더할 수 없는 큰 미덕이지만 우호와 비즈니스, 우정과 계약상의 권리의무는 전혀 다른 것이다. 오히려 이러한 것을 똑똑하게 의식하고 있는 것은 중국인이고 중국기업이며, 이것을 헷갈리는 것은 한국인이며 한국기업의 비즈니스맨들에게 많이 있다.

(4) 파트너와 우정을 위해 원칙을 바탕으로 한 최소한의 준비

인맥이라든가 우정만을 믿고 중국 사업의 비즈니스를 하는 것은 옛날 얘기다. 이런 것에 의지하고 믿고서 계약서를 경시하거나 중요한 사항에 대한 것들을 문서화하지 않는다는 것은 시대에 뒤떨어진 사고방식이다. 중국은 이미 개방을 시작으로 30년 전부터 미국, 일본과 유럽 비즈니스맨들과 탁자에 마주 앉아 상거래 행위를 배웠다. 그렇기 때문에 우리가 상상하고 있는 것보다 빠르게 의식변화가 근대화되어 있다. 만일, 합자사업이 실패한다면 모든 우호와 우정관계를 잃게 된다는 점을 잊어서는 안 된다.

2. 합자계약의 조건과 합자협상의 원칙

(1) 합자계약의 개념

우리가 중국파트너와 합자하여 설립하는 합자회사의 경우는 이미 설립된 회사와 개인의 경영조직을 토대로 성립한 것과는 관계없이, 새로운 회사를 설립하여 공동사업을 시작하는 경우도 있다. 이 경우 회사설립에 관한 계약이 필요하다. 이러한 회사의 설립 및 공동경영에 관한 당사자의 계약이 '합자회사설립계약' 이다. 중국의 합자계약서(Contract)란 당사자 쌍방이 합자회사 설립을 위하여 상호 권리의무관계에 대하여 합의에 달한 가운데 체결되는 서면을 말한다. 그리고 중국의 합자계약은 중국의 국내기업 기타 경영조직과 외국기업 기타 경제조직 또는 개인을 당사자로 하기 때문에 국제거래의 성질을 갖는 계약이다.

(2) 합자계약의 성립조건

한・중 합자계약의 성립조건은 보통계약의 성립과 다르다. 보통의 계약은 당사자가 계약의 목적, 수량 등 내용을 협의하고 일치한다면 당사자의 합의를 서면으로 작성하여 서명날인 할 때에 성립한다(계약법 제32조). 중국의 합자계약 성립도 보통계약과 마찬가지로 당사자 합의를 서면으로 하는 동시에 서명날인이 필요하지만, 그 효력은 심사・허가기관의 허가를 받아야 발생하기 시작한다(합자기업법실시조례 제17조). 그렇기 때문에 만일 심사・허가 기관의 허가를 받을 수 없다면 합자계약은 성립하지 않는다.

(3) 합자협상의 원칙 10계명

한국기업이 중국에서 합자경영은 언어, 민족, 사상, 관습, 사회제도, 법제 등 대체로 전반적인 환경이 다른 기업과 계약관계를 통한 공동 경영이다. 최종적인 원칙과 근거가 되는 것은 계약서뿐이다. 합자기업을 설립할 때, 쌍방의 합의 내용과 필요 사항에 대하여 정확한 계약서를 만드는 것이 중요하며, 특히 철수하거나 또는 청산할 때를 고려해 두는 것이 기업으로서 정확하고 당연한 예방책이다. 중국에서 합자기업을 설립 또는 그 설립을 기획준비 중인 회사가 최소한 준비 · 검토해야 할 협상원칙에는 어떤 것이 있는가?

① 우량한 중국파트너 기업을 선정한다.
② 중국기업 간부의 경영수단과 인물을 상세히 확인한다.
③ 우정과 비즈니스를 정확히 구분한다.
④ 기본조건과 계약서 중요사항은 충분한 검토와 납득때까지 협상한다.
⑤ 협상을 지나치게 조급하게 하거나 중도 타협은 금물이다.
⑥ 협상의 성립이 지상과제가 아니고 조건 안 맞으면 협상 중지한다.
⑦ 자신을 중국통으로 착각하지 말고 항상 겸손한 마음으로 협상한다.
(*중국인은 한국인의 오만한 태도를 가장 싫어한다.)
⑧ 협상내용은 항상 비망록으로 작성 자필 서명하라.
⑨ 계약서는 반드시 중문과 한글로 작성 그 내용을 확인한다.
⑩ 실력있는 좋은 통역을 사용한다.

제2장 한·중 합자기업의 설립방법

한중합자기업은 중국에서 중국기업과 한국측의 공동투자에 의해 설립되는 회사다. 그 설립수속·요건·성질·조직·활동·해산·청산 등에 대해서는 합자기업법과 그 실시조례가 규정하고, 그 주요 특징은 다음과 같다.

1. 합자기업의 개념과 특징

(1) 중국 파트너가 존재한다.

중국기업이 당사자 자격을 갖고 출자할 수 있다. 국가기관, 지방행정기관 및 그 아래 조직인 부국(部局)은 당사자 자격이 없고 개인도 마찬가지이다.

(2) 각당사자의 출자는 등록자본 중에 비율로 나타낸다.

등록자본이란 당사자가 납입을 받아들인 출자액의 합계로써 한국 주식회사의 자본금과 같다. 외국당사자의 출자비율은 25%로써 상한 제한은 없다.

(3) 유한책임이다.

합자기업은 유한책임회사로 출자자 책임은 납입한 출자액을 한도로 한다.

(4) 계약관계를 기초로 인적요소가 가미되어 있다.

쌍방 당사자의 계약을 통한 신뢰관계라고 하는 인적요소가 유한책임에 결합되어 있다. 따라서 등록자본의 양도는 상대방 당사자의 동의가 없는 한 허용되지 않는다. 그 성질은 우리나라의 유한회사에 가장 가깝다고 할 수 있다.

(5) 동사회가 상설기관이다.

합자기업의 결의기관으로 반드시 동사회(이사회)가 조직된다. 동사회란 동사(이사)로 구성되는 기관으로서 이사회로 번역되는 경우도 많지만 주주총회 또는 사원총회는 따로 조직되지 않고 이사회와 주주총회의 권한을 합친 유일한 결의기관이기 때문에 최근에는 동사회로 번역하는 경우가 많다.

(6) 사업집행기관은 총경리, 부총경리이다.

일상 경영업무를 통괄 · 지도는 동사회에서 선임된 총경리와 부총경리다. 총경리는 사장이라고 번역하는 경우가 많지만 합자회사의 법정대표자가 아니라(법정대표자는 동사장의 경우가 많음), 동사회에 의해 부여된 권한의 범위 내에서 영업에 관한 일체의 포괄적 대리권을 갖고 있는 것으로 한국상법의 지배인의 성질에 가깝다.

(7) 법에 의해 허가, 감독이 어느 정도 진행된다.

회사설립, 합자계약 및 정관의 내용도 중국의 심사 · 허가기관의 지도와 간섭이 있고, 설립 후도 많은 사항이 허가의 대상, 해산 · 청산도 그 감시와 감독이 미치고 있다.

(8) 제품의 중국 국내에 판매도 가능하다.

1980년대 합자기업은 주로 중국에 부족한 외화 획득을 이유로 합자계약 중에 반드시 국내판매와 국외판매의 비율을 규정하도록 하였다. 그러나 90년도 들어오면서 중국 내수시장에 대한 판매가 거의 자유화 되었다.

(9) 외화균형은 자체로 해결하여야 한다.

합자기업의 부품 또는 원료의 구입, 한국기업으로 이익배당의 송금, 기술 사용료의 지불 등 상당한 외화를 필요로 한다.

(10) 한국기업의 분담 부분이 있다.

한국기업이 합자기업에 파견하는 총경리, 부총경리 기타 고급 기술자와 관리자의 급여 및 사택구입 문제다. 중국기업이 파견하는 고급관리자의 급여 등과 뚜렷하게 균형을 잃게 된다. 본래 합자기업이 부담하여야 할 경비의 일부를 한국기업이 분담하는 부분이 적지 않다.

(11) 세제상 일정한 우대 조치를 받을 수 있다.

A. **소득세의 감면**: 가령, 생산형 합자기업의 경영기간이 10년 이상일 경우 2년 기업소득세를 면제, 3년 반액이다. 경제특구 및 경제기술개발구 등이 있다.

B. 관세와 증치세 (부가가치세)의 면제
가령, 투자총액 내의 자금으로 수입하는 기기설비, 부품 및 기타 물자 등이다.

(12) 합자기간 만료 등 해산시 청산수속을 밟는다.

합자기업의 경영기간 만료, 경영부진 등 이유로 중도 해산할 때는 청산수속을 진행한다. 청산위원회를 조직하고 대차대조표와 재산목록을 작성하며 재산의 평가와 환가를 실행하여 채무를 변제한 후 남은 금액이 있으면, 출자 비율에 기초하여 합자 당사자에게 분배한다.

2. 합자기업 설립을 위한 허가수속

(1) 회사설립허가 수속의 진행

A. 제1단계
- 허가수속의 명칭: 프로젝트 제안서(항목 건의서) 허가
- 허가기관: 중국기업의 상급주관기관
- 제출을 필요로 하는 문서: ① 합자의향서, ② 프로젝트 제안서

B. 제2단계
- 허가수속의 명칭: F/S(사업타당성연구보고) 허가
- 허가기관: 설립지의 시 또는 성의 대외경제무역위원회, 계획위원회, 중국기업의 상급 주무기관
- 제출을 필요로 하는 문서: ① F/S, ② 합자계약서, ③ 정관

C. 제3단계
- 허가수속의 명칭: 합자기업 설립허가
- 허가기관: 설립지의 시 또는 성의 대외경제무역위원회
- 제출을 필요로 하는 서류

① 설립 신청서, ② 정식으로 체결한 합자계약 및 정관, ③ 동사장, 부동사장 및 동사의 명부, ④ 중국기업의 상급 주무기관 및 소재지의 성(자치구, 직할시)의 설립에 대한 의견

(2)회사설립 수속의 3단계

합자기업 설립허가 수속은 3단계로 나누어서 진행된다.

A. 제1단계=합자의향서 작성 및 서명

한중기업 쌍방이 합자기업 설립에 대해 교섭하고 설립하는 합자기업에 대한 기본적 사항에 대해 합의하여 그 내용을 합자의향서로 작성하여 쌍방이 서명한 후로 된다. 합자의

향서는 법적 구속력이 없으며 또 단지 쌍방의 합자설립에 대한 의향(의지)을 표명한 문서에 지나지 않는 것으로서, 합자기업의 기본적이며 중요 사항에 대한 합의가 없는 상태로서 손쉽게 의향서에 서명하는 한국기업도 있고, 또 중국기업도 합자를 지나치게 희망하여 한국기업에 대해 급하게 의향서에 서명을 요구하는 경향이 있다. 그러나 의향서 체결에 의해 합자기업 설립허가 수속의 제1단계가 시작되는 것으로써 의향서에 서명하면 금후 당사자 쌍방은 합자기업 설립을 향해 성실하게 교섭을 할 의무를 지는 것이기 때문에, 적어도 합자기업의 기본적 사항인 등록자본, 쌍방의 출자비율과 출자방식(현금 또는 현물출자), 동사의 총수와 쌍방의 동사 숫자, 생산품목, 판매방식(수출비율), 한국기업이 제공하는 기술과 그 기술 사용료의 공제율 등에 대해서는 최소한도 합의가 성립된 시점에서 의향서에 체결하는 것이 좋다.

B. 제2단계=F/S(사업타당성연구)보고 작성

F/S목적은 합자기업을 설립한 경우의 제품의 판매수량, 판매가격, 매상고와 그에 대한 제품원가, 판매비용 및 일반 관리비를 추정 계산하고 그 손익상황을 예측하여 기업성립의 판단 여부를 검토하기 위한 것이다. 허가를 해주는 측에서 보면 합자기업 설립 후의 영업으로 이익이 생기고 기업으로서 성립되는 합리적 근거를 갖고 심사허가기관에 설명하여 이해를 구하기 위한 작업이다.

C. 제3단계=합자기업 설립 신청의 허가

이미 F/S보고서가 허가되고 또 합자계약서와 정관도 사실상 심사가 끝나 있으므로 바야흐로 정식으로 조인한 합자계약서와 정관을 첨부하여 동사장, 부동사장 및 동사 명부를 제출하여 최종적 허가를 받는 것으로서 대부분 형식적인 것이다. 일반적으로 합자기업의 설립에 관계가 있는 18부처가 공동으로 심사하고 있다. 제1단계의 심사는 비교적 간단하고 제3단계의 심사도 형식적인 것이므로 제2단계의 작업과 심사허가가 합자기업 설립의 사실상의 관문이다.

3. 합자기업의 설립 허가 수속에 필요한 날짜

(1) 제1단계

합자의향서 체결 후 프로젝트 제안서(항목건의서)를 작성하여 상급 주무관청에 제출한 후 약 14일이 소요된다. 한중 쌍방 기업이 합자의향서를 체결한 후 중국기업측이 프로젝트 제안서를 기안 작성하지만, 일반적으로는 교섭 중에 상급 주무기관의 책임자가 직접 참가하거나 또는 중국기업이 수시로 교섭 경과를 보고하고 있으므로 상급 주무관청도 교섭 상황을 파악하여 두어 제1단계의 허가 단계에 대해서는 그 정도 긴 날짜 수는 필요하지 않다. 그러나 한중 쌍방 기업의 교섭 시작부터 합자의향서 체결까지의 기간은 천차만별로서 긴 것은 몇 년의 교섭을 거치는 경우가 있고, 짧은 것은 몇 개월의 교섭으로 의향서 체결의 단계에 이르는 경우도 있다. 역시 한중 쌍방 기업이 처음으로 교섭 상대로서 상대방을 이해하고 합자 교섭을 시작할 경우에 상대방인 중국 국영기업의 재무 내용을 포함한 기업의 상세한 상황을 파악하여 중국에서의 장기 파트너로서 필요한 자격이며 능력을 갖고 있는가를 확인하고, 또 기본적이고 중요한 합자 설립 조건에 대해서도 한국기업으로서 신중하게 검토하기 위해서도 약 1년 정도의 교섭 기간은 필요하고 또 그 결과 희망스러운 결과를 얻을 수 있다.

(2) 제2단계

F/S보고서는 상급 주무관청에 제출하여 허가를 받은 후, 설립지 계획위원회에서 허가를 받는다. 또 합자 계약서와 정관의 안은 대외경제무역위원회부터 문제가 없다는 확인을 받는다. 이런 허가 및 확인 수속에 필요한 기간은 15일이다. F/S보고서의 작성 작업기간은 투자규모, 영업범위, 쌍방 기업의 규모, 설립지, 심사의 엄격성, 중국기업 및 회계사무소의 사무능력, 한국기업의 협력 정도 및 내용에 따라서는 6개월 이상을 필요로 하는 경우도 있고 1~2개월로 끝날 수 있는 경우도 있다.

(3) 제3단계

합자계약과 정관에 쌍방의 법정대표자가 서명한 후 우선 상급 주무관청의 허가를 얻은 후 대외경제무역위원회에 설립 신청서를 제출하여 허가를 받는다. 이런 허가 수속에 필요한 날짜 수는 약 10일이다. F/S보고 허가 후에 한중기업의 법정대표자가 보통 설립지에서 합자계약서와 정관에 서명하고 이것을 첨부하여 합자기업 설립 신청서를 제출한다.

(4) 합자기업 설립 인증 수령

설립신청허가 후 3일로 허가증을 수령할 수 있다.

(5) 영업 허가증 수령

설립허가증 수령 후 공상행정관리국을 향한 개업 등기신청과 영업허가증의 수령에는 약 10일이 필요하다. 등기신청에 필요한 서류는 외국투자기업 등기 신청서, 설립허가증, 계약, 정관 및 동사회 구성에 대한 회답 의견서, 정관, 합자기업의 프로젝트 제안서와 이것에 대한 회답 의견서, F/S보고와 이것에 대한 회답 의견서, 중국기업의 영업허가증 및 한국기업 주식회사 등기부 등본, 거래 은행이 발행한 신용증명, 동사회 명부, 동사회 성원에 대한 위임장, 법정대표자 등기표 및 그 이력서, 정·부 총경리의 추천장, 동사 및 경리의 신분증명, 경영 장소의 사용증명, 외국투자기업 명칭 등기표, 도시계획국 및 환경보호국의 허가문서, 개업허가문서(국가규정에 따라 주관 부문의 허가가 필요한 업종만) 등이 있다.

(6) 기타 수속

영업허가증의 수령에 의해 법률상 설립 수속은 끝나지만 은행계좌 개설 수속, 세무국에 대한 세무등록 수속, 세관에 대한 등록 수속을 하여야 한다.

이런 수속은 어떻게 하든 빨리 처리할 필요가 있다. 은행계좌 개설은 출자금(등록자본)의 송금 때문에 필요하고 또 세관의 등록은 생산용 기계설비 등의 통관, 면세 수속에 필요하다. 다음에 세무등록은 법규에 따라 영업허가증의 수령 후 30일 이내에 수속을 하는 것이 의무화 되어 있다.

제3장 합자계약의 구성과 작성방법

1. 제1장 총칙

한중 합자계약의 구성과 작성방법에 대하여 각 단계별로 한글과 중문으로 작성하여 그 이해와 실무에 바로 적용하도록 한다.

> **제1장 총칙**
>
> 중화인민공화국 ○○시 ○○○○공장과 한국○○○○주식회사는 '중화인민공화국 중외합자기업법' 및 중화인민공화국의 기타관계 법규에 기초하여 호혜평등의 원칙에 의해 우호적인 협의를 거쳐 중화인민공화국 ○○성 ○○시에 공동으로 출자로 합자회사를 설립하는 것에 합의하여 다음의 계약을 체결한다.

【MBA China Business Study Check Point】

(1) 합자계약은 '중화인민공화국 중외합자기업법' 에 기초하여 허가를 받을 필요가 있기 때문에 정식 국명인 '중화인민공화국' 을 반드시 기재한다. 만약, 약칭을 사용할 경우는 처음에 그 취지를 기재하면 된다.

> 중화인민공화국 (이하 '중국' 이라 함)

(2) 중국기업의 정식 명칭을 기재한다.

중국의 국영기업(전인민 소유제) 중 생산형 기업인 경우는 일반적으로 식품공장, 제약공장, 의료기기공장과 같이 끝에 '공장' 이라는 글자가 붙고, 생산형 기업 이외의 국영기업인 경우는 무역회사, 부동산개발회사, 건축회사와 같이 끝에 '회사' 글자가 붙는다. 단지, 최근은 생산형 기업이 몇 개 합자하여 그룹회사라는 명칭을 사용하는 것도 종종 있기 때문에 정확한 것은 중국파트너 기업의 영업허가증(영업집조) 사본을 참조하는 것이 필요하다.

(3) 한국측 기업의 명칭 앞에 '한국측' 이라고 기재하는 것이 보통이다. 이것은 외국측 합자 당사자의 소재지 국가를 명확히 하기 위해서다.

(4) 법률적 명칭은 정식 명칭을 기재하므로 '중화인민공화국 합자기업법', '중화인민공화국 중외합자기업 노동관리규정' 과 같이 정식 명칭을 기재한다.

(5) 합자회사의 설립지(법정소재지)를 기재한다.

북경시, 상해시 및 천진시 3대 직할시를 제외한 나머지 성(省)의 명칭 또는 자치구 명칭과 도시의 명칭을 기재한다.

2. 제2장 합자 각 당사자

제2장에서는 합자파트너인 각 쌍방 당사자의 법정주소지, 법정대표자 등의 기재 방법에 대하여 살펴본다.

제2장 합자 각 당사자

제1조 본 계약을 체결하는 합자각 당사자는 다음과 같다.

1. 중화인민공화국(이하 '중국' 이라 약칭 함) ○○시 ○○○○공장 (이하 '갑' 이라 약칭 함)

중국 ○○성 ○○시에서 등기

법정소재지 중국 ○○성 ○○시 ○○○○호

법정대표자 성명

직무 공장장

국적 중국

2. 한국 ○○○○공업주식회사 (이하 '을' 이라 함)

한국 서울에 등기

법정소재지 한국 서울특별시 ○○

법정대표자 성명

직무 대표이사

국적 한국

【MBA China Business Study Check Point】

(1) 중국기업이 등록되어 있는 도시 명칭을 기재한다. 중국 국영기업 기타 법인은 그 법정소재지를 관할하는 지방 공상행정관리국에서 설립등록을 하고 영업허가증 교부를 받고 있다.

(2) 법정소재지는 등기사항의 하나로써 '본부의 소재지' 에 상당하는 개념이다.

(3) 법정대표자는 등기사항의 하나로 법인대표 자격을 갖고 있는 자로서 중국기업인 경우는 1명이다. 생산형기업의 법정대표자는 공장장이고 회사인 경우에는 보통 동사장 또는 동사장 겸직 총경리가 그 법정대표자이다.

*주1: 합자계약서는 반드시 법정대표자의 서명이 필요하다는 점에 주의 요함.
*주2: 법정대표자의 성명 및 직무는 영업허가증으로 반드시 확인하여야 한다.
*주3: 한국의 주식회사 대표이사 = 중국의 동사장 + 총경리

【MBA Training China Business Study】

(1) 합자기업은 합자계약의 당사자가 될 수 있을까 ?

합자계약에서 중국측 파트너가 되는 경우는 중국 국영기업 또는 사영기업인 경우가 압도적으로 많지만, 이미 중국 국내에 설립되어 있는 합자기업이 중국측 파트너 기업이 되는 사례도 좀 존재한다. 이른바 합자기업과 한국기업이 당사자가 새롭게 합자기업을 설립하는 것이다.

중외합자기업은 중국측 기업의 자격에 대해 '중국의 회사, 기업 또는 기타 경제조직' 이라고 규정하고 있고(제1조), '중국의 회사' 에는 합자에 의해 설립된 유한회사가 포함되는가는 명확하지 않지만, 실무적으로는 이것을 인정하고 있다.

따라서 이미 설립되어 있는 합자기업과 한국기업이 당사자가 되어 따로 합자기업을 설립하는 것도실무적으로 승인되어 있기 때문에 가능하다. 이와 같이 중국의 상무부의 해석에 의하면 합자기업은 또 다른 합자기업의 당사자가 될 수 있지만, 외국 독자자기업(외국자본 100%)은 합자기업의 당사자가 될 수 없다. 독자기업에는 중국측 당사자가 전혀 존재하지 않기 때문에 중외합자기업의 자격에 부합되지 않는다.

(2) 중국기업의 법정소재지, 법정대표자 등은 어떻게 조사하면 될까 ?

중국기업이 비치하고 있는 영업허가증의 사본으로 확인한다. 중국기업을 방문하여 합지교섭이 진전되고 의향서와 협의서에 서명하는 단계에 이르면 중국기업의 영업허가증 사본과 한국기업의 회사 등기부 등본을 서로 교환하여야 한다.

영업허가증에는 기업명칭, 법정소재지, 영업범위, 법정대표자가 기재되어 있고 이것을

발행한 지역의 공상행정관리국의 명칭과 날인이 되어 있다. 이것이 한국의 회사등기부 등본에 상당하는 것이다. 이 영업허가증은 합자 파트너인 중국기업이 소지하고 있기 때문에 우리나라의 경우와 같이 등기부 등본의 열람 또는 교부하는 제도가 없다는 점에 유의할 필요가 있다.

3. 제3장 합자회사의 설립

> **제3장 합자회사의 설립**
>
> **제2조** 갑을 쌍방은 '중화인민공화국 중외합자기업법' 및 기타 관계법규에 기초하여 중국○○시(○○성 ○○시)에○○○유한공사(다음 '합자회사' 라 약칭 함)을 설립하는데 동의한다.

【MBA China Business Study Check Point】

(1) 합자회사를 설립하는 행정구역을 나타낸다. 북경시, 상해시 및 천진시는 국무원의 직할시이므로 직접 이런 도시의 명칭을 기재하고, 기타 도시인 경우는 반드시 성의 명칭과 도시의 명칭을 나란히 기재한다. 합자공사를 합자회사로 번역하여도 된다.

(2) 합자회사의 명칭을 기재한다. 합자회사의 명칭에 대한 설명은 제3조의 체크 포인트를 참조 함.

> **제3조** 합자회사의 명칭은 '○○○유한공사' 로써 영문의 명칭은 '○○○Co., Ltd' 로 한다.

【MBA China Business Study Check Point】

(1) 중국의 기업 명칭에 대해서는 최초에 기업이 소재하는 행정구의 명칭을 쓰고 다음에 고유명사를 넣고 그 다음 영업 종류, 목적을 나타내는 일반명사를 쓰며, 최종으로 반드시 회사의 조직형식을 포함하는 것이 의무로 되어 있다(「기업명칭등기관리규정」 제7조, 1991년 7월 22일 국가공상행정관리국령 제7호 공포). 행정구역의 명칭은 기업이 소재하는 성(자치구, 직할시) 또는 시(주) 또는 현(시 관할 구)의 명칭이다.

(2) 다음에 반드시 종류, 영업목적, 범위를 나타내는 일반 명사를 포함하여야 한다. 즉 식품, 의류, 화학, 제약, 전기, 광학, 자동차, 전자, 의료기기 등이다. 따라서 상호 뒤에 업

종, 영업목적, 범위 등을 나타내는 일반 명사를 첨부하는 것이 요구된다. 마지막으로 기업 조직형식은 기업의 법적성질(기업의 채무에 대한 출자자의 책임형식)을 나타내는 것으로 합자회사인 경우는 중문으로는 반드시 유한공사로 기재한다.

[예] 상해○○제약유한회사, 북경○○의료기기유한회사, 청도○○식품유한회사, 천진○○화학유한회사 등이다. 즉 지명, 기업의 고유명칭, 업종 및 조직형식의 순서로 배열하고 있다.

(3) 영문명칭, 중문명칭도 모두 동일하며 지명, 고유명칭, 업종(영업목적·범위), 조직형식의 순서로 배열하는 것이 필요하다.

【 MBA Training China Business Study】

(1) 합자회사 명칭에 중국, 중화 또는 국제라는 글자의 병용이 가능한가?

기업명칭등기관리규정은 '① 전국적 공사, ② 국무원 또는 그가 수권한 기관이 허가한 대형수출입기업, ③ 국무원 또는 그가 수권한 기관이 허가한 대형기업그룹, ④ 국가공상행정관리국이 규정하는 기타 기업' 에 대해서는 신청하여 기업명칭에 '중국' , '중화' 또는 '국제' 의 글자를 사용할 수 있다고 규정하고 있다(제13조). 외자기업이 설립하는 합자기업 건수가 비교적 적었던 초기에서는 '중국' , '국제' 등의 사용이 허가되고 있는 경우도 좀 있지만 현재는 보다 심사가 엄격하여 북경, 상해, 천진, 대련, 청도 등의 소재지를 나타내는 행정구역 명을 사용하는 것이 보통이다. 기업규모가 초대형이고 국가적 프로젝트 등 특수한 일을 제외하고 허가를 받는 것이 쉽지 않다.

(2) 합자회사 설립 전에 기업 명칭을 우선 등기하여 두는 제도는 있는가?

합자회사 설립전에 우선 사용 예정인 기업명칭을 등기하여 확보하는 것이 인정되는 것은 물론 의무화 되어 있다. 프로젝트 제안서(항목건의서) 및 F/S(사업타당성보고서) 허가 후, 합자회사는 우선 사용예정인 기업명칭 등기를 신청하여야 한다(기업명칭등기관리규정 제17조, 기업법인관리조례 제10조).

제4조 ① 합자회사의 법정 소재지는 중국 ○○성 ○○시 ○○으로 한다.
② 합자회사는 상기 지점에 면적 약 ○○○○㎡의 토지사용권과 면적약 ○○○○㎡의 공장 건물을 취득한다.
③ 합자회사는 생산경영의 발전과 필요에 따라 동사회의 결의에 의해 또 관계 정부부문의 허가를 얻어 중국의 기타 지구에 지점, 영업소, 사무소 등 분점을 설립할 수 있다.

【MBA China Business Study Check Point】

(1) 토지사용권의 처분권

중국에서 도시지역의 토지는 모두 국가 소유이므로 합자회사는 토지사용권을 취득하여야 한다. 토지사용권은 국유토지를 일정한 기간동안 사용할 수 있는 권리를 가리킨다. 이 토지사용권은 합자회사가 합자기간 동안 사용할 수 있을 뿐이므로 일반적으로 이 토지사용권에는 양도, 담보설정 등 처분권은 인정되지 않지만 처분권을 취득할 수 있는 경우도 있다.

① 합자회사가 각 지역의 경제기술개발구에서 분양하고 있는 토지사용권을 구입하는 경우=처분권 있다.

② 합자회사 소재지 도시의 토지관리국이 공장용지로 강제수용한 토지며 국영기업에서 회수한 토지의 토지사용권을 불하하여 계약에 의해 취득한 경우=처분권 있다.

③ 합자기업 당사자인 중국기업이 토지사용권을 현물출자한 경우=처분권 없다.

중국기업이 현물 출자한 경우 한국 법적의 이해로는 현물 출자한 토지사용권은 합자회사에 이전하고 합자회사의 자산이 되기 때문에 당연히 처분권도 따른다고 생각하기 쉽지만 이것은 중국법률의 정확한 해석이 아니다. 국영기업의 공장용지는 본래 국유토지로 국가에서 무상으로 제공 대여한 것으로 국영기업은 이 토지에 대해 경영권을 갖고 있을 뿐이다(민법통칙 제82조). 다음 중국기업이 현물 출자하는 토지사용권의 평가방법은 중외합자기업법실시조례 제48조에 규정하여 결국 합자기간 중의 토지사용료의 합계액과 동일하다. 결국 토지 자체의 가치평가는 진행하지 않는다. 이런 이유로 합자회사는 중국기업이 현물 출자한 토지를 사용할 수 있는 토지사용권은 취득하였지만, 이 토지사용권을 양도 또는 담보목적물로 하는 등의 처분은 할 수 없다고 해석하고 있다.

(2) 공장건물을 취득하는 방법

A. 합자회사가 구입한 토지사용권의 대상토지 위에 자기의 자금으로 공장건물을 건축한 경우=공장건물의 소유권을 취득하고 처분이 가능하다.

B. 합자회사가 경제기술개발구에서 건물을 지어 분양하고 있는 공장건물을 구입한 경우=공장건물의 소유권 취득과 처분이 가능하다.

C. 합자계약의 중국측 파트너가 공장건물을 현물 출자하는 경우

① 중국기업이 국유자산관리국에 신청하여 평가를 받아 현물 출자하는 공장건물의 대금을 지불하고 재산이전 수속을 받은 후 현물 출자한 경우에는 해당 건물의 소유권은 합자회사에 이전되지만, 토지사용권의 처분이 불가능하므로 현실적으로는 공장건물의 처분이 제한된다.

② 중국기업이 국유자산관리국으로부터 재산이전 수속을 받지 않는 경우에 공장건물의 소유권은 국영기업에 없기 때문에 합자회사로 이전할 수 없다. 합자회사는 단지 해당 건물을 점유하여 사용할 수 있을 뿐이다.

(3) 분점의 설립

분점은 합자회사의 구성 조직으로서 보통 지사(분공사), 분공장, 지점(분점), 영업소 등 명칭을 사용하고 이런 분점이 주재하는 행정구 또는 지역명칭을 첨가하여야 한다(기업명칭등기관리규정 제14조). 또 이런 분점의 설립과 폐지는 동사회의 결의 사항이지만, 국외 및 홍콩 마카오지역의 분점 설립은 허가사항으로 되어(중외합자기업법실시조례 제42조), 분점의 설립과 폐지는 등기사항이다(기업법인등기관리조례 제17조).

제5조 합자회사는 중국의 법인으로서 중국 법률의 관할과 보호를 받는다.
합자회사의 일체 활동은 중국의 관계법률, 법령 및 조례의 규정을 준수하여야 한다.

【MBA China Business Study Check Point】

중국의 법률의 관할을 받는다는 것은 합자회사 설립 준거법이 중국법이라는 것을 의미한다. 법률, 법령 및 조례는 법규 범위의 형식으로 법률은 보통 전국인민대표대회가 가결 제정한 법규이고, 법령과 기타 법규, 조례는 국가기관이 공포한 법규 또는 지방인민대표대회가 가결 제정한 법규를 말한다.

제6조 ① 합자회사의 조직형식은 유한책임회사로 한다.
② 갑을 쌍방은 각자의 납입한 출자액을 한도로 합자회사에 대해 납입의무만을 지고, 합자회사의 채무에 대해서는 갑을 어느 일방도 그 납입한 출자액 이외의 모든 납입의무를 지지 않는다.
③ 갑을 쌍방은 각자의 출자가 합자회사의 등록자본에서 차지하는 비율에 따라 그 이익배당을 받는다.

【MBA China Business Study Check Point】

(1) '합자회사의 조직 형식은 유한책임회사로 한다'는 합자회사가 유한책임을 지는 출자자(합자계약의 당사자)로 구성되는 조직의 회사임을 의미한다. 주식 대신에 합자 각 당사자의 등록자본(지분)의 형식을 취하고 합자 각 당사자의 등록자본(지분)의 양도에는

합자 당사자 전원의 동의가 필요하여 양도의 자유가 제한되어 있다.

(2) 본 조문 ②항의 표현에 한중기업의 합자교섭에서 종종 문제가 발생한다. 그러나 중외합자기업법은 '합자 각 당사자는 등록자본 비율에 의해 이익을 분배하고 위험과 손실도 분담한다' (제4조 ③항)고 규정하고, 또 중국상무부 등이 작성한 중외합자계약서의 참고 양식도 위 내용과 동일 조항을 설정하고 있기 때문에 한국기업의 조항 안과 불일치의 문제가 생긴다. 한국기업은 이런 표현을 적극적으로 피하고 본 조 ②항과 같은 표현을 하여야 할 필요가 있다. 만일 합자회사의 경영이 곤란에 직면하여 청산되는 경우에 매우 중요한 영향을 끼치므로 한국기업은 후일 분쟁을 모면하기 위해서라도 유한책임원칙의 규정을 둘 필요가 있다.

(3) 본 조 ③항은 각자의 출자가 등록자본에서 차지하는 비율에 의해 이익 배당 받는 것을 명확하게 한 것으로서 '위험 및 손실을 분담한다' 는 부분을 삭제하고 있다. 등록자본은 합자 각 당사자가 납입한 출자의 합계액으로서 등기사항이다. 합자 각 당사자는 합자회사의 영업허가증 발행 일로부터 6개월 이내에 그 납입한 출자액 전부 납입을 요구한다(중외합자기업 합자 각 당사자의 출자에 대한 약간의 규정 제4조 ②항).

4. 제4장 합자의 목적, 경영범위 및 생산규모

제4장 합자의 목적, 경영범위 및 생산규모

제7조 합자회사는 아래의 사업에 종사하는 것을 목적으로 한다.

1. 의용 전자기기의 생산 및 판매
2. 판매제품에 대한 A/S
3. 의용 전자기기의 부품, 부속품의 가공 및 판매

【참고 예1】

제7조 합자회사는 아래의 사업에 종사하는 것을 목적으로 한다.

1. 의용 전자기기의 생산 및 판매
2. 판매제품에 대한 수리 서비스
3. 의용 전자기기의 부품, 부속품의 가공 및 판매

【참고 예2】

제7조 합자회사의 경영범위는 아래와 같다. 1. 식품 자동충전 포장기기용 비닐제품의 생산 및 판매 2. 제품에 대한 A/S 3. 기타 식품포장용 자재의 생산 및 판매

【MBA China Business Study Check Point】

(1) 합자회사는 자체로 생산 또는 가공한 제품만 판매할 수 있다. 따라서 합자회사는 국외에서 수입한 원재료, 부품, 제품 등을 직접 중국 국내에서 판매하는 것은 허락되지 않는다. 그러므로 어떤 제품을 생산할 것 허가를 특정하여 기재하여야 한다.

(2) 합자회사는 원칙적으로 자체적인 생산, 가공한 제품이외의 원재료, 부품, 제품 등을 중국 국내에서 조달하여 수출할 수 없기 때문에 이렇게 가공을 목적으로 하여 외화의 균형을 유지하는 기업이 많다.

(3) 판매제품에 판매수리 또는 A/S는 생산판매의 필연적으로 부수적으로 관련되는 사업이라고 생각된다. 특히 기계, 기기, 전기제품의 경우 등에는 이런 수리서비스 또는 A/S를 목적으로 하는 경우가 종종 있다. 요즈음은 중국기업도 매우 선호하고 있는 실정이다.

(4) 합자회사의 목적은 현실적으로 진행하는 사업내용을 특정할 수 있는 정도로 명확히 기재하여야 한다. 생산형 합자회사에 대해서는 자체로 생산 또는 가공한 제품의 판매와 A/S의 범위 내에서 그 목적이 인정된다는 것을 주의하여야 한다.

【Practice! MBA Training China Business Study】

☞합자회사는 외화균형을 유지하기 위해 자사에서 생산 또는 가공한 제품 이외의 중국의 제품이나 타사 제품을 중국시장에서 구입하여 국외로 수출하는 것은 가능한가?

▷합자회사는 자사로 생산 또는 가공한 제품에 대해서만 수출권을 인정 받고있다(실시조례 제62조). 따라서 자사제품 이외의 중국제품 등을 중국시장에서 구입하여 국외에 수출하여 외화를 얻는 것은 제한되어 있다. 단지, 특례로 일시적 곤란에 직면한 합자회사는 외화수지 균형을 해결하기 위해 허가를 얻어 일정기간 중국 국내제품(국가가 규정한 통일 취급 상품을 제외)을 구입하여 수출할 수 있다(대외경제무역부의 외국투자기업이 국내제품을 구입 수출하여 외화수지균형을 해결하는 것에 관한 규칙 제2조).

신청수속은 합자회사의 소재지인 성급 대외경제무역위원회에 보충할 필요가 있는 외화 금액 및 상응하는 인민폐 금액과 함께 구입을 신청하는 국내제품의 명칭, 규격, 수량, 수출 루트 등을 명확하게 제출한다. 그러나 일반적으로 이런 허가는 북경, 상해, 천진 등 대도시에서는 극히 곤란하다.

만일, 이러한 중국제품에 의한 외화수지 균형의 유지를 희망하는 경우는 합자교섭 과정에서 가능한가의 여부를 충분히 확인할 필요가 있다.

제8조 합자회사의 초기 생산, 경영의 범위는 다음과 같게 한다.
① 의약품의 생산 및 판매
1. ○○○, ○○○, ○○○, ○○○, ○○○의 ○품목의 생산(제제) 및 판매
2. 점차 아래의 품목을 추가한다.
을이 합자회사에서 생산, 판매를 희망하고 중국시장에 적응하고 동사회의 결의를 거치고 또 중국정부의 관계 관리부문의 생산허가증을 취득한 의약품
② 화학원재료, 한방 서양 의약원료 및 의약 부원료의 가공 및 판매. 구체적 품목에 관하여서는 동사회가 결정한다.

【참고 예】

제8조 합자공사의 초기 생산, 경영의 범위는 다음과 같게 한다.
① 의료용 전자기기의 생산 및 판매
1. ○○○, ○○○, ○○○, ○○○, ○○○, ○○○, ○○○의 ○ 품 목의 생산 및 판매
2. 점차 아래의 기계종류를 추가한다.
을이 합자공사에서 생산, 판매를 희망하고 중국시장에 적응하고 동사회의 결의를 거친 의용전자기기
② 의료용 전자기기의 부품 및 부속품의 가공 및 판매. 구체적 품목에 대해서는 동사회가 결정한다.

【MBA China Business Study Check Point】

(1) 품목이 특정될 수 있는 경우는 구체적으로 품목을 기재한다. 이 생산품목은 합자회사 생산 초기의 것이 된다.

(2) 금후 생산품목을 추가하는 경우에 대한 규정이다. 중국측은 한국기업이 개발한 신

제품의 추가를 계속적으로 희망하는 경우가 많기 때문에 그 전제로서 추가 품목의 선정에 대해서는 일차적으로 한국기업에 결정권이 있다는 것을 명기한다 '을이 합자회사에서 생산, 판매를 희망한다' 는 취지의 표현을 취하는 경우가 많다. 또 제품에 따라서는 생산허가증의 취득을 필요로 하는 것도 있다. 그 대표적 제품은 의약품, 농약, 동물약 등이다.

(3) 기계, 기기에 대해서는 구체적으로 기계의 종류와 명칭을 특정하여 기재한다.

제9조 ① 합자공사의 제품 계획생산능력은 생산 안정 후인 제2연도에서 ○○○○톤으로 한다. 단지, 상기 생산계획은 합자 당사자가 본 계약체결 시점에서 책정한 목표 숫자이므로 합자공사는 중국시장에서 실제의 수요 동향과 동사회의 결의에 기초하여 합리적 생산 수량을 결정할 수 있다. ② 합자공사는 판매상황 및 중국시장의 수요에 기초하여 동사회의 결의에 의해 생산능력을 확대하거나 또는 제품의 종류를 증가시킬 수 있다.

【참고 예1】

제9조 ① 합자공사 개업 제1회계연도(200○년 ○○월부터 동년 12월까지)의 생산능력은 ○기계 종류합계로 약 ○○○○대로 한다. ② 제2연도 이후의 생산능력 및 일부 기계 종류의 생산 중지는 동사회가 판매 상황 등에 기초하여 결정한다.

【참고 예2】

제9조 ① 합자공사 개업 제1회계연도(199○년 ○○월부터 동년 12월까지)의 생산능력은 ○기계 종류 합계로 약 ○○○○대로 한다. ② 제2연도 이후의 생산능력 및 일부 기계 종류의 생산 중지는 동사회가 판매상황 등에 기초하여 결정한다.

【MBA China Business Study Check Point】

생산능력(생산규모)은 중국측이 생산 품목과 함께 제일 중요시하는 것이다. 특히 한국기업이 생산용 기계설비, 생산기술에 관한 특허권이나 노하우를 제공하여 합자회사에서 기술사용료의 지불을 받는 경우는 본조에서 규정한 생산능력을 달성할 수 없는 경우에 한국기업의 계약위반(채무불이행)을 추궁 당할 가능성이 있다. 따라서 충분하고 신중한 검토가 필요하고 서면에 기재하여 둘 필요가 있다. 일반적으로는 ○○○○정, ○○○○대, ○○○○톤 등으로 기재한다.

5. 제5장 투자총액 및 등록자본

> 제10조 합자회사의 투자총액은 ○천○백○십만US달러로 하고, 그 중 등록자본은 ○천○백○십만US달러이며, 총투자금액과 등록자본의 차액 ○천○백○십만US달러는 합자회사가 그 자산을 담보로 하는 방식에 의해 은행에서 차입한다.

【참고 예1】

> 제10조 합자회사의 투자총액 및 등록자본은 ○백○십만US달러로 한다.

【참고 예2】

> 제10조 ① 합자회사의 투자총액은 ○천○백○십만US달러로 한다.
> ② 합자회사의 등록자본은 ○천○백○십만US달러로 한다.

【MBA China Business Study Check Point】

(1) 합자회사의 투자총액은 합자기업의 생산능력에서 보아 투자에 필요한 자금총액으로 공장건물자금과 유동자금의 합계를 말한다. 이것은 전액 합자 당사자가 출자하는 경우와 일부 부족한 부분을 차입금으로 하는 경우가 있다.

본 조문은 일부를 차입금으로 한 경우로 또 차입시의 담보방식을 규정한 것 이다. 각 지역의 경제기술개발구에서 분양되고 있는 토지사용권을 구입하여 대규모의 공장시설을 건축하는 경우에는 많은 액수의 자금이 필요하기 때문에 은행차입에 관한 규정을 하는 경우가 많다. 단지, 투자총액과 등록자본의 비율에 대해서는 법규로 제한되어 있다(중외합자기업의 등록자본과 투자총액의 비율에 관한 잠정규정 제4조).

A. 투자총액 300만 US달러 이하의 경우: 등록자본은 10분의 7 이상
B. 투자총액 300만 US달러를 넘고 1000만 US달러 이하: 등록자본은 2분의 1이상, 그 중 투자총액 420만 US달러 미만인 경우: 등록자본은 210만 US달러 이상
C. 투자총액 1000만 US달러이상~3000만 달러 이하: 등록자본은 5분의 2 이상, 그 중 투자총액이 1250만 US달러 미만인 경우: 등록자본은 500만 US달러 이상
D. 투자총액 3000만 US달러를 넘는 경우: 등록자본은 3분의 1 이상, 그 중 투자총액이 1600만 US달러 미만인 경우: 등록자본은 1200만 US달러 이상이다.

(2) 본 조문에서는 은행차입 담보방식을 규정한 것으로 중국기업에는 보통 은행에 대한 보증능력이 없고 한국기업의 보증을 요구되는 것이 있기 때문에 합자회사 자산담보를 명기한 예다. 중국에서는 담보법제가 미정비되어 담보권과 질권의 구분이 되어 있지 않기 때문에 부동산, 동산 모두 저당이라는 담보방식을 취하고 있다.

(3) 참고 예1은 투자총액의 전액을 합자 당사자가 출자한 것으로 투자총액과 등록자본이 같은 액수로 일치한다.

(4) 참고 예2는 투자총액과 등록자본을 나누어 규정하고 있다.

> **제11조** 등록자본 중 갑은 ○백 ○십만 US달러를 출자하여 등록자본의 ○○%를 차지하고, 을은 ○천○백 ○십만 US달러를 출자하여 등록자본의 ○○%를 차지한다.

【참고 예1】

> **제11조** 등록자본 중 갑은 ○백 ○십만 US달러를 출자하여 등록자본의 ○○%를 차지하고, 을은 ○천○백 ○십만 US달러를 출자하여 등록자본의 ○○%를 차지한다.

【참고 예2】

> **제11조** 등록자본 중 갑은 ○백 ○만인민폐(○천 ○백 ○십만 US달러에 상당)를 출자하여 등록자본의 ○○%를 차지하고, 을은 ○천 ○백 ○십만 US달러를 출자하여 등록자본의 ○○%를 차지한다.

【참고 예3】

> **제11조** 등록자본 중 갑은 ○백 ○십○만 인민폐(○천 ○백○십만 US달러에 상당)를 출자하여 등록자본의 ○○%를 차지하고, 을은 ○천 ○백○십만 US달러를 출자하여 등록자본의 ○○%를 차지하고 병은 ○천 ○백○십만 US달러를 출자하여 등록자본의 ○○%를 차지한다.

【MBA China Business Study Check Point】

(1) 투자총액과 등록자본은 외화(US달러 등)로 표시 또는 인민폐로 표시할 수 도 있다. 보통 한국기업은 외화로 투자하는 것이 대부분이지만 한화는 환율이 높은 경향이 있고 인민폐와 교환 환율이 비교적 안정되어 있는 US달러로 표시하는 것을 중국측이 희망하는 경우가 많다. 이 조문 예는 중국측과 한국측 쌍방이 US달러로 출자한 경우로서 일반적으로는 중국기업이 현금으로 출자하는 경우는 인민폐로 출자하는 것이 대부분이다.

(2) 참고 예1은 중국측이 인민폐, 한국측이 US달러로 출자한 것이지만 조항의 작성방법에서는 쌍방의 출자액을 모두 US달러로 표시하고, 출자방식에 관한 조항에서 US 달러를 인민폐로 환산하여 인민폐로 출자하는 것을 기재한 것이다.

(3) 참고 예2는 중국측의 출자를 인민폐로 환산하여 표시한 것이다.
그러나 인민폐와 US달러의 교환 환율은 변동하기 때문에 여기에 기재한 것은 계약체결시의 환율에 의해 계산한 인민폐 금액을 잠정적으로 표시한 것으로서 정확한 것은 납입당일의 중국 국가외환관리국이 발표한 교환 환율에 의해 조정하여야 한다.

(4) 참고 예3은 한국측의 당사자가 2개 사인 경우이다. 이런 경우는 상사가 중국기업을 소개하거나 또는 합자교섭을 중개한 경우에 종종 있는 경우이다.

제12조 갑, 을 쌍방은 아래의 방식에 의해 출자한다.
갑 현금 (US달러) ○백 ○십 ○만 US달러
을 현금 (US달러) ○천 ○백 ○십 ○만 US달러

【참고 예1】

제12조 갑, 을 쌍방은 아래의 방식에 의해 출자한다.
갑 현금 (US달러) ○백 ○십 ○만 US달러
을 현금 (US달러) ○천 ○백 ○십 ○만 US달러

【참고 예2】

> **제12조** 갑, 을 쌍방은 아래의 방식에 의해 출자한다.
> 갑 1. 공장건물 ○천○백㎡ 및 토지사용권 ○천○백㎡
> ○백 ○십 ○만 인민폐
> 2. 부대시설 (전력, 상하수, 에어컨, 가스)
> ○십 ○만 인민폐
> 3. 기계설비
> ○십 ○만인민폐
> 을 현금 (US달러) ○백 ○십 ○만 US달러

【MBA China Business Study Check Point】

(1) 본 예는 중국측, 한국측 쌍방이 US달러에 의해 출자하는 경우이다. 중국기업이라도 유력한 수출기업은 외화로 출자하는 것이 가능하지만 이런 경우는 많지 않다.

(2) 참고 예 1은 중국측이 인민폐로, 한국측이 US달러로 출자하여 쌍방이 현금으로 출자하는 경우이다. 과거에는 생산형 한중합자기업의 대부분은 중국측이 공장건물, 토지사용권 및 부대시설을 현물로 출자하고 한국측은 현금 출자하는 형태가 대부분이었다. 또한 중국기업의 현금 출자에는 난색을 표하는 경우를 많이 보였다.

그러나 현재는 중국기업 중 연간매상고 1억원(인민폐)을 달성하는 기업들이 상당한 숫자가 있고 대규모 기업에서는 인민폐 수억원, 10억원 이상을 달성하고 있는 기업도 볼 수 있다. 따라서 우량 중견기업 조건으로서는 연간 매상고 인민폐 1억원, 연간이익 인민폐 1,000만원을 하나의 기준으로 하고 있다.

따라서 중국기업도 인민폐에 의한 현금 출자인 경우 출자능력이 있는 기업이 상당한 숫자가 있기 때문에 현금 출자능력이 전혀 없는 중국기업인 경우는 합자 파트너로서 적합한가를 검토할 필요도 있다고 할 수 있다.

(3) 참고 예 2는 중국기업이 현물 출자 하는 경우이다. 보통 중국측은 공장건물(토지사용권을 포함), 부대시설을 현물로 출자하는 경우가 많고 기타일부 기계설비 등을 출자하는 경우도 있다. 중국기업으로서는 보통 현물 출자의 방식을 희망하거나 또는 강력하게 주장하는 경우가 많다. 그 이유는 유휴시설을 활용할 수 있고, 현금을 출자할 필요가 없으며 자기 공장부지를 활용하는 경우가 있는 좋은 점들이 고려되기 때문이다.

【Practice! MBA Training China Business Study】
- 중국측 현물 출자의 문제점 -
중국기업의 현물 출자에는 다음과 같은 여러 가지 문제가 존재한다.

(1) 평가금액

국영기업의 건물, 토지사용권에 대해서는 거래 실례도 없고 객관적인 평가 공시제도도 없기 때문에 한국기업의 입장에서 보면 중국기업이 주장하는 평가 금액은 종종 지나치게 높다고 생각하는 경우가 적지 않다.

(2) 합자회사의 자산으로서 가치성

중국기업이 출자하는 공장건물은 본래 국가 소유로서 국영기업은 경영권을 부여 받았을 뿐 그 소유권은 국가에 귀속되고 있다.

따라서 국유자산관리국에 신청하여 평가를 받아 재산 이전수속을 하지 않으면 국영기업에 건물의 소유권은 이전되지 않고 합자회사에 대해서도 그 소유권은 이전되지 않는다. 또 이런 재산이전 수속을 거쳐도 한 채의 공장건물의 한층 또는 두 층 등 일부로서 중국기업의 공장건물과 분리가 불충분하여 이론적으로 말하면 현물출자에 의해 합자회사에 소유권이 이전하는 것이지만, 소유권 이전등기가 현실적으로 실행되는 경우가 거의 없다. 또 토지사용권의 범위도 특정되어 있지 않은 경우도 많다. 이 때문에 청산 등 경우에도 양도성은 사실상 제한된다.

(3) 합자회사의 경영관리

합자회사가 한국식 경영관리를 엄격하게 실행하여도 중국기업의 부지 내와 건물 내에서 함께 있기 때문에 관리가 곤란한 면이 있다. 또 쌍방의 노동 조건이 다르기 때문에 종업원에 영향을 주는 경우도 있기 때문에 관리면에서도 문제가 많다.

위와 같은 이유로 최근은 중국기업에 현물출자가 아니라 현금출자를 요구하여 경제기술개발구에서 분양하는 토지사용권을 구입하여 공장건물을 새로 건축하거나 또는 지어서 임대 또는 매입하는 형태로 건물을 구입하는 경우가 증가하고 있지만 아직도 현물 출자하는 경우가 많다.

따라서 중국기업이 현물출자 하는 경우에는 현물출자 하는 공장건물의 명칭, 위치, 층수, 면적을 특정하고 그에 따른 토지사용권의 범위도 명확하게 특정하는 것이 필요함과 동시에 국유자산관리국에 소유권 이전수속을 처리하는 가를 확인하여 그 계약서류의 사본의 제출을 받는 것이 중요하다.

그리고 평가액에 대해서는 중국기업이 주장하는 계산의 근거에 대해 납득될 때까지 설명을 받고 교섭하는 것이 필요하다. 만약 중국기업이 주장하는 평가액에 대해 동의할 수 없을 때는 한국기업의 평가액에 대한 견해를 서술하여 합의될 때까지 교섭하는 것이 바람직하다. 부대시설이며 기계설비에 대해서도 같다.

특히 토지사용권과 부대시설에 대해서는 중국기업과 공동으로 사용하는 것이 많기 때문에 평가 액 산정 경우도 건물의 점유 면적에 따라 비례 배분하여야 하지만 이점도 불명확한 경우가 많다.

아무튼 중국기업의 현물출자를 둘러싼 문제가 한중합자교섭에서 난제 중의 하나로서 이 평가 금액을 원인으로 교섭이 성공하지 않는 경우도 적지 않다고 본다.

위와 같이 현물출자에 문제가 존재하기 때문에 최근 중국기업에도 현금출자를 요구하는 외국기업이 증가하고 있다.

【MBA China Business Study Check Point 1】

1. 중국기업이 공장건물 등을 현물로 출자하는 경우 그 평가 방법과 수속은 어떻게 되는가?

국유자산평가관리규칙(1991년 11월 16일 국무원령 공포실시)에 의해 평가수속과 방법을 규정하고 있다.

이것에 의하면 국영기업이 외국기업과 중외합자기업을 설립하는 경우에 중국기업은 그 주관부처의 동의를 거친 후 국유자산관리국에 대하여 평가신청서를 제출하여 자산평가 허가의 결정을 얻어 지정된 회계사무소(자산평가기관)에 자산평가를 위탁하여 실제로는 회계사무소가 평가를 담당하게 된다.

회계사무소의 평가 작성이 끝나면 자산평가 결과 보고서가 제출되고 그 위에 그 내용에 대한 주관부처의 심사동의를 거친 후 국유자산관리국의 확인을 받고 확인 통지서를 수령하여 평가수속이 끝나게 된다.

단지, 국영기업의 건물 등에 대해서는 현실 거래 실례도 거의 없고 또 가격의 공시제도와 객관적 기준이 적기 때문에 구체적인 평가액의 정당성에 대해 한국기업으로서 검증되지 않는 경우도 종종 볼 수 있다.

【MBA China Business Study Check Point 2】

2. 경제기술개발구에서 분양되는 토지사용권과 공장건물을 구입하는 데는 어떤 수속이 필요한가?

경제기술개발구는 북경시, 상해시, 천진시 기타 도시가 합자기업 등의 외국투자기업을 유치할 목적으로 대규모 개발을 진행한 지역에서 개발구(토지)조성 외에 교통, 통신, 전력, 가스, 난방, 상수, 배수 등 기초시설의 공사가 끝나고 호텔, 맨숀, 레스토랑, 은행, 상점 등도 함께 시설된 곳이 많다. 이런 개발구에서는 토지사용권의 분양, 공장건물을 지어 판매하는 분양의 형태로 되어 있다. 또 분양 외에 공장건물을 임대차 형태로 빌리는 경우도 있다.

토지사용권의 구입, 공장건물의 구입 그 어느 경우도 토지사용 연한은 50년이 보통으로 그 기간 내는 양도가 가능하다. 토지사용권과 공장건물의 분양은 경제기술개발구위원회가 설립한 토지건물개발총공사(부동산개발총공사)가 담당하며, 투자개발총회사와 상세한 카다로그 등의 자료가 준비되어 있는 경우가 많기 때문에 구체적 조건에 대해서는 이런 회사와 교섭하게 된다.

이런 토지사용권과 공장건물을 구입하는 경우는 한국기업도 자체로 교섭에 참가하여 분양조건 기타 해당 경제기술개발구의 관리규정, 공공시설 기타를 충분하게 조사 연구하여 계약서 및 서명하는 문서도 검토하여야 한다. 이런 교섭을 제3자와 중국기업에게 완전하게 맡겨 의존하는 경우에 자주 문제가 발생한다는 점에 유의할 필요가 있다.

제13조 갑,을 쌍방은 반드시 합자회사 성립일(영업허가증 발행일, 다음 합자회사 성립 일의 정의는 같다)부터 6개월 이내에 합자회사가 개설한 외화예금계좌에 그 출자액을 US달러로 납입하여야 한다.

납입일 및 납입 금액에 대해서는 갑, 을 쌍방이 별도로 협의하여 결정한다. 단지 갑, 을 쌍방의 제1차 납입액은 각자가 납입해야 하는 출자액의 15% 이상으로 하며, 한편 합자회사 성립 일로부터 3개월 이내에 전액 납입하는 것으로 한다.

【참고 예1】

제13조 갑, 을 쌍방은 합자회사 성립 일로부터 ○○일 이내에 합자회사가 은행에 개설한 계좌에 그 납입할 출자액 전액을 납입하여야 한다.

【참고 예2】

합자 당사자는 그 납입할 출자액을 다음과 같이 3차로 나누어 합자회사가 은행에 개설한 계좌에 납입하기로 한다. 매차의 납입일, 납입 금액은 아래와 같이 하기로 한다.

1. 제1차 합자회사 성립 일로부터 ○○일 이내
   갑 그 출자액의 ○○%를 납입
   을 그 출자액의 ○○%를 납입
2. 제2차 합자회사 성립 일로부터 ○○일 이내
   갑 그 출자액의 ○○%를 납입
   을 그 출자액의 ○○%를 납입
3. 제3차 합자회사 성립일로 부터 ○○일 이내
   갑 그 출자액의 ○○%를 납입
   을 그 출자액의 ○○%를 납입

【참고 예3】

제13조 ① 갑은 합자회사 성립 일로부터 ○○일 이내에 그 현물 출자한 공장건물 ○○○㎡, 토지사용권 ○○○㎡ 및 기계설비(별지 현물출자 기계의 설비 일람표 기재)를 합자회사에 넘기는 한편 공장건물에 대해서는 소유권 이전수속을 하고 합자회사의 명의로 변경하여야 한다. ② 을은 합자회사 성립일로부터 ○○일 이내에 그 납입할 출자액 전액을 합자회사가 은행에 개설한 외화예금계좌에 납입하여야 한다.

【MBA China Business Study Check Point】

(1) 합자 당사자는 합자계약에서 납입할 출자액에 대해 회사 성립일(영업허가증 교부일)로부터 6개월 이내에 전액을 납입하여야 한다고 규정되어 있다(중외합자기업 각 당사자의 출자에 관한 약간의 규정 제4조 ②항). 따라서 분할하여 납입하는 경우도 마지막 차의 납입일은 회사 성립 일로부터 6개월 이내로 설정하여야 한다.

(2) 합자회사는 영업허가증을 수령한 후 영업허가증에 의해 외화예금계좌와 인민폐예금계좌 두 가지 종류의 계좌를 개설한다. 전자는 보통 중국은행 본점과 지점에 개설한다(중외합자기업실시조례 제74조).

(3) 본 조문 예는 갑, 을 쌍방 모두 US달러로 출자하는 특수한 경우로 보통 중국기업이 인민폐, 한국기업이 US달러로 납입하는 경우가 많고 그 경우는 그 취지를 기재한다.

(4) 현금 출자에 대해서는 일괄 납입이 아니라 자금수요 시기에 따라서 수차로 나누어 납입하는 경우도 종종 볼 수 있다. 이 경우 계약상 분할 납입일과 각 납입 금액을 규정하는 것도 본 예와 같이 따로 협의 결정하여 규정하는 경우가 있다. 그 경우라도 반드시 회사 성립일로부터 6개월 이내에 각자의 납입할 전액을 납입한다는 취지로 기재하여 한다.

(5) 분할납입의 경우에 제1차 납입액은 각자가 납입을 넣은 출자액의 15% 이상으로 하는 한편, 그 납입 일은 회사 성립일로부터 3개월 이내로 규정하여야 한다(위의 출자 규정 제4조 ③항).

(6) 본 예는 출자액 전부를 일괄 납입하는 것이다. 중국측은 인민폐로 한국측은 US달러로 납입하는 경우이다. 합자회사 성립 후 중국은행 등에서 계좌를 개설하기 위해 시간이 필요하고 또 한국에서 송금 수속 시간도 고려하여 납입기한은 합자회사 성립일로부터 최저 2주간 정도 여유를 두는 것이 바람직하다.

(7) 출자액을 3차로 나누어 납입하는 예이다. 분할하여 납입 할 때는 매차의 납입일과 납입금액을 기재한다. 합자계약은 납입기한을 규정한 경우는 합자 각 당사자는 반드시 그 납입기한 내에 납입의무를 이행하여야 한다.

(8) 중국측에 공장건물, 토지사용권, 기계설비를 현물 출자하고 한국측이 US달러로 현금 출자하는 경우다.

현물 출자하는 건물에 대해서 건물 명칭, 번호, 층 수, 면적을 특정하고, 그 토지사용권의 범위도 명확하게 하여야 할 뿐만 아니라 기계설비도 목록을 첨부하고 상세하게 특정하는 것이 필요하다. 그러나 일반적으로 중국기업의 공장건물 일부 층을 출자하는 경우가 많아 이 경우 토지사용권 범위와 면적은 특정하지 않아 법률적으로 불충분한 합자계약의 형태로 체결되는 경우가 많다.

특히 한 채의 공장건물의 일부 층을 현물출자하는 경우 이론상으로는 토지사용권은 공동으로 사용하게 되어야 하지만 이런 인식이 되어 있지 않은 경우가 많기 때문에 합자회사는 단지 토지사용을 인정할 뿐 토지사용권은 합자회사에 이전하지 않는 경우가 대부분이다.

중국기업이 그 현물 출자하는 건물에 대해 국유자산관리국으로부터 재산이전수속을 받는 것을 전제로 하고 있지만, 그 경우에도 한 채 건물의 일부인 경우에는 합자회사의 재산으로서 독립성과 분리성이 충분하지 않고 그 처분권을 취득 가능한가는 문제가 존재하고 있다(상세한 것에 대해서는 제15조에 대한 체크 포인트 참조).

중국기업이 현물출자하면 그것은 합자회사의 재산으로 되어야 하기 때문에 반드시 독립성이 있는 건물, 토지사용권이 바람직한 한편 소유권 이전등기도 실행하여야 하지만 현실적으로 보통 등기수속은 진행되지 않고 있다. 그 처분권의 유무도 애매한 계약이 대부분이다.

【MBA China Business Study Check Point 2】

1. 합자회사 설립 후에 출자액의 전부 또는 일부의 납입의무가 이행되지 않는 경우에 합자회사 설립의 효력은 어떻게 되는가 ?

중외합자기업법에서는 합자회사의 설립이 허가되면 설립등기와 영업허가증의 교부가 선행되고 그 후에 은행계좌가 개설되어 출자액이 납입되므로 종종 출자액 전부 또는 일부 납입의 불이행이라는 현상이 발생하고 있다.

합자회사의 성립일로부터 6개월 이내에 출자액(등록자본)의 전부 또는 일부 납입의무가 이행되지 않는 경우는 자본충실원칙에 위배되어 영업허가증은 취소되고 합자회사 설립 효력은 상실하게 된다. 일부 출자만 이행되고 있는 경우는 청산이 진행되게 된다.

【MBA China Business Study Check Point 3】

2. 가짜 합자는 어떤 현상을 가리키는가?

가짜 합자는 합자 당사자가 사실은 합자회사를 성립할 의사가 없으면서 쌍방이 합의로 합자회사의 설립을 가장하는 것이다.

이 경우는 여러 가지 원인, 이유, 동기에 의해 생기게 되지만 가장 많은 경우는 종전에는 합자회사인 경우에 그 투자 규모에 따라 합자회사의 생산 경영에 필요한 합리적 수량의 자동차 수입이 면세로 되는 특권이 인정되고 있었다. 이것을 이용하여 외국제 고급 승용차를 수입(관세 보통 230%)하여 국내에서 판매하여 폭리를 얻는 경우도 없지 않았다.

결국 합자회사 성립 후 출자액의 납입기한 내인 6개월 여유 기간을 이용하거나 일단 합자회사의 은행계좌에 입금 후 이것을 전액 되돌려 가지는 방법이 진행되었다.

이런 가짜 합자는 홍콩과 대만의 기업에 많았고 외국기업에게도 존재한다. 그 중에는 중국기업에 의뢰하여 합자기업 설립에 대한 명의를 차용하여 하는 경우도 존재한다. 이 때문에 1994년 1월 1일부터 승용차에 대해서는 합자회사인 경우 생산 차량을 제외하고 승용차에 대해서는 수입 자체가 인정되지 않고 외국적 주재인원의 개인용 승용차에 대해서만 관세를 지불한 수입이 인정되어 가짜 합자를 엄격하게 규제하는 정책이 취해지게 되었다.

〚 자본의 증자절차 〛

제14조 ① 합자공사가 등록자본을 증자할 필요가 있을 때는 동사회가 전원일치 가결하여야 하는 한편 관련 정부부처의 허가를 얻은 후에 증자할 수 있다.

② 등록자본을 증가할 때는 갑, 을 쌍방이 출자하여야 할 금액은 갑, 을 쌍방의 출자비율을 유지하는 원칙에 기초하여 본 조 ①조항의 규정에 의해 동사회가 결정한다.

③ 갑, 을 쌍방의 출자가 등록자본 중에서 차지하는 비율이 변경하였을 때는 갑, 을 쌍방은 각자의 본 계약에서 규정한 권리 및 의무를 변경하는 한편 본 계약 중의 관계 규정을 개정하여 관련 정부부처의 허가 및 변경 등기수속을 하는 것에 동의한다.

④ 갑, 을 쌍방 어느 일방이 합자회사 설립 시의 출자 또는 등록자본 증자 시의 출자에 대해 규정된 기한까지 그 전부 또는 일부를 납입하지 않을 때는 계약위반 당사자는 미납입액에 대하여 하루에 10,000분의 5의 지연이자를 지불하여야 한다.

⑤ 갑, 을 쌍방의 어느 일방이 규정한 기한 내에 그 납입할 출자액의 전부 또는 일부를 납입하지 않을 때는 본 계약이행 당사자는 본 계약 제58조가 규정하는 절차에 기초하여 본 계약을 해제할 수 있다.

【MBA China Business Study Check Point1】

(1) 합자회사의 등록자본을 회사설립 후에 증자하는 것에 대한 규정이다. 등록자본의 증가는 증자이다. 등록자본의 증자는 반드시 동사회 전원일치에 의한 결의사항이다. 동사회는 합자당사자가 각각 선임하는 동사로 구성되는 합자회사의 최고 결의기관이다. 우리나라 회사법상의 이사회에 상당하여 이사회로 번역하는 경우가 많지만 엄격한 의미에서 본다면 주주총회에서 선임되는 이사로 구성되는 이사회와는 다른 면도 많기 때문에 이사회로 번역하지 않고 외국어 계약이라도 동사회를 그대로 사용하는 예가 많아지고 있다.

(2) 합자계약에서 중국측과 한국측이 출자비율을 규정하고 있기 때문에 그 후 등록자본을 증자할 때도 당초 출자비율을 유지하도록 당사자 쌍방이 출자하여야 할 금액을 결정하는 것을 규정한 것이다.

(3) 등록자본의 증자로 당사자 쌍방의 출자비율이 변경되었을 때는 이에 동반하여 이익배당과 청산시의 여유금의 배분에 대한 당사자의 권리와 금후의 증자시의 출자의무도 변경되는 것에 대해서 유의할 점으로 규정한 것이다. 합자회사의 등록자본 및 각 당사자의 출자액은 그 어느 경우나 허가사항, 등기사항으로서 이것을 변경할 때는 원 허가기관의 허가를 취득하여 변경등기수속을 하여야 한다.

(4) 당사자의 일방이 출자의무를 늦게 한 경우의 규정이다. 일반적으로 이런 규정을 두는 경우가 많다.

(5) 당사자 쌍방 중의 어느 일방이 출자의무를 이행하지 않을 경우, 상대방에게 계약해제권을 인정한 규정이다. 합자계약을 해제한 경우에 합자회사가 이미 성립되었을 때는 합자회사는 해산하고 청산수속을 진행하게 된다.

제15조 합자회사가 은행으로부터 차입을 신청할 때는 토지사용권, 공장건물 및 설비 등을 저당으로 제공할 수 있다. 특별한 사정이 발생하였을 때는 갑, 을 쌍방은 각자의 출자비율에 따라 은행에 대하여 합자회사의 채무를 보증한다. 보증에 관한 조건 등은 갑, 을 쌍방과 합자회사가 협의 결정한다.

【MBA China Business Study Check Point1】

(1) 합자회사가 그 취득한 토지사용권을 담보의 목적물로 할 수 있는가에 대해서는 다음과 같다.

A. 경제기술개발구에서 분양하고 있는 토지사용권을 구입 취득한 경우
합자회사는 일반적으로 해당 토지사용권을 양도하거나 또는 담보설정을 할 수 있다.

B. 중국기업이 토지사용권을 현물 출자한 경우
국영기업의 토지는 국가가 무상으로 국영기업에 대여하고 있는 토지로서 또 현물 출자를 할 때 토지사용권의 평가방법도 단지 장래의 토지사용비 총액으로 계산하고 있기 때문에 합자회사는 해당 토지를 사용할 수만 있지 이것을 제3자에게 양도 또는 담보설정을 할 수 없다.

중국기업이 그 소재지 도시의 토지관리국에 대해 '중화인민공화국 성(省)진(鎭) 국유토지사용권 불하 및 양도에 관한 잠정조례' 에 의해 현물 출자의 대상이 되는 토지사용권의 유상불하 신청을 하고, 토지사용권 불하계약을 체결하고 불하대금을 지불하여 토지사용권을 취득한 후에 해당 토지사용권을 현물출자 할 때 토지사용권은 합자회사에 이전되고 그 처분권도 취득한다. 본래 토지사용권을 현물 출자할 때는 이런 수속을 밟는 것이 원칙이다. 그러나 토지사용권의 불하를 받아 현물 출자하는 경우는 많지 않다. 그 이유로서는 대도시의 오래된 지역의 토지 평가가 높고 중국기업에 자금이 부족하거나 현금출자와 그 실태가 동일하게 되기 때문에 중국기업이 동의하지 않는 경우가 많다. 또 한국기업도 중국의 토지법제도에 대한 이해 부족으로 불하 수속이 실행되지 않는 토지사용권의 현물출자를 승인하고 있는 경우가 현 실정이다. 불하수속이 완료되지 않은 경우에 그 토지사용권은 합자회사에 이전하지 않는다.

C. 합자회사가 그 소재지의 도시관리국에서 새롭게 공장용지로 수용한 토지로 국영기업에서 회수하여 사용하지 않는 토지사용권을 취득한 경우
이 경우는 계약 내용에 따른다. 토지사용권 자체의 매각(불하)할 수 있는 것과 단지 토지사용계약의 일 뿐인 경우 두 가지의 종류가 있다. 전자의 경우는 양도, 담보 설정이 가능하고 후자의 경우는 사용권만 있기 때문에 그 처분권은 취득할 수 없다.

(2) 합지회사가 취득한 건물을 담보의 목적물로 할 수 있는가에 대해서도 토지사용권의 경우와 같다.

A. 경제기술개발구에서 분양된 토지사용권을 구입하는 한편 그 토지상에 공장건물을

신축 취득한 경우

합자회사는 해당건물을 토지사용권과 함께 양도, 담보설정 할 수 있다.

B. 경제기술개발구에서 분양되고 있는 일반 용도 공장건물을 구입한 경우

합자회사는 해당 건물을 양도, 담보를 설정할 수 있다. 단지 중국에서는 부지의 권리에 대한 인식이 불충분하여 이런 분양건물의 경우도 토지사용권의 범위와 공장건물 소유자의 토지사용권에 대한 공유 지분에 대해서는 일체 계약상 기재되지 않는 경우가 많다.

C. 중국기업이 공장건물을 현물 출자한 경우

국영기업은 본래 국가가 지출한 자금에 의해 공장건물을 건축하고 공장건물의 소유권은 국가에 귀속되며 국영기업은 그 공장건물에 대해 경영권(민법통칙 제82조)을 부여 받고 있을 뿐이다.

따라서 국영기업이 공장건물을 현물 출자하여도 직접 그 소유권은 합자회사에 이전되지 않는다. 위의 현물 출자를 더 구체적으로 분석하면 다음의 두 가지 것으로 나뉜다.

① 국영기업이 국유자산관리국에 신청하여 해당 건물에 대하여 평가를 받는 한편 재산이전 수속(불하수속)을 받은 후 합자회사에 현물 출자한 경우(국무원 재산관리공작에 관한통지, 1990년 7월)는 해당 건물의 소유권은 합자회사에 이전하지만 합자회사가 토지사용권을 취득하지 않는 경우 공장건물에 대해서도 양도, 담보의 설정은 불가능하다.

② 상기의 불하수속을 하지않은 채로 현물 출자한 경우는 해당 건물소유권 자체가 합자회사에 이전되지 않고, 단지 합자회사는 사용할 수 있는 권리를 취득하고 있을 뿐이므로 처분권은 일체 인정되지 않는다.

(3) 저당(담보)은 민법통칙 제89조(2)가 규정하고 있는 유일한 물상(物上)담보방식이다. 매우 간단한 규정으로 그 효력, 등기, 실행방식에 대해서는 거의 민법통칙에 규정이 없고 불명확한 점이 많다.

담보권을 설정한 후 피담보 채무가 변제되지 않을 때는 담보권자는 담보물건을 평가하여 그 소유권을 취득하거나 또는 이것을 임의로 환가하여 그 매각대금에서 우선변제를 받는다.

(4) 보증은 민법통칙 제89조(1)이 인정하고 있는 인적담보의 방식이다.

그 개념은 우리나라의 보증 개념에 가깝지만 너무 간단한 규정으로 그 요건, 효력 등에는 불명확한 점이 많다.

본 조례는 합자회사가 은행에서 자금을 차입하는 경우로 그 취득한 부동산(토지사용권, 공장건물)과 동산(기계설비)으로 담보가격이 부족한 경우는 합자당사자 쌍방이 그 출자비율에 근거하여 보증하는 것을 결정한 것이다.

이것은 과거 한국기업에만 보증이 요구되고 중국기업에는 보증 능력과 보증 의사가 없는 경우가 많았기 때문에 합자 당사자 쌍방이 출자비율에 의해 보증의무를 분담하는 것이 명확한 경우이다.

현물 출자와 소재지의 도시에서 공장용지, 건물의 제공을 받는 경우는 앞에서 언급한 복잡한 문제가 있기 때문에 토지사용권, 공장건물의 소유권을 취득하는가 또 그러한 처분이 인정되는가를 충분히 조사하고 확인 할 필요가 있다.

특히 합자기간이 수 십년의 장기간이고 대규모의 프로젝트로 수만 평 이상의 면적인 공장용지를 취득하는 경우는 합자회사가 모든 권리를 취득하는가 합자회사의 자산으로서 처분권이 있는가에 대해 전문가와 상담하는 것이 바람직하다.

【MBA China Business Study Check Point2】

1. 토지사용권을 취득한 후에도 합자회사는 토지사용료를 지불할 의무가 있는가?

지불할 의무가 있다. 토지사용권은 토지소유권이 아니라 일종의 정기임차권이다. 중국에서는 도시 및 근교의 토지는 모두 국유토지로서 그 어느 누구도 토지소유권을 취득할 수 없다. 토지소유권은 국유토지를 우선 계약으로 규정한 사용기간 동안 점유, 사용, 사용하여 향유할 수 있는 권리인 한편 양도, 전대, 담보설정이 인정되어 있다. 따라서 경제기술개발구 외에서 토지사용권을 구입하거나 불하를 받은 때도 사용기간 중 토지 사용료를 지불할 의무가 있다.

이상은 합자회사가 토지사용권을 구입, 불하를 받아 취득한 것으로서 중국기업이 토지사용권의 불하를 받아 현물 출자한 때도 토지사용권은 합자회사에 이전하기 때문에 마찬가지로 지불의무가 있다.

중국기업이 토지사용권의 불하를 받지 않고 현물 출자한 때는 그 평가액은 합자기간의 토지 사용료의 합계액에 상당한다.

예컨대, 토지사용료 1㎡당 인민폐 25원의 토지사용권을 5,000㎡현물출자하고 합자기간이 15년인 때는 토지사용권의 평가액은 원칙으로서 다음의 산식으로 계산한다.

25원×5,000㎡×15년= 1,875,000원(인민폐)

이런 상황에서 합자회사는 해당 토지를 점유, 사용, 사용하여 이익을 향유할 수 있을 뿐이지 그 처분권은 없다. 또 토지사용료에 대해서는 중국기업의 현물출자의 대상으로 되어 있기 때문에 합자회사에 지불의무는 없고, 중국측 당사자인 중국기업에 지불의무가 있다(북경시 외국투자기업토지사용료 징수 규정 제11조, 상해시 중외합자기업 토지사용 관리규칙 제20조).

2. 토지사용권을 양도할 때는 어떤 수속이 필요한가?

합자회사가 토지사용권을 양도할 수 있는 것은 토지사용권 자체가 합자회사에 이전된 경우로 제한된다. 전술한 바와 같이 중국기업이 토지사용권의 불하수속을 거치지 않고 현물출자한 경우 처분권이 없기 때문에 토지사용권의 양도는 할 수 없다. 양도에는 매각, 교환 및 증여가 포함되지만 여기서는 매각에 대해서 설명한다.

합자회사가 토지사용권을 제3자에게 매각할 때는 토지사용권 매매계약을 체결하고 토지관리국에 신청하여 허가를 받은 후 토지관리국에서 이전수속을 한다. 중국에서는 일반적으로 계약서를 2통 작성하여 토지관리국에 제출하여 토지관리국이 확인하여 1통을 보관하고 나머지 1통을 토지사용권자에게 교부하거나 또는 새롭게 국유토지사용증을 발행 교부하는 방식이 채용되고 있다. 그리고 토지사용권의 양도에 따른 이익에 대해서는 토지증치세(토지부가가치세)가 1994년 1월 1일 이후 징수되게 되었다(토지증치세 잠정 조례 제2조, 제3조).

〖 등록자본의 양도 〗

제16조 ① 갑 또는 을 어느 일방이 그 등록자본의 전부 또는 일부를 제3자에게 양도하려고 할 때는 다른 당사자는 우선구매권(즉 등록자본을 양도하려고 하는 합자 당사자는 등록자본의 양수인의 명칭 등 개요 및 양도 가격 등을 통지하여 우선 다른 합자 당사자와 협의하여야 한다. 이 협의에서 다른 합자 당사자가 해당 등록자본의 양수을 희망할 때는 해당 등록자본은 해당 다른 합자 당사자에게 양도하여야 한다)을 갖는다.
이 경우에 양도가격은 갑, 을이 협의·결정하지만, 만약 양도가격에 대해 쟁의가 있을 때는 합자회사의 순자산의 공정한 평가액으로 양도하는 등록자본이 등록자본에서 차지하는 비율을 곱하여 산출한 금액을 갖고 양도가격으로 한다. 상기의 평가액에 대해 쟁의가 있을 때는 갑과 을 쌍방은 공평한 제3자에게 평가를 위탁하는 것에 동의한다.
② 본 조 ①항의 경우로서 다른 합자 당사자가 해당 등록자본의 양수를 희망하지 않고 또 제3자에 대한 양도에 동의할 때는 양도를 희망하는 당사자는 협의 종료일부터 1년 내에 등록자본은 이것을 본 조 제1항의 협의에서 통지한 제3자에게 양도할 수 있다. 단지 그 경우 양도조건은 양도하려는 합자 당사자가 그 협의에서 다른 당사자에게 제출한 조건을 하회해서는 안 된다.
③ 갑, 을은 본 조에 의해 등록자본의 전부 또는 일부를 양도할 때 관련 정부기관에 대해 심사·허가수속 및 변경등기 수속을 진행한다.

【MBA China Business Study Check Point】

(1) 등록자본의 양도에 관한 규정이다. 등록자본의 양도는 합자 당사자가 합자계약에 기초로서 출자자로서 지위의 전부 또는 일부를 양도하는 것이다. 중외합자기업법에 의해

설립되는 합자회사는 주식회사제도가 아니라 합자 각 당사자가 각자의 등록자본(합자회사의 등록자본에 자기의 출자비율을 곱한 금액으로 나타낸다)을 소유하는 형식의 유한책임회사이다. 등록자본의 양도는 동사회의 전원일치의 결의 사항으로서 합자 당사자 쌍방이 찬성할 시에 가능하다.

본 조는 합자 당사자의 일방이 그 등록자본의 양도를 희망할 때에 다른 일방의 당사자의 선매권(우선 구입권)을 갖는 것을 주의적으로 규정한 것이다(중외합자기업실시조례 제23조②).

그리고 일방이 선매권을 행사할 때에 그 양도가격에 대한 분쟁을 피하기 위해 평가방법을 우선 규정한 것이다.

(2) 등록자본의 양도에 대해 다른 일방의 합자 당사자가 선매권을 행사하지 않을 경우에 제삼자에게 양도하는 가격 이외의 조건이 다른 일방의 합자 당사자에게 내 놓은 조건보다 유리하여서는 안 되는 것을 규정한 것이다.

이 점도 법규상 규정되어 있다(실시조례 제23조③).

(3) 등록자본의 전부 또는 일부 양도는 허가사항이고 또 변경등기사항이다(실시조례 제24조).

(4) 등록자본을 담보하는 것은 실질적으로 양도와 동일한 효력을 발생하므로 이것을 원칙적으로 금지한 조항이다.

(5) 등록자본의 일부 양도에 의해 출자비율에 변경이 발생하였을 때는 제14조 ③항의 규정을 준용하는 것을 규정한 조항이다.

6. 제6장 합자 각 당사자의 책임

제6장 합자 쌍방의 책임 및 임무
제17조 합자회사의 목적, 생산능력에 부합되는 공장의 건물, 기계설비의 조달, 인원의 양성훈련, 생산기술의 확립 및 합자회사의 경영체제의 확립은 갑, 을 상호의 이익이자 공동책임이다.

【MBA China Business Study Check Point】

공장건설, 생산기계설비의 장치, 인원의 양성훈련, 생산기술의 확립에 대하여 종종 일어나는 일이 한국기업에게 일방적으로 과도한 책임으로 인하여 중국기업의 당연한 협력을 게을리 하거나 또는 생산과 경영이 순조롭지 않는 경우에 한국기업의 일방적인 책임을 추궁하는 것이 자주 발생한다. 그렇기 때문에 이런 일이 없도록 쌍방의 공동책임이라는 것을 유의하여 규정할 필요가 있다.

제18조 갑, 을 쌍방은 상호 협력의 정신에 기초하여 합자회사의 설립 및 경영에 대해 아래의 사항을 분담한다.

갑방의 임무

1. 합자회사를 설립하기 위해 필요한 허가, 등기등록, 영업허가증 등 중국 국내의 처리에 필요한 관련수속의 처리.
2. 토지건물관리부처에 대해 공장건물 및 토지사용권의 취득, 이전 수속을 하는 것.
3. 합자회사가 중국 국내에서 기계설비, 원재료, 사무용품, 차량 및 통신설비 등을 구입, 조달하는 것에 대한 협력.
4. 합자회사가 전기, 가스 등의 인프라 설비를 확실하게 안배하는 것에 대한 협력.
5. 공장건물의 건축을 진행하기 위해 필요한 기타 관련사항의 조사, 절충.
6. 합자회사의 관리인원, 기술인원, 기술자 및 기타 인원의 채용에 대한 협력.
7. 합자회사가 생산 및 판매하는 제품(*주: 구체적으로 제품의 종류, 명칭을 기재한다) 및 그 경영범위 내의 기타 사업에 필요한 허가증, 허가 및 합격증 등의 신청수속을 처리하는 것에 대한 협력.
8. 합자회사의 판로의 개척 및 그 제품 선전에 대한 협력, 지도.
9. 외국 국적의 관계인원이 중국방문 시 필요한 입국비자 등 사무 처리에 대한 협력.
10. 합자회사가 생산을 위해 필요로 하는 기계설비, 부품, 원자재 등의 수입, 통관수속을 처리하는 것과 수송수단을 확보하는 것에 대한 협력.
11. 합자회사가 그 생산한 제품(*주: 구체적으로 제품의 종류, 명칭을 기재) 및 가공한 부품, 부속품 등 수출허가 수속을 처리하는 것에 대한 협력.
12. 상기 각 항 이외의 갑, 을 쌍방이 협의 결정한 사항 또는 합자회사가 위임한 기타 사항.

을방의 임무

1. 중국 이외의 국가, 지역에서 합자회사가 기계설비, 원재료, 사무용품, 차량, 통신설비 등을 조달, 구입하는 것에 대한 협력과 갑, 을 쌍방이 협의 결의한 또는 합자회사가 위임한 중국 이외의 국가 또는 지역에서 해결하는 것을 필요로 하는 관련사항의 처리.
2. 설비의 장치, 조정 및 시험 운전에 필요로 하는 기술 인원 및 생산검사 인원의 파견과 함께 합자회사의 기술인원 및 직공을 양성 훈련하는 것. 단지, 을이 파견하는 인원의 수 및 기간은 을과 갑이 협의한 그 위에서 을이 결정한다.
3. 합자회사의 공장건물 및 기계설비의 배치계획에 대해 준비 입안을 진행하는 것.
4. 동사회의 결의를 거치는 한편 을이 합자회사가 체결하는 계약에 기초하여 합자회사에 대해 그 제품(*주: 구체적으로 제품의 종류, 명칭을 기재)을 생산하는데 필요한 생산기술을 제공하는 것.
5. 합자회사가 그 제품(*주: 구체적으로 제품의 종류, 명칭을 기재)을 생산, 판매하기 위해 또는 그 경영범위 내의 기타 사업 종목에 필요한 허가증, 허가, 합격증 등의 신청수속을 처리하는 것에 대한 협력.
6. 합자회사의 판로 개척 및 그 제품 선전에 대한 협력, 지도.
7. 상기 각 항 이외의 갑, 을 쌍방이 협의 결정한 또는 합자회사가 위임한 기타 사항의 처리.

【MBA China Business Study Check Point】

(1) 본 조는 합자회사의 설립 및 경영에 대해 갑, 을 쌍방이 협력하고 각자 분담하는 임무를 구체적으로 기재한 것이다. 합자회사의 설립 수속 및 경영에는 중국기업의 협력과 원조를 필요로 하는 사항이 많다. 이 때문에 당사자 쌍방이 신뢰관계를 확립하고 평소부터 양호한 인간관계를 형성하도록 한국기업이 노력하여야 하는 것은 더 말할 나위 없지만 될수록 중국측에 협력, 원조 받을 사항에 대하여 계약상 명확히 해 두는 것이 바람직하다.

(2) 갑의 임무로서 중요하다고 생각되는 것은 합자회사 설립을 위한 수속(허가, 등기, 영업허가증), 공장건물과 토지사용권의 이전등기 수속, 생산용 기계설비, 부품, 원재료 등의 수입허가, 통관수속, 운송수단, 물, 전기, 가스, 전화, FAX 등 각종 공공시설회사와의 교섭, 계약, 공장건물, 내장을 위한 건축공사 회사와의 교섭, 계약, 종업원의 채용, 각종 보험수속의 가입 수속, 제품의 수출 수속, 중국 국내에서 필요한 물자의 확보 등 주로 중국 국가기관, 공공시설회사, 건축공사회사 등과의 접촉, 사무 처리, 계약 등 많은 경우가 포함된다.

그 위에 중국시장의 판로개척, 영업전반에 대해서도 중국기업의 전면적 협력이 필요하다. 따라서 구체적으로 갑의 임무를 열거하는 것이 좋다.

(3) 특정 품목의 제품을 제조하기 위해서는 합자회사 설립의 허가와는 따로 생산허가, 등기를 필요로 하는 경우가 있다. 그러한 제품에는 의약품(의약관리법 1984년 9월 20일 성립), 농약(농약등기 규정 1982년 4월 10일 공포), 동물약(동물약 관리 규정 1987년 5월 21일 공포) 등이 있다.

(4) 을의 임무로서 중요한 것은 중국 이외의 국가와 지역에서 생산용 기계설비, 부품, 원재료 등의 구입, 생산용 기계설비의 배치, 장치, 조정, 시험운전, 중국 국적 종업원의 연수, 교육, 훈련, 생산기술의 제공, 지도가 고려되지만 구체적인 생산품목과 경영목적에 의해 필요한 사항을 구체적으로 기재하여야 하고 이 경우는 중국기업이 분담하는 임무의 내용과 균형을 잃지 않도록 고려하는 것이 좋다.

7. 제7장 기술이전 및 기술지도

제7장 기술이전 및 기술지도

제19조 ① 본 계약 제4장에 규정하는 경영목적 및 생산규모를 달성하기 위해 갑, 을 쌍방은 서로 협력한다.

을은 합자회사 동사회의 결의를 거쳐 합자회사와 을 사이에서 체결되는 계약에 기초하여 합자회사에 대해 그 실제 업무에서 필요로 하는 선진적 기술 및 기술지도(제조기술, 실제 검사방법, 품질관리 및 인재의 양성 훈련을 포함)을 제공한다.

② 을이 합자회사에 대해 기술지도를 진행하고 제조기술을 합자회사에 개시하며 또 제조과정에서 필요한 노하우, 특허권의 실시를 허락하는 것의 대가로써 합자회사는 을에 대해 기술사용료를 지불한다. 해당 비용은 합자회사가 인민폐로 계산하여 US달러로 교환하여 지불한다. 초기 생산하는 ○품목 중, 합자회사가 기술사용료를 지불하여야 할 품목은 ○품목으로 하고 그 기술사용료의 공제비율은 합자회사의 해당 제품의 순판매액의 ○%로 한다.

③ 기술지도, 기술이전에 의해 합자회사에 파견되는 을의 상주인원, 및 출장인원을 위해 필요로 하는 비용은 합자회사가 부담한다. 단지, 그 비용기준은 동사회가 결정한다.

④ 기술훈련을 위해 합자회사가 을에 파견하는 합자회사의 종업원의 비용은 합자회사가 부담한다.

⑤ 본 조 ②항이 규정하는 기술사용료의 대상 품목, 공제비율, 지불기간 등 및 ③, ④, ⑤항에 규정한 구체적 사항에 대해서는 합자회사가 동사회의 결의에 기초하여 관계 정부기관의 허가를 거쳐 을이 별도 계약을 체결한다.

【MBA China Business Study Check Point】

(1) 본 조는 한국기업에서 합자회사에 대한 기술이전, 기술지도에 관한 조항으로서 매우 중요하다.

중국기업의 현물출자에 관한 조항과 기술이전에 관한 조항은 항상 한중 쌍방의 합자교섭에서 의견이 대립되어 합의 성립이 곤란한 부분이다. 특히 기술사용료의 대상품목, 공제비율, 지불기간을 둘러싸고 견해가 나뉘는 것은 자주 있는 현상이다.

본래 기술이전계약은 합자회사가 설립 후에 합자회사와 을 사이에 체결되는 기술이전계약에 의해 결정되어야 하지만 기술사용료의 대상 품목, 공제비율, 지불기간에 대해 후일 분쟁이 일어나는 것을 예방하기 위해 우선 갑, 을 쌍방이 합의해 두는 것이 보통이다. 합자계약 중 기술이전에 관한 조항은 과학기술위원회가 실질적인 심사권을 갖고 있다. 허가 기관인 상무부(대외경제무역위원회) 등은 과학기술위원회의 의견에 기초하여 심사 및 허가하고 있다.

(2) 한국기업이 합자회사에 제공하는 기술지도, 제조기술, 노하우, 특허권의 대가에 대해서는 보통 기술사용료 명칭이 통일적으로 사용되는 한편 기술사용료 지불방식은 회전방식을 채용하여야 한다고 규정하고 있다(실시조례 제46조). 따라서 처음부터 일괄 방식은 허가를 취득하는 것은 사실상 곤란하다.

(3) 기술사용료의 계산은 판매수입이 인민폐이기 때문에 이것을 인민폐로 계산하여 US달러로 지불할 것을 규정한 것이다. 이 기술사용료의 지불은 외화수지 균형과 관련이 있지만 한국기업으로서는 US달러로 지불되는 것을 명확하게 기재해 두는 것이 좋다. 보통 매회계연도 종료 후의 일정한 기한까지 기술사용료를 계산하여 지불하는 경우가 많다.

(4) 기술사용료의 대상 품목, 공제비율 및 지불기간은 매우 곤란한 문제로써 항상 교섭 중에 한·중 사이에 대립이 발생한다. 특히 합자회사의 생산, 판매 품목이 개발된 신제품인 경우는 중국기업도 기술사용료의 지불에 응하지만, 한국기업이 비교적 이전부터 생산 판매하고 있던 구제품에 대해서는 기술사용료의 지불에 난색을 나타내는 경우가 있다. 또 기술사용료의 지불기간에 대해서도 중국기업은 될수록 단기간(3~5년)으로 제한하려고 또는 공제비율도 점차 감소 방식을 주장하는 경우가 많다.

보통 1.5내지 2.5% 정도로 합의하는 상황이 비교적 많다. 여기서 순판매액은 판매액에서 반품과 할인을 공제한 금액을 가리킨다.

(5) 기술지도, 기술이전을 위해 파견되는 외국 국적 기술자 중 단기 체재자의 국제항공 운임을 포함한 여비, 숙박비, 식비에 대해서는 비교적 문제가 발생하지 않지만, 체재기간 중의 출장 안배(일당)와 상주 인원의 급여 등에 대해서는 한·중 양국간의 경제 격차 때문에 늘 문제가 발생한다.

본래 합자회사가 부담해야 하는 것은 당연하지만, 한국기업의 급여 수준과 수당이 중국기업에 비해 뚜렷하게 높기 때문에 중국 국적 종업원과의 격차 뿐만 아니라 합자회사의 경영을 압박하는 요인이 되기도 한다. 또 그것이 외화로 지불되면 외화수지 균형의 유지가 보다 곤란하게 된다. 이런 사정을 감안하여 상주 인원의 급여 등과 단기 체재자의 출장수당을 중국기업의 기준으로 지불하고, 차액은 한국기업이 전액 부담 또는 합자회사와 한국기업이 2분의 1씩 부담하는 등 조치를 취하는 경우가 많다.

본 조는 이런 뜻을 포함 동사회에서 결정한다는 취지를 규정한 것이다.

(6) 합자회사의 종업원을 한국기업에서 연수시키는 경우가 많아 합자회사의 연수생 파견에 대해 규정한 것이다. 연수생의 국제여비 이외의 일체 비용은 합자회사가 부담하는 것을 규정한 것이다. 현실적으로 한국기업이 연수생을 자사의 숙사 등 시설에 숙박 시키

고 연수의 수당 등 명의로 식비, 생활비를 지급하는 경우가 대부분이다.

(7) 합자회사 설립 시에 을과 체결하는 기술이전계약은 허가를 받을 필요가 있다 (실시조례 제46조). 따라서 기술이전계약은 상기 규정에서 규정한 조건에 적합해야 하지만, 기술사용료의 지불대상 품목, 공제비율, 기간 등 중요 사항에 대해서 합자계약에 기재하여 허가를 받아 두면 이 내용과 동일한 기술이전계약은 허가된다.

【참고 예1】

제19조 ① 본 계약 제4장에 규정하는 경영목적 및 생산규모를 달성하기 위해 갑, 을 쌍방은 서로 협력한다.
을은 합자회사에 대해 그 실제의 업무에서 필요로 하는 선진기술 및 기술지도(생산용 각종 도면, 자료 일체, 제조 기술, 실험 검사방법, 품질 관리 및 인재의 양성 훈련을 포함)을 제공하는 한편 합자회사에 대해 그 생산과정에서 필요로 하는 노하우 또는 특허권의 실시를 허락하고, 이것에 대해 합자회사는 을에 대해 기술 사용료를 지불한다. 당해 비용은 합자회사가 매 회계연도 종료 후의 ○개월 이내에 인민폐로 계산하는 한편 US달러로 교환하여 지불한다.
초기 생산 ○품목에 대해 합자회사가 지불하여야 할 기술사용료의 공제율은 합자회사의 당해 제품의 순판매액(합자회사가 실제에 얻은 판매수입)의 ○%로 한다. 단지 을은 합자회사에 대해 기술 사용료의 지불을 합자회사에게 이익이 발생할 때까지 여유를 주는 것에 동의한다.
② 기술지도, 기술에 의해 합자회사에 파견하는 을의 상주인원 및 출장인원을 위해 필요로 하는 비용은 합자회사가 부담한다. 단지 그 비용 기준은 동사회가 결정한다.
③ 기술양성 훈련을 위해 합자회사가 을에 파견하는 합자회사 종업원의 비용은 합자회사가 부담한다.

【참고 예2】

제19조 ① 합자 각 당사자는 합자회사가 을로부터 본 계약 제4장에서 규정한 합자회사의 목적, 생산규모를 달성하기에 필요한, 현시점에서 제일 선진적인 생산기술(제품설계, 제조기술, 시험측정 방법, 품질기준, 인원 양성 훈련을 포함)을 도입하는 것에 합의한다.
② 합자 각 당사자는 본 계약 제4장에서 규정한 합자회사의 목적 및 생산규모를 달성하기 위해 서로 협력하는 것에 합의한다.

제20조 ① 을은 합자회사에게 제공하는 제품(주 : 구체적으로 제품의 종류, 명칭을 기재한다)의 설계, 제조기술, 기술 공정, 시험 측정 및 검사 등 모든 기술이 합자회사의 목적 및 요구에 합치되고 본 계약이 요구하는 제품의 품질 및 생산능력을 달성할 수 있는 것을 보증한다.

② 을은 본 조례 ①항에 기초하여 합자회사에 제공하는 모든 기술이 을이 보유하는 동종 기술 중 현시점에서 제일 선진적인 기술이라는 것을 보증한다.

③ 을은 기술 이전의 갑, 을이 별도 협의하는 각 단계에서 을이 제공하는 기술 및 기술 서비스의 상세한 리스트를 작성하여 합자회사에 제공하는 것을 보증한다.

④ 을은 당해 기술의 도면 및 기타 상세한 자료는 이전되는 기술의 구성 부분으로서 기한대로 합자회사에 교부하는 것을 보증한다.

⑤ 을은 본 계약 제22조의 기술 사용료의 지불 기간중 을이 진행한 당해 이전 기술의 개량 기술을 합자회사에 무상으로 제공하는 것을 보증한다.

제21조 본 계약 제8장의 규정에 기초한 을의 보증은 합자회사가 당해 기술의 도입 태세를 완비하고, 합자회사의 기술자와 노동자가 당해 기술에 숙련하고, 당해 제품의 생산에 필요한 원료, 재료, 전력, 공업용수 및 기타 모든 공공시설이 을의 요구에 부합되는 수량과 품질의 충분한 공급, 배수 설비와 기타 모든 공장환경이 을의 요구에 맞게 완비되어 있는 것을 전제조건으로 한다.

제22조 ① 합자 각 당사자는 합자회사가 을에게 기술 사용료를 지불하는 것에 합의한다.

② 기술 사용료의 공제율은 당해 제품의 제조 총 원 가격의 ○%로 한다.

③ 당해 제품의 기술 사용료의 지불 기간은 당해 제품의 정식 생산 시작일부터 ○연간으로 한다.

④ 합자회사는 매 회계연도 종료 후 ○개월 이내에 US달러로 을에게 기술 사용료를 지불한다.

만약 합자회사의 US달러가 부족하고 또 합자회사가 자체로 조정해결할 수 없을 때는 갑은 합자회사가 그 인민폐를 US 달러로 교환하는 것에 협력한다.

⑤ 합자회사가 본 계약 제8장에 기초하여 을에 지불하는 금액에 대해서는 합자회사가 전신 송금에 의해 지불하는 것으로 한다.

⑥ 합자회사가 본 계약에 기초하여 을에 지불하는 금액은 을은 어떤 경우 (본 계약의 중도 해결을 포함)에서도 반환의무를 지지 않는 것으로 한다.

⑦ 합자회사는 매 회계연도 종료일부터 ○○일 이내에 전 회계연도에서의 당해 제품의 판매 수량 및 합자회사가 지불하는 기술사용료의 명세를 기재한 보고서를 을에게 송부한다.

제23조 ① 을은 한국 및 중국에서 합자회사의 기술자와 노동자를 양성 훈련하는 것에 동의한다.
② 을이 한국에서 합자회사의 기술자와 노동자를 양성 훈련할 때는 합자회사가 을에 파견하는 인원의 교통비(중국 국내의 여비, 국제 항공여비 및 한국 국내의 여비), 숙박비, 식비 및 생활비는 합자회사가 부담한다.
③ 을이 중국에서 합자회사의 기술자 및 노동자를 양성 훈련할 때는 을이 합자회사에 파견하는 기술자의 교통비(한국 국내의 여비, 국제 항공여비 및 중국 국내의 여비), 숙박비, 식비 및 일당(출장기간의 계산은 출발일부터 귀국일까지 한다)은 합자회사가 부담한다.

제24조 ① 합자회사는 어떤 제3자에 대해서도 당해 도입 기술의 실시권을 허락하거나 또는 당해 도입기술을 개시하여서는 안 된다.
② 합자회사는 도입기술의 비밀 유지를 위해 모든 조치를 취하기로 한다.
③ 합자 당사자는 다른 기술정보(당해 도입 기술을 포함) 및 합자회사의 일체 비밀정보(제품의 원가를 포함)에 대해 비밀 유지를 한다. 어떤 제3자에게도 개시하여서는 안 되고 또 합자회사의 경영목적을 달성하기 위해서만 이런 정보를 사용한다.

【MBA China Business Study Check Point】

(1) 참고 예1은 기술사용료의 지불 시작 시기를 이익 발생한 연도 이후로 하는 것이다. 합자회사의 개업 제1연도는 영업기간도 짧아 매상 수입 신장하지 않는데 대해, 반대로 경비가 많고 이익을 계산하는 것이 곤란하기 때문에 기술사용료의 지불에 의해 더욱 합자회사의 경영을 압박하는 것이 없도록 기술사용료의 계산은 제1연도부터 진행하지만 그 지불시기를 이익 발생하는 회계연도까지 여유한 것이다.

(2) 참고 예2는 기술을 이전하는 한국기업의 의무를 좀 상세하고 구체적으로 기재한 것이다. 중국기업은 늘 한국기업에 본 조와 같은 보증을 요구하는 경우가 있지만 보증한 경우는 당해 한국기업의 의무는 과중하게 되므로 제공 이전하는 기술이전에 따라 어떤범위에서 보증이 가능한가 신중한 고려가 바람직하다.

(3) 한국기업이 제공 이전하는 기술에 대해 일정한 보증을 한 경우, 당초 계획 생산능력을 달성할 수 없거나, 순조롭게 가동하지 못하거나, 제품에 일정수량의 불합격품이 나오는 등 상황이 발생한 경우 중국기업에서 한국기업에게 클레임을 제공하는 것이 지금까지 자주 있었다. 그 원인으로서는 중국측의 요인(정전, 중국 국내에서 조달한 원재료, 부품의 품질의 결함, 중국 국적 종업원의 기술 숙련도가 낮다)도 있으므로 한국기업의 보증에 전제 조건을 첨부한 것이다.

(4) 기술사용료의 계산방식을 '제품의 순판매액×요율' 로 하지 않고, 제조 총원가×요율로 한 예이다. 아무튼 기술사용료 계산의 기초로 되는 개념 (순판매액이며 제조 총원가)에 대해 합자계약에서 명확하게 정의하여 두는 쪽이 좋다.

(5) 기술사용료의 지불 방식을 US달러로 하였지만, 합자회사가 원료와 부품의 수입에 의해 외화가 부족하거나 또 합자회사의 소재지며 시기에 의해 합자회사 자체가 그 등기 소재지에서 인민폐를 US달러로 조정하는 것이 곤란한 것도 예측되므로 중국기업의 협력 의무를 규정한 것이다

8. 제8장 제품의 판매

제8장 제품의 판매
제20조 합자회사의 제품은 중국 국내에서 판매하지만, 동사회의 결의에 기초하여 국외에 판매하는 것도 될 수 있다.

【MBA China Business Study Check Point】

합자회사 제품의 국내판매와 국외판매(수출)의 비율에 대해서는 이전은 심사대상으로서 중시되어 계약 중에 반드시 그 비율을 규정하거나 또는 합자 계약의 허가에 즈음하여 국외판매 비율을 50%이상으로 높이도록 심사・허가기관의 지도를 받았다.

그러나 현재 중국정부의 정책 변화로 본 조문과 같이 허가되고 있다. 당초의 합자회사는 주로 제품을 수출하여 외화를 획득하는 수단으로 인식되었지만, 중국의 외화 사정이 완화되고 또 합자회사 설립의 목적도 외화 획득 중심에서 외국기업과의 합자에 의한 국영기업 개혁에 중국정부 정책이 실질적으로 전환됨에 따라 계약상 국외판매비율을 명기하는 것은 의무화 되지 않게 되었다. 현재 합자기업은 외화수지문제를 자체적 해결을 의무화 하고 있지만, 그것은 합자회사 자주적 노력에 맡기고 합자계약에서 제품의 국외수출비율을 명기할 필요는 없게 되었다. 또 구체적인 수출측의 국명에 대해서는 기재하지 않는 경우가 대부분이다.

제21조 합자회사가 생산한 제품은 합자회사가 직접 판매하거나 합자 쌍방 또는 기다 제3자에게 위탁하여 판매할 수 있다.

【MBA China Business Study Check Point】

본 조문은 합자회사의 판매 루트에 관한 규정이다. 합자회사는 생산시스템 뿐만 아니라 판매시스템의 확립이 급선무이다. 원칙적으로 자사 판매부문을 조직 강화하여 자사가 판매하지만, 경우에 따라 갑 또는 을에게 일부 제품의 판매를 위탁 또는 제3자인 대리점과 계약을 통하여 판매하는 경우가 있는 것을 고려하여 규정한 것이다.

제22조 합자회사는 그 경영범위 내에서 필요로 하는 원재료, 부품, 기기설비 등 수입권을 갖고 또 그 생산하는 제품(주: 구체적으로 종류, 명칭을 기재)과 가공한 부품, 원료(주: 구체적으로 종류, 명칭을 기재)의 수출권을 갖는다.

【MBA China Business Study Check Point】

본 조문도 주의 검토해야 하는 규정으로써 합자기업법실시조례 제62조에 동 취지의 규정이 있지만, 한국기업은 확인 취지로 이 조문을 합자계약 중에 명문화 할 필요가 있다.

생산형 합자회사인 경우 다음 관세가 면세로 되어 있다.

A. **생산설비:**

가공, 제조 기기 및 설비, 포장, 검사 측정설비 및 그 예비 부품, 생산에 필요로 하는 자가용 운송, 공사 및 특수차량

B. **관리설비:**

기업 내의 종업원 관리설비(타임레코드, 스톱워치 등), 생산설비용제어, 감시시스템, 소방, 보안, 환경보호설비, 에어컨설비, 싣고 부리는 기기 및 화물용 엘리베이트

C. **통신설비:** 트런시바(무선 트런시바를 포함)소형 처리제어 교환 및 전화기

D. **부품:** 면세 수입설비의 보안 수리용 및 예비 부품

E. **기타 원재료:** 공장건물 및 기기설비의 장치, 보강에 필요한 재료

F. **사무용품:**

기업이 그 사무실 내에서 공적 활동을 진행하고 행정사무, 업무에 관한 사무를 처리할 때 꼭 필요한 기기설비, 공구, 용품과 사무실 내에 필요한 가구 및 공용에 사용하는 가전제품이 있다. 예컨대, 냉장고, 에어컨, TV 등도 위의 범위 내에 포함될 수 있다.

합자회사가 제품을 생산하기 위해 수입하는 부품, 원재료로서 국내판매용에 대해서는 면세의 대상이 되지 않지만, 수출용 제품에 사용하는 부품, 원재료에 대해서는 수입관세 및 공상통일세가 면제된다.

제23조 합자회사는 원칙으로 을방이 지정한 상표를 사용하여야 한다. 따라서 을방은 합자회사의 상표사용권 사용을 동의한다. 상표사용 허락 계약에 대해서는 합자회사의 동사회의 결의를 거쳐 을과 합자회사가 따로 체결한다.

【MBA China Business Study Check Point】

본 조문은 상표에 대한 규정이다. 여기서 상표란 중국의 국가공상행정관리국(상표국)에 '중화인민공화국상표법' 의 규정에 의한 등록수속을 한 상표를 말한다. 보통 합자기업의 제품에는 한국기업의 상표를 사용하는 경우가 많다. 그것은 물건을 판매할 때 유리하기 때문이다. 중국에 상표등록을 하는 경우 상당한 시간이 소요되기 때문에 합자 교섭를 하면서 동시에 병행하여 우선 상표의 등록수속을 끝내어 두는 것이 좋다. 그러면 제품의 생산과 동시에 등록상표를 사용할 수 있게 된다.

【참고 예1】

제23조 ① 합자회사는 합자기간 중 을이 지정한 상표 '○○○○' (주: 구체적으로 기재)를 사용한다. ② 을이 그 등록자본의 전부를 갑 또는 제3자에게 양도한 경우에 합자회사가 위의 상표를 계속 사용하길 희망할 때는 합자회사와 을은 상표 사용료 및 기타상표 사용 허락 계약에 관한 조건에 대해 별도 협의하여 결정한다.

【MBA China Business Study Check Point】

본 조문은 한국기업이 우선 등록한 상표를 지정한 상황이다. 을이 합자 당사자인 경우에는 상표사용은 무상으로 하지만, 장래 을이 등록자본의 전부를 갑 또는 제3자에게 양도하여 합자당사자의 지위를 상실한 경우에 따로 상표 사용 승낙의 조건을 계약으로 규정하는 것으로 한 것이다.

9. 제9장 외화수지 균형

제9장 외화수지 균형
제24조 ① 합자회사가 생산 시작 후 제품은 주로 국내판매하는 것으로써 원재료를 수입하기 위해 필요한 외화는 합자회사가 자체로 해결한다. ② 갑, 을 쌍방이 받는 이익은 합자회사가 인민폐로 결정하고, 그 을이 받는 이익은 합자회사가 국가의 관계규정에 기초하여 US달러로 교환하여 지불한다.

【MBA China Business Study Check Point】

(1) 합자회사의 설립이 중국시장에서 판매를 주로 한다는 것을 명확히 규정한 것이다. 현재는 위와 같은 기재가 있어도 합자계약은 허가되고 있다.

(2) 단지, 합자회사는 원료수입을 위해 필요한 외화를 자체로 해결하여야 한다. 자체로 해결할 수 있는 경우 그 제품을 주로 국내 판매하는 것도 인정한다. 자체 해결 수단은 다음 네 가지 방법이 있다.

A. 합자회사의 제품, 반제품의 일부를 한국기업이 수입하여 이것을 수출한다.
B. 원료 또는 부품을 적극적으로 중국산화 하여 중국제품의 비율을 높인다.
C. 합자회사의 제품 이외의 중국 국내 제품인 원재료, 부품 등을 가공하여 합자회사가 직접 수출또는 한국기업이 구입한다.
D. 중국 외화 매매시장에서 외화를 구입한다. 결국 조정 외화의 방식으로 해결한다.

(3) 한국기업이 수령하는 이익은 US달러로 지불되어야 하지만 합자회사가 갖고 있는 외화가 부족한 경우, 합자회사가 한국기업의 배당이익을 US달러로 교환하여 지불하는 것이다. 합자회사의 갖고 있는 외화가 부족한 경우 (2)의 D방식인 조정 외화라는 방식으로 US달러를 구입하게 된다.

【참고 예1】

제24조 ① 합자회사가 생산 시작 후 제품은 주로 국내판매 하고 부품을 수입하기 위해 필요한 외화는 합자회사가 자체로 해결한다. ② 합자회사는 생산 시작 후 적극적으로 중국산 부품을 채용하여 국산화 ○%달성을 목표로 노력한다. ③ 을은 합자회사 반제품의 ○%를 되파는 것에 동의한다. 그 구체적 품목은 을의 요구에 기초하여 을과 합자회사가 협의 결정한다.

【참고 예2】

제24조 ① 합자 각 당사자는 합자회사가 을로부터 그 제품(주: 구체적으로 종류, 명칭기재)을 생산하는데 필요한 ○○○(주: 구체적으로 주요한 원료명칭기재) 및 기타 필요한 원재료를 구입하는 것에 합의한다. ② 합자회사가 상기 원재료 구입을 위해필요로 하는 외화가 부족하고 또 합자회사 자체로 조정해결 할 수 없을 때는 갑은 합자회사가 외화를 조달하는 것에 협력한다.

【MBA China Business Study Check Point】

(1) 참고 예2는 합자회사가 한국기업으로부터 부품을 수입 및 조립하여 중국시장에 판매하는 상황이다. 이렇게 주요 부품과 주요원료를 전부 한국기업으로부터 수입 이것을 제품화하여 주로 중국시장에 판매하는 경우 기본적으로 외화수지의 균형을 유지하는 것은 곤란하다. 이 때문에 부품의 국산화율의 목적을 구체적 숫자로 계약 중에 명기하여 합자회사의 최우선 과제로써 적극적 추진을 선언한 것이다. 그러나 중국에서는 많은 분야에서 부품산업의 발전이 늦어 한중합자 등 외자계 기업은 주로 부품을 수입하여 조립하는 형태의 메이커가 많다. 그 때문에 중국 국내에서 품질이 안정한 우수한 품질의 부품을 구입한다는 것은 현실적으로 상당한 곤란한 것이 실제 상황이다.

(2) 참고 예1은 한국기업의 되파는 비율을 구체적으로 규정한 상황이다. 합자회사가 생산한 완제품을 되파는 것은 생산기지를 중국으로 이전한 경우를 제외하고 여러 가지의 장애가 있다. 한국의 공장이 생산한 제품과 시장에서 충돌, 경합, 품질 및 A/S 등 문제이다. 이 때문에 완제품의 되파는 곤란하므로 반제품을 일정한 비율로 수입하여 이것을 한국기업에서 최종 조립·조정하여 한국기업의 제품으로서 출하는 것으로 한 것이다.

향후 낮은 가격의 제품은 중국 합자회사에서, 높은 가격의 제품은 한국에서라는 생산 분담도 고려되지만, 합자 초기에는 결국 합자회사의 외화수지 균형을 유지하기 위한 방법으로 일부 반제품의 되파는 것을 규정하는 것이다. 되파는 비율에 대해서는 합자회사의 구체적 사정에 의해 결정되지만, 보통 외국기업으로서는 20~30%정 도를 희망하는 경우가 많다.

(3) 참고 예2는 합자회사의 원재료 구입을 위한 외화가 부족하여 합자회사가 외화를 구입할 수 없을 때 갑이 합자회사의 외화 조달에 협력하는 것을 규정한 것이다. 합자회사가 외화조정시장에서 외화를 구입하는 경우 일정한 수속이 필요하고 또 합자회사가 필요로 하는 외화의 매물이 없어서는 안 된다. 따라서 이런 의미에서 갑의 협력을 규정한 것이다. 만약 합자회사가 필요한 외화를 외화조정시장에서 구입하는 것을 예정하는 경우 합자회사 등기소재지의 외화조정시장의 상황을 충분히 조사 확인하고 또 중국기업이 이것을 어느 정도 협력할 수 있는가를 확인하여 두는 것은 필요 불가결한 것이다.

【MBA Training China Business Study】

(1) 외화수지 균형의 유지는 합자회사 설립 허가 조건인가?

합자기업법실시조례는 외화수지 균형의 유지는 합자회사가 자체적으로 해결하는 것으로 하고 있다(제75조).

현실은 합자회사 설립허가수속 제1단계인 프로젝트 제안서(항목건의서)의 허가 시에 '외화수지 균형은 자체로 해결한다' 는 것을 조건으로 하고, 다음 제2단계인 F/S보고서(사업타당성보고서)의 허가에 즈음하여 외화수지 균형이 제1연도부터 유지할 수 있다는 것을 증명하는 자료를 F/S보고서 중에 첨부하여 제출하도록 되어 있다.

그러나 생산형 기업으로써 주요 부품과 주요 원료를 한국기업으로부터 수입하여 제품화하는 합자회사의 경우는 이런 부품과 원료의 수입 대금을 외화로 지불하기 위해 제1연도부터 외화수지의 균형을 유지하는 것이 곤란한 경우가 많다. 이 때문에 합자당사자 쌍방의 이해한 가운데 외화수지의 균형 시트를 약간 조정하여 허가 기관에 제출하는 경우가 적지 않다.

특히 중국기업이 현물 출자만으로 인민폐 자금을 전혀 출자하지 않는 경우 공장건물의 수선비, 중국 국적 종업원의 인건비, 기타 본래 인민폐로 지불하여야 할 경비에 대해서도 한국기업이 출자한 귀중한 외화를 인민폐로 교환하여 지불하는 경우는 외화수지의 균형은 더욱 곤란해진다. 외화수지 균형의 유지에 대해서는 합자회사 설립 전에 충분한 연구가 필요하지만, 다음의 경우에 유의하는 것이 바람직하다.

A. 중국기업에 대해 개업초기에 필요한 인민폐 자금의 출자를 요구하여 외화를 인민폐로 교환하여 지불하는 경우를 최대한 제한한다.
B. 개업 초기에 특히 1년간 정도의 부품과 원료의 수입 대금을 외화로 지불하도록 계획을 세운다. 이를 위해 한국기업의 출자액을 그 정도로 증가시키거나 합자회사에

대해 이런 대금의 지불기한을 6개월 내지 1년간 여유를 주는 것을 고려한다.

C. 소재지의 외화조정시장 상황의 파악에 노력하여 외화 구입이 항상 가능한가를 조사 확인하여 둔다.

D. 가능하면 신속하게 일정 비율의 제품, 부품, 반제품을 되팔아 합자회사에게 외화수지를 얻을 수 있도록 그 체제를 갖춘다.

E. 부품, 원료 등을 중국 국산화 하도록 노력한다.

(2) 합자회사가 외화조정시장에서 외화를 매매할 때 어떤 수속이 필요한가?

1994년 1월 1일의 외국 환율체제개혁 후 외화조정시장은 계속 보류되어 합자회사를 포함한 외국투자기업은 조정시장에서 외화를 매매할 수 있다. 이전에 중국정부가 발표한 교환 환율도 시장조정 환율에서 계산 상 불일치가 있었지만, 이 점은 통일적으로 해결하였다. 외화조정 수속은 다음과 같다.

A. 합자회사가 외화를 매각하는 경우

① 외환관리국에 등록한다.
② 외환관리국에 외화 매각 신청을 한다.
③ 외화 수입원 심사: 합자회사의 외화 영업 수입, 등록 자본, 차입금 등 정당한 수입 허가를 심사한다.
④ 외화계좌심사: 합자회사의 은행에 개설한 외화계좌 중의 남은 액수를 확인한다.

B. 합자회사가 외화를 구입하는 경우

① 대외무역경제위원회에 신청하여 허가를 받는 한편 외환관리국에 등록한다.
② 외환관리국에 대해 외화 구입 신청을 하였을 때 그 심사는 다음과 같이 진행된다.

a. 합자회사 제품을 되파는 계약을 이행하고 있는 합자회사의 외국당사자의 외화 배당 이익을 보장하기 위해 필요한 외화 및 제품 수출형 또는 기술선진형 칭호가 수여된 합자회사의 합리적인 사용을 위한 외화를 우선한다.
b. 개업 초기로 수출에 곤란이 존재하여 일시적으로 균형을 유지할 수 없는 합자회사에 대해서는 기업의 구체적 상황에 기초하여 해결한다.
c. 장기 외화 균형이 유지될 수 없는 합자회사에 대해서는 합자회사에게 외화균형 계획 조치를 제출시킨 가운데 외화의 공급과 수요 상황 및 합자회사의 구체적 경영 상황을 보고 가능한 한도로 배분한다.

C. 거래 성립 수속

외화매각 신청서 또는 외화 구입신청서에 외환관리국의 심사를 받아 동의 날인을 첨부하여 대리상(代理商)에게 거래를 위탁한다.

원칙적으로 2일 이내로 거래가 성립되고 수수료는 각각 0.15%이다. 결국 합자회사는 그 등기 소재지의 외화조정시장에서 외화조정을 하여야 하고 다른 외화조정시장에서의 매매 거래는 인정되지 않는다. 또 합자회사는 반드시 외화조정시장에서 외화의 조정을 하는 것이 의무로 되어있기 때문에 자체적으로 외화조정의 상대방을 찾아 직접 교환하는 것도 금지하고 있다.

이런 외화 조정은 등기 소재지의 외화 조정시장에서 진행하는 것으로 북경, 천진, 상해, 광주, 심천, 대련 등 비교적 중외합자기업, 합자기업 및 외자기업이 많은 지구의 외화조정시장에서는 외화 매매 거래도 성립되기 쉽다고 하지만, 외국 투자기업이 적은 지구에서는 보통 조정은 곤란하게 되는 경우이다.

1994년 1월 1일의 외환관리체제개혁 전의 외화조정센터인 경우는 국영기업 등 중국기업도 참가할 수 있어 이런 중국기업이 보유한 외화 쿼터가 매물의 중심이 되고 있었다. 그러나 체제개혁 후 외화조정시장은 외국투자기업 사이의 매매만으로 제한되었기 때문에 지역에 따라 외화조정은 곤란하게 될 가능성도 배제할 수 없다.

10. 제10장 동사회

제10장 동사회
제25조 동사회는 합자회사의 최고 권력기관으로 동사회는 합자회사의 모든 중요 사항을 결정한다.

【참고 예1】

제25조 동사회는 합자회사의 최고 권력기관으로 동사회가 결정하여야 할 중요 사항의 내용은 동사회가 결정한다.

【MBA China Business Study Check Point】

(1) 최고 권력기관은 최고의 결의기관이라는 의미이다. 합자회사에는 주주총회가 없기 때문에 합자 당사자에게 위임되는 동사에 의해 구성되는 동사회가 최고의 결의기관이다. 동사는 이사에 상당하고 동사회는 이사회의 개념에 가깝지만, 주주총회로서 기능도 함께 갖고 있기 때문에 엄밀히 말하여 이사회와 다른 성격을 갖고있다. 그 때문에 동사회라고 번역하는 것도 비교적 많지만, 이사회로 번역하여도 된다. 본서에서는 동사회라고 하였다.

(2) 따라서 동사회는 합자회사의 모든 중요 사항을 결정한다. 본 조문은 중외 합자기업법실시조례의 규정(제33조)과 똑 같다. 일반적으로 동사회가 결의하여야 할 중요 사항의 범위, 구체적 내용을 동사회의 결의에 의해 우선 결정하여 두는 것이 필요하다. 동사회는 보통 해마다 1차, 많으면 2~3차 개최하는 경우가 있다. 경영상의 모든 중요 사항을 동사회의 결의에 위탁하면 합자회사의 경영에 지장의 발생이 예상된다. 이 때문에 동사회 결의사항의 범위, 내용을 규정하고 기타 사항에 대해서는 총경리의 권한으로 두는 것이 좋다.

(3) 본 참고 예는 동사회가 결정하여야 할 중요 사항의 내용은 동사회가 결정한다는 것을 규정한 것이다. 보통 '동사회 결의사항 일람표' 를 작성하여 설립 후의 제1차 동사회에서 결의하여 두는 방법이 채용되고 있다.

제26조 합자회사의 성립 일은 동사회의 성립 일이다.

【MBA China Business Study Check Point】

본 조문은 동사회가 합자회사의 성립 일부터 조직되어 성립한다는 것을 주의적으로 규정한 것이다. 합자회사의 성립일(설립일)은 국가공상행정관리국에서 영업허가증이 발행된 날(영업 허가증 위에 기재되어 있는 발행일)이므로 그 날부터 동사회가 성립한다.

제27조 ① 동사회는 ○명의 동사로 구성한다.
그 중 갑이○명을 위임 파견하고, 을이 ○명을 위임 파견한다.
② 동사의 임기는 매기마다 2년으로 하고 재임할 수 있다. 갑, 을 쌍방은 어느 일방도 자체로 위임 파견한 동사를 교체시킬 수 있지만, 사전에 다른 일방에게 서면으로 통지하여야 한다.
③ 동사 중에 사직, 사망, 임기 만료 등으로 이임하는 경우에 그 후임은 해당 동사를 위임 파견한 측이 위임 파견하여야 하는 것으로 하고 동시에 관계정부 부문에 제출한다.

【MBA China Business Study Check Point】

(1) 동사회를 구성하는 동사의 수는 3명 이상(실시조례 제34조 ①항)이 여야 하므로 3명 이상으로 구체직 인수를 결정한다. 단지, 합자당사자의 어느 일방이 1명의 동사를 위임 파견한다고 규정한 경우에 해당 동사가 사고 등 이유로 출석할 수 없을 때는 동사회를 개최할 수 없기 때문에 각 당사자가 최저 2명 이상을 위임 파견하는 것이좋다. 보통 4~6명이제일 좋다.

(2) 합자 당사자가 각각 파견하는 동사 수는 극히 중요하다. 이것은 동사회가 주주총회와 이사회의 권한을 함께 갖고 있는 합자회사의 최고 결의기관이기 때문에 당연한 귀결이다.

원칙으로서 쌍방의 출자비율에 의해 동사의 수를 배분하여야 하지만, 중국기업은 항상 한국기업의 출자비율이 과반수를 넘을 때도 같은 수의 동사의 파견을 주장하는 경우가 있다. 한국기업은 끝까지 출자비율에 의해 동사의 수를 결정하여야 한다는 것을 주장하여 최종 중국기업과 상급관리기관도 이것을 접수하도록 한다. 법규상 '동사수의 배분은 출자비율을 참고하여 합자 각 당사자가 결의 확인한다' (실시조례 제34조 ①항)고 규정되어 있지만, 엄격히 말하면 출자비율에 의해 자동적으로 결정되는 것이 아니기 때문에 출자비율이 동사수의 배분에 반영되어야 하는 것은 한국기업의 입장에서는 당연한 주장이다.

중국기업과 한국기업은 설립의 경과, 조직형태, 경영방식, 경영사상 등이 상당히 달라 생산 품목의 결정, 부품 및 원재료의 수입가격, 기술이전의 대가, 이익배당 등에서 자주 의견이 대립되는 경우가 있다. 합자회사의 성격상 동사회는 가능한 상의와 상호 양보에 의해 해결하는 것을 원칙으로 하지만 최종적으로는 다수결에 의해 결의될 수 있는 동사의 수를 확보하도록 하는 것이 바람직하다.

보통 중국기업에서 선임되는 동사는 동사회의 모든 의제에 대하여 상당히 활발한 발언을 통해 검토하는 경향이 있다. 이것은 민족성의 차이 또 전혀 다른 쌍방의 본사에서 파견되어 있는 동사이기 때문에 어쩔 수 없는 현상이다. 한국기업은 설사 우리나라 기업의 이사회의 관행과 다른 점이 있어도 대화의 정신으로 인내심을 갖고 대응하는 것이 필요하다.

'위임파견' 은 동사가 주주총회에서 선임되지 않고 합자 당사자에 의해 각각 지명되어 그 관계가 위임 계약인 것을 나타낸다. 보통 수속으로는 합자계약과 정관에 쌍방의 법정대표자가 서명할 때 또는 그 직후에 쌍방이 파견 예정의 동사 명부를 교환하여 합자기업 설립허가 신청서에 동사의 명부를 첨부하는 것으로 되고 있다.

(3) 동사의 임기를 2년으로 하는 것은 합자기업법실시조례가 동사의 임기를 4년으로 규정(제34조 ③항)하고 있는 것과 모순되지만, 4년은 지나치게 긴 이유로 2년으로 하는 계약이 많다. 동사의 임기를 2년으로 규정한 합자계약과 정관이 그대로 허가되고 있기 때문에 4년보다 단기의 임기를 규정하여도 지장은 없다고 생각된다.

(4) 동사는 동사회에서 선임된 것이 아니라 합자 당사자가 위임하여 파견하고 있는 것에 불과하므로 임기도중에 인원의 변동 등 이유로 자주 동사의 교체가 발생할 수 있다. 중국기업은 국영기업으로써 그 법정대표자인 공장장과 총경리는 승진, 전근 등으로 변동 또는 기업의 합자 등으로 그 직무가 바뀌는 경우가 있다. 이것은 중국측의 인사권 문제이기 때문에 한국기업으로서도 인식해 둘 필요가 있다. 이 경우 우선 서면으로 통지하는 것을 의무로 한 것이다.

(5) 동사가 교체, 사직, 임기만료, 사망 등 이유로 동사의 지위를 상실한 경우에도 동사 수의 배분은 불변으로 해당 동사를 위임 파견한 일방이 후임을 위임 파견한다는 것을 규정한 것이다. 동사장 및 부동사장은 등기사항이므로 동사장 또는 부동사장인 동사가 교체되었을 때 변경 등기가 필요하다. 기타 동사의 교체에 대해서는 허가 기관에 동사의 교체를 제출한다.

제28조 ① 아래의 사항에 대해서는 동사회의 전원일치 동의를 거쳐야 한다. 단지, 본 조항 6, 7, 8호의 사항에 대해서는 동사회가 지정한 금액을 넘지 않을 때는 동사회의 결의를 거치는 것을 필요로 하지 않는다.

1. 정관의 개정
2. 다른 경제조직과의 합자
3. 해산
4. 등록자본의 증가
5. 등록자본의 양도
6. 중요한 자금 운용 방식의 결정
7. 제3자에 대한대부, 제삼자의 채무를 위한보증 또는 담보 제공
8. 기부의 승인

② 그 외의사항에 대해서 동사회는 다수결 방식을 채용하여 결정한다. 찬성과 반대인수가 동일할 때는 갑, 을 쌍방의 동사가 우호

【MBA China Business Study Check Point】

(1) 본 조문 ①항은 동사회의 전원일치에 의한 결의사항에 관한 규정이고, 1내지 5호는 실시조례가 전원일치에 의한 결의 사항으로 한 것이다(제36조 ①항). 중국기업은 이익배분도 종종 전원일치 결의사항 이어야 한다는 주장을 하는 경우가 있다. 이것은 한국기업의 출자비율이 높고 그 동사의 수가 많은 경우 중국기업이 늘 제안하는 것이다.

그러나 이익배당에 대해서는 처음부터 될수록 상의하여 결정하는 것이 이상적인 것은 말할 바 아니지만, 이것을 전원일치의 결의사항으로 하는 것은 출자비율을 높여 다액의 출자를 한 실질적 의미가 없기 때문에 한국기업은 받아들이지 말아야 한다.

(2) 6~8호는 실시조례의 법정 전원일치에 의한 결의사항은 아니지만, 한국기업의 희망에 의해 또는 중국기업의 희망에 의해 규정한 것이다. 합자회사의 구체적 상황에 따라 전원일치 결의사항으로 두어야 하는 사항이 있으면 합자계약에 기재하면 된다. 본 조문은

총경리의 권한으로 처리 될 수 있는 상한 액수를 규정하여 이것을 초과하는 경우만 전원일치 결의사항으로 한 것이다.

(3)중외합자기업법과 그 실시조례는 전원일치 결의사항에 대한결의 방법을 일체 규정하고 있지 않기 때문에 합자계약 및 정관에 대해 다수결에 의해 결의될 수 있는 것을 명확하게 규정하여 둘 필요가 있다.

> **제29조** 동사장은 합자회사의 법정대표자이다. 동사장이 그 직책을 이행할 수 없을 때는 부동사장이 임시 법정대표자로 된다. 동사장과 부동사장 그 어느 일방도 그 직책을 이행할 수 없을 때는 동사회가 기타 동사에게 임시로 권한을 수여하여 합자회사의 법정대표자로 한다.

【참고 예1】

> **제29조** 동사장은 합자회사의 법정대표자이다. 동사장이 그 직책을 이행할 수 없을 때는 동사장이 권한을 수여한 다른 동사가 임시법정대표자로 된다.

【MBA China Business Study Check Point】

(1) 제1기의 동사장과 부동사장은 합자 당사자 쌍방의 협의로 결정된다. 동사장과 부동사장의 성명은 합자회사 설립허가 신청 시에 그 명부를 제출할 필요가 있고 또 등기사항이므로 합자회사 성립일(동사회 설립일)전에 결정하게 된다. 법정대표자는 합자회사의 대표권을 갖고 있는자를 가리킨다. 따라서 합자회사가 체결하는 계약에 대해서는 동사장이 회사를 대표하여 서명하게 된다.

(2) 법규상 합자회사의 법정대표자는 동사장 1명으로 되어 있다(중외합자기업법 제37조, 기업법인 등기관리조례실시세칙 제27조). 따라서 부동사장은 법정대표자가 아니지만, 동사장이 병 등 이유로 직무를 집행할 수 없을 때 부동사장이 임시 법정대표자가 되고 동사장과 부동사장 쌍방이 모두 병 등 이유로 어느 일방도 그 직무를 집행할 수 없을 때는 동사회가 임시로 특정 동사를 지명하여 법정대표자의 직권을 행사하도록 한 것이다.

실시조례는 '동사장이 직책을 이행할 수 없을 때는 부동사장 또는 다른 동사에게 권한을 수여하여 합자기업을 대표하게 한다' 고 규정하여 동사장으로부터의 권한 수여를 전제로 하고 있지만, 동사장이 사망 등에 의해 권한을 수여할 수 없을 때도 있으므로 동사장이 그 직책을 집행할 수 없을 때는 직접 부동사장을 임시 법정대표자가 된다는 것을 규정한 것이다.

(3) 동사장과 부동사장 어느 일방도 그 직책을 이행할 수 없을 때는 권한 수여도 불가능한 경우가 예상되므로 동사장이 임시 법정대표자를 지명하여 권한을 수여한다는 취지를 규정한 것이다.

(4) 동사장과 부동사장은 한중쌍방이 반드시 나누어 담당하고 어느 일방이 동사장과 부동사장 양쪽을 담당하여서는 안 된다(중외합자기업법 제34조 ②항). 따라서 한국기업에서 동사장을 담당하는 경우는 부동사장은 중국기업에서 담당하게 된다. 이 때문에 동사장이 그 직무를 이행할 수 없을 경우에 본 조문은 반드시 부동사장이 아니라 한국기업이 위임 파견하고 있는 다른 동사를 임시 법정대표자로서 지명할 수 있는 그 여지를 남긴 것이다.

제30조 제1기의 동사장은 ○이 담당하고 부동사장은 ○이 담당한다. 그 후의 동사장 및 부동사장은 갑, 을 쌍방이 협의 확정하는 것으로 하지만, 동사장 및 부동사장은 반드시 동사 중에서 선임된다. 갑, 을 쌍방 어느 일방이 동사장을 담당하였을 때는 다른 일방이 부동사장을 담당한다.

【참고 예】

제30조 동사장은 ○이 담당하고, 부동사장은 ○이 담당한다.

【MBA China Business Study Check Point】

(1) 본 조문은 제1기의 동사장과 부동사장을 어느 합자 당사자가 담당하는가를 합자계약에서 규정하고, 제2기 이후에 대해서는 쌍방의 협의에 의해 확정한다는 취지를 규정한 것이다. 보통 동사장과 부동사장은 비상근으로써 쌍방 합자당사자(본 회사)의 대표자, 임원이 취임하는 경우가 많다. 실질적 회사 경영은 총경리와 부총경리에 의해 수행되고 동사장은 다른 직무를 겸임하고 있으므로 합자회사에 상주하지 않는 경우가 대부분이다. 동사장은 동사회를 모집하고 그 의장이 되며 또 그 대표자 자격을 갖고 있지만, 실질적으로는 명예직의 색채가 강하다.

(2) 동사장 및 부동사상은 동사 중에서 선임되어야 하는 것은 이론상 당연하다고 생각되지만, 중외합자기업법과 그 실시조례상 반드시 명확하지 않기 때문에 이 취지를 주의적으로 규정한 것이다.

(3) 합자 당사자 쌍방이 각각 동사장과 부동사장을 분담하는 것은 법규상 요구이다(실시조례 제34조 ②항).

(4) 본 참고 예는 어느 합자 당사자가 동사장과 부동사장의 직무를 담당하는가를 합자계약에 규정한 것이다. 동사장을 담당하는 것은 동사장을 항상 합자당사자의 어느 일방이 그 위임 파견하고 있는 동사에서 지명할 권리를 갖고 있다는 의미다. 중국기업이 동사장을 담당하는 경우와 한국기업이 동사장을 내놓는 경우 두 가지상황이 있다.

보통 동사장을 중국기업에게 주고 실제 회사의 경영을 담당하는 총경리를 외국기업이 담당하는 경우도 많다. 동사장과 총경리 양쪽을 한국기업이 담당하는 경우도 볼 수 있다. 물론 그 반대의 경우로 동사장과 총경리 양쪽을 중국기업이 담당하는 경우는 드물다.

합자회사의 경영에 관하여 중국기업에 협력을 요구하는 경우는 상당히 많다. 특히 합자당사자인 중국기업이 규모가 큰 유력한 국영기업일 때는 그 것은 더욱 그렇다고 한다. 예컨대, 우수한 인재를 합자회사에서 초빙하는 등 인사와 중국시장의 개척, 판매촉진, 원자재, 부품구입 및 공장건설 등 여러 방면에서 그 도움이 필요하다. 이 때문에 적어도 동사장 또는 총경리의 일방은 중국기업에 남기는 것이 현명하다.

한국기업이 총경리를 지명하여 실질적 경영을 담당하고 동사장을 중국기업에 내주는 경우에 거의 지장은 고려되지 않는다. 체면을 중시하는 중국기업 간부와의 관계를 원활하게 하기 위한하나의 방책으로 검토할 수 있다.

제31조 ① 동사회의 정기 회의는 매년 1차 모집한다.
② 동사장이 필요하다고 인정할 때 또는 3분의 1이상의 동사가 제안할 때는 동사회 임시회의를 모집할 수 있다.
③ 동사회 회의는 동사장(동사장이 그 직책을 집행할 수 없을 때는 본 계약 제29조의 규정에 의해 합자회사를 대표하는 동사)이 책임을 지고 모집하고 주최한다.
④ 동사회 회의는 원칙으로서 합자회사의 법정소재지에서 개최하지만, 기타 지방(해외를 포함)에서도 개최할 수 있다.
⑤ 동사회 회의를 개최할 때는 반드시 의사록을 작성한다. 해당 의사록은 회의에 출석한 동사 전체가 서명하여 합자회사가 보존한다.

【MBA China Business Study Check Point】

(1) 동사장이 동사회를 주최하는 것은 의장이 되어 동사회의 개최에 책임을 진다는 의미이다.

(2) 동사회는 보통 합자회사의 소재지인 중국 국내에서 개최하는 것이 많지만, 경우에 따라 한국 국내에서 개최하는 것도 상정하여 본 예와 같이 규정하는 상황이 많다. 한국 국내에서의 개최를 중국기업이 희망하는 경우도 볼 수 있는 현상이다. 본래 동사회에 출석하기 위해 동사의 항공운임을 포함하는 여비와 숙박비용 등은 합자회사가 부담하여야 할 경비이지만, 합자회사의 부담을 경감하기 위해 사실상 한국기업이 한국측 동사의 이런 비용을 부담하고 있는 경우가 많은 것 같다.

제32조 ① 동사회 회의에 출석하는 동사의 인수가 동사 총수의 3분의 2 이상(3분의 2를 포함)에 도달할 때는 해당 동사회 회의는 유효하다.
② 회의에 출석할 수 없는 동사는 대리 위임장을 작성 발행하여 기타동사에 위임하여 그 표결을 대리시킬 수 있다.

【참고 예1】

제32조 ① 동사회 회의는 갑, 을 쌍방의 동사가 참가하여야 하는 한편 동사회 회의에 출석한 동사 인수가 동사총수의 3분의 2 이상(3분의 2를 포함)에 도달할 때에 해당 동사회 회의는 유효하다.
② 회의에 출석할 수 없는 동사는 대리위임장을 작성 발행하여 기타동사에게 위임하여 그 표결을 대리시킬 수 있다.
③ 어떤 동사도 서로협력과 우호의 정신에 기초하여 반드시 동사회 회의에 참가하거나 또는 다른 동사에게 권한을 수여하여 표결권을 행사하게 하여 동사회의 개최에 협력하여야 한다. 만약 정당한 이유가 없이 동사회 회의에 출석하지 않고 또 그 표결권을 다른 동사에 권한을 수여하지 않는 동사가 있을 때는 해당동사는 동사회 회의에 출석하고 또 표결권을 포기한 것으로 간주한다.

【MBA China Business Study Check Point】

(1) 동사회의 정해진 수는 법규상 3분의 2이상의 동사 출석이 필요하다고 규정(실시조례 제35조 ②항)되어 있으므로 이와 다른 인수를 규정하는 것도 가능하지만, 단지 반드시 3분의 2 이상이라는 것을 필요로 한다.

(2) 동사가 동사회에 출석할 수 없는 대리인에 대해서는 실시조례는 '위임장을 작성 타인에게 위임하여 그 출석과 표결을 대리시킬 수 있다' 고 규정(제35조 ②항)하여 반드시 그 자격을 동사에 한정되지 않도록 해석되어 있기 때문에 반드시 동사가 아니라도 대리인이 될 수 있다는 것을 명확하게 규정한 것이다.

(3) 본 참고 예는 동사회가 반드시 합자 당사자 쌍방이 위임 파견한 동사의 출석에 의해 개최되는 것을 규정한 것이다. 한국기업의 출자비율이 3분의 2를 초과하여 동사 수도 3분의 2이상인 경우는 중국기업이 이런 규정을 신설할 것을 희망하는 경우가 많다. 한국기업의 동사 출석으로 정해진 수가 충족한 경우도 중국기업이 위임 파견한 동사의 출석이 없는 한 동사회를 개최될 수 없다고 규정한 것이다.

(4) 이 때문에 어느 일방의 합자당사자가 위임 파견하는 동사전체가 동사회에 출석할 수 없을 때는 동사회가 개최불가능하게 되므로 정당한 이유없이 고의적으로 결석하고 또 다른 동사에게 위임도 하지 않을 때는 이 동사를 출석하였다고 간주하여 동사회의 개최를 가능하게 한 예이다.

제33조 동사회는 회의 개최를 필요로 하지 않고 서면에 의해 회람하는 방법으로 결의를 할 수 있다. 이 경우 동사회의 전원일치 가결을 필요로 하는 사항은 전원일치로 동의한 경우, 기타 사항은 과반수의 동사가 찬성을 표명한 경우에는 동사회가 가결한 것으로 간주한다.

【MBA China Business Study Check Point】

본 조문은 동사회의 회람 방식에 의한 결의에 대한 규정이다. 한국기업이 위임 파견하는 동사가 현지 주재가 아닌 경우에 동사회를 개최하는 경우에 중국에 출장하여 합자회사의 동사회에 출석하지 않으면 안 된다. 이 때문에 현실로 동사회를 매달 1차 정도 모집 개최하는 것은 곤란하므로 많은 경우는 매년1차 또는 수차례이다. 그러나 합자회사의 규모가 비교적 크면 동사회에서 결정 또는 그 승인을 필요로 하는 사항이 증대되기 때문에 이렇게 서면 회람 방법에 의한 결의방법을 규정하는 것은 불가결하다. 법규상은 회람 방법에 대한 규정은 없지만, 합자계약에서는 본 조문과 같은 규정을 신설하는 것이 보통이다.

> **제34조** ① 본 계약제31조 ⑤항에 기초하여 작성하는 의사록 및 본 계약 제33조에 기초하여 작성하는 서면은 어느 것도 한·중 두 가지 종류의 언어로 작성하고 두 가지 종류의 문서는 동등한 효력을 갖는다. 두 가지 종류의 서면에 대한견해에 대해 쟁의가 발생할 때는 갑, 을 쌍방이 우호적으로 협의하여 해결하기로 한다.
> ② 동사에게 의사 표달능력이 없을 때 또는 동사가 병 및 기타원인으로 본 조문 ①항에서 서술한 서면에 서명할 수 없을 때는 기타 동사는 이유를 명기하여 서명을 대리할 수 있다.

【MBA China Business Study Check Point】

(1) 보통 의사록과 회람하는 방식에 의한 결의서면 등 중요한 문서에 대해서는 중국어와 한국어로 작성하는 것이 바람직하다. 그 경우 두 가지 종류 문서의 번역이 일치되어 있는가는 특히 엄밀하게 확인하여 둘 필요가 있다. 그러나 현실적으로는 계약서, 정관, 의사록 등 중요한 문서에서 부정확한 번역이 자주 보인다. 중요한 법률상 문서에 대해서는 법률 전문가의 체크가 필요하며 번역의 불일치에 의한 분쟁은 최대한 예방하여야 한다.

본 조문은 만일 불일치가 발생한 경우에 우호적 협의에 의해 해결하는 원칙을 규정한 것이다.

(2) 동사가 의사록과 회람하는 방식에 의한 결의서면에 서명할 수 없는 경우의 조치를 규정한 것이다. 보통 동사회 개최 후, 중국어와 한국어로 상세한 의사록을 작성하여 그 번역이 정확한 위에서 두 가지 종류의 언어 문서에 동사가 각각 서명하는 방식을 채용하고 있다.

11. 제11장 경영관리기구

> **제11장 경영관리기구**
>
> **제35조** ① 합자회사는 총경리 1명을 두고총경리는 ○이 추천하여 동사회 결의를 거쳐 임명한다.
> ② 합자회사는 부총경리 2명을 두고 부총경리는 갑, 을 쌍방이 각각 1명을 추천하여 동사회 결의를 거쳐 임명한다.
> ③ 총경리 및 부총경리의 임기는 매기2년으로 하고 재임할 수 있다.

【MBA China Business Study Check Point】

(1) 총경리는 실제 경영 책임자이다. 동사를 겸임하는 것도 있지만, 동사가 아닌 경우도 많다. 총경리는 보통 사장으로 번역하는 경우도 많지만, 합자회사의 총경리는 일상 생산, 영업 등 모든 경영활동을 관리하는 실질상의 책임자이지만, 법정대표자가 아니므로

사장으로 부르기 보다는 중국 회사법상 지배인에 비슷한 성격을 갖고 있다. 이 때문에 최근 그대로 총경리로 번역하는 것이 많아 본서에서는 총경리라고 그대로 쓴다.

총경리는 생산, 영업, 인사, 재무 등을 통괄하여 실제 경영 전반의 책임자이기 때문에 한국이 파견하는 경우가 많다. 이 경우 종업원의 관리, 여러 관청과의 교섭, 연락, 영업관리 등 한국인 총경리로서는 처리하기 곤란한 분야를 담당하는 중국기업이 추천하는 유능한 부총경리가 꼭 필요하다. 중국에서 회사 경영 전반을 장기간 통역에 의존하여 진행하는 것은 실제상 곤란한 면이 많으므로 경영을 부탁할 수 있는 인재를 양성하여 신뢰할 수 있는 중국인에게 총경리를 위임하는 것은 장래적으로는 필요하다고 생각된다.

(2) 부총경리는 총경리의 보좌로서 총경리를 한국기업이 파견할 때는 부총경리를 2명을 두어 갑, 을 쌍방이 각각 1명을 파견하는 경우가 많다. 부총경리를 1명으로 하여 중국기업이 파견하는 경우도 있다.

(3) 총경리, 부총경리의 임기는 법규에 규정이 없으므로 본 참고 예에서는 2년으로 규정한 것이다.

(4) 동사는 비상근으로서 보통 무보수이지만, 임원의 보수를 지급하는 경우도 있다. 총경리, 부총경리는 상근이므로 급여를 받게 된다.

한국기업인 경우에 본사의 임원 등이 동사로 취임하여 따로 총경리와 부총경리를 파견하는 상황과 현지 주재 총경리, 부총경리에게 동사를 겸임하게 하는 상황 두 가지가 있다.

(5) 총경리, 부총경리는 갑, 을 쌍방이 자사의 종업원을 파견하는 경우이므로 언제라도 교체할 수 있다는 것을 규정한 것이다. 임명 후에 경영 수단에 문제가 있다고 인정될 때와 중국의 토지 또는 정책에 적합하지 않은 경우가 명확한 경우 빨리 교체시키는 것이 불가결한 것으로 이것이 늦어지면 합자회사는 항상 회복하기 어려운 타격을 받는 경우가 있다.

第36조 ① 총경리는 합자회사 동사회가 결정한 각 사항을 집행하고, 동사회의 결의를 거칠 필요가 없는 사항에 대해서는 총경리는 자체로 결정할 수 있고, 합자회사의 업무를 통괄지휘한다.

② 총경리는 본 조문 ①항의 업무를 집행하기 위해 필요할 때는 이 범위내에서 대외적으로 합자회사를 대표할 수 있다.

③ 부총경리는 총경리의 업무에 협력하고, 총경리가 사고로 그 직책을 집행할 수 없을 때는 부총경리는 총경리의 지시에 기초하여 임시로 총경리의 업무를 대리한다.

【MBA China Business Study Check Point】

(1) 동사회의 결의 사항을 우선 결의하여 두고, 기타에 대해서는 총경리에게 권한을 수여하는 등 총경리의 권한 범위를 명확하게 해 두는 것이 필요하다.

총경리는 동사회의 결의 범위 내에서 합자회사의 일상 경영 전반에 책임을 지고 또 종업원 전체 인원을 지휘, 명령하는 권한을 갖고 있다. 총경리와 부총경리를 합자 당사자가 각각 추천하는 방법으로서는 다음과 같은 형태가 고려된다.

A. 총경리 1명(한국기업), 부총경리 2명(중국기업, 한국기업 각각 1명)

B. 총경리 1명(한국기업), 부총경리 1명 (중국기업)

C. 총경리 1명(중국기업), 부총경리 2명 (중국기업, 한국기업 각각 1명)

D. 총경리 1명(중국기업), 부총경리 1명 (한국기업)

지금까지 성립된 합자회사의 경우는 비교적 A형태가 많다. 회사의 규모가 대형화되면, 부총경리의 수를 증가하여 그 1명을 상무 부총경리로 하고 부총경리 중 수석으로 하는 경우도 있다.

(2) 합자회사의 법정대표자는 동사장이지만, 총경리는 동사회가 권한을 수여한 범위 내에서 대외적으로 합자회사를 대표하는 권한을 갖고 있다. 대외적인 대표 권한은 일상 경영관리에 관한 대리권을 갖고 있다는 의미로서 총경리가 진행한 일상 경영관리에 관한 행위의 결과는 합자회사에게 귀속되며 합자회사가 책임을 지게 된다.

(3) 부총경리가 복수일 때는 총경리가 지명하게 된다. 한국기업이 총경리를 추천하고 부총경리를 중국기업이 추천하고 있는 경우에는 본 예와 같이 총경리의 지시에 기초하여 업무를 대리 집행하는 취지를 명기하여 두는 것이 좋다. 복수의 부총경리 중 1명을 상무 부총경리로 하고 있을 때는 상무 부총경리가 총경리의 직책을 대리 집행하는 것으로 된다.

제37조 총경리 또는 부총경리에게 위법 행위, 동사회의 결의에 위반되는 행위 또는 중대한 직무상의 실직 행위가 있을 때는 동사회의 결의에 의해 언제든지 교체할 수 있다.

【MBA China Business Study Check Point】

본 조문은 실시조례의 규정(제41조)과 거의 같은 내용이다. 총경리, 부총경리의 해임에 대해서는 동사회의 결의에 의해 진행하는 것을 합자 계약상 명기한 것이다.

제38조 총경리, 부총경리 또는 기타 관리 요원은 어떤 다른 기업, 회사 또는 다른 경제조직의 직무(을이 파견하는 인원이 을의 직무를 겸임하는 경우를 제외)를 겸임하여서는 안 된다.

【MBA China Business Study Check Point】

겸직금지에 대한 규정이다. 보통 이런 규정을 두는 경우가 많다. 이런 규정을 두지 않으면 중국 국적 고급관리 임원은 수시로 다른 영리적 직무에 취임하는 경우가 발생할 수 있다. 한국기업이 파견하는 임원에 대해서는 합자회사가 지급하는 급여와 외국 국내급여 차액을 한국기업이 전액 부담하는 상황이 많으므로 직무 겸임을 예외적으로 인정하고 있다.

보통 중국기업은 '동일직무 동일임금' 의 원칙을 주장하여 외국기업과 중국기업이 같은 지위의 고급관리직원(예를 들면 총경리)을 파견하고 있을 때는 급여도 같은 금액으로 하여 외국기업의 현지 주재원의 한국국내 급여와 차액에 대해서는 전액 외국기업이 부담하고 있는 상황이 많다.

이것은 합자회사가 부담하는 경우에 부총경리라는 동일 직무이지만, 한국 국적 부총경리의 급여가 중국 국적 부총경리 급여의 6배 정도로 되어 합자회사의 관리상 좋지 않은 영향을 일으키기 쉽고, 합자회사의 인건비를 증대시켜 그 수지를 압박하기 때문에 이런 조치를 취하는 경우가 한국기업의 지혜로운 방법이다.

12. 제12장 생산설비 및 원재료 구입

제12장 생산설비 및 원재료의 구입
제39조 합자회사가 생산경영 과정에서 필요로 하는 생산설비, 원재료(을과합자회사가 따로 체결하는 계약에 의해 을이 제공하는 원재료를 제외), 연료, 보조자료, 차량 및 사무용품은 원칙적으로 중국에서 해결한다. 단지, 중국 국내의 규격, 형식이 조건에 맞지 않을 때는 국외에서 수입할 수 있다.

【참고 예1】

제39조 합자회사가 생산경영 과정에서 필요로 하는 생산설비, 부품(을과 합자회사가 따로 체결하는 계약에 의해 을이 제공하는 부품을 제외), 연료, 보조재료, 차량 및 사무용품은 원칙적으로 중국에서 해결한다. 단지, 중국 국내의 규격, 형식이 조건에 맞지 않을 때는 국외에서 수입할 수 있다.

【참고 예2】

제39조 ① 합자 각 당사자는 합자회사가 을로부터 ○○(주: 구체적으로 주요 원료의 명칭을 기재) 및 기타 필요한 원재료를 구입하는 것에 동의한다.

만약 합자회사가 ○○ 및 기타 필요한 원재료의 구입을 위해 필요로 하는 외화가 부족하고 또 합자회사가 자체로 조정 해결할 수 없을 때는 갑은 합자회사 외화의 조달에 협력하는 것에 동의한다.

② 합자회사는 본 계약 부속 문서인 기계 설비 구입 협의서에 의해 을로부터 ○○(주: 구체적으로 주요한 기계설비의 명칭을 기재)을 포함하는 생산용 기계설비를 구입한다.

제40조 합자회사가 생산경영에 필요로 하는 기타 원재료(본 계약 제39조의 규정에 의해 을이 제공하는 원재료를 제외), 연료, 차량 및 사무용품 등의 구입에 대해서는 총경리는 부총경리와 협의한 후에 자체로 해결할 수 있다. 단지, 이 경우 원칙적으로 중국에서 해결하는 것으로 하고 중국국내의 품질, 규격, 공급 수량 또는 가격 등이 합자회사의 조건에 맞지 않은 경우국외에서 수입할 수 있다.

【MBA China Business Study Check Point】

(1) 한국기업이 주원료를 제공하는 경우에 대한 규정이다. 한국기업이 주원료를 제공하는 경우는 이렇게 계약상 명기하여 두는 것이 바람직하다. 합자기업이 필요로 하는 기기설비, 원재료, 연료, 부품 · 부속품, 차량 및 사무용품 등 구입은 합자회사가 자주적으로 결정할 수 있다. 단지, 동등한 조건에서는 중국에서 구입하여야 한다(실시조례 57조).

(2) 참고 예1은 한국기업이 주요부품을 제공하는 경우에 대한규정이다. 이렇게 한국기업이 주요 부품을 제공하고 합자회사에서 조립 생산하는 경우에는 부품의 값이 비싸 중국 국내의 제품 가격이 낮기 때문에 채산상 난점이 있고 또 외화수지 균형 면에서도 외화 부족에 빠지기 쉽기 때문에 부품의 국산화 등 조치가 필요하게 된다.

(3) 참고 예2는 한국기업이 제공하는 주요 원료 명칭을 구체적으로 계약상 명기한 조문이다. 또 이 경우원료 수입을 위한 외화가 부족한 경우가 예상되므로 합자회사가 자체로 조정 해결할 수 없을 경우에 중국기업의 협력의무를 규정한 것이다.

(4) 보통 한국기업이 생산용 기계 설비를 제공하는 경우가 많다. 이 경우 기계 설비 구입 협의서를 부속 문서로서 작성하여 그 명칭, 규격, 형식, 가격, 제조 메이커 명칭 등을 기재하여 합자 계약과 함께 서명한다. 한국기업이 생산용 기계설비를 현물 출자할 경우는 그 조건이 어렵기 때문(실시조례 제27조)에 보통 현금으로 출자하고 합자회사가 한국기업에서 이런 것을 구입하는 방법이 채용되고 있다.

13. 제13장 공장건설 및 개업준비

제13장 공장건설 및 개업준비

제40조 합자회사는 동사회가 지휘하는 개업 준비실을 설치하고 총경리가 통괄 관리한다. 개업 준비실 아래에 공장건설부 및 영업준비부 등을 두고 관계 인원의 배치 및 기타 구체적 사항에 대해서는 동사회가 결정한다.

【참고 예】

제40조 합자회사는 동사회가 지휘하는 개업 준비실을 설치하고 총경리가 통괄 관리한다. 개업 준비실의 관계 인원의 배치, 공장의 내장, 생산기계설비의 장치, 영업준비 등 구체적 사항에 대해서는 갑, 을이 협의하여 결정한다.

【MBA China Business Study Check Point】

(1) 합자회사의 설립 후 합자 당사자가 각각 인원을 제공하여 개업 준비실을 설립하여 각종 개업 준비를 위한 사무를 처리하게 된다. 특히 토지사용권을 구입하여 공장 건물을 새로 건축하는 경우는 건설 기간이 비교적 긴 기간이 소요되어 그 기간이 개업 준비기간이 된다. 이렇게 시간적 여유가 있는 경우는 개업 준비실의 인원수, 구성, 대우, 직무 범위 등은 동사회에서 결정하게 된다.

공장건설에 즈음하여 설계 감독 업무를 한국의 종합건설회사에 청부를 맡기거나 또는 건설공사를 중국에 설립된 합자건설회사에 청부를 맡길 때는 합자 계약상 그 취지를 명기하여 두는 것이 좋다. 이것은 직접중국의 설계원, 건설회사에 청부를 맡기는 경우와 비용의 면에서 큰 차이가 발생하기 때문에 후일중국기업의 동의를 얻을 수 없을 가능성이 있기 때문이다.

(2) 완성된 건물을 분양하는 공장 건물을 직접 구입 또는 중국기업이 현재 있는 공장 건물에 현물 출자하였을 경우 빨리 공장의 내부장식 공사, 기계설비의 구입 등 제반 개업 준비 작업을 시작하는 경우가 많다. 이 경우 합자회사의 설립수속 완료 직후에 제1차 동사회를 개최할 수 없을 때도 있으므로 합자당사자 사이에서 개업 준비실의 인원 수, 구성, 대우, 직무 범위 등을 결정하기로 한 것이다.

14. 제14장 노동관리

제14장 노동관리

제41조 ① 합자회사 종업원의 채용, 해고, 급여, 사회보험, 노동보험, 복리 대우, 상벌 및 출장 여비 등 사항은 '중화인민공화국노동법', '중화인민공화국기업노동관리규정' 및 '○○시 중외합자기업 노동관리규정' (주: 합자회사의 소재지에서 제정되고 있는 지방성 법규의 명칭을 기재한다) 등에 기초하여 동사회가 규칙을 제정하고 총경리가 구체적으로 집행하여야 한다.

② 합자회사와 그 종업원은 그 내용을 동사회가 결의하고 또 관계 정부기관에 제출한 노동 계약을 개별로 체결한다.

【MBA China Business Study Check Point】

(1) 합자회사와 그 종업원의 노동관계에 대해서는 전국에서 통일적으로 적용되는 전국성 노동 법규와 북경, 상해, 천진 3대 직할시, 성 및 다른 대도시가 제정하여 그 특정 지역에서만 적용되는 지방성 법규 두 가지 종류가 있다.

중국의 노동 법규에는 중국 국내의 전부기업에 적용되는 '노동법' 과 이에 관한 실시세칙이라고 할 수 있는 법규가 제정되어 있고, 또 한중 합자기업 등 외국투자기업에만 적용하는 것을 목적으로 제정되어 있는 노동법규와 국영기업의 종업원에 적용하는 것을 목적으로 제정되어 있는 노동법규가 있다. 후자에 대해서는 일부합자회사에도 적용되는 것이 있다. 즉 중외합자기업 노동관리 규정은 '합자기업은 국영기업의 기준에 의하여 중국종업원에 대해 노동보험, 의료비용 및 국가의 종업원에 대하는 각종 보조를 지불하여야 한다' (제11조) 및 '합자기업은 중국정부의 노동보호에 관한규칙제도를 실행하여 안전생산과 근대적 생산을 보증하여야 하며 중국정부의 노동관리부문은 감독검사를 할 권한을 갖는다' (제13조)고 규정하고 있으므로 국영기업의 노동보호, 의료비용 및 노동보호에 대해서는 국영기업의 규정이 적용되게 된다.

본 조문 ①항에서는 중화인민공화국 중외합자기업 노동관리규정과 합자회사 소재지에서 제정되어 적용되는 주요한 중외합자기업에 관한노동 법규 명칭을 기재하고 있다. 지방성 노동 법규의 대표적인 것에는 다음의 것이 있다.

북경시 중외합자기업 노동관리 규정의 실시에 관한보충 규정
상해시 중외합자기업 노동인사관리 조례
천진시 중외합자기업 노동관리 규정
대련시 중외합자기업 노동관리 규정

광동성　외국투자기업 노동관리 규정
심천시　외국투자기업 노동관리 규정
해남성　외국투자기업 노동관리 잠정 규칙
복건성　중외합자기업 노동관리 잠정 규정

(2) 합자회사는 동사회의 결의에 의해 노동관리 규칙을 제정한다. 이것은 우리나라의 취업 규칙에 상당한 것으로서 합자회사에 적용되는 여러 가지 노동 법규를 잘 참조하여 상세하게 작성하여야 한다. 노동관리규칙에는 채용, 수습기간, 휴식, 휴일, 급여가 있는 휴가, 임금, 수당, 상여, 시간 외 및 휴일노동, 업무상 부상 또는 질병 경우의 대우, 업무 이외의 부상 또는 질병 경우의 대우, 노동계약의 기간, 기간 만료경우의 조치, 의료비, 노동 보험, 공장안전, 징계, 해고 등에 대해 후일 분쟁을 막기 위해 명확하게 규정한다. 과거에 설립된 한중 합자회사의 노동관리 규정에는 한국의 취업 규칙을 그대로 번역한 것이며, 역으로 국영기업의 규정을 그대로 준용한 것 등 항상 문제가 있었다. 합자회사의 설립에 즈음하여 합자회사에 적용되는 중국 노동법규를 잘 조사연구하여 이것에 한국식 노동관리를 조화한 정합성이 있는 노동관리규칙을 제정하는 것이 필요하다.

(3) 합자회사는 모두 노동계약제가 채용되어 각 종업원과 개별로 노동계약을 체결하여야 한다. 노동계약의 경우 그 기간은 보통 2 ~ 5년 정도이고 노동자, 사무직, 영업직, 기술자에 의해 그 직종에 의해 계약기간에 차이를 두는 경우와 직종을 묻지 않고 통일된 노동기간을 채용하는 경우가 있다.

노동계약에는 기간, 노동조건, 해소 등을 명확하게 기재하는 것이 좋다. 노동계약에 대해서는 작성 후 합자회사 소재지의 노동국에서 허가를 받는 것으로 된다(노동관리규정 제2조, 동 실시규칙 5②).

제42조 을이 파견하는 인원(총경리, 부총경리를 포함)의 급여는 합자회사가 결정하여 지급한다. 을이 파견하는 인원의 기타 대우는 동사회가 구체적으로 결정한다.

【MBA China Business Study Check Point】

(1) 을이 총경리와 부총경리를 파견하는 경우에 대한 규정이다. 한국 국적의 상주파견 요원의 급여에 대해서는 A합자회사가 전부 부담하는 경우, B합자회사가 그 일부를 부담하고 차액은 한국기업이 부담하는 경우, C한국기업이 전부 부담하는 경우가 있다.

일반적으로 B방식을 채용하는 것이 많다. 이 경우 합자회사 소재지의 국영기업의 공장장, 부공장장의 급여를 참고하여 총경리와 부총경리의 월 급여를 결정하고 그 차액을 한국기업이 부담하는 경우와 한국기업의 급여수준에 의해 합자회사와 한국기업이 절반 부담하는 경우 등이 있다. 국영기업의 공장장, 부공장장의 급여는 기업의 규모, 업적, 소재지(대체로 남방이 높다)에 의해 꽤 차이가 있지만 북경, 천진 등 북방의 경우는 총경리의 급여는 5,500원 전후, 부총경리의 급여는 4,000원 전후(2005년 현재)정도가 좋다. 이보다 높게되면 중국기업의 총경리와 공장장의 최고 급여와 균형을 잃을 염려가 있다. 또 동일직 노동 동일 임금 원칙이 있기 때문에 한국기업이 파견한 총경리와 부총경리의 급여가 중국기업에서 파견된 부총경리의 급여와 현저한 격차를 나는 것은 불가능하다. 결국 이런 이유로 한국기업이 파견한 상주 요원의 급여는 실질적으로 한국기업이 부담하고 있는 경우가 많다. 이것은 한국기업의 급여 수준이 중국의 경제 수준에 비교하여 뚜렷하게 높은 수준으로서 국영기업의 급여 수준과 6배 이상의 격차가 있을 뿐 아니라 합자회사의 연간매상고는 대체로 낮아 한국국적 고급 관리인원의 급여를 부담하는 것이 곤란한 사정도 있다. 본래 한국기업이 파견한 인원의 급여는 합자회사가 부담하는 것이 본래의 방법이었지만, 중국의 특수 사정 때문에 한국기업이 부담하고 있는 경우가 많다.

(2) 급여 이외에 큰 문제로 되고 있는 것은 한국기업이 파견하고 있는 상주 인원의 숙소에 관한 비용이다. 숙소 확보 수단에는 다음의 방법이 있다.

1. 분양 아파트의 구입
2. 아파트 등의 임대
3. 호텔과의 장기계약

일반적으로 1 또는 2의 방식에 의하지만, 2의 경우가 가장 많다. 외국인용 아파트의 임대료는 매우 높고 그 소재 도시며 위치, 방의 배치, 면적에 의하여서도 가격이 다르다.

이렇게 숙소를 구입하여도 또는 임대하여도 호텔과 장기계약에 의한 체재를 하여도 상당의 경비를 예정하여야 한다. 한국 국적의 상주 요원의 숙소 비용도 합자회사에 대해서는 큰 부담으로서 합자회사의 규모가 대형이고 많은 액수의 자금이 있는 경우를 제외하고 아파트의 구입은 곤란하다. 또 달마다 숙소 비용을 지출하는 경우도 합자회사의 수지를 압박하고 특히 개업 초기는 손실 발생의 하나의 요인으로 될 가능성이 많다. 이런 이유 때문에 이런 한국 국적상주 요원의 숙소도 한국기업이 전부 부담하거나 또는 일부를 부담하는 것이 현실이다.

> 제43조 ① 합자회사 종업원의 채용에 관해서는 총경리가 동사회가 결정한 채용계획에 기초하여 필기시험 및 면접시험 결과에 의해 결정한다.
> ② 합자회사의 제1기 종업원의 채용은 합자회사의 필요에 의해 본 조문 ①항의 규정에 의해 적극적으로 갑의현재 종업원 중에서 채용하지만, 필요에 따라 공개모집 채용할 수 있다.
> ③ 합자회사가 채용한 갑의 종업원 중 합자회사가 규정하는 수습기간 중 또는 수습기간 만료 시에 정식 채용될 수 없는 경우 또는 채용 후 노동계약을 해소하였을 때는 갑은 받아들이는 데 동의하는 한편 해당 종업원을 책임지고 배치한다.

【MBA China Business Study Check Point】

(1)채용시험은 엄격하게 실시하는 것이 좋아 보통 이렇게 규정하고 있다. 채용시험에 의하지 않고 사사로운 정에 얽매여 채용하는 전례를 만들면 중국기업의 간부, 상급 관리기관의 간부 등에서 많은 의뢰와 소개가 있는 경우가 많아 그 대응에 고심하게 된다.

(2) 합자회사가 합자 당사자인 중국기업의 종업원을 채용하는 경우는 중국기업의 희망에 합치될 뿐 아니라 한국기업에 대해서도 다음과 같은 유리한 면이 있다.

A. 중국기업의 숙소를 그대로 사용할 수 있는 경우가 많다.

B. 질병 등이 경우 중국기업에 되돌릴 수 있다.

C. 정년에 가까운 고령종업원인 경우 중국기업에 되돌려 정년 퇴직자로서 퇴직금, 의료비 수급등 대우를 받게 할 수 있다.

D. 중국기업이 업적이 좋은 회사인 경우는 기술, 영업 등 분야의 우수한 인재를 넘겨받을 수 있다. 따라서 우수한 인재를 확보할 수 있으면 중국기업에서 채용하는 것을 고려하는 것이 좋다. 이것을 공개모집할 때는 숙소 해결(종전 근무하였던 국영기업이며 국가기관을 퇴직하면 그곳에서 대여 되었던 숙소를 반환하여야 하므로, 합자회사가 숙소를 제공할 필요가 있다), 질병과 정년퇴직의 경우, 합자회사가 그 보장의무를 지게 되므로 그 이해득실을 충분히 연구할 필요가 있다.

(3) 중국기업에서 종업원을 채용하는 경우 일반적으로 이런 규정을 하여두는 것이 좋다. 그러나 중국기업의 일부는 노동계약제를 채용하거나 또는 국영기업이 그 종업원 정년 후의 생활보장을 하는 원칙 제도가 점차 붕괴되기 시작되었기 때문에 중국기업에 있어서는 이런 규정에 동의하지 않는 경우도 있지만, 적극 설득하여 이런 규정을 인정받는 노력이 필요하다. 만약 중국기업이 동의하지 않을 때는 이것을 삭제할 수밖에 없지만, 그 경우 노동관리규칙과 노동계약 중에 수습기간 후 불채용 및 해고 후 취급에 대해 명확하게 규정하여 두는 것이 필요하다.

15. 제15장 세무, 재무, 회계감사

제15장 세무, 재무 및 회계감사

제44조 합자회사는 '중화인민공화국 외국투자기업 및 외국기업 소득세법' 및 기타관련 법률과 조례의 규정에 의해 각종 세금을 납부한다.

【MBA China Business Study Check Point】

본 조문은 실시조례 제69조에 기초한 주의적 규정이다. 보통 이런 조항을 규정하는 경우가 많다. 합자회사는 설립등기 후 30일 이내에 소재지의 세무국에 세무등록을 하여야 한다(외국투자기업 및 외국기업 소득세법 제14조, 동 실시 세칙 제87조). 합자회사가 납부하여야 할 세금은 다음과 같다.

A. 소득세, 지방세: 세율 33%

B. 부가가치(증치)세: 부품의 판매, 가공, 수리, 조립 수리, 물품의 수입에 대해 과세(세율 17% 곡물, 식품 식물유 등 특정 품목만 세율 13%)

C. 영업세: 교통 운수, 건설, 금융보험, 우편 통신, 문화 체육, 오락, 서비스, 무형 자산 양도, 부동산 판매에 대해 과세(세율35 ~ 10%)

D. 소비세: 담배, 술, 알코올, 화장품, 귀금속 악세사리류, 가솔린, 디젤유, 자동차용 타이어, 오토바이, 소형 자동차 등(세율 3% ~ 45%)

E. 관세: 중국내에서 판매하는 제품의 원재료, 부품의 수입에 대해 과세

F. 토지사용세: 토지 사용자에 대해 점유 토지면적에 따라 과세

G. 가옥세: 가옥 소유자에 대해 소유 가옥의 원가에서 10% ~ 30%을 공제한 잔액에 대해 과세(세율 1.2%)

H. 인지세: 각종 계약서, 재산권 이전 증서, 허가증에 과세

I. 차량 선박 사용 허가증세

제45조 ① 합자회사는 '중화인민공화국 중외합자기업법' 의 규정에 의해 준비기금, 기업발전기금 및 종업원복리 장려기금을 적립한다. 매년 적립비율은 동사회가 합자회사의 실제 발전상황에 기초하여 결정한다.

② 본 조문①항의 규정에 의해 3항의 기금을 적립한 후 이익에 대해서는 합자회사가 동사회의 결의에 기초하여 분배 또는 다음 연도의 이익배당에 넣을 수 있다.

【MBA China Business Study Check Point】

(1) 합자회사는 매기의 이익총액에서 소득세와 지방세의 합계 33%를 납부 공제한 세금 후 이익에서 3항 기금을 적립하고 이것을 공제한 미처분 이익을 배당 또는 그 일부 또는 전부를 다음 기에 이월할 수 있다. 만약 전 연도까지의 이월 결손금이 있을 때는 우선 이것을 보충하여야 하므로(실시조례 제88조), 이월 결손금이 완전하게 보충된 후 미처분 이익이 있을 때에 적립을 한다.

3항 기금의 적립비율에 대해서는 실시조례와 회계제도에 규정이 없고 동사회의 결의에 맡겨져 있다. 적립비율이 법으로 규정되어 있는 것은 외자기업(100%외자)의 준비기금의 10% 이상뿐이다(외자기업법실시세칙 제61조).

보통방식으로는 본 조문과 같이 합자계약서에 구체적인 적립비율을 규정하지 않은 상황과 합자계약서에 기준이 되는 적립비율을 규정한 위에서 동사회가 합자계약서의 기준 적립비율과 다른 적립비율을 결의하였을 때는 동사회가 결의한 적립비율에 의해 적립을 실행하는 경우 두 가지 방식이 있지만 전자의 경우가 많다. 적립비율은 각 합자회사 매기의 결산내용과 재무 상황에 따라 다르지만 준비기금 및 기업발전기금에 대해서는 5 ~ 10%, 종업원 복리장려기금에 대해서는 3 ~ 5%로 하는 것이 비교적 많다.

(2) 합자회사의 세금 후 이익에서 3항 기금을 적립한 후 배분가능 이익에 대해서는 동사회의 결의에 의해 배당 금액을 결정한다. 이익분배는 동사회의 결의 사항이지만, 법정 전원일치의 결의사항은 아니다. 중국기업은 자기의 출자비율이 50%미만으로서 동사 수가 반수에 차지 않을 때도 이것을 전원일치 결의사항으로 하도록 늘 주장하여 합자교섭에서 한중쌍방의 의견이 나뉜다. 그러나 이익분배에 대해서는 당연히 다수결에 의하여야 한다. 이것을 전원일치 결의사항으로 하는 경우는 출자비율이 50%이상인 다액의 출자자에 대한 의의를 잃는 것으로 중국기업의 주장을 인정해서는 안되며, 최종적으로 중국기업도 한국기업의 주장에 동의하는 경우가 많다.

제46조 ① 합자회사의 회계연도는 매년 1월 1일부터 12월 31일까지로 한다. 그러나 제1회계연도는 합자회사 성립 일부터 200O년 12월 31일까지로 한다.

② 합자회사의 기장증빙, 전표, 회계보고서 및 회계장부 등은 '중화인민공화국 외국투자기업 회계제도'의 규정에 기초하여 중국어로 작성한다. 단지, 을이 요구하는 대차대조표, 손익계산서 및 기타 회계보고서 등은 동시에 한국어로도 작성하는 것을 요구한다.

【MBA China Business Study Check Point】

(1) 합자회사의 회계연도는 역년제를 채용하고 있기 때문에 제1 회계연도는 합자회사 성립 일부터 그 연도의 12월 31일까지로 한다. 회계 보고서는 우리나라의 재무제표와 같은 의미이다.

A. 대차 대조표 (자산 부채표)

B. 손익 계산표(이익표)

C. 재무상황변동표

D. 관련 부속 명세표로 구성된다.

연도회계 보고서에 대해서는 중국의 공인회계사에게 위임하여 감사를 받아 감사보고서의 제출을 받는 동시에 회계연도 종료 후 4개월 이내에 소득세 신고서와 회계 결산보고서를 세무국에 제출하여야 한다. 따라서 이런 회계보고서에 대해서는 어느 경우나 중국어로 작성되지만, 일부 중요한 결산서류에 대해서 한국어로도 작성하는 것을 의무로 한 것이다. 단지, 한국기업이 총경리를 파견할 때는 결국총경리가 중요 결산서류는 한국어로 작성의무를 부담하게 하는 요구결과 한국기업이 파견한 총경리의 부담을 과중하게 하는 것이 되므로 어떤 범위까지 한국어로 작성하는가에 대해서는 신중한 검토가 필요하다.

第47조 합자회사는 갑 및 을에 대해 매 사반기의 대차대조표, 손익계산서 및 기타 회계 보고서를 해당 사반기 종료 후 15일 이내에 제출한다.

【MBA China Business Study Check Point】

본 조문도 실시조례 제89조 및 외국투자기업회계제도 제72조에 동 취지의 규정이 있다. 합자회사는 사반기의 회계 보고서를 사반기 종료의 15일 이내에 합자 당사자 쌍방, 주무 부처 및 재정국에 제출하여야 한다.

한국기업에 따라서는 매달 대차대조표와 손익계산서를 작성하여 송부하는 것을 요구하여 이렇게 합자 계약서에 규정하는 경우도 있다.

第48조 합자회사는 중국의 공인회계사에 위임하여 매 회계연도의 회계보고서 및 회계 장부에 대해 감사를 진행한다.

【MBA China Business Study Check Point】

본 조도 회계제도 제73조에 동 취지의 규정이 있다. 중국의 회계사무소에는 순수하게 중국의 공인회계사로 구성되어 있는 회계사무소와 외국의 감사 법인이며 회계사무소와 중국회계사무소의 계약에 의해 성립된 합작형태의 회계사무소 두 가지 종류가 있다. 합자회사는 이 중의 어느 한 회계사무소와 감사계약을 체결하는 것으로 된다.

한국기업이 연결결산 등 이유로 회계사무소에게 감사를 진행하게 할 때 감사비용의 차액분은 한국기업이 부담하는 경우도 있다는 점을 유의한다.

제49조 합자회사는 매 회계연도 종료일부터 3개월 이내에 해당회계연도의 회계 보고서, 감사보고서 및 이익 배당안을 동사회에게 제출하여 그 심사 허가를 받아야 한다.

【MBA China Business Study Check Point】

연도회계 결산보고서가 동사회의 결의 사항이 되는가에 대해서는 법규상 명확하지 않다. 중외합자기업법은 동사회가 결의 결정하는 중요 문제의 하나로써 수지예산을 들고 있을 뿐이다(제6조 ②항). 그러나 보통 연도회계 결산 보고서를 동사회의 결의사항으로 규정하는 경우다 많다. 3개월 이내로 한 것은 연도 종료 4개월 이내에 연도회계 결산보고서와 감사보고서를 세무국 등에 제출하여야 하여야 하기 때문이다(외국투자기업의 회계제도 제72조 2항).

제50조 갑, 을 쌍방의 어느 일방이 합자회사의 회계장부 및 재무상황에 대해 검사를 진행할 필요가 있다고 인정할 때는 중국 또는 외국의 공인회계사에게 위임하여 검사를 할 수 있다. 단지, 그 필요로 하는 비용은 검사를 하는 당사자가 부담한다.

【MBA China Business Study Check Point】

본 조도 앞의 중외합자기업 회계제도에 동 취지 규정이 있으므로 일반적으로 합자계약에 본 조문을 규정하는 경우가 많다.

제51조 합자회사는 연도회계보고서 및 공인회계사의 감사보고서를 영구적으로 보존하고, 기타 사반기 회계보고서, 장부 및 전표는 15년간 보존한다.

【MBA China Business Study Check Point】

본 조문도 외국투자기업 회계제도에 동 취지의 규정(제77조)이 있다. 합자계약에도 주의적으로 본 조례를 규정하는 것이 많다.

16. 제16장 보험

제16장 보험

제52조 합자회사의 일체 보험은 중국인민보험공사 보험에 참가하고 보험의 종류, 금액 및 기간 등은 중국인민보험공사의 규정에 기초하여 동사회가 결정한다. 단지, 중국인민보험공사에 보험에 참가할 수 없는 종별의 보험은 동사회가 지정하는 보험공사 보험에 참가할 수 있다.

【MBA China Business Study Check Point】

합자계약에는 보험조항을 규정하는 것이 많다. 현재 중외합자기업의 각종 보험 업무에 대해서는 원칙적으로 중국인민보험공사만이 영업할 수 있다고 규정되어 있다(보험기업관리잠정조례 제12조).

보통 합자회사가 가입하는 보험에는 재산보험, 단체인신사고상해보험, 고액질병의료보험 등이 있다.

17. 제17장 합자기간 및 합자기간의 연장

제17장 합자기간 및 합자기간의 연장

제53조 합자기간은 합자회사 성립 일로부터 ○○년으로 한다.

【MBA China Business Study Check Point】

합자기간이란 합자회사의 존속기간으로 합자기간이 끝나면 기간의 연장이 될 수 없는 한 합자회사는 해산하고 청산수속을 진행하게 된다.

토지사용권을 구입하여 공장을 신축하는 경우 등 투자금액이 특히 다액인 대형 프로젝트에 대해서는 현재 합자기간은 보통 50년으로 허가되고 있다. 이 경우 토지사용권의 기간이 50년이므로 이것과 동일한 합자기간이 되도록 정하는 것이 좋다.

기타 생산형 합자회사는 합자기간은 10년부터 30년으로 되어 있지만(실시조례 제100조), 보통 12년부터 20년 정도가 비교적 많다.

합자기간에 대해서는 합자교섭 시에 한국기업으로서 희망하는 합자기간을 명확하게 주장하여 교섭 상대인 중국기업을 통해 그 상급관리기관, 심사허가기관과 사전협의를 하여 그 허가를 받아 두는 것이 바람직하다.

제54조 갑, 을 쌍방은 쌍방의 합의에 기초하여 합자기간을 연장할 수 있다. 연장신청은 '중화인민공화국 중외합자기업법' 이 규정하는 절차에 따라 합자기간 만료 6개월 전까지 처리하여야 한다.

【MBA China Business Study Check Point】
합자기간의 연장절차에 대해서는 합자기간 만료 6개월 전까지 합자 당사자 쌍방이 합의하여 쌍방의 법정대표자가 서명한 합자기간 연장 신청서를 심사허가기관에 제출하여 그 허가를 받은 후 변경등기 수속을 한다(실시조례 제101조).

제55조 갑, 을 쌍방은 합자회사 설립일로부터 ○년마다 1차 '합자계약' 및 합자회사의 경영 상황에 대해 전반적인 협의를 하는 한편 필요할 때는 '합자계약' 을 개정하는 것에 동의한다.

【MBA China Business Study Check Point】
중국의 경제발전 속도는 빠르고 또 관련법규의 제정과 개정이 급속하게 진행되고 있다. 그리고 향후 국영기업과 중외합자기업을 포함하는 외국투자기업간의 우대혜택 등의 담장을 모두 제거하여 동일한 조건의 경쟁이 진행되게 될 것이다.

결국 외국투자기업에 대한 세제를 포함한 각종우대 조치는 전부 폐지의 방향으로 된다. 이렇게 중국의 투자환경과 시장상황은 매우 빠르게 변화를 하고 있다. 이러한 것 때문에 합자계약과 조건을 수정을 위해 위 둔 것이다.

현재는 이와 같은 수정조항을 규정하는 것을 희망하는 외자기업이 증가하는 경향이다.

18. 제18장 계약의 개정 및 중도해약

제18장 계약의 개정 및 중도해약

제56조 본 계약 및 그 부속 문서의 개정은 모두 서면에 의한 것인 한편 갑, 을 쌍방의 법정대표자가 서명한다. 중국정부의 관계 관리부처의 허가를 필요로 하는 개정 항목에 대해서는 해당허가기관에 대해 허가를 신청하여야 하고 허가를 받은 후, 효력이 발생하는 것으로 한다.

【MBA China Business Study Check Point】
본 조는 실시조례 제17조에 기초한 것이다. 설립 후 발생하는 사항 중에 법규상 허가사항으로 되어있는 것은 '등록자본의 증가' , '등록자본의 양도' , '등록자본의 기타 방식에 의한 처분' (실시조례 제24조), '국외 및 홍콩과 마카오지역에 지사설립' (동 제42조), '합자기간의 연장' (동 제101조), '해산' (동 제102조 ②항)이다.

따라서 합자계약의 개정이 위의 허가 사항에 속할 때는 당연히 허가기관에 신청하여 그 허가를 받은 후에 효력이 발생하게 된다. 기타 사항이라도 실질적으로 쌍방 당사자의 권리, 의무에 관한 사항의 개정은 모두 허가를 거칠 필요가 있다고 생각된다. 그러므로 실시조례 17조는 합자협의서, 합자계약 및 정관의 모두에 대해 허가후 그 효력이 발생하는 것으로 하고, 그 개정 또한 동일하기 때문에 법규상 명확히 허가사항으로 되어 있지 않는 사항도 합자 쌍방 당사자의 권리, 의무에 변동을 발생하는 경우모두 허가를 필요로 한다는 취지로 해석된다. 단지, 실질적으로 당사자의 권리와 의무에 영향을 주지 않거나 또는 표현방식 등 형식적 사항에 대한 수정은 반드시 허가를 필요로 하는 것은 아니라고 본다.

그러나 실질적허가 형식적허가의 판단 문제도 있기 때문에 합자계약의 일부개정에 대해서는 허가가 필요한가에 대해 사전에 허가기관의 확인을 얻어 두는 것이 바람직하다.

제57조 ① 다음 상황의 하나가 발생한 경우 동사회 전원일치의 결의로 합자회사는 해산하는 한편, 심사허가기관에 신청하여 허가를 받은 후, 법에 따라 청산수속을 밟는다. 청산 완료 후 등기 관리부처에 대해 말소등기 수속을 하는 것으로 한다.(1)

1. 합자회사에 심각한 손실이 발생하여 경영을 계속할 수 없게 되었을 경우 또는 합자회사의 누적 적자가 등록자본의 ○○%를 초과한 경우
2. 본 계약 제60조(불가항력)가 규정하는 자연재해, 전쟁 등 불가항력의 원인으로 합자회사가 심각한 손해를 입어 경영을 계속할 수 없게 되었을 경우 또는 위의 불가항력의 원인으로 합자회사의 정상적인 생산이 연속하여 ○○개월을 초과하는 기간 동안 중단한 경우
3. 합자회사가 그 경영목적을 달성하지 못하고 동시에 장래발전 전망이 없을 경우 또는 합자 각 당사자의 의견이 대립하여 합자회사가 연속하여 ○○개월을 초과하는 기간 중대한 경영문제를 결정할 수 없을 경우
4. 합자회사의 공장건물 및 시설의 건축비용과 함께 시험운전 비용의 합계가 당초 예산의 ○○○%를 초과한 경우
5. 합자회사가 그 필요로 하는 차입금을 조달할 수 없는 경우.
6. 기타 정치, 경제, 사회 또는 국제정세의 격변으로 또는 법률의 개정으로 합자회사의 경영이 곤란 또는 불가능하게 된 경우

7. 갑, 을 어느 일방이 본 계약의 부속문서(정관을 포함)를 포함 본 계약에서 정하는 의무 또는 합자회사와 합자각 당사자간의 기타 합의사항에 위반 또는 그것을 이행하지 않은 경우로 동시에 다른 일방이 해산을 청구한 경우
8. 갑, 을 어느 일방이 파산 또는 파산과 유사한 상황이 발생하였을 경우로 동시에 다른 일방이 해산을 요구한 경우
9. 갑, 을 어느 일방의 경영권에 변동이 생긴 경우로 동시에 다른 일방이 해산을 요구한 경우 (2)
10. 위의 상황 외에 갑, 을 쌍방이 합자회사를 해산하여야 할 필요가 있다고 인정되는 사정이 발생하였을 경우

② 본 조 ①항 1 또는 6호가 규정하는 해산 사유의 어느 하나가 발생하였을 경우라도 동사회가 합자회사가 경영을 계속하여야 한다고 결정하였을 때는 합자회사는 존속한다.(3)

③ 본 조 ①항이 규정하는 해산 사유의 어느 하나가 발생했을 때(본 조 ②항에 의해 동사회가 합자회사 경영의 계속을 결정한 경우는 제외) 갑, 을 쌍방은 모두 자기가 파견한 동사에게 반드시 합자회사의 해산에 대해 찬성표시 의무를 승인케 하고, 이 경우 동사전원은 찬성할 의무를 진다.(4)

④ 동사회가 합자회사의 해산을 결정한 경우 갑은 합자회사가 심사허가기관의 허가를 취득하기 위해 전면적으로 합자회사에 협력하는 한편 최선의 노력을 한다.(5)

【MBA China Business Study Check Point】

(1) 본 조는 합자계약의 도중 해약에 대한 해산의 규정이다.

법률적으로는 먼저 합자계약을 해약하고 다음에 합자회사가 해산한다고 하는 시나리오를 채택하고 있다. 이에 대하여 참고 예는 합자계약의 해약이라는 법률적 구성을 채용하지 않고 직접적인 해산 원인으로 규정하고 있다.

합자회사의 해산 원인에 대해서는 실시조례 제102조 ①항 2호~6호가 규정하고 있지만, 그 해산 원인이 추상적이기 때문에 본 조와 같이 보다 구체적인 규정을 희망하는 외국기업이 많다.

이것은 과거의 외국 특히 발전도상국에서 합자기업 경영의 경험에 기초하여 합자기업의 경영이 곤란에 직면하였을 때를 상정하여 이런 상황으로 원활히 해산할 수 있게 고려한 것이다.

예컨대, 실시조례가 규정하는 '기업에 중대한 손실이 발생하여 경영을 계속할 수 없을 때' (제102조 ① 2)에 대해 '중대한 손실' 을 보다 구체적으로 '단, 연도 적자가 ○년간 이상 계속' 또는 '누적 손실이 당시의 투자총액의 ○○%에 도달하였을 때' 로 규정하고 있다.

이것은 '중대한 손실' 의 내용을 될수록 특정하여 그 해석에 대해 후일 합자 당사자 사이의 견해가 대립되는 것을 강력히 회피하기 위한 것이다.

(2) 본 항은 합자 당사자의 일방이 도중에 해약의 청구를 하였을 경우 해산은 동사회 전원일치 결의사항이기 때문에 해산 결의를 성립시키기 위해 다른 당사자에 대하여 그 파견하는 동사를 해산결의에 찬성시키는 의무를 규정한 것이다. 결국 합자회사를 해산시킬 경우 다른 일방이 반대하면 해산결의가 불가능하기 때문에 본 항의 규정을 신설한 것이다.

(3) 참고 예는 합자회사의 해산 사유를 보다 구체적으로 특정하여 기재한 것이다. 개별 합자회사의 상황에 따라 가능하면 해산 사유를 구체적으로 규정하여 후일 분쟁의 원인이 되지 않도록 고려하는 것이 중요하다.

(4) 본 항은 해산 사유가 발생하였을 때 당사자의 일방이 반대하여 해산 결의가 불성립하는 것을 막기 위해 당사자 쌍방에 대해 자기가 파견한 동사를 해산결의에 찬성케 하는 의무를 책임지게 한 것이다.

합자기업이 과거에 해산을 둘러싸고 의견이 대립되어 외국기업이 해산을 희망해도 중국기업이 반대하여 사실상 해산이 불가능 또는 해산이 늦어 진 경우가 많기 때문에 본 항의 규정을 신설해 두는 것은 의미가 있다고 본다.

(5) 해산에 대해서는 동사회의 전원일치 결의에 기초하여 심사허가기관에 해산 신청서를 제출하여 허가를 받을 필요가 있기 때문에 중국측 당사자의 협력이 불가결한 것을 고려하여 본 항을 규정한 것이다.

제58조 ① 갑, 을 쌍방의 어느 일방이 출자의무를 전부 또는 일부를 이행하지 않았거나 또는 본 계약을 위반하여 합자회사 경영의 계속을 곤란하게 하였을 때는 다른 합자 당사자는 계약위반 당사자에 대해 서면으로 경고를 한다. 만약 계약위반 당사자가 상대방의 경고를 무시하여 ○○일 내 여전히 고치지 않을 때는 다른 합자 당사자는 본 계약을 도중 해약할 수 있다.

② 본 조 ①항의 규정은 당사자의 다른 일방이 계약위반 당사자에 대한 손해배상을 청구의 권리에 영향을 주지 않는다. 계약위반 당사자는 다른 당사자의 손해를 배상하여야 한다.

【MBA China Business Study Check Point】

본 조는 출자의무 불이행 및 기타 본 계약 위반 경우에 즉시 해약하지 않고 30일간의 최고 기간을 규정한 것이다. 본 조에 따라 합자계약을 도중해약 할 경우 합자회사는 해산된다(실시조례 제102조 ①항 3호).

참고 예와 같이 본 조를 독립한 조항으로 하지 않고 해약사유의 하나로서 규정하는 것도 가능하다.

19. 제19장 합자회사의 해산 및 청산

제19장 합자회사의 해산 및 청산

제59조 다음의 경우에는 합자회사는 해산되고 법에 의해 청산을 진행한다. 청산 후 잉여재산은 갑, 을 쌍방이 등록자본 중에서 차지하는 출자 비율에 따라 US달러로 분배한다. 청산 시에 합자회사의 재산에 대해 평가를 진행할 필요가 있을 때는 공정한 평가(시가에 의한다)를 진행한다. 만약 평가 금액에 대해 쟁의가 있을 때는 공정한 제3자에게 위임하여 평가를 진행하는 것으로 한다.

1. 합자기간이 만료되고 기한의 연장을 하지 않을 때
2. 본 계약 제57조 또는 58조의 규정에 따라 갑, 을 쌍방의 어느 일방이 합자기간 내에 본 계약을 해약하였을 때

【참고 예】

제59조 ① 합자기간이 만료 또는 합자회사가 중도 해산되었을 경우 합자회사는 중국관련 법률, 법령 및 조례의 규정에 따라 청산을 진행한다.

② 잉여 재산의 평가는 그 시점의 시장가격(시가)에 기초하여 공평하게 계산한다. 만일 평가가격에 분쟁이 있을 경우 공평한 제3자(전문가)에게 위임하여 평가를 진행한다.

③ 합자회사가 해산을 선언하였을 경우 동사회는 청산절차, 원칙 및 청산위원회의 선임을 협의 결정하는 한편 주무부처에 보고하여 허가를 취득하고 청산의 감독을 받는다. 청산위원회의 위원은 일반적으로 합자회사의 동사, 총경리, 부총경리 중에서 선임하여야 한다. 만약 동사가 청산위원회의 위원을 담당할 수 없거나 또는 적합하지 않다고 인정될 경우는 합자회사는 중국에서 등록하고 있는 회계사, 변호사를 초빙하여 이것을 담당하게 할 수 있다.

【MBA China Business Study Check Point】

(1) 합자회사가 합자기간 만료에 의해 해산 또는 합자기간 중에 도중 해산되었을 때는 청산절차를 진행한다. 구체적으로 먼저 청산위원회를 조직하고 동 위원회가 합자회사의 재산과 채무에 대해 조사를 진행하여 대차대조표와 재산목록을 작성하고 재산을 평가하며 청산안을 작성하여 동사회의 결의 후 집행한다.

합자회사가 모든 채무를 변제한 후 잉여금에 대해서는 당사자 쌍방의 출자 비율에 의해 분배한다.

외국 당사자가 분배된 잉여금을 국외 송금하기 위해서는 외환관리국에 대하여 ①심사허가기관의 해산 허가서, ②회계사무소의 청산증명 및 장부검사보고, 자산청산보고, ③세무국의 세금완납증명, ④청산 후 은행계좌 예금잔고 증명 등 자료를 첨부하여 외국투자기업 자금의 국외 송금 허가신청서를 제출하여 그 심사 동의를 받은 후 그 허가서를 갖고 외환취급 은행에 가서 국외 송금 수속을 밟는다.

이 경우 외국 당사자가 외화로 분배된 잉여금을 국외로 송금하기 위해서는 합자회사 자체가 외화예금을 갖고 있거나 또는 외환조정시장에서 외화를 구입하여야 한다. 본 항은 이런 사정을 고려하여 청산 후의 잉여금에 대해 외환조정시장에서 US달러를 구입하여 US달러로 배분하는 것을 규정한 것이다.

(2) 청산 시의 재산평가에 대해서는 청산위원회가 진행하지만, 당사자 쌍방이 평가금액에 대한 견해가 나뉘는 경우도 예상되기 때문에 평가는 현행시가에 따르는 것으로 하고 필요할 때는 전문가에게 위임하여 평가를 진행하게 하는 것을 규정한 것이다.

(3) 청산위원회의 위원에 대해서는 일반적으로 동사 가운데 선임하거나, 동사가 담당할 수 없을 때 또는 담당하는 것이 부적당할 때는 중국에 등록되어 있는 회계사, 변호사를 초빙할 수 있다고 규정(실시조례 제104조)하고 있으므로 이 취지를 합자계약에도 주의적으로 규정한 것이다.

20. 제20장 불가항력

제20장 불가항력

제60조 갑, 을 쌍방 어느 일방이 전쟁, 폭동, 스트라이크, 자연재해, 기타 예견 불가능으로 그 발생 및 결과를 방지할 수 없거나 또는 회피할 수 없는 불가항력의 영향으로 본 계약을 이행할 수 없거나 또는 약정된 조건대로 이행할 수 없는 경우와 같이 위의 불가항력을 조우한 당사자는 그 불가항력의 영향을 받은 범위와 기간에서 그 이행책임이 면제된다. 단지, 불가항력을 조우한 당사자는 즉시 다른 일방에게 팩스 또는 전보로 통지하는 한편 15일 이내로 불가항력의 상세한 상황의 보고서를 제출하여야 한다.

【MBA China Business Study Check Point】

중국의 민법통칙(제107조), 섭외경제계약법(제24조), 경제계약법(제30조)은 여러 가지 불가항력을 채무불이행의 면책사유로 하고 있지만, 불가항력의 범위에 대해서는 이것을 명확하게 규정하고 있지 않기 때문에 일반적으로 합자계약 중에 불가항력의 범위, 정의 등을 명확하게 하는 규정을 신설하여야 한다.

21. 제21장 적용법률

제21장 적용 법률
제61조 본 계약의 체결, 효력 발생, 해석, 이행 및 분쟁의 해결은 어느 것도 중국의 관련 법률, 법령 및 조례의 관할을 받는다.

【MBA China Business Study Check Point】

적용 법률은 근거법의 의미이다. 중외 회사는 중외 합자기업법이 정하는 요건, 수속에 의해 설립된 중국 법인이기 때문에 합자계약에 관한 근거도 중국법으로 된다. 본 조례는 이 취지를 명확하게 한 것이다.

22. 제22장 분쟁의 해결

제22장 분쟁의 해결
제62조 ① 본 계약의 이행에 의해 발생한 또는 본 계약과 관계가 있거나 혹은 합자회사와 관련되는 갑, 을 사이에 발생한 모든 분쟁에 대해서는 갑 및 을은 상호 이해의 정신으로 우호적인 협의에 의해 원만한 해결을 하여야 한다. 단지, 협의에 의한 해결이 곤란한 경우 갑, 을 쌍방 그 어느 일방이 균등하게 중재를 신청할 수 있다. ② 중재는 피소인의 소재국에서 진행한다. 갑이 중재신청을 한 경우 한국 서울특별시 소재 사단법인 '국제상사중재위원회'가 해당 중재기관이 제정한 중재절차 규칙에 의해 중국어의 통역이 입회한 가운데 중재를 진행한다. 을이 중재신청을 한 경우 중국 북경시의 '중국국제무역촉진위원회 대외경제무역중재위원회'가 해당 중재기관이 제정한 중재절차의 규칙에 의해 한국어의 통역이 입회한 가운데 중재를 진행한다. ③ 중재 재결은 종국 재결로 갑, 을 쌍방 모두에 대해 균등한 구속력을 갖는다. 중재는 3명의 중재인이 진행하고 그 중 2명의 중재인은 고소인 및 피고소인이 각각 1명을 지명할 수 있다. ④ 중재 수속의 기간 중 쟁의가 발생하여 중재가 진행되고 있는 부분을 제외하고 본 계약 중의 기타 조항은 유효하며 갑, 을 쌍방은 계속하여 이행할 의무를 부담한다.

【MBA China Business Study Check Point】

(1) 본 항은 중재에 대해 규정한 것이다. 중재신청의 요건으로 중재조항(쌍방 당사자가 중재절차에 따라 분쟁의 해결 합의)이 규정되어 있는 것을 필요로 하기 때문에 보통 합자계약에서 대부분 예외가 없이 본 조와 같이 중재조항을 규정하고 있다.

이것은 중재조항을 규정해 두지 않는 경우분쟁 발생 후 당사자 사이에 중재 합의가 성립된 경우를 제외하고 소송 수속을 거쳐 해결하게 되지만, 합자회사의 소재지(대부분 중국 당사자의 소재지와 일치함)를 관할하는 중국 법원에 소송의 제출 또는 그곳의 소송에 대응하는 것은 한국기업으로서는 노력 및 비용 면에서 아주 큰 부담이 될 뿐만 아니라, 사법기관 자체도 자국주의, 지방주의 영향이 심하여 인맥관계를 통한 결과가 좌우되는 등 외국 당사자에게 유리한 결과를 기대할 수 없기 때문이다.

(2) 본 항은 중재지에 대해서 상호 조항으로 반드시 피고소인 소재국의 중재 기관에서 신고를 한다는 취지를 규정하고 있다. 과거에 중국 당사자는 반드시 중국에서 중재를 진행하는 것을 주장하여 이에 따른 외국기업도 많이 존재하였다. 그러나 중국 당사자가 중재신청을 하는 경우도 항상 중국에서 중재를 진행하는 것으로 규정하는 것은 상호주의 원칙에 불공평할 뿐만 아니라 남용을 초래하기 쉽고 또 한국기업으로서는 부담이 크기 때문에 매우 불리하다.

따라서 중재지를 피고소인 소재국으로 하는 조항에 대해서는 한국기업으로서 아무튼 확보하고 싶은 점이다. 현재 중국기업도 중재지의 상호주의에 대해서는 대부분의 상황 따라 이것을 수용하는 경향이다.

(3) 중국의 중재기관은 중국 국제무역촉진위원회에 설치되어 있는 중국 국제경제무역중재위원회이다. 중재위원회는 북경시에 설치되어 있는 외에 상해시 및 광동성 심천시 등에 중재위원회 분회가 설치되어 있다.

따라서 외국기업이 중재신청을 진행할 경우 그 중 한 곳에 중재신청을 제출한다. 합자회사의 소재지가 북경시에 가까운 경우는 북경시의 중재위원회 본 항의 예문과 같이 우선 중재지를 특정하여 기재를 하는 것도 가능하다.

중국 국제경제무역중재위원회 중재규칙이 제정되어 있어 이 중재규칙에 따라 중재가 진행된다. 중국에서 중재절차는 중국어로 진행되지만 한국어로 통역을 할도 수 있다. 한국어의 통역은 당사자가 동행하는 것도 가능하고 또 중재위원회에 신칭하여 한국어 통역의 입회를 요구하는 것도 가능하다(중재규칙법 제39조).

중국에서 중재의 심리는(소송도 같음) 집중심리주의와 구두변론주의를 채용하고 있어 우선 기일이 지정되면 사건의 난이도에 따라 다르지만 원칙적으로 1일 또는 2일의 심리로 모든 주장을 끝내고, 증서 기타 증거를 확인하고 또 증인의 질문이 필요할 때는 증인

조사를 진행하여 심리를 종결하는 경우가 많다. 따라서 중재신청을 진행할 때는 우선 필요한 증거를 수집하여 증서 등도 사전에 중재정에 제출하고, 증인 조사를 요구할 때는 동행하여 둘 필요가 있다. 또 중재기일이 지정되었을 때는 모든 주장을 정리하고 또 피고측이 예상하는 주장에 대한 답변, 반론도 준비하며 모든 입증이 완결될 수 있도록 세밀한 준비를 하여 두는 것이 필요하다. 이점이 한국식의 소송심리 방법과 다르기 때문에 중국의 중재절차에 상세한 전문가와 잘 상담하는 것이 바람직하다.

중국의 중재절차는 중재정에 의한 조정(화해)이 인정되어 심리가 종결되어도 즉시 재결을 진행하는 경우가 적고 조정을 권고하여 조정에 의한 해결을 도모하는 경우가 많다.

과거 외국기업에 유리한 결론이 기대될 수 있는 사건에서 외국기업이 조정를 희망하지 않는다는 취지를 갖고 있는데도 중재정이 재결을 진행하지 않고 조정을 계속하는 상황이 존재하기도 하였다.

조정에 의해 당사자 사이에 합의가 성립되어 화해 협의서에 서명이 되면 화해 협의서의 내용을 그대로 확정되는 형식으로 재결서의 작성이 진행되고 있다. 이 때문에 중재 결재서에 대해서도 화해 협의서에 기초하여 작성되는 것과 중재정이 독자의 판단에 의한 것 두 가지 유형이 있다. 전자는 사실의 주장이 모두 기재되지만, 중재정의 사실 인정과 법률적용의 판단 부분이 기재되어 있지 않아 앞의 중재규칙(제34조, 제37조)은 이것을 인정하지만, 이런 재결이 과연 중재 판단으로서의 실효를 갖고 있는가 의문이 있다.

(4) 중재 재결(판단)은 종국적인 것으로서 당사자 쌍방을 구속하고 중재 재결(판단)을 불복하여 그 취소 또는 변경을 요구하여 법원에 출소하는 것은 허용되지 않는다.

중국 중재기관의 중재 재결(판단)을 한국 국내에서 집행하기 위해서는 한국의 법원에 집행 판결을 요구하는 소송을 제출하여 해당 중재판단에 대해 강제집행을 허가한다는 취지의 집행 판결을 취득하여야 한다. 이미 많은 건에 대해 외국에서 집행 판결이 허용되어 왔다.

23. 제23장 계약의 정본

제23장 계약의 정본
제63조 본 계약의 정본은 한중 두 가지 문자로 작성하며 동등한 법적 효력을 갖는다.

【MBA China Business Study Check Point】

현재 합자계약의 정본은 한국어와 중국어 두가지로 작성하는 것이 일반적인 방식이다. 적어도 한국기업은 중국어 계약서만을 작성하고 그것에 서명하는 방법은 피해야 한다. 과거 언제나 중국어 계약서만 작성하여 불완전한 번역문을 보관하는 상황이 이었다. 국제적 계약으로 상호대등의 원칙에서도 한중 두 나라의 언어로 된 계약서를 작성하는 것이 원칙이다.

그리고 중국어 계약서에 대해서도 한국기업에서 우선 한국어 계약서를 작성하여 이것에 기초하여 전문가에게 번역을 의뢰하여 중국어 계약서를 작성한 후에 중국 당사자의 의견을 구하는 것이 바람직한 방법이다. 또 중국어와 한국어 정합성에 대해서는 충분하고 신중하게 검토하여야 한다. 종종 합자계약에는 중국어와 한국어의 불일치, 번역의 불적절한 경우가 적지 않다. 이런 불완전한 합자계약서의 작성은 장래 분쟁의 원인이 되는 경우가 있다.

24. 제24장 계약의 효력발생 및 기타

제24장 계약의 효력 발생 및 기타
제64조 합자회사는 동사회의 결의에 따라 동시에 필요한 경우는 관계 정부기관의 허가를 얻어 을이 합자회사에 대해 제공하는 기술양도, 상표사용허락, 원료 및 기계설비 등에 대해 별도의 을과 계약을 체결한다.

【MBA China Business Study Check Point】

외국기업이 합자회사에 대해 그 생산에 필요한 기계설비, 원료를 제공(매각)할 때는 따로 기계설비 구입계약서, 원료공급계약서를 체결하고 또 기술양도계약서, 상표사용허락계약서를 체결한다. 이 경우 모두 합자회사 설립 후 합자회사와 을이 계약을 체결하게 된다.

단지, 공장건설을 진행하지 않고 지어서 분양되고 있는 공장건물을 구입하거나 중국기업이 공장건물을 현물 출자하여 이것을 내장하여 즉시 기계설비를 운반해서 들여 올 때는 당사자 사이에 기계설비 구입 협의서를 작성하고 서명하여 합자계약서와 모든 부속문서로 허가를 받아 두면 즉시 수입허가 신청을 하여 면제된 관세로 통관수속이 가능하게 된다.

제65조 본 계약서(부속문서를 포함)의 정본은 ○○시 대외경제무역위원회에서 허가 신청을 하여야 한다. 그 허가 날짜를 본 계약의 법적 효력의 발생일로 한다.

【MBA China Business Study Check Point】

합자계약서는 합자회사 소재지 도시의 대외경제무역위원회의 허가사항으로 되어 있다. 절차로서는 합자계약서, 부속문서 및 정관을 대외경제무역위원회에 제출하여 그 허가를 취득한 후 다시 합자기업 설립허가 신청을 진행하게 된다.

합자계약서의 심사는 중국어 정본으로 진행되기 때문에 중국어 정본에 의해 허가를 받는 것을 명확히 해야 한다.

현재 합자기업의 심사허가 권한은 지방에 대폭으로 이전되어 보통 도시는 1000만 US달러 이하, 대도시는 3000만 US달러 이하, 성, 자치구 및 3대 직할시는 특수한 프로젝트를 제외하고 무제한 허가 권한을 갖고 있다. 또 북경시와 같이 상급 관리기관이 총 공사로 조직 변경되어 있는 경우는 상급관리기관인 총 공사가 500만 US달러까지의 프로젝트에 대해 허가 권한을 갖고 있다. 따라서 투자총금액에 따라 합자회사 소재지의 도시 또는 상급 도시(중국의 경우는 대도시의 하급 행정구역으로서 구, 시, 현이 있다.) 또는 성(省) 의 대외경제무역위원회의 심사허가를 받게 된다. 또 허가는 효력 발생 요건이다.

제66조 일방의 합자 당사자가 다른 합자 당사자에게 서한을 송부할 필요가 있을 때는 본 계약 중에 기재한 법정소재지에 우송하는 것으로 한다. 만약 갑, 을 어느 일방의 법정소재지가 변경하였을 때는 변경일로부터 ○○일 이내에 다른 일방에 통지하여야 한다.

【MBA China Business Study Check Point】

본 조는 본 계약에 관하여 진행되는 통지의 수신인에 대한 규정이다. 중국기업의 경우도 최근은 합자, 명칭변경, 법정소재지의 변경이 자주 진행되므로 본 조와 같이 통지의무를 규정하여 두는 것이 보통이다.

25. 제25장 서명란

갑: 중국 ○○시 ○○○○공장
법정대표자(서명)____________________
직무 공장장
을: 대한민국 ○○○○○○주식회사
법정대표자(서명)____________________
직무 사장

본 계약은 ○○○○년 ○○월 ○○일 중국 ○○성 ○○시에서 체결되었다.

甲方 : 中国○○市○○○○厂
法定代表人 (签名)____________________
职 务 厂 长
乙方 : 大韩民国○○○○○○株式会社
法定代表人 (签名)____________________
职 务 社 长

26. 제26장 기타 조항

제1장부터 제24장까지가 기본적인 합자계약의 양식이지만, 구체적 상황에 따라 필요한 경우는 그 위에 다음과 같은 조항을 추가하는 경우가 있다.

(1) 동일 또는 경합의 사업을 하는 것을 서로 허락하는 조항

갑, 을 어느 일방은 제3자와 제휴하거나 또는 자체 진행은 물론 금후 중국 국내에서 합자, 합작 또는 외자 등의 방식으로 합자회사와 동일 또는 경합되는 사업을 진행할 수 있다.

【MBA China Business Study Check Point】

본 조문은 한국기업이 금후 중국 국내에서 현재의 합자 파트너와는 다른 중국기업과 합자기업을 설립하거나 또는 100% 출자에 의한 출자기업을 설립하여 사업을 전개하는 여지를 남겨 두기 위해 규정한 것이다.

그 이유로는 중국의 국토가 넓어 그 총 면적은 960만㎢에 달하여 한국의 약 64배로 합자기업 1사로 중국시장 전체를 대상으로 하는 것은 곤란한 것이며 경제 정세의 변동에 적절하게 대응해 가는 것 등이 고려된다.

중국기업도 이미 다른 외국기업과 합자회사를 설립하고 있는 경우도 있어 해당 합자기업의 실정에 따라 본 조와 같은 조항을 설정하는 것도 가능하다. 그러나 합자회사의 생산, 판매 품목과 동일 품목의 생산, 판매에 대해서만 다른 일방의 승낙을 필요로 한다고 규정할 수도 있다. 이것을 참고 예로서 는 다음과 같은 경우가 있다.

【참고 예】

갑, 을 어느 일방은 제3자와 제휴 또는 스스로 진행하는 것은 물론 금후 중국 국내에서 합자, 합작 또는 외자 등 방식에 의해 합자회사의 영업범위와 동일 또는 경합되는 사업을 진행할 수 있다. 단지, 합자회사가 생산, 판매하고 있는 품목과 동일품목의 생산, 판매를 진행할 때는 다른 일방의 사전 서면에 의한 승낙을 얻어야 한다.

(2) 중국기업이 현재 생산, 판매하고 있는 특정 품목의 생산, 판매 중지조항

갑은 합자회사가 정식으로 생산, 판매를 시작하였을 때 합자회사의 생산 품목과 동일 품목의 생산, 판매를 중지한다(단지, 갑의 재고에 대해서는 제외).

【MBA China Business Study Check Point】
한국기업이 중국기업에 대해 주원료를 제공하여 이미 특정품목을 생산하게 하거나 또는 부품을 제공하여 특정기계 종류를 조립하여 생산하게 하는 상황도 적지 않다. 이렇게 원료며 부품의 판매 거래라는 관계에 의해 서로 신뢰관계가 형성되어 합자회사의 설립으로 발전하는 경우도 흔히 있다. 이런 상황에서는 합자회사 설립 후 합자회사에 이와 같은 품목과 기계종류의 생산, 판매를 하는 것이 되므로 중국기업의 동일 품목 생산, 판매를 중지하는 조항을 규정한다. 단지 작성 부분은 중국기업이 이미 갖고 있는 재고에 대해서는 재고가 없게 될 때까지의 판매를 인정한다는 취지이다.

(3) 상업비밀보장의 조항

【참고 예1】

갑, 을 쌍방은 합자회사의 발전을 위해 갑, 을 어느 일방이 합자회사 또는 다른 일방에 대해 개시한 기술정보를 합자회사의 생산경영 목적에만 사용하는 것에 동의하며, 어떤 제3자에 대해서도 개시 또는 누설해서는 안 된다.

【참고 예2】

갑, 을 쌍방은 합자회사의 설립과정 및 그 후의 생산경영 과정에서 얻은 또는 알게 된 합자회사 또는 다른 일방의 중요한 자료 및 기술정보 등에 대해 반드시 비밀보장을 하여야 하며 제3자에게 개시하여서는 안 된다.

【참고 예3】

위의 2개 조문에 규정한 비밀보장 규정은 본 계약의 기간 만료 또는 합자회사 해산 후도 ○○연간 존속하며 유효하다.

【MBA China Business Study Check Point】
상기 3가지 조문의 참고 예는 비밀보장의 조항이다. 이와 같은 비밀보장의 규정을 합자계약 중에 신설하는 경우도 있다. 기본적으로 세 조문이 세트로 되고 있는 것으로 (1)은 기술정보, (2)는 기타 중요한 자료, 정보의 비밀보장 조항이고, (3)은 계약기간 만료 또는 기타 이유로 합자회사 해산 후에도 비밀보장 규정을 존속시킨다는 취지의 조항으로 비밀보장 기간은 보통 15년 또는 20년이 보통이다. 위의 세가지 조문을 설립하는 합자회사의 구체적인 사정에 따라 통합 또는 변형하는 것도 가능하다.

제4장 한·중 합자기업 정관의 구성과 작성방법

1. 합자기업의 정관이란?

합자기업의 정관은 합자기업의 조직, 활동에 대한 기본적 규칙으로서 우리나라 주식회사 등의 정관과 같다. 실시조례 제16조는 합자기업 정관이 포함하여야 할 사항을 열거하고 있다. 그 규정 사항은 대부분 합자계약의 내용과 중복되고 있다.

정관은 합자기업 뿐만 아니라 합작기업 및 외자기업에도 그 작성과 허가가 의무화 되어 있기 때문에(합작경영기업법 제5조, 외자기업법 제11조), 기업 법인에게 공통된 것이다(민법통칙 제41조, 회사법 제19조 및 제21조).

2 합자기업 정관의 허가

합자기업 정관은 제3단계로 나눠어 진전되는 합자기업 설립수속의 제3단계에서 설립허가 신청서에 첨부되어 동시에 허가되는 것이다.

제1단계는 외국기업과 중국기업이 제1차적인 합자교섭을 거쳐 합자기업의 설립, 기업명칭, 법정소재지, 등록자본, 자본총금액, 쌍방의 출자금액과 그 출자방식, 생산품목, 합자기간을 포함하는 기본적 사항에 대해 쌍방의 당사자가 합의한다. 일반적으로는 합자의향서 또는 합자협의서를 체결하여 이것에 따라 중국기업이 그 주무부처(합자 당사자인 중국기업을 관리하고 있는 소재지의 공업 또는 상업 담당국 또는 그것에 대신하는 총 공사 등)에 대해 프로젝트 제안서(항목건의서)를 제출하여 그 허가를 받는다.

제2단계는 쌍방이 F/S를 실시하여 그 F/S보고서를 심사허가기관에 제출하여 그 허가를 받고, 합자계약 및 정관의 안에 대해서는 상급 주무기관의 확인을 받는다. 그 위에 F/S를 진행시키는 것과 동시에 병행적으로 합자계약서와 정관의 안을 작성하여 당사자 사이에서 차례로 교섭을 진행하고 합의하여 안을 만드는 것이다.

일반적으로 합자계약서와 정관의 안에 대해서 한·중기업 사이에 교섭을 진행할 때는 중국기업이 그 상급 주무기관에 그 안을 제출하여 의견을 듣거나 지도를 받으므로 한·중기업 사이에서 합의할 때는 상급 주무기관도 사전 협의로 사실상 동의하게 된다.

제3단계는 심사허가기관의 F/S보고서의 허가 상급 주무기관의 합자계약서 및 정관의 안에 대한 확인을 취득한 후 한·중기업(합자당사자)의 법정대표자 쌍방이 합자계약서와 정관에 서명하여 이러한 것을 첨부하여 재차 심사 허가기관에 합자기업 설립허가 신청서를 제출하게 된다. 위와 같이 설립허가 수속의 제2단계에서 합자계약안과 함께 정관안을 작성한다. 보통 한국기업에서 한국어와 중국어로 작성하여 중국기업에 제시하는 방법이 진행되어 그 방법이 한국기업에게 바람직한 결과를 얻기 쉽다.

3. 합자기업의 정관 구성

다음은 정관의 예를 나타내고 있다. 각 사의 정관은 서로 다르지만 그 구성은 비교적 일치한다.

○○○○○○유한회사 정관

중화인민공화국 ○○시 ○○○○공장(이하 '갑' 이라 함)과 대한민국의 ○○○○○○주식회사(이하 '을' 이라 함)는 '중화인민공화국 중외합자기업법' 및 갑, 을 쌍방이 ○○○○년 ○○월 ○○일부를 갖고 체결한 '합자계약' 에 기초하여 본 정관을 제정한다.

제1장 총칙

제1조 당사자는 아래와 같다.

갑 중화인민공화국(이하 '중국' 이라 함)○○시 ○○○○공장
중국 ○○성 ○○시에서 등기
법정소재지 중국 ○○성 ○○시 ○○○○호
법정대표자 성명
직무 공장장
국적 중국

을 대한민국 ○○○○○○주식회사
대한민국 서울특별시에서 등기
법정소재지 대한민국 서울특별시
법정대표자 성명
직무 대표이사(사장)
국적 대한민국

제2조 합자회사의 명칭은 '○○○○○○유한회사' , 외국어 명칭은 '○○○○○○Co.,Ltd.' 로 한다.

제3조 합자회사의 법정소재지는 중국 ○○성 ○○시 ○○○○호로 한다.

제4조 합자회사는 중국법인으로 중국의 법률의 관할과 보호를 받는다. 합자회사의 일체 활동은 반드시 중국의 관계 법률, 법령 및 조례의 규정을 준수하여야 한다.

제5조 합자회사의 조직형식은 유한책임회사이다.
갑, 을 쌍방은 각각 납입을 한 출자액을 한도로 합자회사에 납입 책임만 지며, 합자회사의 채무에 대해서는 모든 지불의무를 지지 않는다.

갑, 을 쌍방은 각자가 합자회사의 등록자본에서 차지하는 출자비율에 따라 이익의 분배를 받는다.

제2장 합자의 목적 및 합자회사의 경영목적, 생산규모

제6조 ① 합자회사는 다음의 사업에 종사하는 것을 목적으로 한다.

1. 냉동야채, 건조야채의 생산 및 판매
2. 조미료 및 기타 합성식품의 생산 및 판매

② 본 조 1항의 구체적 품목은 동사회가 결정한다. 단지 그 생산 품목에 대해서는 갑, 을 쌍방이 합자회사에서 제조, 판매하는 것을 희망하고 또 중국시장의 수요에 적합한 품목이다.

제7조 합자회사의 생산능력 및 일부 품목의 제조, 판매정지 등에 관해서는 동사회가 판매 등 상황에 기초하여 결정한다.

제8조 합자회사가 생산하는 품목은 중국 국내에서 판매한다. 단지 동사회의 결의에 기초하여 국외에 판매할 수도 있다.

제3장 설립 당초의 투자총액 및 등록자본

제9조 합자회사의 투자총액 및 등록자본은 ○○○만 US달러로 한다.

제10조 등록자본 중 갑은 ○○○○○○○US달러를 출자하여 등록자본의 ○○%를 차지하고, 을은 ○○○○○○○US달러를 출자하여 등록자본의 ○○%를 차지한다.

제11조 ① 갑, 을 쌍방은 아래의 형식으로 투자한다.

갑: 현금(인민폐) ○○○○○○○US달러에 상당하는 인민폐

을: 현금(US달러) ○○○○○○○US달러

② 갑, 을 쌍방은 합자회사의 성립일(합자회사가 취득한 영업허가증의 발행일)부터 계산하여 ○○일 이내에 그 납입 출자액 전부를 납입하여야 한다.

③ 갑 또는 을이 규정한 기한까지 그 출자액의 전부 또는 일부를 지체하였을 때는 미지불 금액에 대해 1일 마다 0.05%의 지연 손해금액을 지불하여야 한다.

④ 갑, 올 쌍방이 납입을 넣은 출자액을 납입한 후 합자회사는 중국에서 등록하고 있는 회계사에 위탁하여 출자를 검사시켜 출자검사보고서를 작성시킨다. 이것에 기초하여 합자회사는 갑, 을 쌍방에게 출자증명서를 발행한다.

제4장 등록자본의 증가 등

제12조 ① 합자회사의 등록자본을 증가할 필요가 있을 때는 동사회의 전원일치로 결의하는 한편 관련 정부기관에 허가를 신청한다.
② 등록자본을 증가하는 경우 갑, 을 쌍방이 출자하여야 할 금액은 갑, 을 쌍방의 출자 비율에 의하는 것을 원칙으로 동사회가 결정한다.
③ 갑, 을 쌍방의 출자 등록자본에서 차지하는 출자비율이 변경되었을 때는 동사회는 본 정관의 관련 규정을 개정하는 한편 관련 정부기관의 허가 및 변경등기 수속을 진행하는 것으로 한다.
④ 등록자본의 증가에 관해서는 본 정관 제11조 ③항, ④항의 규정을 준용한다.

제13조 합자회사는 합자기간에 그 등록자본을 특별한 경우에 감자할 수 있다.

제5장 등록자본의 양도

제14조 ① 갑, 을 쌍방의 어느 일방이 그 갖고 있는 합자회사의 등록자본의 전부 또는 일부를 양도하는 경우 상대방의 동의를 얻어야 한다. 이 경우 상대방은 양도하는 등록자본에 대해 우선매입권을 갖는다.
② 등록자본의 양도에 관해서는 동사회 전원일치에 의한 동의 및 관계 정부기관의 허가 및 변경등기 수속을 거친다.
③ 등록자본의 일부 양도에 의해 갑, 을 쌍방 또는 그 중의 일방의 출자비율이 변경되었을 때는 본 정관 제12조 ③항의 규정을 준용한다.

제6장 동사회

제15조 ① 합자회사는 동사회를 설치한다. 동사회는 합자회사의 최고권력기관이다.
② 다음 사항에 대해서는 동사회 회의에 출석한 동사 전원일치 동의에 의해 결의를 할 수 있다.
1. 정관의 개정
2. 기타 경제조직과의 합자
3. 해산
4. 등록자본의 증자와 감자

5. 등록자본의 양도
6. 중요한 자금운용 방법의 결정
7. 제3자에 대한 대부, 제3자의 채무를 위한 보증 또는 담보 제공
8. 기부에 대한 승인

단지 본 항 제6, 7, 8호에 대해서는 동사회가 지정한 금액을 초과하지 않을 때는 동사회의 결의를 거치는 것을 필요로 하지 않는다.

③ 상기 사항 이외의 중요 사항에 대해서는 동사회 회의에 출석한 동사의 과반수의 찬성에 의해 이것을 결의할 수 있다. 찬성과 반대가 동일할 때는 갑, 을 쌍방의 동사가 우호적인 협의로 해결한다.

제16조 ① 동사회는 ○명의 동사로 구성된다. 갑이 ○명을 위임 파견하고 을이 ○명을 위임 파견한다.

② 동사의 임기는 매기 2년으로서 재임할 수 있다. 갑, 을 쌍방은 자기가 위임 파견한 동사를 교체시킬 수 있다. 단지 우선 다른 합자 당사자에게 서면으로 통지한다.

③ 동사가 사직, 사망, 임기 만료 등에 의해 이임한 경우 그 후임은 해당 동사를 선임 파견한 당사자가 위임 파견한다.

④ 본 조 ③항의 후임 동사의 임기는 전임자의 남은 임기로 한다.

제17조 동사장은 합자회사의 법정대표자이다. 동사장이 그 직책을 이행할 수 없을 때는 부동사장이 임시법정대표자가 된다. 만약 동사장과 부동사장이 어느 일방도 그 직책을 이행할 수 없을 때는 동사회가 임시로 기타 동사에게 권한을 수여하여 합자회사의 법정대표자로 되게 할 수 있다.

제18조 동사장은 ○○○이 담당하고 부동사장은 ○○○이 담당한다.

제19조 ① 동사회 정기회의는 매년 1차 개최한다.

② 동사장이 필요하다고 인정할 때 또는 3분의 1이상의 동사가 제안하였을 때에 임시동사회 회의를 개최한다.

③ 동사회 회의는 동사장(동사장이 그 직책을 진행할 수 없을 때는 본 정관 제17조에 의해 합자회사를 대표하는 동사)이 모집하고 주최한다.

④ 동사회 회의는 원칙으로 합자회사의 법정소재지에서 모집 개최하지만, 기타 지방(해외를 포함)에서도 모집 개최할 수 있다.

⑤ 동사장은 동사회 모집, 개최 30일 전까지 각 동사에 대해 서면으로 주요한 의제, 개최시일, 장소 등을 통지한다. 단지 긴급할 때는 이 기간을 단축할 수 있고 또 동사 전원의 동의가 있을 때는 모집 수속을 생략할 수 있다.

⑥ 동사회 회의를 개최하였을 때는 반드시 회의기록을 한다. 해당 기록에는 출석 동사 전원이 서명하고 합자회사가 이것을 보존한다.

제20조 ① 동사회 회의는 반드시 갑, 을 쌍방 동사가 출석하는 동시에 동사회 회의에 출석한 동사 수가 동사 총수의 3분의 2이상(3분의 2를 포함)에 도달하였을 때에 동사회 회의는 유효하다.
② 동사회 회의에 출석할 수 없는 동사는 위임장을 발행하며 다른 동사에게 위임하여 대리 표결할 수 있다.
③ 어느 동사도 서로 협력과 우호의 정신에 기초하여 반드시 동사회 회의에 참가 또는 다른 동사에게 권한을 수여하여 표결권을 행사하여 동사회 회의의 개최에 협력하여야 한다. 만약 정당한 이유 없이 동사회 회의에 참가하지 않는 동시에 다른 동사에게도 권한을 수여하지 않는 동사가 있을 때는 해당 동사는 동사회 회의에 출석한 동시에 그 표결권을 포기하였다고 간주한다.

제21조 동사회는 반드시 회의를 개최하는 것을 요구하지 않고, 서면의 회람 방식으로 결의를 할 수 있다. 이 경우 동사회 전원일치 동의를 요구하는 사항에 대해서는 동사 전원일치 동의에 의하고, 또 기타 사항에 대해서는 동사 과반수가 찬성하였을 때 동사회에서 가결되었다고 간주한다.

제22조 ① 본 정관 제19조 ⑥항의 의사록 및 제21조의 서면은 모두 한글, 중국 문자로 작성하고 동등한 효력을 갖는다.
② 의사표시 능력이 있음에도 불구하고 병 또는 기타 원인으로 본 조 ①항의 서면에 서명할 수 없는 동사가 있을 때는 다른 동사에게 권한을 수여하여 그 이유를 기재하고 대리 서명하게 할 수 있다.

제7장 경영관리기구

제23조 ① 합자회사는 총경리 1명을 둔다. 총경리는 ○이 추천하여 동사회 결의를 거쳐 임명하다.
② 합자회사는 부총경리 ○명을 둔다. 부총경리는 갑, 을 쌍방이 각각 ○명을 추천하여 동사회 결의를 거쳐 임명한다.
③ 총경리, 부총경리의 임기는 매기 2년으로 하고 재임할 수 있다.
④ 동사는 총경리 또는 부총경리를 겸임할 수 있다.

제24조 ① 총경리는 동사회가 결정한 각 사항을 집행하고 동사회가 결의를 요구하지 않는 사항에 대해서는 자체로 이것을 결정하는 동시에 합자회사의 업무를 통괄, 지도한다.
② 총경리는 본 조 ①항 업무집행에 필요할 때는 그 범위 내에서 합자회사를 대외적으로 대표한다.
③ 부총경리는 총경리의 업무를 보좌하고 총경리가 사고로 그 직책을 수행할 수 없을 때는 총경리의 지시에 따라 임시 총경리의 업무를 대리한다.

제25조 합자회사는 총공정사, 총회계사 각각 1명을 둘 수 있다. 이런 자는 동사회가 초빙하여 임명하다. 그 임기도 동사회가 결정한다.

제26조 합자회사의 총경리, 부총경리, 총공정사, 총회계사는 동사회의 허가를 얻지 않은 한 다른 경제조직의 직무를 겸해서는 안 되고(단지, 을이 위임 파견하는 인원의 을의 직무를 제외), 또 합자회사와 경업하는 상업행위를 해서는 안 된다.

제27조 합자회사의 총경리, 부총경리, 총공정사, 총회계사에 위법, 동사회 결정에 대한 위반 또는 중대한 직무상의 실직행위가 있을 때는 동사회의 결의를 거쳐 언제든지 교체할 수 있다.

제8장 노동관리

제28조 ① 합자회사의 종업원 채용, 해고, 퇴직, 급여, 사회보험, 노동 보험, 복리, 상벌 및 출장여비 기준 등 사항은 '중화인민공화국 노동법', '중화인민공화국 중외합자기업노동관리규정' 및 '○○시 중외합자기업노동관리규정' 등에 따라 동사회가 규칙을 제정하고 총경리가 구체적으로 집행한다.
② 합자회사는 그 종업원 개인과 개별로 그 내용에 대해 동사회가 결의하는 노동계약을 체결한다.

제29조 을이 파견하는 종업원(총경리, 부총경리를 포함)의 급여는 합자회사가 결정하고 인민폐로 지불한다. 을의 파견인원에 대한 기타 대우는 동사회가 구체적으로 결정한다.

제30조 합자회사 인원의 채용에 관해서는 동사회가 결정한 채용계획에 따라 필기시험 및 면접시험의 결과에 기초하여 총경리가 결정한다.

제9장 세무 및 재무

제31조 합자회사의 재무회계는 중국 재정부가 제정한 '중화인민공화국 외국투자기업회계제도'의 규정 및 국제적으로 통용하고 있는 회계 관행에 따라 처리한다.

제32조 합자회사의 회계 연도는 매년 1월 1일부터 12월 31일까지로 한다. 그러나 제1회계 연도는 합자회사 성립일로부터 200○년 12월 31까지 한다.

제33조 합자회사의 장부증빙, 전표, 통계표, 장부, 보고서 등은 모두 중국어로 기재한나. 난지 본 정관 제35조, 제36조, 제37조의 서류 및 을이 청구하는 기타 재료에 대해서는 한글로도 기재하는 것을 요구한다.

제34조 합자회사는 인민폐를 본위 통화로서 기재한다. 인민폐와 다른 통화와의 환산은 실제 발생할 일의 외화 지정은행이 공표한 환율에 따라 계산한다.

제35조 합자회사는 갑, 을 쌍방에 대해 매달의 대차대조표, 손익계산서 및 기타 관련 회계보고서를 제출하여야 한다.

제36조 ① 합자회사는 중국에서 등록한 회계사를 초빙하여 그 회계장부에 대해 감사을 진행하게 한다. 감사보고는 동사회 및 총경리에게 제출하여야 한다.
② 본 조 ①항의 감찰은 본 정관 제37조에 의한 계산 시에 진행하는 외에 동사회가 규정한 시기에도 진행한다.

제37조 총경리는 각 회계연도 종료 후 3개월 이내에 해당 회계연도의 대차대조표, 손익계산서, 해당 연도의 이익배당안 등을 작성하여 본 정관 제36조에 의한 감사을 거친 후 동사회에 제출하여 승인을 받는다.

제38조 합자회사는 중국의 관련 법령 및 조례의 규정에 따라 세금을 납부한다.

제39조 ① 합자회사는 '중화인민공화국 중외합자기업법' 의 규정에 따라 준비기금, 기업발전기금 및 종업원 장려복리기금을 적립한다. 매년의 적립 금액은 동사회가 합자회사의 실제 상황에 따라 결정한다.
② 본 조 ①항의 세 가지 기금을 적립한 후의 이익에 대해서는 합자회사가 동사회 결의에 따라 갑, 을 출자의 등록자본 중 차지하는 비율에 따라 배당 또는 다음 연도의 이익배당에 포함시킨다.
③ 갑, 을 쌍방이 받는 이익은 합자회사가 인민폐로 계산하여 지불한다. 단지 을이 받는 인민폐 이익은 합자회사가 외화조정센터에서 외화와 교환한 후에 지불한다. 단지 을이 이익배당을 수령한 후 1개월 이상 외화로 교환할 수 없을 때는 합자회사는 자체의 보유 외화를 갖고 을의 인민폐 이익을 외화로 교환한다.

제40조 갑, 을 쌍방의 어느 일방은 언제라도 합자회사의 회계, 재무 상황을 감사할 수 있다.

제10장 노동조합의 조직

제41조 합자회사의 종업원은 '중화인민공화국 노동조합법' 의 규정에 따라 노동조합 조직을 만들고 노동조합 활동을 전개할 권리를 갖는다.

제42조 합자회사의 노동조합은 종업원의 이익을 대표하며 그 임무는 법에 의해 종업원의 민주적 권리와 물질적 이익을 옹호하고, 합자회사가 복리장려기금을 배분하는 동시에 합리적으로 사용하는 것에 협력하고, 종업원의 정치, 업무, 과학, 기술의 학습을 조직하며 문예, 체육 활동을 전개하고, 종업원이 노동 규율을 준수하도록 교육하여 합자회사의 각 항목의 경제적 임무를 달성하는 것에 노력하는 것이다.

第43조 노동조합은 종업원과 합자회사 사이에 발생하는 쟁의의 조정에 참가할 수 있다.

第44조 합자회사는 매달 합자회사가 종업원에게 실제 지불하는 임금총금액의 2%를 노동조합 경비로서 지출한다. 노동조합은 중화 전국 총공회가 제정한 '노동조합경비관리규칙' 에 따라 노동조합 경비를 사용한다.

제11장 합자기간, 합자기간의 연장, 해산 · 청산

第45조 ① 합자기간은 합자회사 성립 일로부터 ○○년간으로 한다.

② 갑, 을 쌍방이 합의하였을 때는 동사회 결의를 거쳐 '중화인민공화국 합자기업법' 이 규정하는 절차에 따라 합자기간을 연장할 수 있다.

③ 합자기간이 만료되어 연장하지 않을 때는 합자회사는 해산한다.

第46조 ① 다음의 어느 사유가 있을 경우 갑, 을 쌍방 어느 일방은 '합자계약' 의 해약을 청구할 수 있으며 이 경우 합자회사는 해산한다.

1. 합자회사의 수익상황이 악화되어 적자가 ○년간 계속되는 동시에 가까운 장래에는 수익 회복에 대한 전망이 없을 때.
2. 합자회사의 누적결손이 투자총액의 ○○%에 도달하였을 때.
3. 불가항력에 의해 합자회사의 영업을 계속할 수 없을 때.
4. 합자회사가 그 경영목적을 이루지 못하고 동시에 장래의 전망이 없을 때.
5. 갑, 을 쌍방의 어느 일방에 파산 또는 이와 유사한 사태가 발생하여 '합자계약' 을 이행할 수 없게 되었을 때.
6. 법률의 변경 또는 정부의 명령에 의해 합자회사의 경영이 곤란 또는 불가능하게 되었을 때.
7. 기타 위의 경우를 제외하고 갑, 을 쌍방이 합자회사가 중도 해산하여야 한다고 인정되는 사정이 발생하였을 때.

② 갑, 을 어느 일방이 출자의무의 전부 또는 일부를 기한 내에 이행하지 않거나 또는 '합자계약' 에 위반하여 합자회사의 경영의 계속을 곤란하게 하였을 때 다른 당사자는 '합자계약' 에 의해 '합자계약' 을 해산할 수 있다. 이 경우도 합자회사는 해산한다.

③ 본 조 ①항의 규정에 따라 갑, 을 쌍방 어느 일방이 '합자계약' 의 해약을 청구하였을 때 갑, 을 쌍방은 자기가 파견한 동사에게 합자회사의 해산에 대해 찬성시킬 의무를 진다.

④ 본 조 ①항에 의해 갑, 을 어느 일방이 '합자계약' 해약의 청구를 하였을 경우 다른 당사자가 경영의 계속을 희망할 때는 해산 청구자가 갖고 있는 합자회사의 등록자본의 전부를 매입할 수 있다. 양도가격에 관해서는 갑, 을 쌍방이 협의하여 결정한다. 정부기관의 허가를 얻기 위해 필요한 수속을 할 때는 합자회사는 갑 또는 을에게 협력하여야 한다.

제47조 ① 합자회사가 해산할 때는 동사회 전원일치 해산결의(어느 동사도 결의에 반대할 수 없다)를 거쳐 합자회사의 재산에 대해 청산을 진행한다.

② 합자회사가 해산할 때는 동사회는 반드시 청산수속, 원칙 및 청산위원회의 선임을 제출하는 동시에 청산위원회를 조직하여 합자회사의 재산에 대해 청산을 진행한다.

③ 청산위원회의 임무는 합자회사의 재산, 채권, 채무에 대해 전면적인 조사를 하고 대차대조표, 재산목록을 작성하고 청산방안을 제정하여 동사회에 제출하여 동사회의 결의 후 구체적으로 집행하는 것이다.

④ 청산기간 청산위원회는 합자회사를 대표하여 소송을 제기하거나 또는 소송에 응한다.

⑤ 청산과정에서 합자회사의 재산에 대해 평가를 할 필요가 있을 때는 평가 시에 시가 에 의해 공정한 평가를 진행한다. 만약 평가 금액에 분쟁이 있을 때는 공정한 제3자에게 위임하여 평가를 진행한다.

⑥ 청산업무에 소요되는 비용 및 청산위원회 위원의 보수는 합자회사가 현재 갖고 있는 자산에서 우선적으로 지출한다.

⑦ 청산위원회는 합자회사의 채무 전액을 변제한 후 갑, 을 쌍방의 출자가 등록자본 중에서 차지하는 비율에 따라 채무 변제 후의 잉여재산을 US달러로 분배를 한다.

⑧ 청산 종료 후 합자회사는 ○○시의 원 심사허가기관에 보고서를 제출하고 동시에 등기관리기관에 말소등기 수속을 하여 영업허가증을 반납하는 동시에 대외에 공고를 한다.

⑨ 합자회사 폐쇄 후 각종 장부는 갑이 보존한다.

제12장 부칙

제48조 본 정관은 한 · 중 두 가지 문자로 작성한다. 두 가지 문자의 문서는 모두 정본으로서 동등한 효력을 갖는다. 금후 정관개정에 대해서도 같다.

제49조 본 정관은 관련 정부기관이 허가한 후 유효하다. 금후 정관 개정에 대해서도 같다.

본 정관은 200○년 ○○월 ○○일 갑, 을 쌍방 법정대표자에 의해 중국 ○○성 ○○시에서 서명하였다.

갑 : ○○시 ○○○○공장	을 : ○○○○○○주식회사
법정대표자(공장장)	법정대표자(사장)
(서명)	(서명)

제5장 외자기업의 설립방법과 정관작성

1. 외자기업의 개념과 특징

외자기업은 외국자본 100%기업을 가리키는데 독자기업이라고도 한다. 외자기업법 및 동 법 실시세칙이 규정하는 수속에 의해 설립되는 중국법인이다.

외자기업의 설립자를 투자자라고 하며 외국기업, 기타 경제조직 및 개인이 투자자로 되는 자격을 갖는다. 따라서 개인도 외자기업을 설립할 수 있다. 또 한국기업 2사 또는 한국기업과 다른 나라의 외국기업이 공동으로 외자기업을 설립하는 것도 가능하다.

외자기업은 심천 등 광동성에서 시작된 것으로서 근거법령으로 되는 외자기업법의 제정 전에 이미 설립이 허가되어 1985년 12월 말까지 약 120사 외자기업의 설립이 허가되어 이것을 추인하도록 1986년 4월 20일에 외자기업법이 성립되었다.

외자기업의 설립은 계속 증가되어 중국에서 성립되는 외국투자기업 3가지 형태 소위 삼자기업(합자, 합작, 외자) 중 약 2분의 1 이상을 차지하고 있다. 이것은 제품, 부품의 생산가공 기지를 부분적으로 중국으로 이전하는 기업이 점차 증가되고 있는 것이 하나의 원인으로 본다.

또 최근에는 중국이 국영기업을 세트화 하여 토지사용권, 건물, 기계설비, 차량, 가구비품 등을 불하한다. 이것을 외국기업이 매수하고 종업원을 승계하여 외자기업을 설립하여 경영을 진행하는 새로운 방식(M&A)도 점차 증가하고 있다.

외자기업의 특징은 다음과 같다.

(1) 중국기업 파트너(합자자)가 존재하지 않는다

이것은 외국자본이 100%인 것에 의한 당연한 귀결이지만, 중국기업의 파트너가 없다는 것은 상상 이외의 큰 영향이 있다.

회사 설립수속, 등기, 은행계좌의 개설, 세무국과 세관에 신고등록, 공장용지와 건물의 취득확보, 종업원의 채용과 관리, 기계설비 및 부품, 원료의 조달, 통관 등 부품의 판매와 수출, 국가기관과의 교섭, 회계 등 일체 사무를 한국기업 자체적으로 처리하여야 한다.

합자기업과 같이 중국 국영기업의 파트너가 있는 경우 중국 국내 수속은 중국기업이 대행 또는 협력하고, 중국기업이 경영이 양호한 기업이면 상당한 사무능력이 있어 인사노무, 재무회계, 수출입사무 등에 대해 경력을 갖고 있는 인재도 있다. 그러나 외자기업은 이런 사무를 한국기업이 자체 처리하거나 누구에게 위임하여 처리하여야 하기 때문에 투자자가 되는 한국기업에게 투자기업 경영의 노하우와 경험이 없으면 경영상 여러 가지 문제가 발생하기 쉽다.

(2) 선진 기술설비의 채용 또는 제품의 대부분 수출 조건의 경우가 있다.

지금까지 중국에서 설립된 외자기업의 대부분은 제품의 전부 또는 대부분을 수출한다는 조건으로 설립이 허가되었다. 제품의 대부분은 일반적으로 외자기업이 생산하는 제품의 50%이상을 가리키지만, 현실적으로 70%이상 수출을 조건으로 설립 허가를 받는 경우가 많다. 따라서 외자기업은 제품을 주로 중국 국내 시장에 판매하는 것을 목적으로 하는 경우는 부적당한 기업 방식으로서 한국기업이 제품, 부품 및 원재료 등 생산가공기지로서 이용하여 그 생산 제품 등의 전부 또는 대부분을 수입하는 경우에 적합하였다. 이 점이 합자기업과 외자기업의 근본적인 차이 점이었다. 그러나 현재는 적극적으로 내수와 수출을 강요하고 있지 않기 때문에 적절한 협상을 하게 되면 외자기업의 설립이 가능하다는 점에 유의하여야 할 것이다.

(3) 유한책임의 중국 법인으로 독립의 법인자격을 갖는다.

투자자는 자기가 납입한 출자액(등록자본)을 한도로 외자기업의 채무에 책임을 지고 그 이상의 책임을 지지 않는다. 이것은 유한책임의 원칙으로서 합자기업, 합작기업과 같다.

외자기업 채무의 담보가 되는 것은 외자기업의 재산뿐이기 때문에 투자자가 그 재산으로 변제할 의무는 없다.

(4) 동사회는 설치 또는 설치하지 않아도 된다.

합자기업의 경우는 반드시 결의기관으로써 동사회를 신설하여야 하지만, 외자기업의 경우 선택적으로 어떠한 형태를 선택할 수 있다. 동사회를 신설하는 경우 동사를 선임하여 동사회의 결의, 결정은 외자기업의 경영에 해당되는 것으로 투자자측에서 보면 간접적인 지배방식이 된다. 이것을 신설하지 않는 경우 투자자가 외자기업 경영상의 중요한 사항에 대해 직접 결정하는 것으로 투자자측에서 보면 직접적인 지배방식이라고 할 수 있다.

실무에서는 합자기업에 동사회가 있기 때문에 종전에는 동사회를 설치하는 조직 형태를 취하는 외자기업이 대부분이었지만, 동사회 설치는 반드시 필요한 것이 아니라 투자자인 외국기업이 그 장단점을 고려하여 어떠한 방식을 선택하는 것이 된다. 단지 투자자가 복수로서 공동투자에 의한 설립의 경우 합의 또는 결의기관으로 동사회를 설치할 필요가 있다.

(5) 법정대표자는 동사장 또는 총경리이다.

외자기업의 법정대표자는 동사회를 신설한 경우 동사장이고 이것을 신설하지 않은 경우는 총경리이다. 전자는 법정대표자와 실제상 경영을 담당하는 총경리가 분리되며, 후자는 실제상 경영을 담당하는 총경리가 법정대표자를 겸임하는 것이 된다.

(6) 공장용지, 건물을 자체로 취득 확보하여야 한다.

합자기업과 같이 중국기업이 현물 공장건물을 현물 출자하는 경우가 없기 때문에 자체적으로 공장용지와 건물을 취득하여 확보할 필요가 있다.

일반적으로 각 지역의 경제기술개발구에서 분양하고 있는 토지사용권을 구입하여 공장건물을 새로 신축하거나 또는 경제기술개발구의 부동산개발공사가 분양하고 있는 공장건물을 구입한다. 위의 취득방식은 이미 분양 중이므로 비교적 간단하다. 다른 방식은 현존 국영기업을 일체 불하를 받는 방식이다. 그러나 이 방식은 중국의 각 시정부가 어느 국영기업을 불하할 것인가를 아는 것이 곤란하고 교섭에도 곤란한 점이 있지만 최근 점차 증가하고 있다.

중국 국영기업에서 유휴 공장 건물을 임차하는 것도 가능하지만, 경영기간이 10년 이상 장기간인 경우는 아무튼 구입취득이 원칙이다.

(7) 제품의 대부분은 수출 또는 내수판매가 가능하다.

그 동안 외자기업은 설립허가 신청 시에 신청한 수출 비율을 결정하는 경우도 있었다. 그러나 현재는 이러한 제한이 개방되어 내수시장의 판매도 도소매의 판매회사를 설립하여 판매하는 것이 가능하게 되었다. 그러나 현실적으로 중국기업의 파트너가 없기 때문에 중국 국내 시장에 판로의 구축이 무엇보다도 관건이다.

(8) 원재료 · 부품의 조달이 곤란한 경우가 많다.

중국에서 부품, 원재료의 유통경로와 시장이 확립되어 있지 않기 때문에 외자기업은 자체적으로 거래측을 찾아 가격과 공급량 등을 교섭하여야 하며 합리적 가격에 의한 필요한 수량을 조달 확보하는 것도 쉽지 않다는 것이다. 따라서 부품과 원재료를 한국기업이 공급하여 현지에서 조립 및 생산가공하는 것에 적합한 경우도 있다.

(9) 종업원의 채용, 노무관리를 자체적으로 진행하여야 한다.

종업원의 채용도 설립지의 노동시장에 신청하여 모집하거나 다양한 방법을 통해 채용하게 된다. 노동계약의 체결, 양로보험의 가입, 실업, 의료 등 각종 보험가입 신고, 노동관리규칙의 제정, 급여 기타 대우의 결정 등 한국기업과 한국인 간부로서는 처리 곤란한 사무가 많다. 이러한 인사관리와 노무관리에 경험이 있는 중국 간부가 필요하다. 또 중국인 종업원의 관리도 한국인 간부가 직접 진행하는 것은 기업의 문화 등의 차이로 다소 무리가 따른다.

(10) 외화 균형의 유지는 비교적 쉽다.

외자기업의 경우는 제품의 대부분을 수출하고 있기 때문에 외화균형의 유지는 비교적 쉬워 합자기업의 경우와 같은 심각한 문제는 발생하지 않는다. 오히려 중국 국내시장에 일체 판매를 하고 있지 않는 외자기업의 경우 인민폐 자금이 부족한 경우가 있다. 그러나 외화를 인민폐로 교환하는 것은 쉽기 때문에 이점은 큰 문제가 되지 않는다.

(11) 해산할 때는 청산절차를 밟는다.

합자기간이 만료하였을 때 또는 중대한 손실의 발생으로 경영이 곤란할 때 해산 원인에 해당하는 경우는 우선 심사허가기관의 허가를 취득한 후 해산 공고를 하는 동시에 채권자에게 개별로 통지하고 청산위원회를 조직하여 청산절차를 밟는다.

모든 채권자에게 변제한 후 잉여 재산에 대해서는 투자자가 배당을 받게 된다. 현실적으로 중국 국적 종업원의 해고를 동반하므로 재취업, 해고 보상금의 처리 등 문제가 발생하기 때문에 회사를 중도에 해산하는 경우 분쟁 발생의 원인이 되기 쉽다.

(12) 외자기업의 경영에는 노하우와 경험이 필요하다.

중국에서 기업의 경영에는 기업 형태를 묻지 않고 노하우와 경험이 필요하지만, 외자기업의 경우 중국기업이라는 파트너가 없기 때문에 투자자인 한국기업이 경영상 중요 사항을 모두 자유롭게 결정할 수 있다는 유리한 반면에 자체적으로 모든 사무를 처리할 필요가 있다.

실제 경영을 담당하는 총경리를 중국인에게 위임하는 경우는 물론 이것을 한국인 간부가 담당하는 경우에도 성실하고 유능한 간부를 채용하는 것이 절대로 필요하지만, 이런 인재는 중국의 일류 국영기업에는 많아도 외자기업이 채용하는 것은 좀 곤란하다. 대다수는 중국인 컨설팅, 소개에 의한 아는 사람 등에게 경영을 맡기는 경우가 일반적이지만, 회사 경영 경험도 부족하여 기업경영이 원활하지 못하는 사례가 적지 않다.

따라서 외자기업은 이런 노하우와 경험을 가진 비교적 규모가 크고 중국무역과 중국어를 하는 참모가 있는 한국기업의 형태로써 이런 노하우와 경험이 없는 한국기업의 경우는 처음에는 합자기업을 설립하고, 이것을 통하여 중국의 국정과 기업 실무에 익숙해지는 것도 바람직한 방법론이라 할 수 있다.

2. 외자기업의 설립절차

(1) 외자기업 설립순서

외자기업의 설립 허가 수속은 매우 간략하게 진행되며 그 허가 취득도 쉽다. 외자기업법 및 동 법실시세칙이 규정하는 수속은 상당히 복잡하고 엄격하게 진행되는 이미지를 주지만, 현실적으로 비교적 단기에 설립이 가능하다.

중국기업 파트너가 없기 때문에 원칙적으로 교섭상대와 교섭기간이 존재하지 않는다.

그 구체적인 진행순서 또는 결정사항은 다음과 같다.

A. 설립지의 선정

B. 공장용지, 건물의 취득, 확보

C. 경영범위(영업목적) 및 생산품목의 결정

D. 생산용 기계설비의 선정과 취득 방법의 결정

E. 등록자본의 결정

F. 수출비율의 결정

G. 공업용수, 전력, 가스 등 필요 수량의 결정과 확보

H. 채용예정 인원수의 결정

I. 총경리를 중국인으로 하는 경우 모집, 면접, 내부의 결정

일반적으로 설립지를 선정하여 공장용지와 건물을 확보하는 경우 설립지의 시정부 주관부서(외자기업 영업범위를 관리, 감독하는 공업 또는 상업관리국 또는 이에 대체되는 총공사)를 방문하여 외자기업 설립의 예정을 얘기하고 그 내용을 전달하여 사전에 승낙을 받아 둔다.

다음 공장용지와 건물의 취득, 확보를 진행한다.

정식 계약은 외자기업 설립 후이므로 설립 전에 공장용지와 건물취득, 확보방법을 결정하여 이것을 분양하고 있는 경제기술개발구의 개발공사 또는 경제기술개발구 이외의 공장용지와 건물을 취득할 때는 토지관리국 및 국유자산관리국과 교섭하여 조건을 정하여 내부적으로 결정해 둘 필요가 있다.

중국 국영기업을 양수하여 이미 신설된 전력, 가스, 공업용수를 이용할 수 있는 상황 이외 경우 전력, 가스, 공업용수의 공급회사와 사전에 절충하여 그 필요 수량과 계약 조건에 대해서도 확인하고 결정해 두는 것이 전제가 된다.

기타 사항에 대해서는 투자자인 한국기업이 자체로 결정할 수 있다.

(2) 외자기업 설립 허가 수속

합자기업처럼 3단계의 허가라는 단계적 수속을 밟을 필요가 없이 1차 허가 수속으로 충분하다.

※ 제출하는 서류

A. 외자기업 설립 신청서

B. F/S보고
C. 정관
D. 외자기업의 법정대표자(동사회를 신설할 때는 동사)의 명부
E. 투자자의 회사 등기부등본
F. 거래 은행 발행 신용증명
G. 수입하는 기계설비, 사무용품, 원재료, 부품 등 목록
H. 소재지의 시정부의 설립에 대한 의견서
I. 2사 이상이 공동 설립할 때는 공동 출자계약서

이런 서류는 모두 중문으로 제출하여야 한다. B, D, E, F는 한글로도 가능하지만 중문의 번역본을 첨부한다.

이상 첨부 서류에서 F/S보고는 외자기업의 경우 매우 간략적인 내용으로 허가되는 것으로서 합자기업의 F/S보고와 같이 설립 후 10년간의 정확하고 상세한 손익예측과 외자수지 예측은 필요 하지 않고 또 지정 회계사사무소의 검사도 조건이 되지 않는다. 따라서 F/S보고의 내용은 원칙적으로 투자자에게 맡겨 합자기업의 경우와 비교하면 매우 짧은 기간에 작성이 가능하다. 이렇게 외자기업의 설립 경우에는 간략적 허가가 실행되고 있는 것은 만약 손실이 발생하여도 합자기업처럼 중국측 파트너가 없고, 국영기업이 관여하지 않아 국가재산의 손실이 발생하지 않기 때문이라고 생각된다. 그러나 외자기업 설립 허가도 지방에 따라 차이가 있다. 북경, 상해 등 대도시는 심사가 엄격하다. 전국적 통일적 허가절차가 진행되는 것은 아니기 때문에 F/S보고서 내용도 명확하지 않을 때는 심사허가기관에 사전에 확인하여 둘 필요가 있다. 아무튼 합자기업의 설립절차와 비교하면 매우 간략하다고 할 수 있다.

(3) 외자기업 설립 허가에 소요되는 날짜 수

외자기업 설립 신청서를 수령하고 첨부 서류가 완비되었을 경우 대개 2주간 정도에 허가되어 허가증서가 교부된다. 그 후 허가증서를 갖고 공상행정관리국에 개업 등기를 신청하지만, 일반적으로 1주일 정도로 등기가 끝나 영업허가증이 교부된다. 영업허가증의 발행일이 외자기업의 설립일이 된다.

(4) 외자기업의 정관 작성방법

외자기업의 정관은 외자기업의 명칭, 법정 소재지, 등록자본, 영업범위, 조직, 법정대표자, 영업기간, 해산, 청산 등 근본 원칙을 규정한 것이다.

우리나라에서 회사 정관과 같은 것으로 특히 투자자가 한국기업 1사인 경우는 합자계약서가 없으므로 정관만이 회사 설립과 존속의 근거가 되므로 충분하고 신중하게 작성할

필요가 있다. 중국에서 시판되고 있는 양식을 구입하여 필요 한 것만을 기입하여 정관으로 하는 경우도 많지만, 한국기업에는 부적절한 부분도 있기 때문에 전문가와 상담하여 작성하는 것이 바람직하다.

다음은 외자기업 정관의 한 예를 나타낸다(동사회를 신설하지 않는 경우).

○○○○○○유한회사 정관

투자자인 대한민국 ○○○○○○주식회사(아래 투자자라 함)는 '중화인민공화국 외자기업법', '중화인민공화국 외국자본기업법실시조례' 및 기타 관계 법률, 법규의 규정에 따라 중화인민공화국(이하 '중국' 이라 함)○○성 ○○시에서 외자기업(이하 '본 회사' 라 함)을 설립하여 여기에 그 정관을 제정한다.

제1장 총 칙

제1조

본 회사의 명칭은 '○○○○○○유한회사' 로서 그 영문 명칭은 '○○○○○○Co.,Ltd.' 로 한다.(1)

제2조

본 회사의 법정소재지는 '중국 ○○성 ○○시 ○○○○○○' 로 한다.

제3조

본 회사의 조직 형식은 유한책임회사로 한다. 투자자의 본 회사에 대한 책임은 그 납입한 출자금액을 한도로 한다.(2)

제4조

본 회사는 중국법인으로 중국의 법률의 관할과 보호를 받는다. 본 회사의 모든 활동은 중국의 법률, 법령 및 관련 조례의 규정을 준수하여야 한다.

제2장 본 회사의 목적, 경영 범위 및 생산규모

제5조

본 회사는 선진적인 기술, 설비 및 과학적 관리 방법을 채용하여 품질의 우수한 ○○○○을 생산하고 이것을 수출하여 외화 획득하는 것을 설립 목적으로 한다.(3)

제6조

본 회사의 경영범위는 다음과 같다.

1. 깡통 식품의 생산과 판매
2. 냉동 식품의 생산 및 판매
3. 기타 합성 식품류, 식품 첨가물 및 조미료의 생산, 가공 및 판매
4. 생산에 필요한 원재료의 수입(4)

제7조
본 회사의 생산규모는 다음과 같다.
1. 깡통 식품　　년 생산 합계　○○○○톤
2. 냉동 식품　　년 생산 합계　○○○○톤
3. 기타 식품　　년 생산 합계　○○○○톤(5)

제8조
본 회사는 전 제품의 년 생산액의 70%이상을 수출한다.(6)

제9조
본 회사의 투자총액은 ○○○○만 인민폐로 한다.(7)

제10조
본 회사의 등록자본은 ○○○○만 인민폐로 한다.(8)

제11조
투자자는 본 정관 제10조 등록자본의 전체 금액을 미화로 본 회사의 설립일(본 회사의 영업허가증의 발행일, 본 회사의 설립일의 정의는 아래와 같게 한다)부터 ○○일 이내에 본 회사가 개설한 외화 예금계좌에 일괄 납입을 하는 것으로 한다. 미화와 인민폐의 교환 환율은 본 회사 성립일에 외화 지정은행이 발표한 환율을 기준으로 한다.(9)

제12조
투자자가 출자(등록자본)를 납입한 후 본 회사는 중국의 ○○시 공인회계사를 초빙하여 검사하게 하여 출자검사보고를 발행받아 이것으로 본 회사는 투자자 대한 출자증명서를 교부한다.

제13조
본 회사는 그 경영기간 내 등록자본을 감소할 수 없다.(10)

제14조
① 본 회사의 등록자본을 증자 시킬 필요가 있을 때는 투자자가 결정하여 원 심사허가기관에 신청하여 허가를 얻은 후 공상행정관리국에 변경등기 수속을 하는 것으로 한다.(11)
② 본 회사의 등록자본 전부 또는 일부를 양도할 때는 투자자가 결정하여 원 심사허가기관에 신청 허가를 얻은 후 공상행정관리국에 변경등기 수속을 하는 것으로 한다.(12)

제4장 토지, 공장 건물 및 기계설비

제15조
본 회사는 성립 후 법정소재지에서 약 ○○○○○㎡ 의 토지사용권과 약○○○○○㎡ 의 공장건물 및 생산설비를 취득한다.(13)

제5장 경영관리기구

제16조
본 회사에 총경리 1명을 둔다. 총경리는 투자자가 지명 위임한다.(14)

第17条

본 회사에 부총경리 1명을 둔다. 부총경리는 투자자가 위임 파견한다.

第18条

① 총경리 및 부총경리의 임기는 1기 ○년으로 하고 재임할 수 있다.(15)

② 총경리 또는 부총경리는 투자자에게 3개월 전에 서면으로 통지하여 사직을 신청할 수 있다.(16)

第19条

총경리는 본 회사의 법정대표자로 한다.(17)

第20条

① 총경리는 투자자의 동의를 필요로 하지 않는 본 회사의 일상 경영관리에 관한 모든 사항에 대해 자체로 결정하는 동시에 집행할 수 있다. (총경리의 직권에는 총경리 보좌, 총공정사, 총회계사 및 총심계사의 임명 및 파면을 포함)(18)

② 총경리는 아래의 사항에 대해서는 반드시 사전에 서면으로 투자자의 동의를 얻어야 한다.

1. 등록자본의 증자와 감자
2. 등록자본의 전부 또는 일부를 제3자에 대한 양도
3. 본 정관의 개정
4. 경영기간의 연장, 본 회사의 해산 또는 다른 경영조직과의 합병
5. 중요한 고정자산의 구입, 양도 및 저당권 설정
6. 중요한 자금의 대차
7. 준비기금과 종업원 장려복리기금의 적립 비율의 결정 및 연간이익 사용방법의 결정(19)

第21条

부총경리는 총경리의 업무를 보좌하며 총경리가 병 기타 원인으로 그 직책을 이행할 수 없을 때는 임시로 총경리 업무를 대리한다.

第22条

총경리 및 부총경리는 본 회사 이외의 기타 경제조직의 직무(단지 투자자의 직무를 제외)를 겸임할 수 없고, 또 본 회사의 업무와 겸업하는 상업 행위에 관여해서는 안 된다.(20)

第23条

총경리 또는 부총경리에게 위법, 정관 위반 또는 중대한 실직행위가 있을 때 투자자는 언제든지 해당 총경리 또는 부총경리를 교체시킬 수 있다. 투자자가 본 회사의 경영 관리상 필요로 인정하였을 때도 같다.(21)

제6장 재무, 회계 및 세무

第24条

본 회사의 재무 회계는 중국 재정부가 제정한 '중화인민공화국 외국투자기업회계제도' 의 규정에 의해 처리한다.

第25条

본 회사의 회계연도는 매년 1월 1일부터 동년 12월 31일로 한다. 단지 제1회계 연도는 본 회사 성립 일로부터 20○○년 12월 31일까지로 한다.

제26조
본 회사의 모든 전표, 장부 및 회계보고서는 모두 중문으로 작성한다. 단지 4분기 및 연도 대차대조표, 손익계산서 및 기타 회계보고서는 한글로 작성한다.
제27조
본 회사는 인민폐를 본위 통화로서 기장한다. 만약, 인민폐와 외화를 환산할 때는 실제 발생한 날의 외화 지정은행이 공표한 환율로 환산한다.
제28조
① 총경리는 본 회사의 4분기마다 대차대조표, 손익계산서 및 기타 회계보고서를 각 4분기 종료 후 15일 이내에 작성하여 투자자에게 제공하여야 한다.
② 총경리는 본 회사의 연도 대차대조표, 손익계산서 및 기타 회계보고서를 각 회계연도 종료 일로부터 4개월 이내에 작성하여 투자자에게 제공하여야 한다.
제29조
총경리는 중국 ○○시의 공인회계사를 초빙하여 본 회사의 연도 회계보고서와 함께 회계장부를 감사하게 하여 그 감사보고서를 투자자에게 제공하여야 한다.
제30조
본 회사는 중국의 관련 법률, 법규의 규정에 따라 각종 세금을 납부한다.
제31조
① 본 회사는 법에 의해 납세한 후 이익에서 준비기금 및 종업원 장려복리기금을 적립한다. 매년 적립비율은 준비기금의 경우 세금납부 후 이익 10%이상의 범위 내에서 투자자가 결정하고, 종업원 장려복리기금은 투자자가 결정한다.(22)
② 본 회사가 법에 의해 납세하는 한편 본 조 ①항의 기금을 적립한 후 이익은 투자자가 사용방법을 결정한다.(23)

제7장 외화수지의 균형

제32조
본 회사는 그 제품의 70% 이상을 수출하고 자체적으로 외화수지 균형을 해결한다.(24)
제33조
본 회사의 외화에 관한 모든 사항은 '중화인민공화국 외화관리잠정조례' 및 기타 관련 법률, 법령의 규정에 의해 처리한다.

제8장 노동관리

제34조
본 회사는 종업원의 채용, 해고, 사직, 급여, 복리, 노동보험, 노동보호, 노동규율 등 모든 사항에 대해 '중화인민공화국노동법' 및 ○○성 ○○시의 외국투자기업노동관리에 관한 규정에 의해 노동관리규칙을 제정하고 총경리가 구체적으로 집행한다.(25)

제35조
본 회사는 종업원과 개별로 노동계약을 체결한다. 종업원의 급여, 생활복리, 노동보험, 사회보험 및 기타 대우는 노동계약에서 구체적으로 규정한다.

제9장 노동조합의 조직

제36조
본 회사의 종업원은 '중화인민공화국 노동조합법'에 기초하여 노동조합조직을 만들고 조합활동의 권리를 갖는다.
제37조
본 회사의 노동조합은 종업원의 이익대표이다. 그 임무는 법에 의해 종업원의 민주적 권리 및 물질적 이익을 옹호하며, 본 회사가 종업원 복리기금을 분배하고 또 합리적으로 사용하는 것에 협력하며 종업원이 정치, 업무 및 과학지식의 학습을 진행하는 것을 조직하고 문예, 체육활동을 전개하며 종업원에게 노동규율을 준수하는 것을 교육하여 더욱 본 회사의 각 임무를 달성하는 것이다.
제38조
노동조합은 종업원과 본 회사 사이에 발생할 분쟁의 조정에 참가할 수 있다.
제39조
본 회사는 매달 본 회사의 종업원의 실제 급여 총액의 2%를 노동조합의 경비로 교부하고 노동조합은 '노동조합의 경비관리규칙'의 규정에 따라 사용한다.

제10장 경영기간, 해산 및 청산

제40조
본 회사의 경영기간은 ○○년으로 하고 본 회사의 성립 일로부터 계산한다.(26)
제41조
① 본 회사가 정관 제40조에서 규정하는 경영기간을 연장할 때는 기간만료 전 6개월 전까지 원심사허가기관에 신청하여 그 허가를 얻은 후 공상행정관리국에 변경등기 수속을 한다.(27)
② 경영기간이 만료하여 재연장 하지 않을 때는 본 회사는 해산한다.
제42조
아래의 사유의 어느 하나가 존재할 때 투자자는 본 회사의 경영기간이라도 본 회사의 해산을 결정할 수 있다.(28)

1. 본 회사의 수익 상황이 불량하여 연도 결산이 ○년 이상 연속 손실이 발생하는 한편 가까운 장래에 전망이 없을 때.
2. 본 회사의 누적 손실이 투사총액의 ○○% 이상에 도달하였을 때
3. 불가항력의 원인으로 본 회사의 경영이 계속 불가능할 때.
4. 본 회사의 경영목적을 달성할 수 없는 동시에 발전 전망이 없을 때.

5. 법률의 변경 또는 정부의 명령에 의해 본 회사의 경영이 곤란 또는 불가능하게 되었을 때.
6. 상기 이외에 투자자가 본 회사를 중도 해산하여야 한다고 인정하였을 때.

제43조

투자자가 본 정관 제42조의 규정에 따라 본 회사의 해산을 결정하였을 때는 본 회사는 원 심사허가기관에 종료 신청서를 제출하여 그 허가를 받아야 한다.

제44조

본 회사의 경영기간이 만료하여 연장하지 않을 때 또는 본 정관 제42조의 규정에 의해 본 회사를 해산하였을 때는 본 회사는 종료일로부터 15일이내에 공고하는 한편 채권자에게 통지하며 공고를 발표한 날로부터 15일 이내에 청산수속, 원칙 및 청산위원회의 선임을 제출하고 청산위원회를 조직하여 원 심사허가기관의 허가를 거친 후 청산을 진행한다.(29)

제45조

① 청산위원회는 본 회사의 법정대표자, 채권자 대표 및 관련 주관기관의 대표로 구성하는 한편 중국의 회계사, 변호사 등을 초빙하여 참가하게 한다.
② 청산비용은 본 회사의 현재 소유 재산에서 우선 지불한다.

제46조

청산위원회는 다음의 권한을 행사한다.

1. 채권자회의 소집
2. 본 회사의 재산 인계 및 정리, 대차대조표 및 재산목록의 작성
3. 재산평가서 및 계산 근거의 작성
4. 청산방안의 작성
5. 채권의 회수 및 채무의 변제
6. 투자자가 납입하여야 하지만 납입하지 않은 금액의 추가징수
7. 잉여재산의 분배
8. 본 회사를 대표하여 소송제기와 응소

제11장 규칙제도

제47조

본 회사는 다음의 규칙제도를 제정한다.

1. 조직규정
2. 노동관리의 규칙
3. 급여제도
4. 재무회계제도
5. 기타 필요한 규칙제도

제12장 부칙

제48조

본 정관은 ○○성 ○○시의 대외경제무역위원회의 허가 후 효력이 발생하는 것으로 한다.(30)

제49조
본 정관의 개정은 투자자가 결정하여 원 심사허가기관의 허가 후 효력이 발생하는 것으로 한다.
제50조
본 정관의 정본은 중문으로 작성한다.
제51조
본 정관은 20○○년 ○○월 ○○일 투자자가 작성하여 투자자의 법정대표자가 서명한다.

투자자 대한민국 ○○○○○○주식회사
법정대표자 사장 ○○○○
(서명)

【MBA China Business Study Check Point】

(1) 외자기업의 명칭은 법령의 규정에 의해 배열의 순서가 지정되어 있다. 그 구성은 최초에 기업소재지를 나타내는 행정구역 명칭, 다음 고유명칭, 그 다음에 영업의 종류, 목적을 나타내는 보통 명칭, 최후에 조직형식을 나타내는 유한회사를 붙인다. 이점은 합자기업의 기업 명칭과 같다(회사등기관리조례 제11조, 기업명칭등기관리규정 제7조).

다음과 같은 예를 살펴 볼 수 있다.

【참고 예1】

심천○○기계유한회사

【참고 예2】

청도○○식품유한회사

【참고 예3】

무석○○복장유한회사

【참고 예4】

상해○○전자유한회사

(2) 본 조는 유한책임의 원칙을 명확하게 나타낸 것이다. 투자자는 자기가 납입을 넣은 출자액을 한도로 외자기업의 채무에 책임을 진다. 자기가 납입한 출자액은 등록자본으로서 표시된다.

투자자가 등록자본의 전액을 납입한 후 외자기업의 채무 담보가 되는 것은 외자기업의 재산뿐이다.

(3) 본 조는 외자기업 설립의 취지 또는 목적을 나타낸다. 본 조는 제품의 대부분은 수출하는 제품에 해당하는 것이므로 외자 획득을 목적으로 하는 것으로 기재하였다. 설립하는 외자기업의 실정에 맞도록 적정하게 기재하면 충분하다.

(4) 경영범위는 우리나라 회사 정관의 기재 사항인 목적과 같다. 외자기업이 현실에 진행하는 사업의 범위를 나타낸다. 본 조는 예로써 식품의 한 예를 들고 있다.

다음과 같은 예를 살펴 볼 수 있다.

【참고 예1】

전자밸브전동기의 제조, 판매

【참고 예2】

1. 카메라의 제조, 판매
2. 각종 렌즈 및 zoom lens의 제조, 판매
3. 섬광등 및 기타 카메라 부속품의 제조, 판매

【참고 예3】

1. X광 진단기의 생산, 판매
2. 인공 심장과 폐 및 기타 인공순환 장치의 제조, 판매

(5) 생산규모는 외자기업이 보유하는 생산용 기계설비에 의한 생산능력을 나타내는 것으로 반드시 외자기업의 실제 생산수량과 생산계획을 나타내는 것은 아니다. 본 조는 식품인 경우의 참고 예를 나타낸 것으로 제6조의 경영범위와 함께 생산규모를 나타내고 있다.

(6) 본 조는 수출비율을 나타낸다. 제품의 전부 또는 대부분을 수출하는 것을 설립허가의 조건으로 하고 있는 경우가 있으므로 구체적인 수출 비율을 나타내는 것이 필요하다.

수출 비율을 70%로 정관에 기재한 경우 남은 30% 제품은 중국 국내시장에서 판매 가능하다. 정관에 기재한 수출비율을 변경할 때는 정관의 변경으로 심사허가기관의 허가가 필요하기 때문에 후에 80% ~ 100%를 수출할 때도 70%이상으로 기재하면 된다.

(7) 투자총액은 외자기업이 필요로 하는 자금의 총액으로 자기 자금인 등록자본만으로 부족할 때 등록자본과 차입금의 합계 금액을 나타낸 것이다.

일반적으로 외자기업의 공장용지의 사용권, 공장건물 및 기계설비 등을 취득하기 위한 자금과 유동자금이 투자총액의 내용으로 된다.

(8) 등록자본은 투자자가 납입한 출자액으로 우리나라 회사의 자본금과 같은 의미이다. 투자총액 및 등록자본에 대해서 일반적으로 인민폐로 표시되기도 하지만, 외화(US달러)로 표시하는 경우가 일반적이다. 본 조례는 인민폐의 표시를 채용하고 있다. 투자총액과 등록자본의 비율은 법령상 제한이 있다.

(9) 등록자본의 납입은 일괄납입과 분할납입이 있다. 분할납입인 경우 제1차 납입은 외자기업 성립 일(영업허가증 발행일)로부터 90일 이내에 실행하여야 하며, 동시에 제1차의 납입액은 등록자본의 15% 이상인 것을 요구한다. 최종 납입일은 외자기업의 성립일로부터 3년 이내에 하고 있다(외자기업법실시세칙 제31조). 이러한 점은 합자기업의 등록자본의 납입기간과는 다른 규정으로 되어 있기 때문에 주의가 필요하다. 투자자는 보통 외화(미화)로 등록자본을 납입하게 된다.

만약 외자로 등록자본을 표시하였을 때는 직접 외화로 납입하면 된다. 투자자는 등록자본을 인민폐로 표시하였을 때도 또는 외화로 표시하였을 때도 등록자본을 외화로 납입이 원칙이지만, 투자자가 중국 국내에서 합법적으로 취득한 인민폐이면 예외로 인민폐로 납입도 허락된다.

외자기업 설립의 경우 투지지는 등록자본을 현금으로 출자하는 경우가 많으며 그 방법이 수속적으로 허가를 취득하기 쉽다. 그러나 생산용 기계설비와 특허권, 노하우를 현물출자하는 것도 가능하다. 현물 출자에 대해서는 그 기계설비가 외자기업의 생산에 필요한 한편 중국에서 생산 될 수 없거나 또는 생산 될 수 있어도 그 성능 또는 공급기간이 외자기업의 필요성을 충족할 수 없는 경우에 제한된다. 다음 공업소유권에 대해서는 투자자가 소유하는 권리인 한편 중국이 긴급하게 필요로 하는 신제품 또는 수출 판매에 적절한 제품을 생산할 수 없는 경우에 제한되어 있다.

현물 출자하는 기계설비와 공업소유권의 평가에 대해서도 그 타당성에 대해 심사가 진행되어 그 평가 금액의 근거로 하는 시장평가, 실용가치, 평가의 계산 근거 등에 대해 상세한 자료가 요구된다. 이 때문에 외자기업 설립 허가를 단기로 취득하기 위해서는 일반적으로 현물 출자를 피하고 현금 출자하여 설립 후 외자기업이 필요한 생산용 기계설비를 구입 또는 기술사용료를 투자자에게 지불하여 기술을 도입하는 방식이 진행된다.

(10) 등록자본의 감자는 자본 감소를 의미한다. 자본감소는 일반적으로 금지되어 있지만 특별한 상황인 경우는 허용되고 있다. 그 절차에 있어서 원심사허가기관의 허가를 받아야 한다.

외자기업의 경우 등록자본의 납입을 나누어 진행할 때는 최종 납입은 외자기업 설립 후 3년 이내로 되어 등록자본 전액의 납입이 없을 때도 먼저 개업등기가 되어 영업허가증이 발행된다. 그러나 우리나라 상법이 규정하는 전액 납입제도 채용되고 있다.

(11) 본 조는 외자기업에 동사회를 신설하지 않으므로 등록자본의 증자는 투자자가 자체적으로 결정하여 심사허가기관에 신청하여 허가를 받는 한편 공상행정관리국에서 변경등기 수속을 한다.

(12) 등록자본의 양도 수속도 증자의 경우와 같다. 외자기업의 투자자는 등록자본의 전부 또는 일부를 중국 이외의 외국기업, 기타 경제조직 및 개인에게 양도할 수 있다. 등록자본의 전부를 양도하였을 때는 투자자의 교체로 되며 일부를 양도하였을 때는 공동경영으로 된다.

(13) 본 조는 공장용지와 건물의 취득 면적을 나타내고 있다. 공장용지와 공장 건물을 어떻게 취득하는가 하는 것은 외자기업 설립의 기초로 되는 것이므로 명확히 기재하는 것이 좋다. 외자기업 설립 신청서에는 공장용지와 건물의 면적과 개요를 기재하여야 한다.

본 조는 국영기업의 자산(토지사용권, 공장건물 및 생산용 기계설비 등 세트)을 일괄하여 납입을 받는 경우이다.

다음은 토지사용권을 구입하여 건물을 건축할 때의 참고 예를 나타낸다.

【참고 예3】

본 회사는 설립 후 ○○시 경제기술개발구에서 약 ○○○○○㎡의 토지사용권을 취득하여 해당 토지 위에 약 ○○○○○㎡의 공장건물 및 사무빌딩 등을 건축한다.

(14) 본 예는 동사회를 설치하지 않은 정관 예이므로 총경리는 투자자가 직접 선임한다. 투자자인 한국기업이 파견할 경우도 있고 중국인을 전담케 하는 경우도 있다. 투자자와 총경리의 관계는 위임계약 관계이다.

(15) 총경리 및 부총경리의 임기에 대해서는 외자기업법 및 동 법실시세칙에 규정이 없다. 따라서 투자자가 임의로 규정할 수 있지만, 일반적으로 2년으로 하는 경우가 많다. 3년으로 규정하는 경우도 있다. 원칙적으로 임기를 2년으로 하고 경영능력이 있는 인재이면 재임하는 것이 바람직하다. 비교적 장기간의 임기를 규정하게 되면 특히 중국인을 총경리로 선임한 경우 임기 내에 교체시킬 필요가 있을 때 해임 등의 사태가 되어 분쟁의 원인이 될 수 있다.

(16) 총경리 및 부총경리와 투자자의 관계는 위임관계이므로 사직에 의해 종료하지만(민법통칙 제69조(2)), 총경리 또는 부총경리가 갑자기 사직하면 외자기업의 경영에 장애를 초래하기 때문에 3개월 전에 예고의무를 규정한 것이다.

(17) 외자기업에 동사회를 설치하지 않으면 총경리가 법정대표자로 된다. 총경리가 외자기업의 대외적 대표권을 갖고 있으며 총경리가 외자기업을 대표하여 한 행위의 효과는 외자기업에 귀속된다.

(18) 총경리는 법정대표자인 동시에 회사 내부에서는 투자자가 특히 중요한 사항의 결정권을 보유한 이외의 모든 일상 경리 관리에 관한 사항에 대한 결정과 집행을 한다. 총경리가 회사 내부에서 인사 임명권을 갖는 것을 주의적으로 규정한 것이다. 본 조는 총경리에게 인사 임명권을 인정하였지만, 만약 투자자의 동의를 필요로 하는 것을 규정하려면 일정한 직무상 지위 임면에 대해 사전에 투자자에게 보고하여 그 동의를 얻는 것을 취지로 규정하면 된다. 총회계사는 경리부장, 총공정사는 기사장 또는 기술부장, 총심계사는 감사부장으로 번역해도 된다.

(19) 본 조는 투자자가 특히 중요한 사항으로써 자기 결정권을 보유한 것이다. 각 외

자기업의 구체적인 실정에 따라 필요한 사항을 보충, 추가할 수 있다. 본 정관 예에서는 동사회를 신설하지 않았기 때문에 투자자가 직접 결정하게 된다. 동사회를 설치하였을 경우 이런 중요 사항을 동사회가 결정하게 되지만, 투자자가 1명일 때는 결국 투자자가 전 동사를 선임하게 되므로 어떤 방법을 채용하여도 실질적으로 투자자의 의사에 의해 결정되는 것이 된다.

(20) 본 조는 겸직 및 경업행위 금지에 관한 것이다. 우리나라 상법과 같이 법률상 경업행위가 금지되어 있지 않기 때문에 정관상 명확히 기재해 둘 필요가 있다. 총경리 및 부총경리 이외의 간부 직원에 대해서도 본 조의 대상으로 포함할 수 있다.

(21) 본 조는 총경리 또는 부총경리를 교체하는 것에 대한 규정이다. 이 들에게 위법행위, 중대한 직무상의 과실이 있을 때 본 조 전단에 의해 교체될 수 있다. 총경리 또는 부총경리가 경영수단, 관리능력이 부족한 때 또는 기타 합리적 이유에 의해 외자기업의 경영관리상 교체할 필요가 있을 때는 본 조 후단에 의해 임기 중이라도 교체가 가능토록 하였다.

(22) 외자기업은 납세 후 이익에서 우선 준비기금과 종업원 장려복리기금을 적립한 후 이익을 투자자에게 배당할 수 있다. 단지 전 회계연도에 손실이 있을 때는 그 보충을 우선하여야 한다. 본 정관 조문에서는 동사회가 설치되어 있지 않기 때문에 투자자의 동의를 얻은 후 외자기업이 결정한다.

외자기업이 적립하여야 할 기금의 종류는 두 가지로써 준비기금의 적립 비율은 10%이하여서는 안 된다고 규정되어 있어(외자기업법실시세칙 제61조), 이점은 합자기업의 경우와 다르기 때문에 주의를 필요로 한다.

(23) 준비기금과 종업원 장려복리기금을 적립한 후 이익처분 방법에 대해서는 투자자의 동의를 얻어 외자기업이 결정한다. 외자기업에 유보하여 설비투자, 사택건설 등에 사용해도 좋고 투자자에게 배당해도 좋다.

(24) 외자기업은 외화수지 균형을 자체적으로 유지하여야 한다. 외자기업이 필요로 하는 외화지출 용도로서 부품, 원재료 등을 수입할 때 수입대금, 한국기업에서 파견된 간부에게 급여지불, 투자자에 대한 배당금, 생산용 기계설비 수입대금, 기술사용료의 지불 등이 있다. 외화수입으로 제품의 수출대금이 있다. 이와 같은 외화균형을 유지 규정은 현재는 폐지되어 있다.

본 정관의 예와 같이 제품의 70% 이상을 수출하는 것을 조건으로 설립 허가를 취득하고 있을 때 외화수지 균형의 유지는 합자기업에 비교하면 상당히 유리하다. 외자기업에서 제품을 100% 수출하고 있을 때는 반대로 인민폐 수입이 없기 때문에 외화조정센터에서 외화를 매각하게 된다.

(25) 외자기업의 경우는 중국기업 파트너가 없기 때문에 종업원의 채용, 대우, 각종 사회보험 가입, 노동기준, 퇴직 등 모든 노무관리에 관한 사항을 자체적으로 처리하여야 한다. 이 때문에 중국 국영기업에 근무하여 인사노무 방면을 담당한 경력이 있는 유능한 간부를 채용할 필요가 있다. 중국에서 노무관리 사무수속은 복잡하여 한국인 간부만으로는 도저히 정확하고 안전한 사무처리를 기대할 수 없다.

일반적으로 노동법 및 그 소재지의 성 또는 시가 제정하고 있는 외국투자기업 노무관리 규정에 준거하여 우리나라 취업규칙에 제정한 노무관리규칙을 제정하고 이것과 동시에 급여규칙도 규정할 필요가 있다. 다음에 종업원과 개별로 노동계약을 체결하게 되지만, 그 내용은 중국의 위의 노동관계 법규에 적합되어야 한다. 중국 종업원 노무관리는 매우 중요한 동시에 복잡하므로 노동계약서의 초안을 소재지의 노동국에 제출하여 확인을 받아 두는 것이 좋다. 또 그 내용이 부족한 경우는 종업원과의 노동분쟁의 원인이 될 수 있기 때문에 전문가와 상담하여 작성하는 것이 바람직하다.

(26) 외자기업의 경영기간에 대해서는 법규상 구체적인 규정은 없다. 생산형 외자기업의 경우는 보통 토지사용권을 불하 받아 공장건물을 신축하거나 또는 토지사용권과 공장건물을 일괄 불하 받는 경우도 많지만, 용도가 공장용지인 경우 토지사용권의 불하기간이 보통 50년이므로 경영기간을 50년으로 하여 신청하는 예가 많아 대체로 50년의 경영기간이 인정되어 있다. 보통 투자자가 설립 신청 시에 희망하는 경영기간을 신청서에 기재하여 심사허가기관이 그 업종, 규모, 용지취득방법, 토지사용권의 기간 등을 기초로 결정하고 있다.

(27) 외자기업의 경영기간이 만료되었을 경우 더 경영기간을 연장할 때는 경영기간 만료 6개월 전까지 심사허가기관에 대해 경영기간의 연장 신청서를 제출하여 그 허가를 받는 한편, 공상행정관리국에 대해 변경등기 수속을 진행하는 것으로 규정되어 있으므로 본 조는 법령 규정을 주의적으로 규정한 것이다.

(28) 본 조는 중도 해산에 대한 규정이다. 외지기업과 합자기업은 물론이고 확실하게 이익을 계산하기 위해서는 대단한 경영능력이 필요하다. 경제정세의 변동, 중국 국내 정세의 변화 기타 등의 원인으로 외자기업이 손실을 보거나 또는 경영을 계속할 수 없을 경우가 있다. 이런 경우를 예측하여 중도 해산의 원인에 대해서 될수록 구체적이고 명확

하게 기재하여 둘 필요성이 있다. 외자기업 해산 시는 채권자와 종업원의 관계에 대해서 투자자인 한국기업이 직접 해산을 강요할 수도 있기 때문에 설립 시에 경영기간 중 해산, 폐쇄 등 최악의 사태에 대해서도 충분히 검토하여 정관에 필요한 사항을 명확하게 규정하여 두는 것이 바람직하다. 해산원인은 각 외자기업의 구체적인 사정에 의해 적당하게 추가 또는 삭제하면 된다.

(29) 외자기업을 해산하였을 때는 해산 일부터 15일 이내에 공고하는 한편 개별로 채권자에게 통지하여 채권자위원회를 조직하여 그 선임과 청산수속, 원칙을 규정하여 심사허가기관에 보고하여 그 허가의 요구를 필요로 한다. 그 후 구체적인 청산수속를 밟는다.

(30) 외자기업의 정관은 투자자가 작성하여 외자기업 설립 신청서와 함께 제출하여 허가를 취득하였을 때에 효력이 발생한다. 그 개정도 같다.

동사회를 설치한 경우의 정관

제1장 총 칙

제1조

본 회사의 명칭은 '○○○○○○유한회사' 로서 그 영문 명칭은 '○○○○○○Co.,Ltd.' 로 한다.

제2조

본 회사의 법정소재지는 '중국 ○○성 ○○시 ○○○○○○' 로 한다.

제3조

본 회사의 조직형식은 유한책임회사로 한다. 투자자의 본 회사에 대한 책임은 납입한 출자액을 한도로 한다.

제4조

본 회사는 중국 법인으로서 중국의 법률의 관할과 보호를 받는다. 본 회사의 모든 활동은 중국의 법률, 법령 및 관계 조례의 규정을 준수하여야 한다.

제2장 본 회사의 목적, 경영범위 및 생산규모

제5조

본 회사는 선진기술, 설비 및 과학적 관리 방법을 채용하여 품질이 우수한 ○○○○을 생산하고, 이것을 수출하여 외화를 획득하는 것을 설립 목적으로 한다.

제6조

본 회사의 경영범위는 다음과 같다.

1. 컬러TV의 생산과 판매

2. 전기세탁기의 생산 및 판매
3. 기타 가정용 전기제품의 생산 및 판매
4. 상기 제품에 대한 A/S

제7조

본 회사의 생산규모는 다음과 같다.

1. 컬러TV 년 생산 합계 ○○만 대
2. 전기 세탁기 년 생산 합계 ○○만 대

제8조

본 회사는 전 제품의 년 생산액의 70% 이상을 수출한다.

제9조

본 회사의 투자총액은 ○○○○만 US달러로 한다.(1)

제10조

본 회사의 등록자본은 ○○○○만 US달러로 한다.

제11조

투자자는 본 정관 제10조의 등록자본을 US달러 방식으로 본 회사가 개설한 외화 예금계좌에 다음과 같이 3차로 나누어 납입하기로 한다.

1. 본 회사의 성립일(본 회사의 영업 허가증 발행일, 본 회사의 성립일의 정의는 아래와 같다)부터 ○○일 이내에 ○○○만 US달러
2. 본 회사의 성립일부터 ○○일 이내에 ○○○만 US달러
3. 본 회사의 성립일부터 ○○일 이내에 ○○○만 US달러(2)

제12조

투자자가 출자(등록자본)를 납입한 후 본 회사는 중국의 ○○시의 공인회계사를 초빙하여 검사하게 하여 출자검사보고를 발행받아 이것에 의해 본 회사는 투자자에게 대해 출자증명서를 교부한다.

제13조

본 회사는 그 경영기간 내 등록자본을 감자할 수 없다.

제14조

① 본 회사의 등록자본을 증자할 필요가 있을 때는 동사회이 결의를 거쳐 원 심사허가기관에 신청하여 허가를 얻은 후 공상행정관리국에 변경등기 수속을 하는 것으로 한다.(3)

② 본 회사의 등록자본의 전부 또는 일부를 양도할 때는 동사회의 결의를 거쳐 원 심사허가기관에 신청하여 허가를 얻은 후 공상행정관리국에 변경등기 수속을 하는 것으로 한다.(4)

제4장 토지, 공장건물 및 기계설비

제15조

본 회사는 성립 후 법정소재지에서 약 ○○○○○㎡ 의 토지사용권과 약○○○○○㎡ 의 공장건물 및 생산설비를 취득한다.(5)

제5장 동사회

제16조

본 회사에 동사회를 신설한다. 동사회는 본 회사의 최고권력기관이다.

제17조

동사회는 본 회사의 모든 중대한 사항을 결정한다. 그 직권은 주로 다음과 같다.

1. 총경리가 제출한 중요 보고(생산계획, 연도 영업보고, 종업원 채용계획, 자금, 차관) 등의 승인
2. 연도 회계보고서, 수지예산, 연도 이익배분 방안의 결정
3. 본 회사의 중요한 규칙제도의 제정
4. 지점기구 설립 또는 폐지의 결정
5. 등록자본의 증자와 감자
6. 등록자본의 전부 또는 일부 제3자에 대한 양도
7. 정관의개정
8. 경영기간의 연장, 본 회사의 해산 또는 다른 경제조직과의 합자
9. 중요한고정자산의 구입, 양도 및 저당권 설정
10. 중요한자금의 대차
11. 준비기금과 종업원 장려복리 적립기금의 적립 비율의 결정
12. 총경리, 부총경리, 총공정사, 총회계사 및 총심계사의 임면
13. 기타 동사회가 결정하여야 할 사항(6)

제18조

동사회는 ○명의 동사로 구성되며 동사는 투자자가 지명 파견한다.(7)

제19조

본 회사에 동사장 1명과 부동사장 ○명을 둔다. 동사장 및 부동사장은 투자자가 추천하여 동사회에서 선임한다.(8)

제20조

동사장은 본 회사의 법정대표자로 한다.(9)

제21조

동사장 및 부동사장을 포함하는 동사의 임기는 2년으로 하고 재임할 수 있다.(10)

제22조

① 동사회의 정기회의는 매년 1회 소집 개최한다.

② 동사회 회의는 원칙적으로 본 회사의 법정소재지에서 개최하지만, 한국을 포함하는 기타 지방에서도 개최할 수 있다.(11)

제23조

동사장이 필요로 인정할 때 또는 3분의 1이상(3분의 1을 포함)의 동사의 제안이 있을 때는 동사장은 동사회의 임시회의를 소집 개최한다.(12)

제24조

① 동사회 회의는 동사장이 소집하고 주재한다.

② 동사장이 병 기타 원인으로 동사회 회의에 출석할 수 없을 때는 부동사장 또는 동사장이 권한을 수여한 기타 동사가 동사회 회의를 소집하고 주재한다.

제25조

① 동사회 회의에 출석할 수 없는 동사는 대리 위임장을 발행하여 기타 동사에게 위임하여 대리의결 시킬 수 있다.

② 동사회는 반드시 회의를 소집 개최하는 것을 필요로 하지 않고 서면으로 회람방식으로 결의를 할 수 있다.(13)

제26조

동사회 회의는 동사 총수의 3분의 2이상(3분의 2를 포함)이 출석하였을 때 개최할 수 있고, 출석한 동사가 위의 인원에 도달하지 못할 때 그 결의는 무효로 한다.(14)

제27조

① 아래의 사항은 동사회에 출석한 전원일치 동의에 의해 결의할 수 있다.

1. 정관의 개정
2. 등록자본의 증자와 감자
3. 등록자본의 전부 또는 일부 제3자에 대한 양도
4. 본 회사의 해산
5. 다른 경제조직과의 합병(15)

② 본 조 ①항에 규정한 이외의 사항은 회의에 출석한 동사 과반수의 찬성으로 결의할 수 있다.(16)

제28조

① 동사회는 회의마다 반드시 상세한 의사록을 작성하여 출석한 동사 전원이 서명한다.

② 본 조 ①항의 의사록 및 본 정관 제25조 ②항에 기초하여 작성되는 서면은 중문 및 한글로 작성하여 본 회사가 10년간 보존한다.

제5장 경영관리기구

제29조

본 회사에 총경리 1명을 둔다. 총경리는 투자자의 추천에 기초하여 동사회가 임명한다.(17)

제30조

본 회사에 부총경리 1명을 둔다. 부총경리는 투자자의 추천에 기초하여 동사회가 임명한다.

제31조

총경리 및 부총경리의 임기는 1기 ○년으로서 재임할 수 있다.(18)

제32조

총경리는 동사회가 결의한 사항 및 본 회사의 일상 관리업무를 집행하고 동사회의 결의를 필요로 하지 않는 사항에 대해서는 자체적으로 결정할 수 있다.

제33조

총경리는 동사회에 대해 직접 책임을 지고 본 회사의 일상적 생산, 기술 및 경영관리 업무를 조직 지도한다.

제34조

부총경리는 총경리의 업무를 보좌하며 총경리가 병 기타 원인으로 그 직책을 이행할 수 없을 때는 임시로 총경리 업무를 대리한다.

제35조

동사장 및 부동사장을 포함하는 동사는 동사회의 허가가 있으면 본 회사의 총경리 또는 부총경리를 겸임할 수 있다.(19)

제36조

총경리 또는 부총경리는 본 회사 이외의 기타 경제조직의 직무(단지 투자자의 직무를 포함)를 겸임할 수 없으며 또 본 회사의 업무와 경합하는 상업행위를 관여해서는 안 된다.

제37조

① 총경리 또는 부총경리는 동사회에 3개월 전에 서면으로 통지하여 사직을 신청할 수 있다.

② 총경리 또는 부총경리에게 위법, 정관 위반 또는 중대한 실직행위가 있을 때는 동사회는 언제든지 해당 총경리 또는 부총경리를 경질시킬 수 있다. 동사회가 본 회사의 경영관리상 필요하다고 인정할 때도 동일하다.(20)

제38조

① 본 회사는 필요에 따라 총공정사, 총회계사 및 총심계사 등 고급관리 직원을 둘 수 있다. 이 경우는 동사회의 결의를 거쳐 임명한다.

② 총공정사, 총회계사 및 총심계사 등 고급관리 직원을 둘 경우 그들은 총경리의 지도를 받는다.

③ 총공정사, 총회계사 및 총심계사 등 고급관리 직원에 대해서는 본 정관 제36조 및 제37조의 규정을 적용한다.

제6장 재무, 회계 및 세무

제39조

본 회사의 재무회계는 중국 재정부가 제정한 '중화인민공화국 외국투자기업회계제도'의 규정에 의해 처리한다.

제40조

본 회사의 회계연도는 매년 1월 1일부터 동년 12월 31일로 한다. 단지 제1회계연도는 본 회사 성립 일로부터 20○○년 12월 31일까지로 한다.

제41조

본 회사의 모든 전표, 장부 및 회계보고서는 모두 중문으로 작성한다. 단지 4분기 및 연도 대차대조표, 손익계산서 및 기타 회계보고서는 한글로 작성한다.

제42조

본 회사는 인민폐를 본위 통화로서 기장한다.

만일, 인민폐와 외화를 환산할 때는 실제에 발생한 날의 외화 지정은행이 공표한 환율로 환산한다.

第43조

① 총경리는 본 회사의 4분기마다 대차대조표, 손익계산서 및 기타 회계보고서를 각 4분기 종료 후 15일 이내에 작성하여 동사회 및 투자자에게 제공하여야 한다.

② 총경리는 본 회사의 연도 대차대조표, 손익계산서 및 기타 회계보고서를 각 회계연도 종료 일로부터 4개월 이내에 작성하여 동사회 및 투자자에게 제공하여야 한다.(21)

第44조

총경리는 중국 ○○시의 공인회계사를 초빙하여 본 회사의 연도 회계보고서와 함께 회계장부를 감사하게 하여 그 감사보고서를 동사회 및 투자자에게 제공하여야 한다.

第45조

본 회사는 중국의 관련 법률, 법규의 규정에 따라 각종 세금을 납부한다.

第46조

① 본 회사는 법에 의해 납세한 후 이익에서 준비기금 및 종업원 장려복리기금을 적립한다. 매년 적립 비율은 준비기금의 경우 납세 후 이익의 10% 이상의 범위 내에서 동사회가 결정하고, 종업원 장려복리기금은 동사회가 결정한다.

② 본 회사가 법에 의해 납세하는 한편 본 조 ①항의 기금을 공제한 후 이익에 대해서는 동사회의 결의를 거쳐 투자자에게 분배 또는 다음 연도의 이익에 포함할 수 있다.(22)

第8장 외화수지균형

第47조

본 회사는 그 제품의 70% 이상을 수출하여 자체적으로 외화수지 균형을 해결한다.

第48조

본 회사의 외화에 관한 모든 사항은 '중화인민공화국 외화관리잠정조례' 및 기타 관련 법률, 법령의 규정에 의해 처리한다.

第9장 노동관리

第49조

본 회사는 종업원의 채용, 해고, 사직, 급여, 복리, 노동보험, 노동보호, 노동규율 등 모든 사항에 대해 '중화인민공화국 노동법' 및 ○○성 ○○시의 외국투자기업 노동관리에 관한 규정에 의해 노동관리규칙을 제정하고 총경리가 구체적으로 집행한다.

第50조

본 회사는 종업원과 개별로 노동계약을 체결한다. 종업원의 급여, 생활복리, 노동보험, 사회보험 및 기타 대우는 노동계약에서 구체적으로 규정한다.

제10장 노동조합의 조직

제51조
본 회사의 종업원은 '중화인민공화국 노동조합법' 에 기초하여 노동조합조직을 만들고 조합활동을 진행할 권리를 갖는다.
제52조
본 회사의 노동조합은 종업원의 이익대표이다. 그 임무는 법에 의해 종업원의 민주적 권리 및 물질적 이익을 옹호하며, 본 회사가 종업원 복리기금을 분배하고 또 합리적 사용에 협력하고 종업원이 정치, 업무 및 과학지식의 학습을 진행을 조직하고 문예, 체육 활동을 전개하며 종업원에게 노동규율의 준수를 교육하여 더욱 본 회사의 각 임무를 달성하는 것이다.
제53조
노동조합은 종업원과 본 회사 사이에 발생할 분쟁의 조정에 참가할 수 있다.
제54조
본 회사는 매달 본 회사의 종업원의 실제급여 총액의 2%를 노동조합에 경비로 교부하고 노동조합은 '노동조합의 경비관리규칙' 의 규정에 따라 사용한다.

제11장 경영기간, 해산 및 청산

제55조
본 회사의 경영기간은 ○○년으로 하고 본 회사의 성립 일로부터 계산한다.
제56조
① 본 회사가 정관 제40조에 규정하는 경영기간을 연장할 때는 기간만료 전 6개월까지 원심사허가기관에 신청하여 그 허가를 얻은 후 공상행정관리국에 변경등기수속을 진행한다.
② 경영기간이 만료하여 재연장을 하지 않을 때는 본 회사는 해산한다.(23)
제57조
아래의 사유 중 어느 하나가 존재할 때 투자자는 본 회사의 경영기간이라도 본 회사의 해산을 결정할 수 있다.

1. 본 회사의 수익 상황이 불량하여 연도 결산이 ○년 이상 연속 손실이 발생하는 한편 향후 전망이 없을 때.
2. 본 회사의 누적 손실이 투자총액의 ○○% 이상에 도달하였을 때
3. 불가항력의 원인으로 본 회사의 경영이 계속 불가능할 때.
4. 본 회사의 경영목적을 달성할 수 없고 동시에 발전 전망이 없을 때.
5. 법률의 변경 또는 정부의 명령에 의해 본 회사의 경영이 곤란 또는 불가능하게 되었을 때.
6. 위외에 동사회가 본 회사를 중도 해산하여야 한다고 인정하였을 때.(24)

제58조
투자자가 본 정관 제42조의 규정에 따라 본 회사의 해산을 결정하였을 때 본 회사는 원 심사허가기관에 종료 신청서를 제출하여 그 허가를 받아야 한다.

第59条

본 회사의 경영기간이 만료하여 연장하지 않을 때 또는 본 정관 제42조의 규정에 의해 본 회사를 해산하였을 때는 본 회사는 종료일로부터 15일 이내에 공고하는 한편 채권자에게 통지하고 공고를 발표한 날로부터 15일 이내에 청산수속, 원칙 및 청산위원회의 선임을 제출하고 청산위원회를 조직하며 원 심사허가기관의 허가를 거친 후 청산을 진행한다.

第60条

① 청산위원회는 본 회사의 법정대표자, 채권자 대표 및 관련 주관기관의 대표로 구성하는 한편 중국의 회계사, 변호사 등을 초빙하여 참가하게 한다.

② 청산비용은 본 회사의 현재 소유 재산에서 우선 지불한다.

第61条

청산위원회는 다음의 권한을 행사한다.

1. 채권자회의 소집
2. 본 회사의 재산인계와 정리, 대차대조표 및 재산목록의 작성
3. 재산평가서 및 계산 근거의 작성
4. 청산안의 작성
5. 채권의 회수 및 채무의 변제
6. 투자자가 납입하여야 하지만 납입하지 않은 금액의 추가징수
7. 잉여재산의 분배
8. 본 회사를 대표하는 소송제기와 응소

제12장 규칙제도

第62条

본 회사는 다음의 규칙제도를 제정한다.

1. 조직규정
2. 노무관리규칙
3. 급여제도
4. 재무회계제도
5. 기타 필요한 규칙제도

제13장 부칙

第63条

본 정관은 ○○성 ○○시의 대외경제무역위원회의 허가 후 효력이 발생하는 것으로 한다.

第64条

본 정관의 개정은 투자자가 결정하여 원 심사허가기관의 허가 후 효력이 발생하는 것으로 안다.

제65조
본 정관의 정본은 중문으로 작성한다.
제66조
본 정관은 20○○년 ○○월 ○○일 투자자가 작성하여 투자자의 법정대표자가 서명한다.

투 자 자 대한민국 ○○○○○○주식회사
법정대표자 사장 ○○○○
(서명)

【MBA China Business Study Check Point】

(1) 본 조는 투자총액 및 등록자본을 US달러로 표시하고 있다. 외자기업의 투자총액 및 등록자본은 인민폐로 표시하여도 되고 또 US달러 등 외화로 표시해도 된다. 일반적으로 달러로 표시하는 경우가 많다.

투자총액과 등록자본의 비율에 대해서는 법령상의 제한이 있으므로 주의가 필요하다. 이것은 자기 자본인 등록자본이 투자총액에서 차지하는 비율이 과도하게 낮지 않기 위한 제한적 규정이다.

(2) 외자기업의 등록자본(투자자가 납입한 출자액)의 납입시기에 대해서는 분할납입 경우는 제1차가 외자기업의 성립일부터 90일 이내인 한편 등록자본의 15%이상으로 되고, 최종 납입일은 외자기업 성립 일로부터 3년 이내로 되어 있다.

일반적으로 한국기업에 의한 외자기업 설립 상황은 일괄납입이 많다. 그러나 홍콩 등 기업, 개인에 의한 외자기업 설립 경우는 자금상의 문제 때문인지 2~3년의 분할납입을 규정하는 경우가 적지 않다. 이런 경우에 외자기업 성립 후 생산영업 시작 후도 등록자본의 일부납입이 되어 있지 않는 경우가 발생하여 자본충실의 원칙으로는 문제가 남아 있다.

(3) 외자기업에 동사회를 신설하는 경우 중요 사항의 결정은 동사회의 결의에 의한 것으로 한다. 따라서 등록자본의 증자나 감자도 동사회의 결의 사항이다.

(4) 등록자본의 전부 또는 일부의 양도도 동사회의 결의사항이다. 외자기업의 성질상 외자기업의 등록자본의 양도가 가능한 상대방은 외자기업의 투자자가 되는 자격을 가진 외국의 회사, 기업, 기타 경제조직 또는 개인에 제한된다. 등록자본의 전부를 양도할 때는 투자자의 교체가 되며, 일부를 양도할 때는 2명의 투자자에 의한 공동 경영이 된다.

(5) 본 조는 외자기업이 각지의 경제기술개발구에서 분양되고 있는 토지사용권을 구입하여 그 토지 위에 공장건물 등을 신축하는 경우를 규정하고 있다. 외자기업의 설립 허가 신청서에서는 공장용지와 건물의 취득 방법을 기재할 필요가 있다. 정식으로는 외자기업 설립 후 토지사용권 납입계약을 체결하고 또 공장건물 등 공사청부 계약을 체결하게 된다.

본 정관에서는 토지사용권의 취득 장소와 취득 면적을 규정하고 있다. 이런 공장용지와 공장건물의 취득 방법에 대해서는 외자기업 정관 작성 시까지 결정하여 토지사용권을 분양하고 있는 경제기술개발구의 개발회사, 관리위원회와 교섭하여 조건을 결정해 두는 것이 필요하다.

(6) 동사회를 설립하는 경우 외자기업의 중요 사항의 결정은 모두 동사회의 결의에 의한 것으로 한다. 본 조는 대부분 동사회가 결의하여야 할 중요 사항을 열거하고 있다. 각 회사의 구체적 사정에 따라 적절하게 필요 사항을 보충하거나 또는 삭제하면 좋다.

(7) 외자기업법 및 동법 실시세칙은 동사의 인원수에 대해 모두 규정하지 않았다. 이것은 동사회의 신설 자체를 임의적 사항으로 하고 있기 때문에 동법과 동법 실시세칙이 동사회에 대한 규정을 신설하지 않은 것에 따른다. 그러나 동사회의 성질상 3명 이상이어야 하며 중외합자기업법실시조례도 동사회의 구성원 수를 3명 이상으로 하고 있다(제34조).

일반적으로 3명인 경우가 많지만 설립하는 외자기업의 규모와 영업범위에 따라 적당하게 인원을 증가하게 된다. 외자기업의 동사는 투자자가 직접 지명한다. 투자자와 동사의 관계는 위임이다.

(8) 동사회를 신설할 때는 동사장 1명과 부동사장 약간 명을 선임한다. 이 경우 투자자가 동사 중에서 추천하여 그 추천에 기초하여 동사회가 선임하는 방법을 채용하고 있다. 그 위에 동사장과 부동사장의 선임에 대해서는 투자자의 의사가 반영되도록 규정하고 있다. 동사장과 부동사장은 중국 국적 또는 한국 국적도 상관없다.

(9) 동사회를 신설할 때는 동사장이 외자기업의 법정대표자로 된다. 이 점에서 동사회를 설치하지 않은 외자기업은 총경리가 법정대표자에 취임하는 것과 다르므로 주의가 필요하다.

(10) 동사의 임기는 일반적으로 2년으로 하는 경우가 대부분이다. 외자기입빕과 동법 실시세칙은 전술한 바와 같이 동사회에 대한 규정을 전혀 규정하고 않고 있기 때문에 동사의 임기에 대해서도 규정하지 않고 있다. 합자기업의 경우에는 동사의 임기는 4년으로 규정(중외합자기업법실시조례 제34조 ③항)되어 있지만, 현실적으로 2년으로 하고 있는

합자기업이 압도적으로 많다. 이것은 4년의 임기는 너무 긴 것과 보통 이사의 임기가 2년으로 규정되어 있는 것도 그 한 요인이라고 본다. 따라서 외자기업의 동사의 임기도 2년으로 하는 것이 보통이지만, 법률상의 제한이 없으므로 이보다 길어도 지장은 없다.

(11) 동사회는 매년 최소한 1회 이상은 소집 개최하여야 한다. 매년 12월 31일 회계연도가 종료되기 때문에 전 연도의 회계 보고서가 완성되는 이듬해 2월 말부터 3월 초순즈음에 정기 동사회를 개최하여 영업보고, 회계보고 등을 승인한다. 외자기업의 실정에 따라 개최 시기를 다소 빨리 하거나 또는 늦게 하는 것이 가능하다.

외자기업의 동사회 개최 장소에 대해서는 일반적으로 외자기업의 법정소재지로 하지만, 한국을 포함하는 국내외 기타 장소에서도 개최할 수 있다.

(12) 임시동사회는 동사장이 필요하다고 인정할 때 또는 3분의 1이상의 동사가 제안하였을 때에 소집 개최한다고 규정하는 것이 많다. 이것은 합자기업에 대한 규정(실시조례 제35조)을 그대로 참고하여 규정하고 있기 때문이다.

(13) 외자기업의 규모가 커지면 동사회 개최 수는 1회가 부족하여 적어도 수차 이상 개최할 필요가 발생한다. 또 동사회에서 결의하여야 할 사항도 증가된다. 외자기업의 동사는 투자자가 지명 파견하기 때문에 한국기업의 임원이 겸임하여 현지에 상주하지 않는 경우도 많으므로 본 조와 같이 대리 출석에 대한 규정과 서면 회람방식에 의한 결의방식을 규정해 두는 것이 편리하다.

(14) 외자기업 동사회 회의 정족수에 대해서는 외자기업법 및 외자기업법실시세칙에는 규정이 없다. 단지 합자기업의 경우 법정 정족수가 3분의 2이상으로 규정되어 있으므로(실시조례 제35조 ②항), 외자기업의 경우도 이것을 참고로 3분의 2이상으로 규정하는 것이 보통이다.

(15) 동사회 전원일치 찬성에 의한 결의 사항에 대해서도 외자기업법 및 동법 실시조례는 규정하고 있지 않으므로 보통 본 조가 규정하는 사항을 전원일치 결의 사항으로 하고 있는 상황이 많다.

(16) 동사회의 기타 결의 사항에 대한 결의 요건에 대해서는 반드시 정관에서 규정하는 것이 필요하지만, 보통 과반수의 찬성에 의해 결의할 수 있는 것이 보통이다.

전원일치 결의 사항에 대해서는 동사 전체 인원을 투자자로 하는 한국기업이 지명하고 있는 상황에서는 그다지 문제로 될 여지가 적지만, 현지에서 중국인 경영자를 동사로 하고 있는 상황에서는 해산 등 경우에 그 찬성을 얻는 것이 곤란한 경우도 예상되므로 우선 충분한 검토가 필요하다.

또 투자자가 한국기업 1사로서 동사 전체 인원을 한국기업이 지명하고 있는 경우와 달리 한국기업과 홍콩기업 등 2사로 공동 출자하여 외자기업을 설립할 경우에는 특히 동사회의 구성과 동사회의 결의사항 및 결의 성립요건에 대해서는 신중히 결정하는 것이 필요하다.

(17) 동사회를 신설할 경우 총경리 및 부총경리의 임명은 동사회의 결의 사항이 된다. 이 경우 본 조에서는 그 선임에 대해 투자자의 추천에 의한 것으로 투자자의 의사가 확실하게 반영되도록 고려하고 있다.

(18) 총경리 및 부총경리의 임기는 법규상 특별한 규정이 없다. 그러나 보통 동사의 임기와 같이 2년으로 규정하는 경우가 많지만, 물론 그 이상의 임기를 규정하는 것도 가능하다. 단지 너무 긴 임기를 규정하면 경영능력이 부족하거나 기타 이유로 교체의 필요가 있는 경우에 도중 해임이 되어 중국인을 총경리 또는 부총경리로 임명하였을 경우 등 분쟁의 원인으로 되기 쉬우므로 2년 정도의 임기를 규정하는 것이 바람직하다.

(19) 동사장, 부동사장을 포함하는 동사와 총경리 또는 부총경리의 겸임 규정이다. 동사의 총경리 또는 부총경리의 겸임에 대해서는 외자기업법 및 동법 실시세칙에는 규정이 없고 중외합자기업법과 동법 실시조례에도 규정이 없지만, 이것을 제한하는 규정도 없어 일반적으로 겸임이 가능하게 되어 실무적 이런 겸임 규정을 두는 경우가 바람직하다.

중국의 관련 법규에서 원칙적으로 동사는 비상근으로 일반적으로 본사의 임원 등 간부가 취임하고, 총경리 및 부총경리는 현지에 상주하여 실제상의 경영을 담당하는 것이 되지만, 현지에 상주하는 총경리 및 부총경리에게 동사를 겸임시키는 경우도 적지 않다. 투자자인 한국기업이 자사의 사원을 총경리 및 부총경리로 파견하는 상황에서는 비교적 문제를 발생할 여지는 없지만, 현지의 중국인 경영자를 총경리로 임명할 때는 이것에 동사장이며 기타 동사를 겸임시키면 직접적인 관리가 곤란하게 되는 경우가 있으므로 투자자인 한국기업에 의한 관리가 확실하게 진행되도록 배려하여야 한다.

(20) 본 조는 총경리 또는 부총경리에게 파면 사유가 있을 경우 또는 외자기업의 경영상 동시회가 필요로 인정되었을 때도 동사회의 결의에 의해 교체할 수 있다는 것을 규정하고 있다. 현지에서 중국인 경영자를 총경리 또는 부총경리로 임명할 경우와 한국인이라도 외부에서 초빙할 때는 본 조와 같은 규정을 신설하여 두는 것이 바람직하다.

(21) 4분기 마다 회계보고서는 4분기 종료 후 15일 이내에 제출하고, 또 연도 회계보고서에 대해서는 연도 종료 후 4개월 이내에 중국의 공인회계사의 감사보고서와 함께 제출하여야 한다(외국투자기업회계제도 제72조 ②항).

(22) 납세 후 이익에서 동사회가 결정한 비율의 준비기금 및 종업원 장려복리기금을 적립한 후 이익은 동사회의 결의에 의해 그 처분 방법을 결정한다. 그 처분방법으로서는 투자자에 대한 배당, 이듬 연도에 이월이 있다.

(23) 경영기간의 연장은 동사회가 결정한다. 이렇게 동사회를 신설할 경우 외자기업의 중요사항은 거의 동사회의 결의에 의해 결정하게 된다.

(24) 외자기업의 해산도 동사회의 결의 사항이다. 외자기업의 경우 중국측 당사자가 존재하지 않기 때문에 외자기업이 직접 중국인 종업원을 고용하여 관리하게 된다. 따라서 외자기업을 중도 해산하는 경우 중국인 종업원의 해고와 이에 따른 보상 문제가 발생하므로 해산 원인에 대해서는 가능한 구체적으로 규정하여 분쟁의 원인이 되지 않도록 규정해 두는 것이 필요하다.

제6장 한·중 합작기업의 설립방법과 계약서 작성

1. 한·중 합작기업의 개념과 특징

중외(한중)합작기업은 중국에서 중국기업과 외국기업(한국기업)의 공동 출자에 의해 설립되는 기업으로서 이론상 법인형과 비법인형(조합형) 두 가지 유형이 있다. 현재는 전자의 법인자격을 구비한 법인형 합작기업만이 인정되고 있다. 그 원인은 합작기업으로서 신청되는 상황에서 대부분 법인형태로 신청하기 때문이라고 설명하고 있다. 비법인형 합작기업은 중국기업과 외국기업의 계약 관계에 의한 공동사업으로 쌍방 당사자가 합작기업 채무에 대해 연대무한책임을 지고, 납세 경우도 중국기업은 국영기업으로서 외국기업은 외국기업으로 분리하여 납세 하는 등 이유로 외국기업에 대해 비법인형을 선택하는 메리트가 거의 없는 것으로 판단된다.

법인형 합작기업은 현지에 중국 법인인 회사를 설립하여 사업을 진행하는 것으로 이 때문에 합자기업과 많은 공통점을 갖는다. 합작기업은 그 근거 법규인 '중화인민공화국 중외합작기업법' 의 제정(1988년 4월) 전에 이미 5,000건에 가까운 허가를 진행되었다. 말하자면 실무 선행형으로서 실무 관행을 추인하는 형식으로 '중외합작기업법' 이 1988년 4월에 제정되었다.

그러나 동법은 전체 28조의 간단한 법률로 현재까지도 실시조례나 실시 세칙이 제정되지 않아 불명확한 점이 적지 않다. 이 때문에 합작기업의 경우는 쌍방 당사자 사이에서 체결되는 계약이 중요한 의미를 갖는 것이 되지만, 각지에서 합작기업에 대한 허가의 기준이 반드시 통일되는 것이 아니기 때문에 법인형 계약이지만 이것과 모순되는 조항이 포함되어 있는 등 일부 혼란이 있어 합자기업과 비교하여 법적으로 불명확한 점이 적지 않다.

합작기업은 단기에 투자한 자본을 회수하는 것을 최대의 요점으로 한 쉬운 탄력적인 투자형태로 약 90%는 홍콩기업 등에 의해 광동성에서 설립되어 있다고 보고되고 있다. 중국시장에 본격적인 진출을 희망하는 우리나라 기업과 미국 및 유럽기업은 대부분의 경우 외자 또는 합자를 선택하여 과거에 호텔사업의 일부로 합작기업 방식이 채용된 경우를 제외하고 합작기업 방식은 많이 채용되고 있지 않다.

다음은 법인형 합작기업의 특징을 설명한다.

(1) 중국 파트너가 존재한다.

(2) 등록자본은 구체적인 금액으로 표시된다.

비법인형(조합형)의 합작기업의 영업허가증에는 등록자본 금액은 표시되지 않고 '합작

당사자는 연대책임을 진다' 는 내용이 취급되는 것이다.

(3) 유한책임이다.

법인형 합작기업은 유한책임회사로 출자자는 계약에서 규정된 출자의무를 이행한 후는 합작기업의 채무에 대해 책임을 지지 않는다. 비법인형 경우에는 합작기업의 채무에 대해 쌍방 당사자가 연대하여 무한책임을 진다.

(4) 자본의 감자는 원칙으로서 허락되지 않는다.

법인형 합작기업은 경영기간 내는 일반적으로 그 등록자본을 감자하는 것은 허가되지 않는다. 단지 손실의 발생 등 상황 변화에 따라 감자하는 것을 필요로 할 때는 원 심사허가기관에 신청하고 동시에 공고를 하는 한편 알고 있는 채권자에게 서면으로 통지한다. 등록자본의 감자에 이의가 있을 때는 90일 이내에 신청할 것을 촉구한다. 공고일로부터 90일 이내에 채권자로부터 이의가 없을 때는 원 심사허가기관이 등록자본의 감자를 허가한다. 이런 등록자본의 감자수속은 합작기간 중 1회 인정된다.

(5) 투자는 등록자본의 납입으로 된다.

법인형 합작기업은 등록자본이 구체적인 금액으로 표시되므로 그 재산권이 합작기업에게 이전될 수 있는 한편 평가가 가능한 것으로 되어야 한다. 따라서 비법인형 합작기업에서 합작 조건으로서 인정되는 임대차(리스), 대부금 등은 법인형으로 인정되지 않고 또 노무, 신용, 기술컨설팅 등은 평가가 곤란하므로 법인형 합작기업은 등록자본으로서 표시될 수 없으므로 투자 방식으로는 인정되지 않는다.

'중외합작기업법' 은 '중외합작자의 투자 또는 제공하는 합작조건은 현금, 현물, 토지사용권, 공업소유권, 비특허성기술 및 기타 재산권으로 충당할 수 있다' (제8조)고 규정하였다. 이 투자방식은 합작기업과 합자기업을 구별하는 중요한 차이점의 하나로 되어 왔다. 그러나 동 조례 '합작조건' 이 무엇을 의미하는가에 대해 '중외합작기업법' 은 모두 정의하지 않고 있으므로 불명확한 점이 많다. 실무 관행으로서는 ①평가가 곤란한 투자방식인 노무, 신용, 기술컨설팅을 투자할 때, ②합작기업의 등록자본으로서의 성질을 갖고 있지 않는 임대차(리스), 대부금의 방식으로 투자할 때, 이 두 가지 상황을 '합작조건' 으로 불러 왔다. 비법인형 합작기업은 이상의 투자 방식도 '합작조건' 으로서 인정되었다.

한편 법인형 합작기업의 등록자본 금액은 구체적인 금액으로서 정액으로 표시되고, 등록자본은 합작기업의 자산으로서 합작기업 채무의 담보로 되는 것이므로 평가가 곤란한 노무, 신용, 기술컨설팅과 합작기업에 권리자체가 이전되지 않고 단지 사용 또는 운용이 가능하게 될 뿐인 임대차(리스)며 대부금은 등록자본으로서의 적격성이 없다. 따라서 법인형 합작기업은 투자방식으로 합자기업과 차이가 없다.

그러나 현실의 합작기업 계약에서는 법인형 합작기업을 설립하여 유한책임회사로 규정하지만, '합작조건' 의 용어가 자주 사용되는 한편 임대차(리스) 또는 대부금의 방식으로 투자하는 등 조문이 보이고 또 이런 계약이 일부로 허가되고 있기 때문에 더욱 혼란이 발생하는 실정이다. 비법인형 합작기업의 경우는 법인자격이 없으므로 합작기업에 제공된 재산의 소유권은 합작기업에게 없고 각 당사자의 단독소유 또는 공동소유로 되어 합작기업은 단지 운용, 사용 등이 가능하게 된다.

(6) 등록자본의 양도에 대해서는 상대방 당사자의 동의가 필요하다.

(7) 동사회가 상설 결의기관이다.

법인형 합작기업에서는 동사회를 설립한다. 동사회에서는 합작기업의 결의기관으로서 모든 중요 사항을 결정한다. 동사장과 부동사장은 외국기업과 중국기업이 각 각을 분담한다. 동사장은 합작기업의 법정대표자이다. 비법인형 합작기업에서는 연합경영관리위원회 등 당사자 쌍방 협의기관을 신설하는 것이 보통이다.

(8) 경영관리기관은 총경리, 부총경리이다.

법인형 합작기업에서는 동사회가 총경리 1명과 부총경리 약간을 임명하여 일상 경영관리 업무를 맡기고 있다. 이 점도 합자기업과 같다.

(9) 이익 배당은 반드시 쌍방 당사자의 출자비율에 의해 진행되는 것이 아니라 외국측 당사자가 우선적 이익배당이 가능하다.

A. 생산형 합작기업은 생산한 제품을 당사자가 직접 분배한다.

B. 이익배당은 출자비율에 의하지 않고 외국측 당사자가 유리한 비율로 우선 이익배당을 받는다.

C. 고정자산의 감가상각 비용에 의해 외국측 당사자의 투자자본을 상환한다. 결국 이익계산의 유무와 관계없이 매 결산기에 감가상각 상당 금액을 외국측 당사자에게 상환하는 것으로 된다.

이상 세 가지 방법 중 C의 감가상각 비용에 의한 외국측 당사자의 투자 자본의 상환방식이 가장 많이 사용되어 종종 가속상각과 조합되고 있다.

(10) 경영기간 만료 후 청산방식은 쌍방 당사자의 출자비율에 의해 잉여금의 분배를 진행하는 것이 아니고, 고정자산을 중국측 소유로 귀속시키는 방법이 많이 채용된다.

합작기업의 청산방법도 합작기업과 합자기업을 구별하는 중요한 차이점이다. 합작기업의 경영기간 만료 시에 합작기업의 고정자산을 청산하지 않고 중국측 당사자의 소유로 귀속시키는 것을 계약에서 약정하였을 때는 외국측 당사자가 선행하여 투자자본을 회수하는 방법을 계약에서 확실히 규정할 수 있다. 즉 이익배당에서 외국측 당사자에게 유리하게 우선 배당하는 것을 규정하였을 때 또는 감가상각 비용에 의해 외국측 당사자에게 투자자본을 상환한다고 규정하였을 때는 반드시 경영기간 만료와 동시에 합작기업의 고정자산의 소유권을 중국측에 이전한다고 규정하지 않으면 안 된다. 물론 합작기업에서도 쌍방 당사자의 출자비율에 의해 이익배당을 하는 취지를 약정하였을 때에는 합자기업과 같이 청산수속을 하고 잉여금을 출자비율에 따라 분배한다.

(11) 합작기업은 외국측 당사자가 투자자본을 신속하게 회수하는 한편 예정 이익을 획득한 후 철수하는 방식의 경우에 적당한 투자 방식이다.

합작기업은 외국측 당사자가 일시적으로 중국에 대해 투자를 하여 단기적으로 확실하게 투자자본을 회수하는 경우의 투자방식이다. 이 때문에 투자규모가 비교적 작은 화교며 홍콩 등 소기업이 투자자본의 회수를 강하게 희망할 때에 합작기업을 선택한다고 고려된다. 따라서 중국시장을 향해 본격적 진출 계획을 할 때 또는 생산기지를 중국에 이전할 때에는 합자기업 또는 외자기업의 어느 하나를 선택하는 것이 보통이고 또 바람직하다. 합작기업의 근거 법률인 '중외합작기업법' 은 앞에서 서술한 바와 같이 모두 28조의 조문으로서 법적으로 불명확한 점이 남아 있다. '중외합작기업법' 제정 전에 발표된 '동법초안' 은 전부로 69조였으므로 제정 시에 대폭 내용이 삭감된 것이 된다. 그 이유에 대해서는 공표되지 않았지만, 합작기업 자체가 실무 선행형인 한편 여러 가지 형태가 존재하고 있었으므로 이것을 통일하여 조문화하는 작업이 곤란한 한편 불적절하다고 판단하였기 때문이라고 추측된다. 이렇게 합작기업은 근거가 되는 성문 법규가 적기 때문에 계약 내용에 대해 비교적 융통성이 있고 자유롭게 할 수 있지만, 반면 계약 당사자 사이에서 계약의 해석과 이행에 관하여 일단 분쟁이 발생하였을 때는 해결의 지침이 될 법규가 불충분하기 때문에 불안한 요소가 있는 투자방식이다.

따라서 대규모 투자나 본격적인 중국시장을 계획하는 우리나라 기업 또는 미국기업 등은 합작기업을 선택하는 적극적 의의는 부족하다고 보며 이 때문인지 현실적으로 합작기업을 투자방식으로서 선택하는 경우가 적다.

결국 법인형 합작기업에서 외국 당사자의 투자자본의 회수를 우선적으로 진행하지 않는 상황에서는 합자기업과 매우 유사하기 때문에 합작기업을 선택할 이유가 없게 된다.

2. 합작기업의 설립수속

합자기업의 설립수속은 기본적으로 합자기업과 같다. 이 때문에 필요한 서류와 설립허가에 소요되는 날짜도 앞에서 언급한 합자기업의 설립수속을 참조하면 된다.

따라서 다음 세 단계의 허가 수속이 진행된다.

① 프로젝트 제안서(항목건의서)의 허가

② F/S보고서의 허가

③ 합작기업의 설립 허가

합작기업 계약 중에 합작기업의 소득세 납부 전에 외국측 당사자가 투자를 회수하는 것을 내용으로 하는 조항을 포함할 때는 ③의 설립 허가 수속에서 세무국의 심사허가가 필요하다. 이것은 가속상각과 조합하여 감가상각에 의해 외국측 당사자에게 투자자본을 상환할 때는 세수에 영향을 주기 때문이다. 그러나 합작기업의 설립허가 수속의 실무에서는 현실적으로 상당한 융통적으로 운용이 진행되어 F/S보고서에 대해서도 매우 간략화된 내용으로서 허가되고 있다.

3. 합작기업 계약의 작성방법

다음 법인형 합작기업 계약의 예를 살펴본다. 합작기업 계약의 참고 양식이 적은 것은 합작기업 자체에 불명확한 점이 있는 한편 많은 변형이 있어서 통일적 참고 양식을 표시하는 것이 곤란하기 때문이다. 법인형 합작기업은 합자기업과 공통점이 많으므로 공통 부분에 대해서는 생략한다.

합작기업의 계약서

제1장 총칙

중화인민공화국 ○○시 ○○○○공사(이하 '갑' 이라 함)와 대한민국 ○○○○○○주식회사(이하 '을' 이라 함)는 '중화인민공화국 중외합작기업법' 및 중화인민공화국의 기타 관련법규에 기초하여 호혜평등의 원칙에 의해 우호적 협의를 거쳐 중화인민공화국 ○○성 ○○시에 공동투자에 의해 합작회사를 설립하는 것에 합의하여 다음의 계약을 체결한다.

제2장 합작 각 당사자

제1조 본 계약을 체결하는 합작 각 당사자는 다음과 같다.

갑: 중화인민공화국 (아래 중국이라고 약칭한다) ○○시 ○○○○회사
중국 ○○성 ○○시에서 등기
법정소재지 중국 ○○성 ○○시 ○○○○호
법정대표자 성명
직무 총경리
국적 중국

을: 대한민국 ○○○○○○주식회사
대한민국 서울특별시에서 등기
법정소재지 대한민국 서울특별시
법정대표자 성명
직무 대표이사(사장)
국적 대한민국

제3장 합작회사의 설립

제2조 갑, 을 쌍방은 '중화인민공화국 중외합작기업법' 및 기타 관련 법규에 기초하여 중국 ○○성 ○○시에 ○○○○○○유한회사(이하 '합작회사' 라 함)를 설립하는 것에 합의한다.

제3조 합작회사의 명칭은 '○○○○○○유한회사', 외국어 명칭은 '○○○○○○Co., Ltd.'로 한다.

제4조 ① 합작회사의 법정소재지는 중국 ○○성 ○○시 ○○로 한다.

② 합작회사는 위의 지점에 면적 약 ○○○○○㎡의 토지사용권과 면적 약 ○○○○㎡의 건물을 취득한다.

③ 합작회사는 생산경영의 발전과 필요에 따라 동사회의 결의에 의해 동시에 관련 정부 부처의 허가를 거쳐 중국의 기타 지역에 지점, 영업소, 사무소 등 분점을 설립할 수 있다.

제5조 합작회사는 중국법인으로서 중국 법률의 관할과 보호를 받는다. 합작회사의 모든 활동은 반드시 중국의 관련 법률, 법령 및 조례의 규정을 준수하여야 한다.

제6조 합작회사의 조직 형식은 유한책임회사로 한다.

갑, 을 쌍방은 각자가 납입한 출자액을 한도로 합작에 대해 납입 의무를 지고 합작회사의 채무에 대해서는 갑, 을은 모두 그 납입한 출자액 이외의 모든 지불의무를 지지 않는다.(1)

제4장 합작의 목적, 경영범위 및 규모

(생략 합자계약의 해당 부분 참조)

제5장 투자총액 및 등록자본

제10조 합작회사의 투자총액은 ○○○○만 US달러로서 그 중 등록자본은 ○○○○만 US달러로 한다. 등록자본 이외의 ○○○○만 US달러는 합작회사가 그 자산을 저당하는 방법으로 은행에서 차입한다.

제11조 등록자본 중 갑은 ○○○만 인민폐(○○○○US달러에 상당)를 출자하여 등록자본의 ○○%를 차지하고, 을은 ○○○○만 US달러를 출자하여 등록자본의 ○○%를 차지한다.

제12조 갑, 을 쌍방은 아래의 방식에 의해 출자한다.

갑 1. 토지사용권 ○○○○○m²
평가금액 ○○○만 인민폐
2. 건물 ○○○○m²
평가금액 ○○○만 인민폐
3. 전력, 수도, 가스 설비
평가금액 ○○○만 인민폐
4. 기타 동산(별지 목록 기재)
평가금액 ○○○만 인민폐

을 현금 ○○○○만 US달러

제13조 ① 갑은 본 계약 제12조 1에 의해 합작회사에 출자하는 토지사용권에 대해 합작회사 성립 일로부터 ○개월 이내에 ○○시 토지관리국과 토지사용권 납입계약을 체결하는 한편 납입대금을 지불하여 토지사용권 취득 수속을 완료한 후 합작회사에 출자하여 합작회사에 대해 토지사용권의 양도 수속을 하는 것으로 한다.(2)

② 갑은 본 계약 제12조 2, 3, 4에 의해 합작회사에 출자하는 건물, 전력, 수도, 가스 설비 및 기타 동산에 대해 합작회사 성립 일로부터 ○개월 이내에 ○○시 국유자산관리국과 국유자산 납입 계약을 체결하는 한편 납입대금을 지불하여 이런 자산의 소유권을 취득수속을 완료한 후 합작회사에 출자하여 합작회사에 대해 소유권의 이전을 하는 것으로 한다.(3)

③ 을은 본 계약 제12조에 의해 합작회사에 출자하는 현금(납입한 출자액)을 다음과 같이 3차로 나누어 합작회사가 은행에 개설한 계좌에 납입하는 것으로 한다. 매회 납입일, 납입금액은 다음과 같다.

1. 제1차 합작회사의 성립 일로부터 ○○일 이내, 그 출자액의 ○○%를 지불안다.
2. 제2차 합작회사의 성립일부터 ○개월 이내, 그 출자액의 ○○%를 지불한다.
3. 제3차 합작회사의 성립일부터 ○개월 이내, 그 출자액의 ○○%를 지불한다.

제14조 ① 갑, 을 쌍방의 어느 일방이 본 계약 제12조에서 규정한 출자에 대해 본 계약 제13조에서 규정한 기한까지 그 전부 또는 일부를 이행하지 않을 때는 계약위반 당사자는 미이행 금액에 대해 1일 마다 10,000분의 ○의 지연이자를 지불하여야 한다.

② 갑, 을 쌍방 어느 일방이 본 계약 제12조에서 규정한 각자의 출자에 대해 본 계약 제13조에서 규정한 기한까지 그 전부 또는 이행하지 않을 때는 본 계약을 이행하고 있는 당사자는 계약위반 당사자에 대해 ○○일 이내에 그 출자의무 이행을 서면으로 독촉하여 계약위반 당사자가 더 이행하지 않을 때는 본 계약을 해약하고 그로 인하여 입은 손해의 배상을 청구할 수 있다., 을 쌍방 어느 일방이 본 계약 제12조에서 규정한 각자의 출자에 대해 본 계약 제13조에서 규정한 기한까지 그 전부 또는 이행하지 않을 때는 본 계약을 이행하고 있는 당사자는 계약위반 당사자에 대해 ○○일 이내에 그 출자의무 이행을 서면으로 독촉하여 계약위반 당사자가 더 이행하지 않을 때는 본 계약을 해약하고 그로 인하여 입은 손해의 배상을 청구할 수 있다.

제15조 합작회사가 은행에 대해 차입을 신청할 때는 그 토지사용권 및 건물을 담보로 제공한다. 특별한 사정에 의해 필요할 때는 갑, 을 쌍방은 원칙적으로 각자의 출자비율에 의해 은행이 합작회사의 채무에 대해 보증한다. 보증에 관한 조건은 갑, 을 쌍방과 합작회사가 협의 결정한다.

제16조 ① 갑, 을의 어느 일방이 그 등록자본의 전부 또는 일부를 제3자에게 양도하려고 할 때는 다른 당사자는 우선매입권(즉 등록자본을 양도하려고 하는 합작 당사자는 등록자본의 양수인의 명칭 등 개요 및 양도가격 등을 통지하여 우선 다른 합작 당사자와 협의하여야 하며, 이 협의 과정에서 다른 합작 당사자가 해당 등록자본의 양수를 희망할 때는 해당 등록자본은 해당 다른 합작 당사자에게 양도하여야 한다)을 갖는다.

이 경우에 양도가격은 갑, 을이 협의•결정하지만, 만약 양도가격에 대해 쟁의가 있을 때는 합작회사의 순자산의 공정한 평가금액에 양도하는 등록자본이 등록자본 중에서 차지하는 비율을 곱하여 계산해 낸 금액을 갖고 양도가격으로 한다. 상기 평가금액에 대해 쟁의가 있을 때 갑, 을 쌍방은 공평한 제3자에게 평가를 위탁하는 것에 동의한다.

② 본 조 제1항의 경우 다른 합작 당사자가 해당 등록자본의 양수를 희망하지 않는 한편 제3자에로의 양도에 동의하였을 때는 양도를 희망하는 당사자는 협의 종료일부터 1년 내를 한도로 등록자본은 이것을 본 조 제1항의 협의에서 통지한 제3자에게 양도할 수 있다. 단지 그 경우 양도조건은 양도하려고 하는 합작 당사자가 그 협의에서 다른 당사자에게 신고한 조건을 하회해서는 안 된다.

③ 갑, 을 어느 일방이 본 조에 의해 그 등록자본의 전부 또는 일부를 양도하였을 때 합작회사는 관련 정부기관에 대해 심사허가 수속 및 변경 등기수속을 한다.

④ 갑, 을 쌍방은 상대방에게 제공하는 경우를 제외하고 그 등록자본을 담보에 제공해서는 안 된다.

⑤ 등록자본의 일부 양도에 의해 갑, 을의 등록자본에서 출자비율이 변경되었을 때 갑, 을은 각자의 본 계약 중의 권리와 의무에 관한 규정을 변경하는 것에 동의한다.(4)

제6장 합작 쌍방의 책임 및 임무

(생략 합자계약의 해당 부분 참조)

제7장 기술이전 및 기술지도

(생략 합자계약의 해당 부분 참조)

제8장 동사회

(생략 합자계약의 해당 부분 참조)

제9장 경영관리기구

(생략 합자계약의 해당 부분을 참조)

제10장 출자회수

제32조 ① 을은 합작기간 중에 출자의 회수를 한다.

을에 대한 출자의 상환은 매년 ○월 ○일까지 전 년도의 합작회사의 고정자산의 감가상각 상당 금액을 을에게 상환하는 방법에 의해 실행한다. 을에 대한 상환금액의 합계금액이 을의 출자금액에 도달하였을 때에 상환을 종료하는 것으로 한다.(5)

② 합작회사는 원칙적으로 고정자산의 감가상각에 대해 가속계산을 채용한다.(6)

제33조 합작회사가 합작회사의 재산으로 그 채무를 변제할 수 없을 때는 을은 본 계약 제32조의 규정에 따라 상환을 받은 금액을 한도로 합작회사의 채무에 대해 책임을 진다.(7)

제11장 이익배당

제34조 ① 합작회사는 준비기금, 기업발전기금 및 종업원 장려복리기금을 적립한다. 매년의 적립비율은 동사회가 합작회사의 실제 발전 상황에 기초하여 결정한다.

② 본 조 ①의 규정에 의해 3항기금을 적립한 후 이익에 대해서는 합작회사가 동사회의 결의에 기초하여 분배하는 한편 다음 연도의 이익배당에 포함한다.

③ 갑, 을 쌍방의 이익분배는 갑, 을 쌍방의 합작회사 설립 시의 출자비율에 기초하여 진행한다.(8)

(생략 합자계약의 해당 부분 참조)

제12장 세무 및 재무

(생략 합자계약의 해당 부분 참조)

제13장 외화 균형

(생략 합자계약의 해당 부분 참조)

제14장 생산 설비 및 원재료의 구입

(생략 합자계약의 해당 부분 참조)

제15장 공장 건물 및 개업 준비

(생략 합자계약의 해당 부분 참조)

제16장 노동 관리

(생략 합자계약의 해당 부분 참조)

제17장 보험

(생략 합자계약의 해당 부분 참조)

제18장 합작기간, 합작기간의 연장

제60조 ① 합작기간은 합작회사 성립 일로부터 ○○년간으로 한다.

② 갑, 을 쌍방이 동의하였을 때는 동사회의 결의를 거쳐 '중화인민공화국 중외합작기업법'에 의해 합작기간 만료 180일 전까지 심사허가기관에 대해 합작기간 연장의 허가를 신청한다.(9)

제19장 해산, 청산 및 잉여재산의 귀속

제61조 ① 아래의 어느 사유가 있을 경우 갑, 을 쌍방의 어느 일방은 계약의 해약을 청구할 수 있는 것으로 이 경우 합작회사는 해산된다.

1. 합작회사의 수익 상황이 악화되어 적자가 ○연간 이상 계속되는 한편 가까운 장래에 수입회복의 전망이 없을 때.
2. 합작회사의 누적 결손이 투자총액의 ○○%에 도달하였을 때.
3. 불가항력에 의해 합작회사의 경영을 계속할 수 없을 때.
4. 합작회사가 그 경영 목적을 완수하지 못하고 동시에 장래의 전망이 없을 때.
5. 갑, 을 쌍방의 어느 일방이 파산 또는 이와 유사한 사태가 발생하여 본 계약을 이행할 수 없게 되었을 때.
6. 법률의 변경 또는 정부의 명령에 의해 합작회사의 경영이 곤란 또는 불가능하게 되었을 때.
7. 기타 상기의 경우를 제외하고 갑, 을 쌍방이 합작회사가 중도 해산하여야 한다고 인정되는 사정이 발생하였을 때.

② 갑, 을 어느 일방이 출자의무의 전부 또는 일부를 기한에 이행하지 않거나 또는 본 계약에 위반하여 합작회사의 경영의 계속을 곤란하게 하였을 때는 다른 당사자는 본 계약의 규정에 따라 본 계약을 해제할 수 있다. 이 경우도 합작회사는 해산한다.

③ 본 조 제①항의 규정에 기초하여 갑, 을 쌍방의 어느 일방이 본 계약 해약을 청구하였을 때 갑, 을 쌍방은 어느 일방도 그 파견한 동사에게 합작회사의 해산에 찬성시킬 의무를 진다.

④ 본 조 제①항에 의해 갑, 을 어느 일방이 본 계약 해약의 청구를 한 경우 다른 당사자가 경영의 계속을 희망할 때는 해산 청구자가 갖고 있는 합작회사의 등록자본의 모두를 매입할 수 있다. 양도가격에 관해서는 갑, 을 쌍방이 협의하여 결정한다. 정부기관의 허가를 얻기 위해 필요한 수속을 할 때는 합작회사는 갑 또는 을에게 협력하여야 한다.

제62조 ① 합작회사가 합작기간 만료에 의해 또는 본 계약 제61조의 규정에 의해 해산할 때는 동사회의 전원일치 해산 결의(어떤 동사도 결의에 반대할 수 없다)를 거쳐 합작회사의 재산에 대해 청산을 한다.

② 합작회사가 해산할 때는 동사회는 반드시 청산수속, 원칙 및 청산위원회의 선임을 제출하는 한편 청산위원회를 조직하여 합작회사의 재산에 대해 청산을 한다.

③ 청산위원회의 임무는 합작회사의 재산, 채권, 채무에 대해 전면적 조사를 하여 대차대조표, 재산목록을 작성하고 청산방안을 제정하고 동사회에 제출하여 동사회 가결 후 구체적으로 집행한다.

④ 청산기간 중 청산위원회는 합작회사를 대표하여 소송을 제기하거나 또는 소송에 대응한다.

⑤ 청산과정에서 합작회사의 재산에 대해 평가를 할 필요가 있을 때는 평가 시의 시가에 의해 공정한 평가를 진행한다. 만약 평가 금액에 쟁의가 있을 때는 공정한 제3자에게 위임하여 평가를 진행한다.

⑥ 청산업무에 소요되는 비용 및 청산위원회의 보수는 합작회사가 현재 소유 자산에서 우선적으로 지출한다.

⑦ 청산위원회가 합작회사의 채무 전액을 변제한 후 합작회사의 모든 잉여 재산은 갑의 소유로 귀속되는 것으로 이것에 의해 청산 수속은 종료된다.

⑧ 청산 종료 후 합작회사는 ○○시의 원 심사허가기관에 청산종료 보고서를 제출하고 동시에 등기관리기관에 말소등기 수속을 하여 영업 허가증을 반납하는 한편 대외적으로 공고를 한다.

⑨ 합작회사의 철수 후 각종 장부는 갑이 보존한다.

제20장 불가항력

(생략 합자계약의 해당 부분 참조)

제21장 적용법률

(생략 합자계약의 해당 부분 참조)

제22장 분쟁의 해결

(생략 합자계약의 해당 부분 참조)

제23장 계약의 정본

(생략 합자계약의 해당 부분 참조)

서 명 란

(생략 합자계약의 해당 부분 참조)

【MBA China Business Study Check Point】

(1) 법인형 합작회사는 유한책임회사이므로 합작 당사자가 자기의 납입의무를 이행한 후 합작회사의 채무에 대해 어떤 책임도 지지 않는다. 이것은 유한책임의 원칙으로 당연한 귀결로써 합자기업의 경우와 같다. 단지 외국측 당사자가 출자(등록자본)의 전부 또는 일부의 상환을 받았을 때는 합작회사의 채무에 대해 설립 당시의 등록자본에 기초하여 책임을 진다. 합작회사가 외국측 당사자에게 출자의 상환을 하였을 경우 또 합작회사가 채무를 변제할 수 없을 때는 외국측 합작자는 상환을 받은 금액을 한도로 합작회사의 채무에 대해 책임을 져야 한다.

(2) 본 조에서는 중국측 당사자가 합작회사에 출자하는 토지사용권에 대해 소재지의 시 토지관리국과 국유 토지사용권의 불하계약을 체결하여 불하대금을 지불한 후 출자하는 형식을 취하고 있다. 현물 출자의 본래 방법은 중국측 당사자가 현물 출자하는 토지사용권에 대해 불하 수속에 의해 이것을 취득하여 출자하는 것이 원칙이지만, 중국에서는 이런 방법은 많지 않다. 토지사용권의 불하에 다액의 자금을 소요되어 현금 출자와 같으므로 중국측 당사자가 동의하지 않는 상황이 많다. 이런 불하수속을 하여 토지사용권을 출자하였을 때 토지사용권은 합작회사에 이전되어 합작회사는 처분권을 취득한다.

중국측 당사자에서 합작회사에 대한 토지사용권의 양도 수속을 하여 합작회사가 토지사용증의 교부를 받는다.

(3) 본 조에서는 건물, 실용, 기타 동산에 대해서도 시 국유자산관리국과 불하계약을 체결하여 불하를 받아 출자하는 방식을 취하고 있다. 중국은 사회주의국으로서 국영기업의 모든 자산도 국유자산으로서 국영기업이 법인화 된 후에도 이 점에 대해서는 변경이 없다. 따라서 중국측 당사자인 국영기업이 건물, 기계설비 등을 현물 출자할 때도 불하

수속을 거쳐 출자하는 것이 본래의 방법이다.

그러나 현실에서는 이런 불하 수속이 되지 않은 대로 현물 출자가 되어 애매한 상태라서 합자회사나 합작회사가 많이 설립되었다. 본 조와 같이 불하 수속을 거쳐서 현물 출자하였을 때는 그 소유권은 합작회사에게 이전된다. 중국에서는 생산수단 공유화 기간이 길었기 때문에 국영기업의 자산귀속에 대한 명확한 인식과 분리가 되지 않은 대로 현물 출자가 되는 실정이다. 그러나 금후 불하수속 이행 후 현물 출자가 되는 관행이 점차 확립되는 것으로 생각된다.

(4) 합작기업 계약에는 외국측 당사자가 투자자본의 초기 회수를 최우선 목적으로 하는 한편 합작기간도 비교적 짧은 상황이 많기 때문에 등록자본의 증자에 대해서는 일반적으로 규정하지 않는 경우가 많다.

(5) 본 조는 외국측 당사자에 대한 출자의 상환을 감가상각 방식으로 실시한 것이다. 본 조에서는 토지사용권과 건물은 중국측 당사자가 출자하고 있으므로 많은 실무 예에서는 외국측 당사자가 출자한 자금은 고정자산의 취득을 위해 사용되는 경우가 많다. 따라서 고정자산의 감가상각 비용의 상당 금액을 출자의 상환으로 충당하는 계약 예가 많다.

(6) 본 조는 감가상각의 방식을 가속감가상각으로 출자의 상환을 신속히 하는 경우이다. 감가상각 방식으로 외국측 당사자의 출자를 상환할 때는 가속 감가상각과 조합하는 것이 많다.

(7) 본 조는 외국측 당사자가 합작기간 중에 출자 상환을 받았을 때는 실질적으로 등록자본의 감소가 되어 채권자의 이익을 해칠 염려가 있기 때문에 채권자 보호를 위해 이와 같은 채무조항을 신설하는 것이 필요하다.

(8) 본 계약에서는 감가상각 비용에 의한 외국측 당사자의 출자상환을 진행하고 있기 때문에 출자 비율이 매년 변동하게 되지만, 설립 시의 출자비율로 배당을 계속한다는 것을 결정한 것이다. 이 때문에 청산 후 잉여 자산은 중국측 당사자에게 귀속하는 것으로 균형을 잡고 있다. 한 방법으로서는 외국측 출자자에 대한 상환을 매년 진행하고 있기 대문에 상환 완료 후는 새로운 비율로 이익배당을 진행하는 취지를 결정하는 것이 가능하다.

(9) 합작회사의 합작기간의 연장은 쌍방 당사자가 합의하면 가능하다. 그 수속은 기본적으로 같다.

(10) 본 조에서는 청산수속 종료 후 잉여재산은 중국측 당사자에게 귀속된다는 것을 규정하고 있다. 외국측 당사자가 출자의 상환을 받는 한편 일정한 이익배당을 받고 있기 때문에 이런 규정을 두는 경우가 많다. 특히 외국측 당사자가 그 출자를 우선하여 회수한다 취지의 약정을 하였을 때는 반드시 청산 후 잉여재산은 중국측 당사자의 소유로 귀속하여야 한다.

부록1
각 파트별 각종 서식(예)

1. 프로젝트의 제안서(항목건의서) 서식(예)
2. 의향서 서식(예)
3. 협의서 서식(예)
4. F/S(사업타당성연구보고서) 서식(예)
5. 외상투자기업의 노동계약서 서식(예)
6. 외상투자기업의 종업원 취업규칙 서식(예)
7. 외상투자기업의 토지사용 계약서 서식(예)
8. 중외합자경영기업의 합자계약서 서식(예: 중문)

1. 프로젝트의 제안서(항목건의서) 서식(예)

(1) 프로젝트 제안서의 개념

《프로젝트 제안서》는 보통 중국측 파트너가 작성하는 것으로 해당 프로젝트에 대한 개요를 기록하여 관할 부처 및 인가기관 등에 제출, 해당 프로젝트에 대해 외자와의 교섭을 진척하는데 인가를 얻기 위해 필요한 것이다. 프로젝트 교섭을 시작할 때 작성되는 문서이지만, 그 후의 교섭에도 얼마간의 영향을 주는 문서이므로 중국측 파트너가 작성한 내용에 대한 확인과 검토 등이 필요하다.

(2) 프로젝트의 제안서(항목건의서) 서식(예)

합자프로젝트 제안서에 기재해야 할 항목은 다음과 같다.

1. 중국측 출자기업의 명칭, 생산경영의 개요, 법정소재지, 법정대표자의 명칭, 직무, 주관기관 명칭 등
2. 합자목적, 외화획득방식, 기술도입의 필요성 및 그 가능성
3. 외국측 출자기업의 명칭, 국가명칭, 법정소재지와 법정대표자의 명칭, 직무, 국적
4. 합자의 범위와 규모, 프로젝트건설의 필요성, 제품의 국내외 수요와 생산계획 및 제품 수출선을 중점적으로 설명한다.
5. 투자액의 견적, 합자프로젝트에 필요한 고정자산 설비의 투입액과 유동 자금의 합계
6. 투자방식과 자금원, 합자 쌍방 출자의 비율과 자금 구성의 비율
7. 생산기술과 주요한 설비, 주요한 기술과 설비의 선진성, 적용성과 신뢰성 및 중요한 기술경제의 지표
8. 주요한 원재료, 물, 전기, 가스, 수송 등의 수요량 및 공급선
9. 노동자 수, 구성 및 조달방법
10. 경제효율, 특히 외화수지 상황에 대해 설명한다.
11. 첨부자료

(1) 합자 쌍방에 의한 협의서
(2) 외자측의 자본 신용증명서
(3) 국내외 시장의 수요와 공급 상황에 대한 초보적인 조사와 예측보고 또는 주관 부·국의 당해 제품에 대한 의견
(4) 주관 부처의 주요한 물자(에너지, 교통을 포함) 에 대한 의향서
(5) 관련 기관의 자금에 대한 의향서

2. 의향서 서식(예)

(1) 의향서의 개념

《의향서》 라는 것은《갑과 을이 합자기업의 설립을 목적으로 상호 우호적으로 상의하였다》 고 하는 것을 주요 내용으로 하는 것으로서 구체적이고 상세한 내용의 기재가 필요한 것은 아니다. 그러므로《의향서》 를 작성했다고 해도 그 후 한중 쌍방의 어떤 사정의 변경, 더 좋은 조건을 가진 다른 파트너 발견 등으로《의향서》 를 교환한 파트너와의 교섭을 중지하려고 할 때, 그 뜻을 상대편에게 사정을 설명하여 승낙을 얻거나 또는 중지의 통고를 할 수 있다. 법률적 효력이 없는 문서이다.

(2) 의향서의 서식(예)

중국 甲공사(이하 '갑' 이라 함)와 한국 乙주식회사(이하 '을' 이라 함)는 중국 관련 법률에 기초하여 호혜평등의 원칙에 따라 우호적으로 상담을 진행하고, ○○의 생산에 관한 합자기업 설립에 대하여 다음 열거한 것과 같이 합의를 달성하였다.

1. 삼자기업의 명칭(중문, 한글, 영문)
2. 기업설립의 장소 : 잠정적으로 ○○성 ○○시 ○○구로 정한다.
3. 투자총액 : 인민폐 ○○만원, 토지면적 ○○㎡ , 종업원 ○○명, 연 총생산액 인민폐○○만원
4. 출자액, 출자방식 및 출자비율에 대하여
5. 이익의 손익분배는 투자비율에 의한 것으로 한다.
6. 외화수급균형
7. 합자기간 : 잠정적으로 ○○년으로 하지만, 계약서를 작성할 때 쌍방의 합의에 의해 연기할 수 있다.
8. 생산품목 : 규모 : 본 기업은 생산품목 ○○을 ○○량 생산한다.
9. 설비기계·기술의 도입에 대하여
10. 원재료의 조달에 대하여
11. 제품의 판매에 대하여 (수출비율 또는 한국기업의 buy back비율 등)
12. ○○합자기업을 설립하며, 쌍방이 F/S(사업타당성연구보고서)를 진행하고 그 결과에 따라 본 사업의 진행을 결정한다.
13. F/S에 필요한 경비의 분담에 대하여
14. 본 의향서는 한중 양국 언어로 각각 ○○통을 작성하여 쌍방이 각가 ○○통을 보유한다. 양국 언어의 의향서는 동등한 효력을 갖는다.

년 월 일

갑 : 대표자 서명 을 : 대표자 서명

3. 협의서 서식(예)

(1) 협의서의 개념

《협의서》는《의향서》보다 한 걸음 더 나아간 단계의 것이다. 기재되는 내용도《의향서》보다는 구체적이고《계약서》의 토대가 된다. 그러나 이것도 법적 구속력을 갖지 않는다. 따라서 제반 사정변경에 의해 일방적으로 찢어 버리는 것도 가능하지만《협의서》를 체결하는 단계까지 오면 서로 파트너로서 특정하고 구체적인 절차의 작업을 진행하여 온 사이로 되어 있기 때문에 상대편에 대한 충분한 설명과 이해도 없는 가운데 일방적으로《계약서》의 백지화를 하면 신의에 어긋나게 된다.

이 원본은 보통 3통 내지 그 이상 작성하여 합자 당사자가 각각 1통의 원본을 소지하는 외에 합자기업의 인가기관인 각 지방정부 대외경제무역위원회에도 원본 1통이 송부된다.

그러나 다음 단계의 F/S(사업타당성연구보고서)의 작업결과 경우에 따라서《협의서》에서 확실히 결정된 각종 조건을 변경하는 것 예컨대, 합자기간을 10년에서 20년으로 연장하거나 토지사용료를 연간 1평방 인민폐 30원에서 인민폐 20원으로 하는 변경을 최종적으로 계약서에 넣는 경우는 전연 지장이 생기지 않는다.

(2) 협의서의 서식(예)

중국 甲공사(이하 '갑' 이라 함)와 한국 乙주식회사(이하 '을' 이라 함)는 ○○의 생산에 관한 합자기업을 설립하기 위하여 아래와 같은 합의를 달성하였다.

1. 기업명칭은 ○○유한공사라 한다.
   본 합자기업은 유한책임회사이다.
2. 중화인민공화국의 관련법률·법규에 기초하여 등록한다.
3. 경영범위에 대한 사항
4. 제품판매에 대한 사항
5. 본 합자기업의 투자총액은 ○○로 한다. 합자기업의 등록자본은 ○○로서 갑의 출자액 ○○, 등록자본 총액의 ○○%로 한다(출자금액의 일부를 건물, 설비 등으로 충당한다). 을의 출자액 ○○, 등록자본 총액의 ○○%로 한다.
6. 당 합자기업의 등록자본금을 제외한 유동자금 등 필요 자금은 ○○은행부터 차입하여 해결한다.
7. 공장건물과 부지에 대하여 공장의 소재지는 ○○로서 부지면적은 ○○㎡이고, 건물면적은 ○○㎡로 한다.
8. 주요 기계설비에 대한 사항
9. 당해 합자기업의 최고 권력기구는 동사회다. 동사회는 동사장 1명, 부동사장 ○○

명, 동사 ○○명으로서 모두 ○○명으로 구성한다. 동사장 1명과 동사 ○○명은 갑이 임명 파견하고 부동사장 1명과 동사 ○○명은 을에서 임명 파견한다. 동사회는 합자기업의 경영관리에 관한 모든 중대한 문제를 협의 결정한다.

10. 종업원은 ○○명으로서 경영의 실정에 따라 증감할 수 있다. 종업원의 월 평균 임금을 ○○로 하고 그 중 ○○%를 복리비용으로 한다.
11. 기업은 세 가지 기금(적립준비금, 기업발전기금, 종업원의 장려금 및 복리기금)에 대한 사항(비율, 용도 등)을 유보한다.
12. 갑, 을 쌍방은 출자비율에 의해 이익을 분배하고 출자액을 한도로 결손을 부담한다.
13. 합자기간은 영업허가증 취득 일부터 시작하여 기산하여 ○○년으로 한다. 출자자 쌍방의 합의와 관련 인가기관의 비준에 의해 연기할 수 있다.
14. 본 협의서에 기재되어 있지 않은 사항 또는 그 실시에서 분쟁이 발생한 경우 갑, 을 쌍방은 협의로 해결한다.
15. 본 협의서는 한중 양국 언어에 의해 각각 ○통을 작성하고 쌍방이 각각 ○통을 보유한다. 양국 언어의 의향서는 동등한 효력을 갖는다.

년　　월　　일

갑 : 대표자 서명　　　　　　을 : 대표자 서명

4. F/S(사업타당성연구보고서) 서식(예)

(1) F/S(사업타당성 연구보고서)의 개념

정식적인 합자 교섭 진행 과정에 들어가지 전에 예비 절충 단계에서 작성되는 pre-feasibility study(초보적인 사업타당성연구보고서)와 합자 프로젝트 본 교섭에 즈음하여 작성되는 F/S가 있다. 전자는 해당 프로젝트 기업화 가능성의 초보적인 자료임과 동시에 한중 쌍방의 검토 자료로써 또 기업 주관부처의 《동의》를 얻기 위한 설명용 자료로써 작성할 필요가 있다. 그리고 합자기업을 설립한 경우 제품의 생산원가, 판매수량, 판매가격, 매상고, 판매비용 및 일반 관리비용 등을 추정 계산하고 그 손익 상황을 예측하며 기업으로서 성립할 것인가 어떻게 할 것인가를 알아보기 위한 것이다. 그리고 설립 인가를 신청할 즈음에도 이익을 예측하고 기업으로서 성립하는 것을 합리적 근거(각종 데이터)를 나타내어 인가기관에 설명하고 인가를 얻기 위해 필요한 제출 서류가 된다.

(2) F/S의 서식(예)

F/S(Feasibility Study)의 조사항목 예를 열거한다. 단지 아래 항목은 중국측이 작성한 조사항목의 예 및 몇 개의 실제 F/S를 참고하여 만든 것으로 업종에 따라 또는 한중 쌍방이 갖고 있는 여러 가지 조건에 따라 조사항목도 다르다.

【조사항목 (예)】

Ⅰ. 기본개황

1. 프로젝트 내용

(1) 프로젝트의 명칭
(2) 중국측 합자파트너의 명칭, 책임자 및 지위
(3) 프로젝트 설립 소재지
(4) 상담의 경위
(5) 협의 순서

2. 중국측 합자파트너의 기본조건 및 상황

(1) 공장용지 및 주변의 상황, 조건
(2) 기존 설비상황과 갱신계획
(3) 기존 생산능력, 수준
(4) 당면의 업무 경영상황(제품 가격, 제품단가 및 이윤)

상기 이외 중국 합자파트너 및 소재지의 요건으로
① 교통·운송, utility, 물·전기 등 에너지가 정비되고, 충분한 공급을 받을 수 있을 것
② 원재료의 공급 등을 확실하게 진행할 수 있을 것 등의 검토가 중요하다.

Ⅱ. 프로젝트의 구상

1. 프로젝트의 구상과 범위

(1) 제품의 품종, 규격, 성능, 용도 등
(2) 생산규모, 연간생산량, 증산계획, 생산계획, 기타 발전계획

2. 적용기술의 선정

3. 적용설비의 선정

4. 공장건설 공사

(1) 공장용지의 선정: 공장 주변의 조건을 조사
(2) 공장건설계획: 계획부터 시공
① 설계, 건축기준

② 건축 재료의 공급, 가격 등의 계획
③ 건축 공사계획: 공사비용, 지불방법, 입찰방법 등
④ 건설 시공계획

Ⅲ. 시장·판매 및 공장의 생산능력

1. 시장의 수용예정

(1) 제품의 수요 및 시장의 규모를 예측
(2) 제품의 내수시장 점유율 예측

2. 제품의 판매예측

(1) 유사 제품의 국내외 판매상황 및 장래예측
(2) 제품의 국내외 판매비율의 계획, 예측
(3) 제품의 판매전략: 선전, 조직, 서비스 등
(4) 제품의 판매수익 예측, 수익비율 예측
(5) 제품의 국내외 판매 가격의 조사

업계제품은 보통 10년 전후, 수명이 짧은 것은 5년 전후의 예측이 필요하다.

3. 생산계획

생산 계획에는 아래와 같은 것을 포함한다.

(1) 판매액 계획과 예측, 최저재고량, 소모량예측, 공장생산능력 계획
(2) 생산계획: 제품의 품질, 규격, 연 생산량, 생산일정(시험운전, 시험생산, 공해처리 등)

4. 공장의 생산능력

(1) 공장의 생산능력과 최저 채산경제 규모의 계산
(2) 정상적일 때의 공장 생산능력과 자금, 노동력, 원재료 등 투입관계의 조정 이에 따라 생산단가를 계산하고 적절한 규모를 찾는다.
(3) 판매액, 생산능력 및 원재료의 투입관계에 대하여
- 시장예측, 판매 예측, 가격예측 등을 통하여 생산능력, 생산단가를 예측하여 원재료투입 등의 적정치 등을 찾는다.

Ⅳ. 원재료 등의 투입·조달

1. 원재료 등의 투입

(1) 원자재 및 기타 주요 재료(제품, 반제품 등), 정비재료, 공장의 예비품, 공공시설 사용료 등 의 수요 예측

(2) 투입 원자재의 품질, 필요량 및 조달방법, 가격 등 의 조사
(3) 국외에서 수입 조달하는 물자의 품질, 규격, 품질, 수량, 가격 등에 대하여

2. 공급계획

(1) 공급계획에 관한 각종 기본자료 조사
(2) 공급원자재의 신뢰성, 기술·설비에 대한 계획. 원재료 등의 수송, 보존에서의 손실, 교환품의 공급계획
(3) 위의 원자재 등 공급계획 책정시 적정한 공급량, 공급시기 등을 예측한다.
(4) 원자재 등 투입시 가격계획 예측

Ⅴ. 종업원, 조직 및 기업관리 비용

1. 종업원의 고용, 대우 및 인재양성

(1) 인원배치계획: 종업원의 기술수준, 양성진도, 현지 고용 및 파견 기술자 및 관리직원의 수, 보통 종업원의 인수
(2) 생산계획에 기초하여 종업원 인건비용의 예측
(3) 보통 종업원의 고용, 해고 및 노동계약
(4) 종업원 양성계획: 인수, 기간, 해외연수, 외국인 기술자에 의한 현지지도, 양성 훈련비용

2. 공장조직

(1) 생산, 서비스, 판매 등 각종 필요 조직안의 작성

3. 기업관리 비용

(1) 생산관리 비용과 경영관리 비용을 포함한 기업관리 비용의 계획

Ⅵ. 투자액 계획

1. 고정자산 투자

(1) 정지(整地)비용
(2) 공장건물 및 토목 건축비용
(3) 공장의 기계설비
(4) 공업소유권 및 토지사용권

2. 투자 전자본지출

(1) F/S시부터 등록까지의 필요 경비지출
(2) 공장 시운전시의 지출

3. 순 회전자금

(1) 순 회전자금 = 유동자산-단기부채

4. 등록자본과 총투자액의 비율

Ⅶ. 자본조달

1. 자기자본

(1) 자기자본 총액 및 초기자본의 투자, 순 회전자금의 필요량 예측
(2) 합자파트너 쌍방의 각 출자비율의 조달
(3) 투자자금의 내용: 현금, 현물, 공업소유권, 토지사용권
(4) 현물 및 공업 소유권의 평가

2. 차입자금

(1) 차입자금의 차입방법, 차입조건(이율, 기간 등)
(2) 차입액 및 상환방법, 계획
(3) 차입방법, 프로젝트에 미치는 효과 등의 조사

또 차입금에 대해서는 아래의 여러 가지 점에 주의할 필요가 있다

① 총투자 규모와 차입자금 규모의 비율: 기업의 상환능력을 검토
② 차입통화의 검토
③ 자본 회수율과 회수기간

Ⅷ. 생산단가 예측

1. 생산 총단가

(1) 제조단가, 경영관리비용, 판매비용, 재무비용, 감가상각을 포함한 생산 총 단가의 예측
(2) 생산 총 단가를 예측할 때는 각종 세금 예컨대, 기업소득세, 각종 유통세, 토지·가옥·부동산세, 관세 등도 고려하는 것이 필요하다.

2. 단위당 단가계산의 예측

(1) 공장의 가동율과 생산단가의 관계를 명확히 한다.
(2) 생산단가 저하를 위한 조치를 취할 가능성 검토

Ⅸ. 외화수지의 균형

1. 외화지출 예측

(1) 원재료, 부품의 수입

(2) 외국 국적 종업원의 임금, 여비, 후생비용 등
(3) 기술도입비용, 외국측의 분배이익, 현지 종업원의 해외파견 연수비용
(4) 기타 지출, 차입 외화의 상환

2. 외화수지

(1) 제품의 수출
(2) 기타 수입

3. 외화수지 균형

중국에 투자하는 경우는 투자자본의 회수, 이익분배를 받기 위한 일정한 외화수입을 올리는 것이 필요하다.

X. 재무분석과 평가

기업재무의 안전성, 수익성 검토와 투자 판단을 위해 분석, 평가를 진행한다.

1. 재무제표 예측

(1) 자금융통 예측: 수입(매상이익, 차입 등)과 지출(설비투자, 원자재 비용 등)에 관한 자금융통 예측표의 작성
(2) 순이익계산 예측: 회계기간에 발생하는 손익을 예측한다.
(3) 자산과 부채의 회전율 예측: 기업의 지불능력, 변제능력을 판단하여 안정성을 분석한다.

2. 재무제표분석의 백분율계산 예측

(1) 장기부채비율 $= \frac{\text{장기부채}}{\text{자기자본}} \times 100\%$

기업의 자본구성의 안정성을 판단한다.

(2) ① 유동비율 $= \frac{\text{유동자산}}{\text{유동부채}} \times 100\%$

유동비율이 높은 만큼 안정성이 높은 것을 나타내기 때문에 일반적으로 유동비율은 2.0~1.2사이가 필요하다.

② 당좌비율 $= \frac{\text{당좌자금}}{\text{유동부채}} \times 100\%$

당좌비율은 즉시 지불능력을 나타내는 것으로 일반적으로 1.2~1.0 이상이면 좋다.

③ 순이익율 $= \frac{\text{당좌순이익}}{\text{유동부채}} \times 100\%$

기업의 수익력 판단을 목적으로 한다. 시장의 상황에 따라 변동이 크기 때문에 가장 적합한 가치를 나타내는 것은 곤란하다.

이상의 1~3은 기업의 안정성, 수익성을 백분율로 계산하여 예측하는 것이지만 상기 백분율 계산 외에도 판매채권 회전율, 구입채무 회전율, 총자본 회전율 등 여러 가지 백분율에 의한 예측이 있다.

3. 재무분석

재무제표의 예측, 분석을 기초로 기업의 안정성과 수익성을 알 수 있지만, 해외투자는 위와 같은 예측, 분석 외에 자기 투자분에 대한 수익률, 회전기간 등에 대해서도 충분한 검토가 중요하다.

5. 외상투자기업의 노동계약서 서식(예)

※ 노 동 계 약

○○유한공사(이하 '갑' 이라고 함)와 ○○○(이하 '을' 이라고 함)는 고용, 취업에 대해 중국의 관련 법규에 의거하여 호혜평등의 원칙 아래 우호적인 협의를 거쳐 노동계약을 체결한다.

제1조 직 무

갑의 수요에 의거하여 을은 계약기간에 ○○의 직무에 종사한다.

제2조 계약기간

1. 본 계약은 ○○년 ○○월 ○○일부터 ○○년 ○○월 ○○일까지의 ○년 간을 유효기간으로 한다.
2. 단지, ○○년 ○○월 ○○일부터 ○○년 ○○월 ○○일까지의 ○○개월은 수습기간으로 한다.
3. 노동계약의 기한이 종료하였을 때는 노동계약을 종료하기로 한다. 쌍방이 동의하면 노동계약을 계속할 수 있다. 노동계약을 변경하는 경우 쌍방의 협의와 동의를 거쳐 노동계약의 변경수속을 한다. 또 갑·을 쌍방의 협의가 일치할 때는 노동계약을 중도에 해제할 수 있다.

제3조 갑・을 쌍방의 권리

1. 갑은 을이 다음의 하나에 해당할 때는 본 계약을 해제할 수 있다.
 (1) 을을 수습기간 시용한 결과 불합격일 때
 (2) 채용시 제출한 서류에 위조가 발견되었을 때
 (3) 을이 노동계약을 이행하지 않을 때, 또는 갑의 취업규칙에 위반하여 처분 후에도 전혀 효과를 볼 수 없을 때
 (4) 갑이 법에 의해 해산을 선고 받았을 때
2. 아래의 상황의 하나에 해당할 때 갑은 노동조합의 의견을 구한 뒤 노동계약을 해제할 수 있다. 단지, 30일 전에 서면으로 을에게 통지하여야 한다.
 (1) 을이 질병 또는 취업 외의 일로 부상하여 의료기간이 만료한 후 본래의 업무에 종사할 수 없는 경우, 또는 갑이 따로 할당한 업무에 종사할 수 없는 경우
 (2) 을이 훈련, 업무의 배치의 조정을 거쳤는데도 전혀 업무를 할 수 없는 경우
 (3) 노동계약을 체결하였을 때 객관적 상황에 변화가 발생하여 본래의 노동계약을 이행할 수 없어 갑, 을 쌍방의 협의에 의해 노동계약의 변경을 할 수 없다는 협의에 도달한 경우
3. 을은 을에게 다음의 상황이 발생하였을 때에 본 계약을 해제할 수 있다.
 (1) 노동부처의 안전검사에 의해 갑의 노동안전・위생 조건이 열악하여 을의 안전 및 건강이 현저한 손해된다고 인정되었을 때
 (2) 갑이 본 계약에 규정하는 임금을 지불하지 않고 또는 보험·복리 대우를 제공하지 않을 때
 (3) 갑이 본 계약을 이행하지 않고 또는 중국의 관련 법규에 위반하여 을의 합법적 권리를 침해하였을 때
 (4) 갑이 폭력, 위협, 감금 또는 기타 타인의 신변의 자유를 방해하는 수단으로 노동을 강제하였을 때
 (5) 을에게 진학・병역・이사 등 정당한 이유가 있어 갑이 이에 동의하였을 때
4. 갑은 을이 다음의 하나에 포함될 때는 본 계약을 해제하지 않는다. 단지, 천지지변 및 기타 부득이한 사유로 사업을 계속할 수 없게 되었을 경우는 제한되지 않는다.
 (1) 을이 취업으로 인해 질병으로 입원 또는 취업 중에 상해를 입어 치료・요양에 있을 때
 (2) 을이 취업 외의 원인으로 병에 걸리거나 또는 취업 이외의 일로 상해를 입어 법이 규정한 요양 기간에 있을 때
 (3) 을이 여자 종업원으로서 계획 출산을 하여 임신・출산・수유기간에 있을 때. 단지, 갑이 여러 제도에 위반하였을 경우는 이런 제한이 없다.
5. 을이 법규 위반에 따라 기소되었을 때 또는 갱신시설에 수용되었을 때, 본 계약은 자동적으로 종료한다.

6. 갑, 을 어느 일방이 본 계약의 해제를 희망할 때는 그 30일 전에 다른 일방에게 통지하여야 한다. 갑은 제2조 제3항, 제3조 제2항·제3항의 규정에 의해 노동계약을 해제한 종업원에 대해 생활 보조비를 일괄 지불하여야 한다. 제3조 제2항 (1)의 규정에 의해 노동 계약을 해제한 자에게는 생활보조비 외에 의료보조비를 지급하여야 한다.

제4조 생활보조비와 의료보조비의 산정

을의 생활 보조비와 의료보조비의 표준은 본인의 갑에서 근무년수에 의거하여 계산한다. 생활보조비는 만 1년마다 본인의 1개월 분의 실수령액 임금을 지급한다. 의료보조비는 갑에서 근무가 5년에 차지 않는 경우는 3개월 분의 실수령액을, 5년 이상인 경우는 6개월의 실수령액 임금을 지급한다. 갑에서 근무가 6개월 이상 1년 미만인 자는 1년으로 계산한다. 생활 보조비와 의료보조비의 계산 기수는 을의 노동계약 해제 전 반년간의 평균 실수령 임금에 의거하여 계산한다.

제5조 임금 및 복리대우

1. 을의 수습기간 중의 월액 기준임금은 ○○원으로 한다. 수습기간 만료 후 갑은 을의 연령, 학력, 능력, 경험 및 기타 조건을 심사하여 규정한 규칙에 따라 기준임금, 여러 급여 및 장려금을 결정한다. 수습기간 만료 후의 월액 기준임금은 ○○원으로 한다.
2. 갑은 을에 대해 화폐로 기일이 도래하면 임금을 전액 지급하여야 한다. 매달 적어도 1차 지급하고, 을의 개인소득세를 공제하고 납부하여야 한다.
3. 갑은 생산·경영의 발전 및 을의 기술·영업 수준의 향상 등의 요소를 감안하여 갑의 규칙에 의거하여 을의 임금을 조정한다.
4. 을이 병으로 입원 또는 취업 외에서 상해를 받았을 때 갑은 중국의 관련 법규에 기초하여 아래와 같이 요양기간을 정한다.

① 실제의 사회 근무 경험이 10년 미만 또한
을의 근무 연수가 5년 미만인 경우: 3개월

② 실제 사회 근무 경험이 5년 이상 또한
을의 계속된 근무 연수가 10년 미만인 경우: 6개월

③ 실제의 사회 근무 경험이 10년 이상 또한
을의 계속된 근무 연수가 5년 미만인 경우: 6개월

④ 실제 사회 근무 경험이 10년 이상 또한
을의 계속된 근무 연수가 10년 미만인 경우: 9개월

⑤ 실제 사회 근무 경험이 10년 이상 또한
을의 계속된 근무 연수가 15년 미만인 경우: 12개월

⑥ 실제 사회 근무 경험이 15년 이상 또한

을의 계속된 근무 연수가 20년 미만인 경우: 6개월

⑦ 실제 사회 계속된 근무 연수가 20년 이상인 경우: 24개월

5. 을의 근무기간에서 보험 및 복리대우는 관련 법규에 준거하여 갑의 규칙에 따라 실시한다.
6. 을이 취업으로 인한 병으로 입원 또는 취업 중 상해를 받았을 때는 갑은 을의 치료·요양에 책임을 진다. 갑이 생산경영을 정지 또는 파산에 의해 해산을 선고 받았을 때는 갑은 노동부처에 필요한 노동보험 비용을 일괄 지불하기로 한다.

제6조 노동보호와 근무시간

1. 갑은 중국의 관련 법규에 의해 을이 안전 또한 위생적인 환경에서 취업하는 것을 보증한다.
2. 갑은 5일제를 실시하고 1일의 근로시간은 노동 8시간으로 한다. 을의 1일 취업시간은 갑이 정한 규칙에 따라 분배하기로 한다.
3. 갑은 생산경영의 필요에 의해 노동조합과의 협의를 거친 후 법의 규정에 따라 노동시간을 연장할 수 있다.
4. 다음의 각 호에 기재한 사유의 하나에 해당하는 경우에는 노동 시간의 연장은 전 2항, 3항에 정한 제한을 받지 않는다.

(1) 자연재해, 사고 또는 기타 사유가 발생하여 노동자의 생명, 건강 및 재산의 안전이 위협되어 긴급하게 처리 할 필요가 있을 경우

(2) 생산 설비, 교통수송 경로 또는 공공시설에 고장이 발생하여 생산 및 공공 이익에 영향을 주어 신속한 응급조치를 취해야할 때

(3) 법률 및 행정법규가 정한 기타 사유

5. 갑은 잔업에 관한 임금에 대해 국가의 관련 법규에 따라 별도로 정한다.
6. 을의 연간 휴식일은 법정축제일 및 갑이 정한 휴식일로 한다.
7. 을의 급여가 있는 휴가에 대해서는 갑이 정한 규칙에 따라 실시한다(또는 갑이 정한 규칙에 따라 매년 ○○일로 한다).

제7조 노동규율

을은 계약기간에 갑의 여러 규칙을 엄격히 준수하여야 한다.

제8조 갑·을 쌍방의 노동계약을 해제할 경우의 의무

갑이 계약 기간 만료 후 계약을 갱신하지 않을 때 또는 제3조 1항(3), (6) 및 제3조 2항(1), (2), (3)에 의해 본 계약을 해제할 때 갑은 을에 대해 계속된 근무연수에 기초하여 생활 보조비를 일괄하여 지불한다. 그 기준은 다음과 같다.

① 갑의 계속된 근무년수가 반년 미만인 경우: 본인 반달 분의 실제기준급여를 지급
② 갑의 계속된 근무년수가 1년 미만인 경우: 본인의 1개월분의 실제기준급여를 지급
③ 갑의 계속된 근무년수가 1년 이상인 경우: 만 1년마다 본인의 1개월 분 실제기준급여를 추가 지급

제9조 기 타

1. 을이 갑의 비용부담으로 연수 및 기타 훈련을 받고 또한 본 계약기간 만료 전에 퇴직할 경우는 을은 갑에 대해 당해 비용을 본 계약의 잔여기간으로 배분하여 변제하여야 한다.
2. 을은 노동계약을 이행하는 과정에서 얻은 갑에 관한 업무상의 비밀을 누설하여서는 안 된다.
3. 갑・을 어느 일방이 노동 계약에 위반하여 상대방의 이익을 침해하여 상대방에게 손실을 주었을 때는 배상책임을 지지 않으면 안 된다.
4. 본 계약에 결정이 없는 사항에 대해서는 중국의 관련 법규 및 갑의 여러 규칙에 의거하여 처리한다.
5. 본 계약을 변경할 때는 노동인사부처에 보고한다.
6. 본 계약을 이행하는 과정에서 분쟁이 발생할 때는 갑・을 쌍방이 협의를 거쳐 해결을 도모한다. 협의에 의해 해결할 수 없는 경우는 노동중재위원회에 중재를 부탁할 수 있다.

   본 계약은 3부로 작성하여 갑・을 쌍방이 각각 1부를 갖고, 그 외에 노동인사부처에 기록으로서 1부를 제출한다.

6. 외상투자기업의 종업원 취업규칙 서식(예)

○○유한공사 취업규칙

제1장 총 칙

제1조 (목적)

본 취업 규칙(이하 '본 규칙' 이라 함)은 ○○유한공사(이하 '공사' 라고 함)가 중국의 노동관련 여러 법규에 의거하여 제정한 것이다. 공사의 종업원은 이 규칙 외 회사의 업무상의 지시 명령에 따라 자체의 업무에 전념하여 작업 능력의 향상에 노력하는 동시에 서로 인격을 존중하고 서로 협력하며 공사의 질서 유지와 발전에 노력하여야 한다.

제2조 (적용범위)

1. 본 규칙은 공사가 노동계약에 의해 고용한 보통 종업원에 적용한다. 정년 후에 재고용한 자 및 임시로 고용한자에 대해서는 본 규칙에 준거하여 별도로 정한다.
2. 본 규칙에 정하지 않은 사항은 필요에 별도로 정한다.
3. 본 규칙의 규정이 중국의 법규에 저촉하는 경우 당해 법규를 기준으로 한다.

제2장 인 사

제3조 (종업원의 모집)

종업원을 모집할 때는 응모자에게 다음의 서류를 제출케 하고 일률적으로 시험 및 면접시험을 치고 우수한 자를 채용한다. 단지, 16세 미만인 자는 채용하지 않는다. (※법규)

(1) 이력서
(2) 건강진단서
(3) 최종학교의 졸업증명서
(4) 동 성적증명서
(5) 최종 근무 곳의 근무평정서
(6) 자격증명서 (특수 기능자)
(7) 사진(3개월 이내에 촬영한 것)
(8) 호적부(사본)

제4조 (채용 내정자의 제출서류)

1. 채용이 내정된 자는 내정 후 ○○일 이내에 다음의 서류를 제출하여야 한다.
   (1) 호적부(사본)
   (2) 가정 상황표, 부양가족 상황표
   (3) 기타 공사가 필요로 인정한 서류
2. 앞 항의 제출서류의 기재 사항에 변경이 생긴 경우는 ○○일 이내에 공사에 보고하여야 한다.

제5조 (노동계약)

중국의 법규에 의거하여 채용내정 자와 개별적으로 연간의 노동계약을 체결한다(※법규). 본 계약의 내용에 대해서는 별도로 정한다.

제6조 (수습기간) (※법규)

1. 새롭게 채용한 종업원에게는 채용 일부터 기산하여 ○○개월 간의 수습기간을 적용한다. 수습기간 중에 기능, 업무성적, 건강상황 및 기타 이유에 의해 공사가 종업원으로

필요한 조건에 합치되지 않는다고 인정할 때는 수습기간만료 전에 노동계약을 해제할 수 있다.

2. 수습에 합격된 자의 채용 기일은 수습을 시작 한 날부터 기산 한다.

제7조 (정년퇴직)

종업원의 정년은 남자 60세, 여자간부 55세, 여자 50세로 한다(※법규). 그 기일은 정년에 도달한 달의 마지막 날로 한다. 단지, 정년 후에도 공사가 필요로 인정하거나 또 본인에게 취로의 희망이 있을 때는 촉탁 종업원으로 재고용한다.

제8조 (해고) (※법규)

공사는 종업원이 다음의 하나에 해당할 때는 노동계약 기간 만료 전에 계약을 해제할 수 있다.

(1) 수습 결과 불합격인 경우
(2) 본 규칙 제3조 및 제4조의 제출 서류에 가짜가 발견되었을 경우
(3) 훈련 결과 공사의 요구에 부적합하고, 또한 다른 업무에도 부적합할 때
(4) 취업 외의 원인으로 질병에 있거나, 또는 취업 외에서 상해를 받아 본 규칙 제74조에 규정한 요양기간 만료 후에도 업무에 종사할 수 없는 경우
(5) 본 규칙에 위반하여 처분 후에도 전혀 반성의 효과가 보이지 않을 때
(6) 공사의 생산·경영조건에 변화가 생겨 인원잉여 현상이 발생한 경우
(7) 공사가 법에 의해 해산을 선고받은 경우

제9조 (계약의 자동적 종결) (※법규)

종업원이 법규 위반에 의해 기소되었을 때 또는 갱생시설에 수용되었을 때는 노동계약은 자동적으로 종결된다.

제10조 (종업원의 노동계약 해제권) (※법규)

종업원은 공사에 다음의 상황이 발생하였을 때 종업원은 노동계약을 해제할 수 있다.

(1) 노동부처의 안전검사에 의해 공사의 노동안전 및 위생조건이 열악해서 종업원의 안전 및 건강이 현저하게 손해 받는다고 인정할 때
(2) 공사가 노동계약에 규정한 임금을 지불하지 않거나 또는 보험·복리대우를 제공하지 않을 때
(3) 공사가 노동계약을 이행하지 않거나 또는 중국의 관련 법규에 위반하여 종업원의 합법적 권리를 침해하였을 때
(4) 종업원이 진학 · 병역 · 이사 등 정당한 이유로 공사가 이에 동의할 때

제11조 (노동계약의 해제절차) (※법규)

1. 공사 또는 종업원 어느 일방이 노동계약 기간내에 계약의 해제를 희망할 때는 그 30일 전에 다른 일방에 통지하여야 하고 또한 중국의 관련 법규에 따라 본 규칙에 정한 임금, 보조비, 보상금 또는 변제금을 일괄 지불하기로 한다.
2. 공사가 30일 전에 종업원에게 노동계약 해제를 통지하지 않았을 경우는 30일분에 상당하는 기준급여(계약 해제 전 3개월의 평균기준급여)를 지불하기로 한다.

제12조 (노동계약 위반과 변제) (※법규)

공사 또는 종업원의 어느 일방이 노동계약에 위반하여 다른 일방에 경제적 손실을 준 경우는 이것을 변제하여야 한다. 종업원이 공사의 비용부담으로 해연수 및 기타 훈련을 받고 또한 노동계약 기간 만료 전에 퇴직하는 경우는 당해 비용을 노동계약의 잔여기간으로 나누어 변제하여야 한다.

제13조 (노동계약 해제의 보류) (※법규)

공사는 종업원이 다음의 경우에 포함할 때는 노동계약을 해제하지 않는다. 단지, 천재지변 및 기타 부득이 한 사유로 사업을 계속할 수 없게 되었을 경우에는 제한이 없다.

(1) 종업원이 취업으로 질병에 걸렸거나, 취업 중에 상해를 입어 치료·요양에 있을 때
(2) 종업원이 취업으로 질병에 걸렸거나, 취업 중에 상해를 입어 의료처리 완료 후에 노동부처의 판정에 의해 노동 능력의 전부 또는 일부를 상실하였다고 인정되었을 때
(3) 취업 외의 원인으로 질병에 걸렸거나, 취업 외의 원인으로 상해를 입은 경우 법이 규정하는 요양 기간에 있을 때
(4) 계획 출산을 실행하고 있는 여자 종업원이 임신, 출산, 포유기간에 있을 때. 단지, 본 규칙 및 기타 공사 여러 규칙에 위반한 경우는 제외다.

제14조 (업무의 변경)

공사는 업무의 필요에 따라 종업원의 능력, 경험, 건강 및 기타 상황을 고려하여 종업원에게 업무내용, 근무지의 변경을 명령할 수 있다. 이 경우 종업원은 정당한 이유 없이 거절할 수 없다.

제3장 서비스

제15조 (마음가짐)

종업원은 늘 건강에 유의하고 품위를 유지하며 명랑 활발한 태도를 갖고 근무에 임하고, 능력의 향상에 노력하며 공사의 발전에 협력하여야 한다.

제16조 (복장)

1. 종업원은 근무시간 중 공사가 정한 복장 외의 것을 착용하여서는 안 된다. 여기에서 말하는 복장은 상하 작업복, 모자, 신을 포함한다.
2. 공사가 대여한 복장은 취업 중만 착용하고 개인용·통근 등에 사용해서는 안 된다.

제17조 (각종 규정의 준수)

종업원은 공사의 여러 규칙을 정독하여 내용을 이해하고 준수하여야 한다.

제18조 (직무제도 질서유지)

종업원은 직무제도를 준수하고 상급의 지시에 따르며, 상급은 부하의 인격을 존중하고 서로 협력하여 명랑하고 질서가 있는 직장 환경을 만들도록 노력하여야 한다.

제19조 (서비스 마음가짐)

(1) 종업원은 공사의 명예, 신용을 손상하고 또는 공사에게 경제적 손실을 갖다 주는 행위를 취해서는 안 된다.
(2) 종업원은 공사의 생산·경영 방침을 정확히 이해하고 업무에 정통하도록 노력한다.
(3) 종업원은 공사(公私)의 구별을 명확히 하고 사리를 도모하는 행위를 취해서는 안 된다.
(4) 종업원은 늘 정리정돈, 청소에 노력해야 한다.

제20조 (금품·서류관리)

종업원은 공사의 금품을 개인용으로 제공해서는 해서는 안 된다. 또 허가 없이 공사의 서류, 장부 등을 타인에게 개시해서는 안 된다.

제21조 (비밀유지)

종업원은 자신이 담당하는 업무와 관계없이 공사의 내부 및 외부의 기밀에 관한 사항을 누설해서는 안 된다.

제22조 (경비절감)

종업원은 공사의 물품을 소중히 사용하고 그 절약에 노력해야 한다. 공사는 물품을 파손한 자에게 그 손해를 변상시킬 수 있다.

제23조 (직장에서의 이동)

종업원은 취업시간 중에 상급의 허가를 받지 않고 함부로 직장을 떠나거나 또는 외출, 퇴사, 사적인 면회 등을 해서는 안 된다.

제24조 (식사, 휴식)
종업원의 식사 및 휴식은 규정된 장소에서 규정된 시간 내에 하여야 한다.

제25조 (금전, 물품 등의 수수금지)
종업원은 공사의 직무 또는 직권을 이용하여 금전·식품의 대차, 증여 및 기타 이익수수의 행위를 해서는 안 된다.

제26조 (공사 내 시설의 사용제한)
종업원은 공사 내 시설을 사용할 때 반드시 허가를 얻어야 한다.

제27조 (사적 물건을 휴대하고 입출입)
종업원이 직장에 출입할 때는 공사가 허가하지 않는 물품을 휴대하여 갖고 들어오거나 또는 갖고 나가서는 안 된다. 부득이 한 경우는 신청하여 허가를 받아야 한다.

제28조 (휴대품의 검사)
공사는 필요에 따라 종업원이 공사 출입시 휴대품의 검사를 한다. 종업원은 이에 협력하고 이유 없이 거절해서는 안 된다.

제29조 (공사의 출입)
종업원은 지정된 장소로 출입하고 출입 시는 신분증명서를 제시해야 한다.

제30조 (입장제한)
다음의 하나에 해당하는 자는 입장, 퇴출 또는 퇴출금지를 명령한다.
(1) 술기운을 있는 자, 또는 공사의 질서를 혼란시키거나 또는 혼란시킬 염려가 있는 자
(2) 업무에 불필요한 화력, 흉기 및 기타 위험물로 인정된 물품을 지니고 있는 자
(3) 안전위생상 위험·유해하다고 인정된 자
(4) 법정 전염병의 바이러스를 갖고 있는 의심이 가는 자
(5) 출근정지 처분을 받고 있음에도 불구하고 입장하려고 한 자
(6) 기타 위의 각 호에 준하는 사유가 있는 자

제31조 (사고방지)
종업원은 늘 절도 및 화재 등 비난을 방지하도록 주의하여야 한다. 사고가 발생하였을 경우는 신속히 상급 또는 응당한 직위에 있는 자에게 연락 또는 처리하여야 한다.

제32조 (공사시설 내의 집합 활동 등의 보고)
종업원은 공사시설 내에서 집합·선전 등 활동을 해서는 안 된다. 단지, 특별한 이유로 진행하는 경우는 사전에 서면으로 공사 책임자에게 신청하여 그 허가를 받아야 한다.

제33조 (사무인계)
종업원이 퇴직, 계약해제, 부서의 이전 또는 휴가로 인한 공사를 떠날 때는 적절하게 담당업무의 인계를 하여야 한다. 공사가 소유하는 금전 및 물품은 전부 반환해야 한다.

제34조 (유실물)
종업원은 유실물을 발견했을 때, 즉시 당해 물품을 관할부처에 보내야 한다.

제35조 (개인의 변경신청)
종업원은 공사에 보고한 개인의 기록에 변경이 있을 때는 ○○일 이내에 변경신청을 제출하여야 한다.

제36조 (업무보고)
종업원은 업무상 문제가 발생하였을 때는 즉시 상급에 보고하여 그 결재를 받아야 하며 보고를 위조하거나 또는 게을리 해서는 안 된다.

제4장 업 무

제37조 (취업시간 및 휴식시간)
1. 시작시간: 08 : 00
종업시간: 17 : 00(실제노동 8시간)
점심시간: 12 : 00~12 : 40(40분간)
오전휴식: 10 : 00~12 : 00 사이의 공사가 지정한 10분간
오후휴식: 12 : 50~17 : 00 사이의 공사가 지정한 10분간
단지, 특수 근무자에 대해서는 별도로 정한다.
2. 취업시간은 실제 업무시작 및 종료의 시간이다. 종업원은 업무시작 ○○분전까지 입장하여 작업준비를 해 두어야 한다.
3. 종업원은 업무종료 후, 부서 및 그 주변을 정리정돈, 청소하여 다음 날의 취업에 지장이 없도록 해야 한다. 화제 및 문단속에 주의하고 업무상 필요한 자 및 사전 허가를 얻은 자 이외는 종업 후 ○○분을 초과하여 공사에 남아서는 안 된다.

제38조 (취업시간의 변경)

위의 조항에서 정한 취업시간은 공사의 업무상황에 따라 4주간으로 매주 취업시간이 48시간을 넘지 않는 범위 내에서 변경할 수 있다.

제39조 (취업시간 관련 규정의 예외)

관리·감독의 지위에 있는 자 및 기밀 사항에 책임을 지는 자는 취업시간에 관한 규정을 적용하지 않는다.

제40조 (출장의 처리)

1. 공사는 업무의 필요에 따라 수시로 종업원에게 출장을 명령한다.
2. 종업원이 출장할 때는 규정한 절차를 밟아야 한다.
3. 출장 중의 취업시간은 공사에서 특별한 지시가 있는 경우를 제외하고 보통의 근무로 취급한다.
4. 출장 중에 휴식 일이 있는 경우는 출장 종료 후 대체하여 휴식을 부여한다.

제41조 (휴식시간)

1. 휴식시간은 규정된 장소에서 업무지장이 없는 한 자유로 이용할 수 있다.
2. 휴식시간에 사적 용무로 외출하는 경우는 규정한 용지에 기입하고 상급의 허가를 얻어야 한다.

제42조 (출퇴근)

1. 종업원은 출퇴근 시에 공사가 지정한 장소를 거쳐 본인이 출근 카드를 타임코더에 넣고 시간을 기입해야 한다.
2. 종업원은 업무시작 ○○분전까지 부서에 도착해야 한다.
3. 종업 후 업무상 필요 없는 자는 빨리 퇴근해야 한다.

제43조 (지각)

종업원이 지각했을 때는 그 사유를 규정한 용지에 기입하여 상급에 보고하여야 한다. 불가항력인 경우는 지각으로 보지 않지만 위 경우와 같이 보고하여야 한다.

제44조 (조퇴)

종업원은 질병 또는 기타의 부득이한 이유로 조퇴하여야 할 때는 규정한 용지에 기입하고 상급의 허가를 받아야 한다.

제45조 (결근)

1. 종업원이 질병 또는 기타의 부득이한 이유로 결근할 때는 사전에 규정한 용지에 기입하여 직속상급을 경유, 관할 부처에 보고하여야 한다. 단지, 부득이하여 사전의 보고가 될 수 없는 경우는 사후에 신속히 보고하여야 한다.
2. 취업 외의 원인으로 질환 또는 상해를 입은 경우는 공사가 지정하는 병원의 진단서를 제출하여야 한다. 치료가 1개월 이상에 걸리는 경우는 1개월마다 진단서를 제출하여야 한다.
3. 질병 및 부상 이외의 이유로 결근할 때는 공사가 필요에 따라 그 이유를 증명하는 서류의 제출을 요구할 수 있다.
4. 지각, 조퇴, 사적 용무로 외출이 1개월에 ○회 이상 인 때는 ○회마다 결근 1일로 간주한다. 근무시간이 1시간에 미치지 않을 때는 결근 1일로 간주한다.

제46조 (휴일)

1. 종업원의 연간 휴일은 법정 축제일 및 일요일로 한다.
2. 업무상의 필요에 의해 위 항의 휴일에 출근을 명령될 때는 다른 출근 일에 대체하여 휴식을 받을 수 있다.

제47조 (초과근무)

공사는 업무의 필요에 따라 종업원의 노동 시간을 연장하거나 또는 종업원에게 휴일 출근을 명령할 수 있다.

제48조 (여자 종업원의 대우) (※법규)

1. 공사는 태어난 후 12개월이 되지 않는 유아를 가진 여자종업원에게 원칙적으로 1일 2회(1회 30분)의 수유시간을 준다. 단지, 구체적인 수유방법에 대해서는 사전에 상급 및 관할 부처와 상담하여야 한다.
2. 공사는 임신 7개월 이상 및 수유시간에 있는 여자 종업원에게는 야근을 시켜서는 안된다.

제49조 (연차 급여가 있는 휴가)

1. 공사는 수습 후의 채용 일부터 1년 간 연속하여 근무하고 출근율이 영업일의 ○○% 이상인 종업원에게 2년에 ○일간의 급여가 있는 휴가를 준다. 이후 계속된 근무 연수가 1년 증가할 때마다 1일 증가하지만 최고 ○○일을 넘지 않기로 한다.
2. 위의 항의 급여가 있는 휴가의 행사는 다음 연도로 이월할 수 있다.
3. 급여가 있는 휴가를 행사하는 자는 1주일 전까지 규정한 용지에 기입하여 상급에 신청하여 허가를 얻어야 한다.

4. 공사는 매년마다 급여가 있는 휴가의 행사가 업무에 지장을 초래한다고 판단 될 때는 그 휴가의 시기를 변경하거나 또는 신청한 날수를 분할하여 줄 수 있다.
5. 종업원이 질환 및 부상으로 결근할 때는 본인이 신청하면 급여가 있는 휴가의 잔여 날수의 범위 내에서 급여가 있는 휴가를 결근 일로 대체할 수 있다.

제50조 (특별휴가) (※법규)

1. 종업원의 경조·재난 등에 대해서는 다음의 특별휴가를 준다. 단지, 휴가 중에 휴가가 포함될 때는 휴가 날수에 계산하여 넣는다.

(1) 본인의 결혼 : 남자 25세 미만 3일
여자 23세 미만 3일
만혼자 : 남자 25세 이상 10일
여자 23세 이상 10일
(2) 자녀의 결혼 1일
(3) 배우자의 출산 3일
(4) 부모(양부모·양부모를 포함), 배우자, 자녀의 장의 3일
(5) 조부모(모친 쪽의 조부모), 형제자매의 장의1일
(6) 천재 및 기타 자연재해: 공사가 필요로 인정한 날수
(7) 전염병 등: 정부가 지정한 기간

2. 위 항의 각 휴가의 기간 내에는 규정한 급여를 지불한다.

제51조 (여자종업원의 특별휴가) (※법규)

1. 여자종업원에 대해서는 다음의 특별 휴가를 준다.

(1) 피임수술을 한 여자종업원에게는 1년 간 매월 1일의 생리휴가를 준다.
(2) 출산하는 여자종업원에게는 출산 전 15일, 출산 후 75일, 합계 90일의 휴가를 준다. 난산 및 쌍둥이 인 경우 15일을 추가한다. 난산의 경우는 의사의 진단서를 제출하여야 한다. 만혼자의 경우는 각 15일간을 추가한다.
(3) 인공유산 수술을 한 여자종업원에게는 14일의 휴가를 준다.

2. 위 각 항의 휴가기간 내에는 규정된 급여를 지급하는 외 각종 검사비용, 출산비용 및 입원비용 등 공사가 국가의 규정에 의거하여 부담한다.

제52조 (국가의 활동에 참가하기 위한 특별휴가) (※법규)

1. 종업원이 선거권의 행사 또는 인민대표대회·노동모범대회 등 국가 활동에 참가할 때는 특별휴가를 준다.
2. 위 항의 휴가기간 내에는 아래에 기재한 급여를 지불한다.

(1) 12일을 초과한 경우: 최근 3개월의 기준급여총액÷90×날수
(2) 12일 이내인 경우: 전달 지급받은 급여÷30×날수
3. 위 항의 규정이 중국의 관련 법규에 저촉하는 경우는 당해 법규를 기준으로 한다.

제53조 (가족 방문을 위한 휴가) (※법규)

1. 공사는 가족과 떨어져 생활하고 있는 계속된 근무가 1년 이상인 종업원에게 다음의 범위 내에서 가족방문 휴가를 준다. 단지, 당해 휴가는 연간 1회로서 다음 해에 이월할 수 없다. 휴가 중에 휴일을 포함한 경우는 휴가 날수를 계산해 넣는다.
(1) 배우자와 별거하여 있는 종업원: 매년 1회 30일
(2) 부모와 별거하여 있는 미혼인 종업원: 매년 1회 20일
또는 2년에 1회 45일
(3) 부모와 별거하여 있는 이미 결혼한 종업원은 4년에 1회 20일
2. 위 항의 휴가기간 내에는 날수에 기준으로 주어진 급여를 지급한다.
3. 혈육친지 방문의 교통비 등은 중국 종업원 육친 방문휴가 대우에 근거하여 지급한다.

제54조 (특별휴가 수속)

종업원은 특별휴가를 취득할 시는 사전에 상급 및 관할부처에 신청하여 그 허가를 얻어야 한다. 부득이한 사정에 의해 사전에 보고를 할 수 없었던 경우는 사후 신속히 보고해야 한다.

제5장 급 여

제55조 (급여)

종업원의 급여에 대해서는 따로 규정을 정한다.

제6장 생활 보조비, 의료 보조비 및 계약 해소 보상금

제56조 (생활보조비) (※법규)

공사는 노동계약 기간 만료 후 계약을 갱신하지 않는 종업원, 제8조 (3)(6)호의 규정에 따라 계약을 해제한 종업원 및 제10조의 (1)(2)(3)호의 규정에 의해 노동계약 해제를 제기한 종업원에 대해 그 계속된 근무 년수에 의해 아래에 기재한 생활보조비를 일괄 지불한다. 단지, 최고금액은 본인의 12개월의 기준 급여를 초과하지 않는다.
(1) 계속된 근무 연수가 1년 미만인 자: 본인의 반달분 기준급여를 지급한다.
(2) 계속된 근무 연수가 1년을 넘는 자: 만 1년마다 본인의 1개월 분 기준급여를 추가한다.

제57조 (의료보조비) (※법규)
공사는 제8조 (4)호의 규정에 따라 계약을 해제한 종업원에 대해 제56조의 규정에 의해 생활보조비를지급하는 외, 본인의 3개월 분의 기준급여에 상당하는 의료보조비를 일괄 지불한다.

제58조 (계약해제 보조금) (※법규)
공사는 제8조 (6)호의 규정에 의해 계약을 해제한 종업원에게 제56조의 규정에 의한 생활보조비를지급하는 외에 본인의 3개월 분 기준급여에 상당하는 계약해제 보조금을 일괄 지불한다.

제7장 경조비

제59조 (경조비)
종업원의 경조금은 따로 규정을 정한다.

제8장 안전 및 위생

제60조 (안전위생의 유지)
공사는 직장의 안전위생상 필요한 조치를 강구하여 작업의 개선, 종업원의 재해방지와 건강유지에 적극적으로 노력한다. 종업원은 이 운용에 맞춰 법규 및 공사가 정한 사항을 준수하고 안전관리 또는 위생관리자의 지시에 따르고 또 이에 협력하여야 한다.

제61조 (안전위생 관리자의 선임)
공사는 안전관리자 및 위생관리자를 선임한다.

제62조 (안전위생 교육)
종업원은 안전 및 위생에 관한 교육을 받아야 한다.

제63조 (업무의 제한)
종업원에게 다음 상황의 하나인 경우는 건강상 보호할 필요성이 있는 것으로 그 업무를 제한하고 업무변경, 치료 및 기타 보건 위생상의 조치를 취하도록 명령한다.
(1) 질병 또는 신체의 쇠약으로 일정한 보호가 필요할 때
(2) 신체에 중대한 장해를 입어 특별한 보호가 필요할 때
(3) 건강진단에서 필요하다고 인정되었을 때

제64조 (건강진단)

공사는 종업원에게 매년 정기적으로 건강 진단을 실시한다. 단지, 필요하다고 인정되었을 때는 임시적으로 전부 또는 일부의 종업원에게 건강 진단을 실시한다. 종업원은 정당한 이유가 없이 이것을 거부해서는 안 된다.

제65조 (업무의 금지)

종업원에게 다음 상황의 하나가 발생한 경우는 그 업무를 금지한다.

(1) 전염병에 전염되었거나 또는 전염될 우려가 있는 경우

(2) 정신병에 전염되었거나 또는 전염될 우려가 있는 경우

(3) 어떤 질환에 전염되었거나 또는 상해를 입어 근무를 하면 상태를 악화시킬 가능성이 있을 때

(4) 기타 건강상의 이유로 근무에 적합하지 않다고 인정되었을 때

제9장 교 육

제66조 (교육)

공사는 업무에 필요한 지식 및 기능을 향상시키기 위해 종업원에 대해 필요한 교육을 진행한다. 종업원은 이것을 거절하여서는 안 된다.

제67조 (자격시험・연수회의 참가)

공사는 업무의 필요에 따라 종업원에 대해 각종의 자격시험 또는 연수회에 참가를 명령할 수 있다.

제68조 (교육훈련 비용의 변제) (※법규)

공사의 비용부담에 의해 연수 및 기타 교육 훈련을 받은 종업원은 당해 기간 종료 후 노동계약 기간 만료 전에 퇴직할 때는 당해 비용을 노동계약의 잔여기간으로 나누어 공사에 변제하여야 한다.

제10장 노동보험 및 복리후생

제69조 (양로보험) (※법규)

공사는 법의 규정에 따라 종업원의 양로보험을 든다.

제70조 (실업보험) (※법규)

공사는 법의 규정에 따라 종업원의 실업 보험을 든다.

제71조 (주택기금) (※법규)

공사는 종업원에게 필요한 생활보호시설과 대우를 제공하는 동시에 법의 규정에 의해 이익 중 주택기금을 마련한다.

제72조 (물가보조) (※법규)

공사는 법의 규정에 따라 종업원에게 물가보조를 지급한다.

제73조 (복리·장려기금) (※법규)

공사는 법의 규정에 따라 이익 중 복리·장려기금 마련한다.

제74조 (업무재해 이외의 보상) (※법규)

공사는 취업 외의 원인으로 질병에 걸렸거나 또는 상해를 입은 종업원에 대해 다음의 보상을 해준다.

1. 본인의 공사에 계속 근무 연수에 따라 요양 기간을 다음과 같이 정한다. 당해 기간은 노동계약 기간 내에서만 유효하다.

(1) 계속된 연수 1년 이상 2년 미만인 자: 3개월

(2) 계속된 연수가 1년 증가될 때마다 1개월 증가한다. 단지, 최고 12개월을 초과하지 않는다.

2. 요양기간 중 급여는 기준급여를 지급한다. 요양비용, 사망 시의 장의비용 등 비용은 국유기업의 기준에 준거하여 지급한다.
3. 업무상 훌륭한 성적을 얻은 종업원에게는 제1항의 요양기간을 연장할 수 있다.
4. 위 각 항의 규정이 중국의 관련 법규에 저촉할 경우는 당해 법규를 기준으로 한다.

제75조 (업무재해에 의한 보상) (※법규)

종업원이 취업으로 질병에 걸렸거나, 또는 상해를 입은 경우는 그 요양비용, 사망시의 장의비용 등 비용은 국유기업의 기준에 준거하여 지급한다.

제11장 표 창

제76조 (표창)

종업원이 다음 조건의 하나를 만족하였을 때는 공사는 그 종업원을 표창한다. 표창은 공사의 창립기념일에 진행한다. 단지, 필요에 따라 수시로 진행할 수 있다.

(1) 업무성적이 양호하고 계속된 근무가 ○년인 자

(2) 공사에 대해 뚜렷한 공헌을 한 자

(3) 업무성적 등이 우수하여 종업원의 모범이 되고 있는 자
(4) 재해를 미연에 방지하였거나 또는 재해가 발생하였을 때, 특별한 활동으로 공적이 있는 자
(5) 국가와 사회에 공헌하여 공사 및 종업원의 명예를 특별히 높인 자
(6) 업무상 유익한 발명·창조·개량 및 연구를 진행한 자
(7) 기타 전 각 호에 상당하는 공적이 있다고 인정된 자

제77조 (표창방법)

위 조항의 표창은 다음의 방법으로 진행한다. 두 가지 종류 이상의 방법을 병용할 수도 있다.
(1) 상장
(2) 상금
(3) 상품
(4) 해외 연수

제12장 징 벌

제78조 (징벌의 방법)

공사는 종업원에 대해 다음의 징벌처분을 실시한다.
(1) 훈 계: 시말서를 작성케 하여 경고조치 한다.
(2) 감 봉: 시말서를 자성케 하고 1회 감하는 금액이 ○일 분의 기준 급여의 평균을 초과하지 않고 또한 급여 지급기간의 기준급여 총액의 ○○을 초과하지 않는 범위에서 실시한다.
(3) 강 등: 시말서를 작성케 하고 중역을 면직 또는 등급을 1등급 낮춘다.
(4) 출근정지: 시말서를 작성케 하고 ○일 동안 출근을 정지하고 그 기간 중의 급여는 지급하지 않는다.
(5) 권고퇴직: 퇴직서를 제출시켜 자체로 퇴직하게 한다.
(6) 징벌해고: 예고기간을 두지 않고 수시로 해고한다.

제79조 (출근정지 · 강등 · 감봉 · 훈계)

종업원이 다음의 하나에 해당할 때는 시말서를 작성하고 출근 정지, 강등 또는 감봉에 처한다.
(1) 고의적으로 업무상 수속 또는 보고를 늦추거나 허위적인 행위가 있은 때
(2) 본 규칙 및 기타 공사의 여러 규정에 위반하였을 때
(3) 술기운으로 출근하였을 때

(4) 출근 카드를 타인에게 부탁 기록 또는 타인의 부탁으로 대리 기록한 경우
(5) 취업 중에 공사가 지정하는 이외의 복장을 착용하였을 때
(6) 규정된 장소, 시간 이외에서 음식을 섭취하였거나 또는 흡연하였을 때
(7) 취업 중에 상급의 허가를 얻지 않고 부서를 떠났을 때
(8) 시끄럽게 말다툼을 하여 직장의 질서를 혼란 시켰을 때
(9) 업무에 게을러 상급의 주의를 받았지만 개선하지 않을 때
(10) 정당한 이유 없이 업무상 지시 명령에 따르지 않거나 또는 권한을 넘어 전횡하여 직무 규율을 혼란시켰을 때
(11) 직장의 정리정돈, 청소에 게으를 때
(12) 공사의 허가를 얻지 않고, 공사의 시설을 사용하거나 또는 공사가 지정한 이외의 시설을 사용하였을 때
(13) 취업시간 외에 허가 없이 공사에 들어가거나 또는 거기에 머물렀을 때
(14) 허가를 받지 않고 공사의 금품을 갖고 나가거나 또는 갖고 나가는 것을 꾀하였을 때
(15) 공사가 허가하지 않는 물품을 공사에 갖고 입출입 하거나 또는 그것을 꾀하였을 때
(16) 고의적 또는 중대한 과실로 공사의 건물, 기물, 기계 기타 부품을 상실 또는 파손하였을 때
(17) 도박행위를 하였을 때
(18) 적정하지 않은 행위로 공사의 명예 및 신용을 손상시켰을 때
(19) 고의적으로 또는 과실에 의해 공사에 손실을 주었을 때
(20) 기타 위의 각 호에 따르는 행위가 있었을 때

제80조 (징벌해고 · 권고퇴직)

종업원이 다음의 하나에 해당할 때는 징계해고 또는 권고퇴직에 처한다.
(1) 위 조 각 호의 징계 처분을 1년에 3회 이상 받았을 때
(2) 위 조 각 호의 징계 처분을 받아 역시 개선이 보이지 않을 때
(3) 경력을 위조하거나 또는 부정당한 방법을 사용하여 고용되었을 때
(4) 정당한 이유가 없이 연속 3일 이상 무단결근하거나, 무단결근도 불구하고 출근 독촉을 듣지 않을 때
(5) 정당한 이유가 없이 연속 15일 이상 결근하거나 또는 1년에 30일 이상 결근하였을 때
(6) 공사의 허가 없이 다른 공사에서 취업하거나 또는 공사 이외의 업무를 진행하였을 때
(7) 다른 종업원에게 폭행, 공갈을 가하거나 또는 다른 종업원의 금품을 절도하였을 때
(8) 공사의 금품을 사적인 용도로 사용하거나 또는 부정당하게 사용하였을 때
(9) 공사에서의 직무 또는 직권을 이용하여 부정당하게 금품을 취득하거나 또는 사리를 도모하였을 때

(10) 선동적인 언행에 의해 공사의 정상적인 생산·경영활동 방해하거나 또는 방해의 위험성이 있을 때
(11) 공사의 허가 없이 공사의 시설 내에서 집회·선전 등의 활동을 하였을 때
(12) 고의적 또는 중대한 과실로 업무상의 기밀을 누설하였거나 또는 누설을도모하였을 때
(13) 고의적 또는 중대한 과실로 공사의 명예 및 신용을 현저한 손상시켰을 때
(14) 고의적 또는 중대한 과실로 공사에 현저한 경제적 손실을 가져 왔을 때
(15) 형법에 위반하거나 또는 사회적으로 비난될 행위가 있을 때
(16) 공안국에 의해 갱신시설에 수용되었을 때
(17) 기타 위의 각 호에 따르는 행위가 있을 때

제13장 부 칙

제81조 (본 규칙의 시행)
본 규칙은 ○○년 ○○월 ○○일부터 시행한다.

제82조 본 규칙 개정
본 규칙에 규정된 사항은 중국의 노동법규에 위반하지 않는 범위 내에서 개정 보충할 수 있다.

7. 외상투자기업의 토지사용 계약서 서식(예)

※ 외자기업의 토지사용계약

제1조 본 계약의 쌍방 당사자
중화인민공화국___성(자치구, 직할시)______시(현)토지관리국(이하 '갑방' 이라 함) ; 법정주소___우편번호_법정대표자: 성명___직무__
(이하 '을방' 이라 함); 법정주소 우편번호 법정 대표자:____성명___직무___
외자기업의 용지관리에 관한 중화인민공화국의 법률, 법규와 국가의 관련 규정에 의거하여 쌍방은 우호적 협의를 통하여 본 계약을 체결한다.

제2조 갑방이 을방의 사용에 제공하는 토지는__에 위치하고 면적은__평방미터이다. 그

위치와 주변의 경계범위는 본 계약 부속도면에 표시한 대로이다. 부속도면은 이미 갑방, 을방이 확인하였다.

제3조 본 계약의 각 조항하의 토지의 사용 연한은 ○○년으로 본 계약에 서명한 날부터 기산한다.

제4조 을방은 갑방이 토지개발비와 토지사용료를 포함한 용지사용비를 지불하는 것에 동의한다.

또는: 제4조 합자 또는 합작기업 계약에 의거하여 을방의___(*주: 중국측 합자자 또는 합작자)는 갑방에 토지개발비와 토지사용료를 포함한 용지사용비를 지불한다.

제5조 토지개발비는 1평방 미터 당 인민폐 ○○원으로서 총액은 인민폐 ○○원으로 한다. 을방은 [또는: 중국측 합자자 또는 합작자] 본 계약의 체결 일부터 ○○일 이내에 전부 지불하여야 한다.

을방 (또는: 중국측 합자자 또는 합작자)이 모두 토지개발비를 지불한 후○○일 이내에 갑방은 을방을 위해 토지등록(또는 변경등록) 수속을 진행하고《중화인민공화국 국유토지사용증》을 공포한다.

제6조 토지사용료는 연간 1평방 미터당 인민폐○○원(미국달러 또는 홍콩달러 등)으로 ○○년 ○○월 ○○일부터 을방(중국측 합자자 또는 합작자)은 매년○○년 ○○월 ○○일 이전에 갑방에게 당해 연도의 토지사용료를 지불하여야 한다.

토지 사용료는 기준대로 받고 5년 후에 국가[또는__성(자치구, 직할시)__시(현)]의 관련 규정에 의거하여 갑방은 상응한 조정을 진행하고 조정 후, 을은 조정을 진행한 연도부터 새로운 기준에 따라 토지사용료를 지불한다.

[또는: 토지사용료는 합자, 합작기업의 경영기한 내는 조정을 하지 않는다](주 : 을방이 관련 규정에 따라 감면의 우대정책을 누릴 수 있는 경우, 감면 규정에 의해 이 조항을 정한다)

제7조 본 계약에 별도의 규정이 있는 경우를 제외하고, 을방은 본 계약이 규정하는 지불기한 내에 계약으로 지불하여야 할 비용을 갑방의 은행계좌에 지불하여야 한다. 은행의 명칭:___은행___분점, 계좌 번호:_______.

갑방은 은행계좌에 변경이 있는 경우 변경 후 ○○일 이내에 서면으로 상대방에게 통지하여야 한다. 갑방이 이 변경을 적시에 통지하지 않아 일정한기일 내에 지불할 수 없는 경우는 그로 인하여 발생하는 어떤 지연 금도 을방은 그 위약에 대한 책임을 지지 않는다.

제8조 당해 토지는 ○○프로젝트의 건설에 사용되고, 을방은 계획의 요구와 규정된 용도에 의거하여 토지를 사용하여야 한다.

본 계약 기한 내에서 을방은 토지용도의 변경을 필요로 할 경우 갑방의 동의를 얻은 후 토지용도 변경수속을 한다.

제9조 갑방은 당해 토지의 토지수용, 건물의 해체이전, 경계의 확정의 구체적인 사무의 청부에 동의하고 ○○년 ○○월 ○○일 이전에 토지를 교부한다.

을은 경계선을 보전하고 제멋대로 변경해서는 안 된다. 경계선이 파괴되었거나 또는 이동되었을 때는 즉시 서면으로 갑방에게 보고하여 새로운 경계확정을 청구하여야 한다. 그 필요비용은 을방이 부담한다.

[또는: 제9조 을방은 합자, 합작기업의 중국측 원용지를 이용한다. 원용지의 경계항은 갑방이 새롭게 확인한다]

제10조 토지사용 연한이 만료되었거나 또는 을방이 사전에 경영을 종료할 때는 본 계약은 동시에 이행을 종료한다. 을방은 갑방에게 토지사용증을 돌려주고 등록의 말소수속을 진행하여야 한다. 을방은 당해 토지 내에 투자 건설한 건축물, 부속물에 대해 처리할 권리를 갖고 있다. 단지 그 시간은 ○○을 넘어서는 안 되고 기간을 넘은 후는 갑방이 무상으로 취득한다.

만약, 을방이 그 토지를 계속 사용하는 것을 희망하는 경우는 기한 만료6개월 전에 갑방에게 용지기간 계속 신청을 제출하고 갑방이 동의한 후, 토지사용 계약을 새롭게 체결한 가운데 사용할 수 있다.

제11조 을방이 본 계약에 의거하여 유상양도 방식을 거쳐 취득한 토지사용권은 양도, 임대, 저당을 할 수 없다. 만약 양도, 임대, 저당을 하는 경우는《중화인민공화국 도시부국유지사용권의 양도와 재양도에 대한 잠정조례》의 규정에 따라 양도수속을 하고 양도금을 보충 납부하여야 한다.

제12조 만약, 을방(또는: 중국측 합자자 또는 합작자)이 기한대로 토지 사용료를 지불하지 않는 경우는 체납한 일부터 날수에 따라 납부할 금액의 ○○%의 체납금을 가산하여 지불하여야 한다. 체납 기간이 6개월을 넘은 경우, 갑방은 토지 사용권을 무상으로 회수할 권리를 갖는다.

제13조 만약, 갑방의 과실로 을방이 토지사용권의 점유를 연기시킬 수 없는 경우는 본 계약에서 토지사용기간은 그에 따라 연기되어야 할 뿐 아니라, 을방은 배상을 청구할 수

있는 권리를 갖는다.

제14조 본 계약의 체결, 효력, 해석, 이행 및 분재의 해결은 모두 중화인민공화국 법률의 보호와 관할을 받는다.

제15조 본 계약의 이행에 따라 분쟁이 생긴 경우는 쟁의쌍방은 협의 해결을 도모하고 협의가 성립되지 않을 경우는 중재기구에 제소 또는 관할권을 갖고 있는 인민법원에 소송할 수 있다.

제16조 본 계약은 쌍방의 법정대표자가 서명한 후에 효력을 발생한다.

제17조 본 계약에서의 월일은 모두 양력이 사용된다.

제18조 본 계약은 한중국문으로 각 ○○통 작성되고 갑, 을 쌍방은 각각 ○○부 소지한다.

제19조 본 계약은 ○○년 ○○월 ○○일, 중화인민공화국__성(자치구, 직할시)__시(현)에서 체결되었다.

제20조 본 계약에서 결정되어 있지 않은 사항에 대해서는 쌍방이 합의한 후 계약의 부속문서로 할 수 있다.

본 계약의 부속문서는 계약의 구성부분으로서 본 계약과 동등한 법률적 효력을 갖고 있다.

갑방 : 중화인민공화국_______성______을방:________(인)
(자치구, 직할시)
시(현) 토지관리국(인)
법정대표자:________(서명)________법정대표자:_________(서명)

○○년 ○○월 ○○일
(*주: 출처는 '중국 국가토지관리국・국가행정관리국문건')

8. 중외합자경영기업의 합자계약서 서식(예: 중문)

中外合资经营企业合同

第1章 总则

中国＿＿＿＿＿公司和韩国＿＿＿＿＿＿公司，根据《中华人民共和国中外合资经营企业法》及其实施细则和中国的其他有关法规、条例，本着平等互利的原则，通过友好协商，一致同意在中华人民共和国＿＿＿＿省＿＿＿＿市，共同合资建办合资企业，特签订本合同。

第2章 合资各方

第1条 本合同各方:

甲方：＿＿＿＿＿＿＿＿有限公司
注册地地：＿＿＿＿＿＿＿＿＿＿＿＿＿＿＿＿号
法人代表：＿＿＿＿＿＿＿＿职务＿＿＿＿国籍＿＿＿＿＿

乙方：＿＿＿＿＿＿＿＿有限公司
注册地地：＿＿＿＿＿＿＿＿＿＿＿＿＿＿＿＿号
法人代表：＿＿＿＿＿＿职务＿＿＿＿国籍＿＿＿＿＿

第3章 成立合资经营公司

第2条 甲、乙双方根据《中华人民共和国中外合资经营企业法》及其实施细则和中国的其他有关法规，同意在中国＿＿＿＿＿＿＿区建办合资经营＿＿＿＿有限公司（以下简称合资公司）。

第3条 合资公司名称：＿＿＿＿＿＿＿＿＿＿＿有限公司。

第4条 合资公司法定地址：＿＿＿＿＿＿＿＿＿＿＿＿＿＿＿＿＿＿号。

第5条 合资公司的组织形式为有限责任公司，为中国法人，其一切活动必须遵守中华人民共和国的法律、法规及有关条例规定。

第4章 生产经营目的、范围及规模

第6条 甲、乙双方合资经营目的是：本着加强经济合资和技术交流的愿望，采用国际先进水平的设备和先进而适用的技术，科学的经营管理方法，提高产品质量，并在质量、价格等方面具有国际市场的竞争能力，使合资各方获得满意的经济利益。

第7条 合资公司生产经营范围：＿＿＿＿＿＿＿的生产及销售；对产品的售后服务；对售出＿＿＿＿＿＿＿的零部件、附属品的加工及销售。

第8条 产品的计划生产规模，在生产稳定后的第____年度为______吨。

第5章 投资总额与注册资本

第9条 合资公司总投资__________万美元，注册资本为_________万美元，投资总额与注册资金的差额_____万美元由甲乙双方按出资比例从境内外筹措解决。

第10条 甲、乙双方的出资额、比例及出资期限：

甲方：出资_____万美元，占注册资本的______%，以人民币折合美元现汇投入。

乙方：出资_____万美元，占注册资本的_____%，以进口设备作价_____万美元和万美元现汇出资。

出资期限：自合资公司营业执照签发之日起__________个月内各方缴付各出资额的%；其余　　%出资额由各方在合资公司营业执照签发之日起　　年内缴清。

第11条 合资任何一方如与第三方转让其全部或部分合资条件时，须经另一方同意并报原审批机关批准，转让方为成立。一方转让，另一方有优先购买权。

第12条 合资公司在合资期间，无正当理由，不得以任何方式和名义减少注册资本数额。

第6章 合资各方责任

第13条 合资各方应各自负责完成以下各项事宜：

甲方责任：

1.负责落实合资公司厂房的通电、通讯、上水、下水。

2.负责提供合资公司工艺设计方案。

3.按期如数提供出资额。

4.负责合资公司委托的其它事项。

乙方责任：

1.负责合资公司的技术培训及产品销售。

2.负责合资公司的经营管理。

3.按合同第十条规定，按期如数缴清出资额。

4.负责办理合资公司委托的其他事项。

第7章 技术转让及技术指导

第14条 ① 为达到本合同第四章规定的经营目的及生产规模，甲、乙双方应互相协助。乙方根据经合资公司董事会的决议，合资公司与乙方之间订立的合同，向合资公司提供其实际工作中所需要的先进技术和技术指导（包括制造技术、实验检验方法、质量管理以及人才培训）。

② 乙方对合资公司进行技术指导、公开生产技术，并给予在生产过程中所需的专有

技术、专利权的实施许可，为此，合资公司向乙方支付技术使用费。此费用由合资公司以人民币计算，兑换成美元支付。

生产初期的　　个品种中，合资公司应支付技术使用费的为　　个品种。其技术使用费的提成率为合资公司的该产品净销售额的　　%。

③ 因技术指导、技术转让而派往合资公司的乙方的常驻人员及出差人员所需的费用，由合资公司负担，但其费用标准，由董事会决定。

④ 因技术培训而由合资公司派往乙方的合资公司职工的费用，由合资公司负担。

⑤ 本条②款所定的技术使用费的对象品种、提成率、支付期间等，以及本条③、④、⑤款所规定的具体事宜，由合资公司根据董事会的决定，经有有关政府部门的批准，与乙方另行签订合同。

第8章 产品的销售

第15条 合资公司的产品在中国国内销售，也可根据董事会的决议销往国外。

第16条 合资公司生产的产品，由合资公司直接销售，也可委托合资双方或其他第三人销售。

第17条 合资公司拥有其经营范围内所需原材料、零部件、机器设备等的进口权，以及其生产的产品（注：具体写明种类、名称）和加工的零部件、原料（注：具体写明种类、名称）的出口权。

第9章 董事会

第18条 董事会由___名董事组成，其中甲方委派___名，乙方委派___名，董事会设董事长一名，由甲方委派，董事任期____年，经委派方继续委派，可以连任。

第19条 董事会决定合资公司的一切重大事宜，对以下重要事宜应经出席董事会全体董事通过方可做出决定：

1.合资公司章程的修改；

2.合资公司的终止、解散；

3.合资公司与其他经济组织的合并；

4.注册资本的增加、转让；

5.合资公司资产的抵押。

对上述以外的其他事项，原则采取董事会　　分之　　董事通过决定的原则，董事会方可做出决定。

第20条 董事长是合资公司的法定代表，董事长不能履行职责时，应授权董事为代表。

第21条 董事会会议每年至少召开一次，由董事长召集并主持，经二名以上的董事提议，可由董事长召开董事会临时会议，董事会会议有二名以上董事出席方能举行，董事不能出席，可出具委托书委托他人代表出席和表决，如届时未出席，也未授权，则视为弃权。董事会会议应作会议记录，并由参加会议的董事签名确认，归档保存。

第10章 经营管理机构

第22条 合资公司的经营管理为董事会领导下的总经理负责制， 合资公司设总经理一人，总经理由董事会聘任，任期___年。

第23条 总经理的职责是执行董事会会议的各项决定，组织领导合资公司的日常经营管理工作。经营管理机构可设若干部门的经理，分别负责企业各部门的工作，办理总经理交办的事项，并对总经理负责。

第24条 总经理等高级职员有营私舞弊或严重失职的，经董事会会议决议可随时撤换。

第11章 生产设备及原材料的购买

第25条 合资公司在生产经营过程中所需要的生产设备、原材料（按乙方与合资公司另行签订的合同，由乙方提供的原材料除外）、燃料、辅助材料、运输工具及办公用品，原则上在中国解决。但中国国内的规格、型号不符合条件时，可从国外进口。

第12章 工厂建设及开业筹备

第26条 合资公司设立董事会领导下的开业筹备室，由总经理统筹管理。开业筹备室下设工厂建设处及营业筹备处等，有关人员的配备及其它具体事宜，由董事会决定。

第13章 劳动管理

第27条 合资公司职工的招收、辞退、辞职、工资、奖励、劳动保险和劳动争议等均按《中华人民共和国外商投资企业劳动管理规定》，经董事会研究制定方案，由合资公司与其工会组织集体或职工个人个别地订立劳动合同加以规定，劳动合同订立后，报当地劳动管理部门备案。

第28条 由甲、乙双方推荐的经董事会聘请高级管理人员的工资待遇，社会保险、福利、差旅费标准等由董事会会议讨论决定，合资公司董事会的董事除在合资公司任职外，不发给薪资。

第14章 税务及财务

第29条 合资公司按照《中华人民共和国外商投资企业和外国企业所的税法》及其他有关法律和条例的规定，缴纳各项税金。

第30条 ① 合资公司依照《中华人民共和国中外合资经营企业法》的规定，提储备基金、企业发展基金和职工福利奖励基金。每年的提取比例由董事会根据合资公司的实际发展情况决定。

② 根据本条①款的规定提取三项基金后的利润，由合资公司根据董事会的决议进行分配，或并入下一年的分配利润中。

第31条 合资公司的会计年度采用公历年制，从每年___月__日起至___月____日止，一切记帐凭证、单据、报表、帐簿用中文书写。

第32条 合资公司的财务审计聘请在中国注册的会计师审查稽实，并将结果报告董事会和总经理。合资双方均有权自费聘请审计师审查合资公司帐簿。

第33条 每年营业年度的头__个月，由总经理负责编制上___年度的资产负债表、损益计算书和利润分配方案，提交董事会会议审查通过。

第34条 合资公司的风险、亏损、利润及债务责任由甲乙双方按投资比例负责和承担。

第35条 合资公司的一切外汇事宜，按照《中华人民共和国外汇管理条例》及其它有关规定办理。

第36条 合资公司在国家外汇管理机构允许的中国境内的专业银行开立外汇帐户和人民币帐户，合资公司的一切外汇收入都存入其开户银行外汇帐户内，一切外汇支出，从其帐户中支付。

第37条 合资公司累计亏损未弥补前利润不得分配，未分配的利润可并入下一会计年度利润分配。

第38条 合资公司的外汇收支要保持平衡并有结余，合资企业所得外汇利润主要用于以下三项：

1.支付进口原辅材料、设备、零配件等所需外汇；

2.支付应得的外汇利润；

3.境外差旅费，外籍人员工资等其他必要的外汇支出。

第15章 保险

第39条 合资公司有的保险在中国人民保险公司投保，投保的险种、金额及期限等，根据中国人民保险公司的规定，由董事会决定。但，不能在中国人民保险公司投保的险种，可在董事会指定的保险公司投保。

第16章 合资期限及合资期限的延长

第40条 合资期限为，自合资公司成立日起〇〇年。

第41条 甲、乙双方根据双方的协议，可延长合资期限。延长申请须按照《中华人民共和国中外合资经营企业法》规定的程序，在合资期限满了前六个月止办理。

第17章 合同的修改、变更与解除

第42条 本合同及其附件的修改，必须经甲、乙双方签署书面协议，并报原审批机关批准后，才能生效。

第43条 由于不可抗力，致使合同无法履行或是由于合资公司连年亏损，无力继续经营，经董事会会议决定并报原审批机构批准，可提前终止合资期限和解除合同。

第44条 由于一方不履行合同、章程规定的义务或严重违反合同和章程的规定，造成合资公司无法经营或无法达到合同的经营目的，视作违约方片面终止合同，守约方除有权向违约方索赔外，并有权按合同规定报原审批机构批准终止合同，如一方同意继续经营，违约方应赔偿合资公司的经济损失。

第18章 合资公司的解散及清算

第45条 下述情况时，合资公司解散，依法进行清算。清算后的剩余财产，按甲、乙双方在注册资本中所占的出资比例，以美元方式分配。清算时，需对合资公司的财产作价时，应进行公正的评价（按时价）。若对评价价格有争议时，应委托公正的第三人进行评价。

1. 合资期限满了，不再延长时。
2. 根据甲、乙双方的任何一方在合资期限内解除本合同时。

第19章 违约责任

第46条 由于一方的过失，造成了本合同及其附件不能履行或不能完全履行时，由过失的一方承担违约责任，如属双方的过失，根据实际情况由双方分别承担各自应负的责任。

第47条 任何一方未按合同第五章的规定按期如数缴付出资金额时，从逾期第一个月起，每逾期一个月违约方须缴付注册额的____%的违约金给守约方，如逾期三个月仍未缴付，则违约方须除累计缴付应交注册额之____%的违约金外，守约方有权按本合同第四十六条规定终止合同，并要求违约方赔偿经济损失。

第18章 不可抗力

第48条 甲、乙双方的任何一方因战争、暴动、罢工、自然灾害、其他不可预见的、不可防止或避免其发生及结果的不可抗力的影响，而不能履行本合同，或者不能按照约定的条件履行时，遭到上述不可抗力的一方，在受不可抗力影响的范围与期间内，可免予履行责任。但遭到不可抗力的一方，须立即以传真或电报的方式通知另一方，并在___日内提出有关不可抗力的详细情况的报告。

第19章 适用法律

第49条 本合同的订立、效力、解释、履行和争议的解决均受中华人民共和国法律的管辖。

第20章 争议的解决

第50条 ① 因履行本合同而发生的，或与本合同有关的，或与合资公司有关的，在甲、乙双方之间发生的一切纠纷，甲、乙双方应本着互相谅解的精神友好协商，力求圆满解决。

但经协商难以解决时，甲、乙双方的任何一方均可申请仲裁。

② 仲裁应在被诉人的所在国进行。

甲方提请仲裁时，在大韩民国的社团法人"国际商事仲裁协会"，按照该仲裁机构所制定的仲裁程序规则，在中文翻译到场的情况下进行仲裁。

乙方提请仲裁时，在中国北京市的"中国国际贸易促进委员会对外经济贸易仲裁委员会"，根据该仲裁机构所制定的仲裁程序规则，在韩文翻译到场的情况下进行仲裁。

第51条 在仲裁过程中，除双方有争议正在进行仲裁的部分外，本合同应继续履行。

第21章 合同的正本

第52条 本合同的正本以中、韩两种文字作成，具有同等法律效力。

第22章 合同的生效及其他

第53条 本合同经甲、乙双方法人代表签署后，报______市______区人民政府批准，自批准之日起生效，修改时同。

第54条 按照本合同规定的各项原则订立的附属协议，均为本合同的组成部分，批准后与合同具有同等法律效力。

第55条 双方发送通知的方法，如用电传或电报通知时凡涉及合资各方的权利与义务的，应随之以书面信件通知。合同中所列甲、乙双方的法定、联系地址即为甲、乙双方的收件地址。

第55条 本合同于________年____月由甲、乙双方代表在中国________签订。

中国____________公司代表 **韩国__________公司代表**

（签名） **（签名）**

부록2
외상투자 관련 정책과 법규

- ▣ 외국인투자산업목록
- ▣ 외상투자산업지도목록(첨부 문건)
- ▣ 중화인민공화국 외자기업법
- ▣ 중화인민공화국 외자기업법 실시세칙
- ▣ 중화인민공화국 중외합자경영기업법
- ▣ 중화인민공화국 중외합자경영기업법실시조례
- ▣ 중화인민공화국 중외합작경영기업법
- ▣ 중화인민공화국 중외합작경영기업법실시세칙

▣ 외국인투자산업목록(2002년 4월 1일 시행)

※ 외국인투자 장려산업 목록

1. 농업, 임업, 목축업, 어업

(1) 산출량이 적은 농지의 개조
(2) 채소, 과일, 차의 무공해재배 기술 및 계열화 생산
(3) 설탕작물, 과수, 화훼, 목초 등 농작물의 우량품종 및 신기술 개발 (유전자 변환 품종 제외)
(4) 화훼 생산과 묘포기지 건설 및 경영
(5) 농작물 줄기(폐기물)의 재활용, 유기비료 자원의 개발 생산
(6) 중약재 재배(합자, 합작에 국한)
(7) 목림(대나무 포함) 우량종 재배
(8) 천연고무, 사이잘 삼, 커피 재배
(9) 축산 및 가금과 수산물 우량종 번식(중국 고유의 진귀한 우량종 불 포함)
(10) 유명 특산 수산품 양식, 심수 그물 양식
(11) 사막화, 수토 유실을 예방하는 목초재배 등 생태환경 보호 건설공정

2. 채굴업

(1) 석유, 천연가스 고난도 탐사, 발굴
(2) 저삼투 유전개발
(3) 원유 채수율 제고를 위한 신기술 개발 및 응용
(4) 유정측정 등 석유 탐사, 발굴을 위한 신기술 개발 및 응용
(5) 석탄 및 부존자원 탐사, 개발
(6) 석탄층 탐사개발
(7) 저급 광산개발 및 선광작업(합자, 합작에 국한, 단 서부지역은 독자도 가능)
(8) 철, 망간 광산 채굴, 선광작업
(9) 구리, 납, 아연광 탐사 및 채굴(합자, 합작에 국한, 단 서부지역은 독자도 가능)
(10) 알루미늄광 탐사, 채굴(합자, 합작에 국한, 단 서부지역은 독자도 가능)
(11) 유황, 인, 칼륨 등 화학광 개발, 선광 작업

3. 제조업

A. 식품가공업

(1) 곡식, 채소, 과일, 축산품 저장 및 가공
(2) 수산품 가공, 조개류 세척 및 가공, 해조류 기능식품 개발
(3) 과일, 채소, 단백질, 차, 커피, 음료개발, 생산
(4) 유아, 노인, 기능식품개발, 생산
(5) 유제품 생산
(6) 생물사료, 단백질 사료의 개발, 생산

B. 연초가공업

(1) 셀룰로오즈 디아세테이트 가공
(2) 제지법을 이용한 연초 박편 생산

C. 방직업

(1) 공업용 특수 방직품 생산
(2) 고급 직물 염색 및 후가공

D. 피혁, 모피제품업

(1) 돼지, 소, 양, 원피 신기술 가공
(2) 피혁 후공정 신기술 가공

E. 목재가공, 죽, 등, 종려, 초제품업

(1) 임업지역의 '저급' 목재 및 대나무 종합이용 신기술, 신상품 개발 및 생산

F. 제지 및 지제품업

(1) 연산 30만톤 이상의 화학 목재펄프, 연산 10만톤 이상의 화학기계펄프(CTMP, BCTMP, APMP), 원료기지의 목재펄프 일체화 공정 건설, 경영(합자, 합작에 국한)
(2) 고급지 및 판재생산(신문용지 제외)

G. 석유가공 및 코크스 생산

(1) 침상코크스, 콜타르 심가공
(2) 스탬프코크스, 건조냉각 코크스 생산
(3) 상급 (고속도로, 1급도로용) 아스팔트 생산

H. 화학원료, 화학품 제조업

(1) 중유 촉매, 분해 증류제 올레핀 생산
(2) 연산 60만 톤급 이상 규모의 에틸렌 생산(중국측이 주도적 지위를 점함)
(3) 에틸렌 부산품 C5-C9 산품의 종합이용
(4) 대형 폴리염화 비닐 에틸렌 수지
(5) 유기 염소화합물 생산(유기염소 잔존율이 높은 산품 제외)
(6) 유기화공 기본원료(벤젠, 크실렌, 톨루엔 계열산품의 종합 이용)
(7) 합성재료의 배합원료(비스페놀A, 부타디엔-스틸렌 라텍스, 피리딘, 4.4 디페닐메탄 - 지이소시안산 에스테르, 톨루엔)
(8) 합성섬유원료(테레후탈산, 아크릴로니트릴, 카프라락탐, 나일론 66염 등)
(9) 합성고무(SOR라텍스, 부틸고무, 이소아밀고무, 에틸렌프로필렌고무, 부타디엔법클로로푸렌고무, 폴리우렌탄고무, 아크릴고무, 클로로히도린고무 생산)
(10) 엔지니어링 플라스틱 제품 및 플라스틱 합금
(11) 정밀화공(촉매제, 보제 및 석유첨가제 신산품, 신기술, 염료 상품화 가공기술, 전자 및 제지용 고도화학품, 식품첨가제, 사료첨가제, 피혁화학품, 유전보제, 표면활성제, 수처리제, 접착제, 무기섬유, 무기분말 충전제)생산
(12) 방직 및 섬유 추사(抽絲)용 보제, 유제, 염료 생산
(13) 자동차 배출가스 정화제, 촉매제 및 기타 보제
(14) 천연 향료, 합성 향료, 단이온향료 생산
(15) 고성능 페인트 생산
(16) 염소법 티탄백분 생산
(17) 불소, 염소, 탄화수소 대체물 생산
(18) 대형의 석탄원료 화공산품 생산
(19) 임업 화학산품 신기술, 신산품 개발 및 생산
(20) 가성소다용 이온막 생산
(21) 생물비료, 고농도 화학비료(칼리비료, 인산비료), 복합비료 생산
(22) 고효능, 저독성, 화학약품 잔존율이 낮은 농약원료 개발 및 생산
(23) 생물농약 개발 및 생산
(24) 환경보호용 유·무기 생물막 개발 및 생산
(25) 폐가스, 폐액체, 폐지꺼기 종합 이용

I. 의약제조업

(1) 중국에서 특허보호를 받거나 중국의 행정보호를 받고 있는 화학원료약 생산
(2) 비타민류, 니코틴산 생산

(3) 아미노산류 (세린, 트립토페인, 히스타민 등) 생산
(4) 신기술, 설비에 의한 해열, 진통제 생산
(5) 신형 항암약물 및 신형 심장, 뇌혈관 계열 질환약 생산
(6) 효과가 높고 경제적인 신형의 피임약품 및 기구 생산
(7) 생물공학기술을 채용한 신형 약물 생산
(8) 고기술에 의한 왁친 생산(에이즈 왁친, C형간염 왁친, 피임왁친 등)
(9) 해양 약물 개발 및 생산
(10) 에이즈 및 방사선 면역류 질환 등의 진단시약 생산
(11) 약품 제재(방출조절, 미사일요법, 피부흡수 등의 신기술을 도입한 신제형, 신제품)
(12) 신형 좌제의 개발응용
(13) 중약재, 중약채취물, 중약가공 및 생산(전통적인 음용한약재 조제기술 제외)
(14) 생물의학재료 및 제품 생산
(15) 동물용 항균원료약 생산(항생소, 화학합성류 포함)
(16) 동물용 항균약, 구충약, 살충약 신산품 및 신제형 개발 및 생산

J. 화학섬유제조업

(1) 차별화한 화학섬유 및 향기나는 섬유, 스판덱스, 탄산 섬유 등 고기술화학섬유 생산
(2) 환경보호형 화학섬유 생산
(3) 일일 400톤이상의 섬유 및 비섬유용 폴리에스테르 생산

K. 플라스틱제품업

(1) 폴리아미드 랩 생산
(2) 신기술, 신형 농업용 막 (광분해, 다기능 막 및 원료) 개발 및 생산
(3) 폐 플라스틱 분해 및 재활용

L. 비금속광물제품업

(1) 일일 용해량 500톤 이상의 우량 float glass 생산
(2) 일일 생산 2,000톤 이상의 신형 건조법 시멘트 생산라인(중서부 지역에 한함)
(3) 연산 1만톤 이상의 유리섬유(가마용 공예 생산라인) 및 강화유리제품 제조
(4) 연산 50만건 이상의 고급 위생도자 생산라인
(5) 도자 원료용 표준화 정제품 및 고급 장식재료 생산라인
(6) 유리, 도자, 유리섬유 가마용 내화재료 생산라인
(7) 무기 비금속 재료 및 제품(인공수정, 고성능 합성재료, 특종 유리, 특종 도자, 특종 밀봉재료, 특종 합성수지)

(8) 신형 건축재료(담벽재료, 장식재료, 방수재료, 보온재료)
(9) 비금속 광물 가공(분쇄, 정화, 정제, 개조)

M. 흑색금속 제련 및 압연가공업

(1) 두께·폭이 큰 강판 제조
(2) 아연도금 및 내식성이 강한 알루미늄/아연 합금강판, 칼라강판 제조
(3) 직접 환원철과 용해 환원철 생산
(4) 폐강 가공

N. 유색금속 제련 및 압연가공업

(1) 연산 30만톤 이상의 산화알루미늄 생산
(2) 저질, 고난도의 야금광석 제련(합자, 합작에 국한, 단 서부지역은 독자도 가능)
(3) 경질 합금, 주석화합물, 안티몬화합물 생산
(4) 유색금속 합성재료, 신형 합금재료 생산
(5) 희토류 응용

O. 금속제품업

(1) 비금속제품용 금형의 설계, 제조
(2) 자동차, 오토바이 주물(사출성형금형, 다이프레스 등) 및 연결집게(용접용, 검사용)의 설계, 제조
(3) 고급 건축용 금속제품, 온수 난방설비 및 금속제품의 개발, 제조

P. 일반기계제조업

(1) 3축 베어링 이상의 디지털 기계선반, 디지털 통제시스템 및 보조장치 제조
(2) 고성능 용접용 로봇과 고효율 용접 생산라인 설비 제조
(3) 내고온 절연재료(절연등급 F, H급)와 절연성형품 생산
(4) 비례 및 서보형 액압 기술, 저출력 공기압축조절 핵심부품과 정밀부품 생산
(5) 정밀 주형, 정밀 내부주물 및 표준화 주물 생산
(6) 정밀 베어링 및 각종 주요기기 전용 베어링 제조
(7) 자동차, 오토바이용 주단조 반제품

Q. 전용설비제조업

(1) 곡식, 면화, 채소, 과일, 화초, 육류식품, 수산품의 저장, 신선보관, 건조, 운수, 가공 신기술 및 신설비 개발과 제조

(2) 농업시설용 설비 제조
(3) 농업, 임업기계 신기술설비 제조
(4) 트랙터, 연합 수확기 등 농업용 엔진의 설계와 제조
(5) 농작물 줄기/대의 종합이용 설비 제조
(6) 농업용 폐물의 종합이용 및 대규모 가축 양육 폐물의 종합이용 설비 제조
(7) 절수용 관개 신기술설비 제조
(8) 습지토방, 진흙제거 기계 제조
(9) 수질 생태환경 등 환경보호기술 및 설비 제조
(10) 장거리 수리조절시설의 통제시스템 설비 제조
(11) 수재방지 기계 및 설비 제조
(12) 식품영역의 고속·무균 주입설비, 상표 입착기 등 핵심설비 제조
(13) 아미노산, 효소제, 식품첨가제 등 생산기술 및 핵심설비의 제조
(14) 시간당 10톤 이상의 사료가공설비 및 핵심부품 생산
(15) 다색 옵셋 인쇄기 제조
(16) 피혁제품 후공정 신기술설비 제조
(17) 고기술의 특종 공업용 봉제기 제조
(18) 신형 방직기계, 제지기계(펄프 포함) 등 설비의 제조
(19) 도로, 항구용 신형 기계설비의 설계와 제조
(20) 도로용 교량의 유지보수, 자동 측정설비의 제조
(21) 도로용 터널의 운영통제시스템과 통풍, 재해방지 및 구조시스템 설비의 제조
(22) 철도 대형 프로젝트 및 유지보수 설비의 설계와 제조
(23) 조경 기계 및 기구의 신기술설비 제조
(24) 도시 환경보호 특종설비 제조
(25) 도로용 프레이즈, 수리보완 기계설비 제조
(26) 터널 굴착기, 도시지하철 굴착설비 제조
(27) 일일 8만톤 이상의 도시 오수처리설비, 공업용 폐수 이온처리 설비, 비등식 산소처리 설비 및 기타 생물처리폐수 설비, 폐플라스틱 재생처리 설비, 공업용 보일러 탈유황 탈질소 설비, 대형 내고온 내산성 집진기 제조, 쓰레기 소각처리설비 제조
(28) 연산 30만톤급 이상의 합성암모니아, 48만톤급 이상의 요소, 45만톤급 이상의 에틸렌 플랜트설비중의 수평압축기, 혼합 조립기 제조
(29) 화력발진소 탈유황 기술 및 설비 제조
(30) 박판 연속주조기 제조
(31) 평판유리 고도 가공 기술 및 설비의 제조
(32) 무궤도 채굴, 적재, 운반설비, 100톤급 이상 기계동력식 광산용 덤프카, 이동식

파쇄기, 시간당 3,000㎥ 이상 굴착기, 5㎥ 이상 광산용 페이로더, 전단면 항도 굴진기 제조
(33) 석유 탐사개발 신형기기 설비설계 및 제조
(34) 갱청소용 기계, 전자 설비 제조 및 약품 생산
(35) 전자 내시경 제조
(36) 고주파기술, 디지털 화면처리기술, 복사제량 80KW 이상의 의료용 X-ray기기
(37) 초도형 자기감응 성향장치(MRI)의 제조
(38) 단일 혈액추출 기기의 제조
(39) 자동 효소면제 시스템(샘플 채집, 표본, 부화, 데이터 사후 처리 등 성능함)설비 제조
(40) 의약품 품질통제 신기술, 신설비 제조
(41) 중약재 유효성분 분석 신기술, 채취 신공예, 신설비의 개발과 제조
(42) 신형 약물 포장재료, 용기 및 선진제약 설비의 제조

R. 교통운수설비제조업
(1) 자동차, 오토바이 완성차 제조
(2) 자동차, 오토바이 엔진 제조
(3) 자동차 주요 부품 제조 : 브레이크, 클러치, 변속기, 디젤엔진연료펌프, 피스톤, 밸브, 유압레버, 부싱(축받이용), 승압기, 여과기(三濾), 등속방향조절기, 완충기, 계기판, 자동차 전용 고강도부품
(4) 전자제어 가솔린 분사시스템, ABS, 에어백, 기타 자동차 전자설비 시스템
(5) 오토바이 주요 부품 제조: 기화기(카뷰레터), 마그네트, 엔진시동기, 디스크브레이크
(6) 석유공업 전용 사막차 등 특장차
(7) 철도운수 기술설비: 기관차 차량 및 주요부품 설계 및 제조. 선로설비 설계 및 제조. 고속도로 관련 기술과 설비 제조. 통신신호와 운수 안전감시 설비 제조. 전철설비와 기재 제조
(8) 도시철도 교통운수 설비: 지하철 및 도시 경레일 철도 기관차 및 주요 부품 설계 제조
(9) 민간항공기 설계 및 제조(중국측이 주도적 지위를 점함)
(10) 민간항공기 부품 제조
(11) 민간 헬리콥터 설계 및 제조(중국측이 주도적 지위를 점함)
(12) 항공기 엔진 설계 및 제조(중국측이 주도적 지위를 점함)
(13) 민간항공기 탑재 설비 설계 및 제조(중국측이 주도적 지위를 점함)
(14) 소형 가스 터빈 제조
(15) 저속 선박 디젤엔진의 크랭크 축 설계 및 제조

(16) 특장선박, 고성능 선박의 수리, 설계 및 제조(중국측이 상대적 지배 지위를 점함)
(17) 선박 중 고속 디젤엔진, 보조기, 무선통신, 항해원조 및 부품 설계 제조(중국측이 상대적 지배 지위를 점함)
(18) FRP 어선, 유람선 제조

S. 전기기계 및 기자재 제조업

(1) 화력발전 설비: 60만kW 이상 수퍼크리티컬 세트, 대형 증기 터빈기, 10만kW이상 가스-증기 연합순환 발전설비, 석탄가스화 연합순환 기술 및 설비(IGCC), 증압류화상(PFBC), 60만 kW이상 대형 냉각기 세트(합자, 합작에 국한)
(2) 수력발전 설비: 15만 kW이상 대형 양수발전기 세트, 15만 kW이상 대형 관류식 발전세트 제조(합자, 합작에 국한)
(3) 핵발전세트: 60만 kW이상 발전 세트 제조(합자, 합작에 국한)
(4) 송변전설비: 500kV이상 초고압 직류 송변전 설비 제조(합자, 합작에 국한)

T. 전자, 통신설비 제조업

(1) 디지털 텔레비전, 디지털 캠코더, 디지털 VTR, 디지털 음향 설비제조
(2) 신형 평면 디스플레이어부분품(칼라현상관 등) 생산
(3) 디지털 오디오/비디오 코더 및 디코더 설비, 디지털 방송 TV 스튜디오 설비, 디지털 CATV 설비, 디지털 오디오 방송 송신 설비 제조
(4) 집적회로 설계 및 0.35 미크론 이하 대규모 집적회로 생산
(5) 대중형 컴퓨터, 노트북 및 고급 서버 제조
(6) 대용량 光, 자기 정보저장장치 및 기타 부품 개발 및 제조
(7) CAD, CAT, CAM, CAE 시스템 및 기타 컴퓨터 응용 시스템 제조
(8) 소프트웨어 제품 개발 및 제조
(9) 반도체, 부품전용재료 개발 및 제조
(10) 전자전용 설비, 계측기기, 공업용몰드 제조
(11) 신규 전자부품(편식 부품, 민감부품 및 감응전달기, 주파제어 및 선택성 부품, 혼합성 IC회로, 전력전자부품, 광전자부품, 신형 기전부품) 생산
(12) 알칼리성 전지, 동력니켈전지, 리듐이온전지, 고용량 밀폐형 아연산 축전지, 연료전지, 원주형 아연공기전지 등 첨단기술 무공해 전지의 생산
(13) 고밀도 니지털 CD 플레이어용 핵심부품의 개발 및 생산
(14) CD-R, CD-RW, DVD-R, DVD-ARM 제조
(15) 민간용 위성 설계 제조(중국측이 주도적 지위를 점함)
(16) 민간용 위성 페이로더 제조(중국측이 주도적 지위를 점함)

(17) 민간용 위성 부품 제조
(18) 민간용 운반 로켓트 설계 및 제조(중국측이 주도적 지위를 점함)
(19) 위성 통신 설비 제조
(20) 전지구 측위 시스템(GPS) 수신설비 및 주요부품 제조(합자, 합작에 국한)
(21) 광섬유 precast stick제조
(22) 622 MB/S 이상 동기 마이크로파 디지털 계열 전송 설비 제조
(23) 10 GB/S 이상 동기 광섬유 디지털계열 전송 설비 제조
(24) 광역 접속통신 시스템 설비 제조
(25) OXC 제조
(26) 비동기 전송 모드(ATM) 및 IP 데이터 통신 시스템 제조
(27) 이동통신 시스템(GSM, CDMA, DCS1800, PHS, DECT, IMT2000 등)핸드폰, 기지국, 교환설비, 시스템 설비 제조
(28) 고급 라우터, 10 GB/S이상의 네트워크 교환기의 개발과 생산
(29) 공중교통관제시스템 설비 제조(합자, 합작에 국한)

U. 제어계측기계 및 문화, 사무용 기계 제조업

(1) 디지털 카메라 및 핵심부품 개발 및 생산
(2) 정밀온라인 계측기기 개발 및 제조
(3) 안전생산 및 환경보호용 검측기계 신기술 설비 제조
(4) 수질 및 대기용 온라인검측기기의 신기술 설비 제조
(5) 수문데이타의 채집, 처리, 전송 및 홍수예방경보기기 설비 제조
(6) 신형 계측기 부품 및 재료 (인공센서 계측기용 감응기, 접속부품, 연성기판, 광전기 스위치, 접근감응스위치 등 신형 계측기용 스위치, 계측기용 다기능 재료 등)
(7) 신형 출력장치(레이저프린터 등) 개발 및 제조
(8) 정밀계기, 설비의 수리 및 A/S

V. 기타 제조업

(1) 석탄 세척 기술제품의 개발 이용(석탄 기화, 액화, 수석탄 슬러리 생산, 공업형 석탄의 생산)
(2) 석탄 세정 선별 및 분말 석탄(탈유황 석고 포함), 선탄(選炭)후 부스러기 종합이용

4. 전력, 석탄가스 및 물의 생산공급업

(1) 단기용량 30만KW 이상의 화력발전소 건설, 경영
(2) 석탄 세척 연소기술 발전소의 건설, 경영

(3) 열 전기 종합 발전소의 건설, 경영
(4) 천연가스 발전소의 건설, 경영
(5) 발전위주의 수력발전소 건설, 경영
(6) 핵발전소의 건설, 경영(중국측이 주도적 지위를 점함)
(7) 새로운 에너지 발전소의 건설, 경영 (태양에너지, 풍력, 자기력, 지열에너지, 조석에너지, 생물질 에너지 포함)
(8) 도시 급수시설의 건설, 경영

5. 수리관리업

(1) 종합수리 중추시설 건설, 경영(중국측이 상대적으로 지배적 지위를 점함)

6. 교통운수, 창고 및 우편통신업

(1) 철도주간선망의 건설, 경영 (중국측이 지배적 지위를 점함)
(2) 지선철도, 지방철도 및 그 교량, 터널, 페리 시설 건설, 경영(합자, 합작에 국한)
(4) 항구내 공용부두시설의 건설, 경영
(5) 민간 비행장의 건설, 경영(중국측이 상대적으로 지배적 지위를 점함)
(6) 항공운수회사(중국측이 지배적 지위를 점함)
(7) 농업, 임업, 어업 범용 항공회사(합자, 합작에 국한)
(8) 정기, 비정기 국제 해상운수 업무
(9) 국제컨테이너 다식 연합운수 업무
(10) 육상 도로화물 운수회사
(11) 송유관, 가스관 및 유류 저장탱크, 석유전용부두 건설, 경영
(12) 석탄파이프라인 수송설비의 건설, 경영
(13) 운수업무와 관련된 창고저장설비의 건설, 경영

7.도매 및 소매무역업

(1) 일반 상품의 도매, 소매, 물류 배송

8. 부동산업

(1) 일반 주택의 개발 건설

9. 사회서비스업

A. 공공시설 서비스업

(1) 도시밀폐형 도로건설, 경영

(2) 도시 지하철 및 전철의 건설, 경영(중국측이 지배적 지위를 점함)
(3) 오수, 쓰레기 처리공장 위험 폐기물 처리공장(폐기물 소각장, 매각장) 및 환경오염 처리설비의 건설, 경영

B. 정보 컨설팅업
(1) 국제경제, 과학기술, 환경보호 정보의 자문 서비스
(2) 회계, 회계 감사

10. 위생, 체육 및 사회복지업
(1) 노인, 장애인 서비스

11. 교육, 문화예술 및 방송영화업
(1) 고등교육기구(합자, 합작에 국한)

12. 과학연구 및 종합기술 서비스업
(1) 생물 및 생물의학 공정기술
(2) 동위소, 복사 및 레이저기술
(3) 해양개발 및 해양에너지 개발기술
(4) 해수 담수 이용기술
(5) 해양 감측기술
(6) 에너지 절약 개발기술
(7) 재생에너지 및 종합이용 기술
(8) 환경오염처리 및 측정기술
(9) 사막화 방지 및 사막 처리기술
(10) 민용 위성 응용기술
(11) 연구개발센터
(12) 첨단기술, 신제품개발 및 기업육성 센터

13. 100% 수출을 목적으로 하고 있는 '허가' 분야

※ 외국인투자 제한산업 리스트

1. 농업, 임업, 목축업, 어업

(1) 식량(감자 포함), 면화, 유료종자의 개발, 생산(중국측이 지배적 지위를 점함)
(2) 진귀한 수종, 원목가공(합자, 합작에 국한)

2. 채굴업

(1) 텅스텐, 주석, 안티몬, 몰리브텐, 중정석, 형석 광산의 탐사, 채굴(합자, 합작에 국한)
(2) 귀금속(금, 은, 백금류) 의 탐사, 채굴
(3) 금강석 등의 귀금속 및 비금속광석의 탐사, 채굴
(4) 희소 석탄의 탐사, 개발 (중국측이 지배적 지위를 점함)
(5) 보론마그네시아 및 보론마그네시아 철광 채굴
(6) 천청석 채굴

3. 제조업

A. 식품가공업
(1) 황주, 유명 브랜드 백주 생산
(2) 외국 브랜드 탄산음료 생산
(3) 사카린 등 합성 단맛첨가제 생산
(4) 유지 가공

B. 연초가공업
(1) 권연, 필터 등 연초가공업

C. 방직업
(1) 모 방직, 면 방직
(2) 제사

D. 인쇄 및 복사업
(1) 출판물 인쇄(중국측이 지배적 지위를 점함, 포장 장식용 인쇄제외)

E. 석유가공 및 코크스 생산
(1) 정유공장의 건설, 경영

F. 화학원료, 화학품 제조업
(1) 이온막 가성소다 생산
(2) 감광재료의 생산
(3) 아닐린 생산
(4) 독성 화학품의 생산(에페드린, 유사에페드린, 에르고메드린, 에르고타민, 리세르가이드)
(5) 유산법 티타늄백분말 생산
(6) 보론마그네시아 철광석의 가공
(7) 바륨염의 생산

G. 의약제조업
(1) 클로로마이세틴, 페니실린-G, 린코마이신, 켄타미아신, 다히이드로스트렙마이신, 아미카신, 염산테도라싸이클린, 테라마이신, 아세틸나선마이신, 마이데카마이신, 로이코마이신, 에리트로마이신, 시푸로후로키사신, 놀후로키사신, 로메호루키사신 생산
(2) 아날긴, 파라세타몰, 비타민 B1, B2, C, E의 생산
(3) 국가 예방접종의 왁친류 및 항독소류, 유독소류(BGG, 脊髓회질염, 삼종혼합, 마진, 을형 뇌막염, 유영성 뇌막염왁친 등)
(4) 중독성 마취약품 및 정신약품 원료약 생산 (중국측이 지배적 지위를 점함)
(5) 혈액제품의 생산
(6) 1회용 주사기, 수액기, 수혈기 및 혈액주머니의 생산

H.화학섬유제조업
(1) 통상적으로 칩을 사용하는 화섬 방사
(2) 1라인당 연간생산능력이 2만톤이하 레이온스태이플 생산
(3) 일일 생산량 400톤이하의 섬유, 비섬유용 폴리에스테르 및 아크릴섬유 생산

I. 고무제품업
(1) 바이어스 타이어, 구타이어(레이디얼 타이어 제외) 재생 및 저 성능의 공업용 고무부품 생산

J. 유색금속 제련 및 압연가공업
(1) 희토금속의 제련, 분리(합자, 합작에 국한)

K. 일반기계제조업
(1) 컨테이너 제조

(2) 중소형 일반 베어링 제조
(3) 50톤 이하의 자동차 기중기(크레인) 제조(합작, 합자에 국한)

L. 전용설비제조업

(1) 중저급 B형 초음파 촬영기
(2) 일반 폴리에스테르 장섬유, 단섬유 설비 제조
(3) 320마력 이하의 무한궤도식 굴착기, 3㎥ 이하의 차륜식 동력삽 제조(합자, 합작에 국한)

M. 전자, 통신설비 제조업

(1) 위성 TV 수신기 및 주요 부품

4. 전력, 석탄가스 및 물의 생산 공급업

(1) 단기출력 30만KW 이하 발전을 위주로 한 일반 석탄화력발전소 건설, 경영(소전력망 제외)

5. 교통운수, 창고 및 우편통신업

(1) 도로 여객 운수
(2) 국경출입 자동차 운수
(3) 수상운수
(4) 철도 화물 운수
(5) 철도 여객운수(중국측이 지배적 지위를 점함)
(6) 촬영, 광산 탐사, 공업 등의 범용 항공(중국측이 지배적 지위를 점함)
(7) 체신

6.도매 및 소매무역업

(1) 상품교역, 직판, 우편구매, 인터넷판매, 특허경영, 위탁경영, 판매대리, 상업관리 등 유형별 유통업 및 식량, 면화, 식물유, 설탕, 약품, 담배, 자동차, 원유, 농업생산원료의 도매, 소매, 물류 배송
(2) 도서, 신문, 잡지의 도매, 소매
(3) AV제품(영화 제외)의 유통
(4) 상품경매
(5) 화물 임대
(6) 에이전트(선박, 화물운송, 화물관리 외국기선, 광고 등)
(7) 정제유 도매 및 주유소의 건설, 경영
(8) 대외무역

7. 금융 보험업

(1) 은행, 재무, 신탁투자
(2) 보험
(3) 증권, 증권투자기금관리
(4) 금융리스
(5) 외화중개
(6) 보험중개(대리)

8. 부동산업

(1) 토지개발(합자, 합작에 국한)
(2) 고급호텔, 빌라, 고급오피스 빌딩, 국제회의장 건설, 경영

9. 사회서비스업

A. 공공시설 서비스업

(1) 도시가스, 난방 및 상하수도관 건설, 경영(중국측이 지배적 지위를 점함)

B. 정보 컨설팅업

(1) 법률자문

10. 위생, 체육 및 사회복지업

(1) 의료기관(합자, 합작에 국한)
(2) 골프장의 건설, 경영

11. 교육, 문화예술 및 방송영화업

(1) 중고등학교 교육기관(합자, 합작에 국한)
(2) 영화관 건설, 경영(중국측이 지배적 지위를 점함)

12. 과학연구 및 종합기술 서비스업

(1) 측량(중국측이 지배적 지위를 점함)
(2) 수출입 상품검사 및 감정

13. 국가정부 규정 및 중국이 체결 또는 가입하고 있는 국제조약에서 제한하고 있는 기타 산업

※ 외국인투자 금지산업 리스트

1. 농업, 임업, 목축업, 어업
(1) 희귀하고 진기한 우량품종의 양식, 재배(목축업, 수산업의 우량 유전자 포함)
(2) 유전자 변형 식물종자의 생산, 개발
(3) 중국 관할 해역 및 내륙의 수산물 포획

2. 채굴업
(1) 방사성 광산의 탐사, 채굴, 선광
(2) 희토 탐사, 채굴, 선광

3. 제조업
A. 식품가공업
(1) 중국의 전통공업의 녹차 및 특종차 가공(각 지역 특산차, 홍차 등)

B. 의약제조업
(1) 중국정부가 보호하는 한약재 가공(사향, 감초, 황마초 등)
(2) 전통적인 음용 한약재 연제기술의 응용 및 비방 한약제품의 제조 연초가공업

C. 유색금속 제련 및 압연가공업
(1) 방사성 광산의 제련, 가공

D. 무기 탄약제조업

E. 기타 제조업
(1) 상아조각
(2) 호랑이뼈 가공
(3) 탈태 칠기 생산
(4) 법랑제품 생산
(5) 선지, 먹 제조
(6) 암이나 기형을 유발하거나 돌연변이를 유발하는 제품과 내구성 유기오염물 제품생산

4. 전력, 석탄가스 및 물의 생산 공급업
(1) 송전망의 건설, 경영

5. 교통운수, 창고 및 우편통신업

(1) 항공 교통관제

(2) 통신

6. 금융, 보험업

(1) 선물

7. 사회서비스업

(1) 정부가 보호하는 야생 동식물자원 개발

(2) 동식물 자연보호구의 건설, 경영

(3) 도박, 복권업(도박형 경마장 포함)

(4) 음란업

8. 교육, 문화예술 및 방송영화업

(1) 기초교육(의무교육) 기관

(2) 도서, 신문, 잡지의 출판, 발행과 수입

(3) AV제품과 전자출판물의 출판, 제작, 발행과 수입

(4) 신문사

(5) 각급 방송국, TV, 라디오 네트워크(유선 TV네트워크 및 송신국, 중계소 포함)

(6) 방송, TV 프로그램의 제작, 출판, 발행, 방송

(7) 영화제작, 발행

(8) 비디오 방영

9. 기타 분야

(1) 군사시설의 안전과 사용에 해를 끼치는 산업

10. 국가정부 규정 및 중국이 체결 또는 가입하고 있는 국제조약에서 금지하고 있는 기타 산업

▣ 외상투자산업지도목록(첨부문건)

1. 장려산업

(1) 석유, 천연가스의 고난도 탐사, 개발 : 합작으로 제한
(2) 저삼투 유전개발 : 합작으로 제한
(3) 원유 채수율 제고를 위한 신기술 개발 및 응용 : 합작으로 제한
(4) 유정측정 등 석유 탐사, 발굴을 위한 신기술 개발 및 응용 : 합작으로 제한
(5) 자동차, 오토바이 완성차 제조 : 외자참여비율 50% 초과하지 않음
(6) 정기, 비정기 국제 해상 운수: 외자참여비율 49% 초과하지 않음
(7) 국제 컨테이너 다식 연합운수: 외자참여비율 50% 초과하지 않으며, 2002년 12월 11일이전에 외국측의 지배주주권 허가, 2005년 12월 11일이전에 외국측의 독자 경영 허가
(8) 도로화물 운수: 2002년 12월 11일이전에 외국측의 지배주주권 허가, 2004년 12월 11일이전에 외국측 독자경영 허가
(9) 일반상품의 도매, 소매, 물류 배송 : 하기 제한산업 (五)항과 동일
(10) 회계, 회계감사 : 합작, 공동 경영으로 제한

2. 제한산업

(1) 국경출입 자동차 운수: 2002년 12월 11일이전에 외국측 지배주주권 허가, 2004년 12월 11일이전에 외국측 독자경영 허가
(2) 수상 운수: 외자참여비율 49%를 초과하지 않음
(3) 철도화물 운수: 외자참여비율 49%를 초과하지 않으며, 2004년 12월 11일 이전에 외국측 지배주주권 허가, 2007년 12월 11일이전에 외국측 독자경영 허가
(4) 통신

A. **부가통신, 기초 통신업중 호출 서비스** : 2001년 12월 11일부터 외상투자를 허가하지만, 외자참여비율이 30%를 초과하지 않음. 2002년 12월 11일까지는 외자참여비율 49%를 초과하지 않으며, 2003년 12월 11일이전에 외자참여비율이 50%에 달하도록 허가

B. **기초 통신업중 음성 및 정보서비스** : 2001년 12월 11일부터 외상투자를 허가하며, 외자참여비율은 25%를 초과하지 않음. 2002년 12월 11일까지는 외자참여비율이 35%를 초과하지 않으며, 2004년 12월 11일이전에 외자참여비율이 49%에 달하도록 허가함. 2006년 12월 11일이전에 외국측의 독자경영을 허가

C. **기초 통신업중 국내·국제 업무:** 2004년 12월 11일이전에 외상투자를 허가하며, 외자참여비율이 25%를 초과하지 않음. 2006년 12월 11일까지 외자참여비율이 35%에 달하도록 허가하며, 2007년 12월 11일이전에 외자참여비율이 49%에 달하도록 허가

(5) 상품교역, 직판, 우편구매, 인터넷판매, 특허경영, 위탁경영, 판매대리, 상업관리 등 유형별 유통업 및 식량, 면화, 식물유, 설탕, 약품, 담배, 자동차, 원유, 농업 생산 원료의 도매, 소매, 물류 배송 ; 도서, 신문, 잡지의 도/소매 ; 정제유의 도매 및 주유소의 건설, 경영

A. **수수료(커미션) 대리, 도매(소금, 담배 제외):** 2002년 12월 11일이전에 외상투자를 허가하며, 외자참여비율은 50%에 달함. 그러나, 도서, 신문, 잡지, 약품, 농약, 농업용비닐, 화학비료, 정제유, 원유 등의 경영은 불허함. 2003년 12월 11일이전에 외국측 지배주주권을 허가하며, 2004년 12월 11일이전에 외국측 독자경영을 허가하고, 도서, 신문, 잡지, 약품, 농약, 농업용 비닐의 경영을 허가함. 2006년 12월 11일이전에 화학비료,정제유, 원유의 경영을 허가함

B. **소매(담배 제외):** 외상투자를 허가하나, 도서, 신문, 잡지, 약품, 농약, 농업용 비닐, 화학비료, 정제유의 경영은 허가하지 않음. 2002년 12월 11일이전에 외자참여비율이 50%에 달하도록 허가함. 2004년 12월 11일이전에 외국측의 독자경영을 허가하고 약품, 농약, 농업용 비닐, 정제유의 경영을 허가하며, 2006년 12월 11일이전에 화학비료 경영을 허가함. 취급품목이 자동차(2006년 12월 1일이전 제한철회), 도서, 신문, 잡지, 약품, 농약, 농업용 비닐, 정제유, 화학비료, 식량, 식물유, 설탕, 담배, 면화일 경우 체인점이 30개를 초과하면 외국측 지배주주권을 허가하지 않음

C. **특허경영 및 고정적인 매장이 없는 도소매 :** 2004년 12월 11일이전에 외상투자 허가

(6) AV제품(영화 제외)의 유통 : 합작으로 제한하며, 중국측이 지배적 지위를 점함

(7) 화물 임대 : 2002년 12월 11일이전에 외국측의 지배주주권을 허가하며, 2004년 12월 11일이전에 외국측 독자경영 허가

(8) 에이전트

A. **선박**: 외자참여비율이 49%를 초과하지 않음

B. **화물운수(체신분야의 전문경영 서비스 제외)** : 외자참여비율이 50%를 초과하지 않음(속달 서비스는 49%를 초과하지 않음). 2002년 12월 11일 이전에 외국측 지배주주권을 허가하며, 2005년 12월 11일 이전에 외국측 독자경영을 허가

C. **화물관리 외국기선**: 합자, 합작에 국한

D. **광고**: 외사참여비율이 49%를 초과하지 않으며, 2003년 12월 11일 이전에 외국측 지배주주권을 허가하며, 2005년 12월 11일 이전에 외국측 독자경영을 허가

(9) 보험

A. **비생명보험**: 외자참여비율이 51%를 초과하지 않으며, 2003년 12월 11일 이전에 외국측 독자경영을 허가

B. **생명보험**: 외자참여비율이 50%를 초과하지 않음

(10) 증권, 증권투자기금관리

A. **증권**: 2004년 12월 11일 이전에 외상투자를 허가하며, 외자참여비율이 1/3을 초과하지 않음

B. **증권투자기금관리**: 외상투자를 허가하며, 외자참여비율이 33%를 초과하지 않으며, 2004년 12월 11일까지 외자참여비율이 49%에 달하게 함

(11) 보험중개(대리): 외자참여비율이 50%를 초과하지 않으며, 2004년 12월 11일까지 외자참여비율이 51%에 달하도록 함. 2006년 12월 11일 이전에 외국측 독자경영을 허가

(12) 수출입 상품검사, 감정 및 인증 : 2003년 12월 11일 이전에 외국측 지배주주권을 허가, 2005년 12월 11월 이전에 외국측 독자경영을 허가

▣ 중화인민공화국 외자기업법

공포일자 1986년 4월 12일
시행일자 1986년 4월 12일
개정일자 2000년 10월 31일(시행)

제1조 대외경제협력과 기술교류를 확대하고 중국 국민경제발전을 촉진하기 위하여, 중화인민공화국은 외국의 기업과 기타 경제조직 또는 개인(이하 '외국투자자' 라 함)이 중국국내에서 외자기업을 운영하는 것을 허락하고, 외자기업의 합법적인 권익을 보호한다.

제2조 본 법이 지칭하는 외자기업은 중국의 관련 법률규정에 따라 중국국내에 설립한, 자본 전액을 외국투자자가 투자한 기업을 말하며, 외국의 기업과 기타 경제조직이 중국경내에 설립한 지사 등은 포함하지 않는다.

제3조 외자기업의 설립은 반드시 중국 국민경제의 발전에 유리해야 한다. 국가는 생산품 수출에 주력하거나 첨단기술을 보유한 외자기업의 설립을 장려한다. 국가가 금지 또는 제한하는 외자기업 설립업종은 국무원이 규정한다.

제4조 외국투자자가 중국국내에 한 투자 및 취득한 이윤, 기타 합법적 권리는 중국 법률의 보호를 받는다. 외자기업은 반드시 중국의 법률, 법규를 준수하여야 하며 중국의 사회공공이익에 피해를 주어서는 안 된다.

제5조 국가는 외자기업에 대해 국유화하거나 압류를 실시하지 않는다. 다만, 특수상황에서는 사회공공의 이익을 위하여 외자기업에 대해 법률절차에 따라 압류할 수 있으며 또한 상응한 보상을 제공한다.

제6조 외자기업의 설립신청은 국무원 대외경제무역 주관 부서 또는 국무원이 권한을 부여한 기관이 심사 및 비준한다. 심사비준기관은 신청서를 수리한 날로부터 90일 이내에 비준여부를 반드시 결정해야 한다.

제7조 외국인 투자가는 외자기업설립신청에 관한 비준을 얻은 뒤, 허가서류 취득한 날로부터 30일 내에 반드시 공상행정관리기관에 등록신청을 하여 영업허가증을 수령해야 한다. 외자기업의 영업허가증을 발급한 날이 외자기업의 성립일이다.

제8조 외자기업이 중국법률의 법인설립 조건규정에 부합되면, 법에 따라 중국법인자격을 얻는다.

제9조 외자기업은 반드시 심사기관이 허락한 기한 내에 중국국내에 투자해야 한다. 기한이 지나도 투자하지 않은 기업에 대해서는 공상행정관리기관이 그 기업의 영업허가증을 회수할 권리가 있다.

제10조 외자기업의 분리, 통합 또는 기타 중대사항의 변경은 반드시 심사·비준기관에 신고, 비준을 받아야 하며, 동시에 공상행정관리기관에 변경등록수속을 해야 한다.

제11조 외자기업은 비준된 정관에 따라 경영관리활동을 하며 경영관리활동은 간섭을 받지 않는다.

제12조 외자기업이 중국인 직원을 고용할 경우 반드시 법에 따라 계약을 체결해야 하며, 동 계약에는 고용, 해고, 보수, 복지, 노동보호, 노동보험 등의 사항을 밝혀야 한다.

제13조 외자기업의 직원은 법에 의해 노동조합을 설립하고 노조활동을 전개할 수 있으며, 이를 통해 직원의 합법적인 권리를 보호받을 수 있다. 외자기업은 반드시 기업 내 노동조합의 활동에 필요한 조건을 제공해야 한다.

제14조 외자기업은 반드시 중국국내에 회계장부를 설치하여 독립예산을 실시해야 하며, 규정대로 회계재무제표를 제출해야 하고 아울러 재정세무기관의 감독을 받아야한다. 외자기업이 중국 내에서 회계장부설치를 거절할 경우 재정세무기관은 벌금을 부과할 수 있으며, 공상행정관리기관은 영업정지를 명령하거나 영업허가증을 취소할 수 있다.

제15조 외자기업은 비준된 경영범위 내에서 본 기업이 필요한 원자재, 연료 등 물자를 공평하고, 합리적인 원칙에 따라 국내시장이나 국제시장에서 구매할 수 있다.

제16조 외자기업은 필요한 보험을 반드시 중국 내 보험기관에 가입해야 한다.

제17조 외자기업은 국가의 관련 세수규정에 따라 세금을 납부하며 또 감세 및 면세 혜택을 향유할 수 있다. 외자기업이 소득세 납부 후 이윤을 중국국내에 재투자할 경우, 국가규정에 따라 재투자부분에 대해 이미 납부한 소득세의 반환을 신청할 수 있다.

제18조 외자기업의 외환관련 사항은 국가외환관리국의 규정에 따라 처리한다. 외자기업은 반드시 중국은행 또는 국가외환관리기관이 지정한 은행에 구좌를 개설한다.

제19조 외국인 투자자는 외자기업에서 취득한 합법적인 이윤, 기타 합법적인 수입과 청산후의 자금을 국외로 송금할 수 있다. 외자기업의 외국인 직원의 임금과 기타 정당한 수입은 법에 따라 개인소득세를 납부한 뒤 국외로 송금할 수 있다.

제20조 외자기업의 경영기한은 외국인 투자자가 신청하며, 심사비준기관이 비준한다. 기한 만료 후 연장의 경우, 반드시 기한만료 180일 전에 이를 심사비준기관에 신고해야 한다. 심사비준기관은 신고 접수한 날로부터 30일 내에 비준여부를 반드시 결정해야 한다.

제21조 외자기업의 종료는 반드시 적시에 공고해야 하며 법률절차에 따라 청산해야 한다. 외국인 투자자는 청산 완료 전 청산집행을 위한 것 이외에 기업재산을 처분할 수 없다.

제22조 외국인 투자자는 외자기업 종료 후 반드시 공상행정 관리기관에 철수수속을 하고 영업허가증을 반납해야 한다.

제23조 국무원 대외경제무역 주관 부서는 본 법에 의해 실시세칙을 제정하여 국무원의 비준을 받은 뒤 시행한다.

제24조 본 법은 공포일부터 시행한다.

▣ 중화인민공화국 외자기업법 실시세칙

공포일자 1990년 10월 28일
시행일자 1990년 12월 12일
개정일자 2001년 4월 12일(시행)

제1장 총 칙

제1조 '중화인민공화국 외자기업법' 제23조 규정에 따라 본 실시세칙을 제정한다.

제2조 외자기업은 중국법률의 관할과 보호를 받는다. 중국 내에서 경영활동에 종사하는 외자기업은 반드시 중국의 법률, 법규를 준수해야 하며, 중국의 사회공공이익을 해쳐서는 안 된다.

제3조 설립된 외자기업은 반드시 중국의 국민경제 발전에 유익하고, 경제효율이 높아야 하며, 적어도 아래 조건 중 하나에 부합되어야 한다.
(1) 선진기술과 설비를 이용하여 신제품개발에 종사하고, 에너지와 원자재 절약형이며, 제품의 품질향상을 실현하고, 수입 대체품을 생산하는 기업
(2) 연간 수출액이 해당 년도 제품생산액의 50% 이상으로서 외환수지에 균형을 맞출 수 있는 기업

제4조 아래 업종은 외자기업 설립을 금지한다.
(1) 신문, 출판, 방송, TV, 영화
(2) 국내상업, 대외무역, 보험
(3) 우편, 통신
(4) 중국정부가 외자기업 설립을 금지하는 기타 업종

제5조 아래 업종은 외자기업설립을 제한한다.
(1) 공공사업
(2) 교동, 운수
(3) 부동산
(4) 신탁투자
(5) 리스산업

전항에서 규정한 분야의 외자기업을 설립하려면 법률에 별도 규정이 없는 한, 중화인민공화국 상무부(구 대외경제무역부)에 신청해야 한다.

제6조 아래조건 중의 하나에 해당하는 외자기업은 설립을 허가하지 않는다.
(1) 중국의 주권이나 사회공공이익을 해치는 것
(2) 중국의 국가안전을 위태롭게 하는 것
(3) 중국의 법률, 법규에 위반되는 것
(4) 중국의 국민경제 발전에 부합되지 않는 것
(5) 환경오염을 초래할 수 있는 것

제7조 외자기업은 허가받은 경영범위 내에서 자주적인 경영관리 권한을 가지며 간섭을 받지 아니한다.

제2장 설립절차

제8조 외자기업 설립 신청은 상무부(대외경제무역부)가심사 인가한 후 인가증서를 발급한다. 설립을 신청하는 외자기업이 아래의 상황에 해당할 경우 국무원은 각 성, 자치구, 직할시, 계획단독배정시, 경제특구의 인민정부에 심사 허가 및 허가증 발급권한을 위임한다.
(1) 투자총액이 국무원에서 규정한 투자허가 한도액을 초과하지 않은 것
(2) 국가로부터 원자재를 조달받을 필요가 없으며, 전국의 에너지, 교통, 수출쿼타의 균형유지에 영향을 미치지 않는 것
각 성, 자치구, 직할시, 계획단독배정시, 경제특구 인민정부는 국무원으로부터 위임받은 범위 내에서 외자기업 설립을 허가한 후 15일 이내에 대외경제무역부에 보고해야 한다. (이하 상무부, 성, 자치구, 계획단독배정시, 경제특구 인민정부를 비준기관으로 통칭함)

제9조 설립을 신청하는 외자기업의 취급상품이 수출허가증, 수출쿼타, 수입허가증을 얻어야 하거나, 국가가 수입을 제한하는 경우에는 사전에 관련사항에 따라 해당 상무부 부서의 동의를 얻어야 한다.

제10조 외국투자자는 외자기업 설립 신청을 하기 전에 설립할 외자기업이 소재한 현급 또는 현급 이상의 지방 인민정부에 다음 사항을 보고해야 한다. 즉 외자기업 설립목표, 경영범위 및 규모, 생산제품, 사용할 기술설비, 제품의 국내판매량과 수출량의 비율, 부지면적 및 조건, 용수, 전기, 석탄, 가스 및 기타 에너지원의 종류와 사용량, 공공시설 사용사항 등이다. 현급 또는 현급 이상의 인민정부는 외국투자자의 보고를 받은 후 30일 이

내에 서면으로 회신해야 한다.

제11조 외자기업을 설립하려는 외국투자자는 설립할 외자기업 소재지의 현급 또는 현급 이상의 인민정부를 통하여 비준기관에 아래의 서류를 제출해야 한다.

(1) 외자기업 설립신청서

(2) 타당성연구 보고서

(3) 외자기업 정관

(4) 외자기업 법정대표자(혹은 이사회 인선)명부

(5) 외국투자자의 법률증명서류와 신용증명서류

(6) 설립하려는 외자기업 소재지의 현급 또는 현급 이상 인민정부의 답변서

(7) 수입해야 하는 원자재의 품목명세

(8) 기타 제출해야 할 서류

전항 제1, 3호의 서류는 반드시 중국어로 작성해야 하며, 제2, 4, 5호의 서류는 기타 외국어로 작성할 수 있되, 반드시 중문 번역본을 첨부해야 한다.

둘 혹은 둘 이상의 외국투자자가 공동으로 외자기업 설립신청을 할 경우 계약서 사본을 비준기관에 보고·등록해야 한다.

제12조 비준기관은 외자기업 설립 신청서류를 접수한 후 90일 이내에 허가여부를 결정해야 한다. 비준기관은 앞에 언급한 서류중 미비하거나 적절치 못한 부분이 있으면 기한부로 보충하거나 수정케 할 수 있다.

제13조 외국투자자는 비준기관으로부터 투자허가를 받은 후 30일 이내에 공상행정관리기관에 등기신청을 하고 영업허가증을 발급 받아야 한다. 영업허가증 발급 일이 바로 이 기업의 설립 일이 된다. 외국투자자가 허가증을 받은 후 30일 이내에 등기신청을 하지 않으면 외자기업 허가증은 자동적으로 효력을 상실한다. 외자기업은 기업설립 후 30일 이내에 세무기관에 세무등록을 해야 한다.

제14조 외국투자자는 중국의 외국투자기업 서비스기관 혹은 기타 경제조직에 제9조, 제10조 1항 및 제11조에서 규정한 업무를 위탁할 수 있다. 단 쌍방은 위탁계약을 체결해야 한다.

제15조 외자기업 설립 신청서에는 아래의 내용이 포함되어야 한다.

(1) 외국투자자의 성명 혹은 명칭, 주소, 등록지, 법정대리인의 성명, 국적, 직무

(2) 설립하려는 외자기업의 명칭, 주소

(3) 경영범위, 생산품목과 생산규모
(4) 설립하려는 외자기업의 투자총액·등록자본금·자금조달내역·출자방식·기한
(5) 설립하려는 외자기업의 조직형태와 기구, 법정대리인
(6) 주요생산설비와 그 수명, 생산기술수준과 기술내원
(7) 제품의 수요자, 판매지역, 유통채널, 판매방식 및 내수·수출비율
(8) 외화수지의 균형을 위한 계획
(9) 기업의 기구 및 인사조직, 종업원채용, 강습, 임금, 복지, 보험, 노동보험 등의 사항에 관한 계획
(10) 환경오염 정도와 그 해결책
(11) 부지선택과 부지면적
(12) 기본건설과 생산, 경영에 소요되는 기금, 에너지, 원자재 및 그 해결방법
(13) 프로젝트 추진 계획서
(14) 설립하려는 외자기업의 경영기간

제16조 외자기업의 정관에는 아래의 내용이 포함되어야 한다.
(1) 명칭 및 주소
(2) 취지, 경영범위
(3) 투자총액, 등록자본, 출자기한
(4) 조직형태
(5) 내부기구의 조직, 직권, 의사규칙 및 법정대표자, 총경리, 고급공정사, 고급회계사 등 요원의 직책과 권한
(6) 재무, 회계, 감사 관련 원칙과 제도
(7) 노동관리
(8) 경영기한, 중지, 청산
(9) 정관개정 절차

제17조 외자기업의 정관은 비준기관의 허가를 얻어야 그 효력을 발생한다. 개정할 경우에도 마찬가지이다.

제18조 외자기업의 분리, 합병 혹은 기타 원인으로 자본금에 중대한 변동이 발생할 경우에는 비준기관의 허가를 얻어야 한다. 이 경우 변경사항에 관한 중국 공인회계사의 증명과 자본금증명을 첨부해서 보고해야 한다. 비준기관의 허가를 받은 후에는 공상행정관리기관에 등기변경수속을 해야 한다.

제3장 조직형태와 등록자본

제19조 외자기업의 조직형태는 유한책임회사이다. 단, 허가를 얻으면 기타 조직형태를 택할 수도 있다. 유한책임회사 형태로 설립되는 외자기업의 외국투자자가 기업에 대해 지는 책임은 출자금액에 국한된다. 기타 형태로 설립되는 외자기업의 외국투자자가 기업에 대해 지는 책임은 중국의 법률·법규가 정하는 바에 따른다.

제20조 외자기업의 투자총액은 외자기업 설립에 소요되는 자금총액을 지칭한다. 즉 생산에 필요한 기본건설자금과 유동자금을 합한 금액이다.

제21조 외자기업의 등록자본은 외자기업 설립을 위해 공상행정관리기관에 등록한 자본총액을 지칭한다. 즉 외국투자자가 출자한 투자총액을 지칭한다. 외자기업의 등록자본은 그 경영규모에 상응하는 수준이어야 하며, 등록자본과 투자총액의 비율은 중국의 관련규정에 부합되어야 한다.

제22조 외자기업은 경영기간 내에 등록자본의 규모를 줄일 수 없다.

제23조 외자기업의 등록자본을 증가시키거나, 양도하려면 비준기관의 허가를 받아야 하며, 동시에 공상행정관리관에 등기변경수속을 해야 한다.

제24조 외자기업이 그 재산 혹은 권익을 대외적으로 저당하거나, 양도하려면 비준기관의 허가를 받아야 하며, 동시에 공상행정관리기관에 보고해야 한다.

제25조 외자기업의 법정대표는 정관이 정한 바에 따라서 외자기업을 대표하여 직권을 행사하는 책임자이다. 법정대표가 직권을 행사할 수 없을 경우에는 반드시 서면으로 대리인을 위임하여 직권을 대행케 해야 한다.

제4장 출자방식과 기한

제26조 외국투자자는 태환이 가능한 외국화폐로 현금 출자하거나, 기계설비, 공업소유권, 특허기술 등을 환가하여 출자할 수도 있나. 비준기관의 허가를 거쳐 외국투자자는 중국 내에 설립된 다른 외국투자기업이 취득한 인민폐 이윤으로 출자할 수 있다.

제27조 외국투자자가 환가하여 출자한 기계설비는 아래의 요구에 부합되어야 한다.

(1) 외자기업의 생산에 필수적인 것
(2) 중국에서 생산할 수 없거나, 생산할 수 있어도 성능이나 시간적 측면에서 수요를 충족시킬 수 없는 것

이 기계설비의 평가액은 동종 기계설비의 정상적인 국제시장가격을 초과할 수 없다. 환가하여 출자한 기계설비에 대해서는 반드시 상세한 평가내역을 첨부해야 한다. 이 내역에는 명칭, 종류, 수량, 평가액 등이 포함되어야 하며, 외자기업 설립신청서와 함께 비준기관에 제출해야 한다.

第28조 외국투자자가 공업소유권, 노하우를 환가하여 출자하는 경우, 이러한 공업소유권, 노하우는 아래의 요구에 부합되어야 한다.
(1) 외국인투자자의 소유에 속할 것
(2) 중국이 적실히 필요로 하는 신제품 혹은 수출상품의 생산에 필요한 것

이러한 공업소유권, 노하우의 평가액은 국제적으로 통용되는 가치와 일치해야 하며, 그 평가액이 외자기업 등록자본의 20%를 초과해서는 안 된다. 출자하는 공업소유권 및 노하우에 대해서는 소유권증서 사본, 유효성, 기술성능, 실용가치, 평가근거와 기준 등을 포함하는 상세한 자료를 제공해야 한다. 이 자료는 외자기업설립신청서와 함께 비준기관에 제출해야 한다.

第29조 환가하여 출자한 기계설비가 중국항구에 도착하면 외자기업은 중국상품검사기관에 검사를 요청해야 하며, 해당 상품검사기관은 검사보고서를 발급해야 한다. 환가하여 출자한 기계설비의 종류, 성능, 수량과 일치하지 않을 경우, 비준기관에 외국투자자로 하여금 일정기한 내에 개선하도록 요구할 권한을 갖는다.

第30조 환가하여 출자한 공업소유권, 노하우가 사용되기 시작한 후 비준기관은 그것들을 검사할 권한을 갖는다. 이러한 공업소유권, 노하우가 외국투자자가 원래 제공한 자료와 일치하지 않을 경우 비준기관은 외국투자자로 하여금 기한부로 개선하도록 요구할 권한을 갖는다.

第31조 외국투자자는 외자기업 설립신청서와 정관에 출자기간을 명시해야 한다. 출자액은 몇 회로 나누어 분할 출자할 수 있으나, 마지막 회의 출자는 영업허가증 발급 일로부터 3년 이내에 이루어져야 한다. 또 제1회 출자액은 외국투자자가 출자하기로 한 금액의 15% 이상이어야 하고, 영업허가증 발급 일로부터 90일 이내에 납입해야 한다. 외국투자자가 전항에서 규정한 기한 내에 제1회분 출자액을 납입하지 못하면 외자기업비준증서는 자동적으로 그 효력을 상실하며, 외자기업은 공상행정관리기관에 등기취소 수속을

하고 영업허가증을 반납해야 한다. 등기취소와 영업허가증 반납을 하지 아니할 경우, 공상행정관리기관이 직접 영업허가증을 취소시킴과 동시에 이를 공고하게 된다.

제32조 외국투자자는 제1회 출자 후 나머지 출자액을 매회 기한 내에 납입해야 한다. 정당한 이유 없이 출자기한을 30일 이상 넘길 경우, 본 실시세칙 31조 2항의 규정에 따라 처리한다. 외국투자자가 정당한 사유로 출자기한을 연기하려면 비준기관의 동의를 얻은 후, 공상행정관리기관에 보고하여야 한다.

제33조 외국투자자가 출자액을 전액 납입한 후에는 중국 공인회계사의 출자공증을 얻어, 비준기관과 공상행정관리기관에 보고하여야 한다.

제5장 부지 및 그 비용

제34조 외자기업의 부지는 외자기업 소재지의 현급 또는 현급 이상의 인민정부가 해당 지역의 상황에 의거하여 검토한 후 계획한다.

제35조 외자기업은 영업허가증 발급 일로부터 30일 이내에 비준증서와 영업허가증을 지참하고 소재지의 현급 또는 현급 이상의 지방인민정부 토지관리부서에 가서, 토지사용에 관한 수속을 한 후, 토지사용증서를 취득해야 한다.

제36조 토지사용증서는 외자기업이 토지를 사용하기 위한 법률 근거가 된다. 외자기업은 경영기간 내에 허가 없이 토지사용권을 제3자에게 양도할 수 없다.

제37조 외자기업은 토지사용증서를 취득할 때 소재지의 토지관리부서에 토지사용료를 납부해야 한다.

제38조 외자기업이 개발된 토지를 사용할 경우에는 토지개발비를 납부하여야 한다. 전항에서 지칭하는 토지개발비에는 토지의 징발, 철거, 안치비용과 외자기업을 위한 기초시설 건설비용이 포함된다. 토지개발비는 토지개발기관에 의해 일회에 징수되거나, 또는 분할 징수된다.

제39조 외자기업이 미개발토지를 사용할 경우에는 직접 개발하거나 혹은 중국의 관련기관에 개발을 위탁할 수 있다. 기초시설의 건설은 외자기업 소재지의 현급 또는 현급이상의 지방인민정부가 통일적으로 계획한다.

제40조 외자기업의 토지사용비와 토지개발비 징수기준은 중국의 관련규정에 의거 처리한다.

제41조 외자기업의 토지사용연한은 허가받은 외자기업의 경영기간과 동일하다.

제42조 외자기업은 본 장의 규정 외에도 토지사용권 취득을 규정한 기타 법규에 의거하여 토지사용권을 취득할 수 있다.

제6장 구매와 판매

제43조 외자기업은 생산·경영기획을 자주적으로 제정, 집행할 수 있으나, 그 계획을 소재지의 해당 산업 주관부서에 보고하여 등록하여야 한다.

제44조 외자기업은 기업에 사용되는 기계설비, 원자재, 연료, 부품, 운송수단과 사무용품(이하 '물자' 라고 함)등의 구매를 자주적으로 결정할 수 있다. 외자기업이 중국에서 물자를 구매할 경우 동등한 조건이라면 중국기업과 동등한 대우를 향유한다.

제45조 외자기업이 중국시장에서 생산제품을 판매할 경우 허가받은 판매비율에 의한다. 외자기업이 허가비율을 초과하여 국내시장에 판매하려면 비준기관의 승인을 받아야 한다.

제46조 외자기업은 생산제품을 자주적으로 수출할 수 있는 권한을 가지며, 또한 국내무역회사 혹은 국외 무역회사에 위탁하여 대행 수출하게 할 수도 있다. 외자기업은 허가받은 판매비율에 따라 자신이 직접 중국 내에서 제품을 판매하거나, 중국의 상업관련기관에 위탁하여 대리 판매하게 할 수도 있다.

제47조 외국투자자가 출자하는 기계설비가 규정상 수입허가증을 필요로 하는 품목일 경우, 외자기업은 이미 승인 받은 동 기업의 수입설비 및 물자명세서를 근거로 하여, 직접 혹은 대리기관에 위탁하여 수입허가증을 신청해야 한다. 외자기업이 허가받은 경영범위 내에서 수입하려는 생산용 물자가 규정상 수입허가증을 필요로 하는 품목일 경우, 동 기업은 연간 수입계획을 작성하여 반년마다 한번씩 수입허가증을 신청, 취득해야 한다. 외자기업의 수출제품이 규정상 수출허가증을 필요로 하는 품목일 경우 동 기업은 연간 수출계획을 작성하여 반년마다 한번씩 수출허가증을 신청, 취득해야 한다.

제48조 외자기업이 수입하는 물자 및 노무·서비스가격은 동일한 물자 및 노무 · 서비스

에 대한 당시 국제시장의 정상가격보다 높아서는 안 된다. 외자기업이 수출하는 상품의 가격은 당시의 국제시장가격을 참작하여 자주적으로 결정할 수 있다. 단 합리적인 수출가격보다 낮아서는 안 된다. 높은 가격으로 수입하고 낮은 가격으로 수출하는 등의 방식을 취하는 경우, 세무기관은 세법규정에 의거하여 법률적 책임을 추궁할 권한을 갖는다. 외자기업이 승인 받은 판매비율에 따라 중국시장에서 판매하는 제품가격은 중국의 가격관리규정에 따라야 한다. 위에서 언급한 가격은 물가관리기관과 세무기관에 보고하고, 이들 기관의 감독을 받아야 한다.

제49조 외자기업은 '중화인민공화국통계법' 과 중국의 외자이용 통계 규정에 따라 통계자료와 통계보고서를 제출해야 한다.

제7장 세 무

제50조 외자기업은 중국의 법률 및 법규의 규정에 따라 세금을 납부해야 한다.

제51조 외자기업의 피고용인은 중국의 법률 및 관련 법규의 규정에 따라 개인소득세를 납부해야 한다.

제52조 외자기업이 아래의 물자를 수입할 경우에는 관세와 공상통일세를 면제한다.
(1) 외국투자자가 출자하는 기계설비, 부품, 건축자재 및 기계의 설치에 필요한 자재
(2) 외자기업이 투자총액 범위내의 자금으로 수입하는 생산용 기계설비, 부품, 생산용 교통수단 및 생산관리 설비
(3) 외자기업이 수출제품을 생산하기 위해 수입하는 원자재, 부품, 포장재료
전항에서 언급한 승인 받은 수입물자를 중국 내에서 매도하거나 내수용 제품을 생산하는데 응용할 경우에는 중국의 세법에 의거하여 세금을 납부해야 한다.

제53조 외자기업이 생산하는 수출제품에 대해서는 수출제한 품목이 아닌 한, 중국의 세법에 의거하여 관세와 공상통일세를 면제한다.

제8장 외환관리

제54조 외자기업의 외환은 중국의 외환관리 관련법규에 따라 처리해야 한다.

제55조 외자기업은 공상행정관리기관이 발급한 영업허가증을 근거로 중국내 외환업무

취급은행에 계좌를 개설하고 수입과 지출에 대해 동 은행의 감독을 받아야 한다. 외자기업의 외환수입은 계좌개설은행의 외환계좌에 예치해야 하며, 외환지출은 그 외환계좌에서 지불되어야 한다.

제56조 외자기업은 외환수지 균형문제를 스스로 해결해야 한다. 외자기업이 외환수지 균형을 자체 해결할 수 없을 경우, 외국투자자는 외자기업 설립신청서에 이를 밝히고, 구체적인 해결방법을 명시해야 한다. 비준기관은 이에 대해 관련부서와 상의한 후 답신한다. 외자기업 설립신청서에서 외환수지균형을 자체 해결하겠다고 명시한 경우, 어떠한 정부 부서도 그 기업의 외환수지 균형문제에 대해 해결을 책임지지 아니한다. 외자기업이 생산한 제품이 중국에서 절실히 필요하거나, 수입을 대체할 수 있는 품목이어서 중국 내 판매를 승인 받은 경우, 중국외환관리기관의 승인을 거쳐 외화로 결제할 수 있다.

제57조 외자기업이 생산, 경영에 필요하여 국외은행에 외환계좌를 개설할 경우에는 중국 외환관리기관의 승인을 받아야 하며, 중국외환관리기관의 규정에 따라 정기적으로 외환출납상황을 보고하고, 거래명세서를 제공해야 한다.

제58조 외자기업에 고용된 외국국적의 종업원과 홍콩, 마카오, 대만인 종업원의 임금과 기타 정당한 외환수입은 중국세법에 따라 세금을 납부한 후 자유롭게 국외에 송금할 수 있다.

제9장 재무회계

제59조 외자기업은 중국의 법률, 법규 및 관계재정기관의 규정에 따라 재무회계체제를 확립하고, 기업소재지의 재정·세무기관에 신고·등록해야 한다.

제60조 외자기업의 회계연도는 양력 1월 1일부터 12월 31일까지로 한다.

제61조 외자기업은 중국의 세법규정에 따른 소득세 납부 후의 이윤 중에서 준비기금과 종업원상여금, 복지기금을 공제해야 한다. 준비기금의 공제비율은 납세 후 이윤의 10%미만이어서는 안되며, 공제액의 누계가 등록자본의 50%에 이르면 더 이상 공제할 필요가 없다. 종업원상여금과 복지기금의 공제비율은 외자기업이 스스로 결정할 수 있다. 외자기업은 전 회계연도의 결손을 보전하기 전에는 이윤분배를 할 수 없다. 전 회계연도에 분배하지 않은 이윤은 본 회계연도의 이윤과 함께 분배할 수 있다.

제62조 외자기업이 작성하는 회계증빙자료, 회계장부, 재무제표는 중문으로 작성해야 하며, 기타 외국어를 사용했을 경우에는 중문번역본을 첨부해야 한다.

第63조 외자기업은 독립채산제로 운영되어야 한다. 외자기업의 연간재무제표와 청산재무제표는 중국 재정·세무기관의 규정에 의거하여 작성해야 한다. 재무제표를 외화로 기재한 경우에는 외화를 인민폐로 환산한 재무제표를 함께 작성해야 한다. 외자기업의 연간재무제표와 청산재무제표는 중국 공인회계사의공증을 받아야 한다. 제2항과 3항에서 규정한 외자기업의 연간 회계보고서와 청산회계보고서는 중국 공인회계사의 공증서류와 함께 규정한 기간 내에 재정·세무기관에 회부해야 하며, 아울러 비준기관과 공상행정관리기관에도 보고해야 한다.

第64조 외국투자자는 자신의 비용으로 중국인 혹은 외국인 회계사를 고용하여 외자기업의 장부를 검사케 할 수 있다.

第65조 외자기업은 재정·세무기관에 연간 대차대조표와 손익계산서를 제출해야 하며, 비준기관과 공상행정관리기관에도 이를 보고해야 한다.

第66조 외자기업은 기업소재지에 회계장부를 개설하여 재정·세무기관의 감사를 받을 수 있게 해야 한다. 전항의 규정을 위반했을 경우 재정·세무기관은 벌금을 부과할 수 있으며, 공상행정관리기관은 영업중지 혹은 영업허가 취소를 명할 수 있다.

제10장 종업원

第67조 외자기업은 중국 내에서 종업원을 고용할 수 있으며, 기업과 종업원 쌍방은 중국의 법률, 법규에 따라 근로계약을 체결해야 한다. 계약서에는 고용, 사직, 보수, 노동보호, 노동보험 등의 사항을 명시해야 한다. 외자기업은 미성년자를 고용할 수 없다.

第68조 외자기업은 종업원이 생산, 관리능력의 측면에서 기업의 요구에 부응할 수 있도록 종업원의 업무, 기술교육을 책임지고, 또한 고과제도를 수립하여야 한다.

제11장 공 회

第69조 외자기업의 종업원은 중화인민공화국공회법의 규정에 의거 기층노동조합을 결성하고 조합활동을 할 권리를 갖는다.

第70조 외지기업의 노동조합은 종업원의 이익대표자로서 종업원을 대표하여 당해 기업과 근로계약을 체결하고, 동 계약의 집행을 감독할 권한을 갖는다.

第71조 외자기업 노동조합의 기본임무는 다음과 같다. 중국의 법률, 법규가 정하는 바에 따라 종업원의 합법적 권익을 보호하고, 기업을 협조하여 종업원의 복지, 상여기금을 합리적으로 계획, 사용하도록 한다. 종업원의 정치, 과학, 기술, 업무지식 습득을 위한 학습활동을 조직하고 문화, 체육활동을 전개한다. 종업원이 노동규율을 준수하고, 기업의 각종 경제적 과제를 완성할 수 있도록 노력하는 것이다. 노동조합 대표는 외자기업 종업원의 포상, 징계, 임금제도, 후생복지, 노동보호, 보험 등의 문제를 검토, 결정하는 회의에 참석할 권한을 갖는다. 외자기업은 노동조합의 의견을 수용하고 그 협조를 받아야 한다.

第72조 외자기업은 기업 내의 노동조합의 활동을 적극 지원해야 한다. "중화인민공화국공회법" 의 규정에 따라 노동조합에 사무실과 시설을 제공하여 업무처리, 회의 및 종업원의 복지, 문화, 체육활동에 사용케 해야 한다. 외자기업은 매월 종업원의 임금총액의 2%를 노동조합 경비로 제공하며, 노동조합은 이 경비를 전국노조총회가 제정한 노동조합 경비관련규정에 따라 사용한다.

제12장 기한 · 중지 · 청산

第73조 외자기업의 경영기한은 해당 산업과 기업의 구체적 상황에 따라 외국투자자가 독자기업설립신청서에 잠정 기재한 후, 지분기관의 승인을 받아야 한다.

第74조 외자기업의 경영기한은 영업허가증 발급 일로부터 기산한다. 외자기업의 경영기한이 만료되어 연장해야 할 경우에는 기한 만료 180일 전에 비준기관에 경영기한 연장신청서를 제출해야 한다. 비준기관은 신청서 접수일부터 30일 이내에 승인여부를 결정해야 한다. 경영기한 연장승인을 받은 외자기업은 연장승인서류를 받은 날로부터 30일 이내에 공상행정관리기관에 등기변경수속을 해야 한다.

第75조 외자기업이 아래 사항 중 하나에 해당한 경우 해산하게 된다.

(1) 경영기한이 만료된 경우

(2) 경영부진에 따른 막대한 결손으로 외국투자자가 해산을 결정한 경우

(3) 자연재해, 전쟁 등 불가항력의 요인으로 심각한 손실을 입어 경영을 계속할 수 없는 경우

(4) 파산

(5) 중국의 법률, 법규를 위반하고 사회공공이익에 손해를 입혀 법에 따라 등록이 취소되는 경우

(6) 외자기업의 정관에서 규정한 기타 해산사유가 발생한 경우

외자기업이 앞의 2), 3), 4)호의 사항에 처한 경우에는 스스로 해산신청서를 비준기관에 제출하여 승인을 받아야 한다. 비준기관이 승인한 일자가 해산 일이다.

제76조 외자기업이 제75조 1), 2), 3), 6)호의 규정에 따라 중지할 경우에는 해산 일로부터 15일 이내에 대외공고와 함께 채권자에게 통지해야 한다. 또한 해산 공고한 날로부터 15일 이내에 청산절차, 원칙, 청산위원회 구성원 명단을 제출하고, 비준기관의 심사, 승인을 거쳐 청산을 추진해야 한다.

제77조 청산위원회는 외자기업 법정대리인, 채권자 대표 및 관련주관기관의 대표로 구성하여야 하며, 중국 공인회계사, 변호사 등을 참여시켜야 한다. 청산비용은 외자기업이 현재 보유하고 있는 재산에서 우선 지출한다.

제78조 청산위원회는 아래의 직권을 행사한다.
(1) 채권자회의 소집
(2) 기업재산의 관리 및 처리권한을 인수하고, 대차대조표와 재산목록 작성
(3) 재산평가와 산출근거 제출
(4) 청산방안 결정
(5) 채권회수와 채무상환
(6) 주주의 납입금 회수
(7) 잉여자산 분배
(8) 외자기업을 대표하여 제소 혹은 응소

제79조 외국투자자는 외자기업의 청산결과가 나오기 전에 기업자금을 국외로 송금하거나 국외로 반출할 수 없으며, 기업재산을 임의로 처분할 수 없다. 외자기업의 청산결과 자산액과 잉여재산이 등록자본을 초과할 경우 그 초과분은 이윤으로 간주하여 중국세법에 따라 소득세를 납부해야 한다.

제80조 외자기업의 청산이 끝나면 공상행정관리관에 등기말소수속을 하고, 영업허가증을 반납, 폐기해야 한다.

제81조 외자기업이 청산한 재산을 처분할 경우 동등한 조건에서는 중국의 기업 혹은 경제조직이 우선 구매권을 갖는다.

제82조 외자기업이 제75조 4)호 및 5)호의 규정에 따라 기업을 중지하는 경우 중국의 관련법률 및 법규에 따라 청산한다.

제13장 부 칙

제83조 외자기업의 각종 보험은 중국 내 보험회사에 가입하여야 한다.

제84조 외자기업이 중국의 여타 기업 혹은 경제조직과 체결하는 경제계약에는 '중화인민공화국 경제계약법' 이 적용된다. 외자기업이 외국의 회사, 기업 혹은 개인과 체결하는 경제계약에는 '중화인민공화국 대외경제계약법' 이 적용된다.

제85조 홍콩, 마카오, 대만지역의 회사, 기업 기타 경제조직, 개인 또는 국외거주 중국교포가 중국대륙에서 단독투자기업을 설립할 경우에는 본 실시세칙을 참조하여 처리한다.

제86조 외자기업에 근무하는 외국국적의 종업원과 홍콩, 마카오, 대만의 종업원은 합리적인 수량의 자가용 교통수단과 생활용품을 반입해 올 수 있다. 단지, 이러한 물자에 대해서는 중국규정에 따라 수입수속을 밟아야 한다.

제87조 본 세칙은 대외경무역부의 해석에 따른다.

제88조 본 세칙은 공포한 날로부터 시행한다.

▣ 중화인민공화국 중외합자경영기업법

공포일자 1990년 4월 4일(시행)
개정일자 2001년 3월15일(시행)

제1조 중화인민공화국은 국제경제합작과 기술교류를 확대하기 위하여, 외국회사, 기업과 기타 경제조직 혹은 개인(이하 '외국합자자' 라고 함)이 평등호혜의 원칙에 따라 중국정부의 비준을 거쳐 중화인민공화국내에서 중국의 회사, 기업 혹은 기타 경제조직(이하 '중국합자자' 라고 함)과 합자기업을 공동 설립하는 것을 허가한다.

제2조 중국정부는 법에 따라서 외국합자자가 중국정부가 비준한 협의, 계약, 약관에 따라서 합자기업의 투자가 반드시 분배받아야 하는 이윤과 기타 합법권익을 보호한다. 합자기업의 모든 활동은 중화인민공화국 법률, 법령과 유관조례규정을 준수해야 한다. 국가는 합자기업에 대하여 국유화와 징수를 실행하지 않는다. 특수한 상황 하에서는 사회공공이익의 필요에 근거하여 합자기업에 대해 법률절차에 의거하여 징수를 실행할 수 있고, 아울러 그에 상응하는 보상을 한다.

제3조 합자각방이 체결한 합자협의, 계약, 정관은 반드시 국가 대외경제무역 주관부문(이하 '심사비준기관' 이라고 함)에 보고하여 심사비준을 받아야 한다. 심사비준기관은 반드시 3개월 내에 비준여부를 결정해야 한다. 합자기업은 비준을 거친 후, 국가공상행정관리 주관부문에 등기하고, 영업증명서를 발급 받아 영업을 개시한다.

제4조 합자기업의 형식은 유한책임회사이다. 합자기업의 등록자본 중 외국 합자자의 투자비율은 일반적으로 25%이상이어야 한다. 합자각방은 등록자본비율에 따라 이윤을 분배하고 위험 및 손해를 분담한다. 합자자가 등록자본을 양도할 때에는 반드시 상대방 합자자의 동의를 얻어야 한다.

제5조 합자기업 각 당사자는 현금, 실물, 공업소유권 등으로 투자할 수 있다.
외국합자자가 투자한 기술과 설비는 반드시 중국의 필요에 적합한 신진기술과 설비이어야 한다. 만약 고의적으로 속임수를 써서 낙후한 기술과 설비를 투자하여 손해를 입힌 경우에는 손해를 배상해야 한다. 중국 합자자의 투자는 합자기업 경영기간에 제공한 토지사용권을 포함할 수 있다. 만약 토지사용권이 중국합자자의 투자로서의 일부분이 아니라면 합자기업은 중국정부에게 사용료를 납부해야 한다. 상술한 각 항 투자는 합자기업의 계약과 정관 중에 규정해야 하고, 그 가격(다만 토지는 제외한다)은 합자각방이 서로 상의하여 결정한다.

제6조 합자기업은 동사회(이사회)를 설립하고, 그 인원수는 합자각방이 협상하여 계약, 정관 중에 확정하며, 아울러 합자각방이 임명파견하고 교환할 수 있다. 동사장과 부동사장은 합자각방이 협의하여 확정하거나 이사회에서 선거로 선출한다. 중외합자자의 일방이 동사장을 담당하면, 타방이 부동사장을 담당한다. 동사회는 호혜평등의 원칙에 근거하여 합자기업의 중대문제를 결정한다. 이사회의 직권은 합자기업 정관규정에 따라서 합자기업의 모든 중대문제를 토의하여 결정한다. 즉 기업발전계획, 생산경영활동방안, 수지예산, 이윤분배, 노임계획, 휴업 및 총경리, 부총경리, 고급공정사, 고급회계사 감사의 임명 혹은 초빙 및 그 직권과 대우 등이다. 정, 부총경리(또는 정, 부공장장)은 합자 각방이 나누어서 담당한다. 합자기업 직공의 고용, 해고는 법에 의해 합자 각방이 협의, 계약으로 규정한다.

제7조 합자기업이 얻은 총 이익은 중화인민공화국 세법의 규정에 따라서 합자기업 소득세를 납부한 후, 합자기업 정관이 규정한 예비기금, 근로자장려 및 복지기금, 기업발전기금을 공제하고 순 이윤은 합자 각방 등록자본의 비율에 근거하여 분배한다. 합자기업은 국가세수관련 법률과 행정법규의 규정에 의하여 감세, 면세의 혜택을 받을 수 있다. 외국합자자가 분배받은 순 이윤이 중국 국경 내에서 재투자에 사용될 때에는 이미 납부한 소득세 일부분의 반환을 신청할 수 있다.

제8조 합자기업은 영업증명서에 근거하여 국가외환관리기관이 외환업무의 경영을 허가한 은행 혹은 기타 금융기구에 외환구좌를 개설해야 한다. 합자기업의 관련외환사무는 중화인민공화국 외환관리조례에 따라 처리해야 한다.

합자기업은 그 경영활동 중 직접 외국은행에 자금을 조달할 수 있다. 합자기업의 각 항 보험은 중국의 보험회사에 보험가입을 해야 한다.

제9조 합자기업의 생산경영계획은 주관부문에 보고하여 등록해야 하고, 경제계약방식을 통하여 집행한다. 합자기업이 필요로 하는 원재료, 연료, 조립용 부품 등은 될 수 있는 한 중국에서 구매해야 하고, 또한 합자기업 스스로 외환을 조달하여 직접 국제시장에서 구매할 수 있다. 합자기업이 중국국외로 생산품을 판매하는 것을 장려한다. 수출생산품은 합자기업이 직접 혹은 그와 관련한 위탁기구가 국외시장에 판매할 수 있고, 중국의 외무기구를 통하여 판매할 수도 있다. 합자기업 생산품은 또 중국시장에서도 판매할 수 있다. 합자기업은 필요시 중국 국외에 지사를 설립할 수 있다.

제10조 외국합자자가 법률과 협의 계약이 규정한 의무를 이행한 후 분배받은 순 이윤, 합자기업 기간만료 혹은 중지할 때 분배받은 자금 및 기타자금은 합자기업 계약이 규정한 화폐로 외환관리 조례에 따라 외국으로 송금할 수 있다. 외국합자자가 송금할 수 있는 외환을 중국은행에 예치할 것을 장려한다.

제11조 합자기업의 외국국적 근로자의 임금수입과 기타 정당수입은 중화인민공화국 세법에 따라서 개인소득세를 납부한 후 외환관리조례에 따라서 국외로 송금할 수 있다.

제12조 합자기업의 합자기한은 업종과 상황에 따라 다른 약정을 한다. 어떤 업종의 합자기업은 반드시 합자기한을 약정해야 하고, 어떤 업종의 합자기업은 합자기한을 약정할 수도 있고 합자기한을 약정하지 않을 수도 있다. 합자기한을 약정한 합자기업의 합자 각방이 합자기한 연장에 동의한 경우 합자기한 만료일로부터 6개월 전에 심사비준기관에 신청서를 제출해야 한다. 심사비준기관은 신청을 접수한 날로부터 1개월 내에 비준여부를 결정해야 한다.

제13조 합자기업에 심각한 손해를 발생시키거나, 일방이 계약과 정관에 규정된 의무를 이행하지 아니하는 경우, 또는 불가항력적인 사항이 발생한 경우에는 합자 쌍방의 협의를 거쳐 심사비준기관의 비준을 받음과 동시에 국가공상행정관리주관부문에 등기한 후 계약을 종결할 수 있다. 만약 계약위반으로 인해서 손해를 조성한 것은 계약을 위반한 쪽이 경제적 책임을 부담해야 한다.

제14조 합자 각방에 분쟁이 발생하여 동사회가 조정, 해결할 수 없을 때 중국중재기구가 조정 혹은 중재를 진행하고, 합자 각방은 기타 중재기구에서 중재하기를 협의할 수 있다.

제15조 본법은 공포일로부터 효력을 발생한다. 본법의 수정 및 개정의 권한은 전국인민대표대회에 속한다.

▣ 중화인민공화국 중외합자경영기업법실시조례

공포일자 1983년 9월 20일(시행)
개정일자 2001년 7월 22일(시행)

제1장 총 칙

제1조 '중화인민공화국중외합자경영기업법실시조례' (이하 '중외합자기업법실시조례' 이라 함)을 원활하게 실시하기 위하여 특히 이 조례를 제정한다.

제2조 '중외합자기업법' 에 의하여 중국 국내에서의 설립을 인가 받은 중외합자경영기업(이하 '합자기업' 이라고 함)은 중국의 법인이며 중국 법률의 관할과 보호를 받는다.

제3조 중국 국내에 설립된 합자기업은 중국의 경제발전과 과학기술수준의 향상을 촉진하고, 사회주의현대화건설에 기여하여야 한다. 합자기업의 설립이 허용되는 주요 업종은 다음 각 호와 같다.

(1) 에너지개발, 건축재료공업, 화학공업, 야금공업
(2) 기계제조공업, 기기·기계공업, 해저석유채취설비의 제조업
(3) 전자공업, 컴퓨터공업, 통신설비의 제조업
(4) 경공업, 방직공업, 식품공업, 의약품 및 의료용 기기공업, 포장공업
(5) 농업, 목축업, 양식업
(6) 관광 및 서비스업

제4조 설립을 신청하는 합자기업은 경제적 효과를 중시하고 다음 각 호의 하나 또는 그 이상의 요구에 합치되어야 한다.

(1) 선진적 기술설비와 과학적 관리방법을 채용하여 제품의 품질과 생산량을 제고시키며, 에너지와 재료를 절약할 수 있을 것
(2) 기업의 기술개선에 유리하고, 적은 투자로써 빠른 효과가 나타나며, 큰 이익을 얻을 수 있을 것
(3) 제품수출을 확대하고 외화수입을 증가시킬 수 있을 것
(4) 기술자와 경영관리자를 육성·훈련시킬 수 있을 것

제5조 설립을 신청하는 합자기업이 다음 각 호의 하나에 해당하는 경우에는 그 설립을

인가하지 아니한다.

(1) 중국의 주권을 손상시키는 경우
(2) 중국의 법률에 위반하는 경우
(3) 중국의 국민경제발전의 요구에 합치되지 아니하는 경우
(4) 환경오염을 발생시키는 경우
(5) 체결된 협정, 계약, 정관이 매우 불공평한 것으로서 합자자 일방의 권리·이익에 손해를 미치는 경우

제6조 별도로 정한 경우를 제외하고는 중국측 합자자의 정부 주관부서는 합자기업의 주관부서(이하 '기업주관부서' 라고 함)이다. 합자기업의 중국측 합자자가 둘 이상이고 또한 다른 부서 또는 지역에 소속하는 때에는 부서 또는 지역에서 협의에 의하여 1개의 기업주관부서를 결정한다. 기업주관부서는 합자기업에 대하여 지도·지원·감독의 책임을 진다.

제7조 합자기업은 법률·법규 및 합자기업의 협정·계약·정관에 정한 범위 내에서 자주적으로 경영관리를 행할 권한을 가진다.

각 관계 부서는 이를 지지, 협력하여야 한다.

제2장 설립과 등기

제8조 중국 국내에 합자기업을 설립할 때에는 중화인민공화국 상무부(구 대외경무역부)의 심사 인가를 받아야 한다. 대외경제무역부는 인가 후 인가증서를 발급한다. 다음 조건을 구비한 경우 대외경제무역부는 관계있는 성·자치구·직할시 인민정부 또는 국무원의 관계 부·국(이하 '수탁기관' 이라 함)에 인가를 위임할 수 있다.

(1) 투자총액이 국무원이 정하는 금액이내이며, 중국측 합자자의 자금 조달선이 이미 확보되어 있는 것
(2) 국가에 의한 원재료의 추가지급을 필요로 하지 아니하고, 원료, 동력, 교통, 운송, 수출퀘타 등의 전국적 조정에 영향을 미치지 아니할 경우

수입기관은 합자기업의 설립을 인가한 후 대외경제무역부에 보고하여 등록하며, 대외경제무역부는 인가증서를 발급한다.(이하 상무부와 수임기관을 '인가기관' 이라 함)

제9조 합자기업을 설립할 때에는 다음의 절차를 밟는다.

(1) 중국측 합자자가 기업주관부서에 대하여 외국측 합자자와 합자기업을 설립하겠다는 사업의 건의서 및 사전 사업성 조사(Pre-feasibility study)보고서를 제출한다. 동 건의서와 사전 사업성조사보고가 기업주관부서의 심사·동의를 받고 또한

인가 기관에 송부되어 인가된 후 각 당사자는 마침내 사업성조사(feasibility study)를 중심으로 하는 각종 업무를 행할 수 있으며, 이를 기초로 하여 협의한 후, 합자기업의 협정·계약·정관을 작성·체결한다.

(2) 합자기업의 설립을 신청할 때에는 중국측 합자자가 책임을 지고 다음 각 호의 정식 서류를 제출한다.

① 합자기업 설립의 신청서

② 합자당사자가 공동으로 작성한 사업성조사보고

③ 합자당사자의 수권대표가 서명한 합자기업의 협정·계약 및 정관

④ 합자당사자가 지명한 합자기업의 동사장·부동사장·동사의 명부

⑤ 중국측 합자자의 기업주관부서 및 합자기업 소재지의 성·자치구·직할시 인민정부가 당해 합자기업의 설립에 대하여 기술한 의견

상기의 서류는 중국어로 작성하여야 한다. 그 중 ②, ③, ④의 서류는 동시에 각 당사자가 협정한 1개의 외국어로 작성할 수도 있다. 2종의 문자로 작성된 서류는 동등한 효력을 가진다.

제10조 인가기관은 이 조례의 제9조 2)항에 정하는 전 서류를 접수한 날로부터 3개월 이내에 인가 또는 불인가를 결정한다. 인가기관은 상기 서류에서 부적절한 점을 발견한 경우, 기한부 수정을 요구하여야 하며, 이에 응하지 아니할 때에는 인가하지 아니한다.

제11조 신청서는 인가증서를 수취한 후 1개월 이내에 '중화인민공화국 중외합자경영기업등기관리규칙' 의 규정에 따라 인가증서를 소지하고 합자기업 소재지의 성·자치구·직할시 공상행정관리국(이하 '등기관리기관' 이라고함)에서 등기절차를 밟아야 한다. 합자기업의 영업허가증이 교부된 날을 당해 합자기업의 설립 일로 한다.

제12조 외국투자자가 중국에서 합자기업을 설립하고자 하나 중국측의 구체적인 협력상대가 없는 경우에는 합자기업의 기초방안을 제출하고, 중국국제투자공사 또는 관계성·자치구·직할시의 신탁투자기관 및 관계 정부부서, 민간조직에 위임하여 협력상대를 소개받을 수 있다.

제13조 이 장에서 합자기업협정이라 함은 각 당사자가 합자기업의 설립에 관한 일부의 요점 및 원칙에 대하여 의견의 일치를 이루고 작성한 서류를 말한다.

합자기업계약이라 함은 각 당사자가 합자기업의 설립을 위하여 상호간의 권리 의무관계에 대하여 의견의 일치를 보아 작성한 서류를 말한다.

합자기업 정관은 합자기업계약에 정하는 원칙에 따라 각 당사자의 일치된 동의를 거

쳐 합자기업의 목적, 조직원칙 및 경영관리방법 등의 사항을 정하는 서류이다. 합자기업 협정이 합자기업 계약에 저촉되는 때에는 합자기업 계약에 준거한다. 각 당사자의 동의가 있을 경우에는 합자기업 협정을 작성하지 아니하고 합자기업 계약 및 정관만을 작성할 수 있다.

제14조 합자기업 계약에는 다음 각 호의 주요 내용이 포함되어야 한다.
(1) 각 당사자의 명칭, 등기국, 법정소재지 및 법정대표의 성명, 직무, 국적
(2) 합자기업의 명칭, 법정소재지, 목적, 경영범위 및 규모
(3) 합자기업의 투자총액·등록자본금, 각 당사자의 출자액, 출자비율, 출자방식, 출자불입기간 및 출자액의 미납·양도에 관한 규정
(4) 각 당사자의 이익분배 및 결손부담의 비율
(5) 합자기업 동사회의 구성, 동사정원의 배정 및 총경리, 부총경리, 기타 고급관리자의 직책, 권한, 임명방법
(6) 설치할 주요 생산설비, 생산기술과 그 조달원
(7) 원재료구매와 재품판매 방식, 제품의 중국 국내와 국외에서의 판매비율
(8) 외화자금의 수지계획
(9) 재무, 회계, 감사의 처리원칙
(10) 노무관리, 임금, 복리, 노동보험 등의 사항에 관한 규정
(11) 합자기업의 기간, 해산과 청산에 관한 절차
(12) 계약위반의 책임
(13) 각 당사자간의 분쟁을 해결하는 방식과 절차
(14) 계약의 본문에 채택되는 문자와 계약 발효의 조건
합자기업 계약의 첨부서류는 합자기업 계약과 동등한 효력을 가진다.

제15조 합자기업 계약의 체결, 효력, 해석, 집행 및 그 분쟁의 해결에는 모두 중국의 법률을 적용한다.

제16조 합자기업 정관에는 다음 각 호의 주요내용이 포함되어야 한다.
(1) 합자기업의 명칭 및 법정소재지
(2) 합자기업의 목적, 경영범위 및 합자기간
(3) 각 낭사자의 명칭, 등기국, 법정소재지, 법정대표의 성명, 직무, 국적
(4) 합자기업의 투자총액·등록자본금, 각 당사자의 출자액, 출자비율, 출자액의 양도규정, 이익분배와 결손부담의 비율
(5) 동사회의 구성, 직권 및 의사규칙, 동사의 임기, 동사장과 부동사장의 직책

(6) 관리기구의 설치·직무규칙, 사장·부사장 및 기타 고급관리자의 직책과 임면방법
(7) 재무, 회계, 감사제도의 원칙
(8) 해산 및 청산
(9) 정관의 개정절차

제17조 합자기업의 협정·계약 및 정관은 인가기관의 인가를 받은 후 그 효력이 발생한다. 그 개정할 때도 마찬가지이다.

제18조 인가기관과 등기관리기관은 합자기업의 계약, 정관의 집행에 대하여 감독 검사의 책임을 진다.

제3장 조직형태와 등록자본금

제19조 합자기업은 유한책임회사로 한다.
각 당사자의 합자기업에 대한 책임은 각각 부담한 출자액을 그 한도로 한다.

제20조 합자기업의 투자총액(기업차입금을 포함)이라 함은 합자기업계약 · 정관에 정하는 생산규모에 따라 투입할 필요가 있는 사회간접자본건설자금과 생산 · 운전자금의 총계를 말한다.

제21조 합자기업의 등록자본금이라 함은 합자기업 설립을 위하여 등기관리기관에 등기한 자본총액을 말하며, 또한 이는 각 당사자가 부담한 출자액의 합이어야 한다. 합자기업의 자본금은 일반적으로 인민폐로 표시되어야 하나 각 당사자가 약정한 외국통화로 표시할 수도 있다.

제22조 합자기업은 합자기간 중 자본금을 감소시켜서는 안 된다.

제23조 일방의 당사자가 출자액의 전부 또는 일부를 제3자에게 양도할 경우에는 상대방 당사자의 동의를 얻고, 또는 인가기관의 인가를 받아야 한다. 일방이 출자액의 전부 또는 일부를 양도할 때 상대방은 선매권을 가진다. 일방이 제3자에게 출자액을 양도하는 조건은 상대방에게 양도하는 조건보다 우대하여서는 안 된다. 상기의 규정에 위반한 경우 그 양도는 무효로 한다.

제24조 합자기업의 자본금의 증액·양도 또는 기타 방식에 의한 조치는 이사회에서 의

결하고, 또한 당초 인가기관의 인가를 받아, 당초 등기관리기관에서 등기변경절차를 밟아야 한다.

제4장 출자방식

제25조 합자자는 통화로서 출자할 수 있으며, 건축물, 공장건물, 기계설비 및 기타의 물적자산, 공업소유권, 기술노하우, 토지사용권 등을 평가하여 출자할 수도 있다. 건축물, 공장건물, 기계설비 및 기타의 물적자산, 공업소유권, 기술노하우로 출자할 경우 그 평가는 각 당사자가 공평합리의 원칙에 따라 협의 결정하거나 각 당사자가 동의하는 제3자에게 평가를 의뢰한다.

제26조 외국합자자가 출자하는 외국통화는 납부당일에 중화인민공화국 국가외환관리국(이하 '국가외환관리국' 이라고 함)이 공시한 환율에 따라 인민폐로 환산하거나 또는 약정한 외국통화로 환산한다. 중국측 합자자가 출자한 인민폐 현금을 외국통화로 환산할 필요가 있는 경우에는 납부당일에 국가외환관리국이 공시한 환율에 의한다.

제27조 외국측 합자자가 출자하는 기계설비 및 기타의 물적자산은 다음 각 호의 조건에 합치되어야 한다.

(1) 합자기업의 생산에 불가결한 것일 것
(2) 중국에서 생산할 수 없는 것 또는 생산할 수는 있으나, 가격이 높거나 기술성능 및 공급시기에 있어서 수요를 충족시킬 수 없는 것
(3) 평가는 동종의 기계설비 및 기타 물적자산의 그 시점에서의 국제시장가격을 상회하여서는 안 된다.

제28조 외국측 합자자가 출자하는 공업소유권 또는 기술노하우는 다음 각호 조건의 하나에 합치되어야 한다.

(1) 중국에서 긴급히 필요한 신제품 또는 수요가 많은 수출품을 생산할 수 있을 것
(2) 기존제품의 성능과 품질을 현저히 개선하고, 생산 능율을 향상시킬 수 있을 것
(3) 원재료, 연료, 동력을 현저히 절약할 수 있는 것

제29조 외국측 합자자가 공업소유권 또는 기술노하우로 출자할 때에는 합자계약의 첨부서류로서 당해 공업소유권 또는 기술노하우의 관계자료를 제출하여야 한다. 이에는 특허증서 또는 상표등록증서의 사본, 유효성과 그 기술적 특성, 실용가치, 평가계산의 근거, 중국측 합자자와 체결한 평가협정 등의 관계서류가 포함된다.

제30조 외국측 합자자가 출자하는 기계설비 및 기타의 물적자산, 공업소유권 또는 기술노하우는 중국측 합자자의 기업주관부서의 심사·동의를 받고 또한 인가기관의 인가를 받아야 한다.

제31조 각 당사자는 계약에 정한 기한에 각각의 출자액의 불입을 완료하여야 한다. 기간을 경과하고도 불입하지 아니하거나, 불입을 완료하지 아니하는 경우에는 계약의 규정에 따라 연체이자를 지불하거나, 손해를 배상하여야 한다.

제32조 각 당사자가 출자액을 불입한 후에는 중국에 등록된 회계사가 이를 검증하고, 출자검증보고를 발행한다. 합자기업은 이에 근거하여 출자증명서를 발급한다. 출자증명서에는 다음의 사항을 명기한다. 합자기업명칭, 합자기업의 창립일자, 합자자의 명칭(또는 성명)과 그의 출자액, 출자일자, 출자증명서의 발급일자 등이다.

제5장 이사회와 경영관리기구

제33조 동사회는 합자기업의 최고권력기관이며 합자기업의 모든 중대문제를 결정한다.

제34조 동사회의 성원은 3인 미만으로 할 수 없다. 동사회의 정원배정은 각 당사자가 출자비율을 참조하여 결정한다. 이사는 각 당사자가 지명한다. 동사장은 중국측 합자자가 지명하고 부동사장은 외국측 합자자가 지명한다. 이사의 임기는 4년이며, 합자 각 당사자가 재 지명할 경우에는 연임할 수 있다.

제35조 동사회는 매년 적어도 1회 개최하며, 동사장이 소집 및 주재한다. 동사장이 소집할 수 없을 때에는 동사장이 부동사장 또는 기타 동사에게 소집 주재를 위임한다. 3분의 1이상의 동사의 제의가 있을 경우 동사장은 임시동사회를 개최할 수 있다. 동사회는 3분의 2이상의 이사가 출석하여야만 개최할 수 있다. 동사가 출석하지 못할 경우에는 타인에게 출석하여 표결하도록 위임할 수 있다. 동사회는 일반적으로 합자기업의 법정소재지에서 개최하여야 한다.

제36조 다음 각 호의 사항은 동사회에 출석한 동사의 전원일치에 의하여만 의결할 수 있다.

(1) 합자기업정관의 개정
(2) 합자기업의 중도해산과 청산
(3) 합자기업의 자본금의 증액·양도

(4) 합자기업과 기타 경제조직과의합병
기타 사항은 합자기업의 정관에 명기된 동사회 규정에 의하여 의결할 수 있다.

제37조 동사장은 합자기업의 법정대표이다. 동사장이 직책을 수행할 수 없는 때에는 부동사장 또는 기타의 동사에게 합자기업을 대표하는 권한을 부여하여야 한다.

제38조 합자기업은 경영관리기구를 설치하여 기업의 일상 경영관리를 담당케 한다. 경영관리기구에는 총경리 1명, 부총경리 약간 명을 둔다. 부총경리는 총경리 직무를 보좌한다.

제39조 총경리는 동사회의 의결을 집행하고, 합자기업의 일상경영관리를 조직 지도한다. 총경리는 동사회로부터 부여받은 권한 내에서 대외적으로 합자기업을 대표하고, 대내적으로 부하직원을 임면하며, 동사회에서 부여받은 기타의 직권을 행사한다.

제40조 총경리, 부총경리는 합자기업의 동사회가 임명하며, 중국공민이나 외국공민이 담당할 수 있다. 동사회의 임명이 있을 경우 동사장, 부동사장, 동사는 합자기업의 총경리, 부총경리 또는 기타의 고급관리직을 겸임할 수 있다. 총경리는 중요문제를 처리할 때 부총경리와 협의하여야 한다. 총경리 또는 부총경리는 기타 경제조직의 총경리 또는 부총경리를 겸임해서는 안 되며, 기타 경제조직과 자기기업과의 상업경쟁에 참여해서도 안 된다.

제41조 총경리, 부총경리 및 기타의 고급관리자에게 부정행위 또는 중대한 직무태만 행위가 있는 경우에는 동사회의 의결에 의하여 수시로 해임할 수 있다.

제42조 합자기업이 외국 및 홍콩, 마카오에 지사(판매기구를 포함)를 설립할 필요가 있는 때에는 대외경제무역부의 인가를 받아야 한다.

제6장 기술도입

제43조 이 장에서 기술도입이라 함은 합자기업이 기술이전의 방식에 의하여 제3자 또는 합자자로부터 필요한 기술을 취득하는 경우를 말한다.

제44조 합자기업이 도입하는 기술은 실용적·선진적인 것으로 그 제품이 국내에서 현저한 사회적 경제효과를 가지는 것이거나 또는 국제경쟁력을 가지는 것이어야 한다.

제45조 기술이전협정을 체결할 때에는 반드시 합자기업이 독립적으로 경영을 관리할

수 있도록 보호하여야 하며 또한 이 조례 제29조의 규정에 의하여 기술양도측에 관계자료의 제공을 요구하여야 한다.

제46조 합자기업이 체결한 기술이전협정은 기업주관부서의 심사·동의를 얻고 또한 인가기관의 인가를 받아야 한다. 기술이전 협정은 다음 각 호의 규정에 합치되어야 한다.

(1) 기술사용료는 공평하고 정당하여야 하며, 일반적으로 할인방식으로 지불할 것, 할인방식에 따라 기술사용료를 지불할 경우 동 할인율은 당해 기술에 의하여 생산된 제품의 순매상고에 따라 또는 쌍방이 협정한 기타 합리적인 방식에 의하여 계산한다.

(2) 별도로 쌍방의 협정이 있는 경우를 제외하고는 기술양도측은 기술인수측에 제품의 수출지역, 수량, 가격을 제한하여서는 안 된다.

(3) 기술이전협정의 기간은 일반적으로 10년을 초과하지 아니한다.

(4) 기술인수측은 기술이전협정의 기간만료 후에도 계속 당해 기술을 사용할 권리를 가진다.

(5) 기술이전협정을 체결한 쌍방에 의한 개선기술의 상호교환조건은 대등하여야 한다.

(6) 기술인수측은 적당하다고 인정하는 방법에 따라 필요한 기계설비, 부품, 부속품 및 원재료를 구입할 권한을 가진다.

(7) 중국의 법률 법규로 금지된 부당한 제한조항을 포함시켜서는 안 된다.

제7장 토지사용권과 그 비용

제47조 합자기업은 토지사용에 있어서 절약의 원칙을 관철하여야 한다. 필요한 토지는 합자기업이 소재지의 시(현)급 토지관리부서에 신청하고 심사 허가를 받은 후 계약을 체결하여 토지사용권을 취득한다. 계약에는 토지의 면적, 장소, 용도, 계약기간, 토지사용권의 비용(이하 '토지사용료' 라 함), 쌍방의 권리와 의무, 계약위반의 벌칙 등을 명기하여야 한다.

제48조 합자기업이 필요로 하는 토지의 사용권을 이미 중국측 합자자가 가지고 있는 경우, 중국측 합자자는 이를 합자기업에 출자할 수 있다. 그 평가액은 동종의 토지사용권을 취득하는 데 지불되는 사용료와 동일하여야 한다.

제49조 토지사용비기준은 당해 토지의 용도, 지리·환경조건, 토지수용·퇴거비용 및 기초시설에 대한 합자기업의 요구 등의 요소에 근거하여 소재지의 성·자치구·직할시 인민정부가 정하고 또한 대외경제무역부와 국가의 토지주관부서에 보고하여 등록한다.

제50조 농업과 목축업에 종사하는 합자기업은 소재지의 성·자치구·직할시 인민정부의 동의를 얻어 합자기업의 영업수입의 백분율에 의하여 토지사용료를 소재지의 토지주관부서에 납부할 수 있다. 경제낙후 지역에서 개발사업에 종사하는 경우는 소재지 인민정부의 동의를 얻을 경우 토지사용료에 대하여 특별히 우대할 수 있다.

제51조 토지사용료는 사용을 개시한 날로부터 5년 동안은 조정하지 아니한다. 그 후 경제의 발전, 수급상황의 변화 및 지리·환경조건의 변화에 따라 조정이 필요할 경우에도 조정의 간격은 3년보다 짧게 하여서는 안 된다. 토지사용료를 중국측 합자자의 투자로 할 경우에는 당해 계약기간 내에는 조정할 수 없다.

제52조 합자기업이 이 조례 제47조에 의하여 토지사용권을 취득하였을 경우 그 토지사용료는 계약서에 명시된 사용일로부터 연도별로 납부하며, 제1차 연도의 사용기간이 6개월을 초과한 경우에는 6개월로 계산하고, 6개월 미만일 경우에는 면제한다. 계약기간 중에 토지사용비가 조정된 경우에는 조정된 연도로부터 새로운 기준으로 납부하여야 한다.

제53조 합자기업은 사용이 허가된 토지의 사용권만 가지며, 소유권은 가지지 아니한다. 그 사용권은 양도하여서는 안 된다.

제8장 계획·구매 및 판매

제54조 합자기업의 사회간접자본 건설계획(시공능력, 각종 건축재료, 물, 전기, 가스 등을 포함)은 승인된 사업성조사보고에 의거하여 작성하고 또한 기업주관부서의 사회간접자본건설계획에 포함시켜야 하며, 기업주관부서는 이를 우선적으로 고려하여 보증하여야 한다.

제55조 합자기업의 사회간접자본건설자금은 합자기업의 계좌개설 은행이 통일적으로 관리한다.

제56조 합자기업이 합자계약에 정하는 경영범위와 생산규모에 따라 책정한 생산경영계획은 이사회에서 승인된 후 집행하며 또한 기업주관부서에 보고하여 등록한다. 기업주관부서 및 각 급의 계획관리부서는 합자기업에 대하여 명령적으로 생산경영계획을 지시하지 아니한다.

제57조 합자기업은 필요한 기계설비·원재료·연료·부속품·수송수단 및 사무용품 등 (이하

'물자' 라고 함)을 중국에서 구입할 것인가를 독자적으로 결정할 권한을 가진다. 다만 동등한 조건 하에서는 가능한 중국에서 우선적으로 구입하여야 한다.

제58조 합자기업이 중국에서 구입하는 물자의 공급경로는 다음 각 호와 같다.

(1) 계획분배에 속하는 물자는 기업주관부서의 공급계획에 포함시키며 물자·상업부서 또는 생산기업의 계약에 따라 공급을 보증한다.

(2) 물자·상업부서가 취급하는 물자는 관계 물자취급기관으로부터 구입한다.

(3) 시장의 자유유통에 속하는 물자는 생산기업 또는 중개판매·대리판매기구로부터 구입한다.

(4) 대외무역공사가 취급하는 수출물자는 관계 대외무역공사로부터 구입한다.

제59조 합자기업이 중국에서 구입하는 필요한 업무 생활용품은 제한을 받지 아니하고 필요량에 따라 구입할 수 있다.

제60조 중국정부는 합자기업이 국제시장에서 제품을 판매할 것을 장려한다.

제61조 합자기업이 생산하는 제품이 중국에서 긴급히 필요하거나 또는 수입하지 아니하면 안 되는 경우는 국내시장 판매를 주로 할 수 있다.

제62조 합자기업은 그 제품을 독자적으로 수출할 권한을 가진다. 또한 외국측 합자자의 판매기구 또는 중국의 대외무역공사에 대리판매 또는 중개판매를 위탁할 수도 있다.

제63조 합자기업이 합자계약에 정하는 경영범위 내에서 당해 기업의 생산에 필요한 기계설비, 품, 부속품, 원재료, 연료를 수출할 때 국가가 수입허가증을 취득할 것을 의무화하고 있는 사항에 대하여는 매년 1회 이에 대한 계획서를 작성하고, 반년에 한 번씩 수입허가증을 신청한다. 외국측 합자자가 현물출자로 하는 기계설비 또는 기타의 물자는 허가기관의 인가서류에 의거하여 직접 수입허가증을 취득하여 수입할 수 있다. 합자계약에 정하는 범위를 초과하여 수입하는 물자로서 국가가 수입허가증을 취득할 것을 의무화하고 있는 것은 별도로 허가를 신청하여야 한다. 합자기업이 생산한 제품은 독자적으로 수출할 수 있지만 국가가 수출허가증을 취득할 것을 의무화하고 있는 사항에 대하여는 당해 기업의 연도수출계획에 따라 반년에 1회 허가를 신청한다.

제64조 합자기업이 중국에서 제품을 판매할 때에는 다음 각 호의 방법에 의한다.

(1) 계획분배에 속하는 물자는 기업주관부서를 통하여 물자관리부서의 분배계획에 포

함시키고, 동 계획에 따라 지정된 수요자에게 판매한다.

(2) 물자·사업부서가 취급하는 물자는 물자·사업부서가 합자기업에 발주한다.

(3) 상기 2종의 물자 중 계획수매 외의 부문 및 상기 2종에 속하지 아니하는 물자에 대하여 합자기업은 독자적으로 판매하거나, 관계단위에 대리판매를 위탁할 권한을 가진다.

(4) 합자기업이 수출하는 제품이 중국의 대외무역공사에서 수입하여야 하는 물자인 우, 합자기업은 중국 대외무역공사에 동 물자를 판매하고 외화를 획득할 수 있다.

제65조 합자기업이 국내에서 수입하는 물자 및 필요로 하는 서비스의 가격은 다음 각 호의 규정에 의한다.

(1) 수출제품의 생산에 직접 사용하는 금·은·백금·석유·석탄·목재 등 6종의 원료는 국가 외환관리국 또는 대외무역부가 공포하는 국제시장가격으로 계산하고, 외화 또는 인민폐로 지불한다.

(2) 중국의 대외무역회사가 경영하는 혹은 수입하는 상품을 구입할 경우에는 쌍방이 국제시장가격을 참조하여 협상 결정하고 외화로 지불한다.

(3) 중국 국내에서 판매되는 제품을 생산하는 데 필요한 연료용탄, 차량용유, 상기 1, 2호에 기재한 이외의 물자를 구입할 때의 가격 및 합자기업에 물, 전기, 가스, 열, 화물수송, 노무, 공사설계, 상담서비스, 광고 등을 제공할 때의 비용은 국영기업과 동등하게 대우하며 인민폐로 지출한다.

제66조 합자기업이 중국 국내에서 판매하는 제품에 대하여는 물가관리부서의 허가를 얻어 국제시장가격을 참조하여 가격을 결정할 수 있는 것을 제외하고는 국가가 정한 가격에 의거하여 품질에 따라 결정하며, 인민폐로 수취하여야 한다. 합자기업이 결정한 제품판매가격은 기업주관부서와 물가관리부서에 보고하여 등록한다. 합자기업이 수출하는 제품의 가격은 합자기업이 정하고 기업주관부서와 물가관리부서에 보고하여 등록한다.

제67조 합자기업과 중국의 기타 경제조직과의 경제거래에서는 관계법상의 규정 및 쌍방이 체결한 계약에 따라 경제적 책임을 지며, 계약분쟁을 해결한다.

제68조 합자기업은 관련규정에 따라 생산, 공급, 판매의 통계표를 작성하고 기업주관부서와 통계부서 기타의 관계부서에 보고하여 등록한다.

제9장 세 무

제69조 합자기업은 중화인민공화국의 관계법률이 정하는 바에 따라 각종의 세금을 납부하여야 한다.

제70조 합자기업의 종업원은 '중화인민공화국개인소득세법'에 따라 개인소득세를 납부하여야 한다.

제71조 합자기업의 다음 각 호의 물자를 수입할 때에는 관세와 공상통일세를 면제한다.

(1) 계약의 규정에 따라 외국측 합자자의 현물출자로 한 기계설비, 부품, 부속품 및 기타의 물자(기타의 물자라 함은 합자기업의 공장(작업장)건설 및 기계의 설치 고정에 필요한 재료를 말한다. 이하 동일)

(2) 합자기업이 투자총액내의 자금으로 수입한 기계설비, 부품, 부속품 및 기타의 물자

(3) 인가기관의 인가를 받아 합자기업이 증자하여 수입한 것으로 국내에서 생산 공급을 보증할 수 없는 기계설비, 부품, 부속품 및 기타의 물료

(4) 합자기업이 수출제품의 생산을 위하여 외국으로부터 수입한 원재료, 부재료, 부품, 부속품, 포장재료

위 면세수입물자가 허가를 얻어 중국 국내에서 전매되거나, 중국 국내에서 판매되는 제품으로 전용된 경우에는 규정대로 세금을 납부 또는 추가하여야 한다.

제72조 합자기업이 생산하는 수출제품은 국가가 수출을 제한하는 것을 제외하고는 중화인민공화국 재정부의 허가를 얻어 공상통일세를 면제할 수 있다.

합자기업이 생산하는 국내판매제품에 대하여는 개업 초기에 납세가 곤란한 경우 일정기간 공상통일세의 감면을 신청할 수 있다.

제10장 외국환관리

제73조 합자기업의 외국환에 관한 모든 사항은 '중화인민공화국외환관리잠정조례'와 관련관리규칙의 규정에 따라 처리한다.

제74조 합자기업은 중화인민공화국 국가공상행정관리국이 발급한 영업허가증을 기초로 하여 중국은행 또는 기타의 지정은행에 외화예금구좌와 인민폐 예금구좌를 개설하며, 구좌개발은행이 수취 지불을 감독한다. 합자기업의 모든 외화수입은 구좌개설은행의 외화예금구좌에 예치시키며 모든 외화지출은 그 외화예금구좌로부터 지불되어야 한다. 예금금리

는 중국은행이 공포한 이율에 의한다.

제75조 합자기업의 외화수지는 통상 수지균형을 유지하여야 한다. 인가된 합자기업의 사업성조사보고, 계약에 의하여 제품의 국내판매를 주로 하기 위하여 외화의 균형을 기할 수 없는 경우에는 관계 성·시·자치구 인민정부 또는 국무원 주관부서가 유보한 외화 중에서 조정·해결하며, 해결할 수 없는 경우에는 대외경제무역부가 중화인민공화국 국가계획위원회와 함께 심사한 후 계획에 포함시켜 해결한다.

제76조 합자기업이 외국 혹은 홍콩·마카오 현지은행에 외환예금구좌를 개설할 경우 국가외환관리국 혹은 그 분국의 비준을 받고 국가외환관리국 혹은 그 분국에 수취 지불상황과 은행이 발급하는 증빙서류를 제출하여야 한다.

제77조 합자기업이 외국 또는 홍콩, 마카오에 설립한 지사는 현지에 중국은행에 있는 경우 중국은행에 구좌를 개설하여야 한다. 당해연도의 대차대조표와 손익계산서는 합자기업을 통하여 국가외환관리국 또는 동 분국에 제출하여야 한다.

제78조 합자기업은 경영업무의 필요에 의하여 '중국은행의 중외합자경영기업에 대한 대출잠정규칙' 에 따라 중국은행에 외화대출, 인민폐 대출을 신청할 수 있다. 합자기업에 대한 대출금리는 중국은행이 공표한 이율에 의한다. 합자기업은 외국 또는 홍콩, 마카오의 은행으로부터 외화자금을 차입할 수 있다. 다만 국가외환관리국 또는 동 분국에 보고하여 등록하여야 한다.

제79조 합자기업의 외국국적 및 홍콩, 마카오종업원의 임금 및 기타의 정당한 수익은 법률에 의거 세금을 납부한 후, 중국 국내에서 사용하는 경비를 공제한 잔여부분을 중국은행에 신청하여 전액 송금할 수 있다.

제11장 재무와 회계

제80조 합자기업의 재무 회계제도는 중국의 관계법률, 재무 회계제도의 규정에 의거하고, 합자기업의 사정을 고려하여 정하고, 또한 당해 재무부서, 세무기관에 보고하여 등록하여야 한다.

제81조 합자기업은 고급회계사을 두어 총경리를 도와 기업의 재무·회계업무를 관장하게 한다. 필요한 경우 부회계사를 둘 수도 있다.

제82조 합자기업은 회계검사원을 두어(소기업은 두지 않을 수도 있다)합자기업의 재무수지와 회계계정을 심사 검사하게 하여 이사회와 사장에게 보고하게 한다.

제83조 합자기업의 회계연도는 양력제를 채택하고 양력 1월 1일부터 12월 31일까지를 1회계 연도로 한다.

제84조 합자기업의 회계에서는 국제적으로 적용되고 있는 권책발생제(權責發生)와 대차기장법(貸借記帳法)을 채택하여 기장 한다. 합자기업에서 작성하는 모든 회계증명서, 장부, 보고서는 모두 중국어로 기입하여야 한다. 동시에 각 당사자가 약정한 1개의 외국어로 기입할 수도 있다.

제85조 합자기업은 원칙적으로 인민폐를 기장의 본위화폐로 하나, 각 당사자가 협의하여 외국통화 중 한 종류의 화폐를 기자의 기본단위 화폐로 채택할 수 있다.

제86조 합자기업의 계정은 기장본위화폐에 의하여 기록하는 외에 현금, 은행예금, 기타의 화폐비목 및 채권 채무, 수익 비용 등이 기장본위화폐와 일치하지 아니하는 경우에는 특히 수납, 지불통화에 의하여 기장해야 한다. 외국통화로 기장하는 합자기업은 외국통화에 의한 회계보고서를 작성하는 외에 별도의 인민폐로 환산한 회계보고서를 작성하여야 한다. 환율의 차이로 인해 발생한 기장본위화폐의 환산차액은 환차손익으로 계상해야 한다. 기장환율의 변동으로 인해 발생한 외화관련 각종 장부의 장부상 수익은 연말 결산시 중국의 관련법률 및 재무회계제도의 규정에 따라 회계처리를 해야 한다.

제87조 합자기업 '중화인민공화국중외합자경영기업소득세법' 에 따라 소득세를 납부한 후 이익분배의 원칙은 다음 각 호와 같다.

(1) 예비기금, 종업원장려, 복지기금, 기업발전기금을 공제한다. 공제비율은 이사회가 결정한다.

(2) 예비기금은 합자기업의 손실을 보전하는데 사용하는 외에 인가기관의 인가를 받아 당해 기업의 증자·생산확대에 사용할 수도 있다.

(3) 본 조 제1호의 규정에 따라 3개의 기금을 공제한 후의 분배될 이익은 이사회가 분배를 확정한 경우 각 당사자의 출자비율에 따라 분배하여야 한다.

제88조 전년도의 결손이 보전되지 아니한 때에는 이익을 분배하여서는 안 된다. 전년도에 분배되지 아니한 이익은 당해연도의 이익에 포함시켜 분배할 수 있다.

제89조 합자기업은 각 당사자, 현지 세무서, 기업주관부서 및 동급의 재무부서에 분기 및 연도별회계보고서를 제출하여야 한다. 연도별 회계보고서는 그 사본을 당초 인가기관에 제출하여야 한다.

제90조 합자기업의 다음 각 호의 서류·증명서·보고서는 중국에 등록된 회계사의 검증을 받고 증명을 취득하여야만 유효하다.

(1) 각 당사자의 출자증명서(물자, 토지소유권, 공업소유권, 기술노하우로 출자하는 경우에는 각 당사자가 서명 동의한 재산평가명세서 및 그 협정서류를 포함하여야 한다).

(2) 합자기업의 연도회계보고서

(3) 합자기업의 청산회계보고서

제12장 종업원

제91조 합자기업 종업원의 모집, 임명, 사임, 사직, 임금, 복지, 노동보험, 노동보호, 노동법규 등에 관한 사항은 '중화인민공화국 중외합자경영기업노동관리규정' 에 의거하여 처리한다.

제92조 합자기업은 종업원이 생산·관리 기능면에서 현대기업의 요구에 부응할 수 있도록 업무, 기술훈련을 강화하고 엄격한 심사제도를 확립하여야 한다.

제93조 합자기업의 임금, 장려제도는 노동에 따라 분배하고 많이 일하면 보수도 많다는 원칙에 부합하여야 한다.

제94조 정·부총경리, 정·부총공정사, 정·부회계사, 회계검사원 등의 고급관리자의 임금·대우는 이사회가 결정한다.

제13장 노동조합

제95조 합자기업의 종업원은 '중화인민공화국공회법' (이하 '중국공회법' 이라 함) 및 '중국공회장정' 의 규정에 의하여 기층공회조직을 설립하여 노조활동을 할 권리를 가진다.

제96조 합자기업 공회는 종업원의 이익을 대표하며, 종업원을 대표하여 합자기업과 노조계약을 체결하고, 또한 계약의 집행을 감시할 권한을 가진다.

제97조 합자기업의 공회의 기본임무는 법률에 의하여 종업원의 민주적 권리와 물질적 이익을 옹호하는 것, 합자기업에 협조하여 복지·장려기금을 결정하고 합리적으로 사용하는 것, 종업원의 정치·업무·과학·기술·업무지식과 학습을 조직화하고 문예·스포츠활동을 전개하는 것, 노동규율을 준수하고 기업의 경제적 임무의 달성에 노력하도록 종업원을 교육하는 것이다.

제98조 합자기업의 동사회가 합자기업의 발전계획·생산경영활동 등의 중대사항을 토의할 때 공회의 대표는 회의에 참석하고 종업원의 의견과 요구를 반영시킬 권한을 가진다. 동사회가 종업원에 관한 상벌, 임금제도, 생활복지, 노동보호·보험 등의 문제를 검토 결정할 때 공회의 대표는 회의에 참석할 권한을 가지며, 동사회는 공회의 협력을 구하여야 한다.

제99조 합자기업은 자사 공회의 활동을 적극 지원하여야 한다. 합자기업은 '중국공회법'의 규정에 따라 공회조직에 필요한 건물과 설비를 제공하여 사무, 공회 종업원의 집단복지, 문화, 체육사업에 사용되도록 한다. 합자기업은 매월 종업원의 실질임금총액의 2/100에 해당하는 금액을 공회비로 지급하고, 공회는 이를 중화전국공회총회가 제정한 공회경비관리방법에 따라 사용한다.

제14장 기간 · 해산 및 청산

제100조 합자기업의 합자기간은 각각의 업종과 사업의 구체적 상황에 따라 각 당사자가 협의하여 결정한다. 일반의 합자기간은 원칙적으로 10년 내지 30년으로 한다. 투자규모가 크고 건설기간이 길며 자본이율이 낮은 항목과 외국측 합자파트너가 선진기술 또는 관건이 되는 기술을 제공하여 첨단제품 또는 국제시장에서경쟁력이 있는 제품을 생산하는 업종의 합자기간은 50년까지 연장할 수 있으며, 국무원의 특별허가를 받으면 50년 이상도 가능하다.

제101조 합자기업의 합자기간은 각 당사자가 합자기업의 협정, 계약, 정관 중에 규정한다. 합자기간은 합자기업의 영업허가증 발급된 날부터 기산된다.

각 당사자가 합자기간의 연장에 동의한 경우에는 합자기간 만료 6개월 전에 각 당사자의 수권대표가 서명한 합자기간 연장신청서를 심사인가기관에 제출하며, 심사인가기관은 수취한 날로부터 1개월 내에 회신을 하여야 한다.

합자기업은 합자기간 연장을 인가 받은 후 '중화인민공화국합자경영기업등기관리규칙'의 규정에 따라 변경등기 절차를 밟아야 한다.

제102조 합자기업은 다음 각 호의 경우에 해산한다.

(1) 합자기간이 만료한 경우

(2) 기업에 중대한 결손이 발생하여 경영을 계속할 수 없는 경우

(3) 합자의 일방이 합자기업의 협정, 계약, 정관에 정한 의무를 이행하지 아니함으로써 기업이 경영을 계속할 수 없게 된 경우

(4) 자연재해, 전쟁 등의 불가항력에 의하여 중대한 손해가 발생하여 경영을 계속할 수 없는 경우

(5) 합자기업이 그 경영목적을 달성하고 있지 아니하며 또한 장래의 전망이 없는 경우

(6) 합자기업의 계약·정관에 규정된 기타 해산의 원칙이 발생한 경우

상기2, 3, 4, 5, 6호의 사태가 발생한 때에는 동사회가 해산신청서를 제출하고 인가기관의 인가를 받아야 한다.

본 조항 제3호의 경우 합자기업의 협정, 계약, 정관에 정한 의무를 이행하지 아니한 일방의 당사자는 이에 의한 합자기업의 손해에 대하여 배상책임을 부담하여야 한다.

제103조 합자기업이 해산을 선언하는 때에는 동사회는 청산의 절차, 원칙 및 청산위원회의 인선을 제출하고 기업주관부서의 인가 및 청산의 감독을 받아야 한다.

제104조 청산위원회의 구성원은 일반적으로 합자기업의 동사 중에서 선임하는 것으로 한다. 동사가 청산위원회의 구성원을 담임할 수 없거나, 담임에 적합하지 아니한 경우 합자기업은 중국에 등록된 회계사, 변호사를 임명할 수 있다. 인가기관은 필요시 사람을 파견하여 감독하게 할 수 있다. 청산비용 및 청산위원회 구성원의 노동보수는 합자기업의 현 재산 중에서 우선적으로 지급하여야 한다.

제105조 청산위원회의 임무는 합자기업의 재산·채권·채무에 대하여 전면적으로 조사하고, 대차대조표 및 재산목록을 작성하여, 재산평가와 계산의 근거로 제출하며, 청산안을 정하고, 이사회에서 채택된 후 집행하는 것이다.

청산기간 중 청산위원회는 당해 합자기업을 대표하여 제소 및 응소를 하여야 한다.

제106조 합자기업의 모든 재산은 채무에 부담한다. 합자기업이 채무를 변제하고 후의 잉여재산은 각 당사자의 출자비율에 따라 분배한다. 다만, 합자기업의 협정·계약·정관에 별도의 규정이 있는 경우는 제외한다.

제107조 합자기업의 청산이 완료된 후 청산위원회는 청산완료 보고서를 제출하고 동사회에서 채택한 후 당초 인가기관에 보고하며, 또한 당초 등기관리기관에서 등기말소절차

를 밟고 영업허가증을 반환한다.

제108조 합자기업의 해산 후 제장부 및 서류는 당초 중국측 합자자가 보존하여야 한다.

제15장 분쟁의 해결

제109조 합자 각 당사자가 합자기업의 협정, 계약, 정관을 해석 또는 이행할 때 분쟁이 발생한 경우에는 가능한 우호적인 협의 또는 조정을 통하여 해결하여야 한다. 협의 또는 조정이 효력이 없을 경우에는 중재 또는 사법에 의한 해결을 구한다.

제110조 각 당사자는 중재에 관한 서면협정에 의거하여 중재를 구한다. 일반적으로 중재는 중국무역촉진위원회 대외경제무역중재위원회에서 담당하며 동회의 중재절차, 규칙에 따른다. 각 당사자가 동의한 경우에는 신청을 받은 측의 소재지국 또는 제3국의 중재기관에서 중재하고 해당 기관의 중재절차 및 규칙에 따른다.

제111조 각 당사자간에 중재의 서면협정이 없는 경우에는 분쟁을 일으킨 어느 일방도 법률에 의하여 중국인민법원에 제소할 수 있다.

제112조 분쟁해결기간 중 분쟁사항을 제외하고는 각 당사자는 합자기업의 협정, 계약, 정관에 정한 기타사항과 관련된 의무는 계속 이행하여야 한다.

제16장 부칙

제113조 합자기업의 외국국적 종업원 및 홍콩, 마카오의 종업원(그의 가족을 포함)이 자주 중국에 출입국 할 필요가 있는 경우, 중국의 비자 주관기관은 수속을 간소화하여 편의를 제공할 수 있다.

제114조 합자기업의 중국인 종업원이 업무상의 필요에 의하여 시찰, 상담, 학습 또는 연수를 위하여 출국할 경우에는 기업주관부서가 출국을 신청하고 출국수속을 밟는다.

제115조 합자기업의 외국국적 종업원 및 홍콩·마카오의 종업원은 필요한 교통수단 및 사무용품을 반입할 수 있으나 규정에 따라 관세 및 공상통일세를 납부하여야 한다.

제116조 경제특구에 설립된 합자기업은 전국인민대표대회, 전국인민대표대회 상무위원

회 또는 국무원이 채택 승인한 법률 법규에 별도 규정이 있는 경우 이에 따른다.

제117조 이 조례의 해석 권한은 상무부(구 대외경제무역부)에 속한다.

제118조 이 조례는 공포한 날로부터 시행한다.

▣ 중화인민공화국 중외합작경영기업법

공포일자 1988년 4월 13일(시행)
개정일자 2000년 10월 31일(시행)

제1조 대외경제협력과 기술교류를 확대하고 외국의 기업과 기타 경제조직 또는 개인(이하 '외국합작자' 라고 함)이 평등, 상호이익의 원칙에 따라 중화인민공화국의 기업이나 기타 경제조직(이하 '중국합작자' 라고 함)과 중국역내에서 중외합작경영기업(이하 '합작기업' 이라고 함)을 공동 설립하기 위하여 특별히 본 법을 제정한다.

제2조 중외합작자가 설립한 합작기업은 반드시 본 법의 규정대로 합작기업계약서에 투자 또는 합작조건, 수익 또는 제품의 분배, 위험과 결손의 분담, 경영관리의 방식과 합작기업 해산시 재산의 귀속 등 사항을 약정해야 한다. 합작기업이 중국법률 법인조건의 규정에 부합되면 법에 따라 중국법인자격을 취득한다.

제3조 국가는 법에 따라 합작기업과 중외합작자의 합법적 권리를 보호한다.
합작기업은 반드시 중국의 법률, 법규를 준수해야하며 중국 사회공공이익에 피해를 끼쳐서는 안 된다. 국가유관기관은 법에 따라 합작기업을 감독한다.

제4조 국가는 제품수출형 혹은 기술 집약적 제조업 합작기업의 설립을 장려한다.

제5조 합작기업설립을 신청할 때 반드시 중외합작자가 체결한 협의, 계약, 정관 등 서류를 국무원 대외경제무역 주관부서나 국무원이 권한을 부여한 부서와 지방정부(이하 '심사비준기관' 이라 함)에 제출하여 비준를 받아야 한다. 심사비준기간은 반드시 신청 접수 일로부터 45일 내에 비준여부를 결정해야 한다.

제6조 합작기업은 허가 비준을 받은 뒤 반드시 비준증서 접수일로부터 30일 내에 공상행정관리기관에 등록신청을 하여 영업허가증을 수령해야 한다. 합작기업의 영업허가증을 발급한 날이 동 기업의 성립일이다. 합작기업은 설립한 날로부터 30일 내에 세무기관에 반드시 세무등기를 하여야 한다.

제7조 중외합작자는 합작기한 내 합의하여 합작기업계약에 대해 중요사항을 변경함에 있어 동의할 경우 반드시 심사비준기관의 비준을 받아야 한다. 변경내용이 법적인 공상등

록내용, 세무등기내용에 관계되면 반드시 공상행정관리기관, 세무기관에 등록변경수속을 해야 한다.

제8조 중외합작자의 투자 또는 제공하는 합작조건은 현금, 실물, 토지사용권, 공업재산권, 비특허기술, 기타 재산권리 일수도 있다.

제9조 중외합작자는 반드시 법률, 법규의 규정과 합작기업계약의 약정에 따라 기간 내에 투자금을 투입해야하고 합작조건의 제공을 이행할 의무가 있다. 기한이 넘어도 이행하지 않으면 공상행정관리기관이 기한 내 이행하도록 한다. 기한 내 여전히 이행하지 않으면 심사비준 기관과 공상행정관리기관이 국가의 관련 규정에 따라 처리한다. 중외합작자의 투자 또는 제공하는 합작조건은 중국등록회계사 또는 관련 기구의 검증을 통해 증명해야 한다.

제10조 중외합작자의 일방이 합작기업계약중의 전부 또는 일부의 권리와 의무를 양도할 경우 다른 일방의 동의를 얻은 뒤 심사비준기관의 비준을 받아야 한다.

제11조 합작기업은 비준된 합작기업계약, 정관에 따라 경영관리활동을 한다. 합작기업의 경영관리자주권은 간섭을 받지 않는다.

제12조 합작기업은 반드시 동사회 또는 공동관리기구를 설치해야 하고, 합작기업계약 또는 정관의 규정에 따라 합작기업의 중요문제를 결정해야 한다. 중외합작자의 일방이 동사회의 동사장, 공동관리기구의 주임을 담당하면 다른 일방은 부동사장, 부주임을 맡아야 한다. 동사회 또는 공동관리기구는 총경리를 임명 또는 초빙하여 합작기업의 일상경영관리를 책임지도록 할 결정권이 있다. 총경리는 동사회나 공동관리기구에서 책임진다. 합작기업 설립 후 중외합작자 이외의 타인에게 경영관리를 위탁하는 것으로 변경하면 반드시 동사회나 공동관리기구의 동의를 거쳐 심사비준기관의 비준을 받아야 하며 공상행정관리기구에 등록변경수속을 해야 한다.

제13조 합작기업의 직원채용, 해고, 임금, 복지, 노동보호, 노동보험 등 사항은 반드시 법에 따라 계약제정시 규정해야 한다.

제14조 합작기업의 직원은 법에 의해 노조를 구성하고 노조활동을 전개할 수 있으며, 직원의 합법적인 권리를 보호한다. 합작기업은 반드시 본 기업의 노조에 필요한 활동조건을 제공해야 한다.

제15조 합작기업은 반드시 중국 경내에 회계장부를 설치해야 하며, 규정에 따라 회계재무제표를 보고 제출해야하고 아울러 재정세무기관의 감독을 받아야 한다. 합작기업이 앞 규정을 위반하여 중국역내에 회계장부를 설치하지 않을 경우 재정세무기관은 벌금을 부과할 수 있으며, 공상행정관리기관은 영업정지를 명령하거나 영업허가증을 취소할 수 있다.

제16조 합작기업은 반드시 영업허가증에 의해 국가외환관리기관의 허가를 받아 외환업무를 취급하는 은행이나 기타 금융기구에 외환구좌를 개설할 수 있다. 합작기업의 외환업무는 국가외환관리 규정에 따라 처리한다.

제17조 합작기업은 중국역내의 금융기관에서 대출을 받을 수 있으며, 중국역외에서 자금을 조달할 수도 있다. 중외합작자는 투자 또는 합작조건에 사용되는 대출 및 담보는 각자 해결한다.

제18조 합작기업의 각 항 보험은 반드시 중국 내에 있는 보험기관에 보험을 가입해야 한다.

제19조 합작기업은 비준된 경영범위 내에서 본 기업이 필요한 물자를 수입할 수 있고, 본 기업이 생산하는 제품을 수출할 수 있다. 합작기업이 비준된 경영범위 내에서 필요한 원·부자재, 연료 등의 물자는 공평, 합리적 원칙에 따라 국내시장이나 국제시장에서 구매할 수 있다.

제20조 합작기업은 국가 관련세수 규정에 따라 세금을 납부하며 또 감세, 면세 등 우대혜택을 받을 수도 있다.

제21조 중외합작자는 합작기업계약의 약정에 따라 수익 혹은 제품을 분배하고 위험과 결손을 분담한다. 중외합작자는 합작기업계약의 약정에 따라 합작기간 만료시 합작기업의 모든 고정자산을 중국합작자의 소유로 할 경우 합작기업계약에 외국합작자가 합작기한 내에 투자를 먼저 회수하는 방법을 약정할 수 있다. 합작기업계약에 외국합작자가 소득세 부과 전에 투자를 회수하려면 먼저 재정세무기관에 신청하여 재정세무기관이 국가 관련 세수의 규정에 따라 심사 비준해야 한다.

위 규정에 따라 외국합작자가 합작기한 내 투자를 먼저 회수할 경우 중외합작자는 반드시 관련 법률의 규정과 합작기업계약의 약정에 따라 기업의 채무에 대해 책임을 진다.

제22조 외국합작자는 법률규정과 합작기업계약의 의무를 이행한 뒤 분배받은 이윤, 기

타 합법적 수입과 합작기업 해산시 분배받은 자금을 법에 따라 국외로 송금할 수 있다. 합작기업의 외국인 직원의 임금과 기타 합법적 수입은 법에 따라 개인소득세를 납부한 뒤 국외로 송금할 수 있다.

제23조 합작기업의 기간만료 혹은 만료 전해산시 반드시 법정절차에 따라 자산과 채권, 채무에 대해 청산해야 한다. 중외합작자는 반드시 합작기업계약의 약정대로 합작기업은 재산의 귀속을 확정해야 한다. 합작기업의 기간만료 혹은 만료 전 해산시 반드시 공상행정관리기관과 세무기관에 등록취소 수속을 해야 한다.

제24조 합작기업의 합작기간은 중외합작자간 상의 하에 합작기업계약에 명시한다. 중외합작자가 합작기한 연장에 동의할 경우 반드시 합자기한 180일전에 심사비준기관에 신고해야 한다. 심사비준기관은 반드시 신고 접수한 날로부터 30일 내에 비준여부를 결정해야 한다.

제25조 중외합작자가 합작기업계약, 정관 이행시 분쟁이 발생할 경우에 당연이 협상 또는 조정을 통해 해결해야 한다. 중외합작자가 협상·조정을 통해 해결을 원치 않거나 또는 조정이 되지 않을 경우, 합작기업계약 중의 중재조항 또는 사후에 협의한 서면중재협의에 따라 중국 중재기구 또는 기타 중재기구에 중재를 신청할 수 있다. 중외합작자는 합작기업계약에 중재조항을 제정하지 않고 사후에도 서면 중재협의를 하지 않을 경우 중국법원에 기소할 수 있다.

제26조 국무원 대외경제무역 주관 부서는 본 법에 의해 실시세칙을 제정하고 국무원 비준을 받은 뒤 시행한다.

제27조 본 법은 공포한 날로부터 시행한다.

▣ 중화인민공화국 중외합작경영기업법실시세칙

공포일자 1995년 9월 4일
시행일자 1995년 9월 4일

제1장 총 칙

제1조 '중화인민공화국중외합작경영기업법' 에 근거하여 본 실시세칙을 제정한다.

제2조 중국경내에서 중외합작경영기업(이하 '합작기업' 이라고 함)을 설립할 경우 반드시 국가의 발전정책과 산업정책에 부합되어야 하며 국가의 외상투자방향지침 관련규정을 준수하여야 한다.

제3조 합작기업은 비준한 합작기업합의, 계약, 정관범위 내에서 법에 따라 자주적으로 업무를 집행하고 경영관리활동을 하며 어떤 조직 또는 개인의 간섭을 받지 않는다.

제4조 합작기업은 법에 의하여 취득한 중국법인자격의 합작기업과 법인자격을 구비하지 않는 합작기업을 포괄한다. 법인자격을 구비하지 않은 합작기업은 본실시세칙 제9장에 특별한 규정이 있을 경우에는 그 에 따른다.

제5조 합작기업의 주관부서는 중국합작자의 주관부서이다. 합작기업의 중국합작자가 둘 이상이 있을 경우, 심사비준기관에서 관련부서와 협상하여 그 중의 하나를 확정한다. 그러나 법률, 행정법규에서 별도로 규정한 것은 제외한다. 합작기업의 주관부서는 법에 따라 합작기업의 관련사무에 대하여 협조한다.

제2장 합작기업의 설립

제6조 합작기업을 설립할 경우에는 대외무역경제합작부 또는 국무원에서 수권한 부서와 지방인민정부에서 심사 비준한다. 합작기업 설립시 아래의 경우에는 국무원이 수권한 부서 또는 지방인민정부에서 심사 비준한다.

(1) 투자총액이 국무원에서 규정한 부서 또는 지방인민정부에서 심사할 수 있는 투자액 한도내일 경우
(2) 자체자금이 있고 또한 국가에서 건설, 생산조건을 균형시킬 필요가 없을 경우

(3) 제품수출시 국가의 관련주관부서에서 발급한 수출쿼타, 허가증이 필요 없거나 항목건의서를 송부하기전에 이미 국가관련부서의 인가를 받았을 경우
(4) 법률, 행정법규에 국무원이 권한을 위임한 부서 또는 지방인민정부에서 심사비준할 수 있는 기타 상황을 규정하였을 경우

제7조 합작기업의 설립시 중국합작자는 심사 비준기관에 아래서류를 제출하여야 한다.
(1) 합작기업을 설립할 항목건의서, 또한 주관부서의 심사, 인가서류
(2) 합작 양측에서 공동으로 작성한 타당성 조사보고, 또한 주관부서에서심사, 인가한 서류
(3) 합작 양측의 법인대표자 또는 수권한 대표가 서명한 합작계약합의, 계약, 정관
(4) 합작 양측의 영업허가증 또는 등록증명, 자금신용증명 및 법인대표자의 유효 증명서류, 외국합작자가 자연인일 경우에는 반드시 관련 신분 이력서와 자금 신용상에 관련된 유효증명서류.
(5) 합작 양측에서 협상하여 확정한 합작기업의 동사장, 부동사장, 동사 또는 연합관리위원회 주임, 부주임, 위원 인선 명단
(6) 심사비준기관에서 요구하는 기타 서류. 제4항에서 열거한 외국합작자가 제출할 서류를 제외하고 전항에서 열거한 서류는 반드시 중문 본을 제출하여야 하며 제2, 3호 및 제5호에서 열거한 서류는 합작 양측이 협상하여 정한 일종의 외국문건으로 제출할 수 있다.

심사비준기관은 규정한 전부의 서류를 접수한 날부터 45일 이내에 비준여부를 결정하여야 하며 심사비준기관에 제출한 서류가 미비하거나 적합하지 않다고 간주될 경우에는 합작 양측에 지정한 기한 내에 보완하거나 시정할 것을 요구할 수 있다.

제8조 대외무역경제합작부와 국무원으로부터 권한받은 부서에서 비준한 합작기업은 대외무역경제합작부에서 비준증서를 발급한다. 국무원으로부터 수권한 지방인민정부에서 비준하여 설립한 합작기업은 관련지방 인민정부에서 비준증서를 발급하며 비준한 날부터 30일 이내에 관련비준서류를 대외무역경제합작부에 제출하여 등록하여야 한다. 비준을 거쳐 설립한 합작기업은 법에 따라 공상행정관리기관에 등록신청을 하고 영업허가증을 수령하여야 한다.

제9조 합작기업설립을 신청할 때 다음의 경우에는 비준하지 않는다.
(1) 국가의 주권 또는 사회공중이익을 훼손 할 경우
(2) 국가안전에 해를 끼칠 경우
(3) 환경오염을 초래하여 손해를 끼칠 경우

(4) 법률, 행정법규 및 국가산업정책을 위반하는 기타 상황이 있을 경우

제10조 본 실시세칙에서 합작기업합의라 함은 합작 쌍방이 합작기업설립에 대한 원칙과 주요사항에 대하여 의견이 일치된 후 작성한 서면서류이다. 본 실시세칙에서의 합작기업계약이라 함은 합작 쌍방이 합작기업설립을 위하여 상호간의 권리, 의무관계에 대하여 의견이 일치된 후에 작성한 서면서류이다. 본 실시세칙에서의 합작기업정관이라 함은 합작기업계약 약정에 따라 합작 양측의 동의를 거쳐 합작기업의 조직원칙, 경영관리방법 등 사항을 약정한 서면서류이다. 합작기업합의, 정관의 내용이 합작기업 계약과 일치하지 아니할 경우에는 합작기업계약을 기준으로 한다. 합작 각측은 합작기업합의를 체결하지 아니할 수 있다.

제11조 합작기업합의, 계약, 정관은 심사비준기관에서 발급한 비준증서일부터 효력을 발생한다. 합작기한 내에 합작기업합의, 계약, 정관에 중대한 변경이 있을 경우에는 반드시 심사비준기관을 거쳐 비준을 받아야 한다.

제12조 합작기업계약은 아래 사항을 명기하여야 한다.

(1) 합작 양측의 명칭, 등록지, 주소 및 법인대표인의 성명, 직무, 국적(외국 합작자가 자연인일 경우에는 그의 성명, 국적과 주소)
(2) 합작기업의 명칭, 주소, 경영범위
(3) 합작기업의 총투자액, 등록자본, 합작양측이 투자 또는 합작조건을 제공하는 방식, 기한
(4) 합작 양측이 투자 또는 제공하는 합작조건의 양도
(5) 합작 양측의 수익 또는 제품의 배당, 위험 또는 결손의 분담
(6) 합작기업 동사회 또는 연합관리위원회의 구성 및 동사회 또는 연합관리위원회 위원수의 배분, 총경리 및 기타 고급관리인원 직책과 임명, 해임방법
(7) 주요생산설비, 생산기술 및 그 도입처
(8) 중국경내와 경외에서의 제품판매계획
(9) 합작기업 외환수지계획
(10) 합작기업의 기한, 해산과 청산
(11) 합작 양측의 기타 의무 및 계약을 위반한 책임
(12) 재무, 회계, 회계감사의 처리원칙
(13) 합작 양측간의 쟁의처리
(14) 합작기업계약의 개정절차

제13조 합작기업정관은 반드시 아래 사항을 명기하여야 한다.

(1) 합작기업명칭 및 주소

(2) 합작기업의 경영범위와 합작기한

(3) 합작 양측의 명칭, 등록지 주소 및 법인대표인의 성명, 직무와 국적(외국합작자가 자연인일 경우에는 그의 성명, 국적과 주소)

(4) 합작기업의 총투자액, 등록자본, 합작 양측의 투자 또는 합작조건으로 제공하는 방식, 기한

(5) 합작 양측의 수익 또는 제품의 배당, 위험 또는 결손의 분담

(6) 합작기업이 동사회 또는 연합관리위원회의 구성, 직권과 의사규칙, 동사회의 동사 또는 연합관리위원회 위원의 임기, 동사장, 부동사장 또는 연합관리위원회주임, 부주임의 직책

(7) 경영관리기구의 설치, 직권, 행사규칙, 총경리 및 기타 고급관리인원의 직책과 임명, 해임방법

(8) 직원의 채용, 양성, 노동계약, 임금, 사회보험, 복지, 직업안전위생 등 노동관리사항 관련규정

(9) 합작기업재무, 회계와 회계감사제도

(10) 합작기업의 해산과 청산방법

(11) 합작기업 정관의 개정절차

제3장 조직형태와 등록자본

제14조 법에 따라 중국의 법인자격을 취득한 합작기업은 유한책임회사이다. 합작기업이 계약에서 별도로 약정한 것을 제외하고 합작 양측이 투자 또는 제공한 합작조건 범위내에서 합작기업에 대한 책임을 진다. 합작기업은 그 전체자산으로 합작기업의 채무에 대하여 책임을 진다.

제15조 합작기업의 총투자액은 합작기업계약, 정관에서 규정한 생산경영규모에 따라 투입하여야 할 자금총액을 말한다.

제16조 합작기업의 등록자본은 합작기업을 설립하기 위하여 공상행정관리기관에 등록한 힙작 양측이 납부하기로 한 출자총액을 말한다. 등록자본은 인민폐로 표시하며 합작양측이 자유로이 태환할 수 있는 외국화폐로도 표시할 수 있다. 합작기업 등록자본은 합작기한 내에 감자할 수 없다. 그러나 총투자액과 생산경영규모 등 변화로 인하여 확실히 감자가 요구될 경우에는 반드시 심사비준 기관의 비준을 받아야 한다.

제4장 투자, 합작조건

제17조 합작 양측은 관련법률, 행정법규의 규정과 합작기업계약의 약정에 따라 합작기업에 투자 또는 합작조건을 제공한다.

제18조 합작 양측은 화폐, 실물 또는 공업재산권, 전문기술, 토지사용권 등으로 투자할 수 있다. 중국합작자의 투자 또는 제공하는 합작조건이 국가소유자산일 경우 반드시 관련 법률, 행정법규의 규정에 따라 자산평가를 하여야 한다. 법에 의하여 중국법인자격을 취득한 합작기업 외국합작자의 투자는 일반적으로 합작기업등록자본이 25% 이하가 되지 못한다. 법인자격이 없는 합작기업에서 합작양측이 합작기업에 대한 투자 또는 합작조건을 제공하는 구체적 요구는 대외무역경제합작부에서 규정한다.

제19조 합작 양측은 반드시 자기재산 또는 재산권리를 투자 또는 합작조건으로 하여야 하며 해당 투자 또는 합작 조건에 저당권 또는 기타 형식의 담보를 설치하지 못한다.

제20조 합작 양측은 합작기업의 생산경영수요에 근거하여 관련 법률, 행정법규의 규정에 따라 합작기업계약에 합작 양측이 합작기업에 투자 또는 합작조건을 제공하는 기한을 약정하여야 한다. 합작 양측이 합작기업계약의 약정에 근거하여 투자를 납부 또는 합작조건을 제공하지 아니하였을 경우 공상행정관리기관은 기한 내에 이행하게 하며 기한만료에도 이행하지 아니할 경우 심사비준기관은 합작기업비준증서를 취소하여야 하며 공상행정관리기관은 합작기업 영업허가증을 회수, 취소하며 이를 공포하여야 한다.

제21조 합자기업계약의 약정에 따라 투자를 납부, 또는 합작조건을 제공하지 아니한 측은 합작기업계약의 약정에 따라 투자를 납부 또는 합작조건을 제공한 상대측에 대하여 위약책임을 져야 한다.

제22조 합작 양측은 투자 또는 합작조건을 제공한 후 반드시 중국등록회계사로부터 검증 또한 자금조사보고서를 제출하여야 하며 합작기업은 그에 의거하여 합작 양측에 출자증명서를 발급한다. 출자증명서는 반드시 아래사항을 명기하여야 한다.

(1) 합작기업명칭
(2) 합작기업 설립 날짜
(3) 합작 양측의 명칭 또는 성명
(4) 합작 양측의 투자 또는 합작조건을 제공한 내용
(5) 합작 양측의 투자 또는 합작조건을 제공한 날짜

(6) 출자증명서의 번호와 심사, 발급일자
출자증명서는 심사비준기관 및 공상행정관리기관에 그 사본을 송부하여야 한다.

제23조 합작 양측의 상호양도 또는 합작일방이 상대측 외의 타인에게 합작기업계약에서의 전부 또는 일부분의 권리를 양도할 경우에는 합작 상대측의 서면동의를 거쳐야 하며 심사비준기관의 비준을 받아야 한다.

제5장 조직기구

제24조 합작기업은 동사회(법인) 또는 연합관리위원회(비법인)를 설치한다. 동사회 또는 연합관리위원회는 합작기업의 권리기구로 합작계약 정관의 규정에 따라 합작기업의 중대한 문제를 결정한다.

제25조 동사회 또는 연합관리위원회 구성원은 최소 3인이며 그 수의 배분은 중외합작자가 투자 또는 제공한 합작조건을 참조하여 협상하여 정한다.

제26조 동사회 동사 또는 연합관리위원회 위원은 합작 양측에서 위임 또는 교환한다. 동사회의 동사장, 부동사장 또는 연합관리위원회 주임, 부주임은 합작기업정관에서 규정한다. 중외합작 일방이 동사장, 주임을 맡을 경우 부동사장, 부주임은 상대측에서 맡는다.

제27조 이사 또는 위원회 임기는 합작기업정관에서 규정한다. 그러나 매 임기는 3년을 초과하지 못한다. 이사 또는 위원이 임기만료 후 위임측에서 재임명할 경우에는 연임할 수있다.

제28조 동사회 회의 또는 연합관리위원회 회의는 매년 최소 1회 소집하여야 하며 동사장 또는 주임이 소집 주재한다. 동사장 또는 주임이 특수한 이유로 직무를 이행하지 못할 경우에는 동사장 또는 주임이 부동사장, 부주임 또는 기타 동사 위원을 지정하여 소집 주재한다.

동사회 회의 또는 연합관리위원회는 동사 또는 위원 1/3이상의 요구가 있을 때 소집할 수 있다. 동사회 회의 또는 연합관리위원회 회의는 동사 또는 위원 2/3이상 출석하여야 개회할 수 있으며 동사회 회의 또는 연합관리위원회 회의에 출석하지 못하는 동사 또는 위원은 서면으로 타인에게 위임하여 그를 대표하여 출석과 표결할 수 있다. 동사회 회의 또는 연합관리위원회 회의가 결의할 경우 반드시 전체 동사 또는 위원의 과반수를 초과하여야 한다. 동사 또는 위원이 정당한 이유 없이 동사회 회의 또는 연합관리위원회 회의에 참가하지 않거나 또는 타인에게 위임하여 참가하지 않을 경우에는 동사회 회의 또는 연합관리위원회 회의에 출석 또는 표결에서 기권한 것으로 간주한다. 동사회 회의 또는 연합관리위원회 회의를 소집할 경우 반드시 회의 소집 10일전에 전체 동사 또는 위원에게 통지하여야 한다. 동사회 또는 연합관리위원회는 서면방식으로 결의를 할 수도 있다.

제29조 아래사항은 동사회 회의 또는 연합관리위원회 회의에 출석한 동사 또는 위원의 만장일치에 의해 결정하여야 한다.

(1) 합작기업정관의 개정
(2) 합작기업 등록자본의 증자 또는 감소
(3) 합작기업의 해산
(4) 합작기업의 자산저당
(5) 합작기업의 합병, 분리와 조직 형태의 변경
(6) 합작 양측이 약정한 동사회 회의 또는 연합관리위원회 회의에서 만장일치로 결의하는 기타 사항

제30조 동사회 또는 연합관리위원회의 의사진행방식과 표결절차는 본 실시세칙의 규정 외에 합작기업정관에서 규정한다.

제31조 동사장 또는 주임은 합작기업의 법인대표이다. 동사장 또는 주임이 특수한 원인으로 직무를 이행하지 못할 때에는 부동사장, 부주임 또는 기타 동사 및 위원에게 위임하여 대외적으로 합작기업을 대표하도록 할 수 있다.

제32조 합작기업은 총경리 1인을 두어 합작기업의 일상 경영관리업무를 책임지게 하며 동사회 또는 연합관리위원회에 대한 책임을 지게 한다. 합작기업의 총경리는 동사회 또는 연합관리위원회에서 선임, 해임한다.

제33조 총경리 및 기타 고급관리인은 중국공민이 맡을 수도 있고, 외국공민이 맡을 수 있다. 동사회 또는 연합관리위원회에서 임명한 동사 또는 위원은 합작기업의 총경리 또는 기타 고급관리직무를 겸임할 수 있다.

제34조 총경리 및 기타 고급관리인원이 업무를 감당하지 못하거나 사리를 도모하여 심각한 실직행위를 한 경우, 동사회 또는 연합관리위원회의 의결을 거쳐 해임될 수 있으며 합작기업에 손실을 초래하였을 경우에는 법에 따른 책임을 져야 한다.

제35조 합작기업을 설립한 후 합작 양측 이외의 타인에게 위탁하여 경영관리를 할 경우에는 동사회 또는 연합관리위원회 만장일치의 동의를 체결하여야 한다. 합작기업은 동사회 또는 연합관리위원가 결의, 체결한 위탁경영관리계약과 수탁인의 자금신용증명 서류를 심사비준기관에 송부하여 비준 받아야 한다. 심사비준기관은 관련서류를 입수한 날부터 30일 이내에 비준여부를 결정한다.

제6장 물자구매와 제품판매

제36조 합작기업은 비준 받은 경영범위와 생산경영규모에 따라 자주적으로 생산경영계획을 수립한다. 정부부서는 합작기업에 정부부서가 결정한 생산경영계획을 강제적으로 집행하게 하지 못한다.

제37조 합작기업은 자주적으로 중국 국내 또는 국외에서 기업이 사용하는 기계설비, 원자재, 국외에서 기업이 사용하는 기계설비, 원자재, 연료, 부품, 소재, 운송수단과 사무용품 등(이하 '물자' 라고 함)을 구입할 수 있다.

제38조 국가는 합작기업이 국제시장에 제품을 판매하는 것을 권장한다. 합작기업은 독자적으로 국제시장에 제품을 판매할 수 있고 국외의 판매기구 또는 중국의 대외무역공사에 위탁하여 대리판매 또는 중개 판매할 수 있다. 합작기업의 제품판매가격은 합작기업이 법에 정한 바에 따라 독자적으로 결정한다.

제39조 외국합작자의 투자로 수입한 기계설비, 부품과 기타 자재 및 합작기업에서 투자총액내의 자금으로 수입한 생산, 경영에 필요한 기계설비, 부분품과 기타 자재는 수입관세와 유통세가 면세된다. 위의 면세수입물자를 비준을 거쳐 중국 경내에서 판매 또는 국내판매에 이용할 경우에는 법에 따라 세금을 납부 또는 추가 납부하여야 한다.

제40조 합작기업은 국제시장의 동류제품보다 현저히 낮은 가격으로 제품을 수출하지 못하며 국제시장의 동류제품보다 높은 가격으로 물자를 수입하지 못한다.

제41조 합작기업의 제품 판매는 비준 받은 합작기업계약의 약정에 따라 판매하여야 한다.

제42조 합작기업이 수출입허가증, 쿼타 관리에 속하는 상품을 수입 또는 수출할 경우에는 국가의 관련규정에 따라 절차를 밟아야 한다.

제43조 중외합작자는 이윤배당, 제품배당 또는 합작 양측이 공동으로 협상한 기타 배당방법으로 수익을 배당할 수 있다. 제품배당 또는 기타 방식으로 수익을 배당할 경우에는 세법의 관련규정에 따라 납세액을 계산하여야 한다.

제44조 중외합작자가 합작기업계약에서 약정한 합작기한 만료시 합작기업의 전체 고정자산이 무상으로 중국합작자의 소유가 될 경우 외국합작자는 합작기한 내에 아래 방법으로 우선적인 투자회수를 신청할 수 있다.

(1) 투자 또는 제공한 합작조건에 의거한 배당률을 기초로 하여 합작기업계약에 외국합작자의 이익배당 비율을 확대하는 약정

(2) 재정세무기관에서 국가의 관련 세수규정에 따라 외국합작자가 합작기업 소득세 납부 전에 투자를 회수할 경우

(3) 재정세무기관과 심사비준기관의 비준을 거친 기타 투자회수방식

외국합작자가 전항규정에 따라 합작기한 내에 우선적으로 투자를 회수할 경우 중외합작자는 관련법률의 규정과 합작기업계약의 약정에 따라 합작기업의 채무에 책임을 진다.

제45조 외국합작자가 본 실시세칙 제44조 제2호와 제3호의 규정에 따라 우선적인 투자회수를 신청할 경우에는 우선 회수할 투자의 총액, 기한과 방법을 구체적으로 설명하여야 하며 재정세무기관의 동의를 거쳐 심사비준기관에 보고하여 비준 받는다. 합작기업의 결손을 보전하기 전에 외국합작자는 투자를 우선 회수하지 못한다.

제46조 합작기업은 국가관련규정에 따라 중국의 등록회계사를 초빙하여 장부검사를 하여야 한다. 합작 양측은 공동 또는 일방적으로 중국의 등록회계사에게 위탁하여 장부검사를 하게 할 수 있으며 소요되는 비용은 위탁한 측에서 부담한다.

제7장 기한과 해산

제47조 합작기업의 기한은 중외합작자와 협상하여 정하며 합작기업계약에 명기하여야 한다. 합작기업 기한만료 후 합작 양측이 협상하여 합작기한을 연기할 경우에는 기한만료 180일 전에 심사비준기관에 신청서를 제출하여 원 합작기업 계약 집행상황, 합작기업의 연기사유를 설명해야 하며 동시에 합작 양측이 연기한 기한 내에 각 측의 권리, 의무 등의 사항에 합의서를 첨부하여야 한다. 심사비준기관은 신청서를 접수한 날로부터 30일 이내에 비준여부를 결정한다.

합작기업이 비준을 거쳐 합작기한을 연기하였을 경우, 비준서류에 의거하여 공상행정관리기관에 변경등록수속을 하여야 하며 연기한 기한은 기한만료후의 첫날부터 계산한다.

합작기업계약에 외국합작자가 투자를 우선 회수할 것을 약정하고 또한 이미 투자의 회수를 완료했을 경우에는 합작기업 기한만료 후 연기하지 아니할 수 있다. 그러나 외국합작자가 투자를 증가시켰을 경우에는 합작 양측이 협상 동의하여 본 조항 제2항의 규정에 따라 심사비준기관에 신청하여 합작기한을 연기할 수 있다.

제48조 합작기업은 다음 사항 중 하나가 발생했을 경우에는 해산한다.
(1) 합작기한 만료
(2) 합작기업에 심각한 결손이 발생하거나 불가항력의 원인으로 심각한 손실을 입어 경영을 지속하기 어려울 경우
(3) 중외합작자 일방 또는 쌍방이 합작기업계약, 정관에서 규정한 의무를 이행하지 않아 합작기업의 경영을 지속하기 어려운 경우
(4) 합작기업계약, 정관에서 규정한 기타 해산사유가 발생했을 경우
(5) 합작기업이 법률 및 행정법규를 위반하여 법에 의하여 경영중지 명령을 받았을 경우

전항 제2호 제4호에서 열거한 사항이 발생할 경우 합작기업의 동사회 또는 연합관리위원회는 심사비준기관에 보고하여 비준 받아야 한다. 전항 제3호에서 열거한 상황 하에 합작기업계약, 정관에서 규정한 의무를 이행하지 않은 중외합작자 일방 또는 쌍방은 계약을 이행한 상대측이 이로 인하여 입게 되는 손실에 대하여 배상책임을 져야 하며 계약을 이행한 일방 또는 쌍방은 심사비준기관에 신청하여 합작기업을 해산할 수 있다.

제49조 합작기업의 청산은 국가관련법률, 행정법규 및 합작기업계약, 정관의 규정에 따라 처리한다.

제8장 법인자격이 구비되지 않은 합작기업에 대한 특별규정

제50조 법인자격이 구비되지 않은 합작기업 및 합작 양측은 중국 민사법률의 관련 규정에 따라 민사책임을 진다.

제51조 법인자격이 구비되지 않은 합작기업은 공상행정관리기관에 합작 양측의 투자 또는 제공한 합작조건을 등록하여야 한다.

제52조 법인자격이 구비되지 않은 합작기업의 합작 양측은 투자 또는 제공할 합작조건을 합작 양측에서 구별하여 소유한다. 합작 양측은 약정에 따라 공동으로 소유하거나 일부분을 공동으로 소유할 수 도 있다. 합작기업이 경영으로 누적된 재산은 합작 양측에서

공동으로 소유한다. 법인자격이 구비되지 않은 합작기업 합작 각 측의 투자 또는 제공한 합작조건은 합작기업에서 통일적으로 관리하고 사용한다. 합작상대측의 동의를 거치지 않고 어느 일방이 임의적으로 처리하지 못한다.

제53조 법인자격이 구비되지 않은 합작기업은 연합관리기구를 설립한다. 연합관리기구는 합작 양측이 위임한 대표로 구성하며 합작 양측을 대표하여 합작기업을 공동으로 관리한다. 연합관리기구는 합작기업의 모든 중대한 문제를 결정한다.

제54조 법인자격이 구비되지 않은 합작기업은 합작기업 소재지에 통일 회계장부를 비치하며 합작 양측도 각자의 회계장부를 비치하여야 한다.

제9장 부 칙

제55조 합작기업계약의 체결, 효력, 해석, 이행 및 기타 분쟁의 해결은 중국 법률을 적용한다.

제56조 본 실시세칙에서 규정하지 않은 사항인 합작기업의 재무, 회계, 회계감사, 외환, 세무, 노무관리, 노조 등은 관련 법률, 행정법규의 규정을 적용한다.

제57조 홍콩, 마카오, 대만지구의 회사, 기업과 기타 경제조직 또는 개인 및 국외에 거주하고 있는 중국공민이 합작기업을 설립할 경우에는 본 실시세칙을 참조하여 처리한다.

제58조 본 실시세칙은 공포한 날로부터 시행한다.

참고문헌

▣참고서적

- 趙旭東 主編, 新公司法講義, 人民法院出版社 , 2005.
- ______, 經濟法基礎理論, 武漢大學出版社, 1996.
- 顧功耘 著, 經濟法敎程, 上海人民出版社, 2005.
- ______主編, 公司法, 北京大學出版社, 1999.
- 法學大辭典, 中國政法大學出版社, 2003.
- 李昌麒 主編, 經濟法學, 中國政法大學出版社, 2002.
- 宋沖 外 編著, 中國對外貿易, 對外經濟貿易大學出版社, 2002.
- 魏龍 著, 中國對外貿易論, 武漢理工大學出版社, 2002.
- 張建華・王立文, 企業競爭情報的成与敗-企業生存的第4種理由, 海南出版社, 2002.
- 石广主編, 中國加入世界貿易組織知識讀本(一), 人民出版社, 2001.
- 楊憶華, 財富榜羊, 浙江人民出版社, 2001.
- 王秀 著, 企業領袖, 遼寧人民出版社, 2000.
- 徐杰 主編, 經濟法論叢, 法律出版社, 2000.
- 王秀, 企業領袖, 遼寧人民出版社, 2000.
- 高永富 外, 國際反傾銷法, 复旦駟減綵現社, 2001.
- 焦志勇 編著, 外商投資企業法槪論, 首都經濟貿易大學出版社, 2000.
- 朱欖葉 編著, 世界貿易組織國際貿易糾紛案例評析, 法律出版社, 2000.
- 劉文華 主編, 新合同法, 世界圖書出版公司, 1999.
- 漆多俊 主編, 經濟法論叢, 中國方正出版社, 1999.
- 王保樹 主編, 經濟法原理, 社會科學文獻出版社, 1999.
- 曹建明 主編, 國際經濟法學, 中國政法大學出版社, 1999.
- 長谷, 合同和合同書, 北京科技大學報社版, 1999年 第4期.
- 潘靜成・劉文華 主編, 經濟法, 中國人民大學出版社, 1999.
- 余勁松 主編, 中國涉外經濟法律問題新探, 武漢出版社, 1999.

- 徐景和 主編, 中華人民共和國合同法通解, 中國檢察出版社, 1999.
- 劉文華 主編, 中華人民共和國合同法實用指南, 改革出版社, 1999.
- 江平 主編, 中華人民共和國合同法精解, 中國政法大學出版社, 1999.
- 陳淸泰 主編, 利用外資与維護國家經濟安全, 中國發展出版社, 1999.
- 夏志宏 主編, 中華人民共和國合同法實務, 對外經濟貿易大學出版社, 1999.
- 季野・張西明・張韜・曲克敏 主編, 中國發展狀況与錨勢, 經濟日報出版社, 1999.
- 陳治東 著, 國際商事仲裁法, 法律出版社, 1998.
- 邢建國 著, 三資企業研究, 中國建材工業出版社, 1998.
- 許驊·于吉 主編, 中國法制建設20年, 中州古籍出版社, 1998.
- 張軍 著, 中國經濟改革的回顧与分析, 山西經濟出版社, 1998.
- 張暉明 著, 中國國有企業改革的邏輯, 山西經濟出版社, 1998.
- 伍柏麟 主編, 社會主義市場經濟學敎程, 復旦大學出版社, 1998.
- 周曉燕 主編, 解決涉外經濟糾紛的法律与閒務, 中信出版社, 1998.
- 尹集慶 主編, 中國對外經濟貿易改革20年, 中州古籍出版社, 1998.
- 姚愉芳 主編, 中國經濟增長与可持續發展, 社會科學文獻出版社, 1998.
- 李京文・汪同三 主編, 中國經濟增長的理論与蕪策, 社會科學文獻出版社, 1998.
- 魏志梅 編著, 外商投資企業和外國企業所得稅實務, 中國財政經濟出版社, 1998.
- 徐景和 外 主編, 中國利用外資法律理論与閒務(上, 中, 下), 人民法院出版社, 1998.
- 劉隆亨 著, 經濟法槪論, 北京出版社, 1997.
- 張竹生 主編, 中國涉外經濟法律實務敎程, 對外經濟貿易大學出版社, 1997.
- 石少俠 主編, 經濟法新論, 吉林大學出版社, 1996.
- 潘靜成・劉文華 主編, 經濟法槪論, 中國財政經濟出版社, 1996.
- 羅宗榮 主編, 四川鄕鎭企業, 成都出版社, 1995.
- 楊紫烜・徐杰 主編, 經濟法學, 北京大學出版社, 1995.
- 伍柏麟, 社會主義市場經濟學敎程, 復旦大學出版社, 1993.
- 馬洪・孫尙靑 主編, 現代中國經濟大事典(第一卷), 中國財政經濟出版社, 1993.
- 鄧小平, 建設有中國特色的社會主義, 人民出版社, 1987.
- David Wall, 中國的開放經濟, 上海財經大學出版社, 2002.
- 木村 福成외 2人, 東アジア國際分業と中國, 日本貿易振興會, 2002.
- 關滿博・西澤正樹, 挑戰する中國內陸の產業, (株)新評論, 2000.
- 丸川知雄 編, 中國產業ハンドブック(2001年~2002年版), 蒼蒼社, 2000.
- 稻垣 淸, 中國のしくみVersion2, 中經出版, 2000.
- 沼田安弘 著, 中國進出企業の法律トラブル對策, 日本經濟新聞社, 1995.

- 小口彦太 監修, 中國ビジネスの法と實際, 日本評論社, 1994.
- 국세청, 해외진출기업에 대한세무안내(중국), 1999.
- 이규철, 현대중국대외무역론, 신아사, 2003. 8.
- ______, 중국비즈니스Q&AQ100, 학민사, 2003. 6.
- ______, 대중국투자전략과 법률, 도서출판 두남, 2001. 7.
- 법제처, 중국의 개혁개방관련 법제자료집(Ⅱ), 2002.
- 한국무역협회, 中國비즈니스실무가이드, 2002.
- 한국산업은행, 中國의 改革戰略과 成果, 2001.
- 韓大元外 13人 共著, 現代中國法入門, 박영사, 1995.

■참고논문

- 徐士英・楊超, "WTO競爭政策与偶衾殖烟斷立法" , 經濟法論叢, 中國方正出版社, 2005.
- 孫普・王薇丹,"論經濟法的基本原則-以實證主義　分析的方法", 經濟法論叢, 法律出版社, 2004.
- 裴長洪· 王鐳"中國面臨反傾銷挑戰的形成与敍策", 中國經濟, 2002. 5月, 6月.
- 王海英, "WTO反傾銷協定与踋衾詩擧癩駄峰完善", 烟台大學學報, 2002年 第1期.
- 曹建明, "WTO與中國法治建設", 轉引自≪經濟法學・勞動法學≫ , 2002年 第4期.
- 趙春蘭, "WTO体, 浙江大學, 2001. 2.
- 張曉東, "加入WTO与剁皀偶嗜茯詩擧癩贅法, 國際法學, 第2期, 2001.
- 王雪, "提升立法次-中反立法修正建", 国际贸易, 国际贸易出版社, 2001, 11.
- 寧宣鳳,"中國におけるアンチダンピング法制およびその運用",國際商事法務(Vol. 29, No. 3~4), 國際商事法研究所, 2001.
- 常敏, "歐共体, 民商法論議, 2000.
- 楊紫恒, "論國際經濟法基礎理論的若干問題", ≪商法研究≫ 2000年 第3期.
- ≪人民法院報≫ 2002년 4월 2일, ≪入世與中國法制變革(上)≫.
- ≪人民日報≫ 2001년 3월 5일, ≪九屆全國人大四次會議擧行首次新聞發布會≫.
- ≪人民日報≫ 2002년 3월 27일, 喬曉陽의 ≪加入WTO對我國法制建設的影響≫.
- ≪人民日報≫ 2000年 9月 9日, 吳議의≪在第四屆中國投資貿易洽談會上的演講≫.
- 김상준, "중국의 개정반덤핑조례에 대한 고찰" , 무역구제, 2002, 10.
- 손성문, "WTO가입 후 중국반덤핑법제의 운영과 전망" , 국제지역연구, 2002, 6.
- 이규철, "중국경제법의 발전과 그 특징에 관한 고찰" , 동북아 법제연구보고서(법제처), 2005. 12.

· ______, "중국의 노동계약 해제와 노동쟁의에 관한 법제", 아시아법제연구(한국법제연구원), 2005. 11.
· ______, "중국의 반덤핑제도와 그 절차법에 관한 연구", 법제(법제처), 2005. 7.
· ______, 중화인민공화국 계약법 연구(법제처 동북아 법제 연구용역), 2004. 12.
· ______, "중화인민공화국 계약법에 관한 고찰", 법제, 2004. 10.
· ______, "중국의 노동계약체결과 노동계약기간에 관한 법제", 법제, 2004. 8.
· ______, "중국의 지적재산권 침해와 외자기업의 소송대책", 법제, 2004. 5.
· ______, "중외합자기업설립과 운영에 관한 법적 고찰", 법제, 2004. 1.
· ______, "중화인민공화국 회사법에 관한 고찰", 법제, 2003.11.
· ______, "외자의 중국기업 M&A에 관한 절차", 법제, 2003. 9.
· ______, "중국에서 외자기업의 철수에 관한 절차", 법제, 2003. 7.

▣참고문장

· 이규철, "중국에서 섭외경제분쟁 해결구조(1)", 상하이저널(제59호), 2000. 12. 3.
· ______, "중국에서 섭외경제분쟁 해결구조(2)", 상하이저널(제61호), 2000. 12. 10.
· ______, "중국의 외자관련 입법 진행과정(1)", 상하이저널(제71호), 2001. 02. 16.
· ______, "중국의 외자관련 입법 진행과정(2)", 상하이저널(제72호), 2001. 02. 23.
· ______, "독자와 합영·합작기업의 장단점?", 상하이저널(제77호), 2001. 03. 30.
· ______, "계약언어, 준거법 및 관할의 선택은 어떻게 하는가?", 상하이저널(제79호), 2001. 04. 14.
· ______, "주재원사무소에 소장이 날아온 경우 어떻게 하면 좋은가?", 상하이저널(제80호), 2001. 04. 20.
· ______, "중국에서는 민사소송이 제기되면 여권도 압수 당할 수 있다", 상하이저널(제87호), 2001. 06. 9.
· ______, "중국에서 사무소의 임대차계약을 하는 경우 법적으로 주의할 점은?", 상하이저널(제89호), 2001. 06. 23.
· ______, "노동계약을 체결하는 경우에 무엇을 주의하여야 하는가?", 상하이저널(제90호), 2001. 06. 30.
· ______, "중국에서 제품에 대한 모조품 대책은 어떻게 하면 좋은가?", 상하이저널(제93호), 2001. 07. 20.
· ______, "종업원을 채용할 때 전 고용주와 관계에서 무엇을 주의하여야 하는가?", 상하이저널(제95호), 2001. 08. 4.

- ______, "합자경영 중에 출자자 쌍방의 의견이 합치하지 않을 경우 어떠한 조치를 취하여야 하는가?", 상하이저널(제98호), 2001. 08. 25.
- ______, "중국의 상표법상 등록상표가 침해를 받은 경우 그 대처 방법은?", 상하이저널(제102호), 2001. 09. 22.
- ______, "제조물 책임의 요건인 '결함'에 대한 증명의 방법은?", 상하이저널(제104호), 2001. 10. 6.
- ______, "채권시효를 중지시키기 위해 어떤 절차가 필요한가?", 상하이저널(제110호), 2001. 11. 17.
- ______, "합자기업이 중국내의 판매거점을 확대하기 위해 어떤 조직 형태가 적당한가?", 상하이저널(제113호). 2001. 12. 8.
- ______, "중국에서 합자기업을 경영하는 경우에도 감사제도가 필요한가?", 상하이저널(제121호). 2002. 01. 26.
- ______, "중국인 명의로 기업설립 시 분쟁과 그 대책은?", 상하이교민가이드, 2002. 03. 15.
- ______, "중국측과 합자투자 시 계약체결을 둘러싼 분쟁과 그 대책은?", 상하이교민가이드, 2002. 04. 25.
- ______, "노동쟁의를 둘러싼 분쟁 사례와 그 대책", 좋은아침, 2002. 05. 25.
- ______, "현물출자를 둘러싼 분쟁 사례와 그 대책", 좋은아침, 2002. 06. 05.
- ______, "중국 내수시장에서의 채권회수", 좋은아침, 2002. 06. 15.
- ______, "중국에서 기술노하우의 무단전용, 특허, 상표권의 침해 등 지적소유권을 둘러싼 분쟁의 대책은?", 상하이교민가이드, 2002. 06. 16.
- ______, "중국 진출 시 일반적으로 주의할 점은?", 상하이교민가이드, 2002. 06. 23.
- ______, "중국서비스 시장의 비즈니스 찬스", 좋은아침, 2002. 07. 1.
- ______, "중국에서는 채권회수가 어렵다?", 좋은아침, 2002. 08. 5.
- ______, "중국의 소프트웨어에 대한 세수정책", 좋은아침, 2002. 09. 25.
- ______, "상거래 대금의 채권시효 중지", 경제생활(Economic Life: 북경·상해), 2003. 04. 10.
- ______, "중국에 진출한 현지 법인의 철수", Economic Life, 2003. 04. 30.
- ______, "중국에서 공장부지 토지사용권 취득방법", Economic Life, 2003. 05. 15.
- ______, "외국인이 설립할 수 있는 법인은 삼자기업 뿐", Economic Life, 2003. 06. 10.
- ______, "합자기업의 설립과 출자 이상의 책임", Economic Life, 2003. 06. 20.
- ______, "중국에서 종업원을 채용 시 검토해야 할 사항", Economic Life, 2003. 6. 30.

• ______, “매매계약 작성과 준거법”, Economic Life, 2003. 7. 10.
• ______, “한국 기업의 중국 투자·관리성향”, 충북일보, 2003. 07. 8(화)
• ______, “우리 중소기업의 對중국 투자과제”, 충북일보, 2003. 7. 9(수).
• ______, “대중국 공격적 투자전략”, 충북일보, 2003. 7. 10(목).
• ______, “중국시장의 물류전략과 상품 판로망”, Economic Life, 2003. 7. 30.
• ______, “중국진출과 투자자 측의 사전평가”, Economic Life, 2003. 8. 20.
• ______, “주재원사무소의 면세신청방법”, Economic Life, 2003. 8. 30.
• ______, “외국인 주재원사무소 세무제도”, Economic Life, 2003. 9. 10.
• ______, “중국의 투자형태-기업양도&합병”, Economic Life, 2003. 9. 20.
• ______, “매매계약 시 계약언어, 준거법 및 관할의 선택”, Economic Life, 2003. 9. 30.
• ______, “중재위원회 판정의 신뢰도”, Economic Life, 2003. 10. 10.
• ______, “중국에서 기업운영과 감자 방법”, Economic Life, 2003. 10. 20.
• ______, “중국은 법치주의 인가 인치주의인가?”, Economic Life, 2003. 10. 30.
• ______, “중국에서 합자교섭의 16원칙”, Economic Life, 2003. 11. 30.
• ______, “한·중 기술이전과 체크포인트”, Economic Life, 2003. 12. 10.
• ______, “설비·특허기술·토지사용권 등 현물출자와 주의할 점”, Economic Life, 2004. 1. 10.
• ______, “외자기업의 중국 국제무역회사 설립”, Economic Life, 2004. 2. 20.
• ______, “계약서 작성과 중재조항”, Economic Life, 2004. 2. 29.
• ______, “외국인 중국 내 취업의 제한조건과 개인소득세”, Economic Life, 2004. 3. 30.
• ______, “중국 공인회계사와 외자회계사무소 역할의 한계”, Economic Life, 2004. 4. 20.
• ______, “중국에서 회계사무소의 선택방법”, Economic Life, 2004. 4. 30.
• ______, “중국에서 외자기업의 종업원 채용 수속절차”, Economic Life, 2004. 5. 20.
• ______, “중국에서 외자기업의 종업원채용과 유의사항”, Economic Life, 2004. 5. 30.
• ______, “중국에서 외자기업의 종업원 채용과 노동계약”, Economic Life, 2004. 6. 10.
• ______, “노동계약 체결 후 절차와 단체교섭 계약 시 필요적 기재사항”, Economic Life, 2004. 6. 20.

- ______, "단체교섭계약 체결과정과 계약체결 후 수속절차", Economic Life, 2004. 6. 30.
- ______, "단체교섭제도의 실시와 기업영향 및 그 대응전략", Economic Life, 2004. 7. 10
- ______, "외국인의 취업비자 및 거류증의 취득절차", Economic Life, 2004. 7. 30.
- ______, "재취업 및 가족의 거류수속과 외국인의 취업관리", Economic Life, 2004. 8. 10.
- ______, "중국에서 외지 지역의 종업원 채용조건", Economic Life, 2004. 8. 20.
- ______, "한·중의 합자기업 설립방법", 코리안(북경, 상해, 남경), 2004. 10. 15.
- ______, "한·중의 합자기업 설립인가 수속과 필요한 날짜", 코리안, 2004. 11. 15.
- ______, "한·중 합자계약서 작성방법(제1장)", 코리안, 2004. 12. 1.
- ______, "제3장 합자회사의 설립(1)-합자회사의 성립-", 코리안, 2005. 1. 1.
- ______, "제3장 합자회사의 설립(2)-토지사용권 처분권, 공장건물취득방법, 분점의 설립-", 코리안, 2005. 1. 15.
- ______, "제3장 합자회사의 설립(3)-법률적용과 회사의 조직형태-", 코리안, 2005. 2. 1.
- ______, "제4장 합자의 목적, 경영범위, 생산규모", 코리안, 2005. 3. 1.
- ______, "제5장 투자총액 및 등록자본(1)", 코리안, 2005. 4. 1.
- ______, "제5장 투자총액 및 등록자본(2)-등록자본의 화폐단위-", 코리안, 2005. 4. 15.
- ______, "제5장 투자총액 및 등록자본(3)-현금출자-", 코리안, 2005. 5. 1.
- ______, "제5장 투자총액 및 등록자본(4)-현물출자-", 코리안, 2005. 5. 15.
- ______, "제5장 투자총액 및 등록자본(5)-납입방법-", 코리안, 2005. 6. 5.
- ______, "제5장 투자총액 및 등록자본(6)-자본의 증자절차-", 코리안, 2005. 6. 15.
- ______, "제5장 투자총액 및 등록자본(7)-토지사용권의 담보-", 코리안, 2005. 7. 1.
- ______, "제5장 투자총액 및 등록자본(8)-토지사용료 지불과 토지양도권 수속절차 -", 코리안, 2005. 7. 15.
- ______, "제5장 투자총액 및 등록자본(9)-등록자본의 양도-" 코리안, 2005. 8. 1.
- ______, "제6장 기술이전 및 기술지도", 코리안, 2005. 8. 15.

- ______, "대기업 브랜드+중기 생산력 전략 필요", AM7, 2005. 8. 16.
- ______, "스타마케팅전략에 지역개발 참여필요", AM7, 2005. 8. 17.
- ______, "경합기업 실태파악으로 리스크 예방", AM7, 2005. 8. 18.
- ______, "위조품대책반 구성 中당국과 협조", AM7, 2005. 8. 19.
- ______, "제7장 제품의 판매", 코리안, 2005. 9. 1.
- ______, "제8장 외화수지 균형", 코리안, 2005. 9. 15.
- ______, "제9장 동사회의 권한", 코리안, 2005. 10. 15.
- ______, "공회제도-외상투자기업측에서 본 "공회" 의 조직과 대응전략", 국제노동브리프(한국노동연구원). 2005. 9.
- ______, "중국의 대졸=실업' '동력부족현상", 국제노동브리프, 2005. 10.
- ______, "중국의 개혁·개방 이후 노동시스템의 급속한 변화", 국제노동브리프, 2005. 11.
- ______, "중국의 개혁·개방세대-젊은 화이트 칼러층의 직업의식과 가치관", 국제노동브리프, 2005. 12.
- ______, "중국 신세대의 직업선택과 노동이동", 국제노동브리프, 2006. 1.
- ______, "중국노동법제와 노동환경", 국제노동브리프, 2006. 3.
- ______, "중국변호사 활용할 때 주의할 점", BizWise(월간), 2006. 4.
- ______, "노동계약체결 시 주의사항과 외국인 취업조건과 취업수속", BizWise(월간), 2006. 5. 등

찾아보기

(M)

(N)

(O)

(P)

(Q)

(S)

(T)

(W)

(ㄱ)

(ㄴ)

(ㄷ)

(ㅅ)

(ㅇ)

(ㅈ)

(ㅎ)

저자소개

저 자 : 李 揆 哲(法學博士)

필자는 충북 영동에서 태어나 일본 와세다대학(早稻田大學)대학원 법학연구과에 유학 중 1954년 중국헌법이 제정된 후 그 이듬해부터 일본은 중국법률을 체계적으로 정리한 것을 보고, 중국정부의 중화문화연구장학금(中華文化硏究獎學金 敎委登記號: 98HWH002)으로 상해 복단대학교(复旦大学) 연구학자와 상해 화동정법대학(華東政法學院)에서 박사과정을 수료한 후, 다년간 상해로펌과 컨설팅회사 운영을 통한 경험을 바탕으로 중국비즈니스컨설턴트와 CEO-MBA China Business Case Study강연가로 활약하면서 중국전문가 '10만양병설'주창자이기도 하다.

현 재 : Shanghai JD Law Firm(한국부)수석대표
한국 법제처 동북아법제 자문위원
중국 국제경제법학회 정회원
중국전문가 '10만양병'주창자
일본 국제비즈니스연구학회 정회원
CEO-MBA China Business Case Study강연가

저 서 : 對中國投資戰略과 法律, 도서출판 두남, 2001. 07
中國商務(Business)Q&A100, 학민사, 2003. 06
現代中國對外貿易論, 신아사, 2003. 08
中韓・韓中經濟貿易用語辭典, 上海海文音像出版社, 2004. 06

논 문 : 중국통상법률논문(법제처) 및 문장(북경, 상해, 서울) 120여 편 이상

* eMail: kclaw21@hanmail.net

CEO-China EMBA시리즈

中國進出企業經營總覽

A-JIN

인　　쇄 : 2006년 9월 10일
발　　행 : 2006년 9월 15일
저　　자 : 이규철
발 행 처 : 도서출판 아진
110-091
서울특별시 종로구 행촌동 27-4 2층
TEL:02-737-0663 FAX:02-737-0664
Homepage:ajin.to
E-mail:kgb@ajin.to
발 행 인 : 김 근 배
등록번호 : 제330-1995-56호
ISBN : 89-5761-181-9 93320

가격 48,000원